Datenbanken
Grundlagen und Design

Frank Geisler

Datenbanken
Grundlagen und Design

3., aktualisierte und erweiterte Auflage

mitp

Bibliografische Information der Deutschen Nationalbibliothek

Die Deutsche Nationalbibliothek verzeichnet diese Publikation in der Deutschen Nationalbibliografie. Detaillierte bibliografische Daten sind im Internet über http://dnb.d-nb.de abrufbar.

ISBN 978-3-8266-5529-6
3. Auflage 2009

Printed in Austria
© Copyright 2009 by mitp-verlag
Verlagsgruppe Hüthig Jehle Rehm GmbH
Heidelberg, München, Landsberg, Frechen, Hamburg
www.it-fachportal.de

Lektorat: Sabine Schulz
Sprachkorrektorat: Petra Heubach-Erdmann
Satz: III-satz, Husby, www.drei-satz.de
Druck und Bindung: Holzhausen Druck & Medien, Wien

Für Christina – Ich liebe Dich!!!
Für Sandra – meine Schwester und beste Freundin
und für Papa, Mama und Opa – Vielen Dank für Eure Unterstützung!

Inhaltsverzeichnis

Vorwort 15

Teil I   Grundlagen 19

1   Einführung in das Thema Datenbanken 21

1.1   Warum ist Datenbankdesign wichtig? 26

1.2   Dateisystem und Datenbanken 28
1.2.1   Historische Wurzeln 29
1.2.2   Probleme bei der Datenhaltung im Dateisystem 30
1.2.3   Datenredundanzen und Anomalien 37

1.3   Das Fallbeispiel 39

1.4   Zusammenfassung 40

1.5   Aufgaben 43
1.5.1   Wiederholung 43
1.5.2   Zum Weiterdenken 44

2   Datenbanksysteme, Datenbankanwendungen und Middleware 45

2.1   Datenbanksysteme 45

2.2   Verschiedene Arten von Datenbanksystemen 49

2.3   DBMS-Funktionen 50

2.4   Datenbankmodelle 53
2.4.1   Hierarchische Datenbanken 54
2.4.2   Netzwerk-Datenbanken 59
2.4.3   Relationale Datenbanken 61
2.4.4   ER-Datenbankmodelle 67
2.4.5   Objektorientierte Datenbanken 70

2.5   Datenbankanwendungen 75
2.5.1   Einschichtige Datenbankanwendungen 76
2.5.2   Zweischichtige Datenbankanwendungen 76
2.5.3   N-schichtige Datenbankanwendungen 78

2.6	Middleware		79
2.6.1	ODBC		80
2.6.2	ADO		81
2.6.3	ADO.NET		83
2.7	Zusammenfassung		84
2.8	Aufgaben		92
2.8.1	Wiederholung		92
2.8.2	Zum Weiterdenken		92
3	**Das relationale Datenbankmodell**		95
3.1	Entitäten und Attribute		96
3.2	Tabellen		97
3.3	Schlüssel		100
3.4	Relationale Operatoren		106
3.4.1	DIFFERENCE		106
3.4.2	DIVIDE		107
3.4.3	INTERSECT		107
3.4.4	JOIN		108
3.4.5	PRODUCT		110
3.4.6	PROJECT		111
3.4.7	SELECT		112
3.4.8	UNION		112
3.5	Beziehungen innerhalb der Datenbank		113
3.5.1	1:1-Beziehung		113
3.5.2	1:N-Beziehung		115
3.5.3	M:N-Beziehung		116
3.5.4	Optionale und nicht-optionale Beziehungen		117
3.5.5	Primär-/Fremdschlüssel und Datenredundanzen		117
3.6	Metadaten		118
3.7	Indizes		121
3.8	Zusammenfassung		122
3.9	Aufgaben		127
3.9.1	Wiederholung		127
3.9.2	Zum Weiterdenken		127

Teil II Datenbankdesign und Implementierung 131

4   ER-Datenbankmodellierung 133

4.1   Datenmodelle und Abstraktion 134
4.1.1   Das konzeptionelle Modell 135
4.1.2   Das interne Modell 137
4.1.3   Das externe Modell 138
4.1.4   Das physikalische Modell 139

4.2   Das Entity-Relationship-Modell 140
4.2.1   Entitäten 140
4.2.2   Attribute 141
4.2.3   Primärschlüssel 147
4.2.4   Beziehungen 149

4.3   Erstellen eines ER-Diagramms 164

4.4   Zusammenfassung 172

4.5   Aufgaben 175
4.5.1   Wiederholung 176
4.5.2   Zum Weiterdenken 176

5   Normalisierung 179

5.1   Warum Normalisierung? 179
5.1.1   Das Normalisierungsbeispiel 181
5.1.2   Erste Normalform 182
5.1.3   Zweite Normalform 186
5.1.4   Dritte Normalform 188
5.1.5   Boyce-Codd-Normalform (BCNF) 193
5.1.6   Höhere Normalformen 194

5.2   Normalisierung und Datenbankdesign 198

5.3   Denormalisierung 201

5.4   Zusammenfassung 202

5.5   Aufgaben 204
5.5.1   Wiederholung 204
5.5.2   Zum Weiterdenken 205

6 SQL-Grundlagen 207

6.1 Einführung 208
6.1.1 Historischer Überblick 209
6.1.2 Datentypen 210
6.1.3 Die SQL-Komponenten 212
6.1.4 Logische Verknüpfungen 218

6.2 Daten mit SQL abfragen 223
6.2.1 Einfache Abfragen 224
6.2.2 Tabellen verknüpfen mit Joins 245
6.2.3 Verschachtelte Abfragen 255
6.2.4 Sichten 256

6.3 Daten mit SQL verändern 260
6.3.1 INSERT 260
6.3.2 UPDATE 261
6.3.3 DELETE 262

6.4 Weitere wichtige SQL-Befehle 263
6.4.1 Mengenfunktionen 263
6.4.2 Stringfunktionen 268
6.4.3 Numerische Funktionen 270
6.4.4 Datetime-Funktionen 272

6.5 Zusammenfassung 273

6.6 Aufgaben 277
6.6.1 Wiederholung 277
6.6.2 Zum Weiterdenken 277

Teil III Weiterführende Themen 279

7 Projektablauf bei der Erstellung einer Datenbank 281

7.1 Der System Development Life Cycle 283
7.1.1 Planung 284
7.1.2 Analyse 286
7.1.3 System-Design 288
7.1.4 Implementierung 289
7.1.5 Wartung 291

7.2 Der Datenbank-Lebenszyklus 291
7.2.1 Grundlegende Analyse 292
7.2.2 Datenbankdesign 297
7.2.3 Implementierung und Datenimport 309
7.2.4 Test und Evaluierung 311

7.2.5 Betrieb 311
7.2.6 Wartung und Evolution 312

7.3 Zusammenfassung 312

7.4 Aufgaben 314
7.4.1 Wiederholung 314

8 Transaktionen und konkurrierende Zugriffe 315

8.1 Was ist eine Transaktion? 315
8.1.1 Eigenschaften einer Transaktion 319
8.1.2 Transaktionsverwaltung mit SQL 320
8.1.3 Das Transaktionsprotokoll 322

8.2 Konkurrierende Zugriffe 324
8.2.1 Lost Updates 324
8.2.2 Dirty Read 325
8.2.3 Nonrepeatable Read 326
8.2.4 Phantome 327

8.3 Sperrmechanismen (Locks) 328
8.3.1 Granularität 329
8.3.2 Sperrtypen 334
8.3.3 Zwei-Phasen-Locking 335
8.3.4 Deadlocks 336

8.4 Zusammenfassung 338

8.5 Aufgaben 341
8.5.1 Wiederholung 341
8.5.2 Zum Weiterdenken 342

9 Die Client-Server-Architektur 343

9.1 Was ist Client-Server? 343
9.1.1 Geschichte von Client-Server 344
9.1.2 Vorteile von Client-Server 345

9.2 Client-Server-Architektur 348
9.2.1 Client-Komponenten 351
9.2.2 Server-Komponenten 352
9.2.3 Middleware 353
9.2.4 Netzwerk-Protokolle 357

9.3 Zusammenfassung 363

9.4 Aufgaben 366
9.4.1 Wiederholung 366

10   Verteilte Datenbanksysteme 367

10.1   Vor- und Nachteile verteilter Datenbanksysteme 368

10.2   Verteilte Datenverarbeitung vs. verteilte Datenbanken 373

10.3   Komponenten eines verteilten Datenbanksystems 375

10.4   Transparenz beim Datenzugriff 378
10.4.1   Transparente Datenverteilung 379
10.4.2   Transparentes Transaktionsmanagement 384

10.5   Datenfragmentierung 387

10.6   Replikation 390

10.7   Zusammenfassung 391

10.8   Aufgaben 394
10.8.1   Wiederholung 394

11   Data Warehouses 395

11.1   Die Notwendigkeit der Datenanalyse 397

11.2   Decision Support Systeme 398
11.2.1   Der Unterschied zwischen operationalen Daten und DSS-Daten . . 401
11.2.2   Anforderungen an eine DSS-Datenbank 409

11.3   Das Data Warehouse 412
11.3.1   Data-Marts 417
11.3.2   Zwölf Eigenschaften, an denen man ein Data Warehouse
         erkennen kann 417

11.4   OLAP (Online Analytical Processing) 418
11.4.1   OLAP-Architekturen 423
11.4.2   Relationales OLAP (ROLAP) 428
11.4.3   Multidimensionales OLAP (MOLAP) 432

11.5   Das Sternschema 436
11.5.1   Fakten 436
11.5.2   Dimensionen 437
11.5.3   Attribute 437
11.5.4   Attribut-Hierarchien 440
11.5.5   Stern-Schemata in der Praxis 441
11.5.6   Techniken zur Erhöhung der Performance 442

11.6   Data Mining 445

11.7   Zusammenfassung 448

11.8   Aufgaben   449
11.8.1   Wiederholung   449

12   **LINQ**   451

12.1   Unverträglichkeit zwischen Relationen und Objekten   451
12.1.1   Das Problem, Objekte auf Tabellen abzubilden   452
12.1.2   Wem gehört das Schema?   456
12.1.3   Das Doppel-Schema-Problem   457
12.1.4   Identitätsprobleme bei Entitäten   457
12.1.5   Rückgewinnung der Daten   459

12.2   Die Architektur von LINQ   461

12.3   Spracherweiterungen, die LINQ ermöglichen,
         am Beispiel von C#   465
12.3.1   Anonyme Typen   465
12.3.2   Objekt-Initialisierer   467
12.3.3   Collection-Initialisierer   467
12.3.4   Partielle Methoden   468
12.3.5   Implizit deklarierte lokale Variablen   469
12.3.6   Erweiterungsmethoden   471
12.3.7   Lambda-Ausdrücke   471
12.3.8   Abfrage-Ausdrücke   474

12.4   Aufgaben   476
12.4.1   Wiederholung   476

A   **Lösungen zu den Übungsaufgaben**   479

A.1   Kapitel 1   479

A.2   Kapitel 2   481

A.3   Kapitel 3   484

A.4   Kapitel 4   487

A.5   Kapitel 5   489

A.6   Kapitel 6   491

A.7   Kapitel 7   498

A.8   Kapitel 8   500

A.9   Kapitel 9   502

A.10   Kapitel 10   504

A.11   Kapitel 11 506

A.12   Kapitel 12 507

Stichwortverzeichnis 509

Vorwort

Seien Sie herzlich willkommen zu meinem Buch über Datenbanken. Ich habe gerade die letzten Arbeiten an diesem Buch abgeschlossen und nun muss ich den schwierigsten Teil überhaupt schreiben – das Vorwort.

Zunächst einmal möchte ich mich bei den zahlreichen Menschen bedanken, ohne die dieses Buch sicherlich nie fertig geworden wäre. An erster Stelle möchte ich mich bei meiner Schwester Sandra für Ihre zahlreichen guten Ratschläge, Ideen und auch für ihre Unterstützung sowohl bei der Erstellung dieses Buches wie auch in unserer Firma Geisler Datensysteme GmbH & Co. KG bedanken (und das obwohl da noch so ein schwieriges Uni-Projekt im Hintergrund lauert). Sandra, Du machst einen wirklich guten Job – mach so weiter! Mein nächster Dank gebührt Christian (Kika) Kürpick und Andreas Kreyenschulte von Creative Layout oHG, die mir geholfen haben einige der Diagramme in Kapitel 7 zu designen, damit diese nicht nur fachlich korrekt sind, sondern auch noch ansprechend aussehen. Jungs vielen Dank für die gute Zusammenarbeit (nicht nur beim Buch) – das Auge isst schließlich mit. Weiterer Dank gebührt dem Gründer Support Ruhr und hier insbesondere Herrn Duda, Herrn Dr. Fehsenfeld, Herrn Hubert, Herrn Kehler, Herrn Hahn, Herrn Simon, Herrn Dr. Regner und Herrn Steinau. Vielen Dank für die Unterstützung meines noch jungen Unternehmens und dafür, dass Sie jederzeit ein offenes Ohr für mich haben und mir mit Rat und Tat zur Seite stehen. Vielen Dank auch bei allen Beteiligten des it's NRW-Netzwerkes für Anregungen und Kritik, der Platz hier ist leider zu klein, um alle einzeln aufzuzählen – trotzdem vielen Dank (Ihr wisst schon wer gemeint ist ☺). Vielen Dank auch an Christoph Stotz und Markus Fischer von der PASS Deutschland e.V. – Hey, jetzt wo das Buch fertig ist kann ich mich ja endlich mal um die SIG Reporting Services kümmern ☺. Vielen Dank auch an Ralph Kemperdick und Alexander Pries von der Microsoft Deutschland GmbH für die gute Unterstützung beim SQL-Server. Bei Manuel Gurski und Geregor Mucha von MGGM-Software möchte ich mich für das viele kostenlose Essen bedanken – nächstes Mal bin ich dran, versprochen - außerdem glaube ich nicht, dass die beim Verlag den Titel »Datenbanken mit Frank« gut finden ☺. Bei Dr. Jochen Müller von der Uni St. Gallen, der mich überhaupt erst an das Thema Datenbanken herangeführt hat, möchte ich mich auch sehr herzlich bedanken (Weißt Du noch Jochen wo Du mir an einem Nachmittag in Bochum mal schnell ein wenig Oracle beibringen solltest – daraus sind jetzt schon fast zehn Jahre geworden...unglaublich). Auch möchte ich mich bei meinen Eltern und

Großeltern für die Unterstützung bedanken. Natürlich möchte ich auch meiner Lektorin Sabine Schulz für die gute Zusammenarbeit, für das mir entgegengebrachte Vertrauen und die Geduld mit diesem Buch bedanken. Vielen Dank auch an Christine Siedle für die Restabwicklung des Projektes und an Frau Heubach-Erdmann für die Sprach-Korrektur. Last but not least möchte ich mich auch bei Ihnen, werter Leser, dafür bedanken, dass Sie dieses Buch gekauft haben und somit letztendlich das ganze Projekt finanzieren.

So, nach den ganzen Dankesreden möchten Sie sicherlich auch erfahren, worum es in diesem Buch überhaupt geht. Ich habe das Buch geschrieben, um Ihnen eine recht einfach zu lesende Einführung in das komplexe Thema Datenbanken zu liefern. Daher verzichte ich weitestgehend auf mathematischen Formalismus oder theoretische Herleitungen. Das Buch richtet sich an all die, die gerne praxisrelevantes Grundlagen Know-How im Datenbanksektor sammeln möchten. Um Ihr in den einzelnen Kapiteln gewonnenes Wissen zu vertiefen, gibt es am Ende jedes Kapitels eine Zusammenfassung der wichtigsten Begriffe, die im Kapitel enthalten sind und einige Aufgaben, mit denen Sie Ihr Verständnis des Stoffes überprüfen können (die Lösungen befinden sich im Anhang A). Viele Sachverhalte werden am Beispiel der fiktiven Firma »Alana Business Consult« erläutert, um zu zeigen, wie sich bestimmte Methoden in der Praxis auswirken; bevor jemand fragt – Alana ist mein Hund ☺.

So, nun möchte ich Sie auch nicht länger davon abhalten, mit der Lektüre des Buches zu beginnen. Ich hoffe Sie haben beim Lesen genau so viel Spaß, wie ich beim Schreiben.

Haben Sie Fragen, Vorschläge oder Kritik zu diesem Buch, so können Sie mir gerne eine E-Mail unter *dbbuch@geislers.net* schicken. Um weitere Informationen zu diesem Buch zu erhalten, können Sie auch auf meiner Hompage unter www.geisler-it.de nachsehen, auf der ich eine Webseite für dieses Buch eingerichtet habe.

Frank Geisler

Wetter, im Januar 2005

Vorwort zur 2. Auflage

Als Sabine Schulz von MITP auf mich zugekommen ist und gefragt hat, ob ich Interesse daran hätte, mein Buch für die zweite Auflage zu überarbeiten, habe ich mich natürlich sehr gefreut. Auf der einen Seite bedeutet das nämlich, dass die erste Auflage komplett vergriffen ist, auf der anderen Seite aber kann ich mich mal wieder mit meinem Datenbankbuch beschäftigen, was mir viel Spaß gemacht hat. Und so haben wir gemeinsam beschlossen, nicht nur das Buch zu überarbeiten, sondern auch noch ein neues Kapitel über Data-Warehousing (das bei der Erstauflage dem Rotstift zum Opfer gefallen ist) aufzunehmen. Ich habe soeben die Arbeiten an diesem Zusatzkapitel abgeschlossen und stehe nun mal wieder vor demselben Problem wie vor knapp anderthalb Jahren. Was soll ich nur in das Vorwort schreiben? In den anderthalb Jahren hat sich bei mir so viel beruflich und privat geändert, dass ich, wenn ich das alles aufzählen wollte, sicherlich ein eigenes Buch schreiben könnte. Daher möchte ich mich an dieser Stelle bei einigen Freunden und Bekannten für Ihre Unterstützung bedanken. An erster Stelle ist hier wohl meine Freundin Christina zu nennen, die (meist ☺) sehr viel Geduld mit mir hatte, während ich an diesem Buch geschrieben habe. Natürlich möchte ich mich auch bei meiner Schwester bedanken, die wie immer mit Rat und Tat bereit stand. Außerdem möchte ich mich auch bei Magdalene und Günter (Christinas Eltern) für die zahllosen Einladungen zum Essen (und den meist daraus erwachsenen interessanten Gesprächen) bedanken. Außerdem geht auch besonderer Dank an Alex und Kika (wir sollten mal wieder das Kota-Radja plündern ☺). Ebenfalls herzlich danken möchte ich Herrn Becker und Herrn Zuhl von der BZ-Betriebsberatung, die mich immer mit Rat und Tat unterstützen. Allen anderen Beteiligten bei MITP, besonders Sabine Schulz, auch vielen Dank für die (wie immer) gute Zusammenarbeit. Zum Schluss möchte ich mich noch bei den zahlreichen Lesern meines Buchs bedanken, denn ohne Sie wäre eine zweite Auflage wohl kaum möglich.

Frank Geisler

Wetter, im Juli 2006

Vorwort zur 3. Auflage

Und wieder ist Sabine Schulz von MITP auf mich zugekommen und hat gefragt, ob ich nicht auch Interesse daran hätte, mein Buch für die dritte Auflage zu überarbeiten. Darüber habe ich mich natürlich sehr gefreut, weil eine neue Auflage ja auch immer bedeutet, dass sich die Vorauflage gut verkauft hat, was wiederum bedeutet, dass dieses Buch offensichtlich bei Ihnen, lieber Leser, regen Anklang findet, was mich als Autor natürlich freut und mit einem gewissen Stolz erfüllt. Als ich mir überlegt habe, über welches Thema ich denn im neuen Kapitel der 3. Auflage schreiben solle, ist mir die Auswahl zunächst recht schwergefallen. Wo findet man ein Thema, das momentan so aktuell ist, dass es sich lohnt, ein Kapitel darüber zu schreiben?

Zum Glück bin ich dann bei meiner täglichen Arbeit mit Visual Studio 2008 über ein Thema gestolpert, das durchaus ein Kapitel in diesem Buch verdient hat. Dieses Thema ist LINQ. Natürlich handelt es sich bei LINQ um ein Thema, das nicht plattformunabhängig ist, sondern sich auf die Microsoft-Plattform beziehungsweise .NET 3.0 bezieht und damit im Prinzip ein wenig gegen das Konzept dieses Buches läuft. Ich habe mich aber trotzdem aus zwei Gründen für LINQ entschieden (sicherlich gibt es ähnliche Ansätze auch in anderen Sprachen wie beispielsweise Java). Zum einen ist mir LINQ durch meine tägliche Arbeit vertraut und zum anderen stellt LINQ eine kleine Revolution dar (zumindest im Microsoft-Umfeld), wie man von objektorientierten Programmierumgebungen auf relationale Datenbanken zugreifen kann.

An dieser Stelle möchte ich mich mal wieder bei allen lieben Menschen bedanken, die mich bei der Erstellung des Buches und auch bei der Erstellung der dritten Auflage unterstützt haben. Natürlich ist hier an erster Stelle wieder meine Freundin Christina zu nennen. Besonderer Dank geht auch an Burghard und Thomas, die mich in allen wirtschaftlichen Belangen hervorragend unterstützen. Ohne Euch wäre vieles nicht so, wie es ist!

Frank Geisler

Wetter, im November 2008

Teil I

Grundlagen

In diesem Teil:

- **Kapitel 1**
Einführung in das Thema Datenbanken 21

- **Kapitel 2**
Datenbanksysteme, Datenbankanwendungen und
Middleware. 45

- **Kapitel 3**
Das relationale Datenbankmodell. 95

Einführung in das Thema Datenbanken

Die Umwelt, in der wir leben, wird immer komplexer und vielfältiger. Oft wird der Begriff des *Information-Overkills* bemüht, wenn es darum geht, die Informationsflut zu beschreiben, die aus den unterschiedlichsten Quellen Tag für Tag auf uns einprasselt. Um gute und richtige Entscheidungen treffen zu können, müssen immer mehr Informationen bedacht, ausgewertet und in Korrelation zueinander gestellt werden. Bei dieser schwierigen Aufgabe, die für uns relevanten Informationen aus dem Datenwust herauszufiltern und zum richtigen Zeitpunkt zur Verfügung zu stellen, sind wir auf die Hilfe von computergestützten Systemen angewiesen.

Bevor ich mich näher mit der Thematik Datenbanken an sich beschäftige, sollten Sie einen Blick auf das werfen, was Sie verwalten möchten, die Daten. *Daten* selbst repräsentieren Fakten. Ein mögliches Datum ist z.B. die Rechnungsnummer 32532, die eine Rechnung trägt, die ich zugestellt bekommen habe. Damit aus Daten *Informationen* werden, müssen die Daten in einen Zusammenhang gebracht werden. Stellen Sie sich vor, dass Sie einen Mitarbeiter des Unternehmens treffen, das mir die oben genannte Rechnung geschickt hat. Wenn Sie diesen Zeitgenossen außerhalb seines Büros antreffen (abgenabelt von all seinen famosen Computersystemen) und ihn mit der Rechnungsnummer 32532 konfrontieren, wird dies ziemlich wahrscheinlich mit einem Stirnrunzeln beantwortet, da sich der gute Mann unter Rechnungsnummer 32532 nichts vorstellen kann. Die Rechnungsnummer ist einfach ein Datum, das ein Faktum darstellt. Aus dem Zusammenhang gerissen hat dieses Datum für sich alleine keine Bedeutung (der Servicemitarbeiter kann noch nicht einmal sagen, ob es überhaupt eine Rechnung mit Rechnungsnummer 32532 gibt). Damit aus der Rechnungsnummer 32532 eine sinnvolle Information wird, muss diese in einen Zusammenhang gebracht werden. Das Datum muss *verarbeitet* werden.

Hat der Servicemitarbeiter wieder Zugriff auf seinen Computer, so kann er die genannte Rechnungsnummer dort eingeben (Sie werden es sicherlich schon erraten haben – hier läuft irgendwo im Hintergrund eine Datenbank) und in Windeseile erhält er weitere Daten bzw. Fakten, die in direktem Zusammenhang mit der Rechnungsnummer 32532 stehen. Weitere Daten, die in Verbindung mit der Rechnungsnummer stehen, sind z.B., dass der Kunde, auf den diese Rechnung ausgestellt ist, »Frank Geisler« heißt, dass der Rechnungsbetrag 145,42 € ist und dass diese Rechnung bisher noch nicht bezahlt wurde. Durch die Verknüpfung von einzelnen Daten entstehen Informationen, die wiederum Entscheidungen beeinflussen können oder Handlungen auslösen. In diesem Beispiel veranlasst die Information, dass Frank Geisler die Rechnung 32532, die einen Betrag von 145,42 € aufweist, noch nicht bezahlt hat, dass mir eine Mahnung zugestellt wird. Wir können dieses Beispiel noch ein wenig weiter spinnen. Da der Computer alle von mir getätigten Bestellungen bei der Firma kennt, kann er ohne weiteres Daten über alle von mir getätigten Bestellungen abrufen. Aus diesen Daten ergibt sich die Information, dass ich meine Rechnungen insgesamt nicht so regelmäßig bezahle und dass des Öfteren Mahnungen verschickt worden sind. Das Management dieser Beispielfirma kann nun aufgrund der aus den Daten enthaltenen Informationen Entscheidungen treffen. Eine mögliche Entscheidung ist z.B. die, dass ich bei dieser Firma keine Waren mehr auf Rechnung kaufen darf, sondern dass ich Vorkasse leisten muss, wenn ich etwas kaufen möchte. Verlassen wir das Beispiel an dieser Stelle, bevor es peinlich für mich wird...

An dem Beispiel wird nicht nur deutlich, dass erst die Informationen, die aus den Daten gewonnen werden können, das eigentlich Wertvolle und Wichtige sind, sondern dass dieselben Daten, in einen anderen Zusammenhang gebracht, andere Informationen ergeben können. Das Datum, wann eine Rechnung bezahlt wurde, ergibt, bezogen auf eine einzelne Rechnung, die Information, ob diese bereits bezahlt wurde oder nicht. Fügt man das Datum in einen anderen Zusammenhang ein, indem man z.B. alle Zahlungseingänge eines bestimmten Kunden betrachtet, so lassen sich mit denselben Daten Informationen über das Zahlungsverhalten des Kunden, ja sogar ein Zahlungsprofil erstellen.

Die Information über das Zahlungsprofil kann zu weiter reichenden Entscheidungen führen. So ist es z.B. möglich, treuen, gut zahlenden Kunden einen bestimmten Rabatt einzuräumen, wohingegen sich die Zahlungsmodalitäten von notorischen Spätzahlern verschlechtern können.

Lassen Sie uns nun noch einmal die grundlegenden Aussagen der vorherigen Abschnitte zusammenfassen:

- Informationen setzen sich aus Daten zusammen.
- Durch Datenverarbeitung werden aus Daten Informationen.
- Gute Daten, die zeitnah vorliegen, helfen uns, gute Entscheidungen zu treffen.
- Der Informationsgehalt von Daten hängt vom Zusammenhang ab.

Damit aus Daten gute Informationen gewonnen werden können, müssen diese Daten sorgfältig erfasst und in einem Format vorgehalten werden, auf das man leicht zugreifen und das einfach verarbeitet werden kann. Da Daten der Ausgangspunkt aller weiteren Aktivitäten sind, ist es wichtig, dass mit den Daten sehr sorgfältig umgegangen wird. Datenfehler pflanzen sich durch das ganze System fort und führen zu fehlerhaften Informationen, die wiederum zu falschen Entscheidungen führen können. Der Umgang mit Daten wird als *Datenmanagement* bezeichnet. Aufgaben des Datenmanagements sind die Erzeugung, Speicherung und Wiedergabe der Daten. Da Daten eine zentrale Rolle bei der Erzeugung von Informationen spielen, ist es nicht verwunderlich, dass das Datenmanagement in vielen Firmen eine zentrale Rolle spielt.

Datenmanagement ist keine Erfindung des IT-Zeitalters. Daten wurden seit jeher in irgendeiner Form verwaltet. Sei es, dass die Daten in Stein geritzt wurden oder meterlange Aktenschränke mit Papier füllten. Die Neuerung, die das IT-Zeitalter gebracht hat, ist die Darstellung von Daten in elektronischer Form, was das Datenmanagement wesentlich vereinfacht und effizienter macht. Eine zentrale Rolle des elektronischen Datenmanagements spielt die *Datenbank*. Es gibt mindestens so viele Definitionen des Begriffs Datenbank, wie es Programmierer und Datenbankspezialisten gibt. Ich habe einmal zwei Definitionen herausgenommen, die mir am eingängigsten erscheinen und die verdeutlichen, wie der Begriff Datenbank verwendet wird:

Wichtig

1. Eine Datenbank ist ein verteiltes, integriertes Computersystem, das Nutzdaten und Metadaten enthält. *Nutzdaten* sind die Daten, die Benutzer in der Datenbank anlegen und aus denen die Informationen gewonnen werden. *Metadaten* werden oft auch als Daten über Daten bezeichnet und helfen, die Nutzdaten der Datenbank zu strukturieren.

2. Eine Datenbank ist eine geordnete, selbstbeschreibende Sammlung von Daten, die miteinander in Beziehung stehen.

Wichtig

Während die erste Definition eher den technischen Aspekt heraushebt und auf die Realisierung einer Datenbank als Computersystem abhebt, stellt die zweite Definition den theoretischen Aspekt in den Vordergrund und ist daher universeller verwendbar als die erste Definition.

Lassen Sie uns die zweite Definition noch einmal näher am Beispiel eines Adressbuchs betrachten, das einfach in Form einer Tabelle angelegt ist:

Name	Telefonnummer	Anschrift	Ort
Max Mustermann	0123 / 456789	Musterstraße 3	Musterhausen
Susi Sorglos	0987 / 654321	Sorglosgasse 7	Schlumpfhausen

Im dargestellten Adressbuch befindet sich zunächst eine Sammlung von Daten, nämlich die Adressen. Diese sind nach dem Alphabet geordnet. Obwohl es sich bei jeder Adresse um einen Kontakt handelt, stehen diese nicht in einer Beziehung zueinander. Es handelt sich lediglich um Instanzen des Objekts »Leute, die so interessant sind, dass sie in ein Adressbuch eingetragen wurden«. Der Ausdruck »die miteinander in Beziehung stehen« der Definition bezieht sich auf verschiedene Tabellen, die untereinander in Beziehung stehen können. Zu diesem Thema erfahren Sie im weiteren Verlauf des Buches mehr. Eine *Selbstbeschreibung* des Adressbuchs erfolgt durch die Tabellenüberschriften. Die Überschriften erklären, was der Inhalt der jeweiligen Spalte bedeutet. Diese Beschreibungen der Daten werden, wie bereits aus der ersten Definition des Begriffs Datenbank bekannt, als *Metadaten* bezeichnet. Offensichtlich ist nach der zweiten Definition ein simples Adressbuch in Form einer Tabelle eine (wenn auch nicht digitale) Datenbank. Die Metadaten werde im Datenbanksystem im so genannten *Katalog* (auch *Data Dictionary*) gespeichert. Der Katalog stellt den Teil der Datenbank dar, in dem die Metainformationen abgelegt werden.

Um eine Datenbank auf einem Computer zu verwalten, wird in der Regel ein so genanntes *Datenbankmanagement-System* (*DBMS*) verwendet, das sich um die Organisation der Daten kümmert und das den Zugriff auf die Daten regelt. Das Datenbankmanagement-System kann entweder aus einem einzelnen Programm bestehen, wie es oft bei Desktop-Datenbanksystemen wie z.B. Microsoft Access der Fall ist, oder es kann aus vielen Programmen bestehen, die zusammenarbeiten und so die Funktionalität eines DBMS bereitstellen. Diese Variante wird oft bei servergestützten Datenbanksystemen verwendet. In Abbildung 1.1 ist das Zusammenspiel zwischen DBMS und Datenbank zu sehen. Ein Anwender formuliert eine Abfrage an die Datenbank, die die benötigten Daten zurückliefern soll. Die Abfrage wird an das DBMS weitergereicht, das die Daten aus der eigentlichen Datenbank heraussucht und diese an den Anwender zurückliefert. Ferner kann man in Abbildung 1.1 sehen, dass in der Datenbank sowohl Metainformationen als auch Nutzdaten vorhanden sind. Die Nutzdaten bestehen im Beispiel aus den Daten in den Tabellen Kunden, Berater und Projekte.

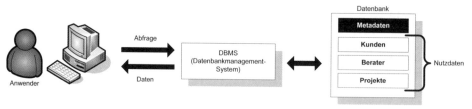

Abb. 1.1:   Das DBMS verwaltet den Zugriff auf die Datenbank.

Hinweis

Aus Bequemlichkeit wird in der Praxis oft der Begriff Datenbank anstatt Datenbankmanagement-System verwendet. Anwendungen wie z.B. Access oder Oracle werden oft als Datenbanken bezeichnet, obwohl sie in Wirklichkeit Datenbankmanagement-Systeme sind. Wenn Sie also auf den Begriff Datenbank stoßen, so müssen Sie versuchen, aus dem Kontext zu erschließen, was denn nun eigentlich gemeint ist. Geht es um das Datenbankmanagement-System, die technische Ausführung eines Datenbanksystems (also Hard- und Software) oder um das logische Konzept der Datenbank?

Datenbankmanagement-Systeme sind aus unserem modernen Leben nicht mehr wegzudenken und bilden sozusagen das Rückgrat der Informationsgesellschaft. Daten, aus denen Informationen gewonnen werden können, sind zu einem wichtigen Rohstoff geworden, der natürlich auch entsprechend behandelt werden muss. Daher stellen moderne Datenbankmanagement-Systeme viele Funktionen zur Verfügung, die für die Pflege und das Auslesen der Daten wichtig sind und den Umgang mit Daten vereinfachen. Ein wichtiger Bestandteil moderner Datenbanksysteme ist die integrierte Abfragesprache, mit der man einfach so genannte *Ad-hoc-Abfragen* an die Datenbank absetzen kann. Eine Ad-hoc-Abfrage dient dazu, Informationen abzufragen, die eine bestimmte, aktuelle Fragestellung beantworten sollen. Um auf das Beispiel des Servicemitarbeiters vom Anfang des Kapitels zurückzukommen, könnte dieser, nachdem er sich vom Schock erholt hat, einfach auf der Straße auf die Rechnung mit der Nummer 32532 angesprochen worden zu sein, und in sein Büro zurückgekehrt ist, eine Ad-hoc-Abfrage starten, die die mit der Rechnungsnummer 32532 verknüpften Daten zurückliefert und ihm Informationen zu der durch Rechnungsnummer 32532 identifizierten Rechnung gibt.

Mit Hilfe von Datenbankmanagement-Systemen wird eine Umgebung geschaffen, in der Daten besser organisiert werden können, als dies vor der Entwicklung von Datenbankmanagement-Systemen möglich war. Daten können leicht zur Datenbank hinzugefügt, geändert und gelöscht werden und es werden durch das DBMS leistungsfähige Suchfunktionen zur Verfügung gestellt, so dass bestimmte Daten schnell wieder gefunden werden können. Der Erfolg der DBMS ist so groß, dass Microsoft momentan überlegt, den nächsten Windows-Versionen (Codename Longhorn), anstelle eines normalen Dateisystems ein DBMS mitzugeben, das dann die Dateien auf der Festplatte verwaltet. Den Vorteil sieht Microsoft darin, dass nicht nur, wie bisher, Dateien, sondern auch jede andere Art von Daten (z.B. Adressen) im Dateisystem gespeichert, mit anderen Objekten (wie z.B. Dateien) in Zusammenhang gebracht und abgefragt werden kann.

Durch den schnellen Zugriff, den Datenbanksysteme auf Daten erlauben, und unter Verwendung von Tools, die die Daten in sinnvolle Informationen umwandeln, ist es dem Nutzer einer Datenbank möglich, sich schnell an die sich ändernden Anforderungen anzupassen und aufgrund guter Daten schnelle und fundierte Entscheidungen zu treffen, was einen großen Wettbewerbsvorteil ausmacht. Eine gut organisierte Datenbank schafft Transparenz und kann einem Unternehmen so zu mehr Leistungsfähigkeit verhelfen.

1.1 Warum ist Datenbankdesign wichtig?

Stellen Sie sich einmal vor, dass Sie ein Haus bauen möchten. Was ist der erste Schritt, nachdem Sie die Finanzierung für Ihr Bauvorhaben unter Dach und Fach gebracht haben? Natürlich – Sie suchen sich einen fähigen Architekten, der sich zunächst einmal nach Ihren Wünschen erkundigt (wie viele Zimmer, mit oder ohne Swimmingpool, wo kommt das Arbeitszimmer hin usw.) und dann auf Basis dieser Wünsche einen Bauplan für Ihr Tramhaus entwickelt.

Komischerweise scheinen immer noch viele Menschen zu denken, dass das alles für Software-Projekte nicht gelten soll. Ich habe schon einige Projekte gesehen, in denen ein motivierter Mitarbeiter einfach sein Datenbankprogramm gestartet und angefangen hat. In unserem Architekten-Beispiel wäre das genau so, als ob der Architekt Ihrer Wahl, nachdem er erfahren hat, dass Sie ein Haus planen, sagt, »Klasse – ich fahr dann mal eben zum Baumarkt, hol ein paar Ziegelsteine und dann können wir auch schon direkt loslegen!« Ich denke, in diesem Fall werden Sie sich schnell nach einem anderen Architekten umsehen.

Genau wie für ein stabiles Haus, das allen Widrigkeiten seiner Umgebung trotzen soll, ein guter Plan vonnöten ist, der von einem Statiker abgenommen wurde, ist es für eine Datenbank wichtig, dass der eigentlichen Implementierung ein gutes Datenbankdesign vorausgegangen ist. In der Tat sollte der eigentliche Datenbank-design-Prozess mindestens 80 bis 90% der Datenbankentwicklung ausmachen. Hierbei meine ich die reine Entwicklungszeit der Datenbank, d.h. Struktur der Tabellen, Beziehungen, Einschränkungen etc. Was in dieser Entwicklungszeit nicht berücksichtigt ist, ist die Entwicklungszeit für die Benutzeroberfläche einer Datenbankanwendung (z.B. in einer Hochsprache). Durch cleveres Datenbankde-sign (das auch schon im Hinblick auf die zu entwickelnde Anwendung erstellt wurde) lässt sich aber auch die Entwicklungszeit der Datenbankanwendung drastisch verkürzen.

Ist erst einmal ein gutes Datenbankdesign vorhanden, so kann dieses leicht in einem der marktüblichen Datenbanksystemen implementiert werden. Es gibt sogar Programme, wie z.B. Microsoft Visio (um Datenbank Re- und Forward-Enginee-ring mit Visio machen zu können, benötigen Sie die Enterprise-Architect-Version, die bei Visual Studio.NET dabei ist) oder Powerbuilder von Sybase, die es ermögli-chen, das Design der Datenbank direkt am Rechner durchzuführen. Nachdem Sie auf diese Art und Weise ein Modell Ihrer Datenbank entwickelt haben, erzeugen diese Programme die Implementierung Ihres Modells (z.B. als SQL-Script) auto-matisch.

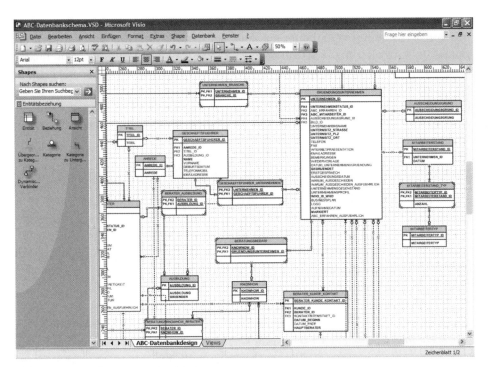

Abb. 1.2: Visio beim Datenbankdesign

Weil das gute Design einer Datenbank einer der zentralen Punkte bei der Erstellung einer Datenbankanwendung ist, beschäftigt sich der größere Teil dieses Buches mit dem Design von Datenbankanwendungen. Das tollste DBMS nützt nichts, wenn Ihr Datenbankdesign schlecht ist.

Weiter oben haben Sie festgestellt, dass Daten für Unternehmen eine wichtige Ressource darstellen, da aus Daten Informationen gewonnen werden können, die wiederum zu Entscheidungen führen. Da die Qualität der Entscheidungen von der Qualität der zugrunde liegenden Informationen und diese wiederum von der Qualität der zugrunde liegenden Daten abhängt, kann nur eine gut entworfene Datenbank die Qualität der in ihr gespeicherten Daten gewährleisten.

Ist das Datenbankdesign schlecht, so können in Ihrer Datenbank *redundante Daten* auftreten. Unter redundanten Daten versteht man Daten, die unnötigerweise mehrfach in der Datenbank vorkommen. Um zu verdeutlichen, warum das zu einem Problem werden kann, stellen Sie sich folgende Situation in dem Beispiel mit der Rechnung vor: Stellen Sie sich vor, dass die Kundendaten in jedem Datensatz der Tabelle gespeichert werden, in dem auch die Rechnungen gespeichert werden (und zwar nur dort). Um im Beispiel zu bleiben, überlegen wir nun, was passiert, wenn ich umziehe. Da meine Kontaktinformationen in jedem Rechnungsdatensatz gespeichert sind, müssen sie auch in jedem Rechnungsdatensatz geändert werden. Da ich ein guter Kunde bin und schon viel bei der Firma gekauft habe, müssen viele Datensätze geändert werden. Bei der Änderung dieser Datensätze macht der zuständige Mitarbeiter einen Fehler und übersieht einen oder mehrere Datensätze. Arbeitet nun ein anderer Mitarbeiter mit den Daten der Datenbank, wird ihm mit Sicherheit auffallen, dass meine Rechnungen an zwei verschiedene Adressen ausgestellt sind. Da der erste Mitarbeiter (wie üblicherweise in solchen Fällen) nicht verfügbar ist, kann der zweite Mitarbeiter nicht direkt entscheiden, welche der beiden möglichen Adressen die gültige ist. Es beginnt ein aufwändiger Fehlersuchprozess, um meine aktuelle Adresse zu ermitteln.

> ### Wichtig
>
> Man spricht von redundanten Daten, wenn Daten über ein und dieselbe Entität (eine *Entität* ist ein Objekt der realen Welt, das in der Datenbank verwaltet werden soll, also z.B. eine Person oder eine Rechnung) mehrfach in der Datenbank gespeichert sind. Solche unerwünschten Redundanzen sind das Ergebnis eines schlechten Datenbankdesigns.

Es gibt allerdings auch Fälle, in denen innerhalb von Datenbanken bewusst Datenredundanzen erzeugt werden. Dies ist z.B. bei Datawarehouse-Anwendungen der Fall. Hier wird zusätzliche Geschwindigkeit durch Bereitstellung von redundanten Daten erzeugt. An dieser Stelle ist aber eine unbeabsichtigte Datenredundanz gemeint – und die ist immer schlecht.

Da das Datenbankdesign so wichtig für eine stabile, robuste Datenbank ist, die erweiterbar ist und so auch zukünftigen Anforderungen noch genügt, beschäftigt sich dieses Buch ausführlich mit diesem wichtigen Thema. Wenn Sie in die Tiefen der Implementierung von Datenbankmanagement-Systemen eintauchen möchten, so ist dieses Buch mit Sicherheit nicht das richtige. Für diesen Fall empfehle ich Ihnen die Bücher von Heuer und Saake, die auch im mitp-Verlag erschienen sind.

Um den nötigen Praxisbezug herzustellen und die in diesem Buch vorgestellten Konzepte zu verdeutlichen, wird der logische Entwurf eines kompletten Beispiels mittlerer Komplexität durchgeführt. Nähere Informationen zu dem Fallbeispiel finden Sie weiter unten im Kapitel unter Abschnitt 1.3, *Seite 39*.

1.2 Dateisystem und Datenbanken

Damit Sie die großen Vereinfachungen und Vorteile verstehen können, die Datenbanksysteme gegenüber einfachen Dateien haben, die im Dateisystem abgespeichert sind, müssen Sie sich zunächst ein wenig mit der Vergangenheit beschäftigen, und sich ansehen, welche Probleme es damals gab.

Die Vorteile einer Datenbank gegenüber dem Dateisystem sind in der Tat so groß, dass Microsoft momentan überlegt, das Dateisystem von Windows Longhorn komplett durch eine Datenbank zu ersetzen. WinFS, das neue Dateisystem, ist im Prinzip nichts anderes als ein im Betriebssystem integrierter SQL-Server. Unter WinFS wird der Anwender die Möglichkeit haben, herkömmliche Dateien, relationale Daten und XML-Dateien zu verknüpfen. Es ist sogar geplant, dass Daten, die in WinFS abgelegt werden, über mehrere Rechner synchronisiert werden können. Nähere Informationen zu WinFS finden Sie unter `http://msdn.microsoft.com/Longhorn/understanding/pillars/WinFS/default.aspx`.

Erst wenn Sie diese Vorteile verstanden haben, werden Sie sehen, warum die Entwicklung zu den Datenbanksystemen geführt hat, die wir heute kennen und schätzen gelernt haben. Die Informationen, die Sie in diesem Abschnitt erhalten, sind auch wichtig, wenn Sie planen, eine bestehende Anwendung, die ihre Daten im Dateisystem ablegt, in eine Anwendung zu transformieren, die die Daten in einer Datenbank speichert.

1.2.1 Historische Wurzeln

Die Ablage von Dateien in einem Dateisystem ist sehr ähnlich zu der Art, wie wir Daten aufbewahren würden, wenn es gar keine Computer gäbe. Stellen Sie sich vor, dass Sie einen gewaltigen Berg an Schriftstücken haben, die geordnet und sortiert werden müssen, damit man ein bestimmtes Schriftstück, das man gerade benötigt, schnell wieder finden kann. Eine mögliche Art, dem unausweichlichen Chaos Paroli zu bieten, das bei der Ablage all dieser Schriftstücke auf Ihrem Schreibtisch entstünde, ist es, sich einen Schrank mit einer Hängeregistratur zu kaufen. Sie können die verschiedenen Schubladen des Schrankes unterschiedlich beschriften, z.B. »Rechnungen« und »Schriftverkehr«. In die »Rechnungen«-Schublade können Sie dann einfach Hängeordner hängen, die mit den Namen Ihrer Kunden beschriftet sind. In diesen Hängeordnern befinden sich dann alle Rechnungen zum jeweiligen Kunden. Suchen Sie nun eine bestimmte Rechnung zu einem bestimmten Kunden, so müssen Sie lediglich die Schublade aufziehen, in der die Hängeordner mit Rechnungen hängen, die Akte des gewünschten Kunden heraussuchen und dann innerhalb der Akte nach der gewünschten Rechnung suchen. Das ist recht einfach. Komplizierter wird es, wenn Sie nun alle Rechnungen heraussuchen möchten, die ein bestimmter Sachbearbeiter verfasst hat. Die Namen der Sachbearbeiter stehen zwar jeweils auf den einzelnen Rechnungen, da es aber kein Ordnungskriterium gibt, das die Rechungen den Sachbearbeitern zuweist, bleibt Ihnen in diesem Fall nichts anderes übrig, als alle Rechnungen aus der Hängeregistratur zu nehmen und einzeln daraufhin zu untersuchen, welcher Sachbearbeiter sich mit der Rechnung befasst hat. Dann müssen Sie die Rechungen, die der gewünschte Sachbearbeiter bearbeitet hat, an die Seite legen. Eine ziemlich mühsame Aufgabe, wenn Sie mich fragen.

Die Organisation von Dateien im Dateisystem eines Rechners ist diesem Beispiel aus der realen Welt ziemlich stark nachempfunden. Hier werden einzelne, elektronische Dateien in Verzeichnissen gespeichert, die selbst wiederum in anderen Verzeichnissen gespeichert sein können. Einer der auffälligsten Unterschiede zur klassischen Hängeregistratur besteht darin, dass die Schachtelungstiefe der Verzeichnisse beliebig ist.

> ### Hinweis
>
> In der Realität ist die Schachtelungstiefe von Verzeichnissen nicht unbedingt beliebig – das hängt vom Betriebssystem des Rechners ab bzw. vom verwendeten Dateisystem. Gängige Dateisysteme haben im direkten Vergleich zu einer Hängeregistratur allerdings eine so tiefe Schachtelungstiefe, dass man getrost von einer beliebigen Schachtelungstiefe sprechen kann.

Die Speicherung von Daten in einer derartigen hierarchischen Struktur im Dateisystem ist legitim, so lange die Anzahl der zu verwaltenden Daten gering ist. Sobald allerdings die Datenmengen und die Anforderungen an die Verknüpfung der Daten untereinander steigen, ist die Ablage von Daten in einem hierarchischen Dateisystem ineffizient.

1.2.2 Probleme bei der Datenhaltung im Dateisystem

Zunächst haben Computer, die für wirtschaftliche Zwecke eingesetzt wurden, Daten, die z.B. finanzmathematische Programme benötigten, in einzelnen Dateien abgespeichert. Jedes Programm hatte seine eigenen Dateien, es gab allerdings Überschneidungen in den abgespeicherten Daten, da für verschiedene Zwecke dieselben Informationen benötigt werden. Sehen Sie sich hierzu Abbildung 1.3 an.

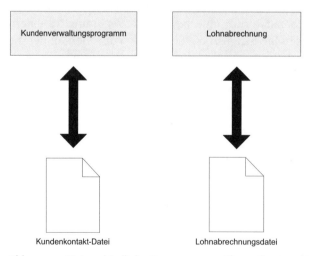

Abb. 1.3: Unterschiedliche Programme greifen auf unterschiedliche Dateien zu.

Stellen Sie sich vor, dass Sie in einer Beratungsfirma arbeiten, die dafür bezahlt wird, dass die angestellten Berater Firmenkunden in verschiedenen Bereichen des Geschäftslebens beraten (dieses Beispiel greift schon auf das Fallbeispiel vor). Die Beratungsfirma besitzt zwei Programme, einerseits ein Kundenverwaltungsprogramm (in Neu-Deutsch heißt das Customer-Relationship-Management oder kurz CRM), das Kontakte der Berater zu den Kunden verwaltet, auf der anderen Seite ein Lohnabrechnungsprogramm, das berechnet, wie viel Lohn der jeweilige Berater für seine Leistungen bekommt. Wie Sie sich sicherlich schon selbst überlegt haben, werden in beiden Dateien, sowohl in der Datei für das Kundenverwaltungsprogramm als auch in der Lohnabrechnungsdatei, zumindest die Namen der Berater doppelt vorkommen. Einerseits möchte man mit dem Kundenverwaltungsprogramm festhalten, welcher Berater welchen Kunden beraten hat, andererseits möchte man mit der Lohnabrechnung die Löhne der Berater berechnen, daher braucht man in beiden Programmen wenigstens die Namen der Berater. Wenn nun ein Berater seinen Namen ändert (z.B. durch Heirat), so muss diese Namensänderung im Beispiel an zwei Stellen durchgeführt werden. (Unser Beispiel ist natürlich sehr vereinfacht. Ein großes Beratungsunternehmen besitzt sicherlich mehr als zwei Programme, mit denen die Aktivitäten des Unternehmens und auch der für das Unternehmen tätigen Berater festgehalten werden. Sie können also davon ausgehen, dass ein Beraternamen an vielen Stellen geändert werden muss.) Dies kann besonders dann problematisch sein, wenn die beiden Programme unter der Hoheit zweier verschiedener Abteilungen stehen. Es müssen zwei Sachbearbeiter davon in Kenntnis gesetzt werden, dass sich der Name geändert hat, und diese beiden Sachbearbeiter müssen die Änderung dann auch in die jeweiligen Programme einpflegen. In der Hektik des Tagesgeschäfts kann so eine kleine Änderung schon mal schnell übersehen werden, so dass für eine Person plötzlich zwei verschiedene Namen existieren. Die Situation wird besonders dann bedenklich, wenn die Änderung schon etwas länger zurückliegt und sich niemand daran erinnern kann, wie denn nun der richtige Name des Mitarbeiters ist. In diesem Fall muss ein umständlicher und unter Umständen auch teurer Fehlerbereinigungsprozess durchgeführt werden.

In unserem Beispiel ist es natürlich einfach, den Fehler zu eliminieren. Man muss lediglich den Berater fragen, wie sein richtiger Name denn nun lautet. Viel kritischer und schwieriger wird die Fehlerbereinigung dann, wenn festgestellt wird, dass z.B. zwei oder drei von Millionen von Messwerten, die aufgezeichnet wurden, in den beiden Programmen, die sie verarbeiten, nicht übereinstimmen. Hier wird es richtig schwierig, den richtigen Messwert im Nachhinein zu ermitteln.

Es lassen sich sicherlich noch weitere Überschneidungen finden. Was passiert zum Beispiel, wenn die Berater auf Stundenbasis bezahlt werden? Im schlechtesten Fall (da keines der beiden Programme auf die Datei des anderen Programms zugreifen kann) muss ein Sachbearbeiter zuerst die in einem Monat angefallenen Stunden mit dem Kundenverwaltungsprogramm ausdrucken, um sie dann in das Lohnabrechnungsprogramm per Hand wieder einzugeben. Dies ist ein mühsamer und fehleranfälliger Prozess.

Bevor Sie sich weiter mit den Problemen beschäftigen, die die Datenhaltung in proprietären Dateien so mit sich bringt, lassen Sie uns einfach einmal einen Blick in eine solche proprietäre Datei werfen und anhand dieser Datei im Vorfeld schon einige wichtige Begriffe klären, die in Zusammenhang mit der Datenhaltung im Allgemeinen stehen. Diese Begriffe werden in Kapitel 3 wieder aufgegriffen und ausführlich am Konzept der relationalen Datenbank erklärt. Die Datei, die dem Kundenverwaltungsprogramm zugrunde liegt, könnte z.B. so aussehen, wie in Abbildung 1.4 gezeigt.

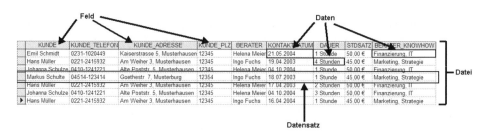

Abb. 1.4: Inhalt der Datei des Kundenverwaltungsprogramms

Als *Daten* bezeichnen wir alle Fakten, die in dieser Datei gespeichert sind. Beispiele für Daten sind z.B. bestimmte Telefonnummern oder Postleitzahlen. Daten selbst besitzen einen geringen Informationsgehalt. Damit Sie aus den Daten sinnvolle Informationen gewinnen können, müssen Sie sie in einen Zusammenhang bringen.

Wenn Sie sich die Tabellendarstellung der Datei des Kundenverwaltungsprogramms in Abbildung 1.4 genau ansehen, so stellen Sie fest, dass in einer Spalte stets dieselben Informationen zu finden sind. In der Spalte KUNDE_TELEFON z.B. befinden sich die Telefonnummern der einzelnen Kunden. Eine benannte Einheit, die immer dieselben Daten aufnimmt, wird im Datenbankjargon als *Feld* bezeichnet. Im Prinzip kann man sagen, dass ein Feld eine Eigenschaft einer Entität darstellt, die in der Datenbank verwaltet wird. Beispiele für Felder in Abbildung 1.4 sind KUNDE, KUNDE_TELEFON, KUNDE_ADRESSE usw.

Unter einem *Datensatz* versteht man eine Sammlung von verknüpften Feldern, die Daten über ein Ding des täglichen Lebens, wie z.B. eine Person oder einen Gegenstand, enthalten. In unserem Beispiel enthält ein Datensatz Daten über einen bestimmten Kundenkontakt und ist aus den Feldern KUNDE, KUNDE_TELEFON, KUNDE_ADRESSE, KUNDE_PLZ, BERATER, KONTAKTDATUM, DAUER, STDSATZ und BERATER_KNOWHOW aufgebaut. In der tabellarischen Darstellung in Abbildung 1.4 entspricht ein Datensatz einer Zeile.

Als *Datei* bezeichnet man eine Menge von Datensätzen, die zusammengehören. In unserem Beispiel bilden alle Datensätze in Abbildung 1.4 die Datei für das Kundenverwaltungsprogramm. Bitte beachten Sie, dass verschiedene Dateien nicht unbedingt unterschiedlich aufgebaut sein müssen. Es ist durchaus erlaubt (und auch üblich), dass verschiedene Dateien denselben Aufbau besitzen. So ist es auch denkbar, dass man die Dateien des Kundenverwaltungsprogramms nach Beratern unterteilen kann. In diesem Fall hätten Sie zwei Dateien desselben Aufbaus, wobei die eine Datei nur Datensätze enthält, die Ingo Fuchs zugeordnet sind, und die andere Datei enthält nur Datensätze, die Helena Meier zugeordnet sind.

Eine Datei, wie sie in Abbildung 1.4 zu sehen ist, wird auch oft als *flache Datei* bezeichnet, da sie ein Minimum an Struktur besitzt. Ich habe die Tabellenform der Abbildung 1.4 lediglich aus Gründen der Übersichtlichkeit gewählt. Eine beliebte Form, in der flache Dateien gespeichert werden, ist das *CSV-Format* (*Comma Separated File*). Hierbei werden die Felder entweder, wie in Listing 1.1 zu sehen ist, mit Hilfe eines Trennzeichens (in diesem Fall das Semikolon) getrennt, oder es wird für jedes Feld eine bestimmte Zahl an Zeichen definiert. Jeder Datensatz beginnt in einer neuen Zeile.

```
Emil Schmidt;0231-1020449;Kaiserstrasse 5, Musterhausen;12345;Helena
Meier;...
Hans Müller;0221-2415932;Am Weiher 3, Musterhausen;12345;Ingo Fuchs;...
Johanna Schulze;0410-1241221;Alte Poststr. 5, Musterhausen;12345;Helena
Meier;...
Markus Schulte;04514-123414;Goethestr. 7, Musterburg;12354;Ingo Fuchs;...
Hans Müller;0221-2415932;Am Weiher 3, Musterhausen;12345;Helena Meier;...
Johanna Schulze;0410-1241221;Alte Poststr. 5, Musterhausen;12345;Helena
Meier;... Hans Müller;0221-2415932;Am Weiher 3, Musterhausen;12345;Ingo
Fuchs;...
```

Listing 1.1: Beispiel für eine flache Datei

Wie Sie sehen können, enthält die in Listing 1.1 dargestellte flache Datei wirklich ein Minimum an Metainformationen. Die einzigen enthaltenen Metainformationen sind die Semikola, die die Daten der einzelnen Felder trennen. Es ist weder eine Information darüber vorhanden, welches Feld welche Bedeutung hat, noch welcher Datentyp verwendet wird. Wenn Ihnen allein diese Datei und die Information vorliegen, dass die Datei Kundenkontakte zu Beratern Ihres Beratungsunternehmens enthält, können Sie aufgrund dieser Darstellung nicht entscheiden, ob z.B. in der ersten Zeile Emil Schmidt oder Helena Meier der Berater ist (es sei denn, Sie kennen Ihre Kollegen).

Eine Datei, wie sie in Listing 1.1 zu sehen ist, bringt viele Probleme mit sich, obwohl in der Anfangszeit des Informationszeitalters 20 Jahre lang mit solchen Dateien gearbeitet worden ist.

Wenn Sie auf eine solche Datei mit Hilfe einer Hochsprache, wie z.B. C++, Basic oder Pascal zugreifen möchten, müssen Sie komplexe Funktionen und Prozeduren schreiben, die die Daten von der Festplatte laden, ändern und speichern können. Da Sie in diesem Fall in der Hochsprache nicht nur definieren müssen, welche Daten von der Festplatte geladen werden sollen, sondern auch, wie das geschehen soll, kann die Verwaltung flacher Dateien (insbesondere in einem komplexen System, das viele flache Dateien besitzt) sehr komplex werden. Da die Struktur der verschiedenen Dateien unterschiedlich ist – die Datei des Kundenverwaltungsprogramms ist mit Sicherheit anders als die Datei des Lohnabrechnungsprogramms –, muss für jede Datei eine eigene Dateiverwaltung programmiert werden, die folgende Aufgaben erfüllen kann:

- Datei anlegen

- Daten zur Datei hinzufügen

- Daten aus der Datei löschen

- Daten in der Datei ändern

- Daten aus der Datei laden

Aufgrund der Abhängigkeit der Dateiverwaltung von der Struktur der zugrunde liegenden Dateien ist es in einem solchen System nicht möglich, Ad-hoc-Abfragen durchzuführen, daher mussten Programme geschrieben werden, die bestimmte Berichtsanforderungen erfüllen konnten. Das Schreiben dieser Programme war natürlich auch aufwändig. Je nach Anforderungen konnte es sein, dass es eine Woche oder einen Monat dauerte, bevor ein Programm erstellt war, das einen Bericht ausgeben konnte, der einen bestimmten Sachverhalt dargestellt hat. Ganz am Anfang dieses Kapitels habe ich erwähnt, dass man, um gute Entscheidungen treffen zu können, gute Informationen benötigt. Diese guten Informationen benötigt man natürlich auch zeitnah, da die Entscheidungen natürlich ziemlich schnell getroffen werden müssen. Wenn es aber eine Woche oder einen Monat lang dauert, die notwendigen Informationen zu besorgen, so ist das Datenbanksystem äußerst ineffizient, da sich die Situation, für die die Informationen benötigt wurden, unter Umständen schon wieder verändert hat, so dass die gelieferten Informationen keinen Wert mehr besitzen, weil sie viel zu spät zur Verfügung stehen. Je mehr Daten in flachen Dateien verwaltet werden und je größer der Bedarf an bestimmten Berichten oder Auswertungen ist, desto komplexer und schwieriger wird es, ein auf flachen Dateien basierendes System zu verwalten und zu steuern. Dass die Fehleranfälligkeit eines solchen Systems mit der Komplexität steigt, versteht sich von selbst.

Ein anderer wichtiger Punkt, den Sie bei der Betrachtung der flachen Dateien nicht aus den Augen lassen dürfen, ist das Verhalten eines auf flachen Dateien basierenden Systems bei Änderungen an der Struktur der Dateien. Sehen Sie sich bitte noch einmal die Struktur der Datei unseres Kundenverwaltungsprogramms an (siehe Abbildung 1.5).

KUNDE	KUNDE_TELEFON	KUNDE_ADRESSE	KUNDE_PLZ	BERATER	KONTAKTDATUM	DAUER	STDSATZ	BERATER_KNOWHOW
Emil Schmidt	0231-1020449	Kaiserstrasse 5, Musterhausen	12345	Helena Meier	21.05.2004	1 Stunde	50,00 €	Finanzierung, IT
Hans Müller	0221-2415932	Am Weiher 3, Musterhausen	12345	Ingo Fuchs	19.04.2003	4 Stunden	45,00 €	Marketing, Strategie
Johanna Schulze	0410-1241221	Alte Poststr. 5, Musterhausen	12345	Helena Meier	04.10.2004	1 Stunde	50,00 €	Finanzierung, IT
Markus Schulte	04514-123414	Goethestr. 7, Musterburg	12354	Ingo Fuchs	18.07.2003	1 Stunde	45,00 €	Marketing, Strategie
Hans Müller	0221-2415932	Am Weiher 3, Musterhausen	12345	Helena Meier	17.04.2003	2 Stunden	50,00 €	Finanzierung, IT
Johanna Schulze	0410-1241221	Alte Poststr. 5, Musterhausen	12345	Helena Meier	04.10.2004	3 Stunden	50,00 €	Finanzierung, IT
▶ Hans Müller	0221-2415932	Am Weiher 3, Musterhausen	12345	Ingo Fuchs	16.04.2004	1 Stunde	45,00 €	Marketing, Strategie

Abb. 1.5: Struktur der Kundenverwaltungsdatei

Wenn Sie sich das Feld KUNDE_ADRESSE ansehen, sehen Sie, dass hier zwei Informationen enthalten sind, die Straße, in der der Kunde wohnt, und die Stadt. Da Sie gerne eine Auswertung der Daten bezogen auf die Stadt hätten, wäre es sinnvoll, die Straße und den Ort in verschiedenen Feldern zu speichern. Natürlich könnten Sie die Postleitzahl als Kriterium verwenden, da diese in einem Feld gespeichert ist. Das ist aber gerade bei größeren Städten problematisch, da diese über mehrere Postleitzahlen verfügen. Würden Sie die Postleitzahl als Kriterium nehmen, so könnten Sie die Kunden nach Postleitzahlen auswerten, was aber der ursprünglichen Frage, der Auswertung nach Städten, nicht hundertprozentig entspricht. In diesem Fall müssen Sie die Struktur Ihrer flachen Datei ändern, was zu Problemen führen kann, da sämtliche Programme, die auf diese Datei zugreifen, auch geändert werden müssen.

Lassen Sie uns einmal untersuchen, was alles gemacht werden muss, um die angesprochene simple Änderung des Feldes KUNDE_ADRESSE durchzuführen. Zunächst einmal müssten wir ein Programm schreiben, das die Daten aus der alten Form in die neue Form konvertieren kann. Dieses Programm müsste die neue Dateistruktur auf Festplatte anlegen, Datensatz für Datensatz aus der alten Dateistruktur lesen, die Daten in die neue Dateistruktur transformieren (in unserem Fall das Feld KUNDEN_ADRESSE beim Komma auftrennen, den ersten Teil in das neue Feld STRASSE und den Rest in das neue Feld ORT schreiben) und die neuen Datensätze dann in die neue Dateistruktur auf Festplatte schreiben. Auch wenn diese Arbeit recht aufwändig ist, ist sie sicherlich machbar. Was allerdings problematischer ist, ist der zweite Teil der Datenumstellung. Nachdem wir die Daten von der alten in die neue Struktur transformiert haben, müssen wir nun alle Programme, die mit der Datei arbeiten (also sowohl Benutzerprogramme, mit denen neue Daten zur Datei hinzugefügt oder bestehende Daten verändert werden können, als auch sämtliche Berichtsprogramme), aufspüren und umprogrammieren, so dass sie mit der neuen Dateistruktur arbeiten können. In einem großen Unternehmen kann dies zu einem sehr zeitaufwändigen und mühsamen Prozess werden. Bedenken Sie bitte, dass dieser Prozess für jede noch so kleine Änderung an der Datenstruktur durchgeführt werden muss. Anwendungsprogramme, die eine solche Abhängigkeit von der Struktur der zugrunde liegenden Dateien aufweisen, nennt man auch *strukturell abhängig* – der Zugriff auf eine Datei hängt von ihrer Struktur ab.

Eine andere wichtige Abhängigkeit, die Anwendungsprogramme aufweisen, ist die *Datenabhängigkeit*. Unter Datenabhängigkeit versteht man die Abhängigkeit einer Anwendung von der physikalischen Darstellung eines bestimmten Feldes. Stellen

Sie sich z.B. vor, dass Sie eine bestimmte Information als Integer-Wert (also als Ganzzahl ohne Nachkommastellen) abgespeichert haben. Wenn Sie mit Ihrem Programm auf diese Information zugreifen möchten, müssen Sie stets den vorgegebenen Datentyp und das physikalische Format, in dem die Daten gespeichert sind, beachten und können auf den Integer-Wert immer nur als Integer zugreifen. Nach einiger Zeit stellen Sie fest, dass die in diesem Feld gespeicherten Daten auch Nachkommastellen haben können. Sie müssen die physikalische Darstellung der Zahl ändern, so dass auch Nachkommastellen gespeichert werden können. In diesem Fall müssen Sie alle Anwendungsprogramme umprogrammieren, damit sie mit dem neuen Datentyp umgehen können.

Sie werden mir jetzt sicherlich entgegnen wollen, dass die oben geschilderte Datenabhängigkeit für Daten, die in einer Textdatei, wie wir sie bisher betrachtet haben, gespeichert sind, wohl nicht zutreffend sein kann, da sämtliche Daten als Text (also im Prinzip als Strings) gespeichert sind und dass diese nach dem Einlesen ohnehin in den notwendigen Datentyp, also z.B. eine Zahl, umgewandelt werden müssen. Ich stimme Ihnen voll und ganz zu. Dies ist sicherlich im Fall einer Textdatei richtig, aber denken Sie nun einmal daran, wie Dateien in einer Binär-Datei gespeichert werden können. Es gibt verschiedene Formate, in denen man z.B. Zahlen darstellen kann (Festkomma-Darstellung oder mit Hilfe von Exponent und Matisse). Man unterscheidet hier zwischen dem *logischen Format* der Daten, also dem Format, in dem Menschen die Daten verstehen, und dem *physikalischen Format* der Daten, das ist das Format, in dem die Daten vom Computer gespeichert werden. Hierbei ist zu beachten, dass ein logisches Format, z.B. Zahlen, mehrere physikalische Darstellungen haben kann und dass diese unter Umständen auch vom verwendeten Computer bzw. vom verwendeten Betriebssystem abhängen können.

Ein weiteres wichtiges Problem, das Systeme, die auf flachen Dateien aufbauen, nur unzureichend lösen, ist die Implementierung eines sicheren Zugriffs auf die Daten. Da flache Dateien oft nichts anderes als CSV-Dateien, also im Prinzip Textdateien, sind, ist es recht einfach, Sicherheitsmechanismen auszuhebeln, die möglicherweise in den Datenbankanwendungen implementiert sind. Eine Textdatei können Sie einfach in einen Text-Editor laden und schon haben Sie Zugriff auf alle Daten, die in der jeweiligen Datei gespeichert sind.

Der Datei-Charakter und die fehlenden Sicherheitsmaßnahmen führen dazu, dass Daten im Unternehmen nicht zentral zur Verfügung stehen, sondern dass die verschiedenen Abteilungen eines Unternehmens damit beginnen, eigene Datenbestände aufzubauen. Da diese Datenbestände voneinander isoliert gehalten werden, spricht man in diesem Zusammenhang auch von *Dateninseln* oder *Informationsinseln*. In einem solchen Szenario ist es unwahrscheinlich, dass bei Änderungen sämtliche Instanzen der Daten geändert werden. Daher kommt es hier oft vor, dass es verschiedene Versionen derselben Daten gibt, wie z.B. in unserem Beispiel oben, in dem sich ein Name geändert hat. Sie können sich sicherlich vorstellen, wie eine solche Struktur in einem größeren Unternehmen leicht außer Kontrolle geraten kann.

1.2.3 Datenredundanzen und Anomalien

Sie haben im vorherigen Abschnitt gesehen, dass die Verwaltung von Daten in Dateien dazu führt, dass es zur Bildung von Dateninseln kommt und dass dieselben Daten an verschiedenen Orten abgespeichert werden. Wenn Daten, die dieselbe Information über eine Person oder einen Gegenstand speichern, an verschiedenen Orten gehalten werden, spricht man von *Datenredundanz*. Datenredundanz führt zu verschiedenen Problemen, die ich in diesem Abschnitt näher beleuchten werde.

Eines der größten Probleme, das durch Datenredundanz verursacht wird und auf das Sie im Verlauf dieses Kapitels schon des Öfteren gestoßen sind, ist die *Daten-inkonsistenz*. Man spricht von Dateninkonsistenz, wenn verschiedene Versionen derselben Daten existieren und diese verschiedenen Versionen im Konflikt miteinander stehen, das heißt, es ist nicht ohne weiteres möglich, anhand der Daten zu entscheiden, welches die aktuellste bzw. gültige Version der Daten ist. Stellen Sie sich vor, dass Sie in der Kundenverwaltungsdatei die Telefonnummer der Kundin Johanna Schulz ändern. In der Beispieldatei ist diese Telefonnummer in zwei Datensätzen vorhanden, Sie ändern diese aber lediglich in einem Datensatz, so wie in Abbildung 1.6 zu sehen ist.

Dateninkonsistenz

KUNDE	KUNDE_TELEFON	KUNDE_ADRESSE	KUNDE_PLZ	BERATER	KONTAKTDATUM	DAUER	STDSATZ	BERATER_KNOWHOW
Emil Schmidt	0231-1020449	Kaiserstrasse 5, Musterhausen	12345	Helena Meier	21.05.2004	1 Stunde	50,00 €	Finanzierung, IT
Hans Müller	0221-2415932	Am Weiher 3, Musterhausen	12345	Ingo Fuchs	19.04.2003	4 Stunden	45,00 €	Marketing, Strategie
Johanna Schulze	0410-1241335	Alte Poststr. 5, Musterhausen	12345	Helena Meier	04.10.2003	1 Stunde	50,00 €	Finanzierung, IT
Markus Schulte	04514-123414	Goethestr. 7, Musterburg	12354	Ingo Fuchs	18.07.2003	1 Stunde	45,00 €	Marketing, Strategie
Hans Müller	0221-2415932	Am Weiher 3, Musterhausen	12345	Helena Meier	17.04.2003	2 Stunden	50,00 €	Finanzierung, IT
Johanna Schulze	0410-1241221	Alte Poststr. 5, Musterhausen	12345	Helena Meier	04.10.2004	3 Stunden	50,00 €	Finanzierung, IT
Hans Müller	0221-2415932	Am Weiher 3, Musterhausen	12345	Ingo Fuchs	16.04.2004	1 Stunde	45,00 €	Marketing, Strategie

Abb. 1.6: Datenredundanz verursacht Dateninkonsistenzen.

Fragen Sie nun Datensätze aus der Datei ab, erhalten Sie unterschiedliche Informationen über die Telefonnummer der Kundin Johanna Schulz, je nachdem, ob Sie den dritten oder den sechsten Datensatz abfragen. Ihren Daten fehlt *Datenintegrität*.

Dateninkonsistenzen treten nicht nur bei der Änderung von Daten auf, es kann auch vorkommen, dass Dateninkonsistenzen bei der Erfassung von Daten auftreten. Stellen Sie sich einmal vor, was passiert, wenn eine überlastete Sekretärin komplexe Daten (z.B. lange Telefonnummern) in mehreren verschiedenen Dateien erfassen muss, da jedes der verwendeten Programme seinen eigenen Datenbestand besitzt. Fehler bei der Eingabe sind hier unvermeidbar.

Dateninkonsistenzen sind insbesondere dann problematisch, wenn sie nach außen getragen werden und das Unternehmen verlassen. So kann es z.B. sein, dass Sie einem neuen Berater die Telefonnummer der Kundin Johanna Schulze geben (die natürlich falsch ist) und dieser die Kundin nicht erreichen kann.

Die durch Dateninkonsistenzen auftretenden Fehler nennt man auch *Datenanomalien*. Ändert sich der Wert eines Feldes, so sollte diese Änderung an einer einzigen Stelle durchgeführt werden. Sie haben in dem Beispiel oben schon gesehen, was passieren kann, wenn Daten mehrfach, also redundant gespeichert werden. Datenanomalien unterscheidet man in drei verschiedene Kategorien:

- *Änderungs-Anomalie (Update-Anomalie)*

  Die Änderungs-Anomalie haben Sie ja bereits kennen gelernt. Werden dieselben Daten an verschiedenen Stellen gespeichert, so muss gewährleistet sein, dass die Daten an allen Stellen, an denen sie gespeichert werden, auch geändert werden. In unserem Beispiel, in dem sich die Telefonnummer der Kundin Johanna Schulze ändert, muss diese Änderung nicht nur im dritten, sondern auch im sechsten Datensatz durchgeführt werden. Stellen Sie sich das Computersystem eines großen Unternehmens vor, das auf Dateien aufgebaut ist. Hier kann es vorkommen, dass dieselben Daten an über hundert verschiedenen Orten gespeichert sind. In diesem Fall ist es sehr leicht möglich, dass bei der Änderung der Daten eine Stelle übersehen wird.

- *Einfüge-Anomalie (Insert-Anomalie)*

  Eine Einfüge-Anomalie liegt dann vor, wenn man bestimmte Daten nicht erfassen kann, ohne andere Daten gleichzeitig erfassen zu müssen. In unserer Beispiel-Datei ist es z.B. nicht möglich, einen Kunden zu erfassen, ohne diesem direkt einen Berater zuzuweisen. Selbst wenn Sie die Entscheidung, welcher Berater welchen Kunden berät, erst später treffen möchten, müssen Sie trotz allem einen Berater zuweisen. Werden viele Kunden erfasst, ist auch hier wieder die Gefahr groß, dass Dateninkonsistenzen entstehen.

- *Lösch-Anomalie (Delete-Anomalie)*

  Eine Lösch-Anomalie tritt dann auf, wenn das Löschen bestimmter Daten verursacht, dass andere Daten, die eigentlich nicht gelöscht werden sollten, durch diesen Löschvorgang auch gelöscht werden. In der Beispiel-Datei zeigt sich dieses Problem, wenn Sie alle Datensätze löschen, in denen der Kunde Hans Müller vorkommt (also den zweiten, fünften und siebten Datensatz). Diesem Kunden ist der Berater Ingo Fuchs zugeordnet. Wenn Sie davon ausgehen, dass die Daten über Ingo Fuchs einzig und allein in dieser Datei stehen, so wird durch das Löschen aller Datensätze von Hans Müller automatisch jede Information über den Berater Ingo Fuchs gelöscht.

Datenanomalien treten nicht nur bei der dateibasierten Datenhaltung auf. Sie können auch in schlecht entworfenen Datenbanksystemen auftreten. Wie oben beschrieben, sind Datenanomalien das Ergebnis von Datenredundanz. Das Ziel beim Entwurf von Datenbanksystemen sollte es also sein, Datenredundanzen zu vermeiden und so das Auftreten von Datenanomalien zu verhindern.

1.3   Das Fallbeispiel

Im gesamten Buch wird ein durchgängiges Fallbeispiel verwendet, um die Prinzipien des Datenbankdesigns vorzustellen. Beim Fallbeispiel geht es darum, die im Verlauf des Buches erarbeiteten theoretischen Inhalte an einem greifbaren Beispiel aus der Praxis zu verdeutlichen. Sie sollen so in die Lage versetzt werden, die vermittelten Inhalte schnell in der Praxis anwenden zu können.

Lassen Sie uns nun einen Blick auf das Fallbeispiel werfen, das Unternehmen Alana Business Consult (ABC). Das Hauptgeschäft des Unternehmens Alana Business Consult ist es, anderen Firmen Berater zur Verfügung zu stellen. Diese Berater kommen aus verschiedenen Branchen und besitzen die unterschiedlichsten Qualifikationen. Die zu beratenden Firmen auf der anderen Seite haben individuelle Anforderungen, Probleme und Fragestellungen, die von den Beratern gelöst werden sollen. Wie Sie sich sicherlich vorstellen können, ist es immer eine herausfordernde Aufgabe, Berater und Firmen zusammenzubringen. Je nach Komplexität der Fragestellung werden einzelne Berater oder individuell zusammengestellte Beraterteams eingesetzt, um die in der jeweiligen Firma vorhandenen Schwierigkeiten zu lösen. Alle Berater sind fest bei Alana Business Consult eingestellt. Da niemand alles wissen kann und manche Fragestellungen über das Wissen einzelner Berater und sogar das kollektive Wissen des Unternehmens hinausgehen, arbeitet Alana Business Consult zusätzlich mit so genannten Experten zusammen. Diese Experten sind nicht fest bei ABC angestellt, es handelt sich vielmehr um freie Mitarbeiter oder Angestellte anderer Firmen, die bei besonders kniffligen Problemstellungen hinzugezogen werden können. Ist die Aufgabenstellung gelöst, die das Hinzuziehen eines Experten nötig machte, übernehmen wieder der oder die von ABC zugewiesenen Berater. Neben diesen beiden beratend tätigen Gruppen gibt es auch noch Mitarbeiter, die alle Aktivitäten von ABC verwalten und koordinieren. Jedem Kundenunternehmen ist einer dieser Mitarbeiter zugeordnet und dient dem Kunden als Ansprechpartner. Aufgabe dieser Mitarbeiter ist es, zu entscheiden, welcher Firma welcher Berater zugewiesen wird, ob eine Anfrage im Haus beantwortet werden kann oder ob ein Experte hinzugezogen werden muss und ob gegebenenfalls ein Beraterteam zusammengestellt werden muss.

Bisher wurden interne Abläufe und Prozesse bei Alana Business Consult einerseits mit Papier und Bleistift, andererseits auch mit Office-Programmen wie z.B. Microsoft Word und Excel verwaltet. Der Nachteil diese Methode liegt auf der Hand: Die Daten werden nicht strukturiert abgelegt. Mitarbeiter lassen ihre eigenen Gewohnheiten in die Daten einfließen. Es gibt unzählige Möglichkeiten, eine Telefonnummer abzuspeichern. Mögliche Darstellungsformen sind z.B.

+49 (1234) 123456

01234/123456

(01234) 123456

0049 (0)1234 / 123456

Diese verschiedenen Darstellungsformen machen es sehr schwierig, konsolidierte Datenbestände zu erzeugen. Durch die verteilte Datenhaltung in verschiedenen Formaten ist es bei Alana Business Consult leider notwendig geworden, redundante Datenbestände anzulegen und zu pflegen. Diese Pflege ist mit der Zeit und der größer werdenden Anzahl der betreuten Kunden zunehmend komplexer und zeitaufwändiger geworden. Hierdurch sind die Prozesse bei Alana Business Consult fehleranfällig geworden. Briefe mit falschen Adressen werden abgesendet oder wichtige Kundeninformationen sind nicht verfügbar. Neben diesen Problemen, die im täglichen Geschäft auftreten, ist es sehr aufwändig, auf dem verteilten Datenbestand Analysen und Auswertungen durchzuführen.

Aufgrund dieser Probleme häufen sich die Beschwerden der Kunden in letzter Zeit und auch die Mitarbeiter sind zunehmend unzufrieden mit der aktuellen Situation. Daher hat die Geschäftsführung entschieden, dass die Zeit zum Handeln gekommen ist, und ist an Sie als Datenbankentwickler herangetreten, um die unhaltbare Situation zu entschärfen. Sie sollen eine zentrale Datenbank entwickeln, die als globale (und einzige) Datenbasis für das Unternehmen dienen soll.

Aufgrund des bisher in den vorherigen Abschnitten gewonnenen Wissens entscheiden Sie sich dafür, eine Datenbankanwendung basierend auf einer relationalen Datenbank zu erstellen. Wie Sie nun, ausgehend von der geschilderten Situation und der ersten Idee, zu einer funktionsfähigen Datenbank gelangen, erfahren Sie in diesem Buch.

1.4   Zusammenfassung

- **Ad-hoc-Abfragen**

  Unter einer Ad-hoc-Abfrage versteht man eine spontane Abfrage an eine Datenbank. Möchte man spontan eine bestimmte Information haben, so stellt man eine Ad-hoc-Abfrage an die Datenbank. Ein modernes Datenbanksystem muss Ad-hoc-Abfragen unterstützen.

- **Änderungs-Anomalie**

  Werden dieselben Daten an verschiedenen Stellen gespeichert, so muss gewährleistet sein, dass die Daten an allen Stellen, an denen sie gespeichert werden, auch geändert werden. Geschieht dies nicht, so spricht man von einer Änderungs-Anomalie.

- **Datei**

  Als Datei bezeichnet man eine Menge von Datensätzen, die zusammengehören.

■ **Daten**

Als Daten bezeichnen wir alle Fakten, die in einer Datei oder einer Datenbank gespeichert sind. Daten selbst besitzen einen geringen Informationsgehalt. Damit Sie aus den Daten sinnvolle Informationen gewinnen können, müssen Sie sie in einen Zusammenhang bringen. Der Informationsgehalt von Daten hängt vom Zusammenhang ab.

■ **Datenabhängigkeit**

Unter Datenabhängigkeit versteht man die Abhängigkeit einer Anwendung von der physikalischen Darstellung eines bestimmten Feldes. Ist eine Anwendung abhängig von der physikalischen Darstellung der Daten eines Feldes, so muss die Anwendung umprogrammiert werden, sobald sich die physikalische Darstellung der Daten ändert.

■ **Datenanomalien**

Die durch Dateninkonsistenzen auftretenden Fehler nennt man auch Datenanomalien.

■ **Datenbank**

Es gibt zwei Definitionen des Begriffs Datenbank, die erste ist, dass eine Datenbank ein verteiltes, integriertes Computersystem ist, das Nutzdaten und Metadaten enthält. Die zweite Definition besagt, dass eine Datenbank eine geordnete, selbstbeschreibende Sammlung von Daten ist, die miteinander in Beziehung stehen.

■ **Datenbankdesign**

Das gute Design einer Datenbank ist einer der zentralen Punkte bei der Erstellung einer Datenbankanwendung. Ist erst einmal ein gutes Datenbankdesign vorhanden, so kann dieses leicht in einem der marktüblichen Datenbanksysteme implementiert werden.

■ **Datenbankmanagement-System (DBMS)**

Um eine Datenbank auf einem Computer zu verwalten, wird in der Regel ein so genanntes Datenbankmanagement-System (DBMS) verwendet, das sich um die Organisation der Daten kümmert und das den Zugriff auf die Daten regelt. Das Datenbankmanagement-System kann entweder aus einem einzelnen Programm bestehen oder es kann aus vielen Programmen bestehen, die zusammenarbeiten und so die Funktionalität eines DBMS bereitstellen.

■ **Dateninkonsistenz**

Unter Dateninkonsistenz versteht man den Zustand, wenn verschiedene Versionen derselben Daten existieren und diese verschiedenen Versionen im Konflikt miteinander stehen. Anhand der Daten ist es nicht möglich zu entscheiden, welches die aktuellste bzw. gültige Version der Daten ist.

■ **Datenintegrität**

Unter Datenintegrität versteht man, dass sich in der gespeicherten Datenbank Daten in einem konsistenten, widerspruchsfreien Zustand befinden.

■ **Datenmanagement**

Der Umgang mit Daten wird als Datenmanagement bezeichnet. Aufgaben des Datenmanagements sind die Erzeugung, Speicherung und Wiedergabe der Daten.

■ **Datensatz**

Unter einem Datensatz versteht man eine Sammlung von verknüpften Feldern, die Daten über ein Ding des täglichen Lebens, wie z.B. eine Person oder einen Gegenstand enthalten.

■ **Einfüge-Anomalie**

Eine Einfüge-Anomalie liegt dann vor, wenn man bestimmte Daten nicht erfassen kann, ohne andere Daten gleichzeitig erfassen zu müssen.

■ **Entität**

Eine Entität ist ein Objekt der realen Welt, das in der Datenbank verwaltet werden soll, also z.B. eine Person oder ein Gegenstand.

■ **Feld**

Ein Feld stellt eine Eigenschaft einer Entität dar, die in der Datenbank verwaltet wird.

■ **Informationen**

Informationen werden aus Daten durch Datenverarbeitung gewonnen und helfen dabei, gute Entscheidungen zu treffen. Damit anhand von Informationen gute Entscheidungen getroffen werden können, müssen Informationen zeitnah vorliegen.

■ **Informationsinseln**

Beginnen verschiedene Abteilungen eines Unternehmens damit, eigene Datenbestände aufzubauen, die voneinander isoliert gehalten werden, so spricht man in diesem Zusammenhang von Informationsinseln oder Dateninseln.

■ **Informations-Overkill**

Die ständig auf uns einprasselnde Flut von unterschiedlichsten Informationen wird als Informations-Overkill bezeichnet.

■ **Logisches Format der Daten**

Das logische Format der Daten ist das Format, in dem Menschen die Daten verstehen können.

■ **Lösch-Anomalie**

Eine Lösch-Anomalie tritt dann auf, wenn das Löschen bestimmter Daten verursacht, dass andere Daten, die eigentlich nicht gelöscht werden sollten, durch diesen Löschvorgang auch gelöscht werden.

■ **Metadaten**

Metadaten werde oft auch als Daten über Daten bezeichnet und helfen, die Nutzdaten der Datenbank zu strukturieren.

■ **Nutzdaten**

Nutzdaten sind die Daten, die Benutzer in der Datenbank anlegen und aus denen die Informationen gewonnen werden.

■ **Physikalisches Format der Daten**

Das physikalische Format der Daten ist das Format, in dem der Computer die Daten abspeichert.

■ **Strukturelle Abhängigkeit**

Ist eine Anwendung von der Struktur der zugrunde liegenden Daten abhängig, so bezeichnet man dies als strukturelle Abhängigkeit – der Zugriff auf eine Datei hängt von ihrer Struktur ab.

1.5 Aufgaben

Hier finden Sie Wiederholungsfragen, mit denen Sie Gelegenheit haben, sich noch einmal Gedanken über den Stoff des Kapitels zu machen. Außerdem finden Sie im Abschnitt *Zum Weiterdenken* Probleme und Aufgaben, auf die Sie Ihr frisch gewonnenes Wissen anwenden können. Die Lösungen zu diesen Aufgaben finden Sie in Anhang A.1.

1.5.1 Wiederholung

1. Beschreiben Sie die Begriffe Daten, Feld, Datensatz und Datei!

2. Was ist ein DBMS und welche Funktion hat es?

3. Was bezeichnet man als Datenredundanz? Welche Probleme bringt die Datenredundanz mit sich?

4. Beschreiben Sie, wie es in einem Unternehmen, das seine Daten im Dateisystem verwaltet, zu Problemen kommen kann.

5. Was genau ist der Unterschied zwischen Daten und Informationen?

6. Warum brauchen wir Datenbanksysteme?

7. Warum besitzen Dateien keine Datenunabhängigkeit?

8. Warum ist Datenbankdesign wichtig?

9. Welche Arten von Datenbanksystemen gibt es? Wo liegen die Unterschiede?

10. Welche Datenanomalien kennen Sie und wie wirken sich diese aus? Geben Sie Beispiele an!

1.5.2 Zum Weiterdenken

Die nächsten Aufgaben beziehen sich auf die folgende Tabelle:

KUNDE	KUNDE_TELEFON	KUNDE_ADRESSE	KUNDE_PLZ	BERATER	KONTAKTDATUM	DAUER	STDSATZ	BERATER_KNOWHOW
Emil Schmidt	0231-1020449	Kaiserstrasse 5, Musterhausen	12345	Helena Meier	21.05.2004	1 Stunde	50,00 €	Finanzierung, IT
Hans Müller	0221-2415932	Am Weiher 3, Musterhausen	12345	Ingo Fuchs	19.04.2003	4 Stunden	45,00 €	Marketing, Strategie
Johanna Schulze	0410-1241221	Alte Poststr. 5, Musterhausen	12345	Helena Meier	04.10.2004	1 Stunde	50,00 €	Finanzierung, IT
Markus Schulte	04514-123414	Goethestr. 7, Musterburg	12354	Ingo Fuchs	18.07.2003	1 Stunde	45,00 €	Marketing, Strategie
Hans Müller	0221-2415932	Am Weiher 3, Musterhausen	12345	Helena Meier	17.04.2003	2 Stunden	50,00 €	Finanzierung, IT
Johanna Schulze	0410-1241221	Alte Poststr. 5, Musterhausen	12345	Helena Meier	04.10.2004	3 Stunden	50,00 €	Finanzierung, IT
Hans Müller	0221-2415932	Am Weiher 3, Musterhausen	12345	Ingo Fuchs	16.04.2004	1 Stunde	45,00 €	Marketing, Strategie

Abb. 1.7: Tabelle für die Aufgaben

1. Welche Datenredundanzen gibt es in der in Abbildung 1.7 dargestellten Tabelle? Welche Auswirkungen haben diese Redundanzen?

2. Wie viele Datensätze besitzt die in Abbildung 1.7 dargestellte Tabelle und wie viele Felder besitzt ein Datensatz?

3. Welche Entitäten können Sie in der Tabelle in Abbildung 1.7 erkennen? Welche Attribute besitzen diese Entitäten?

4. In welcher Beziehung stehen die in der vorherigen Aufgabe identifizierten Entitäten zueinander?

5. Was passiert, wenn Sie in der Tabelle in Abbildung 1.7 den zweiten, den vierten und den siebten Datensatz löschen?

Kapitel 2

Datenbanksysteme, Datenbankanwendungen und Middleware

2.1 Datenbanksysteme

Die im vorherigen Kapitel vorgestellten Probleme, die sich aus der Datenhaltung ergeben (Datenanomalien, Daten- und Strukturabhängigkeiten oder andere Inkonsistenzen) erfordern es, Daten in Computersystemen auf eine andere Art und Weise zu speichern. Im Gegensatz zu Dateien im Dateisystem, die mehr oder weniger ohne Zusammenhang zueinander abgelegt werden, stehen die Daten in einer Datenbank in Beziehung zueinander. Natürlich können Sie versuchen, die Dateien z.B. durch die Verwendung einer hierarchischen Ordnerstruktur zu gruppieren und zusammenzufassen. Leider wird diese Struktur nicht automatisch vom Rechner überwacht und es können sich leicht Fehler einschleichen. Dies ist umso wahrscheinlicher, je mehr Personen mit der hierarchischen Ordnerstruktur arbeiten. Außerdem geben Sie durch die Ordnerstruktur die Gruppierung der Dateien schon vor. Möchten Sie die Dateien anders gruppieren, wird es schwierig – Sie müssen eine neue Ordnerstruktur erstellen und die Dateien dann in diese neue Struktur umkopieren.

Moderne Datenbanksysteme ermöglichen es sogar, diese Beziehungen zwischen den einzelnen Datensätzen in der Datenbank zu überwachen – so ist es z.B. unmöglich, Datensätze aus der Datenbank zu löschen, von denen andere Datensätze abhängig sind.

Komplette Datenbanksysteme (oder kurz Datenbanken) bestehen nicht nur aus dem DBMS, sondern es gibt zahlreiche andere Komponenten, die in eine vollständige Beschreibung des Datenbanksystems mit einbezogen und auch untersucht werden müssen.

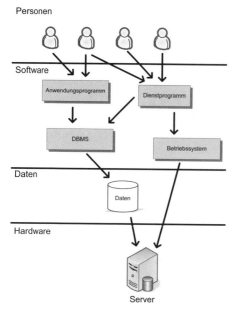

Abb. 2.1: Das Datenbanksystem

Wie in Abbildung 2.1 zu sehen ist, besteht ein Datenbanksystem aus vier Schichten:

■ *Hardware*

Die Schicht, die zuunterst dargestellt ist und auf der das ganze System basiert, ist die Hardware. Unter Hardware verstehen wir in diesem Zusammenhang alle physikalischen Geräte, aus denen das System aufgebaut ist. Hierzu zählt natürlich der Datenbankserver, auf dem das DBMS ausgeführt wird und der die Daten des Systems speichert. Des Weiteren zählen (auch wenn sie nicht in der Abbildung aufgezeichnet sind) die Clientrechner, über die sich die Benutzer des Datenbanksystems mit der Datenbank verbinden wie auch die Kabel, Hubs, Router, Bridges, Firewalls usw., die Clientrechner und Server verbinden, zur Hardware. Auch Peripheriegeräte, wie z.B. Drucker, auf denen die Daten ausgegeben werden können, oder Magnetbänder, DVDs oder CD-ROMs, auf denen Sicherheitskopien der Daten gespeichert werden, zählen wir zur Hardware. Im Prinzip zählt alles zur Hardware des Systems, was man anfassen kann (bis auf die Personen – da manche Personen sich beleidigt fühlen, wenn wir sie einfach zur Hardware zählen, haben wir eine Extra-Schicht, nur für Personen, angelegt ☺).

■ *Daten*

Die Daten sind natürlich der zentrale Punkt in unserem Datenbanksystem, um den sich alles dreht. Sie sind der Grund, warum wir den ganzen Aufwand überhaupt treiben. Wir möchten Daten mit unserem Datenbanksystem verwalten.

In diesem Zusammenhang verstehen wir unter Daten die Fakten, die im Datenbanksystem gespeichert werden. Da die Daten die »Rohstoffe« für die daraus generierten Informationen darstellen, müssen wir dafür sorgen, dass die Daten so gut wie möglich geschützt werden. Wie Sie in Abbildung 2.1 unschwer erkennen können, ist die einzige Komponente, die überhaupt auf die Daten zugreift, das Datenbankmanagement-System. Keine andere Komponente (noch nicht einmal das Betriebssystem) besitzt Zugriff auf die Daten.

Na ja, so ganz richtig ist das natürlich nicht. Üblicherweise verwaltet das Betriebssystem den Speicherplatz, der den Datendateien der Datenbank auf der Festplatte zugewiesen worden ist, ganz normal wie bei jeder anderen Datei auch. Es ist allerdings richtig, dass das Betriebssystem (genau wie bei anderen Dateien auch) nicht »weiß«, was in der Datendatei vor sich geht. Bei großen, kommerziellen Lösungen, wie z.B. Oracle, ist es sogar möglich, die komplette Verwaltung der Datenspeicherung auf das DBMS umzulagern. Hierbei arbeitet die Datenbank mit so genannten *RAW-Partitionen*. Auf einer RAW-Partition befindet sich kein übliches Dateisystem (wie z.B. FAT oder NTFS), sondern die komplette Partition wird vom Datenbankmanagement-System direkt verwaltet.

- *Software*

Eine weitere wichtige Komponente eines funktionsfähigen Datenbanksystems stellt natürlich die Software dar, die die Funktionen des Datenbanksystems implementiert. Als Software-Herzstück des ganzen Systems dient natürlich das Datenbankmanagement-System (DBMS), das die Verwaltung der Daten übernimmt. Neben dieser sehr offensichtlichen Software gibt es aber noch weitere Programme, die aus einem modernen Datenbanksystem nicht mehr wegzudenken sind. Die Software, mit der die Anwender der Datenbank am meisten in Kontakt kommen, ist natürlich ein oder bei größeren Datenbanksystemen auch mehrere Anwendungsprogramme. Datenbankanwendungsprogramme können als übliche Windows-Anwendungen implementiert sein, es gibt aber auch Anwendungsprogramme, die beispielsweise als Webanwendung ausgeführt sind und im Internet-Browser dargestellt werden. Neben den eigentlichen Anwendungsprogrammen, mit denen man sozusagen die Nutzarbeit des Datenbanksystems erledigen kann, gibt es eine weitere Klasse von Datenbankprogrammen, die Dienstprogramme, die auch als *Tools* oder *Utilities* bezeichnet werden. Diese Dienstprogramme sollen dabei helfen, Wartungsarbeiten am Datenbanksystem, wie z.B. die Datensicherung oder die Überprüfung der Datenbank durchzuführen. Im Gegensatz zu den Anwendungsprogrammen, die von den Datenbankbenutzern verwendet werden, werden die Dienstprogramme nur von den Datenbankadministratoren, Datenbankdesignern und Programmierern verwendet, die einen reibungslosen Betrieb der Datenbank gewährleisten oder die die Datenbank erweitern sollen. Eine Betrachtung der Software eines Datenbanksystems wäre natürlich ohne Erwähnung des Betriebssystems unvollständig. Ein Datenbanksystem umfasst nicht nur das Betriebssystem des

Servers, sondern auch die auf den Clientrechnern verwendeten Betriebssysteme. Aus diesem Grund kann ein einziges Datenbanksystem mehrere Betriebssysteme beinhalten. Läuft die Datenbankanwendung beispielsweise in einem Webbrowser und ist vielleicht sogar noch öffentlich im Internet erreichbar, so können wir alle Betriebssysteme, auf denen ein Webbrowser ausgeführt werden kann, der die Datenbankanwendung korrekt darstellt, zu unserem Datenbanksystem zählen. In der Regel liefert das Betriebssystem die Basis, auf der sowohl Datenbankanwendungen (clientseitig) als auch das Datenbankmanagement-System (serverseitig) aufbauen. So stellt das Betriebssystem Funktionen bereit, über die z.B. Fenster implementiert werden können, oder die Dateien auf der Festplatte verwalten. Bei Hochleistungsdatenbanksystemen ist es allerdings üblich, dass die Betriebssystemfunktionen, die einen Zugriff auf die Speichermedien ermöglichen, umgangen werden und dass stattdessen das Datenbanksystem seine eigenen Ein-/Ausgabefunktionen implementiert, um über speziell auf das Datenbanksystem angepasste Funktionen noch mehr Geschwindigkeit zu erreichen.

■ *Personen*

Eine weitere wichtige »Schicht« in einem Datenbanksystem stellen natürlich die Personen dar, die mit dem Datenbanksystem arbeiten. Generell ist es so, dass die Menge aller Personen, die mit einem Datenbanksystem arbeiten, in funktionale Gruppen unterteilt werden kann. Zum einen gibt es die reinen Anwender, die nur die Anwendungsprogramme verwenden und mit diesen Daten erfassen und auswerten. Eine weitere wichtige Gruppe stellen die Datenbankadministratoren dar, die das Datenbanksystem verwalten und dafür sorgen, dass das System fehlerfrei und zuverlässig funktioniert. Typische Aufgaben, die ein Datenbankadministrator erledigen muss, sind zum Beispiel, dafür zu sorgen, dass genügend Speicherplatz für die Daten zur Verfügung steht, neue Benutzer anzulegen, Berechtigungen zu vergeben und natürlich auch Datensicherungen der Datenbestände durchzuführen. Eine weitere wichtige Gruppe stellen die Datenbankdesigner und Programmierer dar, die Strukturen in der Datenbank anlegen und dafür Sorge tragen, dass diese Strukturen robust sind und dass die Anwender auf komfortable Art und Weise auf die Strukturen zugreifen können. Meist finden sich die hier angesprochenen funktionalen Gruppen in der Datenbank als *Berechtigungsgruppen* oder so genannte *Rollen* wieder, die festlegen, welche Aktionen mit der Datenbank ausgeführt werden dürfen. Benutzer werden dann diesen Rollen zugeordnet, was die Verwaltung von Berechtigungen in einem Datenbanksystem erheblich vereinfacht. Weitere Informationen zu diesem Themenkomplex erhalten Sie im weiteren Verlauf des Buches.

2.2   Verschiedene Arten von Datenbanksystemen

Da es inzwischen eine schier unüberschaubare Anzahl von sowohl kommerziellen als auch nicht-kommerziellen Datenbanksystemen gibt, gibt es natürlich auch verschiedene Möglichkeiten, diese Datenbanksysteme zu klassifizieren.

Eine dieser Möglichkeiten besteht darin, zwischen *Einzelbenutzer-* (oder auch *Einzelplatz-*) *Datenbank* und *Mehrbenutzer-Datenbank* zu unterscheiden. Das Unterscheidungskriterium ist hier ziemlich trivial. Arbeitet nur ein einzelner Benutzer gleichzeitig mit dem Datenbanksystem, so handelt es sich um eine Einzelbenutzer-Datenbank, während eine Mehrbenutzer-Datenbank den gleichzeitigen Zugriff mehrerer Benutzer unterstützt. Der Ausdruck »Benutzer« steht in diesem Zusammenhang für Datenbankbenutzer. Auch eine Einzelbenutzer-Datenbank kann natürlich von mehreren Personen (die sogar alle ihr eigenes Datenbankbenutzerkonto besitzen dürfen) verwendet werden. Die Einschränkung, die die Einzelbenutzer-Datenbank gegenüber der Mehrbenutzer-Datenbank hat, ist einfach die, dass nur ein einziger Benutzer gleichzeitig mit der Datenbank arbeiten darf.

Ein weiteres Unterscheidungsmerkmal verschiedener Datenbanksysteme stellt die technische Realisierung dar. Befindet sich das Datenbanksystem auf dem Arbeitsplatzrechner des Anwenders (wie es z.B. bei Access der Fall ist), so spricht man auch von einer *Desktop-Datenbank,* während ein Datenbankmanagement, das auf einem Server ausgeführt wird, üblicherweise als *Server-Datenbank* (oder *serverbasiertes Datenbanksystem*) bezeichnet wird. Dass eine Datenbank als Desktop-Datenbank bezeichnet wird, hat nichts damit zu tun, dass diese Datenbank als Einzelbenutzer-Datenbank ausgeführt wird. Es gibt durchaus Desktop-DBMS, die als Mehrbenutzer-Datenbanksystem verwendet werden können. Ein gutes Beispiel für ein Desktop-DBMS, das dazu in der Lage ist, mehrere Benutzer gleichzeitig zu verwalten, ist Access. Da Access alle Funktionen implementiert, die zur Verwaltung mehrerer gleichzeitiger, konkurrierender Datenbankzugriffe benötigt werden, stellt Access ein Desktop-DBMS dar, das gleichzeitig ein Mehrbenutzer-DBMS ist – obwohl mehrere Benutzer gleichzeitig auf dieselbe Datenbank zugreifen können, so wird das Datenbankmanagement-System auf jedem einzelnen Rechner ausgeführt.

Eine weitere mögliche Klassifizierung von Datenbanksystemen kann über die verwaltete Menge an Daten bzw. die Anzahl der Benutzer erfolgen, die auf die Datenbank zugreifen. Greifen wenige Benutzer auf eine Datenbank zu, die lokal auf einem Arbeitsplatzrechner installiert ist, so spricht man von einer *Desktop-Datenbank* (nicht zu verwechseln mit der Desktop-Datenbank als Gegensatz zur serverbasierten Datenbank). Greifen bis zu etwa 50 Benutzer auf die Datenbank zu, so spricht man von einer *Workgroup-* oder *Abteilungsdatenbank,* wohingegen man bei einer Datenbank, auf die mehr als 50 Benutzer zugreifen, von einer *Enterprise-* oder *Unternehmensdatenbank* spricht.

Eine weitere Möglichkeit, Datenbanksysteme zu klassifizieren, stellt der Ort dar, an dem die Daten des Datenbanksystems gespeichert werden. Werden die Daten auf einem zentralen Server gespeichert, so spricht man von einem *zentralen* (oder auch *monolithischen*) *Datenbanksystem*. Verteilen sich die Daten allerdings über mehrere Computer, so spricht man von einem *verteilten Datenbanksystem* (im Englischen als *Distributed Database System* (*DDBS*) bezeichnet – zur Verwaltung eines DDBS benötigt man ein *Distributed Database Management System* (*DDBMS*)).

Die letzte mögliche Klassifizierung von Datenbanksystemen beschäftigt sich mit der Verwendung des Datenbanksystems. Wird das Datenbanksystem dazu benötigt, um direkt auf Benutzereingaben zu reagieren und soll interaktives Arbeiten mit dem Datenbanksystem möglich sein, so spricht man von einem *transaktionalen Datenbanksystem* (wird auch gerne als *Produktivsystem* bezeichnet). Im Gegensatz zu den transaktionalen Datenbanksystemen stehen die Datenbanksysteme, die helfen sollen, Entscheidungen zu treffen. Diese Datenbanksysteme werden als *decision support systems* (*DSS*) bezeichnet. Da die zugrunde liegende Struktur eines DSS sich von der Struktur eines transaktionalen Datenbanksystems unterscheidet, werden DSS auch oft als *Data Warehouse* bezeichnet.

2.3 DBMS-Funktionen

Wie Sie bereits in Abbildung 2.1 sehen konnten, stellt das DBMS einen zentralen Teil des Datenbanksystems dar, da das DBMS das einzige Element ist, das direkt auf die Daten zugreifen darf. Diese Architektur wurde gewählt, damit das DBMS die einzige Komponente des Systems ist, die sich um die Konsistenz und Integrität der Daten kümmert. Diese zentrale Rolle des DBMS wurde ganz bewusst gewählt und die Möglichkeit des single point of failures in Kauf genommen, um sozusagen einen »Türsteher« für den Zugriff auf die Daten zu kreieren. Nur ein zentrales Programm (oder eine Ansammlung von Programmen) kann alle Funktionen erfüllen, die notwendig sind, um die Integrität und Konsistenz der Daten zu gewährleisten. Die meisten der vom DBMS zur Verfügung gestellten Funktionen sind für den Anwender einer Datenbank unsichtbar und werden im Hintergrund ausgeführt, tragen aber wesentlich zur Gesamtfunktionalität des Systems bei.

- *Verwaltung der Sicherheit*

  Ein DBMS muss natürlich die Sicherheit der in der Datenbank gespeicherten Daten gewährleisten, das heißt, es muss in der Lage sein, bestimmten Benutzern den Zugriff auf bestimmte Datenbankobjekte (z.B. Tabellen, Views, Prozeduren etc.) zu gewähren bzw. zu verweigern. Hierbei ist nicht nur der eigentliche Zugriff auf die Datenbankobjekte gemeint, sondern es ist auch wichtig, welche Aktion der Benutzer mit einem bestimmten Datenbankobjekt durchführen darf. So kann es z.B. sein, dass Benutzer A eine bestimmte Tabelle nur lesen darf, während ein Benutzer B die Erlaubnis hat, in derselben Tabelle Daten zu verändern oder zu löschen.

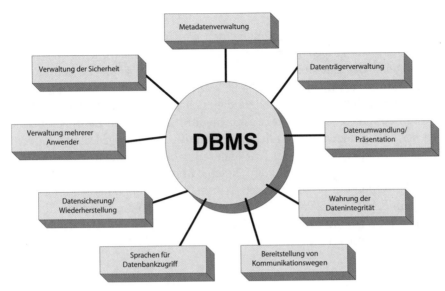

Abb. 2.2: Die vielfältigen Funktionen eines DBMS

■ *Verwaltung mehrerer Anwender*

Bei großen Datenbanksystemen ist es üblich, dass hundert oder sogar tausend Benutzer gleichzeitig auf die Datenbank zugreifen. In einem solchen Szenario ist es natürlich wahrscheinlich, dass verschiedene Benutzer auf dieselben Daten zugreifen müssen. Geschieht der Zugriff rein lesend, so stellt dies kein Problem dar. Schwieriger wird es allerdings, wenn zwei Benutzer gleichzeitig schreibend auf denselben Datensatz zugreifen möchten. Ist das DBMS nicht für den gleichzeitigen Zugriff mehrerer Benutzer ausgelegt, so kann eine solche Situation zur Korruption der Datenbank führen. Wird die Datenbank schlecht verwaltet, so gibt es Situationen wie »Wer zuletzt speichert, gewinnt«. Ein vernünftiges DBMS lässt derartige Situationen nicht zu. Ein Datensatz, der geändert wird, wird beim ersten schreibenden Benutzerzugriff gesperrt, damit kein anderer Benutzer schreibend auf diesen Datensatz zugreifen kann.

■ *Datensicherung/Wiederherstellung*

Ein sehr wichtiger Punkt bei der Verwaltung von Daten ist die Datensicherung/ Wiederherstellung. Daten werden gesichert, um diese zusätzlich zu schützen. Mögliche Gefahren für die Daten bestehen einerseits durch hardwarebedingte Ausfälle, andererseits (und das wird oft übersehen) aber auch durch Benutzerfehler. So ist eine Datensicherung selbst dann unumgänglich, wenn man ein redundant ausgelegtes Speichersystem (z.B. RAID 5) einsetzt. Ein redundantes Festplattensystem bietet zwar Schutz gegen den Ausfall von Festplatten, Benutzerfehler (z.B. das unbeabsichtigte Löschen wichtiger Datensätze) werden durch dieses Konstrukt jedoch nicht abgefangen. Moderne Datenbanksysteme enthalten spezielle Tools, die es dem Datenbankadministrator sowohl ermöglichen, die Datenbank zu sichern als auch wiederherzustellen.

- *Sprachen für Datenbankzugriff*

  Eine Datenbank muss natürlich auch einen Weg bieten, wie Anwender auf die in der Datenbank gespeicherten Daten zugreifen können. Üblicherweise stellt der Hersteller des Datenbanksystems meist eine Abfragesprache bereit, über die der Anwender mit der Datenbank kommunizieren kann. Als Standard-Abfragesprache hat sich SQL etabliert, das auch als ANSI-Standard definiert ist. Obwohl heutzutage viele Datenbankanwendungen grafische Benutzeroberflächen besitzen, findet die eigentliche Kommunikation mit der Datenbank über SQL statt. Die Eingaben, die der Anwender über die grafische Benutzeroberfläche vornimmt, werden intern in SQL-Befehle umgesetzt und an die Datenbank geschickt. Neben dieser allgemeinen Schnittstelle bieten Datenbankhersteller so genannte APIs (Application Programmers Interface) an, die einen direkten Zugriff auf die Funktionen eines DBMS mittels prozeduraler oder objektorientierter Programmiersprachen wie z.B. C++, Delphi, C# oder Visual Basic erlauben.

- *Bereitstellung von Kommunikationswegen*

  Ein weiterer wichtiger Punkt ist die Bereitstellung von Kommunikationswegen, über die Clientrechner mit dem Datenbankserver kommunizieren können. Üblicherweise wird hierzu ein Kommunikationsprotokoll implementiert, das auf den herkömmlichen Netzwerkprotokollen, wie z.B. TCP/IP, aufsetzt. Eine weitere wichtige Komponente, die eine Rolle bei der Kommunikation mit einer Datenbank spielt, ist die so genannte *Middleware*. Unter Middleware versteht man eine Software-Komponente, die sozusagen als Mittler zwischen Datenbank und Datenbankanwendung fungiert und den Anwendungszugriff auf die Datenbank abstrahiert. So ist es möglich, mit einer einzigen Datenbankanwendung auf die Datenbanksysteme verschiedener Hersteller zuzugreifen. Diese Flexibilität wird durch die Verwendung von datenbankspezifischen Treibern erzielt. Typische Middlewares sind ODBC, ADO und ADO.NET.

- *Wahrung der Datenintegrität*

  Sie haben im bisherigen Verlauf dieses Kapitels gesehen, dass eines der wichtigsten Themen der Datenhaltung die Wahrung der Datenintegrität ist. Moderne DBMS bieten die Möglichkeit, Regeln zu definieren, die die Datenintegrität gewährleisten. Hierdurch kann die Datenredundanz verringert und die Konsistenz der Daten maximiert werden. Diese Regeln werden im so genannten *Katalog* (oder auch *Data Dictionary*) gespeichert. Der Katalog ist der Teil der Datenbank, in dem das DBMS Metainformationen ablegt.

- *Datenumwandlung/Präsentation*

  Die Datenumwandlung bzw. Präsentation der Daten dient zur Trennung zwischen logischen und physikalischen Datentypen, d.h. zwischen dem Format, in dem die Daten eingegeben werden, und dem Format, in dem sie letztendlich gespeichert werden. Ein gutes Beispiel für die Umsetzung von logischen und physikalischen Datentypen stellt der Datumsdatentyp dar. In der Benutzeroberfläche wird ein Datumsdatentyp üblicherweise in einem uns vertrauten Datumsformat dargestellt (z.B. 01.02.2004). In der Datenbank jedoch wird dieser Datentyp physikalisch als Zahl (üblicherweise in julianischer Darstellung) gespeichert. Durch diese Vorgehensweise, dass logische Datentypen und physikalische Datentypen ineinander umgewandelt werden, erreicht das DBMS Datenunabhängigkeit.

■ *Datenträgerverwaltung*

Wie Sie bereits an mehreren Stellen in diesem Kapitel gesehen haben, ist das einzige Programm, das auf die physikalisch gespeicherten Daten der Datenbank zugreifen darf, das DBMS. Das DBMS erzeugt auf der Festplatte die komplexen Strukturen, die gebraucht werden, um die Daten effizient und performant zu speichern. Hierdurch wird der Anwender vollständig von der Aufgabe befreit, Funktionen zu programmieren, die Daten auf die Festplatte schreiben oder von dieser lesen. In modernen Datenbanken werden nicht nur die eigentlichen Daten und die beschreibenden Metadaten, sondern auch andere Dinge, wie z.B. Datenbankdiagramme oder prozeduraler Code gespeichert.

■ *Metadatenverwaltung*

Eine der wichtigsten Aufgaben des DBMS besteht darin, die Metadaten, also die Beschreibungen der gespeicherten Daten, in der Datenbank zu verwalten. In der Regel kann (oder vielmehr sollte) man die Metadaten der Datenbank, die im Katalog (*Data Dictionary*) gespeichert werden, niemals manuell ändern (wie alles, was in der Datenbank gespeichert wird, werden auch die Metadaten in Tabellen gespeichert), sondern nur über die dafür vorgesehenen Funktionen. Die Verwaltung der Datenbankobjekte durch das DBMS befreit den Anwendungsprogrammierer davon, dieses in seinen Anwendungsprogrammen zu implementieren, was wiederum den Vorteil hat, dass das Anwendungsprogramm komplett von der physikalischen Speicherung der Daten abgekoppelt ist. Das Anwendungsprogramm greift lediglich auf die logische Repräsentation der Strukturen in Form von Tabellen oder Feldern zu.

2.4 Datenbankmodelle

Wie Sie im vorherigen Abschnitt gesehen haben, stellt ein Datenbankmanagement-System eine Vielzahl sehr mächtiger Funktionen zur Verfügung, mit denen man Daten bequem verwalten kann und die die Anwendungsprogramme von der physikalischen Speicherung unabhängig machen. Bei der Entwicklung einer Datenbank ist es wichtig, die verwendeten Datenstrukturen und die sie verbindenden Beziehungen an das verwendete DBMS anzupassen, damit man das zugrunde liegende DBMS optimal ausnutzen kann. Die Effektivität einer Datenbank ergibt sich daraus, wie gut es der Datenbankentwickler verstanden hat, seine verwendeten Strukturen auf das DBMS zuzuschneiden. Aus diesem Grund ist es wichtig, dass der eigentlichen Implementierung des Systems eine Designphase vorangegangen ist, die auf die speziellen Anforderungen des zu verwendenden DBMS Rücksicht genommen hat. Was in einem Datenbankmodell gut funktioniert, kann sich in einem anderen Datenbankmodell schnell als Performancekiller erweisen.

Das Design einer Datenbank wird wesentlich vereinfacht, wenn Sie Modelle verwenden. Unter einem *Modell* versteht man eine vereinfachte, abstrahierte Darstellung der Welt. Wichtig bei der Erstellung eines solchen Modells ist es, dass das Modell logisch in sich geschlossen ist. Ist dies nicht der Fall, so wird die aus einem solchen Modell erzeugte Datenbank den Anforderungen nicht gerecht, die in sie gesetzt werden.

Wichtig

Einer der wichtigsten Punkte, den man beim Erstellen einer Datenbankanwendung berücksichtigen sollte und der nicht oft genug betont werden kann, ist der, dass das zugrunde liegende Datenbankmodell stimmig und logisch sein muss. Wenn man eine Anwendung auf einem schlechten Modell aufsetzt, so kann diese Anwendung nicht gut werden. Nur ein vernünftiges Datenbankmodell stellt auch die Basis für eine gelungene Datenbankanwendung dar. Ein schlechtes Datenbankmodell kann die in ihm gespeicherten Daten nicht in wertvolle Informationen überführen.

Unter einem *Datenbankmodell* versteht man eine abstrahierte Darstellung der Daten und der zwischen diesen Daten bestehenden Beziehungen. Es gibt gewisse Regeln, die von Modell zu Modell unterschiedlich sind, wie ein solches Datenbankmodell aufgebaut ist. Datenbankmodelle sind in *konzeptionelle* und *implementative Modelle* unterteilt.

Konzeptionelle Modelle beschäftigen sich mit der logischen Struktur der Daten. Ziel ist es hier, die zu erfassenden Daten und die zwischen ihnen bestehenden Beziehungen zu verstehen und zu erfassen. Daher beschäftigen sich konzeptionelle Modelle eher mit der Frage, was in die Datenbank aufgenommen werden soll, als damit, wie dies zu geschehen hat. Ein Beispiel für ein konzeptionelles Modell ist das ER-Datenbankmodell.

Implementative Modelle beschäftigen sich damit, wie die Daten in der Datenbank gespeichert werden und wie die zu erzeugenden Strukturen und deren Beziehungen zueinander aussehen. Beispiele für implementative Modelle sind das Netzwerkmodell oder das relationale Datenbankmodell.

2.4.1 Hierarchische Datenbanken

Eines der ersten Datenbankmodelle entstand in den sechziger Jahren des vorigen Jahrhunderts bei der Firma North American Rockwell, einem der Hauptlieferanten des Apollo-Raumprogramms. Dort wurden Informationen zu Millionen von Ein-

zelteilen in einem gigantischen Dateisystem gespeichert. Untersuchungen ergaben, dass diese Speicherung höchst ineffizient ist, da über 60% der gespeicherten
Informationen redundant waren. Also entschloss man sich, ein Datenbanksystem
zu entwickeln. Die Entwicklung mündete in das Programm GUAM (General
Update Access Method), das dann, nachdem IBM hinzugezogen wurde, in das Programm IMS (Information Management System) aufging.

Obwohl hierarchische Datenbanken heute kaum noch verwendet werden, ist es
wichtig, etwas über diese Art der Datenspeicherung zu lernen, da die hierarchischen Datenbanken als Basis für die Entwicklung neuerer Datenbankmodelle dien-
ten und die Entwicklung dieser neuen Datenbanksysteme aus den Problemen und
Beschränkungen des hierarchischen Modells folgten. Einige der bei den hierarchischen Datenbanken verwendeten Konzepte werden auch in modernen Datenbanken immer noch verwendet.

Die Idee, auf der das hierarchische Datenbankmodell basiert, entwickelte sich
direkt aus dem Hintergrund, aus dem heraus dieses Modell entwickelt wurde. Sie
haben ja bereits oben gesehen, dass das hierarchische Datenbankmodell während
des Apollo-Weltraumprogramms entwickelt wurde. Grundsätzlich hatte man die
Idee, größere Fertigungseinheiten durch kleinere Fertigungseinheiten aufbauen
zu wollen. Sehen Sie sich als Beispiel einmal ein Fahrrad an. Ein Fahrrad besteht
aus einem Lenker, einem Sitz, einem Vorderrad, einem Hinterrad und einem Rahmen. Wenn man nun einmal das Vorderrad betrachtet, so kann man eine weitere
Unterteilung treffen. Ein Vorderrad besteht aus einem Reifen, Speichen usw. Wenn
Sie das Ganze in Form eines Baums aufzeichnen, so bekommen Sie eine hierarchische Struktur, so wie in Abbildung 2.3 zu sehen ist.

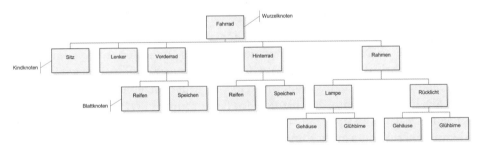

Abb. 2.3:   Hierarchische Struktur eines Fahrrades

Natürlich stellt diese Abbildung nicht das komplette hierarchische Modell eines
Fahrrades dar, aber ich denke, dass die Idee klar wird.

Anhand von Abbildung 2.3 kann ich die Fachtermini verdeutlichen, die im hierarchischen Datenbankmodell verwendet werden. Generell werden die Elemente, die
in einer hierarchischen Struktur angeordnet sind, als Knoten bezeichnet. Die
gesamte hierarchische Struktur findet ihren Ursprung im obersten Knoten, dem

Wurzelknoten. In unserem Fall stellt der Wurzelknoten das komplette Produkt, also im Fall von Abbildung 2.3 ein Fahrrad dar. Dem Wurzelknoten sind alle anderen Knoten untergeordnet.

Untergeordnete Knoten werden als *Kindknoten* bezeichnet. Der Knoten »Hinterrad« ist Kindknoten des Knotens »Fahrrad«. Ausgehend vom Knoten »Hinterrad« stellt der Knoten »Fahrrad« den *Elternknoten* des Knotens »Hinterrad« dar. Um die Kindknoten den Elternknoten richtig zuordnen zu können, werden diese zusätzlich durch die Angabe eines Grades näher klassifiziert. »Hinterrad« ist z.B. für den Knoten »Fahrrad« ein Kindknoten ersten Grades, während der Knoten »Speiche« ein Knoten zweiten Grades ist. Bei der Verknüpfung von Knoten zu einer hierarchischen Struktur gilt, dass ein Elternknoten beliebig viele Kindknoten haben kann, ein Kindknoten kann aber maximal nur einen Elternknoten besitzen. Besitzt ein Knoten keinen Elternknoten, so ist dieser Knoten der Wurzelknoten unserer hierarchischen Struktur. Knoten, die selbst keine Kindknoten besitzen, werden auch als *Blattknoten* bezeichnet.

Da ein Computer einen linearen Adressraum besitzt, ist es nicht direkt möglich, eine hierarchische Struktur im Speicher eines Computers abzulegen. Um dennoch mit hierarchischen Strukturen arbeiten zu können, wurde das Konzept des *Zeigers* (*Pointer*) eingeführt. Man kann mit Zeigern natürlich noch viele andere Dinge machen, wie z.B. Listen oder doppelt verkettete Listen, die nichts mit hierarchischen Strukturen zu tun haben. Diese interessieren uns aber in diesem Zusammenhang nicht. Hierbei handelt es sich einfach um einen Speicherplatz, dessen Inhalt auf einen anderen Speicherplatz verweist. Im Prinzip kann man einen Zeiger mit der Seitennummer im Index eines Buches vergleichen. Die Seitennummer, die im Index eines Buches steht, verweist auf eine Seite, auf der sich die gewünschte Information befindet.

Um eine hierarchische Struktur im Speicher eines Computers ablegen zu können, können wir eine Datenstruktur entwickeln, die aus Nutzdaten und einem Zeiger besteht. Hierbei ist zu beachten, dass der Zeiger immer auf das nächste Element der hierarchischen Struktur zeigt. Die Reihenfolge der einzelnen Elemente bekommen Sie, indem Sie beim Durchlaufen des Baums immer den jeweils linken Kindknoten als nächsten Knoten auswählen. Ist dieser Knoten ein Blattknoten, so gehen Sie zum Elternknoten zurück und wählen dann dort den rechten Knoten. Dies führen Sie so lange durch, bis Sie den kompletten Baum durchlaufen haben. Diese Art, einen Baum zu durchlaufen, wird auch als *Preorder-Durchlauf* bezeichnet.

Führen wir bei unserem Beispiel, der hierarchischen Struktur eines Fahrrades, einen Preorder-Durchlauf durch, so erhalten wir den in Abbildung 2.4 dargestellten *Pfad.*

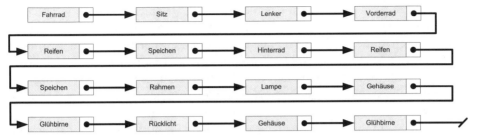

Abb. 2.4: Die hierarchische Struktur des Fahrrades als Pfad dargestellt

Wenn Sie sich vorstellen, dass Daten in dieser Weise gespeichert werden, so ist es erstrebenswert, Daten, auf die häufig zugegriffen wird, so weit wie möglich links im Baum anzuordnen, damit diese möglichst schnell gefunden werden.

Das hierarchische Datenmodell ist natürlich nicht auf die Beschreibung von Stücklisten oder Fertigungsprozessen beschränkt, wie es durch das Beispiel vielleicht suggeriert wird. Ein weiterer, sehr verbreiteter Anwendungsbereich des hierarchischen Modells kann im Bankwesen gefunden werden.

Vergleichen Sie das hierarchische Datenmodell mit den bisher betrachteten flachen Dateien und der Datenspeicherung im Dateisystem, so können Sie einige interessante Vorteile ausmachen.

Zunächst haben wir im Fall einer hierarchischen Datenbank ein zentrales Datenbankmanagement-System, über das der Datenbankadministrator systemweit die Sicherheit der Daten definieren kann, das heißt, die Sicherheit der Daten liegt nicht mehr in den Händen der Anwendungsprogrammierer, sondern sie ist im Datenbankmanagement-System zentralisiert. Über die hierarchische Struktur wird die Datenintegrität sozusagen erzwungen. Ein Kindknoten muss stets einen Elternknoten haben. Über diesen kann er immer referenziert werden. Da die Datentypen innerhalb der hierarchischen Datenbank verwaltet werden, ermöglicht die hierarchische Datenbank Datenunabhängigkeit. Das hierarchische Datenmodell ist besonders dann gut geeignet, wenn es darum geht, eine große Menge Daten zu verwalten, die untereinander in 1:N-Beziehungen stehen, und auf diesen Daten eine große Anzahl an Transaktionen durchgeführt werden soll. Unter einer 1:M-Beziehung versteht man eine Beziehung, bei der eine bestimmte Entität mit vielen anderen Entitäten in Beziehung steht. 1:N-Beziehungen werden weiter unten ausführlich erläutert. Eine der Bedingungen, damit das hierarchische Datenmodell gut funktioniert, ist allerdings, dass sich die 1:M-Beziehungen zwischen den einzelnen Elementen nicht verändern dürfen.

Diesen Vorteilen stehen natürlich auch Nachteile gegenüber, die dazu geführt haben, dass hierarchische Datenbanken in den frühen 1980ern durch andere Datenbanksysteme ersetzt wurden. Zwei der wichtigsten Punkte hier waren sicherlich das schwierige Management von hierarchischen Datenbanken und die komplexe Implemen-

tation solcher Systeme. Obwohl das hierarchische Datenbankmodell die Datenabhängigkeit in den Griff bekommen hat, mussten Programmierer und Datenbankadministratoren immer noch eine sehr genaue Vorstellung der physikalischen Struktur
der Datenbank besitzen. Des Weiteren erforderte eine Umorganisation der hierarchischen Struktur (etwas das Tauschen von Unterbäumen), dass alle Anwendungsprogramme an diese Änderungen angepasst werden mussten, das heißt, es gibt keine
strukturelle Unabhängigkeit. Um bestimmte Daten zu finden, muss der Programmierer auf einem Pfad durch den Baum navigieren. Bevor auf einen Kindknoten zugegriffen werden kann, müssen all seine Elternknoten durchlaufen werden. Dies be-
dingt, dass der Anwendungsprogrammierer die hierarchische Struktur der Datenbank genau kennt. Die Änderung der Datenbankstruktur führt dazu, dass die pro-
grammierten Datenzugriffspfade nicht mehr stimmen und die Anwendungsprogramme umprogrammiert werden müssen. Diese strukturelle Abhängigkeit schlägt
sich bis zum Anwender des Datenbanksystems durch. Auch dieser muss genau wissen, wo sich die Daten, die er verwenden möchte, in der Datenbank befinden.

Außerdem wurden durch die hierarchische Struktur Delete-Anomalien begünstigt.
Wird ein bestimmter Unterbaum gelöscht, so werden alle Knoten unterhalb des
Wurzelknotens des Unterbaums gelöscht. Dies kann dazu führen, dass aus Versehen Daten unbeabsichtigt gelöscht werden, wenn sich diese irgendwo im zu
löschenden Unterbaum befinden.

Die Abhängigkeiten, die in einem hierarchischen Datenmodell dargestellt werden
können, beschränken sich auf 1:M-Beziehungen, das heißt, ein Elternknoten kann
beliebig viele Kindknoten haben, während ein Kindknoten nur einen einzigen
Elternknoten besitzen darf. Viele Beziehungen des täglichen Lebens lassen sich
aber nicht in einer 1:M-Beziehung darstellen. Stellen Sie sich nur einmal den Fall
vor, dass ein Berater mehrere Firmen beraten kann, eine Firma aber auch von mehreren Beratern beraten werden darf. In diesem Fall handelt es sich um eine M:N-
Beziehung, die nicht in einer hierarchischen Datenbank dargestellt werden kann.

Gegen Ende der Ära der hierarchischen Datenbanksysteme gab es zwar Versuche,
die Beschränkung aufzuheben, dass ein Kindknoten nur jeweils einen Elternknoten besitzen darf. Leider hat dies aber nicht den erhofften Erfolg gebracht, da die
Programmierung und das Management solcher Datenbanken noch komplizierter
wurden, als sie ohnehin schon waren.

Ein weiterer Punkt, der das Ende der hierarchischen Datenbanken einläutete, war,
dass es zu der Zeit, als diese Datenbanken eingesetzt wurden, keine wirklich ver-
nünftigen Standards gab. Hatte man eine Datenbankanwendung auf einem
bestimmten System entwickelt, so war es fast unmöglich, diese Anwendung auf
das Datenbanksystem eines anderen Herstellers zu portieren. Ein solcher Portie-
rungsvorgang kam meistens einer kompletten Neuentwicklung des Systems sehr
nah.

2.4.2 Netzwerk-Datenbanken

Um die Limitationen, die sich aus der Struktur des hierarchischen Datenbankmodells ergeben, zu überwinden und die Entwicklung von Datenbankanwendungen einfacher und komfortabler zu machen, wurde das Netzwerk-Datenbankmodell entwickelt. Wie Sie bereits im Abschnitt über die hierarchischen Datenbanken gesehen haben, war einer der Hauptkritikpunkte, dass hierarchische Datenbanken nicht in der Lage sind, eine N:M-Beziehung vernünftig darzustellen. Da es in typischen Datenbankanwendungen aber immer wieder die Notwendigkeit gibt, eine N:M-Beziehung darzustellen, musste hier eine Lösung gefunden werden. Ein anderer großer Kritikpunkt stellte das Fehlen von einheitlichen Standards dar, das die einfache Portierung von Datenbanken auf andere Systeme verhinderte.

Hinweis

Um diese Probleme zu bearbeiten, fand 1971 die »Conference on Data Systems Languages«, kurz CODASYL, statt. Ein Ergebnis der Arbeit der CODASYL-Gruppe war die Entwicklung der Sprache COBOL, die vom ANSI-Institut als Standard angenommen wurde. Aus der CODASYL-Gruppe entstand die Database Task Force (DBTF), die sich mit einer Vereinheitlichung von Datenbanksystemen beschäftigte. Die Arbeit dieser Gruppe lieferte als Ergebnis drei wichtige Konzepte, die auch heute noch in Datenbanksystemen zu finden sind. Zunächst schlug die Gruppe ein allumfassendes *Schema* vor, das die komplette Organisation der Datenbank umfasst und dem Datenbankadministrator erlaubt, auf alle Objekte, die in der Datenbank vorhanden sind, zuzugreifen und diese zu verwalten.

Des Weiteren hatte man erkannt, dass sich, ausgehend von einer zentralen Unternehmensdatenbank, Anwendungsprogramme immer nur mit einem Teil der Datengesamtheit beschäftigten. So gab es z.B. Programme, die Lohnabrechnungen machten, und Programme, die z.B. für die Fakturierung zuständig waren. Aufgrund der unterschiedlichen Anforderungen griffen diese Programme natürlich auch auf unterschiedliche Teile der Datenbank zu. Daten, die für das Lohnabrechnungsprogramm von zentraler Bedeutung sind, sind für das Fakturierungsprogramm völlig uninteressant. So entstand das Konzept des *Subschemas*, das heißt, Anwendungsprogramme konnten sich auf das Subschema beschränken, das für die Erledigung ihrer Aufgaben wichtig war. Subschemata findet man heute als Views in einer etwas anderen Form.

Schlussendlich wurde eine standardisierte Sprache zur Verwaltung und Manipulation der in der Datenbank vorhandenen Daten verabschiedet. Über diese standardisierte Sprache sollte die erhoffte Vereinheitlichung eingeführt werden. Es war geplant, dass es über die Vereinheitlichung der Sprache zu einer Unabhängigkeit vom verwendeten Datenbankmanagement-System kommen sollte. Dummerweise wurden die von der DBTF verabschiedeten Standards von den einzelnen Herstel lern recht frei ausgelegt, so dass im Endeffekt die erhoffte Vereinfachung und Vereinheitlichung nicht erreicht werden konnte.

Im Prinzip entspricht das Netzwerkmodell in weiten Teilen dem hierarchischen Datenbankmodell. Es gibt aber einen wichtigen Unterschied. Während im hierarchischen Datenbankmodell ein Kindknoten jeweils nur einen einzigen Elternknoten besitzen kann, so ist es im Netzwerkmodell durchaus möglich, dass ein Kindknoten mehrere Elternknoten haben kann.

Um den Unterschied zur hierarchischen Datenbank deutlich zu machen, wurde für das Netzwerkmodell eine neue Terminologie eingeführt. Eine Beziehung zwischen zwei Elementen wurde als *Menge* bezeichnet. Der Elternknoten wurde in *Besitzer* der Menge umgetauft und der Kindknoten in *Mitglied* der Menge. Über diese Terminologie ist es möglich, dass ein einzelnes Element gleichzeitig Mitglied in verschiedenen Mengen sein darf. Lassen Sie uns als Beispiel die Abbildung 2.5 betrachten.

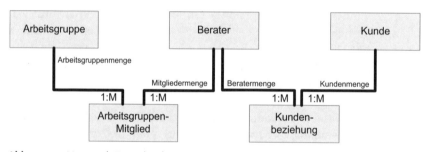

Abb. 2.5:   Netzwerk-Datenbank

In unserer Beispiel-Firma (siehe Kapitel 1 – *Das Fallbeispiel*) kann ein Kunde von mehreren Beratern beraten werden. Jeder Berater kümmert sich üblicherweise um mehrere Kunden. Betrachtet man eine einzelne Kundenbeziehung, so sind jeweils immer ein Berater und ein Kunde daran beteiligt. Da aber, wie schon gesagt, mehrere Berater mit einem speziellen Kunden und ein spezieller Berater mit mehreren Kunden zusammenarbeiten können, besteht sowohl zwischen Kundenbeziehung und Berater als auch zwischen Kundenbeziehung und Kunde eine 1:M-Beziehung. Ein anderes Beispiel, bei dem eine M:N-Beziehung vonnöten ist, ist die Zuordnung zwischen Arbeitsgruppe und Berater. In unserer Beispiel-Firma existieren verschiedene Arbeitsgruppen, in denen die angestellten Berater organisiert sind. In einer einzelnen Arbeitsgruppe können mehrere Berater organisiert sein und ein einzelner Berater kann Mitglied in mehreren Arbeitsgruppen sein.

Da das Netzwerkmodell eine Erweiterung des hierarchischen Datenbankmodells darstellt, ist es nicht weiter verwunderlich, dass viele der positiven Eigenschaften des hierarchischen Datenbankmodells auch dem Netzwerkmodell zu Eigen sind. Über die Erweiterung, dass ein Kindknoten auch mehrere Elternknoten besitzen darf, wird eine der größten Limitationen des hierarchischen Datenbankmodells überwunden, die Beschränkung auf 1:N-Beziehungen. Da ein Mengenmitglied mehr als einen Besitzer haben kann, ist es wesentlich einfacher, von Besitzer zu Besitzer zu wechseln. Dies macht den Preorder-Durchlauf überflüssig und ermöglicht einen wesentlich flexibleren Zugriff auf die Daten der Datenbank.

Da es in einer Netzwerk-Datenbank nicht möglich ist, dass ein Mengenmitglied definiert wird, ohne dass es einen Besitzer der Menge gibt, wird die Integrität der Datenbank verbessert. Durch die Einführung von Subschemata und den verbesserten Datenzugriff wird die Komplexität der Anwendungsentwicklung reduziert. Im Gegensatz zur hierarchischen Datenbank ist es bei der Netzwerk-Datenbank nicht mehr notwendig, dass der Anwendungsentwickler die komplette physikalische Struktur der Datenbank kennen muss. Er muss lediglich den Teil der Datenbank (das Subschema) kennen, den er für die Lösung seines Problems benötigt.

Die durch die DBTF definierten Standards wurden zwar nicht komplett von den Datenbankherstellern implementiert, dennoch sind Netzwerk-Datenbanksysteme trotz allem besser standardisiert als hierarchische Datenbanken, das heißt, es ist eher möglich, eine Netzwerk-Datenbank auf ein anderes DBMS zu portieren, als es bisher mit den hierarchischen Datenbanken möglich war.

Netzwerk-Datenbanken beseitigten zwar einige der Schwächen von hierarchischen Datenbanken, allerdings werden trotz allem die wesentlichen Schwächen beibehalten. Auch beim Netzwerkmodell muss man zu den Daten navigieren, auf die man zugreifen möchte (auch wenn dies nicht mehr so komplex wie bei der hierarchischen Datenbank ist). Daher müssen sowohl die Entwickler als auch die Anwender auch bei der Netzwerk-Datenbank die Struktur der Daten kennen. Im Gegensatz zur hierarchischen Datenbank ist es aber nicht mehr notwendig, die gesamte Struktur zu kennen, sondern nur den Teil, der zum Lösen der Aufgabe notwendig ist. Hierdurch ergibt sich, wie auch schon bei der hierarchischen Datenbank eine strukturelle Abhängigkeit, das heißt, wenn die Struktur der Datenbank verändert wird, müssen alle Anwendungsprogramme angepasst werden.

2.4.3 Relationale Datenbanken

Wie bereits im vorherigen Abschnitt beschrieben, ist eines der größten Probleme der Netzwerk-Datenbanken die fehlende strukturelle Unabhängigkeit. Jede kleine Änderung an der Struktur der Datenbank hat eine Änderung an allen Anwendungsprogrammen zur Folge, die auf die Datenbank zugreifen. Da sich natürlich die Gegebenheiten, die in der Datenbank verwaltet wurden, über die Zeit änderten, waren Änderungen an der Datenbank und damit auch an den Programmen eher die Regel als die Ausnahme.

Eine weitere Folge der strukturellen Abhängigkeit war, dass nur einige wenige Spezialisten Datenbanksysteme überhaupt effektiv nutzen konnten. Für die breite Masse der Anwender war es viel zu kompliziert, sich die Struktur der Datenbank zu merken.

Wie es oft bei technischen Entwicklungen der Fall ist, kommt der Appetit beim Essen, das heißt, durch den immer weiter voranschreitenden Einsatz von hierarchischen und Netzwerk-Datenbanksystemen stiegen natürlich auch die Anforderungen an diese Systeme und es wurde der Ruf nach Ad-hoc-Abfragemöglichkeiten immer lauter, den weder die hierarchischen noch die Netzwerk-Datenbanken beantworten konnten.

Als Antwort auf diese Forderungen wurde bereits im Jahr 1970 von Dr. E. F. Codd, ein bei IBM angestellter Mathematiker, das relationale Datenbankmodell entwickelt, das eine Revolution im Bereich der Datenbanksysteme auslösen sollte. Als Dr. Codd die relationalen Datenbanken 1970 in seiner Ausarbeitung »A relational Model Of Data For Large Shared Data Banks« vorgeschlagen hat, waren allerdings die Hardware-Gegebenheiten noch nicht so weit entwickelt, als dass dieses theoretische Modell auch praktisch umgesetzt werden konnte. Erst 1978 konnte IBM die von Dr. Codd entwickelte Theorie in ein Produkt namens *System/R* umsetzen. In der Zwischenzeit hatten allerdings bereits andere Firmen relationale Datenbanksysteme veröffentlicht. Eine dieser Firmen hieß Relational Software, die Oracle entwickelt hatte und sich später in Oracle umbenannte. Die andere Firma hieß Relational Technology, die das Produkt Ingres veröffentlichte. IBMs System/R wurde 1982 durch SQL/DS und DB2 ersetzt. Relationale Datenbanken gehören zu den heute am weitesten verbreiteten Datenbanksystemen. Die meisten heute kommerziell eingesetzten Datenbanken sind relationale Datenbanken.

Genau wie die bisher vorgestellten hierarchischen und Netzwerk-Datenbanksysteme besitzt auch das relationale Datenbanksystem ein Datenbankmanagement-System. Um den relationalen Charakter dieses Datenbankmanagement-Systems besonders hervorzuheben, spricht man hier auch vom *RDBMS*. Genau wie die DBMS der anderen Datenbankmodelle implementiert auch das RDBMS alle grundlegenden Funktionen. Der große Unterschied zwischen einem RDBMS und den anderen DBMS liegt darin, dass ein RDBMS wesentlich mehr Funktionen zur Verfügung stellt.

Der größte Vorteil gegenüber anderen Datenbankmodellen liegt beim relationalen Datenbankmodell darin, dass durch das RDBMS eine komplette Kapselung der physikalischen Datenspeicherung erreicht wird. Anwender einer relationalen Datenbank beschäftigen sich einzig und allein mit der logischen Struktur der Daten, ohne sich Gedanken über die physikalische Speicherung machen zu müssen.

Grundlegendes Konzept der relationalen Datenbank ist die *Tabelle*. Eine Tabelle stellt eine zweidimensionale Matrix aus Zeilen und Spalten dar. Während die Zeilen der Tabelle Datensätze repräsentieren, stellen die Spalten Datenfelder dar. Eine Zelle der Tabelle enthält den Wert, die ein ganz bestimmter Datensatz in einem ganz bestimmten Datenfeld enthält.

Beziehungen zwischen Tabellen werden über so genannte *Primär-/Fremdschlüsselbeziehungen* hergestellt. Hierbei existiert in der einen Tabelle ein *Primärschlüssel*, der jeden Datensatz dieser Tabelle eindeutig kennzeichnet. Sie können sich einen Primärschlüssel wie eine laufende Nummer oder z.B. eine Rechnungsnummer vorstellen. Eine Rechnungsnummer ist in der Tat ein wirklich gutes Beispiel für einen Primärschlüssel. Jede Rechnungsnummer ist eindeutig und kann daher eindeutig einer bestimmten Rechnung zugeordnet werden. In einer anderen Tabelle kann mit einem so genannten *Fremdschlüssel* auf den Primärschlüssel der ersten Tabelle verwiesen werden.

Betrachtet man eine bestimmte Beziehung zwischen zwei Tabellen, so wird die Tabelle, die den Primärschlüssel besitzt, als *Mastertabelle,* und die Tabelle, die den Fremdschlüssel enthält, als *Detailtabelle* bezeichnet.

Da diese Thematik sehr wichtig ist und eines der zentralen Konzepte der relationalen Datenbanken darstellt, lassen Sie uns noch ein Beispiel betrachten.

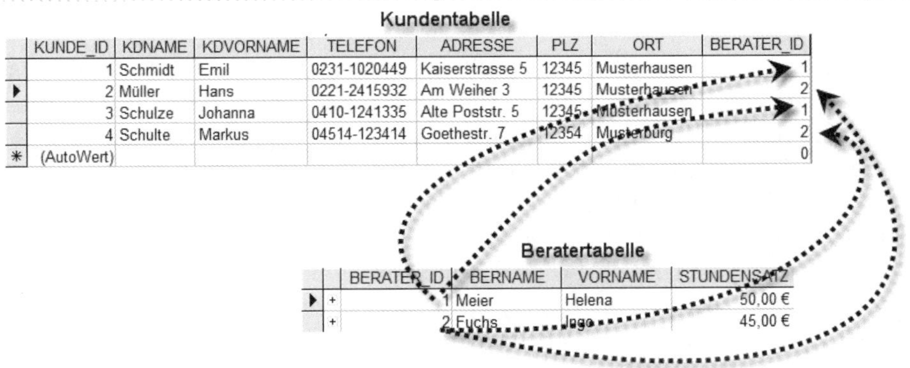

Abb. 2.6: Verbindung zwischen zwei Tabellen über Primär-/Fremdschlüsselbeziehung

In Abbildung 2.6 ist eine Verknüpfung zwischen zwei Tabellen über eine Primär-/ Fremdschlüsselbeziehung dargestellt. Im Prinzip stellt diese Abbildung eine etwas verbesserte Version der Tabelle in Abbildung 1.6 dar.

Bei näherer Betrachtung ist das nicht ganz richtig. Wir haben zwar die Redundanz reduziert, die in der Tabelle in Abbildung 1.5 vorhanden war, aber dabei auch die Möglichkeit verloren, dass sich mehr als ein Berater um denselben Kunden kümmern kann. Um das Beispiel möglichst einfach zu halten, habe ich hier bewusst auf diese Eigenschaft verzichtet. Wie man einem bestimmten Kunden mehrere Berater zuordnen kann, erfahren Sie im weiteren Verlauf dieses Buches. Wir haben die Tabelle in zwei Tabellen unterteilt, eine Kundentabelle und eine Beratertabelle. Sowohl die Beratertabelle als auch die Kundentabelle verfügen über einen Primärschlüssel. Im Fall der Beratertabelle heißt dieser BERATER_ID, im Fall der Kundentabelle KUNDEN_ID. Wie Sie gut in der Abbildung sehen können, sind sowohl die Werte des Feldes BERATER_ID in der Beratertabelle als auch die Werte des Feldes KUNDEN_ID der Kundentabelle eindeutig.

In der Kundentabelle gibt es zusätzlich das Feld BERATER_ID, das einen Fremdschlüssel auf die Beratertabelle enthält. Wie Sie in der Abbildung sehen können, gilt die Bedingung der Eindeutigkeit für Fremdschlüsselfelder nicht. Das Feld BERATER_ID enthält z.B. mehrfach den Wert 1. Sie können sich ein Fremdschlüsselfeld im Prinzip wie einen Verweis vorstellen. In der Kundentabelle ist z.B. angegeben, dass der Kunde mit dem Namen »Emil Schmidt« vom Berater mit der Nummer 1 beraten wird. Ein schneller Blick in die Beratertabelle liefert zu Tage, dass der Berater (bzw. in diesem Fall die Beraterin) mit Nummer 1 (die den Wert 1 im Primärschlüsselfeld stehen hat) »Helena Meier« heißt und dass ihr Stundensatz 50,00 € beträgt.

Die hier vorgestellte Beziehung zwischen zwei Tabellen nennt man 1:N-Beziehung, da ein Datensatz der Mastertabelle mit beliebig vielen Datensätzen der Detailtabellen in Beziehung steht. Neben der 1:N-Beziehung gibt es noch M:N- und 1:1-Beziehungen. Auf die Beziehungen zwischen Tabellen gehe ich im weiteren Verlauf des Buches näher ein.

Genau wie die anderen bisher vorgestellten Datenbankmodelle bietet auch die relationale Datenbank einen zentralen Speicherort zur Speicherung der Daten an. Einer der größten Vorteile der relationalen Datenbanken liegt im Vergleich mit den hierarchischen Datenbanken und den Netzwerk-Datenbanken darin, dass es bei der relationalen Datenbank keine strukturelle Abhängigkeit gibt. Im Gegensatz zu den bisher behandelten Datenbanken gibt es bei der relationalen Datenbank keine Struktur, durch die man sich navigieren muss, bevor man auf die benötigten Daten zugreifen kann. Dies hat zur Folge, dass sich der Zugriff des RDBMS auf die Daten nicht ändert, auch wenn man die Struktur die Datenbank ändert. Ändert man die Baumstruktur, die den hierarchischen oder Netzwerk-Datenbanken zugrunde liegt, so ändert sich auch der Datenzugriffspfad, über den das DBMS die Daten erreichen kann.

Ein weiterer großer Vorteil des relationalen Datenbankmodells ist es, dass die physikalische Struktur der Datenspeicherung völlig durch das RDBMS gekapselt wird, das heißt, der Datenbankdesigner muss sich keine Gedanken über die physikalische Speicherung der Daten machen (in der Regel kennt er diese noch nicht einmal) und kann sich ausschließlich mit den logischen Konzepten der Datenbank auseinander setzen.

Da eine relationale Datenbank sowohl strukturell unabhängig als auch datenunabhängig ist, ist es wesentlich einfacher, eine relationale Datenbank zu entwerfen und zu verwalten als eine Datenbank der anderen Datenbanksysteme. Diese Flexibilität spiegelt sich auch darin wider, dass relationale Datenbanken Ad-hoc-Abfragen unterstützt. Unter einer *Ad-hoc-Abfrage* versteht man eine Abfrage, bei der der Anwender eines Datenbanksystems eine bestimmte Abfrage formulieren und diese direkt an das Datenbanksystem weitergeben kann. Im Gegensatz zu den Adhoc-Abfragen stehen die Abfragetypen der anderen Datenbanksysteme, bei denen ein Programmierer mit umfassenden Strukturkenntnissen der Datenbank benötigt wird, um eine solche Abfrage zu schreiben.

Unter relationalen Datenbanksystemen hat sich die Abfragesprache SQL als Standard durchgesetzt. Mit SQL ist es möglich, Datenbanken zu erzeugen, zu verwalten und die in der Datenbank vorhandenen Daten zu verändern.

SQL ist keine *prozedurale Sprache* wie z.B. Pascal oder C++. Im Gegensatz zu prozeduralen Programmiersprachen, in denen Sie definieren, *wie* eine Aufgabe gelöst werden muss, teilen Sie dem Datenbankmanagement-System über SQL mit, *was* Sie als Ergebnis haben möchten. Das RDBMS wählt dann den besten Weg aus, das Ergebnis zu liefern.

Weil SQL viele grundlegende Sprachkonstrukte herkömmlicher Programmiersprachen fehlen, spricht man im Zusammenhang mit SQL auch von einer *Datenuntersprache*, da SQL eine Spezialsprache zum Zugriff auf Datenbanksysteme ist. Um eine Datenbankanwendung zu erstellen, muss man SQL in Verbindung mit einer vollständigen Programmiersprache wie z.B. Delphi oder C# benutzen. Führt eine Programmiersprache SQL-Befehle aus, so spricht man auch von *Embedded SQL*. SQL selbst ist in die drei Untersprachen unterteilt: DDL (Data Definition Language), DML (Data Manipulation Language) und DCL (Data Control Language).

SQL wurde als ANSI-Standard definiert. Die aktuelle Version des Standards geht auf das Jahr 1999 zurück. Daher heißt der aktuelle SQL-Standard SQL-99. Die Hersteller der Datenbanksysteme implementieren SQL nicht streng nach diesem Standard, so dass es zwischen den einzelnen Systemen Unterschiede im Sprachumfang von SQL gibt. So implementiert Oracle den SQL-Dialekt *PL/SQL* und Microsoft den SQL-Dialekt *Transact-SQL*. Beide Implementationen weisen proprietäre Erweiterungen zum SQL-Standard auf, die unter anderem dazu dienen, SQL um prozedurale Elemente zu erweitern. Der Kern der SQL-Dialekte ist aber bei allen Systemen gleich, so dass alle Systeme ANSI-SQL verstehen. In diesem Buch werde ich weitestgehend nur auf Elemente aus dem Sprachumfang von ANSI-SQL zurückgreifen, so dass die Beispiele mit jedem beliebigen SQL-fähigen Datenbanksystem funktionieren sollten.

Im Gegensatz zu den DBMS der hierarchischen und Netzwerk-Datenbanken sind RDBMS wesentlicher komplexer und bieten wesentlich mehr Funktionen, da ein gutes RDBMS die physikalische Komplexität der Datenbank komplett vor den Datenbankdesignern und den Anwendern versteckt.

Neben den zahlreichen Vorteilen eines RDBMS gibt es natürlich auch Nachteile im Vergleich mit anderen DBMS, die ich an dieser Stelle nicht verschweigen möchte. Ein Nachteil, der allerdings durch den Fortschritt bei der Hardware relativiert wird, ist, dass ein RDBMS wesentlich mehr Ressourcen (insbesondere Hauptspeicher und Prozessorleistung) benötigt als die anderen DBMS. Dies hat natürlich auch zur

Folge, dass ein RDBMS auf derselben Hardware langsamer läuft als ein hierarchisches Datenbanksystem oder eine Netzwerk-Datenbank.

Die einfache Bedienung moderner RDBMS, die auf der Tatsache beruht, dass sich der Datenbankentwickler nur mit der logischen Struktur des Systems beschäftigen muss, und die oft sehr intuitiv zu bedienenden Tools, mit denen man relationale Datenbanken erstellen kann, haben natürlich auch zur Folge, dass schlechtem Design Tür und Tor geöffnet werden. Ein gutes Beispiel hierfür ist Access. Access ist ein voll ausgestattetes Desktop-RDBMS, das zudem über eine sehr intuitiv zu bedienende Oberfläche verfügt. An sich sind dies beides positive Eigenschaften, die den professionellen Datenbankentwickler unterstützen und entlasten sollen. Auf der anderen Seite kann dies aber auch zu einem Nachteil werden. Die einfache Bedienung von Access kann grundlegendes Datenbank-Know-how nicht ersetzen. So ist es nicht verwunderlich, dass es in der Praxis viele Access-Datenbanken gibt, die von ambitionierten Laien entworfen worden sind, für die eine Datenbank nicht viel mehr als eine Ansammlung von Tabellen ist. Das derartige Datenbanken natürlich nicht die hohen Erwartungen erfüllen können, die in sie gesetzt werden, sollte klar sein.

Ein weiterer Nachteil dieser leicht zu verwendenden Desktop-RDBMS ist es, dass hierdurch so genannte »Informationsinseln« gefördert werden. Wenn es sehr leicht für jedermann möglich ist, eine Datenbank anzulegen, so wird dies in der Praxis natürlich auch gemacht, das heißt, dass einzelne Abteilungen »mal eben schnell« Datenbankanwendungen für ihre eigenen Zwecke erstellen. Hierbei gerät das große Gesamtbild der firmeninternen Datenhaltung aus dem Fokus. Da die »Dateninseln« in den einzelnen Abteilungen zunächst ohne Absprache mit anderen Abteilungen entstehen, ist es nur natürlich, dass sie Redundanz schaffen (mit allen verbundenen Problemen), die eigentlich durch eine zentrale Datenhaltung vermieden werden sollte. In diesem Szenario wird das Problem der »Dateninseln«, auf das ich schon einmal weiter oben eingegangen bin, einfach vom Dateisystem in kleine, abteilungsbezogene Datenbanken umgelagert. Je länger ein solches Nebeneinander von verschiedenen, abteilungsbezogenen Datenbanken andauert, desto schwieriger wird es, die divergierenden Datenbestände wieder zusammenzuführen.

Wie Sie in den vorherigen Abschnitten gesehen haben, resultieren die »Nachteile« der relationalen Datenbanken meist aus der Verwendung durch die Anwender und nicht aus dem Konzept der relationalen Datenbank als solcher. Daher ist es sicherlich auch nicht verwunderlich, dass sich relationale Datenbanken sehr schnell gegenüber Netzwerk- und hierarchischen Datenbanken durchsetzen konnten und heutzutage den Datenbanksektor dominieren. Dies hat natürlich auch zur Folge, dass ich mich in den folgenden Kapiteln ausschließlich mit relationalen Datenbanken auseinander setzen werde.

2.4.4 ER-Datenbankmodelle

Die bisher vorgestellten Datenbankmodelle waren eher implementative Modelle, das heißt, es ging bisher hauptsächlich darum, Datenbankmodelle zu beschreiben, die auf die Umsetzung auf einem Computer ausgerichtet sind. Besonders deutlich wird dies bei den Netzwerk- und hierarchischen Datenbanken. In den jeweiligen Abschnitten haben Sie gesehen, wie diese Datenbanken verwaltet werden. Auch das Modell der relationalen Datenbank ist darauf angelegt, wie man Datenbanken in einem Computer verwalten kann, auch wenn hier vieles von der zugrunde liegenden Technik dem Anwender bzw. Datenbankdesigner gegenüber »versteckt« wird, so dass sich diese auf die logische Struktur der Daten konzentrieren können. Nichtsdestotrotz geht es aber auch beim relationalen Datenbanksystem um die Frage, wie man eine Datenbank auf einem Computer (in diesem Fall mit Hilfe eines RDBMS) realisieren kann.

Im Gegensatz zu den implementatorischen Modellen stehen die konzeptionellen Modelle. Das Ziel eines konzeptionellen Datenbankmodells ist es nicht, die Datenbank auf einem Computer zu realisieren (obwohl das natürlich das Fernziel sein sollte). Ziel des konzeptionellen Datenbankmodells ist es, dem Anwender dieses Modells dabei zu helfen, die den Daten zugrunde liegenden Strukturen herauszuarbeiten und zu verstehen.

Die Notwendigkeit, ein konzeptionelles Datenmodell zu entwerfen, ergab sich als Folge der neuen Möglichkeiten, die durch das relationale Datenbankmodell geschaffen wurden. Mit der Verfügbarkeit von RDBMS wurde es möglich, Datenbanken von bis dato nicht für möglich gehaltener Komplexität zu erzeugen. In allen Ingenieurswissenschaften, in denen es darum geht, Komplexität in den Griff zu bekommen, haben sich bestimmte Notationen durchgesetzt, um komplexe Sachverhalte einfach darstellen zu können.

Eine der am weitesten verbreiteten Notationen zur konzeptuellen Beschreibung von Datenbanken stellt das *Entity-Relationship-Modell* dar (kurz *ER-Modell*), dass auf Peter Chens Artikel »The Entity Relationship Model: Toward a Unified View of Data« aus dem Jahr 1976 zurückgeht. Bei diesem Modell geht es darum, Entitäten und die zwischen ihnen bestehenden Beziehungen (Relations) grafisch darzustellen. Aufgrund der grafischen Struktur des Enitity-Relationship-Modells eignet es sich besonders gut zum konzeptionellen Entwurf von Datenbanken.

Stellt man ein Entity-Relationship-Modell grafisch dar, so spricht man auch vom *Entity-Relationship-Diagramm* (auch *ERD* genannt).

Wie Sie sich sicherlich schon anhand des Namens gedacht haben, sind die zwei fundamentalen Elemente eines ER-Modells Entitäten und Beziehungen (Relationships).

Unter einer Entität versteht man ein Objekt des täglichen Lebens, wie z.B. eine Person, einen Kunden oder eine Rechnung, über die Daten gesammelt und in strukturierter Form abgespeichert werden sollen. Im ERD stellt man eine Entität als Rechteck dar. Der Name einer Entität wird üblicherweise in Großbuchstaben geschrieben und man verwendet den Singular (also KUNDE statt KUNDEN), da es nur um das allgemeine Konzept hinter der Entität geht und nicht um z.B. spezielle Kunden.

Wie ich bereits am Anfang dieses Abschnitts erläutert habe, stellt das ER-Modell ein konzeptionelles Modell dar, das dabei hilft, die Struktur der zu erfassenden Daten zu erarbeiten. Damit man aus diesem konzeptionellen Modell zu einer funktionsfähigen Datenbankanwendung kommt (und das sollte ja das endgültige Ziel sein), muss es in ein implementatorisches Modell umgewandelt werden. Üblicherweise wird ein ER-Modell in eine relationale Datenbank überführt. Wie das genau funktioniert, werden Sie später in diesem Buch erfahren. Lassen Sie mich an dieser Stelle nur so viel sagen: Bei der Umwandlung des ER-Modells in eine relationale Datenbank werden Entitäten üblicherweise in Tabellen umgewandelt. Die einzelnen Datensätze der Tabelle werden, bezogen auf das ER-Modell, als *Instanzen* der Entität bezeichnet. Im Prinzip besteht hier durchaus eine Parallelität zur objektorientierten Programmierung. Die »Schablone« eines Objekts wird hier als Klasse bezeichnet, die im Prinzip einen »Bauplan« für ein Objekt darstellt. Um ein Objekt zu bekommen, muss man eine Instanz dieser Klasse erzeugen. Die Entität stellt im Prinzip einen »Bauplan« für einen Datensatz dar. Hier werden die Attribute festgelegt, die der instanzierte Datensatz dann im Endeffekt besitzt.

Entitäten werden *Attribute* zugeordnet, die die Entität näher beschreiben und die Daten festlegen, die wir zu einer Instanz der Entität speichern können. Betrachten Sie z.B. die Entität KUNDE, so wären mögliche Attribute NAME, VORNAME oder auch KREDITLINIE.

Die zweite wichtige Komponente des Entity-Relationship-Modells stellt die *Beziehung* dar. Eine Beziehung beschreibt, wie verschiedene Entitäten zueinander in Beziehung stehen. Es gibt 1:N-Beziehungen, bei denen eine Instanz der einen Entität mit beliebig vielen Instanzen der anderen Entität in Beziehung steht, M:N-Beziehungen, bei denen beliebig viele Instanzen der einen Entität mit beliebig vielen Instanzen der anderen Entität in Beziehung stehen, und die 1:1-Beziehung, bei der eine Instanz der einen Entität mit genau einer Instanz der anderen Entität in Beziehung steht. Beziehungen werden durch ein Verb charakterisiert und im Diagramm durch eine Raute dargestellt. Der Typ der Beziehung wird auch als *Konnektivität* bezeichnet und im ERD neben die jeweiligen Entitäten geschrieben.

Um Ihnen einmal zu zeigen, wie diese drei Beziehungstypen in einem ERD dargestellt werden, greife ich auf unser Fallbeispiel vor und stelle Beziehungen zwischen Entitäten dar, die in diesem Fallbeispiel Verwendung finden.

Abb. 2.7: 1:1-Beziehung zwischen KUNDE und ANSCHRIFT

Gehen wir einmal davon aus, dass ein Kunde jeweils nur eine Anschrift hat (was natürlich in der Praxis nicht unbedingt der Fall sein muss), so kommen wir zu dem in Abbildung 2.7 dargestellten ERD. Die Entitäten KUNDE und ANSCHRIFT sind, wie oben beschrieben, in Rechtecken dargestellt, die Beziehung zwischen diesen wird als Raute dargestellt und die Konnektivität der Beziehung ist an die jeweiligen Entitäten geschrieben.

Abb. 2.8: Eine 1:N-Beziehung zwischen BERATER und PROTOKOLL

In unserer Beispielfirma (s.u.) arbeiten Berater, die Kunden beraten. Nach einer solchen Beratung sind die Berater dazu verpflichtet, ein Protokoll zu schreiben, das den Beratungsvorgang beim Kunden dokumentiert. Diese Protokolle werden nicht in Gruppenarbeit erstellt, so dass jedes Protokoll von genau einem Berater erstellt wird. Auf der anderen Seite erstellt ein einzelner Berater mehrere Protokolle (zu jedem Kunden und auch zu verschiedenen Beratungsvorgängen bei einem einzelnen Kunden). Zwischen den Entitäten BERATER und PROTOKOLL besteht also eine 1:N-Beziehung. Das resultierende ER-Diagramm können Sie in Abbildung 2.8 sehen.

Abb. 2.9: Eine M:N-Beziehung zwischen Berater und Know-how

Die in der Beispielfirma angestellten Berater verfügen über spezifisches Know-how, das auch in der Datenbank verwaltet werden soll. Hierbei handelt es sich z.B. um Marketing-Know-how oder Finanz-Know-how. Jeder einzelne Berater verfügt über verschiedene Gebiete, auf denen er Know-how besitzt, auf der anderen Seite gibt es zu jedem Know-how-Gebiet mehrere Berater, die sich dort auskennen. Dies ist ein typischer Fall einer M:N-Beziehung, die in Abbildung 2.9 zu sehen ist.

Einer der Vorzüge des ER-Modells stellt die grafische Darstellung von Entitäten und Beziehungen in einem ERD dar. Menschen sind in der Regel sehr visuell gesteuert und daher können Diagramme wesentlich schneller verarbeitet werden als z.B. Texte. Durch die Einfachheit des ER-Modells ist es sehr leicht möglich, die Entitäten eines Datenbanksystems und die Beziehungen zwischen diesen darzustellen. Die visuelle Repräsentation der Daten, die durch das ERD standardisiert wird, kann als »visuelle Sprache« gesehen werden. Durch die Standardisierung stellt sie ein mächtiges Kommunikationswerkzeug zwischen Datenbankdesignern, Fachabteilungen, Programmierern und Endanwendern dar. Die Standardisierung gewährleistet, dass alle Projektbeteiligten dieselbe »Sprache« sprechen und dadurch der Spielraum für Missverständnisse verringert wird. Da das ER-Modell sehr stark an das relationale Datenbankmodell angelehnt ist, stellt es ein mächtiges Tool beim Datenbankentwurf relationaler Datenbanken dar und ist einer der Eckpfeiler des strukturierten Datenbankentwurfs.

Natürlich besitzt das ER-Modell auch Nachteile, die oft von Datenbankdesignern aus der Praxis angeführt werden und die die Arbeit mit diesem Modell erschweren können. Einer der Hauptnachteile besteht darin, dass bestimmte Beschränkungen, die für die in der Datenbank gespeicherten Daten gelten sollen, nicht mit Hilfe des ERDs dargestellt werden können und damit komplett aus dem konzeptionellen Entwurf der Datenbank herausfallen und erst bei der Implementierung berücksichtigt werden können. Wie Sie in späteren Kapiteln sehen werden, ist die Darstellung von Attributen im ERD nicht zufrieden stellend gelöst. Attribute werden als Ovale mit Verbindungslinie mit den Entitäten verknüpft. Diese Darstellungsweise hat den gravierenden Nachteil, dass komplexe Datenbanken, in denen es Tabellen mit vielen Attributen gibt, nicht gut dargestellt werden können, da ein solches ERD sehr unübersichtlich wird. Daher eignen sich ERDs hauptsächlich dazu, die grundsätzlichen Strukturen einer Datenbank zu visualisieren. Um ein vollständiges Bild der Datenbank zu erhalten, sollte man auf andere Darstellungsformen zurückgreifen, die Sie später kennen lernen werden. Im Zusammenhang mit den Attributen gibt es einen weiteren Kritikpunkt des ERDs. Es ist zwar möglich, Beziehungen zwischen Entitäten darzustellen, Beziehungen zwischen Attributen dieser Entitäten können aber nicht dargestellt werden.

Trotz dieser Nachteile findet das ERD heutzutage noch eine sehr große Verbreitung und wird in vielen Datenbank-CASE-Tools (wenn auch teilweise in abgewandelter Form) verwendet.

2.4.5 Objektorientierte Datenbanken

Betrachtet man die aktuellen Trends in der Software-Entwicklung und vergleicht man diese mit den weit verbreiteten relationalen Datenbanken, so wird sofort augenscheinlich, dass es einen Bruch zwischen der modernen objektorientierten Software-Entwicklung, in der inzwischen jedes ernstzunehmende Programm entwickelt wird, und den relationalen Datenbanken gibt. Objektorientierung und relationale Datenbanken stellen zwei grundverschiedene Konzepte dar, die wenig gemeinsam haben. Auf der einen Seite spricht man von Objekten, Vererbung, Eigenschaften und Methoden, während auf der anderen Seite Tabellen, Felder und Beziehungen stehen. Trotz allem müssen beide Welten vereinigt werden, um moderne Datenbankanwendungen zu entwickeln. Gängige Praxis ist es, dass zur Programmierung der Oberfläche der Datenbankanwendung eine objektorientierte Programmiersprache verwendet wird, während im Hintergrund eine relationale Datenbank arbeitet. Um diesen Bruch zu kitten, werden zum Zugriff auf die relationalen Tabellen der Datenbank Objekte geschrieben, die die Tabellen aus Sicht der Anwendung in eine objektorientierte Form bringen. Im Zuge dieser Konvertierung werden relationale Tabellenfelder in objektorientierte Eigenschaften umgewandelt, was für den Programmierer einen erheblichen Aufwand bedeutet. Es wird viel Code geschrieben, der für eine Übersetzung zwischen den beiden Welten zuständig ist und der sich darum kümmert, dass eine objektorientierte Anwendung mit einer relationalen Datenbank kommunizieren kann.

Ein anderer Trend geht dahin, immer mehr Businesslogik in die Datenbank selbst zu verlagern. Der Vorteil hierbei liegt darin, dass Funktionen, die intensiv mit Daten arbeiten, nicht außerhalb der Datenbank arbeiten, sondern innerhalb. Lagert man derartige Funktionen aus, so dass sie nicht in der Datenbank ausgeführt werden, so müssen die Eingangsdaten für die Funktion zunächst aus der Datenbank extrahiert werden. Dann werden die benötigten Berechnungen durchgeführt und die Resultate werden in die Datenbank zurückgeschrieben. Befinden sich die Daten und die Businesslogik nicht auf demselben Rechner, wird die Situation noch kritischer, da die Daten in diesem Fall zusätzlich noch über das Netzwerk transportiert werden müssen. Um dies zu vermeiden, ist man bestrebt, möglichst viel von der Businesslogik in die Datenbank selbst zu verlagern. Moderne Datenbanksysteme bieten prozedurale Erweiterungen des SQL-Standards wie z.B. PL/SQL (Oracle) oder Transact-SQL (Microsoft) an, in denen Businesslogik-Funktionen programmiert werden können. Wird die Businesslogik komplizierter, so kann deren Programmierung durch objektorientierte Konzepte vereinfacht werden, so wie dies bereits bei der herkömmlichen Programmierung erreicht wurde.

Diese beiden Problembereiche, der Bruch zwischen objektorientierter Anwendungsprogrammierung und relationaler Datenbank sowie die Unterstützung datenbankinterner Businesslogik durch objektorientierte Konzepte, werden durch die objektorientierten Datenbanken adressiert.

Der erste Versuch, relationale Datenbanken und objektorientierte Programmierparadigmen zu vereinigen, geht auf das Jahr 1981 zurück. In diesem Jahr erschien der Artikel »Database Description with SDM: A Semantic Database Model«, in dem das Semantic Data Model (SDM) vorgestellt wurde, bei dem sowohl die Daten als auch die zwischen ihnen bestehenden Beziehungen in einem einzigen Objekt dargestellt wurden. Das SDM lieferte als objektorientiertes Datenmodell die Basis für eine objektorientierte Datenbank.

Der große Unterschied zwischen Entitäten in relationalen Datenbank-Modellen und Entitäten in objektorientierten Datenbankmodellen besteht darin, dass bei relationalen Datenbanken eine Entität nur durch die Attribute bestimmt wird, die ihr zugeordnet sind, während eine objektorientierte Entität sowohl aus Attributen als auch aus Beziehungen zu anderen Entitäten besteht.

Ein weiterer wichtiger Aspekt der objektorientierten Entwicklung besteht darin, dass Code und Daten in Objekten gekapselt werden, das heißt, ein Objekt enthält nicht nur die eigentlichen Daten, sondern auch Code, der für die Arbeit mit diesen Daten benötigt wird. Dieser Code ist dafür zuständig, die Daten des Objekts zu ändern, Berechnungen mit ihnen durchzuführen usw. Durch diese strikte Zusammenfassung von Code und Daten in einem Objekt soll gewährleistet werden, dass das Objekt als autarke Einheit selbstständig ist, was die Wiederverwendbarkeit des Objekts erhöht. In der professionellen Software-Entwicklung ist der Aspekt der Wiederverwendbarkeit ein zentraler Aspekt, da durch die Wiederverwendbarkeit eines Objekts Entwicklungszeit und letztendlich auch Entwicklungskosten gespart werden können. Daher ist es nicht verwunderlich, dass die objektorientierte Software-Entwicklung, die ihre Leistungsfähigkeit bereits bei der Entwicklung von Anwendungsprogrammen unter Beweis gestellt hat, nun auch Einzug in das Gebiet der Datenbanken findet. Ein weiterer Grund, warum objektorientierte Datenbanken weiter an Boden gewinnen, ist der, dass in der heutigen Zeit immer komplexere Daten in Datenbanken verwaltet werden, die relationale Datenbankmodelle an ihre Grenzen bringen. Eine der Stärken des objektorientierten Modells ist es aber, mit sehr komplexen Datentypen arbeiten zu können.

Lassen Sie uns nun, nachdem Sie gesehen haben, warum es objektorientierte Datenbankmodelle gibt, einmal einen Blick auf die objektorientierten Datenbanken selbst werfen. Zentrales Element der objektorientierten Datenbank stellt natürlich das Objekt dar. Ein Datenbankobjekt bildet ein Objekt aus dem täglichen Leben in einer Datenbank ab. Im Prinzip kann man die Objekte der objektorientierten Datenbank mit den Entitätsinstanzen der relationalen Datenbank vergleichen. Genau wie bei den relationalen Datenbanken bilden Attribute die Eigenschaften des zu verwaltenden Objekts ab.

Objekte werden als Instanzen einer *Klasse* erzeugt. Sie können sich eine Klasse wie einen Bauplan für ein Objekt vorstellen. In der Klasse wird im Prinzip all das definiert und festgelegt, was ein Objekt im Endeffekt ausmacht. Hier wird festgelegt, welche Attribute und Methoden ein Objekt besitzt. Unter einer *Methode* versteht man eine Prozedur oder Funktion, die als Bestandteil des Objekts Aktionen zur Verfügung stellt, die mit den Attributen ausgeführt werden können. Sie bestimmen, wie sich ein Objekt verhält.

Lassen Sie uns diesen sehr wichtigen Themenkreis noch einmal an einem Beispiel betrachten. Stellen Sie sich vor, dass Sie eine Datenbank schreiben sollen, in der Personen verwaltet werden. Zur Realisierung des Projekts soll ein objektorientiertes Datenbanksystem verwendet werden. Zunächst müssen Sie eine Klasse definieren, die ein Objekt vom Typ Person beschreibt. Während der Definition der Klasse legen Sie Attribute, wie z.B. den Namen oder die Adresse der Person an. Des Weiteren legen Sie aber auch Methoden an, die mit diesen Attributen arbeiten. So können Sie z.B. Methoden anlegen, die die Attribute ändern können oder bestimmte Berechnungen durchführen. Möchten Sie nun einen Datensatz für die Person Emil Müller anlegen, so erzeugen Sie dafür ein Objekt als Instanz dieser Klasse.

Um die Wiederverwendbarkeit von Code zu unterstützen, sind Klassen in so genannten *Klassenhierarchien* organisiert. Eine Klassenhierarchie entsteht dadurch, dass neue Klassen aus bereits bestehenden Klassen durch Vererbung hervorgehen und somit als Kinder der vererbenden Klasse (der Elternklasse) angesehen werden können. Um den Sinn einer Klassenhierarchie besser verstehen zu können, lassen Sie mich noch einmal auf das Fallbeispiel vorgreifen. In der zu erstellenden Datenbank wird es Personen geben, die verschiedene Rollen innehaben. Es gibt Kunden, Berater und Spezialisten. All diese Personen haben gewisse Attribute gemeinsam. Jede Person, unabhängig von ihrer Rolle, besitzt einen Vornamen, einen Nachnamen und eine Telefonnummer. Für diese Attribute kann man Methoden schreiben, die mit ihnen arbeiten und diese z.B. ändern können. Haben Sie alles so weit implementiert, verfügen Sie nun über eine Klasse, die allgemeine Attribute, die eine Person hat (wie z.B. Name oder Vorname), und die dazugehörigen Methoden implementiert. Diese Klasse werden wir als Klasse `Person` bezeichnen. Von der Klasse `Person` könnten Sie nun Objekte instanzieren. Diese Objekte würden Ihnen allerdings in Ihrer spezifischen Anwendung nicht weiterhelfen, da die Unterschiede der verschiedenen zu verwaltenden Gruppen von Personen (Kunden, Berater und Spezialisten) bisher noch gar nicht berücksichtigt werden.

Um von unserer allgemeinen Klasse `PERSON` zu einer in der Anwendung verwendbaren Klasse zu kommen, können Sie eine neue Klasse von der Klasse `PERSON` ableiten, z.B. die Klasse `BERATER`. Da die Klasse `BERATER` von der Klasse `PERSON` abgeleitet ist, »erbt« diese Klasse alle Attribute und Methoden der Elternklasse `PERSON`. Die Klasse `BERATER` wird dann um die Attribute und Methoden erweitert, die sie von der Klasse `PERSON` unterscheiden (z.B. das Attribut `Stundenhonorar`). Genau so verfahren Sie bei der Klasse `Kunde`. Auch diese Klasse wird von der Klasse `PERSON` abgeleitet, weil ein Kunde in der Regel auch eine Person ist, die sowohl einen Vornamen als auch einen Nachnamen hat. Als spezifische Eigenschaft, die die Klasse `KUNDE` sowohl von der Klasse `BERATER` als auch von der Klasse `PERSON` unterscheidet, ist z.B. die Eigenschaft Kreditlinie.

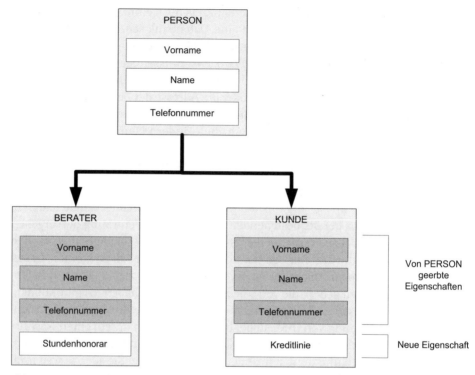

Abb. 2.10:   Eine einfache Klassenhierarchie

Diese sehr einfache Klassenhierarchie ist in Abbildung 2.10 dargestellt. Der Vorteil im Vergleich zur klassischen prozeduralen Programmierung liegt darin, dass sowohl die Eigenschaften Vorname, Name und Telefonnummer als auch die zugehörigen Methoden nur an einer einzigen Stelle, nämlich bei der Deklaration der Klasse PER-SON implementiert werden müssen. Ändert sich an diesen Attributen oder Methoden etwas oder sollen neue Attribute oder Methoden hinzugefügt werden, so muss die Änderung nur in der Klasse PERSON eingepflegt werden. Über die Vererbung werden die Änderungen dann direkt an die abgeleiteten Klassen weitergeleitet.

Über das objektorientierte Datenmodell wird den Daten zusätzlich semantischer Kontext gegeben, der den Daten größere Bedeutung als im relationalen Datenmodell verleiht. Dies wird dadurch erreicht, dass nicht nur Attribute, sondern auch Beziehungen Teil eines Objekts sind. Da Objekte eigenständige autarke Einheiten bilden, besitzt eine objektorientierte Datenbank, genau wie eine relationale Datenbank, sowohl strukturelle als auch Datenunabhängigkeit.

Neben diesen Vorteilen besitzen objektorientierte Datenbanken aber auch Nachteile, die bisher noch nicht zufrieden stellend gelöst werden konnten und daher dazu geführt haben, dass sie bisher noch keine wirklich große Verbreitung gefunden haben. Einer dieser Nachteile ist eine typische Kinderkrankheit neuer Technologien – es existieren bisher keine allgemein anerkannten Standards, was dazu führt, dass objektorientierte Datenbanken nicht plattformunabhängig implementiert werden können. Haben Sie eine Datenbank unter dem OODBMS eines Herstellers entwickelt, so ist es recht schwierig, diese Datenbank auf das OODBMS eines anderen Herstellers zu portieren. Die fehlenden Standards sorgen auch dafür, dass die Lernkurve bei objektorientierten Datenbanken recht hoch ist. Steigen Sie auf ein anderes OODBMS um, so ist wenig Wissen übertragbar und Sie stehen beim Erlernen des neuen Systems wieder am Anfang. Durch das objektorientierte Modell ist der Overhead, der bei der Verwaltung der Datenbank entsteht, wesentlich größer als bei einem relationalen Datenbanksystem. Daher ist ein OODBMS auf derselben Hardware generell langsamer als ein RDBMS.

Ein Ausweg aus dieser Situation, dass man zwar auf der einen Seite die Möglichkeiten der objektorientierten Programmierung benötigt, ein reines OODBMS aber nicht an die Leistungsfähigkeit eines RDBMS heranreicht, stellen die *objektrelationalen Datenbanken* dar. Hier werden die Vorteile beider Welten, der relationalen und objektorientierten Datenbanken vereinigt. Während die Daten im herkömmlichen relationalen Modell gespeichert sind, werden in den in der Datenbank gespeicherten Prozeduren und Funktionen objektorientierte Techniken zugelassen. Unter diesem Blickwinkel stellen alle modernen Datenbanksysteme der führenden Hersteller objektrelationale Datenbanksysteme dar.

2.5 Datenbankanwendungen

In der Regel greift man nicht direkt auf die Daten einer Datenbank zu, sondern benutzt eine Datenbankanwendung, die Regeln für die Daten, die so genannte *Businesslogik* und die Präsentation der Daten, implementiert.

Eine Datenbankanwendung kann in drei verschiedene logische Schichten aufgeteilt werden, die verschiedene Aspekte einer solchen Anwendung darstellen: die Präsentationsschicht, die Geschäftsschicht und die Datenbankschicht.

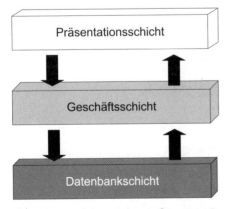

Abb. 2.11: Schematischer Aufbau einer Datenbankanwendung

Die Präsentationsschicht

Die Präsentationsschicht beinhaltet die Funktionen zur Darstellung der Daten und zur Dateneingabe. Typische Elemente der Präsentationsschicht sind Benutzerinterfaces und Berichte.

Die Geschäftsschicht

Die Geschäftsschicht dient zur Implementierung von Geschäftsregeln. Geschäftsregeln legen bestimmte Regeln für die Daten in der Datenbank fest, z.B. für die Überprüfung von Wertebereichen oder Gültigkeit der Werte. Außerdem werden in der Geschäftsschicht Funktionen zur Durchführung von bestimmten Berechnungen oder Abfragen bereitgestellt.

Die Datenschicht

Die Datenschicht stellt Funktionen zur Speicherung, Suche, Ansicht und Integrität der Daten bereit. Wenn Sie ein professionelles Datenbanksystem benutzen, so implementiert dieses die Funktionen der Datenschicht vollständig.

2.5.1 Einschichtige Datenbankanwendungen

Als einschichtige Datenbankanwendungen bezeichnet man die Anwendungen, bei denen alle drei Schichten auf einem Computer in einem einzigen Programm realisiert wurden. Einschichtige Datenbankanwendungen greifen direkt auf die Datendateien auf der lokalen Festplatte des Computers zu. Die Datenschicht wird direkt in die Anwendung implementiert. Einschichtigen Datenbankanwendungen liegt in den meisten Fällen eine Desktopdatenbank zugrunde, wie sie in Abschnitt 2.2 beschrieben ist.

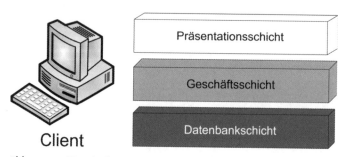

Abb. 2.12: Einschichtige Datenbankanwendung

2.5.2 Zweischichtige Datenbankanwendungen

Bei der zweischichtigen Datenbankanwendung handelt es sich um die bekannte und weit verbreitete Client-Server-Architektur. Diese Architektur besteht aus einem zentralen Server, auf den Clients über ein Netzwerk zugreifen. Client-Programme fordern Daten vom Server an, der diese zurückliefert, die Zugriffe von mehreren Clients koordiniert und die Daten aktualisiert. Des Weiteren implementieren Datenbankserver Funktionen zur Benutzersteuerung und zur Datensicherung. Man hat bei der Realisation der Datenbankanwendung und der Positionierung der Geschäftsschicht zwei mögliche Vorgehensweisen zur Auswahl: einerseits das Modell des intelligenten Servers oder das Modell des intelligenten Clients.

Intelligenter Server

Beim Modell des intelligenten Servers, das auch als *Thin Client* bezeichnet wird, wird die Geschäftsschicht auf dem Server implementiert. Auf dem Client läuft nur die Präsentationsschicht ab.

Der Vorteil bei diesem Modell ist, dass umfangreiche Berechnungen mit den Daten durchgeführt werden können, für die Clientrechner unter Umständen nicht genügend Ressourcen zur Verfügung haben.

Durch die zentrale Bearbeitung der Daten muss der Server sehr große Ressourcen besitzen und kann bei vielen Benutzern schnell zum Engpass werden. Die Netzwerknutzung dieses Modells ist nicht optimal, da Daten vom Server zum Client und bei jedem Bearbeitungsschritt vom Client zum Server zurückgesendet werden müssen. Je nach Aufgabenstellung müssen diese Daten sogar mehrfach zum Server übermittelt werden.

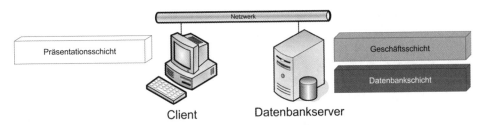

Abb. 2.13: Thin Client

Intelligenter Client

Das Modell des intelligenten Clients wird auch als *Fat Client* bezeichnet. Bei diesem Modell wird sowohl die Präsentationsschicht als auch die Geschäftsschicht auf dem Client implementiert. Der Datenbankserver enthält nur die Datenschicht.

Der Vorteil dieser Methode liegt darin, dass Daten nur einmal zum Client übermittelt werden müssen und dann dort verarbeitet werden können. Die meisten Client-Server-Datenbankanwendungen arbeiten nach diesem Prinzip.

In der Praxis ist es allerdings so, dass diese beiden Modelle nicht so strikt implementiert werden, wie es oben beschrieben ist. Meist wird die Geschäftsschicht zwischen Client und Server aufgeteilt, damit datenintensive Funktionen auf dem Server ausgeführt werden, um die Netzwerklast zu verringern. Funktionen, die nicht so große Datenmengen benötigen, werden auf dem Client realisiert, um die Belastung des Servers zu verringern.

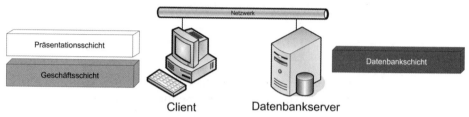

Abb. 2.14:   Fat Client

2.5.3   N-schichtige Datenbankanwendungen

Bei n-schichtigen Datenbankanwendungen werden die üblicherweise drei Schichten strikt getrennt und auf verschiedenen Rechnern ausgeführt. Es gibt neben dem Client, auf dem nur die Präsentationsschicht läuft, einen Server für die Geschäftsschicht und einen Server für die Datenschicht. Der Server, der die Geschäftsschicht ausführt, wird als *Anwendungsserver* bezeichnet.

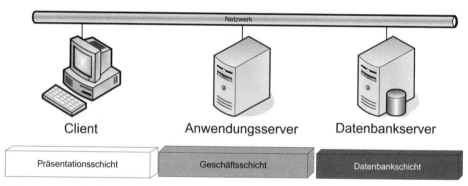

Abb. 2.15:   N-schichtige Datenbankanwendung

Die Trennung zwischen Datenschicht und Geschäftsschicht ermöglicht eine größere Skalierbarkeit der gesamten Anwendung, da im Bedarfsfall zusätzliche Datenbank- oder Anwendungsserver hinzugefügt werden können.

Eine spezielle Form der n-schichtigen Datenbankanwendungen stellt eine Internet-Datenbankanwendung dar. Bei der Internetanwendung werden die Präsentationsschicht und die Geschäftsschicht auf dem Webserver ausgeführt, der auf einen Datenbankserver zugreifen kann. Auf den Clients befinden sich lediglich Webbrowser.

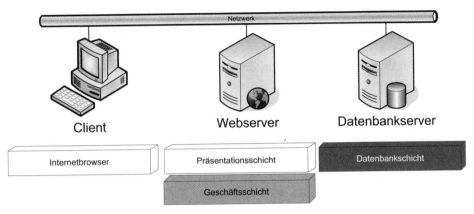

Abb. 2.16: Internet-Datenbankanwendung

Der große Vorteil einer Internet-Datenbankanwendung ist es, dass auf dem Client keine Software installiert werden muss und jeder, der einen Browser auf seinem Rechner installiert hat, die Datenbankanwendung benutzen kann.

2.6 Middleware

Man greift aus einem Anwendungsprogramm heraus normalerweise nicht direkt auf eine Datenbank zu, sondern benutzt für den Datenbankzugriff eine Zwischenschicht, die sozusagen als Kopplung zwischen Datenbank und Anwendungsprogramm dient. Diese Zwischenschicht wird auch als Middleware bezeichnet.

Die Kopplung an eine Datenbank über eine Middleware bietet den Vorteil, dass man in der Anwendung nur über einen logischen Namen auf die Datenbank zugreift. Damit stellt die Middleware eine datenbankunabhängige Schnittstelle für die Programmierung dar. Ändert sich an der eigentlichen Datenbank etwas (z.B. der Speicherort auf der Festplatte), so muss man lediglich an dieser Zwischenschicht etwas ändern. Das Anwendungsprogramm kann unverändert bleiben und muss nicht neu kompiliert werden.

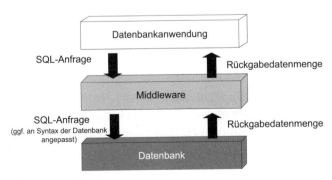

Abb. 2.17: Middleware

Durch die Middleware wird der Datenbankzugriff des Programmierers abstrahiert. Er muss sich nicht mehr um Implementierungsdetails der einzelnen Datenbanksysteme kümmern, sondern kann über eine einheitliche Schnittstelle auf alle möglichen Datenbanken zugreifen, von der einfachen Textdatei bis hin zum unternehmensweiten Datenbankserver. Diese Abstraktion wird erreicht, indem die Datenbankhersteller Treiber für ihre Datenbanken zur Verfügung stellen, auf die dann die Middleware zugreift.

2.6.1 ODBC

ODBC (Open Database Connectivity) wurde von Microsoft entwickelt, um mit einer Vielzahl verschiedener Datenbanksysteme zu arbeiten. Um das zu bewerkstelligen, bietet ODBC eine einheitliche Programmierschnittstelle, die sich auf datenbankspezifische Treiber stützt. Diese einheitliche Programmierschnittstelle gewährleistet, dass die Funktionen, mit denen man eine Verbindung zur Datenbank aufbaut, Daten verändert und abfragt, völlig identisch sind, unabhängig davon, ob man z.B. auf eine Oracle-Datenbank zugreift oder auf den SQL-Server von Microsoft.

In der ODBC-Definition ist eine standardisierte Implementation von SQL enthalten, die sich auf das genormte ANSI-SQL stützt. Außerdem sind für spezifische SQL-Funktionen, die auf den verschiedenen SQL-Servern eine unterschiedliche Syntax verwenden, *Escape-Sequenzen* definiert. Die Aufgabe der ODBC-Treiber ist es dann, die ODBC-Syntax in die Syntax der jeweiligen Datenbank umzuwandeln.

Durch den allgemeinen Ansatz, eine möglichst datenbankunabhängige Schnittstelle zur Verfügung zu stellen, muss man bei ODBC Abstriche bei der Geschwindigkeit des Datenbankzugriffs machen. ODBC hindert eine Applikation nicht daran, datenbankspezifische Funktionen in SQL zu benutzen, so dass es üblich ist, in ODBC datenbankspezifische SQL-Befehle zu benutzen, die vom jeweiligen DBMS besonders optimiert werden. Wenn man so vorgeht, muss man sich jedoch vergegenwärtigen, dass man die Datenbankunabhängigkeit von ODBC verliert.

Die ODBC-Architektur

Die ODBC-Architektur besteht aus vier Schichten:

Datenbankanwendung Die *Datenbankanwendung* ist das Programm, das der Benutzer bedient und das ODBC-Befehle aufruft, um SQL-Befehle an die Datenbank zu senden und Ergebnisse zurückzubekommen.

ODBC-Treiber-Manager Der *ODBC-Treiber-Manager* kümmert sich darum, auf Anforderung von Datenbankprogrammen ODBC-Treiber zu laden bzw. zu entladen und ODBC-Funktionsaufrufe auszuführen bzw. diese an den richtigen ODBC-Treiber weiterzuleiten.

ODBC-Treiber Der *ODBC-Treiber* führt ODBC-Funktionen aus, übermittelt SQL-Anfragen an die spezifische Datenbank und liefert das Ergebnis an die Datenbankanwendung zurück. Sollte es notwendig sein, so wird eine SQL-Anweisung in die Syntax der Zieldatenbank umgewandelt.

Datenbank Die Datenbank enthält die Daten, auf die der Benutzer der Datenbankanwendung zugreifen möchte.

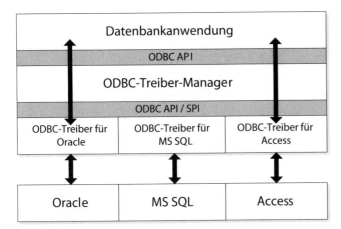

Abb. 2.18:   Die ODBC-Architektur

In Abbildung 2.18 können Sie erkennen, dass es möglich ist, mehrere ODBC-Treiber und mehrere Datenbanken gleichzeitig zu benutzen, das heißt, eine ODBC-Datenbankanwendung kann gleichzeitig auf Daten aus verschiedenen Datenquellen zugreifen.

2.6.2 ADO

ADO ist aus dem Bestreben von Microsoft erwachsen, einen universellen Datenzugriff im gesamten Unternehmen zur Verfügung zu stellen. Im Rahmen dieser Bestrebungen ist ADO als Weiterentwicklung der Technologien ODBC, RDO und DAO entwickelt worden.

Der von Microsoft angestrebte universelle Datenzugriff stützt sich einerseits für den Zugriff auf die Daten auf OLE DB und auf ADO als Programmierschnittstelle. Sehen Sie sich zunächst die Architektur von ADO an.

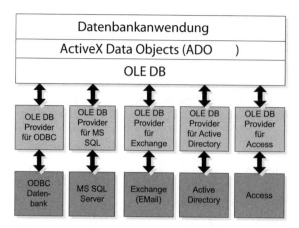

Abb. 2.19: Die Architektur von ADO

In Abbildung 2.19 können Sie Parallelen zu ODBC erkennen. ADO stützt sich genau wie ODBC auch auf datenbankspezifische Treiber, die unter ADO allerdings nicht ODBC-Treiber, sondern *OLE-DB-Provider* heißen. Außerdem bietet ADO auch die Möglichkeit an, auf Datenbanken, für die es keine OLE-DB-Provider gibt, über ODBC zuzugreifen. Auch hier gilt, dass üblicherweise ein Zugriff auf Datenbanken über ODBC langsamer ist als der direkte Zugriff über den jeweiligen OLE-DB Provider (soweit vorhanden).

ADO besitzt allerdings ein Problem, dass an dieser Stelle nicht verschwiegen werden soll. Insgesamt besteht ADO aus mehreren DLLs (ca. 30–40). Bei verschiedenen Produkten von Microsoft (Office, Internet Explorer etc.) werden jeweils verschiedene Versionen von ADO bzw. der DLLs, auf denen ADO aufbaut, installiert, so dass sich die ADO-Version auf einem bestimmten Rechner nach der auf diesem Rechner installierten Software (und auch nach der Installationsreihenfolge) richtet. Microsoft bietet unter `http://download.microsoft.com/download/dasdk/install/1.0/WIN98/EN-US/cc.exe` ein Programm an, das die aktuell auf dem Rechner installierte ADO-Version ermittelt. Eine aktuelle Version von ADO können Sie sich unter `http://www.microsoft.com/data/download.htm` herunterladen.

Ein großer Vorteil von ADO ist, dass es nicht nur OLE-DB-Provider für die bekannten Datenbanksysteme wie z.B. Oracle oder den MS SQL Server gibt, sondern dass man auch OLE-DB-Provider für andere Produkte bekommen kann. Es gibt z.B. einen OLE-DB-Provider für Microsoft Exchange, mit dem Sie auf die Posteingänge und Informationen dieses Messaging-Servers zugreifen können. Andere interessante OLE-DB-Provider gestatten den Zugriff auf Active Directory (den neuen Verzeichnisdienst, der unter Windows 2000 eingeführt wurde) oder auf die multidimensionalen Datenbanken des Microsoft-OLAP-Servers.

2.6.3 ADO.NET

Im Rahmen von Microsofts .NET-Strategie wurde natürlich auch ADO grundlegend überarbeitet. Genau wie bei ADO kann man über ADO.NET auch auf die verschiedensten (auch nicht-relationalen) Datenquellen zugreifen. Obwohl man aufgrund der Namensverwandtschaft zwischen ADO und ADO.NET darauf schließen könnte, dass ADO.NET einfach ein in .NET eingebettetes ADO ist, handelt es sich bei ADO.NET in Wirklichkeit um eine von ADO grundsätzlich verschiedene Technologie. Warum ADO und ADO.NET sich so gravierend voneinander unterscheiden, wird beim Blick auf die IT-Umgebungen deutlich, in denen ADO bzw. ADO.NET entstanden sind. Als ADO entwickelt wurde, waren Client-Server-Anwendungen weit verbreitet, die im LAN von Unternehmen abliefen. Eine der zentralen Annahmen von ADO ist, dass es stets eine eindeutige Verbindung (Session) zwischen Client und Server gibt. Inzwischen ist es aber so, dass viele Anwendungen als webbasierte Intra- oder Internetanwendungen konzipiert sind. Der Unterschied zwischen Client-Server-Architektur und Internet-Architektur liegt darin, dass der Datenaustausch bei der Internetanwendung über das zustandslose HTTP-Protokoll abgewickelt wird. Der Begriff »zustandslos« deutet bereits an, dass es in dieser Umgebung keine wirklichen Sessions, so wie beim Client-Server-Modell mehr gibt. Daher unterstützt ADO nur noch eine vorwärts gerichtete, lesende Navigation durch Datenmengen. Dies vermindert den Netzwerkverkehr und den Ressourcen-Verbrauch auf dem Datenbankserver, was für eine Internet-Datenbankanwendung mit mehreren Tausend gleichzeitigen Benutzern (z.B. ein Webshop) sehr wichtig ist.

ADO.NET bietet im Vergleich zu ADO wesentlich mehr Möglichkeiten, mit lokal zwischengespeicherten Datenmengen zu arbeiten. Diese lokal zwischengespeicherten Datenmengen sind sowohl für Internetanwendungen als auch für so genannte »Briefcase«-Anwendungen notwendig. Unter einer *Briefcase-Anwendung* versteht man temporäre Datenmengen, die auf mobilen Geräten offline bearbeitet werden können und mit der Hauptdatenbank synchronisiert werden, sobald wieder eine Verbindung zu dieser hergestellt werden kann. Ein beliebtes Briefcase-Szenario stellt ein typisches Vertreterumfeld dar. Der Vertreter verbindet sein Notebook mit dem Netzwerk der Zentrale und lädt sich die für ihn relevanten Daten auf sein Notebook herunter. Nun wird die Netzwerkverbindung unterbrochen und der Vertreter fährt zu seinen Kunden. Beim Kunden kann er mit der temporär auf seinem Notebook gespeicherten Datenmenge genau so arbeiten, wie er es auch im Netzwerk seiner Firma machen würde. Die einzige Einschränkung hier liegt darin, dass natürlich nur auf die Daten zugegriffen werden kann, die lokal auf dem Notebook zwischengespeichert sind. Nachdem der Vertreter beim Kunden neue Daten eingegeben und bestehende Daten verändert hat, fährt er wieder zurück zu seiner Firma. Hier verbindet er das Notebook erneut mit dem Netzwerk der Zentrale, was die Briefcase-Datenbankanwendung erkennt. Nun findet eine Synchronisierung zwischen den auf dem Vertreter-Notebook gespeicherten Daten und dem Datenbankserver statt. Hierbei werden die neuen Daten, die auf dem Notebook erfasst worden sind, in die zentrale Datenbank übernommen und Daten, die in der Zwischenzeit in dieser Datenbank geändert wurden, auf dem Notebook aktualisiert, so dass sowohl die zentrale Datenbank als auch das Notebook über eine aktuelle Version des Datenbestandes verfügen.

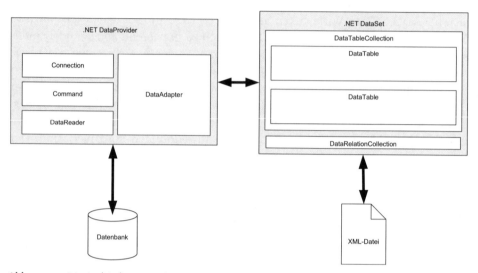

Abb. 2.20:   Die Architektur von ADO.NET

In Abbildung 2.20 ist die Architektur von ADO.NET dargestellt. Beachten Sie die Unterteilung zwischen .NET DataProvider und .NET DataSet. Im .NET DataProvider ist all das implementiert, was für die Kommunikation mit der Datenbank benötigt wird, während das .NET DataSet alles enthält, was zur Arbeit mit den Daten auf dem Client notwendig ist. Der .NET DataProvider spiegelt die verbundene Welt wider, in der die Anwendung mit der Datenbank verbunden ist, während das .NET DataSet die Offline-Welt darstellt, das heißt die Daten, die auf dem Client zwischengespeichert werden. Eine der Hauptaufgaben des .NET DataProviders ist es, das .NET-DataSet zu füllen und die Änderungen wieder in die Datenbank zu schreiben, die am .NET DataSet vorgenommen wurden.

2.7   Zusammenfassung

- **1:1-Beziehung**

  Zwischen zwei Tabellen besteht eine 1:1-Beziehung, wenn genau ein Datensatz der einen Tabelle mit genau einem anderen Datensatz der anderen Tabelle in Beziehung stehen kann.

- **1:N-Beziehung**

  Zwischen zwei Tabellen besteht eine 1:N-Beziehung, wenn ein Datensatz der einen Tabelle mit beliebig vielen Datensätzen der anderen Tabelle in Beziehung stehen kann.

- **ADO**

  ADO (ActiveX Data Objects) ist eine Middleware, die von Microsoft als Weiterentwicklung der Technologien ODBC, RDO und DAO entwickelt worden ist.

- **ADO.NET**

  ADO.NET ist die .NET-Weitereinwicklung von ADO. ADO.NET und ADO unterscheiden sich gravierend voneinander, da ADO im Hinblick auf eine ständige Verbindung des Datenbankservers mit dem Client entwickelt wurde, ADO.NET aber im Hinblick auf das Internet eher auf lokale Datenmengen ausgerichtet ist.

- **Attribute**

  Ein Attribut bildet eine Eigenschaft eines Objekts des täglichen Lebens in der Entitätsrepräsentation dieses Objekts nach. Attribute werden bei der Implementierung der Datenbank zu Feldern.

- **Besitzer**

  Der Elternknoten des hierarchischen Datenbankmodells wurde in *Besitzer* der Menge im Netzwerkmodell umgetauft. Über diese Terminologie ist es möglich, dass ein einzelnes Element gleichzeitig Mitglied in verschiedenen Mengen sein darf.

- **Beziehung**

  Zwei Entitäten können zueinander in Beziehung stehen, das heißt, eine Entität kann von einer anderen Entität abhängig sein. Es gibt 1:1-, 1:N- und M:N-Beziehungen.

- **Blattknoten**

  Im hierarchischen Datenbankmodell wird ein Knoten, der selbst keine Kindknoten besitzt, als Blattknoten bezeichnet.

- **Businesslogik**

  Als Businesslogik wird die »Intelligenz« einer Datenbankanwendung bezeichnet, das heißt, die Businesslogik ist der Teil der Datenbank, der die Geschäftsregeln abbildet, die über die eigentliche Datenhaltung hinausgehen.

- **Data Control Language**

  Die Data Control Language (DCL) ist ein Teil von SQL, der sich mit dem Zugriff auf die Daten beschäftigt.

- **Data Definition Language**

  Die Data Definition Language (DDL) ist ein Teil von SQL, der sich mit der Definition von Objekten wie z.B. Tabellen oder Views innerhalb der Datenbank beschäftigt.

- **Data Manipulation Language**

  Die Data Manipulation Language (DML) ist ein Teil von SQL, der sich mit der Veränderung der in der Datenbank gespeicherten Daten beschäftigt.

- **Datenbankmodell**

  Unter einem Datenbankmodell versteht man eine abstrahierte Darstellung der Daten und der zwischen diesen Daten bestehenden Beziehungen.

- **Datenbanksysteme**

  Unter einem Datenbanksystem versteht man das komplette System, das zur Datenverarbeitung genutzt wird. Komplette Datenbanksysteme (oder kurz Datenbanken) bestehen nicht nur aus dem DBMS, sondern es gibt zahlreiche andere Komponenten, wie z.B. die Hardware oder auch die Anwender.

- **Datenschicht**

  Die Datenschicht einer Datenbankanwendung ist die Schicht, die die Funktionen zur Speicherung, Suche, Ansicht und Integrität der Daten bereitstellt.

- **Datenuntersprache**

  SQL wird auch öfters als Datenuntersprache bezeichnet, da SQL im Gegensatz zu anderen Programmiersprachen nicht komplett ist und wichtige Steuerbefehle fehlen.

- **DBMS (Datenbankmanagement-System)**

  Um eine Datenbank auf einem Computer zu verwalten, wird in der Regel ein so genanntes Datenbankmanagement-System (DBMS) verwendet, das sich um die Organisation der Daten kümmert und das den Zugriff auf die Daten regelt. Das Datenbankmanagement-System kann entweder aus einem einzelnen Programm bestehen oder es kann aus vielen Programmen bestehen, die zusammenarbeiten und so die Funktionalität eines DBMS bereitstellen.

- **Decision Support System (DSS)**

  Unter einem Decision Support System versteht man eine Datenbank, die ausschließlich dazu gedacht ist, die während der operativen Arbeit anfallenden Daten zu sammeln, aufzubereiten und auszuwerten. Ein gutes Beispiel für ein typisches Decision Support System ist ein Datawarehouse.

- **Desktop-Datenbank**

  Ein Datenbanksystem, das auf dem Arbeitsplatzrechner des Anwenders ausgeführt wird und üblicherweise auch nur von diesem oder maximal einer kleineren Gruppe verwendet wird. Eine typische Desktop-Datenbank ist Microsoft Access.

■ **Detailtabelle**

In einer Beziehung zwischen zwei Tabellen wird die Tabelle als Detailtabelle bezeichnet, die den Fremdschlüssel enthält.

■ **Einschichtige Datenbankanwendung**

Als einschichtige Datenbankanwendungen bezeichnet man die Anwendungen, bei denen alle drei Schichten auf einem Computer in einem einzigen Programm realisiert wurden.

■ **Einzelbenutzer-Datenbank**

Eine Einzelbenutzer-Datenbank wird nur von einem einzigen Benutzer zu einer gegebenen Zeit verwendet (hintereinander können auch mehrere Benutzer mit einer Einzelbenutzer-Datenbank arbeiten). In der Regel werden Desktop-Datenbanken als Einzelbenutzer-Datenbanken verwendet.

■ **Elternknoten**

Beim hierarchischen Datenbankmodell wird ein Knoten, der einem betrachteten Knoten übergeordnet ist, als Elternknoten bezeichnet.

■ **Enterprise- oder Unternehmensdatenbank**

Unter einer Enterprise- oder Unternehmensdatenbank versteht man eine unternehmensweit genutzte Datenbank, das heißt, die Verwendung der Datenbank findet in allen Unternehmensbereichen statt.

■ **Entität**

Eine Entität ist ein Objekt der realen Welt, das in der Datenbank verwaltet werden soll, also z.B. eine Person oder ein Gegenstand.

■ **Entity-Relationship-Modell**

Das Entity-Relationship-Modell (ER-Modell) stellt eine der am weitesten verbreiteten Notationen zur konzeptuellen Beschreibung von Datenbanken dar.

■ **Fremdschlüssel**

In einer Detailtabelle wird das Feld, das auf die Mastertabelle verweist, als Fremdschlüssel bezeichnet.

■ **Geschäftsschicht**

Die Geschäftsschicht einer Datenbankanwendung dient zur Implementierung von Geschäftsregeln. Geschäftsregeln legen bestimmte Regeln für die Daten in der Datenbank fest, z.B. für die Überprüfung von Wertebereichen oder Gültigkeit der Werte. Außerdem werden in der Geschäftsschicht Funktionen zur Durchführung von bestimmten Berechnungen oder Abfragen bereitgestellt.

- **Hierarchische Datenbanken**

  Ein heute nicht mehr so oft verwendetes Datenbankmodell, das die Daten in Bäumen hierarchisch verwaltet.

- **Implementatives Modell**

  Das implementative Datenmodell ist ein Datenmodell zur Beschreibung von Datenbanken, das auf die Implementierung ausgerichtet ist.

- **Intelligenter Client**

  Unter einem intelligenten Client versteht man eine zweischichtige Datenbankanwendung, bei der die Businesslogik auf dem Client implementiert wurde.

- **Intelligenter Server**

  Unter einem intelligenten Server versteht man eine zweischichtige Datenbankanwendung, bei der die Businesslogik auf dem Server implementiert wurde.

- **Internet-Datenbankanwendung**

  Die Internet-Datenbankanwendung ist eine spezielle Form der Datenbankanwendung, bei der die Präsentationsschicht und die Geschäftsschicht auf dem Webserver, der auf einen Datenbankserver zugreifen kann ausgeführt werden. Auf den Clients befinden sich lediglich Webbrowser.

- **Kindknoten**

  Beim hierarchischen Datenbankmodell wird ein Knoten, der einem betrachteten Knoten untergeordnet ist, als Kindknoten bezeichnet.

- **Klasse**

  In der objektorientierten Programmierung stellt eine Klasse sozusagen eine Schablone eines Objekts dar, in der Klasse wird definiert, welche Eigenschaften und Methoden das Objekt besitzt.

- **Klassenhierarchie**

  In der objektorientierten Programmierung werden durch Vererbung so genannte Klassenhierarchien gebildet.

- **Konnektivität**

  Der Typ einer Beziehung (1:1, 1:N, M:N) wird auch als Konnektivität bezeichnet.

- **Konzeptionelles Modell**

  Das konzeptionelle Modell einer Datenbank ist nicht so sehr auf die Implementierung der Datenbank als vielmehr auf die Darstellung der Abhängigkeiten der Entitäten untereinander ausgerichtet.

- **M:N-Beziehung**

  Zwischen zwei Tabellen besteht eine M:N-Beziehung, wenn beliebig viele Datensätze der einen Tabelle mit beliebig vielen Datensätzen der anderen Tabelle in Beziehung stehen können.

- **Mastertabelle**

  In einer Beziehung zwischen zwei Tabellen wird die Tabelle als Mastertabelle bezeichnet, die den Primärschlüssel enthält.

- **Mehrbenutzer-Datenbank**

  Eine Mehrbenutzer-Datenbank ist eine Datenbank, die gleichzeitig von mehreren Benutzern verwendet werden kann. Wichtig für eine Mehrbenutzer-Datenbank ist es, die Benutzer voneinander zu isolieren, so dass die Arbeit, die ein Benutzer ausführt, keine direkten Auswirkungen auf die Arbeit eines anderen Benutzers hat.

- **Menge**

  Bei Netzwerk-Datenbanken wird eine Beziehung zwischen zwei Elementen als Menge bezeichnet.

- **Methode**

  Eine Methode ist eine in einem Objekt eingebettete Funktion oder Prozedur.

- **Middleware**

  Die Middleware abstrahiert den Datenbank- und Netzwerkzugriff von der Datenbankanwendung, das heißt, die Datenbankanwendung muss nur noch auf die Middleware zugreifen und muss sich nicht mehr um die Kommunikation mit dem Datenbankserver kümmern.

- **Mitglied**

  Der Kindknoten des hierarchischen Datenbankmodells wurde in Mitglied der Menge im Netzwerkmodell umgetauft. Über diese Terminologie ist es möglich, dass ein einzelnes Element gleichzeitig Mitglied in verschiedenen Mengen sein darf.

- **Netzwerk-Datenbanken**

  Die Netzwerk-Datenbanken stellen eine Weiterentwicklung der hierarchischen Datenbanken dar, werden aber heutzutage nur noch selten eingesetzt.

- **N-schichtige Datenbankanwendung**

  Unter eine N-schichtigen Datenbankanwendung versteht man eine Datenbankanwendung, die über mehr als zwei Rechner verteilt ist. Typisches Beispiel für eine N-schichtige Datenbankanwendung ist die Internet-Datenbankanwendung.

- **Objekt**

  Ein Objekt stellt in der objektorientierten Programmierung eine autarke Einheit von Code und Daten dar. Objekte werden von Klassen instanziert.

- **Objektorientierte Datenbanken**

  Eine objektorientierte Datenbank basiert nicht mehr wie die heute verwendeten relationalen Datenbanken auf Tabellen, sondern auf Objekten, die Daten und

Code vereinigen. Da objektorientierte Datenbanken momentan noch gravierende Nachteile aufweisen, haben sie sich bisher noch nicht weit durchgesetzt.

- **Objektrelationale Datenbanken**

  Die objektrelationale Datenbank verbindet relationale Datenbanken und objektorientierte Datenbanken. Die meisten der heute erhältlichen Datenbanksysteme sind objektrelationale Datenbanken.

- **ODBC**

  ODBC ist eine von Microsoft entwickelte Middleware, die zum Zugriff auf Datenbanken verwendet wird. Nachfolger von ODBC ist ADO. ODBC ist zwar langsamer als ADO, hat aber eine so große Verbreitung, dass ODBC heute noch oft in der Praxis angetroffen wird.

- **PL/SQL**

  SQL-Dialekt der Oracle-Datenbanksysteme.

- **Präsentationsschicht**

  Die Präsentationsschicht einer Datenbankanwendung beinhaltet die Funktionen zur Darstellung der Daten und zur Dateneingabe. Typische Elemente der Präsentationsschicht sind Benutzerinterfaces und Berichte.

- **Preorder-Durchlauf**

  Beim Durchlaufen eines hierarchischen Baums wird immer der linke Kindknoten ausgewählt. Gelangt man an einem Blattknoten an, so geht man zum Elternknoten zurück und wählt den rechten Kindknoten aus.

- **Primärschlüssel**

  Der Primärschlüssel identifiziert Datensätze in einer relationalen Datenbank eindeutig.

- **Relationale Datenbank**

  Eine relationale Datenbank ist das heute am meisten verwendete Datenbankmodell und zeichnet sich dadurch aus, dass die Daten in Tabellen gespeichert werden, die Beziehungen zueinander haben können.

- **Server-Datenbank**

  Unter einer Server-Datenbank versteht man eine Datenbank, die auf einem Datenbankserver ausgeführt wird. Server-Datenbanken bestehen in der Regel aus verschiedenen Programmen und Prozessen und unterstützen den Mehrbenutzerbetrieb.

- **SQL**

  SQL ist die Standardsprache für relationale Datenbanksysteme, mit der man Daten ändern, Datenstrukturen anlegen und Benutzerzugriffe steuern kann.

- **Tabelle**

  Eine Tabelle stellt eine zweidimensionale Matrix aus Zeilen und Spalten dar. Während die Zeilen der Tabelle Datensätze repräsentieren, stellen die Spalten Datenfelder dar. Eine Zelle der Tabelle enthält den Wert, die ein ganz bestimmter Datensatz in einem ganz bestimmten Datenfeld enthält.

- **Transact-SQL**

  Transact-SQL ist der von Microsoft im SQL-Server implementierte SQL-Dialekt.

- **Transaktionales Datenbanksystem**

  Ein Datenbanksystem, das direkt auf die Benutzereingaben reagiert und mit dem interaktives Arbeiten möglich ist. Beispiele für transaktionale Datenbanksysteme sind z.B. Buchungssysteme oder Online-Shops.

- **Verteiltes Datenbanksystem**

  Ein Datenbanksystem, das sich über mehrere physikalische Computer verteilt. Man kann Datenbanksysteme entweder nach ihrer Funktion oder nach örtlichen Gegebenheiten verteilen.

- **Workgroup- oder Abteilungsdatenbank**

  Eine Datenbank, die von den Mitarbeitern einer Abteilung verwendet wird. Üblicherweise greifen weniger als 50 Mitarbeiter auf eine Workgroup- oder Abteilungsdatenbank zu.

- **Wurzelknoten**

  Beim hierarchischen Datenbankmodell wird der Knoten auf der obersten Hierarchieebene, von dem alle anderen Knoten ausgehen, als Wurzelknoten bezeichnet.

- **Zeiger**

  Da ein Computer einen linearen Adressraum besitzt, ist es nicht direkt möglich, eine hierarchische Struktur im Speicher eines Computers abzulegen. Um dennoch mit hierarchischen Strukturen arbeiten zu können, wurde das Konzept des *Zeigers* (*Pointer*) eingeführt. Ein Zeiger ist eine Variable im Speicher des Computers, der die Adresse einer anderen Variablen enthält.

- **Zentrales (monolithisches) Datenbanksystem**

  Bei einem zentralen Datenbanksystem wird die Datenbank auf einem zentralen Server gehalten. Jeder, der auf die Daten zugreifen möchte, muss auf den zentralen Server zugreifen.

- **Zweischichtige Datenbankanwendung**

  Unter einer zweischichtigen Datenbankanwendung versteht man eine Datenbankanwendung, die auf zwei Rechnern abläuft, einem Client und einem Server.

2.8   Aufgaben

Hier finden Sie Wiederholungsfragen, mit denen Sie die Gelegenheit haben, sich noch einmal Gedanken über den Stoff des Kapitels zu machen. Außerdem finden Sie im Abschnitt *Zum Weiterdenken* Probleme und Aufgaben, auf die Sie Ihr frisch gewonnenes Wissen anwenden können. Die Lösungen zu diesen Aufgaben finden Sie in Anhang A.2.

2.8.1   Wiederholung

1. Welche Arten von Datenbanksystemen gibt es? Wo liegen die Unterschiede?

2. Was ist der Unterschied zwischen implementativen und konzeptionellen Datenbankmodellen?

3. Wie sind Tabellen im relationalen Datenbankmodell miteinander verknüpft? Geben Sie ein Beispiel an!

4. Worin besteht der Unterschied zwischen dem relationalen Datenbankmodell und dem ER-Modell? Wie können sich diese ergänzen?

5. Was versteht man unter einem Objekt? Welchen Unterschied gibt es zwischen Objekten und Entitäten?

6. Was ist der Unterschied zwischen einer Klasse und einer Instanz?

7. Wie kann man Vererbung einsetzen? Geben Sie ein Beispiel an!

8. Was macht eine Middleware? Welche Middlewares kennen Sie?

9. Worin bestehen die Unterschiede zwischen ADO und ADO.NET?

10. Woraus besteht eine Datenbankanwendung?

2.8.2   Zum Weiterdenken

1. Stellen Sie einen Vergleich zwischen hierarchischen Datenbanken, Netzwerk-Datenbanken, relationalen Datenbanken und objektorientierten Datenbanken her. Welche Vorteile und welche Nachteile gibt es? Welches Datenbanksystem würden Sie einsetzen?

2. Für einen Online-Musikladen soll eine Datenbank erstellt werden. Eine Bestellung enthält beliebig viele CDs, wird aber von einem einzigen Kunden getätigt. Natürlich kann eine bestimmte CD auch von mehreren Kunden bestellt werden, d.h. die CD ist in mehreren Bestellungen enthalten. Jede CD ist von einem Künstler aufgenommen worden. Ein Künstler kann mehrere CDs aufnehmen. Zeichnen Sie das ER-Diagramm.

3. Es soll eine Online-Singlebörse programmiert werden. Jeder Single kann an jeden anderen Single eine Nachricht schicken. Nachrichten haben einen Empfänger und einen Sender. Es können natürlich auch mehrere Nachrichten von einem Single an einen anderen Single gesendet werden. Zeichnen Sie das ER-Diagramm.

4. In einem Unternehmen, das auf EDV-Schulungen spezialisiert ist, soll ein Datenbanksystem eingeführt werden. Es gibt eine bestimmte Anzahl von Kursen, die von Dozenten gehalten werden. Jeder Dozent kann mehrere Kurse abhalten. Besonders beliebte Kurse können auch von mehreren Dozenten gehalten werden. Kursteilnehmer schreiben sich jeweils für einen Kurs ein, ein Teilnehmer kann aber auch an mehreren Kursen teilnehmen. Zeichnen Sie das ER-Diagramm.

5. In einem Reisebüro sollen die Daten per Datenbank erfasst werden. Ein Kunde kann eine oder mehrere Reisen buchen. Für jede Reise wird die Art der Zahlung festgelegt. Jede Reise wird von einem Mitarbeiter des Reisebüros vermittelt. Zeichnen Sie das ER-Diagramm.

Kapitel 3

Das relationale Datenbankmodell

Im vorherigen Kapitel haben Sie bereits einiges über Datenbanken im Allgemeinen, die verschiedenen Datenbankmodelle und auch über relationale Datenbanken gelesen. Eine der Kernaussagen des Abschnitts über das relationale Datenbankmodell war die, dass aufgrund der vielen Vorteile, die es gegenüber den anderen Modellen besitzt, die meisten der heute eingesetzten Datenbankanwendungen auf relationalen Datenbanken aufbauen. Dies ist auch der Grund, warum sich der Rest des Buches ausschließlich mit relationalen Datenbanken beschäftigt.

Die Vorteile, die ein relationales Datenbankmanagement-System gegenüber allen anderen Datenbanksystemen besitzt, werden durch eine enorme Komplexität des DBMS erreicht. Da aber das relationale Datenbankmodell sowohl strukturelle Unabhängigkeit als auch Datenunabhängigkeit besitzt, muss sich der Datenbankdesigner um diese große Komplexität im Hintergrund gar nicht kümmern.[1] Oft ist es sogar so, dass die gesamten technischen Details darüber, wie das Datenbanksystem intern funktioniert, überhaupt nicht öffentlich dokumentiert sind, schließlich stellen sie im Prinzip die »geheime Zutat« des DBMS dar und bewirken, dass sich das DBMS des Herstellers A in bestimmten Situationen besser (performanter) verhält als das DBMS von Hersteller B. Der Designer eines relationalen Datenbanksystems beschäftigt sich lediglich mit der logischen Struktur der Daten und nicht damit, wie diese Daten physikalisch auf der Festplatte des Computers gespeichert sind. Die enorme Komplexität moderner Datenbanksysteme wird geschickt über benutzerfreundliche Administrationsoberflächen »versteckt«. Eine der wenigen Anhaltspunkte, der diese Komplexität dokumentiert, ist der Ressourcenbedarf moderner Datenbanksysteme.

Wie Sie bereits in Kapitel 1 erfahren haben, verwaltet ein RDBMS sowohl die Benutzerdaten als auch Metadaten, also Daten, die die Benutzerdaten bzw. die Strukturen näher beschreiben, in denen die Benutzerdaten in der Datenbank gespeichert werden. Mit diesen Strukturen und den notwendigen Metadaten werden Sie sich in diesem Kapitel beschäftigen. Das RDBMS kontrolliert alle Zugriffe auf die Daten, so dass es keinen anderen Weg gibt, die Daten aus ihrem physikalischen Speicherort abzurufen. Diese Architektur wurde gewählt, damit man den Benutzerzugriff auf die Daten, anders als bei der Datenablage im Dateisystem, besser kontrollieren und überwachen kann.

---

[1] Na ja, so ganz stimmt das natürlich auch nicht. Der Datenbankdesigner/-entwickler muss schon ein fundiertes Wissen darüber haben, wie sich das Datenbanksystem verhält und welche Optionen es bietet, damit er die Möglichkeiten, die ihm das DBMS zur Verfügung stellt, auch ausschöpfen kann.

3.1 Entitäten und Attribute

Wie Sie bereits in Kapitel 1 erfahren haben, stellt eine Entität einfach ein Objekt des täglichen Lebens dar, über das Daten in der Datenbank gesammelt werden sollen. In unserem Fallbeispiel können z.B. Berater, Kunden oder Experten als Entitäten aufgefasst werden, über die dann in der Datenbank Daten gesammelt werden.

Gleichartige Entitäten werden als so genannte *Entity-Typen* (engl. Entity Sets) bezeichnet, deren Namen am besten so gewählt werden sollten, dass nachvollziehbar ist, welche Entitäten welchem Objekt in der realen Welt entspricht. Zur Bennennung von Entitäten verwendet man in der Regel den Singular und schreibt den Namen in Großbuchstaben. Alle Entitäten eines Entity-Typs besitzen dieselben Charakteristika.

Um dem Ganzen etwas mehr Substanz zu geben, lassen Sie mich noch einmal das Beispiel aus Kapitel 1 aufgreifen und uns etwas genauer mit den Beratern unserer fiktiven Beratungsfirma beschäftigen. Wie Sie in Abbildung 1.12 sehen können, gibt es zwei Berater, Frau Helena Meier und Herr Ingo Fuchs. Diese beiden Berater können jeweils als eigenständige Entität angesehen werden. Über jeden der beiden Berater sollen Informationen in der Datenbank gesammelt werden. Beide Berater, also sowohl Frau Meier als auch Herr Fuchs, besitzen genau dieselben Charakteristika, das heißt, beide verfügen über einen Namen, einen Vornamen und einen Stundensatz. Daher können wir einen Entity-Typ BERATER definieren, dem sowohl Frau Meier als auch Herr Fuchs zugeordnet werden. Jeder neue Berater, der in der Firma eingestellt wird, wird dann auch dem Entity-Typ BERATER zugeordnet und erhält über diesen die für Berater typischen Charakteristika. Wie Sie sehen, habe ich mich hier auch an die Namenskonvention für Entity-Typen gehalten. Der Name ist beschreibend (es geht wohl um Berater), liegt in der Singular-Form vor und ist großgeschrieben.

> **Hinweis**
>
> Obwohl es in der Welt der relationalen Datenbanken eine genau spezifizierte Nomenklatur gibt, ist es in der Praxis oft so, dass diese Nomenklatur etwas »lockerer« verwendet wird. Oft wird zwischen den Begriffen Entität und Entity-Typ nicht sauber unterschieden und diese werden synonym gebraucht. Entitäten werden auch als *Entitäts-Instanzen* bezeichnet.

Die Charakteristika, die die Entitäten besitzen, werden als *Attribute* bezeichnet. Die Entitäten, die einem bestimmten Enitity-Typ zugeordnet werden können, besitzen also dieselben Attribute. Wie bei den Entity-Typen auch ist es wichtig, dass die Attribute ordentlich benannt werden, so dass sich auch ein Außenstehender schnell in ein Datenbankmodell oder eine relationale Datenbank hineindenken kann. Es ist sicherlich nicht sinnvoll, Attributsnamen wie z.B. STDNTG oder gar FELD1 zu verwenden. Viel besser ist eine Bezeichnung wie STUNDENSATZ, unter der sich auch ein Außenstehender etwas vorstellen kann. Bei der Benennung von Attributen gilt dasselbe wie bei der Benennung von Entity-Typen. Man verwendet auch hier ein Subjektiv, dass im Singular angegeben wird und großgeschrieben werden sollte.

3.2 Tabellen

Wie Sie schon in Kapitel 1 gelesen haben, ist eine der zentralen Strukturen der relationalen Datenbank die Tabelle. In einem modernen RDBMS stellt die Tabelle lediglich eine logische Struktur dar, in der die Daten gespeichert werden. Diese logische Struktur kann sich wesentlich von der endgültigen physischen Speicherung der Daten auf Festplatte unterscheiden. Daher ist es wichtig, sich darüber klar zu sein, dass eine Tabelle lediglich ein logisches und kein physisches Konstrukt ist.

Eine Tabelle wird in der Regel als zweidimensionale Matrix dargestellt, die aus Zeilen und Spalten besteht. In einer Tabelle werden Entitäten gespeichert, die dieselben Attribute besitzen, daher kann man auch sagen, dass eine Tabelle eine Abbildung des Entity-Typs in ein relationales Datenbanksystem ist. Vor diesem Hintergrund ist es klar, dass die Begriffe Tabelle und Entity-Typ dasselbe meinen und daher ausgetauscht werden können.

Hinweis

Ein anderer Name für Tabelle ist *Relation*. Dieser Name geht auf E. F. Codd zurück, der in seiner sehr mathematischen Arbeit Tabellen als Relationen bezeichnet hat. Oft trifft man auf den weit verbreiteten Irrtum, dass angenommen wird, das relationale Datenbankmodell hieße so, weil die durch dieses Modell beschriebenen Tabellen zueinander in Beziehung, also in Relation stehen. Das ist aber falsch. Das relationale Datenbankmodell heißt so, weil es sich mit Relationen, also mit Tabellen, beschäftigt.

Wie bereits oben beschrieben wurde, ist eine Tabelle eine zweidimensionale Anordnung aus Zeilen und Spalten. Lassen Sie uns diese Anordnung im Folgenden noch einmal etwas genauer analysieren und mit dem Modell der Entitäten vergleichen, um zu sehen, wie Entitäten in Tabellen dargestellt werden.

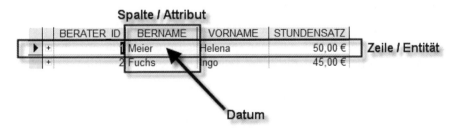

Abb. 3.1:   Die Elemente einer Tabelle

In Abbildung 3.1 sind die einzelnen Elemente der Tabelle noch einmal am Beispiel der BERATER-Tabelle dargestellt. Wie Sie sehen können, ist die Beispieltabelle eine zweidimensionale Anordnung aus Zeilen und Spalten. Tabellenspalten, wie z.B. die Spalte BERNAME, entsprechen den Attributen der jeweiligen Entitäten. Die Entität Helena Meier besitzt demnach ein Attribut BERNAME, das den Nachnamen des Beraters enthält. Im Fall der Entität Helena Meier besitzt dieses Attribut den Wert »Meier«. Alle Attributwerte, die sich auf eine Entität beziehen, werden in einer Zeile der Tabelle dargestellt. Daher entspricht eine Tabellenzeile einer bestimmten Entität. Die gesamte Tabelle wiederum entspricht dem Entity-Typ. Der Kreuzungspunkt zwischen einer bestimmten Zeile und einer bestimmten Spalte enthält den Wert, den die durch die Zeile repräsentierte Entität in dem durch die Spalte repräsentierten Attribut besitzt.

Da eine Spalte jeweils ein bestimmtes Attribut repräsentiert, erscheint es einleuchtend, dass alle Attributwerte, die in verschiedenen Zeilen der Tabelle dieser Spalte zugeordnet werden, denselben Datentyp besitzen können. Es ist nicht möglich, dass dasselbe Attribut in zwei verschiedenen Zeilen in der einen Zeile einen Text und in der anderen Zeile eine Zahl enthält. Kann das Attribut viele verschiedene Werte annehmen, so muss der Datentyp so gewählt werden, dass der maximal zu erwartende Wert gespeichert werden kann. Ein *Datentyp* stellt den Wertebereich dar, den die Werte eines Attributs annehmen können. Neben dem minimalen und maximalen Wert legt er auch fest, ob bei Zahlen Nachkommastellen erlaubt sind und wie genau eine Zahl mit Nachkommastellen gespeichert wird. Es gibt zum Beispiel Datentypen für Texte, Zahlen, Datumswerte und Multimedia-Dateien.

Lassen Sie uns ein Beispiel untersuchen, in dem die Begrenzungen klar werden, die ein Datentyp für ein Feld einführt. Stellen Sie sich vor, dass Sie die Anzahl einer bestimmten Begebenheit (z.B. wie oft Sie ins Kino gegangen sind) in Ihrer Datenbank speichern möchten. Um dieses Datum zu speichern, wählen Sie den Datentyp BYTE. Dieser Datentyp kann ganze positive Zahlen von 0 bis 255 aufnehmen. Nun möchten Sie in Ihrer Datenbank auch einen Eintrag für mich anlegen (ich gehe sehr gerne und oft ins Kino). Stellen wir uns nun einmal vor, dass ich in den letzten drei Jahren über 300 Mal im Kino war, so können Sie diesen Wert in der von Ihnen definierten Spalte nicht speichern, da der maximale Wert, der abgespeichert werden kann, 255 ist. Wenn Sie nun den nächstgrößeren Datentyp INTEGER wählen, so liegt die Begrenzung bei über 32.000, das heißt, in diesem Feld kann man selbst meinen Kino-Konsum verwalten.

Ein weiterer wichtiger Fachausdruck, der gut in diesen Zusammenhang passt, ist die *Domäne* eines Attributs bzw. einer Spalte. Die Domäne stellt einfach die Menge aller Werte des Attributs dar, die in der Tabelle angenommen werden.

Hinweis

Bitte beachten Sie den Unterschied zwischen Datentyp und Domäne. Der Datentyp legt fest, welche Werte ein Attribut annehmen kann. Es ist nicht gesagt, dass auch wirklich alle Werte, die im durch den Datentyp vorgegebenen Wertebereich liegen, auch wirklich angenommen werden. Die Domäne andererseits ist die Menge aller Werte, die für dieses Attribut in der Tabelle vorkommen.

Um die Unterscheidung zwischen Datentyp und Domäne noch etwas klarer zu machen, lassen Sie mich diese Thematik noch einmal an einem Beispiel untersuchen. Stellen Sie sich vor, dass Sie eine Datenbank schreiben müssen, in der Schulnoten verwaltet werden sollen. Als Datentyp für das Feld NOTE wählen Sie den oben bereits beschriebenen Datentyp BYTE. Durch diese Wahl kann das Feld NOTE Werte von 0 bis 255 annehmen. Dieser Wertebereich wird durch den Datentyp BYTE festgelegt. Natürlich wissen Sie, dass es die Note 90 gar nicht gibt, das heißt, sinnvolle Werte für das Feld NOTE bestehen aus der folgenden Menge $\{1, 2, 3, 4, 5, 6\}$. Diese Menge ist die Domäne des Feldes NOTE. Ist die Schulklasse, die in der Datenbank verwaltet wird, sehr gut, so kann es z.B. auch sein, dass die Domäne nur aus den folgenden Zahlen besteht $\{1, 2, 3, 4\}$.

In einer Tabelle werden nur unterschiedliche Entitäten gespeichert, das heißt, für jede Entität gibt es eine und nur eine Spalte. Damit Entitäten voneinander unterschieden werden können, müssen sich diese Entitäten in mindestens einem Attributwert oder einer Kombination aus Attributwerten voneinander unterscheiden.

Da die Tabelle ein rein logisches Konstrukt darstellt, das nichts mit der wirklichen physikalischen Speicherung der Daten zu tun hat, ist die Anordnung der Zeilen und Spalten für das RDBMS unerheblich. Diese kann sich beliebig ändern (z.B. durch Löschen oder Hinzufügen von Datensätzen oder durch Umorganisation der physikalisch gespeicherten Daten). Daher können Sie beim Abrufen der Daten aus der Datenbank nicht davon ausgehen, dass die Daten in der von Ihnen angenommenen Reihenfolge zurückgeliefert werden, sofern Sie eine Reihenfolge nicht explizit angegeben haben.

Neben den Ausdrücken Entität und Attribut bzw. Zeile und Spalte werden beim relationalen Datenbanksystem auch oft noch die Fachtermini aus der Welt der dateisystemgestützten Datenhaltung verwendet. Hier wird eine Zeile als *Datensatz* und eine Spalte als *Feld* bezeichnet. Da diese Bezeichnung häufig in der Praxis verwendet wird, werde ich sie im weiteren Verlauf des Buchs auch benutzen.

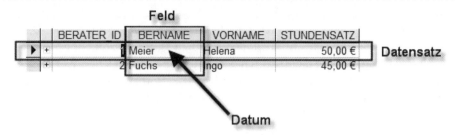

Abb. 3.2:   Dateisystem-Fachtermini bei einer Tabelle

Wichtig

Wie oben bereits angedeutet, ist die Benennung der Tabellen und ihrer Felder wichtig, da hier schon der erste Schritt zur Dokumentation vollzogen wird. Ein einfaches, gebräuchliches Wort, das die Datensätze beschreibt, die in einer Tabelle gespeichert werden, oder die Werte, die in einem Feld gespeichert sind, ist wesentlich aussagekräftiger als eine kryptische Aneinanderreihung von Zahlen und Zeichen. Damit Ihr relationales Modell gut auf die Datenbanken verschiedener Hersteller portiert werden kann, sollten Sie weitere Benennungsregeln befolgen. Obwohl einige moderne Datenbanksysteme (z.B. Access) Sonderzeichen wie z.B. –, *, +, /, . oder Umlaute in Tabellen- und Feldnamen zulassen, gilt dies nicht für alle Systeme. Daher sollten Sie sich bei der Benennung stets auf die Standard-Buchstaben und Zahlen beschränken, die auch im englischsprachigen Raum Verwendung finden. Des Weiteren sollten Sie in Tabellen- und Feldnamen keine Leerzeichen verwenden. Verwenden Sie stattdessen lieber Unterstriche. Um auf der wirklich sicheren Seite zu sein, sollten Sie Tabellen- oder Feldnamen auch nicht mit Ziffern beginnen.

3.3   Schlüssel

Ein wichtiges Merkmal relationaler Datenbanken stellen die Beziehungen dar, die zwischen Tabellen bestehen können. Diese Beziehungen werden durch *Schlüssel* aufgebaut. Ein Schlüssel besteht aus einem oder mehreren Feldern und stellt die Eindeutigkeit aller in einer Tabelle gespeicherten Datensätze sicher. Daher ist es wichtig, dass im Falle eines Schlüssels, der aus einem Feld besteht, jeder Datensatz einen anderen Wert in diesem Feld besitzt. Besteht der Schlüssel aus mehreren Feldern, so darf eine bestimmte Wertekombination dieser Felder jeweils nur für einen einzigen Datensatz der Tabelle angenommen werden. Einen derartigen Schlüssel, über den ein ganzer Datensatz referenziert wird, nennt man auch *Primärschlüssel*.

Da der Primärschlüssel eindeutig ist, bestimmt er den Datensatz, das heißt, kennt man den Primärschlüssel P, so kann man das Attribut A nachschlagen. Diesen Sachverhalt kann man mit der folgenden Syntax darstellen:

P → A

Die Abhängigkeit zwischen P und A ist nicht umkehrbar, das heißt, man kann vom Attribut A nicht notwendigerweise auf P schließen. Um dies zu verdeutlichen, gebe ich Ihnen hier folgendes Beispiel. Nehmen Sie einmal an, dass wir zwei Beraterinnen mit dem Namen Helena Meier haben, bei denen es sich um unterschiedliche Personen handelt. Die Abhängigkeit zwischen dem Primärschlüssel und dem Datensatz sieht in diesem Beispiel folgendermaßen aus:

1 → `Helena Meier` (Anmerkung – dies ist die erste Helena Meier)

2 → `Helena Meier` (Anmerkung – dies ist die zweite Helena Meier)

Gehen Sie nun nur vom Datensatz `Helena Meier` aus, so können Sie nicht rückschließen, ob die erste oder zweite Helena Meier gemeint ist. Sind mehrere Attribute vom Primärschlüssel abhängig, so schreibt man

P → A1, A2, A3, A4, ...

Die Abhängigkeit der Attribute A vom Primärschlüssel P wird auch als *funktionale Abhängigkeit* bezeichnet. Attribut A ist vom Primärschlüssel P funktional abhängig, wenn jeder Wert von P genau einen Wert von A bestimmt, das heißt, in allen Zeilen, in denen P einen bestimmten Wert besitzt, müssen alle Werte des Attributs A gleich sein. Die funktionale Abhängigkeit zwischen einem Primärschlüssel P und Attributen An ist nicht auf ein einzelnes Primärschlüsselattribut beschränkt. Der Primärschlüssel P kann auch aus mehreren Primärschlüsselfeldern bestehen. Dann gilt die Abhängigkeit

P1, P2, P2, ... → A1, A2, A3, A4, ...

Jedes Attribut, das zum Schlüssel gehört, wird auch als *Schlüsselattribut* bezeichnet. Im Fall eines zusammengesetzten Primärschlüssels sind die Attribute A1, A2, A3, ... *vollständig funktional* von P1, P2, P3, ... abhängig, wenn die Attribute vom gesamten Primärschlüssel abhängig sind, also von allen Schlüsselattributen. Am Beispiel der Tabelle aus Abbildung 3.2 können Sie folgende vollständig funktionale Abhängigkeiten erkennen:

1 → `Meier, Helena, 50.00 €`

2 → `Fuchs, Ingo, 45.00 €`

In diesem Beispiel besitzt die Tabelle bereits einen *künstlichen Primärschlüssel*, das Feld `BERATER_ID`. Unter einem künstlichen Primärschlüssel versteht man ein Schlüsselattribut, das nur aus dem Grund zur Tabelle hinzugefügt wurde, um als Primärschlüssel zu dienen. Außerhalb der Tabelle besitzt ein künstlicher Primärschlüssel keinerlei Bedeutung. Im Gegensatz zum künstlichen Primärschlüssel steht der natürliche Primärschlüssel. Unter einem *natürlichen Primärschlüssel* versteht man ein Attribut oder eine Kombination aus Attributen, die eine Eindeutigkeit von sich heraus gewährleisten. Möchten Sie z.B. Personen und deren Personalausweisnummern in einer Tabelle speichern, so können Sie die Personalausweisnummer als natürlichen Primärschlüssel verwenden, da die Personalausweisnummer eindeutig ist. Ein weiteres wichtiges Merkmal eines Primärschlüssels ist es, dass dieser Schlüssel niemals den Wert NULL annehmen darf.

Wichtig

Unter dem Wert NULL versteht man einen nicht vorhandenen Wert. Bitte beachten Sie, dass der Wert NULL nicht mit 0 gleichzusetzen ist. 0 ist zum Beispiel das Ergebnis der Subtraktion 1-1, während NULL für »nicht bekannt« steht. Stellen Sie sich vor, dass wir in unserer Tabelle BERATER ein zusätzliches Feld GEBURTS-TAG aufnehmen. Leider wissen wir im Moment nicht, wann Helena Meier Geburtstag hat. Da sie leider auch nicht zu sprechen ist, können wir diese Information nicht erhalten und müssen dieses Feld für Helena Meier leer lassen, das heißt, das Feld besitzt den Wert NULL. Der Wert NULL bedeutet, dass es für die betrachtete Entität keinen Attributwert gibt oder dass dieser nicht bekannt ist.

Lassen wir nun einmal den künstlichen Primärschlüssel BERATER_ID außen vor, so könnten wir z.B. folgende vollständige funktionale Abhängigkeit definieren:

Meier → Helena, 50.00 €

Fuchs → Ingo, 45.00 €

Das Problem, das wir in diesem Beispiel haben, ist, wenn wir den Nachnamen als Primärschlüsselattribut verwenden, können keine weiteren Personen mit demselben Nachnamen in die Tabelle eingefügt werden, da der Primärschlüssel ja Eindeutigkeit gewährleisten soll. Um diese Restriktion zu umgehen, können wir den Vornamen mit zum Primärschlüssel hinzunehmen.

Meier, Helena → 50.00 €

Fuchs, Ingo → 45.00 €

Fuchs, Helga → 45.00 €

Wie Sie sehen können, ist es durch das Hinzunehmen des Vornamens nun möglich, auch Personen mit demselben Nachnamen zu erfassen. Sicherlich haben Sie sich schon überlegt, dass es mit dem neuen Primärschlüssel nicht möglich ist, Personen mit demselben Vor- und Nachnamen zu verwalten.

Wichtig

Anhand des Beispiels haben Sie gesehen, dass die Verwendung von natürlichen Primärschlüsseln gut überlegt sein will. Attribute oder Attributkombinationen müssen sehr gewissenhaft ausgewählt werden, um zu gewährleisten, dass das Attribut bzw. die Kombination der Attribute nicht doppelt vorkommen kann. Selbst wenn die aktuell in der Datenbank zu verwaltenden Daten in einem bestimmten Attribut bzw. in einer Attributkombination eindeutig sind, müssen Sie auch die Zukunft bedenken. Ist es für alle Zeit gewährleistet, dass dieses Attribut oder die Kombination aus Attributen eindeutig bleibt, selbst wenn neue Datensätze hinzukommen? In den meisten Fällen kann man das nicht genau sagen. In unserer Beispielfirma ist es durchaus denkbar, dass ein Berater mit demselben Vor- und Nachnamen eingestellt wird, den bereits ein angestellter Berater besitzt. Sicherlich ist diese Situation recht unwahrscheinlich, aber nicht unmöglich. Aus diesem Grund verwenden viele Datenbankdesigner ausschließlich künstliche Primärschlüssel.

Auf Basis der Definition der vollständigen funktionalen Abhängigkeit können wir die beiden Schlüsseltypen Superkey (auf Deutsch Superschlüssel) und potenzieller Schlüssel definieren.

Ein *Superkey* ist ein Schlüssel, der eine Entität eindeutig identifiziert. Nehmen wir noch einmal das Beispiel von oben zur Hilfe:

1 → Meier, Helena, 50.00 €

2 → Fuchs, Ingo, 45.00 €

In diesem Beispiel ist BERATER_ID ein Superkey, da er die Attribute eindeutig bestimmt. Sie können zu diesem Schlüssel weitere Attribute hinzufügen:

1, Meier → Helena, 50.00 €

2, Fuchs → Ingo, 45.00 €

Auch die Kombination aus BERATER_ID und NACHNAME ist ein Superkey, da auch diese Kombination die Datensätze eindeutig identifiziert. Natürlich ist das Feld NACHNAME in Bezug auf den Primärschlüssel redundant, da die Datensätze ja bereits eindeutig durch das Feld BERATER_ID bestimmt werden. Nichtsdestotrotz ist die Attributkombination BERATER_ID, NACHNAME ein Superkey.

Besitzt der Superkey keine Redundanzen, also Attribute, die zur eindeutigen Identifikation der Datensätze nicht notwendig sind, so spricht man von einem *potenziellen Schlüssel*. In unserem Beispiel stellt BERATER_ID einen potenziellen Schlüssel dar, da dieses Attribut die Datensätze eindeutig identifiziert und keine Redundanz besitzt. Potenzielle Schlüssel sind gute Kandidaten für Primärschlüssel.

Beziehungen zwischen Tabellen werden dadurch aufgebaut, dass der Primärschlüsselwert in einer Tabelle gespeichert wird, die sich auf die Tabelle bezieht, in der sich der Primärschlüssel befindet. Ein solches Attribut wird als *Fremdschlüssel* bezeichnet. Fremdschlüsselwerte müssen nicht eindeutig sein und dürfen auch den Nullwert enthalten. Eine Datenbank besitzt *referentielle Integrität,* wenn Fremdschlüsselfelder nur gültige Werte, also Werte, die in der bezogenen Tabelle als Primärschlüsselwerte vorkommen, oder Null-Werte enthalten.

Hinweis

Es ist guter Entwicklungsstil, wenn die Fremdschlüsselfelder denselben Namen besitzen wie die bezogenen Primärschlüsselfelder.

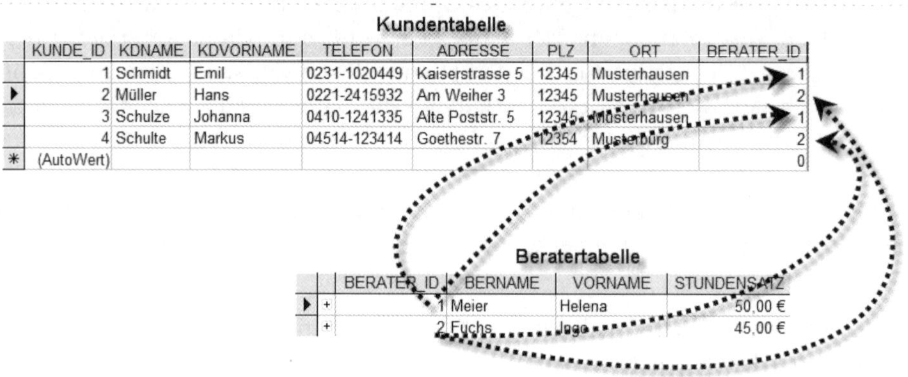

Kundentabelle

KUNDE_ID	KDNAME	KDVORNAME	TELEFON	ADRESSE	PLZ	ORT	BERATER_ID
1	Schmidt	Emil	0231-1020449	Kaiserstrasse 5	12345	Musterhausen	1
2	Müller	Hans	0221-2415932	Am Weiher 3	12345	Musterhausen	2
3	Schulze	Johanna	0410-1241335	Alte Poststr. 5	12345	Musterhausen	1
4	Schulte	Markus	04514-123414	Goethestr. 7	12354	Musterburg	2
(AutoWert)							0

Beratertabelle

BERATER_ID	BERNAME	VORNAME	STUNDENSATZ
1	Meier	Helena	50,00 €
2	Fuchs	Inge	45,00 €

Abb. 3.3: Primär-/Fremdschlüsselbeziehung

Die Beziehung zwischen Primär- und Fremdschlüsseln ist in Abbildung 3.3 noch einmal dargestellt. In der Kundentabelle befindet sich das Feld BERATER_ID, das ein Fremdschlüsselfeld ist, das sich auf den Primärschlüssel BERATER_ID in der Beratertabelle bezieht. Als Werte für das Fremdschlüsselfeld sind entweder der NULL-Wert (diesem Kunden ist noch kein Berater zugeteilt) oder ein gültiger Primärschlüsselwert erlaubt. Alle anderen Werte stellen keine gültige Beziehung zwischen der Kundentabelle und der Beratertabelle her. Würden wir in Abbildung 3.3 z.B. den Wert 11 als Fremdschlüsselwert in der Kundentabelle zulassen, so könnten wir diesen Wert nicht in einen Berater auflösen, da es keinen Datensatz in der Beratertabelle gibt, der den Wert 11 besitzt.

Neben den bisher beschriebenen Schlüsselfeldern gibt es auch noch sekundäre Schlüssel. Unter einem *sekundären Schlüssel* versteht man einen Schlüssel, der nur zum Wiederfinden von Datensätzen verwendet wird. Wenn Sie sich eine typische Anwendung vorstellen, in der Kundendaten verwaltet werden, so wird es dort mit Sicherheit eine Kundennummer geben, die als Primärschlüssel verwendet wird. Die Praxis hat allerdings gezeigt, dass kaum ein Kunde, der eine Firma anruft, seine Kundennummer kennt. Daher kann man in einem solchen Fall z.B. die Attribute Kundenname und Telefonnummer als sekundäre Schlüssel definieren, mit denen man dann einfach einen bestimmten Kundendatensatz finden kann. Die meisten

Kunden kennen ihren Namen und ihre Telefonnummer. Bitte beachten Sie, dass sekundäre Schlüssel keine technische Notwendigkeit wie Primär- oder Fremdschlüssel darstellen, sondern lediglich dazu dienen, Datensätze einfacher zu finden. Die Effektivität eines sekundären Schlüssels hängt davon ab, wie stark sich die Datensätze über den sekundären Schlüssel einschränken lassen. Haben Sie z.B. eine sehr große Kundendatenbank, so würde ein sekundärer Schlüssel, der lediglich den Nachnamen der Kunden erfasst, keinen Sinn machen. Suchen Sie z.B. nach dem Namen »Meier«, so kann es sein, dass der sekundäre Schlüssel Hunderte von Datensätzen zurückliefert.

Ich habe bisher schon an einigen Stellen in diesem Buch den Begriff der Integrität behandelt. Moderne RDBMS ermöglichen es, Integritätsregeln zu definieren. Hat man dies einmal getan, so wacht das RDBMS darüber, dass diese Regeln eingehalten werden, und es ist unmöglich, Datensätze in die Datenbank einzufügen, die die Integritätsregeln verletzen. Betrachtet man den Begriff der Integrität im Zusammenhang mit Schlüsseln, so lassen sich zwei Arten von Integritäten unterscheiden, die Entitäts-Integrität und die referentielle Integrität.

Unter *Entitäts-Integrität* versteht man, dass Entitäten eindeutig über den Primärschlüssel identifizierbar sind, das heißt, kein Teil des Primärschlüssels darf NULL sein. Diese eindeutige Identifizierbarkeit der einzelnen Entitäten über den Primärschlüssel gewährleisten, dass Fremdschlüssel verwendet werden können, die sich auf die Primärschlüssel beziehen.

Referentielle Integrität bedeutet, dass ein Fremdschlüssel entweder NULL ist oder einen Wert enthält, der in der bezogenen Tabelle als Primärschlüssel verwendet worden ist. Ein Fremdschlüssel darf keinen Wert enthalten, der in der bezogenen Tabelle nicht als Primärschlüsselwert verwendet worden ist, da in diesem Fall die Beziehung ungültig wird. Auf der anderen Seite bedeutet dies aber auch, dass kein Datensatz aus der bezogenen Tabelle gelöscht werden darf, auf dessen Primärschlüssel sich ein Fremdschlüssel in einer anderen Tabelle bezieht. Wäre dies erlaubt, würde das Löschen eines Datensatzes, auf den sich andere Datensätze beziehen, die referentielle Integrität verletzen. Nach dem Löschen des Datensatzes existieren Datensätze in anderen Tabellen, die sich auf einen nicht vorhandenen Primärschlüsselwert beziehen.

Tipp

Wenn man vermeiden möchte, dass NULL-Werte als Fremdschlüsselwerte in einer Tabelle gespeichert werden, man aber andererseits auch nicht ausschließen kann, dass es unbekannte Werte gibt, so kann man mit Dummy-Datensätzen arbeiten, die unbekannte Werte symbolisieren. In unserem Beispiel aus Abbildung 3.3 könnte man in die Beratertabelle einen Datensatz einfügen, der als Primärschlüssel den Wert 0 besitzt und als Wert für das Feld NAME den String »unbekannt«. Hat man nun Kundendatensätze, die noch keinem Berater zugeordnet sind, so kann man diese den Fremdschlüsselwert 0 zuordnen.

3.4 Relationale Operatoren

Sie haben bisher schon gesehen, wie man eine Beziehung zwischen zwei Tabellen mit Hilfe von Primär-/Fremdschlüsselbeziehungen herstellen kann. Zusätzlich kann man zwei Tabellen mit Hilfe von relationalen Operatoren verknüpfen. Einen relationalen Operator können Sie sich wie eine Funktion vorstellen, die als Eingabewerte zwei Tabellen erhält und als Ausgabe eine Tabelle zurückliefert, die aus den beiden Eingangstabellen hervorgeht. Es gibt insgesamt acht relationale Operatoren: DIFFERENCE, DIVIDE, INTERSECT, JOIN, PRODUCT, PROJECT, SELECT und UNION. Eine Datenbank wird als *relational vollständig* bezeichnet, wenn sie alle diese relationalen Operatoren unterstützt, was jedoch nur wenige Datenbanken tun. Die minimalen relationalen Operatoren, die ein System unterstützen muss, um relational genannt zu werden, sind SELECT, PROJECT und JOIN. Durch relationale Operatoren werden aus vorhandenen Tabellen neue Tabellen erzeugt. Datenbanksysteme verwalten diese neuen Tabellen als temporäre Tabellen, die nur zeitweilig erzeugt und, sobald sie nicht mehr benötigt werden, gelöscht werden.

Zwei Tabellen werden als *Union-kompatibel* bezeichnet, wenn sie dieselben Felder besitzen.

3.4.1 DIFFERENCE

Der relationale Operator DIFFERENCE vergleicht die beiden Eingangstabellen und liefert all die Datensätze zurück, die in der ersten, aber nicht in der zweiten Tabelle vorkommen. Die beiden Tabellen, auf die der relationale Operator DIFFERENCE angewendet wird, müssen Union-kompatibel sein.

BERATER_ID	BERNAME	VORNAME	STUNDENSATZ
1	Meier	Helena	50,00 €
2	Fuchs	Ingo	45,00 €
3	Müller	John	60,00 €
4	Schulz	Elisabeth	30,00 €

Difference

BERATER_ID	BERNAME	VORNAME	STUNDENSATZ
1	Meier	Helena	50,00 €
2	Fuchs	Ingo	45,00 €
3	Smith	Bill	60,00 €

BERATER_ID	BERNAME	VORNAME	STUNDENSATZ
3	Müller	John	60,00 €
4	Schulz	Elisabeth	30,00 €

Abb. 3.4: Beispiel für die relationale Operation DIFFERENCE

Wie Sie in Abbildung 3.4 sehen können, wird die Differenz zwischen der oberen und unteren Tabelle gebildet. Die ersten beiden Datensätze werden nicht in das Ergebnis übernommen, da diese Datensätze in beiden Tabellen vorhanden sind. Die nächsten beiden Datensätze der ersten Tabelle werden in das Ergebnis übernommen, da diese in der ersten, nicht aber in der zweiten Tabelle vorhanden sind.

Da nur Datensätze der ersten Tabelle übernommen werden, wird der Datensatz für Bill Smith aus der zweiten Tabelle auch nicht in das Endergebnis übernommen.

3.4.2 DIVIDE

Für den relationalen Operator DIVIDE benötigen Sie zwei Tabellen. Die eine Tabelle muss zwei Felder besitzen und die zweite ein Feld, das mit einem der beiden Felder der ersten Tabelle übereinstimmt. Die Operation DIVIDE zieht nun die zweite von der ersten Tabelle ab und liefert die Ergebnisse des anderen Feldes zurück.

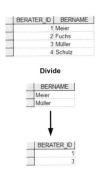

Abb. 3.5: Die Operation DIVIDE

Die Operation DIVIDE ist in Abbildung 3.5 dargestellt. Die erste und zweite Tabelle stimmen im Feld BERNAME überein. In der zweiten Tabelle befinden sich die Werte »Meier« und »Müller« in der einzigen Spalte. Daher werden die diesen Werten zugeordneten BERATER_ID 1 und 3 zurückgeliefert.

3.4.3 INTERSECT

Der relationale Operator INTERSECT übernimmt nur die Datensätze in die Ergebnistabelle, die in beiden Tabellen enthalten sind. Auch hier müssen die Tabellen Unionkompatibel sein.

BERATER_ID	BERNAME	VORNAME	STUNDENSATZ
1	Meier	Helena	50,00 €
2	Fuchs	Ingo	45,00 €
3	Müller	John	60,00 €
4	Schulz	Elisabeth	30,00 €

Intersect

BERATER_ID	BERNAME	VORNAME	STUNDENSATZ
1	Meier	Helena	50,00 €
2	Fuchs	Ingo	45,00 €
3	Smith	Bill	60,00 €

BERATER_ID	BERNAME	VORNAME	STUNDENSATZ
1	Meier	Helena	50,00 €
2	Fuchs	Ingo	45,00 €

Abb. 3.6: Beispiel für die relationale Operation INTERSECT

3.4.4 JOIN

Die relationale Operation JOIN stellt die wichtigste relationale Operation überhaupt dar, da dieser Operator dazu in der Lage ist, die Beziehungen zwischen den einzelnen Tabellen aufzulösen und somit ein sinnvolles, für Menschen verständliches Ergebnis zurückzuliefern. Im Prinzip ist der JOIN-Operator die Ausführung von anderen relationalen Operatoren. Zunächst wird die Operation PRODUCT ausgeführt, die das kartesische Produkt der beiden am JOIN beteiligten Tabellen bildet, das heißt, es werden alle möglichen Zeilenkombinationen der beiden Tabellen gebildet. Als nächste relationale Operation wird die Operation SELECT ausgeführt, die aus der Gesamtheit aller möglichen Zeilenkombinationen diejenigen heraussucht, die sinnvoll sind, das heißt die Zeilen, bei denen der Fremdschlüsselwert der einen Tabelle mit dem Primärschlüsselwert der anderen Tabelle übereinstimmt. Als letzte relationale Operation wird die Operation PROJECT ausgeführt, die doppelte Felder (in der Regel das Primärschlüssel- und Fremdschlüsselfeld) aus der Ergebnisdatenmenge herausfiltert.

KUNDE_ID	KDNAME	KDVORNAME	TELEFON	ADRESSE	PLZ	ORT	BERATER_ID
1	Schmidt	Emil	0231-1020449	Kaiserstrasse 5	12345	Musterhausen	1
2	Müller	Hans	0221-2415932	Am Weiher 3	12345	Musterhausen	2
3	Schulze	Johanna	0410-1241335	Alte Poststr. 5	12345	Musterhausen	1
4	Schulte	Markus	04514-123414	Goethestr. 7	12354	Musterburg	2
5	Huber	Markus	04514-123412	Goethestr. 24	12354	Musterburg	

Inner Join

BERATER_ID	BERNAME	VORNAME	STUNDENSATZ
1	Meier	Helena	50,00 €
2	Fuchs	Ingo	45,00 €
3	Müller	John	60,00 €
4	Schulz	Elisabeth	30,00 €

KUNDE_ID	KDNAME	KDVORNAME	TELEFON	ADRESSE	PLZ	ORT	BERATER_ID	BERNAME	VORNAME	STUNDENSATZ
1	Schmidt	Emil	0231-1020449	Kaiserstrasse 5	12345	Musterhausen	1	Meier	Helena	50,00 €
3	Schulze	Johanna	0410-1241335	Alte Poststr. 5	12345	Musterhausen	1	Meier	Helena	50,00 €
2	Müller	Hans	0221-2415932	Am Weiher 3	12345	Musterhausen	2	Fuchs	Ingo	45,00 €
4	Schulte	Markus	04514-123414	Goethestr. 7	12354	Musterburg	2	Fuchs	Ingo	45,00 €

Abb. 3.7: INNER JOIN zwischen Tabelle KUNDE und BERATER

Ein JOIN zwischen zwei Tabellen, bei dem die Werte im Fremdschlüsselfeld mit den Werten im Primärschlüsselfeld übereinstimmen müssen, wird auch als *Inner-Join* oder *Natural-Join* bezeichnet. In Abbildung 3.7 ist ein Inner-Join zwischen der Tabelle KUNDE und BERATER dargestellt. Bitte beachten Sie, dass nur Datensätze in der Ergebnisdatenmenge aufgenommen werden, bei denen der Fremdschlüsselwert im Feld BERATER_ID der Tabelle KUNDE mit dem Primärschlüsselwert im Feld BERATER_ID der Tabelle BERATER übereinstimmt. Im Ergebnis finden Sie weder einen Datensatz für den Kunden »Markus Huber«, da diesem bisher noch kein Berater zugeordnet wurde, noch einen Datensatz, in dem der Berater »John Müller« auftritt, da dieser Berater keinem Datensatz der Tabelle KUNDE zugeordnet ist.

An diesem Beispiel können Sie auch schon einen der Nachteile des Inner-Joins sehen. Es werden nur die Datensätze der ersten Tabelle in das Ergebnis aufgenommen, die auf einen Datensatz der zweiten Tabelle verweisen. Würden Sie gerne eine Übersicht über alle Kundendatensätze mit zugeordneten Beratern erhalten, so ist der Inner-Join hierfür nicht geeignet, da Kundendatensätze, denen kein Datensatz in der Tabelle BERATER zugeordnet ist, nicht in der Ergebnisdatenmenge enthalten sind.

Natural-Joins können in Equi-Joins und Theta-Joins unterteilt werden. Beim *Equi-Join* ist der Vergleichsoperator zwischen Primär- und Fremdschlüsselwert das Gleichheitszeichen (daher auch der Name), während beim *Theta Join* andere Vergleichsoperatoren, wie z.B. »kleiner« oder »größer«, Verwendung finden. Theta-Joins werden recht selten verwendet.

Möchte man Tabellen verknüpfen und zusätzlich Datensätze berücksichtigen, die keine Entsprechung in der bezogenen Tabelle besitzen, so kann man hierfür die so genannten *Outer-Joins* verwenden. Es gibt zwei Arten von Outer-Joins, Left- und Right-Outer-Joins. Beim *Left-Outer-Join* werden alle Datensätze der linken Tabelle des Joins berücksichtigt, auch die, die keine Entsprechung in der rechten Tabelle finden, wohingegen beim *Right-Outer-Join* alle Datensätze der rechten Tabelle in die Ergebnisdatenmenge aufgenommen werden und nur die Datensätze der linken Tabelle übernommen werden, die Entsprechung in der rechten Tabelle finden.

Zu Left- und Right-Outer-Joins finden Sie im Folgenden zwei Beispiele. Bitte beachten Sie, dass ich aus darstellungstechnischen Gründen die Tabellen des Joins übereinander darstelle. Daher entspricht die linke Tabelle der oberen Tabelle und die rechte Tabelle der Tabelle darunter.

Linke Tabelle

KUNDE_ID	KDNAME	KDVORNAME	TELEFON	ADRESSE	PLZ	ORT	BERATER_ID
1	Schmidt	Emil	0231-1020449	Kaiserstrasse 5	12345	Musterhausen	1
2	Müller	Hans	0221-2415932	Am Weiher 3	12345	Musterhausen	2
3	Schulze	Johanna	0410-1241335	Alte Poststr. 5	12345	Musterhausen	1
4	Schulte	Markus	04514-123414	Goethestr. 7	12354	Musterburg	2
5	Huber	Markus	04514-123412	Goethestr. 24	12354	Musterburg	

Left Outer Join

Rechte Tabelle

BERATER_ID	BERNAME	VORNAME	STUNDENSATZ
1	Meier	Helena	50,00 €
2	Fuchs	Ingo	45,00 €
3	Müller	John	60,00 €
4	Schulz	Elisabeth	30,00 €

KUNDE_ID	KDNAME	KDVORNAME	TELEFON	ADRESSE	PLZ	ORT	BERATER_ID	BERNAME	VORNAME	STUNDENSATZ
1	Schmidt	Emil	0231-1020449	Kaiserstrasse 5	12345	Musterhausen	1	Meier	Helena	50,00 €
2	Müller	Hans	0221-2415932	Am Weiher 3	12345	Musterhausen	2	Fuchs	Ingo	45,00 €
3	Schulze	Johanna	0410-1241335	Alte Poststr. 5	12345	Musterhausen	1	Meier	Helena	50,00 €
4	Schulte	Markus	04514-123414	Goethestr. 7	12354	Musterburg	2	Fuchs	Ingo	45,00 €
5	Huber	Markus	04514-123412	Goethestr. 24	12354	Musterburg				

Abb. 3.8: Left-Outer-Join

Beim Left-Outer-Join werden alle Zeilen der linken Tabelle verwendet und diese werden, soweit vorhanden, mit den entsprechenden Zeilen der rechten Tabelle verknüpft. Im Ergebnis in Abbildung 3.8 sehen Sie, dass der Datensatz für »Markus Huber« in der Ergebnisdatenmenge enthalten ist, obwohl es für diesen Datensatz gar keine Zuordnung zu einem Berater in der Tabelle BERATER gab. Dies ist der Unterschied zum Inner-Join in Abbildung 3.7, in der der Datensatz für »Markus Huber« gar nicht in der Ergebnisdatenmenge erscheint. Beim Left-Outer-Join sind die Felder der rechten Tabelle in der Ergebnisdatenmenge in diesem Fall leer (NULL). Datensätze aus der rechten Tabelle, wie z.B. der Datensatz für »John Müller«, werden im Ergebnis nicht berücksichtigt, da diese von der linken Tabelle aus nicht referenziert wurden.

Linke Tabelle

KUNDE_ID	KDNAME	KDVORNAME	TELEFON	ADRESSE	PLZ	ORT	BERATER_ID
1	Schmidt	Emil	0231-1020449	Kaiserstrasse 5	12345	Musterhausen	1
2	Müller	Hans	0221-2415932	Am Weiher 3	12345	Musterhausen	2
3	Schulze	Johanna	0410-1241335	Alte Poststr. 5	12345	Musterhausen	1
4	Schulte	Markus	04514-123414	Goethestr. 7	12354	Musterburg	2
5	Huber	Markus	04514-123412	Goethestr. 24	12354	Musterburg	

Right Outer Join

Rechte Tabelle

BERATER_ID	BERNAME	VORNAME	STUNDENSATZ
1	Meier	Helena	50,00 €
2	Fuchs	Ingo	45,00 €
3	Müller	John	60,00 €
4	Schulz	Elisabeth	30,00 €

KUNDE_ID	KDNAME	KDVORNAME	TELEFON	ADRESSE	PLZ	ORT	BERATER_ID	BERNAME	VORNAME	STUNDENSATZ
								Schulz	Elisabeth	30,00 €
								Müller	John	60,00 €
3	Schulze	Johanna	0410-1241335	Alte Poststr. 5	12345	Musterhausen	1	Meier	Helena	50,00 €
1	Schmidt	Emil	0231-1020449	Kaiserstrasse 5	12345	Musterhausen	1	Meier	Helena	50,00 €
4	Schulte	Markus	04514-123414	Goethestr. 7	12354	Musterburg	2	Fuchs	Ingo	45,00 €
2	Müller	Hans	0221-2415932	Am Weiher 3	12345	Musterhausen	2	Fuchs	Ingo	45,00 €

Abb. 3.9:   Right-Outer-Join

Beim Right-Outer-Join werden alle Datensätze der rechten Tabelle in die Ergebnisdatenmenge aufgenommen, und nur die Datensätze der linken Tabelle, die mit den Datensätzen der rechten Tabelle in Beziehung stehen. Im Gegensatz zum Left-Outer-Join sind die Datensätze für »John Müller« und »Elisabeth Schulz« aus der rechten Tabelle in der Ergebnistabelle vorhanden, während der Datensatz für »Markus Huber« nicht enthalten ist.

3.4.5   PRODUCT

Den relationalen Operator PRODUCT kann man auf beliebige Tabellen anwenden, das heißt, es wird keine bestimmte Tabellenform für die beiden Tabellen vorausgesetzt. Das Ergebnis stellt das kartesische Produkt der beiden Tabellen dar.

	BERATER_ID	BERNAME	VORNAME	STUNDENSATZ
+	1	Meier	Helena	50,00 €
+	2	Fuchs	Ingo	45,00 €
+	3	Müller	John	60,00 €
+	4	Schulz	Elisabeth	30,00 €

Product

	KUNDE_ID	KDNAME	KDVORNAME	TELEFON	ADRESSE	PLZ	ORT	BERATER_ID
	1	Schmidt	Emil	0231-1020449	Kaiserstrasse 5	12345	Musterhausen	1
	2	Müller	Hans	0221-2415932	Am Weiher 3	12345	Musterhausen	2
	3	Schulze	Johanna	0410-1241335	Alte Poststr. 5	12345	Musterhausen	1
	4	Schulte	Markus	04514-123414	Goethestr. 7	12354	Musterburg	2

BERATER_BEI	BERNAME	VORNAME	STUNDENSATZ	KUNDE_ID	KDNAME	KDVORNAM	TELEFON	ADRESSE	PLZ	ORT	KUNDE
1	Meier	Helena	50,00 €	1	Schmidt	Emil	0231-1020449	Kaiserstrasse 5	12345	Musterhausen	1
2	Fuchs	Ingo	45,00 €	1	Schmidt	Emil	0231-1020449	Kaiserstrasse 5	12345	Musterhausen	1
3	Müller	John	60,00 €	1	Schmidt	Emil	0231-1020449	Kaiserstrasse 5	12345	Musterhausen	1
4	Schulz	Elisabeth	30,00 €	1	Schmidt	Emil	0231-1020449	Kaiserstrasse 5	12345	Musterhausen	1
1	Meier	Helena	50,00 €	2	Müller	Hans	0221-2415932	Am Weiher 3	12345	Musterhausen	2
2	Fuchs	Ingo	45,00 €	2	Müller	Hans	0221-2415932	Am Weiher 3	12345	Musterhausen	2
3	Müller	John	60,00 €	2	Müller	Hans	0221-2415932	Am Weiher 3	12345	Musterhausen	2
4	Schulz	Elisabeth	30,00 €	2	Müller	Hans	0221-2415932	Am Weiher 3	12345	Musterhausen	2
1	Meier	Helena	50,00 €	3	Schulze	Johanna	0410-1241335	Alte Poststr. 5	12345	Musterhausen	1
2	Fuchs	Ingo	45,00 €	3	Schulze	Johanna	0410-1241335	Alte Poststr. 5	12345	Musterhausen	1
3	Müller	John	60,00 €	3	Schulze	Johanna	0410-1241335	Alte Poststr. 5	12345	Musterhausen	1
4	Schulz	Elisabeth	30,00 €	3	Schulze	Johanna	0410-1241335	Alte Poststr. 5	12345	Musterhausen	1
1	Meier	Helena	50,00 €	4	Schulte	Markus	04514-123414	Goethestr. 7	12354	Musterburg	2
2	Fuchs	Ingo	45,00 €	4	Schulte	Markus	04514-123414	Goethestr. 7	12354	Musterburg	2
3	Müller	John	60,00 €	4	Schulte	Markus	04514-123414	Goethestr. 7	12354	Musterburg	2
4	Schulz	Elisabeth	30,00 €	4	Schulte	Markus	04514-123414	Goethestr. 7	12354	Musterburg	2

Abb. 3.10: Die relationale Operation PRODUCT

Beim kartesischen Produkt werden einfach alle Zeilen der ersten Tabelle mit allen Zeilen der zweiten Tabelle kombiniert, wie das in Abbildung 3.10 zu sehen ist. Die Ergebnistabelle hat so viele Spalten wie beide Tabellen zusammen, die Anzahl der Zeilen ergibt sich als Produkt der Einzelzeilenzahlen. In den allermeisten Fällen liefert die Operation PRODUCT keine sinnvolle Ergebnistabelle zurück. In der Ergebnistabelle in Abbildung 3.10 gibt es zum Beispiel eine Zeilenkombination der Zeilen für den Kunden Hans Müller und Beraterin Helena Meier. Diese Zeilenkombination macht keinen Sinn, da der Kunde Hans Müller überhaupt keinen Kontakt mit der Beraterin Helena Meier hat. Meist stellt die Operation PRODUCT einen Zwischenschritt einer anderen Operation (z.B. JOIN) dar.

3.4.6 PROJECT

Die relationale Operation PROJECT bildet eine vertikale Teilmenge der Ausgangstabelle. Hierbei werden eine oder mehrere Spalten der Ausgangstabelle als Ergebnis zurückgeliefert.

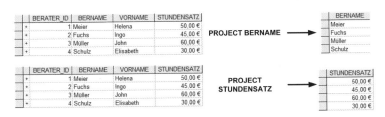

Abb. 3.11: Die Operation PROJECT

Wie Sie in der Abbildung 3.11 sehen können, so liefert PROJECT BERNAME die Spalte mit den Beraternamen zurück, während PROJECT STUNDENSATZ die Spalte mit den Stundensätzen zurückliefert. Die Operation PROJECT kann auch mehr als eine Spalte zurückliefern.

3.4.7 SELECT

Der relationale Operator SELECT bildet eine horizontale Teilmenge der Tabelle, das heißt, es werden Datensätze nach bestimmten Kriterien ausgewählt.

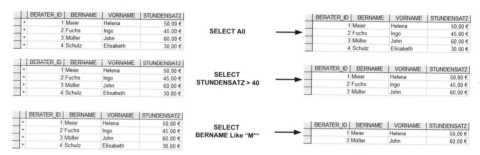

Abb. 3.12: Der Operator SELECT

In Abbildung 3.12 sind verschiedene Auswahlkriterien dargestellt. Während SELECT All die ganze Tabelle zurückliefert, werden im zweiten Beispiel nur Datensätze zurückgeliefert, die einen Stundensatzwert über 40,00 € besitzen, und im dritten Beispiel werden nur die Datensätze zurückgeliefert, bei denen der Beratername mit »M« beginnt.

Wichtig

Bitte beachten Sie den Unterschied zwischen dem relationalen Operator SELECT und dem SQL-Befehl SELECT. Während der relationale Operator SELECT lediglich dazu in der Lage ist, eine Teilmenge der Datensätze zurückzuliefern, also eine horizontale Filterung durchzuführen, vereinigt der SQL-Befehl SELECT die relationalen Operatoren SELECT und PROJECT, das heißt, über den SQL-Befehl SELECT können Sie sowohl eine horizontale wie auch eine vertikale Filterung durchführen.

3.4.8 UNION

Der relationale Operator UNION fügt die Zeilen der zweiten Tabelle an das Ende der ersten Tabelle an. Die Ergebnistabelle enthält also alle Datensätze aus beiden Tabellen. Wichtige Voraussetzung für den relationalen Operator UNION ist, dass die beiden Tabellen Union-kompatibel sind.

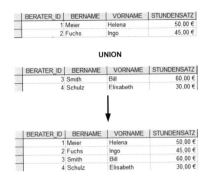

BERATER_ID	BERNAME	VORNAME	STUNDENSATZ
1	Meier	Helena	50,00 €
2	Fuchs	Ingo	45,00 €

UNION

BERATER_ID	BERNAME	VORNAME	STUNDENSATZ
3	Smith	Bill	60,00 €
4	Schulz	Elisabeth	30,00 €

BERATER_ID	BERNAME	VORNAME	STUNDENSATZ
1	Meier	Helena	50,00 €
2	Fuchs	Ingo	45,00 €
3	Smith	Bill	60,00 €
4	Schulz	Elisabeth	30,00 €

Abb. 3.13: Verknüpfen beider Tabellen über UNION

3.5 Beziehungen innerhalb der Datenbank

Innerhalb einer Datenbank werden Informationen in Tabellen gespeichert. Bei komplexeren Problemen reicht dazu eine einzelne Tabelle nicht aus; die Daten müssen über mehrere Tabellen verteilt werden, die zueinander in Beziehung stehen. Tabellen können, je nach den enthaltenen Informationen, in verschiedenen Beziehungen zueinander stehen. Wenn Tabellen miteinander in Beziehung stehen, bedeutet das, dass ein Datensatz der einen Tabelle mit einem oder mehreren Datensätzen von anderen Tabellen verkettet ist. Es gibt 1:1-, 1:N- oder M:N-Beziehungen. Beziehungen zwischen Tabellen können im ER-Diagramm dargestellt werden.

3.5.1 1:1-Beziehung

Bei der 1:1-Beziehung steht genau ein Datensatz der einen Tabelle mit genau einem Datensatz der anderen Tabelle in Beziehung. Oft deutet eine 1:1-Beziehung darauf hin, dass das Datenbankdesign nicht sorgfältig genug ausgearbeitet worden ist. Immer, wenn man in einem Datenbankentwurf eine 1:1-Beziehung erhält, sollte man überlegen, ob es wirklich notwendig ist, eine solche Beziehung in die Datenbank zu übernehmen, oder ob es nicht besser ist, die Tabellen zusammenzuführen.

Es gibt zu dieser Regel allerdings Ausnahmen, die eine 1:1-Beziehung notwendig machen. In unserem Fallbeispiel gibt es die Tabelle BERATER und BILD. Zu jedem Berater soll auch ein Bild abgespeichert werden, so dass das Beratungsunternehmen eine Who-Is-Who-Broschüre für potenzielle Kunden herausgeben kann. Aus technischen Gründen haben wir uns dazu entschlossen, die Bilder in einer gesonderten Tabelle zu speichern. Dies bietet den Vorteil, dass man unter Umständen diese Bilder aus der eigentlichen Datenbank auslagern und in eine eigene Datenbank verschieben kann, was die Performance verbessert.[1] Da jeder Berater ein indi-

---

[1]   Wären die Bilder in der Beratertabelle, so würden diese beim Zugriff auf die Tabelle immer mitgeladen. Dies ist natürlich in den meisten Fällen, in denen man auf die Beraterdaten zugreift, unnötig, da die Bilder nur selten benötigt werden.

viduelles Aussehen und demzufolge ein individuelles Bild hat, besteht zwischen der Tabelle BERATER und der Tabelle BILD eine 1:1-Beziehung.

Abb. 3.14:   1:1-Beziehung zwischen BERATER und BILD

Eine andere denkbare Möglichkeit für die sinnvolle Nutzung einer 1:1-Beziehung stellt ein Szenario dar, bei dem man viele ähnliche Informationen hat, sich bestimmte Datensätze aber in bestimmten Bereichen unterscheiden. Ein Beispiel aus unserer Praxisdatenbank sieht folgendermaßen aus. Wir verwalten verschiedene Arten von Personen in der Datenbank, so gibt es dort z.B. Kunden, Experten und Berater. All diese Personen haben verschiedene gemeinsame Attribute, wie z.B. einen Namen oder eine Telefonnummer. Um alle Personen sind ja an sich Entitäten desselben Entitäts-Typs (mit kleinen Unterschieden). Die Gemeinsamkeiten werden in einer Tabelle PERSON verwaltet, wohingegen die Unterschiede in verschiedenen Tabellen (z.B. BERATER) verwaltet werden. Um diese zusätzlichen Informationen den einzelnen Personen adäquat zuordnen zu können, muss man zwischen der »Haupttabelle« PERSON und den jeweiligen »Spezialisierungstabellen« eine 1:1-Beziehung herstellen.

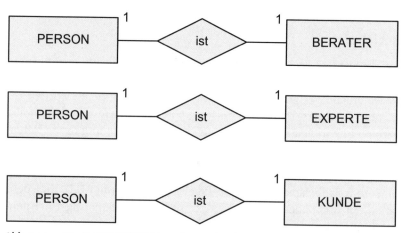

Abb. 3.15:   Die Entität PERSON ist mit verschiedenen Spezialisierungen verknüpft.

Man könnte natürlich auch alle Attribute, die für die verschiedenen Entitäten gelten, in einer einzelnen Entität zusammenfassen. Der Nachteil hierbei liegt allerdings darin, dass in diesem Fall in jedem Datensatz der Tabelle relativ viele Felder vorkommen, deren Wert NULL ist. In unserem Beispiel würden beim Einfügen eines Berater-Datensatzes alle Felder leer bleiben, die mit einem Experten oder Kunden verknüpft sind.

3.5.2 1:N-Beziehung

Die 1:N-Beziehung ist der in relationalen Datenbanken am häufigsten verwendete Beziehungstyp. Wie Sie oben bereits gesehen haben, kommen 1:1-Beziehungen recht selten in relationalen Datenbanken vor. Weiter unten werden Sie erfahren, dass M:N-Beziehungen in 1:N-Beziehungen umgewandelt werden. Bei einer 1:N-Beziehung steht ein Datensatz der einen Tabelle mit beliebig vielen Datensätzen der anderen Tabellen in Beziehung. Ein Beispiel für eine 1:N-Beziehung stellt die Beziehung zwischen der Tabelle BERATER und der Tabelle KUNDEN dar. Ein Berater kann mehrere Kunden betreuen, aber ein Kunde wird immer nur von einem Berater betreut.

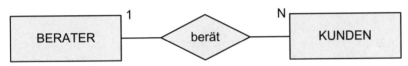

Abb. 3.16: 1:N-Beziehung zwischen BERATER und KUNDEN

Sehen Sie sich noch einmal am Beispiel der beiden Tabellen an, wie sich das im Einzelnen auswirkt.

BERATER_ID	BERNAME	VORNAME	STUNDENSATZ
1	Meier	Helena	50,00 €
2	Fuchs	Ingo	45,00 €
3	Müller	John	60,00 €
4	Schulz	Elisabeth	30,00 €

KUNDE_ID	KDNAME	KDVORNAME	TELEFON	ADRESSE	PLZ	ORT	BERATER_ID
1	Schmidt	Emil	0231-1020449	Kaiserstrasse 5	12345	Musterhausen	1
2	Müller	Hans	0221-2415932	Am Weiher 3	12345	Musterhausen	2
3	Schulze	Johanna	0410-1241335	Alte Poststr. 5	12345	Musterhausen	1
4	Schulte	Markus	04514-123414	Goethestr. 7	12354	Musterburg	2

Abb. 3.17: 1:N-Beziehung zwischen den beiden Tabellen

In der Beratertabelle gibt es die Spalte BERATER_ID, die hier als Primärschlüsselfeld dient. Die Werte im Fremdschlüsselfeld BERATER_ID in der Kundentabelle beziehen sich auf diese Werte. In Abbildung 3.17 kann man erkennen, dass sowohl der Kunde Emil Schmidt als auch die Kundin Johanna Schulze vom Berater mit der BERATER_ID 1 beraten werden. Wenn Sie nun mit dieser Information in der Beratertabelle nachsehen, so erkennen Sie, dass der Berater mit BERATER_ID 1 den

Namen Helena Meier trägt. Helena Meier betreut also die Kunden Emil Schmidt
und Johanna Schulze.

3.5.3 M:N-Beziehung

Natürlich ist es in einer komplexen Beraterfirma naiv anzunehmen, dass sich nur
ein Berater um einen einzelnen Kunden kümmert. Realistischer ist die Annahme,
dass sich mehrere Berater um einen einzigen Kunden kümmern, andererseits ist
jeder einzelne Berater für mehrere Kunden zuständig. Es besteht also zwischen der
Tabelle KUNDEN und der Tabelle BERATER eine M:N-Beziehung.

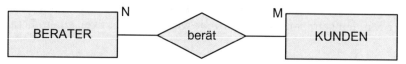

Abb. 3.18: M:N-Beziehung zwischen BERATER und KUNDEN

M:N-Beziehungen lassen sich nicht direkt in einer relationalen Datenbank abbilden. Daher werden M:N-Beziehungen in zwei 1:N-Beziehungen zerlegt, die über
eine Zwischentabelle miteinander verknüpft werden.

Abb. 3.19: M:N-Beziehung in zwei 1:N-Beziehungen aufgelöst

Da diese Darstellung recht ausladend ist, kann man die M:N-Beziehung zwischen
BERATER und KUNDEN auch wie in Abbildung 3.20 im ER-Diagramm darstellen.

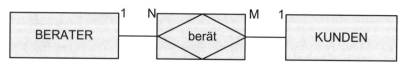

Abb. 3.20: Verkürzte Darstellung M:N-Beziehung

Lassen Sie uns diesen Sachverhalt noch einmal am Beispiel unserer Tabellen
betrachten. Um die M:N-Beziehung aufzulösen, die zwischen den Tabellen BERA-
TER und KUNDE besteht, führen wir die neue Tabelle KUNDE_BERATER ein.

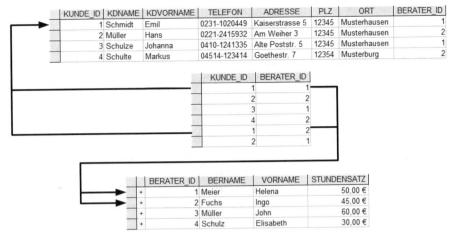

Abb. 3.21: M:N-Beziehung zwischen KUNDE und BERATER

Wie Sie anhand der Pfeile in Abbildung 3.21 erkennen können, sind dem Kunden Emil Schmidt die beiden Berater Helena Meier und Ingo Fuchs zugeordnet. Andererseits ist die Beraterin Helena Meier den Kunden Emil Schmidt, Hans Müller und Johanna Schulze zugeordnet. Für jede Beziehung zwischen der Tabelle KUNDE und der Tabelle BERATER existiert ein Datensatz in der Tabelle KUNDE_BERATER.

3.5.4 Optionale und nicht-optionale Beziehungen

Nicht alle Datensätze einer Tabelle müssen zu einer anderen Tabelle in Beziehung stehen. Man spricht in diesem Zusammenhang von optionalen und nicht-optionalen Beziehungen. Unter einer *optionalen Beziehung* versteht man eine Beziehung, die ein Datensatz zu einem Datensatz der anderen Tabelle haben kann, aber nicht haben muss. Bei einer *nicht-optionalen Beziehung* muss jeder Datensatz mit einem Datensatz der anderen Tabelle in Beziehung stehen. Alle beschriebenen Beziehungen können entweder optional oder nicht-optional sein.

3.5.5 Primär-/Fremdschlüssel und Datenredundanzen

Wie Sie bereits erfahren haben, führen Datenredundanzen in einer Datenhaltung (und dabei ist es an dieser Stelle egal, ob die Datenredundanzen in einem Datenbanksystem oder im Dateisystem auftreten) zu Anomalien, die die Qualität der Daten negativ beeinflussen und die Nützlichkeit des Datenbanksystems in Frage stellen können. Über die hier vorgestellten Konzepte der relationalen Datenbanken lassen sich Datenredundanzen reduzieren, was nicht bedeutet, dass eine relationale Datenbank redundanzfrei ist. Die Verwendung von Fremdschlüsseln hilft dabei, die Redundanzen in den Nutzdaten zu kontrollieren. Fremdschlüssel selbst stellen allerdings auch eine redundanzbehaftete Struktur dar. Sehen Sie sich noch einmal die Abbildung 3.21 an. In der Tabelle KUNDE_BERATER gibt es Fremdschlüs-

sel auf die Tabellen KUNDE und BERATER. Wenn Sie die Werte für diese Fremdschlüsselfelder genau betrachten, so sehen Sie, dass verschiedene Werte (z.B. die
Kunden-ID 1) des Öfteren vorkommen. Diese Form der Redundanz ist erwünscht,
da sie aus der Anwendung selbst heraus kommt – der Kunde Emil Schmidt wird
schließlich auch von zwei Beratern beraten. Fremdschlüssel eliminieren also keine
Redundanzen, sondern minimieren sie nur.

Sie sollten unerwünschte Datenredundanzen daher nicht unbedingt als das mehr-
fache Vorkommen bestimmter Feldwerte verstehen, sondern eher über die durch
die Redundanzen verursachten Anomalien nachdenken. Ob ein Wert redundant ist
oder nicht, kann man aufgrund folgender Fragestellung klären: Wenn man einen
bestimmten Wert löscht, kann man die Information, die durch diesen Wert repräsentiert wurde, noch aus der restlichen Datenbank wieder ermitteln? Ist dies der
Fall, so war der Wert redundant.

Lassen Sie mich dies einmal an einem Beispiel verdeutlichen. Stellen Sie sich vor,
dass in der Tabelle BERATER nicht nur der Nettostundensatz, sondern auch der
Bruttostundensatz verwaltet wird. Der Bruttostundensatz ergibt sich durch einen
Aufschlag von 40% auf den Nettostundensatz. Wenn Sie nun den Bruttostundensatz aus der Tabelle löschen, so geht keine Information verloren. Sie können den
Bruttostundensatz jederzeit aus dem Nettostundensatz berechnen, indem Sie den
dort gespeicherten Wert mit 1,4 multiplizieren. Das Feld Bruttostundensatz ist also
redundant, obwohl es auf den ersten Blick nicht so aussieht.

In manchen Fällen ist Datenredundanz aber auch erwünscht. Ein Beispiel hierfür
ist das Konzept des Datawarehousing, bei dem multidimensionale Datenbanken
verwaltet werden. Beim Datawarehousing fallen in der Regel sehr große Datenmengen an, die nach verschiedenen Kriterien aufbereitet werden sollen. Durch die
schiere Datenmenge ist diese Aufbereitung nicht in Echtzeit möglich. Daher werden beim Datawarehousing die benötigten Aufbereitungen vorbereitet und im
Bedarfsfall einfach nur noch abgerufen. Beim Datawarehousing wird Geschwindigkeit also durch Speicherplatz gewonnen. Eine andere gewünschte Art der Datenredundanz ist der Aufbau einer Datensatz-Historie, bei der natürlich auch viele
redundante Datensätze anfallen.

3.6 Metadaten

Ein relationales DBMS verwaltet nicht nur die Nutzdaten, sondern auch die so
genannten Metadaten. Die Metadaten beschreiben die in der Datenbank gespeicherten Nutzdaten näher. Hier wird festgelegt, wie viele Tabellen es gibt, welche
Felder diese besitzen, welchen Datentyp diese haben usw.

Im Zusammenhang mit Metadaten spielen die beiden Begriffe Data Dictionary
und System-Katalog eine wichtige Rolle. Das *Data Dictionary* stellt ein wichtiges

Werkzeug für den Datenbankdesigner dar und dient auch der Dokumentation der Datenbank. Das Data Dictionary beschreibt alle in der Datenbank vorhandenen Tabellen mit ihren Attributen, Datentypen und Beziehungen. Der Sinn des Data Dictionarys liegt darin, eine gemeinsame Basis für das gesamte Datenbankteam zu schaffen. Bei komplexen Datenbankprojekten kann jeder am Projekt Beteiligte im Data Dictionary nachsehen, welche Tabelle welche Felder besitzt und welche Datentypen die einzelnen Felder besitzen. Das Data Dictionary wird üblicherweise während des Datenbankdesigns erstellt und dann an das Projektteam verteilt.

Während der Designphase der Datenbank ist es wichtig, die Datentypen für die einzelnen Tabellenfelder anhand der geplanten Verwendung genau festzulegen. Eine Postleitzahl oder eine Telefonnummer z.B. ist auf den ersten Blick eine Zahl. Daher könnte man eine Postleitzahl oder Telefonnummer als Zahl in der Datenbank abspeichern. Bei genauerer Betrachtung wird aber offenkundig, dass weder mit einer Postleitzahl noch mit einer Telefonnummer irgendwelche Berechnungen durchgeführt werden müssen. Daher ist es völlig legitim (und wird in der Praxis auch oft so gemacht), Telefonnummern und Postleitzahlen als Textfelder zu speichern.

Tabelle	Feld	Inhalt	Datentyp	Wertebereich	Pflichtfeld	PK / FK	Referenzierte Tabelle
KUNDE	KUNDE_ID	Primärschlüssel der Tabelle	NUMMER	0 - 99999	Ja	PK	
	KDNAME	Nachname des Kunden	VARCHAR(50)		Ja		
	KDVORNAME	Vorname des Kunden	VARCHAR(50)		Nein		
	TELEFON	Telefonnummer des Kunden	VARCHAR(30)		Nein		
	ADRESSE	Adresse des Kunden	VARCHAR(50)		Nein		
	PLZ	Postleitzahl des Kunden	CHAR(5)	00000 - 99999	Nein		
	ORT	Ort des Kunden	VARCHAR(50)		Nein		
KUNDE_BERATER	KUNDE_ID	Fremdschlüssel auf KUNDE	NUMMER	0 - 99999	Ja	PK / FK	KUNDE
	BERATER_ID	Fremdschlüssel auf BERATER	NUMMER	0 - 99999	Ja	PK / FK	BERATER
BERATER	BERATER_ID	Primärschlüssel der Tabelle	NUMMER	0 - 99999	Ja	PK	
	BERNAME	Nachname des Beraters	VARCHAR(50)		Ja		
	VORNAME	Vorname des Beraters	VARCHAR(50)		Nein		
	STUNDENSATZ	Stundensatz des Beraters	NUMMER (4,2)	40.00 € - 150,00 €	Nein		

Abb. 3.22: Ein Beispiel-Data-Dictionary

Sie müssen das Data Dictionary nicht unbedingt per Hand selbst erstellen. Wenn Sie die Datenbank auf einem Datenbanksystem implementiert haben, so sind alle Informationen, die Sie zum Erstellen eines Data Dictionarys benötigen, bereits in der Datenbank enthalten. Diese Informationen werden im so genannten System-Katalog gespeichert.

Der *System-Katalog* stellt ein sehr genaues Data Dictionary innerhalb des Datenbanksystems dar, das vom Datenbanksystem zur Verwaltung der Datenbank benötigt wird. Meist sind im System-Katalog weit mehr Informationen enthalten, als für das Data Dictionary verwendet werden, wie z.B. wer die Tabelle angelegt hat und wann dies passiert ist. Der System-Katalog wird vom DBMS erzeugt und kann genau wie jede andere Datenbank auch abgefragt werden. Daher können Sie das Data Dictionary aus dem System-Katalog heraus erzeugen.

Wichtig

Um noch einmal den Unterschied zwischen Data Dictionary und System-Katalog klarzustellen: Das Data Dictionary ist ein Designdokument, das dem Datenbankentwicklungsteam als Nachschlagewerk dient, um zu ermitteln, welche Tabelle welche Felder besitzt und welche Datentypen und Wertebereiche diese besitzen. Der System-Katalog ist der Bereich in der Datenbank, in dem die Metainformationen verwaltet werden.

Im System-Katalog (und demzufolge auch im Data Dictionary) manifestieren sich die Design-Entscheidungen des Datenbankdesigners. In der Praxis werden die Begriffe System-Katalog und Data Dictionary austauschbar verwendet.

Nachdem der System-Katalog bzw. das Data Dictionary erzeugt worden sind, können diese dazu benutzt werden, homonyme und synonyme Feldbezeichnungen zu entdecken und umzubenennen. Attributsnamen werden als *homonym* bezeichnet, wenn derselbe Attributsname für voneinander verschiedene Attribute verwendet wird. Ein Beispiel ist der Attributsname NAME, der in ein und derselben Datenbank sowohl für ein Feld, das einen Kundennamen, als auch für ein Feld, das einen Produktnamen bezeichnet, verwendet wird. Attributsnamen werden als *synonym* bezeichnet, wenn für dasselbe Attribut verschiedene Namen verwendet werden. So könnte es z.B. sein, dass in einer Datenbank der Name einer Person in einer Tabelle als NAME und in einer anderen Tabelle als NACHNAME bezeichnet wird. Gutes Datenbankdesign zeichnet sich dadurch aus, dass es weder homonyme noch synonyme Tabellenbezeichnungen gibt.

Hinweis

Wie bei jeder Regel gibt es auch hier eine Ausnahme. Fremdschlüssel werden in der Regel genau so bezeichnet wie die Primärschlüssel, auf die sie sich beziehen (siehe auch Abbildung 3.21). Nach der obigen Definition sind somit Primärschlüssel und Fremdschlüssel homonym, da sie denselben Namen besitzen, aber eigentlich eine andere Bedeutung haben. Im Fall der Primär-/Fremdschlüssel ist das aber sinnvoll und gutes Datenbankdesign.

3.7 Indizes

Ein weiteres wichtiges Element einer relationalen Datenbank stellt der *Index* dar. Einen Index in einer relationalen Datenbank können Sie sich genau so vorstellen wie einen Index in einem Buch. Im Index stehen Schlagworte, die nach einem bestimmten Ordnungskriterium sortiert sind. Diese Schlagworte sind Orten zugeordnet, an denen man mehr Informationen zum jeweiligen Schlagwort finden kann. Im Fall eines (Fach-)Buchs sind die Schlagworte wichtige Begriffe, die im Buch erläutert werden. Diese sind alphabetisch geordnet und den Seitenzahlen zugeordnet, auf denen man zum jeweiligen Schlagwort weitere Informationen findet. Da die Schlagworte im Index alphabetisch geordnet sind, können Sie sehr schnell ein bestimmtes Schlagwort finden und die Informationen dazu im Buch nachschlagen. Stellen Sie sich einmal vor, was Sie ohne Index machen müssten, wenn Sie Informationen zu einem bestimmten Thema suchen – Sie müssten das ganze Buch von vorne bis hinten durchsuchen, um die Stelle zu finden, an der sich die gewünschten Informationen befinden. Im ungünstigsten Fall, wenn die benötigte Information auf der letzten Seite steht, müssen Sie das ganze Buch durchblättern, um die Stelle zu finden.

Im übertragenen Sinne funktionieren Indizes in Datenbanken ganz genau so. Hier werden zu den indexierten Feldern keine Seitennummern gespeichert, sondern Zeiger auf Datensätze. Das Datenbanksystem kann den Index sehr schnell durchsuchen und findet so schnell das Auftreten bestimmter Datensätze.

KUNDE_ID	KDNAME	KDVORNAME	TELEFON	ADRESSE	PLZ	ORT	BERATER_ID	Row-IDs
1	Schmidt	Emil	0231-1020449	Kaiserstrasse 5	12345	Musterhausen	1	RID 1
2	Müller	Hans	0221-2415932	Am Weiher 3	12345	Musterhausen	2	RID 2
3	Schulze	Johanna	0410-1241335	Alte Poststr. 5	12345	Musterhausen	1	RID 3
4	Schulte	Markus	04514-123414	Goethestr. 7	12354	Musterburg	2	RID 4

Index auf KDNAME

Müller	RID 2
Schmidt	RID 1
Schulte	RID 4
Schulze	RID 3

Abb. 3.23: Index auf das Feld KDNAME

In Abbildung 3.23 können Sie sehen, wie ein Index in einem RDBMS funktioniert. Im Beispiel habe ich einen Index auf das Feld KDNAME gesetzt, da es in unserer Datenbankanwendung recht oft vorkommt, dass nach den Nachnamen der Kunden gesucht wird.

Intern verwaltet das Datenbanksystem für jeden Datensatz eine eindeutige Row-ID. Bitte verwechseln Sie diese ID nicht mit dem Primärschlüssel des Datensatzes. Im Gegensatz zum Primärschlüssel ist die Row-ID eine Information, die das Datenbanksystem nur intern verwaltet. Im Gegensatz zum Primärschlüssel kann es durchaus passieren (z.B. durch Umorganisation der Daten in der Datenbank), dass sich die Row-ID ändert. Im Index befindet sich das Feld, das indexiert wurde (im Beispiel das Feld KDNAME), in einer bestimmten Anordnung, die leicht durchsucht werden kann. Diese Anordnung ist im Beispiel eine alphabetische Auflistung der Kundennamen. Jedem Kundennamen ist die Row-ID des entsprechenden Datensatzes in der Tabelle zugeordnet. Wird nun der Datensatz eines bestimmten Kunden unter Angabe der Kundennamens gesucht, so wird der Index befragt, der die Row-ID zurückliefert. Über diese ID kann dann auf den entsprechenden Datensatz zugegriffen werden. Die Zuhilfenahme des Indexes geschieht übrigens vollautomatisch, das heißt, Sie brauchen sich nicht explizit darum zu kümmern. Bemerkt das DBMS, dass für eine bestimmte Suchabfrage ein Index vorhanden ist, so wird dieser Index auch verwendet und die Abfrage wird wesentlich beschleunigt, das heißt, Sie können ein langsames Datenbanksystem unter Umständen durch Einführen des richtigen Indexes wesentlich beschleunigen, ohne etwas an den Datenbankabfragen zu ändern. Man kann auch mehrere Felder einer Tabelle indexieren. In dem Fall wird das erste Feld als Hauptordnungskriterium verwendet, dann das zweite Feld usw.

Hinweis

Natürlich fragen Sie sich nun, warum man nicht einfach auf jedes Feld (bzw. jede Feldkombination) einfach einen Index legt, wenn dieser die Abfragegeschwindigkeit der Datenbank erhöht. Natürlich ist es richtig, dass ein Index die Abfragegeschwindigkeit der Datenbank erhöht, aber auf der anderen Seite werden bestimmte Operationen, wie z.B. Einfüge-, Lösch- oder Änderungsoperationen durch einen Index verlangsamt, da die Daten nicht in der eigentlichen Tabelle verändert werden müssen. Es muss bei jeder Operation, die die Daten verändert, auch immer der Index aktualisiert werden. Ein guter Datenbankdesigner muss also zwischen Abfragegeschwindigkeit und der Geschwindigkeit von Änderungsoperationen abwägen und versuchen, ein optimales Gleichgewicht zu finden.

3.8 Zusammenfassung

- **1:1-Beziehung**

  Bei der 1:1-Beziehung steht genau ein Datensatz der einen Tabelle mit genau einem Datensatz der anderen Tabelle in Beziehung. Oft deutet eine 1:1-Beziehung darauf hin, dass das Datenbankdesign nicht sorgfältig genug ausgearbeitet worden ist.

- **1:N-Beziehung**

  Die 1:N-Beziehung ist der in relationalen Datenbanken am häufigsten verwendete Beziehungstyp. Bei einer 1:N-Beziehung steht ein Datensatz der einen Tabelle mit beliebig vielen Datensätzen der anderen Tabellen in Beziehung.

- **Attribut**

  Die Charakteristiken oder Eigenschaften, die die Entitäten besitzen, werden als Attribute bezeichnet. Attribute werden zu Feldern in den Tabellen.

- **Data Dictionary**

  Das Data Dictionary stellt ein wichtiges Werkzeug für den Datenbankdesigner dar und dient auch der Dokumentation der Datenbank. Das Data Dictionary beschreibt alle in der Datenbank vorhandenen Tabellen mit ihren Attributen, Datentypen und Beziehungen.

- **Datensatz**

  Unter einem Datensatz versteht man eine Sammlung von verknüpften Feldern, die Daten über ein Ding des täglichen Lebens, wie z.B. eine Person oder einen Gegenstand, enthalten.

- **Datentyp**

  Ein Datentyp stellt den Wertebereich dar, den die Werte eines Attributs annehmen können. Neben dem minimalen und maximalen Wert legt er auch fest, ob bei Zahlen Nachkommastellen erlaubt sind und wie genau eine Zahl mit Nachkommastellen gespeichert wird.

- **DIFFERENCE**

  Der relationale Operator DIFFERENCE vergleicht die beiden Eingangstabellen und liefert all die Datensätze zurück, die in der ersten, aber nicht in der zweiten Tabelle vorkommen.

- **DIVIDE**

  Für den relationalen Operator DIVIDE benötigen Sie zwei Tabellen. Die eine Tabelle muss zwei Felder besitzen und die zweite ein Feld, das mit einem der beiden Felder der ersten Tabelle übereinstimmt. Die Operation DIVIDE zieht nun die zweite von der ersten Tabelle ab und liefert die Ergebnisse des anderen Feldes zurück.

- **Domäne**

  Die Domäne stellt einfach die Menge aller Werte des Attributs dar, die in der Tabelle angenommen werden.

- **Entitäts-Instanzen**

  Entitäten werden auch als Entitäts-Instanzen bezeichnet. Ein bestimmter Kunde ist eine Entitäts-Instanz des Entitäts-Typs Kunde.

- **Entitäts-Integrität**

  Unter Entitäts-Integrität versteht man, dass Entitäten eindeutig über den Primärschlüssel identifizierbar sind, das heißt, kein Teil des Primärschlüssels darf NULL sein.

- **Entitäts-Typen**

  Gleichartige Entitäten werden als so genannte Entitäts-Typen (engl. Entity Sets) bezeichnet.

■ **Feld**

Ein Feld stellt eine Eigenschaft einer Entität dar, die in der Datenbank verwaltet wird.

■ **Funktionale Abhängigkeit**

Attribut A ist vom Primärschlüssel P funktional abhängig, wenn jeder Wert von P genau einen Wert von A bestimmt, das heißt, in allen Zeilen, in denen P einen bestimmten Wert besitzt, müssen alle Werte des Attributs A gleich sein.

■ **Index**

Ein Index ist im Prinzip eine abgespeicherte Suchreihenfolge, die nach bestimmten Kriterien geordnet ist, so dass eine Suche nach diesen Kriterien viel schneller durchgeführt werden kann.

■ **Inner-Join**

Ein Join zwischen zwei Tabellen, bei dem die Werte im Fremdschlüsselfeld mit den Werten im Primärschlüsselfeld übereinstimmen müssen, wird auch als Inner-Join bezeichnet.

■ **INTERSECT**

Der relationale Operator INTERSECT übernimmt nur die Datensätze in die Ergebnistabelle, die in beiden Tabellen enthalten sind.

■ **JOIN**

Die relationale Operation JOIN stellt die wichtigste relationale Operation überhaupt dar, da dieser Operator dazu in der Lage ist, die Beziehungen zwischen den einzelnen Tabellen aufzulösen und somit ein sinnvolles, für Menschen verständliches Ergebnis zurückzuliefern.

■ **Künstlicher Primärschlüssel**

Unter einem künstlichen Primärschlüssel versteht man ein Schlüsselattribut, dass nur aus dem Grund zur Tabelle hinzugefügt wurde, um als Primärschlüssel zu dienen.

■ **Left-Outer-Join**

Beim Left-Outer-Join werden alle Datensätze der linken Tabelle des Joins berücksichtigt, auch die, die keine Entsprechung in der rechten Tabelle finden.

■ **M:N-Beziehung**

Zwischen zwei Tabellen besteht eine M:N-Beziehung, wenn beliebig viele Datensätze der einen Tabelle mit beliebig vielen Datensätzen der anderen Tabelle in Beziehung stehen können.

■ **Metadaten**

Die Metadaten beschreiben die in der Datenbank gespeicherten Nutzdaten näher. Hier wird festgelegt, wie viele Tabellen es gibt, welche Felder diese besitzen, welchen Datentyp diese haben usw.

- **Natural-Join**

  Ein Natural-Join ist ein Inner-Join, bei dem das Primärschlüsselfeld und das Fremdschlüsselfeld denselben Namen besitzen.

- **Natürlicher Primärschlüssel**

  Ein natürlicher Primärschlüssel ist ein Feld bzw. Attribut der Nutzdaten, das von sich aus schon als Primärschlüssel geeignet ist, also so etwas wie eine ISBN-Nummer oder eine Personalausweisnummer.

- **Nicht-optionale Beziehung**

  Bei einer nicht-optionalen Beziehung muss jeder Datensatz mit einem Datensatz der anderen Tabelle in Beziehung stehen.

- **NULL**

  Unter dem Wert NULL versteht man einen nicht vorhandenen Wert. Bitte beachten Sie, dass der Wert NULL nicht mit o gleichzusetzen ist.

- **Optionale Beziehung**

  Unter einer optionalen Beziehung versteht man eine Beziehung, die ein Datensatz zu einem Datensatz der anderen Tabelle haben kann, aber nicht haben muss.

- **Outer-Join**

  Möchte man Tabellen verknüpfen und zusätzlich Datensätze berücksichtigen, die keine Entsprechung in der bezogenen Tabelle besitzen, so kann man hierfür die so genannten Outer-Joins verwenden.

- **Potenzieller Schlüssel**

  Besitzt ein Superkey keine Redundanzen, also keine Attribute, die zur eindeutigen Identifikation der Datensätze notwendig sind, so spricht man von einem potenziellen Schlüssel.

- **PRODUCT**

  Das Ergebnis des relationalen Operators PRODUCT stellt das kartesische Produkt der beiden als Operanden übergebenen Tabellen dar.

- **PROJECT**

  Die relationale Operation PROJECT bildet eine vertikale Teilmenge der Ausgangstabelle. Hierbei werden eine oder mehrere Spalten der Ausgangstabelle als Ergebnis zurückgeliefert.

- **Referentielle Integrität**

  Eine Datenbank besitzt referentielle Integrität, wenn Fremdschlüsselfelder nur gültige Werte, also Werte, die in der bezogenen Tabelle als Primärschlüsselwerte vorkommen, oder Null-Werte enthalten.

■ **Relation**

Ein anderer Name für Tabelle ist Relation. Dieser Name geht auf E. F. Codd zurück, der in seiner sehr mathematischen Arbeit Tabellen als Relationen bezeichnet hat.

■ **Right-Outer-Join**

Beim Right-Outer-Join werden alle Datensätze der rechten Tabelle in die Ergebnisdatenmenge aufgenommen und nur die Datensätze der linken Tabelle übernommen, die Entsprechung in der rechten Tabelle finden.

■ **Schlüssel**

Ein Schlüssel besteht aus einem oder mehreren Feldern und stellt die Eindeutigkeit aller in einer Tabelle gespeicherten Datensätze sicher.

■ **Schlüsselattribut**

Besteht ein Schlüssel aus mehreren Attributen, handelt es sich also um einen zusammengesetzten Schlüssel, so wird jedes Attribut, das zum Schlüssel gehört, als Schlüsselattribut bezeichnet.

■ **Sekundärer Schlüssel**

Unter einem sekundären Schlüssel versteht man einen Schlüssel, der nur zum Wiederfinden von Datensätzen verwendet wird, das heißt, es gibt keinen technischen Grund für das Einführen eines sekundären Schlüssels.

■ **SELECT**

Der relationale Operator SELECT bildet eine horizontale Teilmenge der Tabelle, das heißt, es werden Datensätze nach bestimmten Kriterien ausgewählt.

■ **Superkey**

Ein Superkey ist ein Schlüssel, der eine Entität eindeutig identifiziert.

■ **System-Katalog**

Der System-Katalog stellt ein sehr genaues Data Dictionary innerhalb des Datenbanksystems dar, das vom Datenbanksystem zur Verwaltung der Datenbank benötigt wird. Meist sind im System-Katalog weit mehr Informationen enthalten, als für das Data Dictionary verwendet werden, wie z.B. wer die Tabelle angelegt hat und wann dies passiert ist.

■ **UNION**

Der relationale Operator UNION fügt die Zeilen der zweiten Tabelle an das Ende der ersten Tabelle an. Voraussetzung für den relationalen Operator UNION ist, dass die beiden Tabellen Union-kompatibel sind, das heißt, beide Tabellen müssen dieselben Felder besitzen.

■ **Vollständige funktionale Abhängigkeit**

Im Fall eines zusammengesetzten Primärschlüssels sind die Attribute A1, A2, A3, ... vollständig funktional von P1, P2, P3, ... abhängig, wenn die Attribute vom gesamten Primärschlüssel, also von allen Schlüsselattributen abhängig sind.

3.9 Aufgaben

Hier finden Sie Wiederholungsfragen, mit denen Sie die Gelegenheit haben, sich noch einmal Gedanken über den Stoff des Kapitels zu machen. Außerdem finden Sie im Abschnitt *Zum Weiterdenken* Probleme und Aufgaben, auf die Sie Ihr frisch gewonnenes Wissen anwenden können. Die Lösungen zu diesen Aufgaben finden Sie in Anhang A.3.

3.9.1 Wiederholung

1. Wie werden Entitäten in Tabellen umgewandelt? Wie verhalten sich die Attribute bei dieser Umwandlung?

2. Was ist der Unterschied zwischen Datentyp und Domäne?

3. Warum sollte man Datenbankobjekte vernünftig benennen? Was ist zu beachten?

4. Was ist der Unterschied zwischen einem Primärschlüssel und einem Fremdschlüssel?

5. Was bedeutet der Wert NULL?

6. Warum muss man bei der Verwendung von natürlichen Primärschlüsseln diese gut prüfen? Wie unterscheidet sich ein künstlicher Primärschlüssel und warum ist dieser oft besser geeignet?

7. Welche relationalen Operatoren kennen Sie? Was machen diese Operatoren?

8. Welche Gemeinsamkeit besitzen DIFFERENCE, INTERSECT und UNION? Warum besitzen sie diese Gemeinsamkeit?

9. Welche Arten von Beziehungen zwischen Tabellen kennen Sie? Geben Sie für jede Beziehung ein Beispiel an!

10. Wann werden Indizes eingesetzt? Wie funktionieren Indizes und was sollte man beim Einsatz von Indizes beachten?

3.9.2 Zum Weiterdenken

Die folgenden Aufgaben beziehen sich auf die in der nachfolgenden Abbildung dargestellten Tabellen der Nordwind-Datenbank, dem Datenbankbeispiel, dass Microsoft mit Access zusammen ausliefert.

Tabelle ARTIKEL

Artikel-Nr	Artikelname	Lieferant	Kategorie	Liefereinheit	Einzelpreis	Lagerbestand	Bestellte Einheiten	Mindestbestand	Auslaufartikel
1	Chai	Exotic Liquids	Getränke	10 Kartons x 20 Beutel	9,00 €	39	0	10	☐
2	Chang	Exotic Liquids	Getränke	24 x 12-oz-Flaschen	9,50 €	17	40	25	☐
3	Aniseed Syrup	Exotic Liquids	Gewürze	12 x 550-ml-Flaschen	5,00 €	13	70	25	☐
4	Chef Anton's Cajun Seasoning	New Orleans Cajun Delights	Gewürze	48 x 6-oz-Gläser	11,00 €	53	0	0	☐
5	Chef Anton's Gumbo Mix	New Orleans Cajun Delights	Gewürze	36 Kartons	10,68 €	0	0	0	☑
6	Grandma's Boysenberry Spread	Grandma Kelly's Homestead	Gewürze	12 x 8-oz-Gläser	12,50 €	120	0	25	☐
7	Uncle Bob's Organic Dried Pears	Grandma Kelly's Homestead	Naturprodukte	12 x 1-lb-Packungen	15,00 €	15	0	10	☐
8	Northwoods Cranberry Sauce	Grandma Kelly's Homestead	Gewürze	12 x 12-oz-Gläser	20,00 €	6	0	0	☐
9	Mishi Kobe Niku	Tokyo Traders	Fleischprodukte	18 x 500-g-Packungen	48,50 €	29	0	0	☑
10	Ikura	Tokyo Traders	Meeresfrüchte	12 x 200-ml-Gläser	15,50 €	31	0	0	☐
11	Queso Cabrales	Cooperativa de Quesos 'Las Cabras'	Milchprodukte	1-kg-Paket	10,50 €	22	30	30	☐
12	Queso Manchego La Pastora	Cooperativa de Quesos 'Las Cabras'	Milchprodukte	10 x 500-g-Packungen	19,00 €	86	0	0	☐
13	Konbu	Mayumi's	Meeresfrüchte	2-kg-Karton	3,00 €	24	0	5	☐
14	Tofu	Mayumi's	Naturprodukte	40 x 100-g-Packungen	11,63 €	35	0	0	☐
15	Genen Shouyu	Mayumi's	Gewürze	24 x 250-ml-Flaschen	7,75 €	39	0	5	☐
16	Pavlova	Pavlova, Ltd	Süßwaren	32 x 500-g-Kartons	8,73 €	29	0	10	☐
17	Alice Mutton	Pavlova, Ltd	Fleischprodukte	20 x 1-kg-Dosen	19,50 €	0	0	0	☑
18	Carnarvon Tigers	Pavlova, Ltd	Meeresfrüchte	16-kg-Paket	31,25 €	42	0	0	☐
19	Teatime Chocolate Biscuits	Specialty Biscuits, Ltd.	Süßwaren	10 Kartons x 12 Stück	4,60 €	25	0	5	☐
20	Sir Rodney's Marmalade	Specialty Biscuits, Ltd.	Süßwaren	30 Geschenkkartons	40,50 €	40	0	0	☐
21	Sir Rodney's Scones	Specialty Biscuits, Ltd.	Süßwaren	24 Packungen x 4 Stück	5,00 €	3	40	5	☐
22	Gustaf's Knäckebröd	PB Knäckebröd AB	Getreideprodukte	24 x 500-g-Packungen	10,50 €	104	0	25	☐
23	Tunnbröd	PB Knäckebröd AB	Getreideprodukte	12 x 250-g-Packungen	4,50 €	61	0	25	☐
24	Guaraná Fantástica	Refrescos Americanas LTDA	Getränke	12 x 355-ml-Dosen	[illegible]	20	0	[illegible]	☑

Tabelle BESTELLDETAILS

Bestell-Nr	Artikel	Einzelpreis	Anzahl	Rabatt
10248	Queso Cabrales	7,00 €	12	0%
10248	Singaporean Hokkien Fried Mee	4,90 €	10	0%
10248	Mozzarella di Giovanni	12,15 €	5	0%
10249	Tofu	9,30 €	9	0%
10249	Manjimup Dried Apples	21,20 €	40	0%
10250	Jack's New England Clam Chowder	3,85 €	10	0%
10250	Manjimup Dried Apples	21,20 €	35	15%
10250	Louisiana Fiery Hot Pepper Sauce	8,40 €	15	15%
10251	Gustaf's Knäckebröd	8,40 €	6	5%
10251	Ravioli Angelo	7,80 €	15	5%
10251	Louisiana Fiery Hot Pepper Sauce	8,40 €	20	0%
10252	Sir Rodney's Marmalade	32,40 €	40	5%
10252	Geitost	1,00 €	25	5%
10252	Camembert Pierrot	13,60 €	40	0%
10253	Gorgonzola Telino	5,00 €	20	0%
10253	Chartreuse verte	7,20 €	42	0%
10253	Maxilaku	8,00 €	40	0%
10254	Guaraná Fantástica	1,80 €	15	15%
10254	Pâté chinois	9,60 €	21	15%
10254	Longlife Tofu	4,00 €	21	0%
10255	Chai	[illegible]	[illegible]	[illegible]

Tabelle BESTELLUNG

Bestell-Nr	Kunde	Angestellte(r)	Bestelldatum	Lieferdatum	Versanddatum	Versand über	Frachtkosten	Empfänger	Straße	Ort	Region	
10643	Alfreds Futterkiste	Suyama, Michael	25.Aug.1997	22.Sep.1997	02.Sep.1997	Speedy Express	14,73 €	Alfred's Futterkiste	Obere Str. 57	Berlin		12[illegible]
10952	Alfreds Futterkiste	Davolio, Nancy	16.Mrz.1998	27.Apr.1998	24.Mrz.1998	Speedy Express	20,21 €	Alfred's Futterkiste	Obere Str. 57	Berlin		12[illegible]
10692	Alfreds Futterkiste	Peacock, Margaret	03.Okt.1997	31.Okt.1997	13.Okt.1997	United Package	30,51 €	Alfred's Futterkiste	Obere Str. 57	Berlin		12[illegible]
10835	Alfreds Futterkiste	Davolio, Nancy	15.Jan.1998	12.Feb.1998	21.Jan.1998	Federal Shipping	34,77 €	Alfred's Futterkiste	Obere Str. 57	Berlin		1[illegible]
10702	Alfreds Futterkiste	Peacock, Margaret	13.Okt.1997	24.Nov.1997	21.Okt.1997	Speedy Express	11,97 €	Alfred's Futterkiste	Obere Str. 57	Berlin		1[illegible]
11011	Alfreds Futterkiste	Leverling, Janet	09.Apr.1998	07.Mai.1998	13.Apr.1998	Speedy Express	0,61 €	Bottom-Dollar Markets	23 Tsawassen Blvd.	Berlin		1[illegible]
10926	Ana Trujillo Emparedados y helados	Peacock, Margaret	04.Mrz.1998	01.Apr.1998	11.Mrz.1998	Federal Shipping	19,96 €	Ana Trujillo Emparedados y helados	Avda. de la Constitución 2222	México D.F.		0[illegible]
10308	Ana Trujillo Emparedados y helados	King, Robert	18.Sep.1996	16.Okt.1996	24.Sep.1996	Federal Shipping	0,81 €	Ana Trujillo Emparedados y helados	Avda. de la Constitución 2222	México D.F.		050[illegible]
10625	Ana Trujillo Emparedados y helados	Leverling, Janet	08.Aug.1997	05.Sep.1997	14.Aug.1997	Speedy Express	21,95 €	Ana Trujillo Emparedados y helados	Avda. de la Constitución 2222	México D.F.		050[illegible]
10759	Ana Trujillo Emparedados y helados	Leverling, Janet	28.Nov.1997	26.Dez.1997	12.Dez.1997	Federal Shipping	6,00 €	Ana Trujillo Emparedados y helados	Avda. de la Constitución 2222	México D.F.		05[illegible]
10856	Antonio Moreno Taquería	Leverling, Janet	28.Jan.1998	25.Feb.1998	10.Feb.1998	United Package	29,22 €	Antonio Moreno Taquería	Mataderos 2312	México D.F.		05[illegible]
10573	Antonio Moreno Taquería	King, Robert	19.Jun.1997	17.Jul.1997	20.Jun.1997	Federal Shipping	42,42 €	Antonio Moreno Taquería	Mataderos 2312	México D.F.		0502[illegible]
10536	Antonio Moreno Taquería	Peacock, Margaret	13.Mai.1997	10.Jun.1997	21.Mai.1997	Speedy Express	7,82 €	Antonio Moreno Taquería	Mataderos 2312	México D.F.		0502[illegible]
10365	Antonio Moreno Taquería	Leverling, Janet	27.Nov.1996	25.Dez.1996	02.Dez.1996	United Package	11,00 €	Antonio Moreno Taquería	Mataderos 2312	México D.F.		050[illegible]
10677	Antonio Moreno Taquería	Davolio, Nancy	22.Sep.1997	20.Okt.1997	26.Sep.1997	Federal Shipping	2,02 €	Antonio Moreno Taquería	Mataderos 2312	México D.F.		050[illegible]
10507	Antonio Moreno Taquería	King, Robert	15.Apr.1997	13.Mai.1997	22.Apr.1997	Speedy Express	23,73 €	Antonio Moreno Taquería	Mataderos 2312	México D.F.		050[illegible]
10682	Antonio Moreno Taquería	Leverling, Janet	25.Sep.1997	23.Okt.1997	01.Okt.1997	United Package	18,07 €	Antonio Moreno Taquería	Mataderos 2312	México D.F.		05[illegible]
10768	Around the Horn	Leverling, Janet	08.Dez.1997	05.Jan.1998	15.Dez.1997	United Package	73,16 €	Around the Horn	Brook Farm	Colchester	Essex	C[illegible]
10793	Around the Horn	Leverling, Janet	24.Dez.1997	21.Jan.1998	08.Jan.1998	Federal Shipping	2,26 €	Around the Horn	Brook Farm	Colchester	Essex	CO[illegible]
10558	Around the Horn	Davolio, Nancy	04.Jun.1997	02.Jul.1997	10.Jun.1997	United Package	36,49 €	Around the Horn	Brook Farm	Colchester	Essex	CO[illegible]
10355	Around the Horn	Suyama, Michael	15.Nov.1996	13.Dez.1996	20.Nov.1996	Speedy Express	20,98 €	Around the Horn	Brook Farm	Colchester	Essex	C[illegible]
11016	Around the Horn	Dodsworth, Anne	10.Apr.1998	08.Mai.1998	13.Apr.1998	United Package	16,90 €	Around the Horn	Brook Farm	Colchester	Essex	CO[illegible]
10864	Around the Horn	Peacock, Margaret	02.Feb.1998	02.Mrz.1998	09.Feb.1998	United Package	1,52 €	Around the Horn	Brook Farm	Colchester	Essex	CO[illegible]
10743	Around the Horn	Davolio, Nancy	17.Nov.1997	15.Dez.1997	21.Nov.1997	United Package	11,86 €	Around the Horn	Brook Farm	Colchester	Essex	CO[illegible]
10953	Around the Horn	Dodsworth, Anne	16.Mrz.1998	30.Mrz.1998	25.Mrz.1998	United Package	11,86 €	Around the Horn	Brook Farm	Colchester	Essex	C[illegible]
10741	Around the Horn	Peacock, Margaret	14.Nov.1997	28.Nov.1997	18.Nov.1997	Federal Shipping	5,48 €	Around the Horn	Brook Farm	Colchester	Essex	CO[illegible]
10707	Around the Horn	Peacock, Margaret	16.Okt.1997	30.Okt.1997	23.Okt.1997	Federal Shipping	10,87 €	Around the Horn	Brook Farm	Colchester	Essex	C[illegible]
10453	Around the Horn	Davolio, Nancy	21.Feb.1997	21.Mrz.1997	26.Feb.1997	United Package	12,68 €	Around the Horn	Brook Farm	Colchester	Essex	C[illegible]
10920	Around the Horn	Peacock, Margaret	03.Mrz.1998	31.Mrz.1998	09.Mrz.1998	United Package	14,81 €	Around the Horn	Brook Farm	Colchester	Essex	[illegible]

Tabelle KUNDE

Kunden-Code	Firma	Kontaktperson	Position	Straße	Ort	Region	PLZ	Land	Telefon	Telefax
ALFKI	Alfreds Futterkiste	Maria Anders	Vertriebsmitarbeiterin	Obere Str. 57	Berlin		12209	Deutschland	030-0074321	030-0076545
ANATR	Ana Trujillo Emparedados y helados	Ana Trujillo	Inhaberin	Avda. de la Constitución 2222	México D.F.		05021	Mexiko	(5) 555-4729	(5) 555-3745
ANTON	Antonio Moreno Taquería	Antonio Moreno	Inhaber	Mataderos 2312	México D.F.		05023	Mexiko	(5) 555-3932	
AROUT	Around the Horn	Thomas Hardy	Vertriebsmitarbeiter	120 Hanover Sq.	London		WA1 1DP	Großbritannien	(71) 555-7788	(71) 555-6750
BERGS	Berglunds snabbköp	Christina Berglund	Einkaufsleitung	Berguvsvägen 8	Luleå		S-958 22	Schweden	0921-12 34 65	0921-12 34 67
BLAUS	Blauer See Delikatessen	Hanna Moos	Vertriebsmitarbeiterin	Forsterstr. 57	Mannheim		68306	Deutschland	0621-08460	0621-08924
BLONP	Blondel père et fils	Frédérique Citeaux	Marketingmanager	24, place Kléber	Strasbourg		67000	Frankreich	88.60.15.31	88.60.15.32
BOLID	Bólido Comidas preparadas	Martin Sommer	Inhaber	C/ Araquil, 67	Madrid		28023	Spanien	(91) 555 22 82	(91) 555 91 99
BONAP	Bon app'	Laurence Lebihan	Inhaber	12, rue des Bouchers	Marseille		13008	Frankreich	91.24.45.40	91.24.45.41
BOTTM	Bottom-Dollar Markets	Elizabeth Lincoln	Buchhalterin	23 Tsawassen Blvd.	Tsawassen	BC	T2F 8M4	Kanada	(604) 555-4729	(604) 555-3745
BSBEV	B's Beverages	Victoria Ashworth	Vertriebsmitarbeiterin	Fauntleroy Circus	London		EC2 5NT	Großbritannien	(71) 555-1212	
CACTU	Cactus Comidas para llevar	Patricio Simpson	Vertriebsagent	Cerrito 333	Buenos Aires		1010	Argentinien	(1) 135-5555	(1) 135-4892
CENTC	Centro comercial Moctezuma	Francisco Chang	Marketingmanager	Sierras de Granada 9993	México D.F.		05022	Mexiko	(5) 555-3392	(5) 555-7293
CHOPS	Chop-suey Chinese	Yang Wang	Inhaber	Hauptstr. 29	Bern		3012	Schweiz	0452-076545	
COMMI	Comércio Mineiro	Pedro Afonso	Vertriebsassistent	Av. dos Lusíadas, 23	São Paulo	SP	05432-043	Brasilien	(11) 555-7647	
CONSH	Consolidated Holdings	Elizabeth Brown	Vertriebsmitarbeiterin	Berkeley Gardens	London		WX1 6LT	Großbritannien	(71) 555-2282	(71) 555-9199
DRACD	Drachenblut Delikatessen	Sven Ottlieb	Einkaufsleitung	Walserweg 21	Aachen		52066	Deutschland	0241-039123	0241-059428
DUMON	Du monde entier	Janine Labrune	Inhaberin	67, rue des Cinquante Otages	Nantes		44000	Frankreich	40.67.88.88	40.67.89.89
EASTC	Eastern Connection	Ann Devon	Vertriebsagent	35 King George	London		WX3 6FW	Großbritannien	(71) 555-0297	(71) 555-3373
ERNSH	Ernst Handel	Roland Mendel	Vertriebsmanager	Kirchgasse 6	Graz		8010	Österreich	7675-3425	7675-3426
FAMIA	Familia Arquibaldo	Aria Cruz	Marketingassistentin	Rua Orós, 92	São Paulo	SP	05442-030	Brasilien	(11) 555-9857	
FISSA	FISSA Fabrica Inter. Salchichas S.A.	Diego Roel	Buchhalter	C/ Moralzarzal, 86	Madrid		28034	Spanien	(91) 555 94 44	(91) 555 55 93
FOLIG	Folies gourmandes	Martine Rancé	Vertriebsagentassistent	184, chaussée de Tournai	Lille		59000	Frankreich	20.16.10.16	20.16.10.17
FOLKO	Folk och fä HB	Maria Larsson	Inhaberin	Åkergatan 24	Bräcke		S-844 67	Schweden	0695-34 67 21	
FRANK	Frankenversand	Peter Franken	Marketingmanager	Berliner Platz 43	München		80805	Deutschland	089-0877310	089-0877451
FRANR	France restauration	Carine Schmitt	Marketingmanager	54, rue Royale	Nantes		44000	Frankreich	40.32.21.21	40.32.21.20
FRANS	Franchi S.p.A.	Paolo Accorti	Vertriebsmitarbeiterin	Via Monte Bianco 34	Torino		10100	Italien	011-4988260	011-4988261
FURIB	Furia Bacalhau e Frutos do Mar	Lino Rodriguez	Vertriebsmanager	Jardim das rosas n. 32	Lisboa		1675	Portugal	(1) 354-2534	(1) 354-2535
GALED	Galería del gastrónomo	Eduardo Saavedra	Marketingmanager	Rambla de Cataluña, 23	Barcelona		08022	Spanien	(93) 203 4560	(93) 203 4561
GODOS	Godos Cocina Típica	José Pedro Freyre	Vertriebsmanager	C/ Romero, 33	Sevilla		41101	Spanien	(95) 555 82 82	
GOURL	Gourmet Lanchonetes	André Fonseca	Vertriebsassistent	Av. Brasil, 442	Campinas	SP	04876-786	Brasilien	(11) 555-9482	
GREAL	Great Lakes Food Market	[illegible]	[illegible]	[illegible]	[illegible]	[illegible]	[illegible]	[illegible]	[illegible]	[illegible]

Abb. 3.24: Tabellen in der Datenbank Nordwind

1. Identifizieren Sie Primärschlüssel in den einzelnen Tabellen.

2. Welche Fremdschlüssel gibt es?

3. Welche Beziehungen bestehen zwischen den Tabellen?

4. Zeichnen Sie das ER-Diagramm für die dargestellten Tabellen.

Teil II

Datenbankdesign und Implementierung

In diesem Teil:

- **Kapitel 4**
  ER-Datenbankmodellierung 133

- **Kapitel 5**
  Normalisierung 179

- **Kapitel 6**
  SQL-Grundlagen 207

ER-Datenbankmodellierung

Bei der Entwicklung einer Datenbankanwendung steht die Datenmodellierung ganz am Anfang. Da alle folgenden Schritte auf dem durch die Datenmodellierung erzeugten Datenmodell basieren, ist die Modellierung einer der wichtigsten Schritte. Designfehler, die im Datenmodell gemacht wurden, pflanzen sich durch den gesamten Entwicklungsprozess weiter und können in späteren Entwicklungs- stufen nicht korrigiert werden. Daher ist es sehr wichtig, dass die Datenbankmodel- lierung mit größtmöglicher Sorgfalt durchgeführt wird.

Der Sinn der Datenbankmodellierung ist es, Objekte und Prozesse der realen Welt in Strukturen der Datenbank umzuwandeln. Eine der größten Schwierigkeiten hierbei ist, dass Datenbankdesigner, Anwendungsentwickler und Endanwender die zu verwaltenden Daten jeweils unter anderen Gesichtspunkten sehen. Damit die Datenbankanwendung zum Erfolg wird und der Design-Prozess nicht an den Bedürfnissen der Anwender vorbeigeht, ist es wichtig, dass Datenbankdesigner, Entwickler und Anwender in dieser Projektphase möglichst eng zusammen arbei- ten. Diese Zusammenarbeit wird durch die unterschiedliche Verwendung von Fachtermini erschwert, was zu Verwechslungen und Missverständnissen führen kann.

Damit der Datenbankdesigner ein Datenmodell erstellen kann, das allen notwendi- gen Anforderungen genügt, ist es notwendig, dass er die in der Datenbank zu ver- waltenden Daten und deren Verwendung genau versteht. Um eine gemeinsame Sprachbasis zu schaffen und Missverständnisse zu vermeiden, wurde das ER- Modell entwickelt.

Es gibt zwei gebräuchliche Entity-Relationship-Diagramme, mit denen ER-Modelle dargestellt werden, Chen-Diagramme und Crow's-Foot-Diagramme. In diesem Kapitel werde ich mich mit beiden Entity-Relationship-Diagrammen beschäftigen. Chen-Diagramme spiegeln eine konzeptionelle Sicht der Daten wider und werden daher meist am Anfang des Design-Prozesses verwendet. Das Crow's-Foot-Dia- gramm ist eher auf die Implementierung ausgelegt und wird daher später im Design-Prozess verwendet. Die meisten Datenbank-Modellierungstools verwen- den das Crow's-Foot-Diagramm oder eine Abwandlung davon (wie z.B. IDEF1X).

4.1 Datenmodelle und Abstraktion

Datenmodelle stellen in erster Linie ein Kommunikationswerkzeug dar, das dabei helfen soll, dass alle am Projekt beteiligten Personen dieselben Auffassungen und dasselbe Verständnis von den Daten und den zwischen ihnen bestehenden Beziehungen bekommen. Dies ist insbesondere wichtig, wenn man bedenkt, dass die verschiedenen Personen, die an einem Projekt beteiligt sind, verschiedene Auffassungen von den zu verwaltenden Daten besitzen. Der Geschäftsführer einer Firma z.B. ist am Gesamtbild der Daten interessiert (also im Prinzip an einer Zusammenfassung), um auf Basis dieser Daten globale Entscheidungen für das Unternehmen treffen zu können, wohingegen ein Abteilungsleiter nur an den für seine Abteilung relevanten Daten interessiert ist. Der Anwendungsentwickler auf der anderen Seite sieht die Daten aus einem technischen Blickwinkel. Für ihn ist wichtig, welche Datentypen verwendet werden und wie die Daten gespeichert werden sollen.

Ein Datenbankmodell stellt, wie jedes andere Modell auch, eine Abstraktion der wirklichen Welt dar, das alle verfügbaren Informationen auf die relevanten Informationen reduziert. Möchten Sie zum Beispiel Kunden in Ihrer Datenbank verwalten, so werden die Kunden als Objekte der wirklichen Welt auf bestimmte, relevante Informationen reduziert. Wichtig für eine Kunden-Datenbank ist z.B. der Name oder die Anschrift des Kunden. Andere Informationen, wie z.B. ob der Kunde Bartträger ist oder nicht, sind hier irrelevant, außer die Datenbank ist z.B. für ein Frisörgeschäft, dass ab und zu bestimmte Aktionen mit den in der Kundschaft vorhandenen Bartträgern durchführt. Welche Informationen relevant und irrelevant sind, ergibt sich also aus dem Kontext, in dem die Datenbank verwendet werden soll, und kann nicht pauschal beantwortet werden.

Das Datenbankmodell können Sie sich genau so vorstellen wie einen Bauplan für ein Haus. Auch dieser dient der Verständigung aller am Projekt beteiligten Personen. Der Architekt entwirft den Bauplan nach den Vorstellungen seiner Kunden. Sobald sich Architekt und Kunde auf einen bestimmten Bauplan geeinigt haben, wird der Bauplan dann an die Baufirma weitergegeben, die diesen sozusagen als Anleitung für den Hausbau verwendet. Genau wie beim Datenbankmodell sehen Kunden und Architekt den Bauplan aus einem anderen Blickwinkel. Für die Kunden ist wichtig, welche Zimmer wo sind, wie viele Fenster diese haben und wie viel Platz sie bieten. Den Architekt interessieren andere Dinge, die sich aus seinem fachlichen Hintergrund ergeben, wie z.B. Statikbetrachtungen, so dass das Haus nicht am Ende noch einstürzt.

Ein Datenmodell dient dazu, die Unterschiede im Verständnis der verschiedenen Projektteilnehmer zu »glätten« und dafür zu sorgen, dass alle dasselbe Bild der Datenbank haben. Meist hilft ein gutes Datenmodell sogar dabei, das Unternehmen und dessen Arbeitsabläufe, für das die Datenbank erstellt wird, besser zu verstehen.

Genau wie ein guter Bauplan die Basis für ein schönes und stabiles Haus ist, ist ein gutes Datenmodell Basis und Fundament einer guten Datenbankanwendung. Ohne ein gutes Datenmodell ist eine gute Datenbankanwendung nicht denkbar. Ohne Bauplan sind Probleme vorprogrammiert.

Es gibt vier verschiedene Datenmodelle, die sich in dem durch sie ausgedrückten Abstraktionsgrad unterscheiden. Diese Modelle heißen konzeptionelles Modell, internes Modell, externes Modell und physikalisches Modell.

4.1.1 Das konzeptionelle Modell

Das konzeptionelle Modell bietet den höchsten Abstraktionsgrad und stellt eine globale, unternehmensweite Sicht auf die in der Datenbank zu verwaltenden Daten dar. Damit bietet das konzeptionelle Modell die Basis zur Identifikation und Beschreibung der wichtigsten Objekte in der Datenbank. Aufgrund des Übersichtscharakters des konzeptionellen Modells enthält es keine Details. Die am meisten verbreitete Darstellungsform des konzeptionellen Modells stellt das ER-Diagramm dar.

Lassen Sie uns nun als Beispiel einmal ein konzeptionelles Modell für die Datenbankanwendung für Alana Business Consult entwerfen.

> **Hinweis**
>
> Im vorherigen Kapitel haben Sie bereits den Begriff des *Entity Sets* kennen gelernt. Ein Entity Set stellt eine Menge gleichartiger Objekte, so genannter Entitäten, dar. Im Entity Set BERATER befinden sich z.B. die Entitäten Helena Meier oder Ingo Fuchs. Der allgemeine Sprachgebrauch unterscheidet aber nicht so streng zwischen Entitäten und Entity Sets. Ich werde mich im Folgenden dem allgemeinen Sprachgebrauch anschließen und BERATER als Entität bezeichnen, obwohl das streng genommen eigentlich ein Entity Set ist.

Wenn Sie sich das Szenario bei Alana Business Consult noch einmal genau ansehen, werden Sie feststellen, dass es vier Klassen von Akteuren gibt: Kunden, Berater, Experten und Verwaltungsmitarbeiter. Diese vier Klassen ergeben unsere Entitäten KUNDE, BERATER, EXPERTE und ABC_MITARBEITER.

Zwischen diesen vier Entitäten bestehen bestimmte Beziehungen. Die verschiedenen Arten von Beziehungen (1:1, 1:N und N:M) haben Sie ja bereits in den vorherigen Kapiteln kennen gelernt. Lassen Sie uns diese Beziehungen einmal näher betrachten.

Im Mittelpunkt der Aktivitäten von ABC steht natürlich, wie bei jedem guten Unternehmen, der Kunde. Dieser wird von Beratern beraten. Hierbei kann ein Kunde von mehreren Beratern beraten werden, ein Berater wiederum kümmert sich um mehrere Kunden, so dass zwischen den Entitäten BERATER und KUNDE eine N:M-Beziehung besteht. Ähnlich verhält es sich mit der Beziehung zwischen Experten und Kunden. Ein Kunde kann von verschiedenen Experten unterstützt werden und ein Experte kann mehrere Kunden unterstützen, somit haben wir an dieser Stelle auch wieder eine M:N-Beziehung zwischen KUNDE und EXPERTE. Die zentrale Verwaltung aller Aktivitäten wird von den Verwaltungsmitarbeitern erledigt. Damit ein reibungsloser Ablauf gewährleistet werden kann, ist jeder Kunde eindeutig einem Verwaltungsmitarbeiter zugeordnet, jeder Verwaltungsmitarbeiter kümmert sich aber um mehrere Kunden. Daher besteht zwischen KUNDE und ABC_MITARBEITER eine 1:N-Beziehung. Natürlich stehen die Verwaltungsmitarbeiter auch mit den Beratern und Experten in Kontakt, damit alle für einen Kunden durchgeführten Aktivitäten erfasst werden können. Hierbei steht ein Verwaltungsmitarbeiter mit vielen Beratern und Experten in Beziehung, ein Berater bzw. Experte kann aber auch mit verschiedenen Verwaltungsmitarbeitern in Beziehung stehen, da er ja verschiedene Kunden beraten kann, die jeweils anderen Verwaltungsmitarbeitern zugeordnet sind. Es besteht also sowohl zwischen BERATER und ABC_MITARBEITER als auch zwischen EXPERTE und ABC_MITARBEITER eine N:M-Beziehung. Wenn Sie dies alles in einem ER-Diagramm darstellen, bekommen Sie Abbildung 4.1.

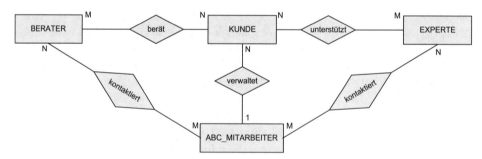

Abb. 4.1:   Das konzeptionelle Modell zu Alana Business Consult

Wie Sie im Diagramm sehen können, werden die Beziehungen durch Verben bezeichnet. Beziehungen werden immer in Richtung der Beziehung gelesen. Für eine 1:N-Beziehung bedeutet das, dass man von der 1-Seite zur N-Seite liest, bei der M:N-Beziehung liest man von der M- zur N-Seite. Durch das Diagramm in Abbildung 4.1 werden also die folgenden Beziehungen beschrieben:

- BERATER berät KUNDE

- EXPERTE unterstützt KUNDE

- ABC_MITARBEITER verwaltet KUNDE

- ABC_MITARBEITER kontaktiert BERATER

- ABC_MITARBEITER kontaktiert EXPERTE

Die Vorteile des konzeptionellen Modells liegen auf der Hand. Durch die sehr einfache Darstellungsweise ist das ER-Diagramm leicht zu verstehen und kann damit zur Kommunikation aller am Projekt beteiligten Personen genutzt werden. Das Modell stellt eine globale *Makro-Ansicht* der Entitäten und der zwischen diesen bestehenden Zusammenhängen dar.

Das konzeptionelle Modell ist sowohl software- als auch hardwareunabhängig, das heißt, es ist weder an ein bestimmtes DBMS noch an eine bestimmte Hardware gebunden und kann damit aufgrund seines hohen Abstraktionsgrades auf jeder denkbaren Hard- und Software-Kombination realisiert werden. Ändern sich die für die Realisierung der Datenbank verwendeten Komponenten, so hat dies keinen Einfluss auf das konzeptionelle Modell.

4.1.2 Das interne Modell

Nachdem Sie das konzeptionelle Modell kennen gelernt haben, wird es Zeit, sich über das Datenbankmanagement-System Gedanken zu machen, auf dem Sie Ihre Datenbanklösung implementieren möchten. Nachdem Sie das DBMS ausgesucht haben, müssen Sie das konzeptionelle Modell in das interne Modell überführen. Hierbei wird das konzeptionelle Modell so angepasst, dass es auf die Eigenschaften und Beschränkungen abgestimmt wird, die das DBMS mit sich bringt. Besonders für hierarchische und Netzwerk-Datenbanken ist dies wichtig, da hier der Zugriffspfad auf die Daten explizit vom Programmierer angegeben werden muss. Bei relationalen Datenbanken besitzt das interne Modell nicht einen ganz so hohen Stellenwert, nichtsdestotrotz muss auch bei einer relationalen Datenbank das konzeptionelle Modell in ein internes Modell überführt werden. Das interne Modell stellt das Datenmodell so dar, wie es vom DBMS gesehen wird, hierdurch ist das interne Modell softwareabhängig. Sie können ein für eine Netzwerk-Datenbank ausgearbeitetes internes Modell nicht auf einem relationalen Datenbanksystem implementieren. Das interne Modell ist aber nicht von der verwendeten Hardware abhängig, da diese vom Betriebssystem vor dem RDBMS »versteckt« wird. Haben Sie ein internes Modell für eine relationale Datenbank entwickelt, so ist es egal, ob dieses Modell auf einer Oracle-Datenbank unter Windows oder Linux implementiert wird und auf welchem Rechner dies geschieht.

Der wichtigste Punkt, den Sie bei der Überführung Ihres Datenmodells aus Abbildung 4.1 in ein internes Modell beachten müssen, ist, dass es mit einem RDBMS nicht möglich ist, direkt M:N-Beziehungen aufzulösen. Daher müssen Sie für alle M:N-Beziehungen eine zusätzliche Entität einführen, die die M:N-Beziehung in zwei 1:N-Beziehungen umwandelt.

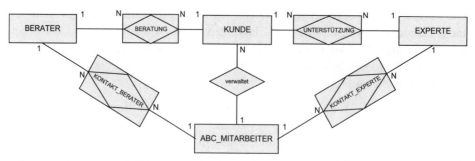

Abb. 4.2:   Internes Modell der ABC-Datenbank

Wie Sie in Abbildung 4.2 sehen können, haben Sie die Entitäten KONTAKT_
BERATER, KONTAKT_EXPERTE, BERATUNG und UNTERSTÜTZUNG eingeführt, um die
jeweiligen M:N-Beziehungen aufzulösen.

4.1.3 Das externe Modell

Das externe Modell der Datenbank basiert auf dem internen Modell und damit
letztendlich auf dem konzeptionellen Modell. Beim externen Modell handelt es sich
um einen Blick auf die Datenbank aus der Sicht eines Endanwenders oder eines
Datenbankanwendungsentwicklers. Wenn man sich übliche Geschäftsanwendungen ansieht, so erkennt man, dass diese meist einen klar umrissenen Fokus besitzen. Dieser klar umrissene Fokus ergibt sich aus der Tatsache, dass ein
Unternehmen meist in mehrere Unternehmensbereiche oder Abteilungen aufgeteilt ist, die alle ihre ganz speziellen Bedürfnisse haben. Während sich die Einkaufs-
abteilung mit der Beschaffung von Waren und Dienstleistungen beschäftigt,
beschäftigt sich die Personalabteilung mit den Mitarbeitern des Unternehmens.
Diese spezifischen Aufgaben können als Prozesse mit Hilfe der Datenstrukturen
nachgebildet werden.

Basierend auf dem oben entwickelten internen Modell können Sie sich einmal die
beiden Prozesse Beratung und Unterstützung ansehen.

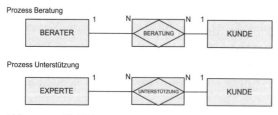

Abb. 4.3:   Abbildung zweier Prozesse

Bitte beachten Sie, dass, obwohl es sich bei den beiden Prozessen in Abbildung 4.3
um voneinander unabhängige Prozesse handelt, beide auf dieselbe Entität KUNDE
zurückgreifen.

Die Vorteile des externen Modells liegen darin, dass es mit Hilfe dieses Modells möglich wird, das interne Modell, das die gesamte Datenbank darstellt, bedarfsgerecht in kleinere Einheiten aufzuteilen. Wenn Sie eine Anwendung schreiben, die eine bestimmte Aufgabe innerhalb der Datenbank erfüllen soll, so muss diese Anwendung nicht alle in der Datenbank vorhandenen Tabellen und Beziehungen kennen, sondern kann sich auf den Teil beschränken, der zur Durchführung der Aufgabe notwendig ist. Diese Unterteilung unterstützt natürlich auch die Anwendungsentwickler dahingehend, dass sie sich nur mit dem Teil der Datenbank beschäftigen müssen, der zur Lösung des Problems notwendig ist. Außerdem ist es möglich, dass mehrere Anwendungsentwickler an verschiedenen Anwendungen gleichzeitig arbeiten.

Das externe Modell liefert einen hervorragenden Test, ob das ursprüngliche konzeptionelle Modell der Datenbank richtig ist und alle Anforderungen an das Datenmodell berücksichtigt wurden. Ist es nicht möglich, einen bestimmten Prozess mit Hilfe der im internen Modell vorhandenen Entitäten im externen Modell darzustellen, so muss das konzeptionelle Modell der Datenbank noch einmal überarbeitet werden.

Eine weitere wichtige Funktion, die über das externe Modell unterstützt wird, ist das Einführen von Sicherheitsaspekten. Schauen Sie sich bitte noch einmal Abbildung 4.3 an. In einem sehr sicherheitssensitiven Umfeld ist es z.B. wünschenswert, dass Berater nicht auf die Entitäten der Experten zugreifen können und umgekehrt. Mit Hilfe des externen Modells ist es möglich, genau die Entitäten zu bestimmen, auf die für einen bestimmten Prozess Zugriff benötigt wird.

4.1.4   Das physikalische Modell

Das letzte Modell, das Sie in diesem Kapitel kennen lernen werden, ist das physikalische Modell. Das physikalische Modell ist das Modell mit der geringsten Abstraktion, da es festlegt, wie die Daten auf den Datenträgern gespeichert werden. Bestandteil des physikalischen Modells ist die Definition der physikalischen Geräte und des Zugriffsweges auf die Daten. Wegen dieser Informationen ist das physikalische Modell sowohl soft- als auch hardwareabhängig, was wiederum bedeutet, dass die Datenbankdesigner, die das physikalische Modell entwickeln, eine sehr tiefe Kenntnis der verwendeten Hard- und Software besitzen müssen.

Das physikalische Modell ist insbesondere wichtig für Netzwerk- und hierarchische Datenbanken, da hier über den Datenzugriffsweg die Effizienz der Datenbank bestimmt wird. Ist das physikalische Modell einer Netzwerk- oder hierarchischen Datenbank schlecht, so ist mit beträchtlichen Performance-Einbußen zu rechnen. Daher muss der Datenbankdesigner in diesem Fall besonderes Augenmerk auf die physikalisphysische Ausgestaltung der Datenbank legen.

Bei relationalen Datenbanken tritt das physikalische Modell etwas in den Hintergrund, da der genaue Datenzugriffspfad durch die durch die relationale Datenbank eingeführte Abstraktion nicht bekannt ist. Der Designer einer relationalen Datenbank weiß in der Regel nicht, wie genau die Daten in den vom DBMS verwalteten Dateien organisiert sind. Nichtsdestotrotz kann man bei größeren relationalen Datenbankanwendungen die Performance optimieren, indem man sich z.B. Gedanken darüber macht, welche Datenbankdateien auf welchen Festplatten gespeichert werden, wie die Datenbank den Hauptspeicher verwendet oder wie Indices physikalisch organisiert werden.

4.2 Das Entity-Relationship-Modell

Sie haben sich bereits in den vorherigen Kapiteln ein wenig mit dem Entity-Relationship-Modell befasst und einige Charakteristiken des ER-Modells und der ER-Diagramme kennen gelernt. Hierbei wurden auch schon die zentralen Bestandteile des ER-Modells – Entitäten, Attribute und Beziehungen – vorgestellt. Dieses Kapitel soll das bisher vermittelte Wissen festigen, die Konzepte noch einmal in etwas geordneter Form vorstellen und auch auf die Darstellung der verschiedenen Komponenten im ER-Diagramm eingehen. Hierbei werden sowohl die Darstellung nach Chen als auch die Crow's-Foot-Darstellung berücksichtigt. Wenn Sie dieses Kapitel durchgearbeitet haben, besitzen Sie das Werkzeug, um professionell Ihre eigenen Datenbanken zu entwerfen.

4.2.1 Entitäten

Wie Sie bereits in den vorherigen Kapiteln gesehen haben, ist die Bezeichnung Entität in Verbindung mit dem ER-Modell etwas zweideutig. Das, was im ER-Modell landläufig als Entität bezeichnet wird, ist streng genommen eigentlich ein Entity Set, das heißt eine Menge aus gleichartigen Objekten und nicht, wie es die eigentliche Definition festlegt, ein einzelnes Objekt. Basierend auf diesem Hintergrund ist es nicht weiter verwunderlich, dass eine Entität des ER-Modells bei der Implementierung in eine Tabelle und nicht in die Zeile einer Tabelle überführt wird. Die Zeile einer Tabelle wird als Entity-Instanz bezeichnet. Entitäten werden sowohl in der Crow's-Foot-Darstellung als auch im Chen-Diagramm als Kästchen dargestellt.

Abb. 4.4: Die Entität Kunde im Crow's-Foot-Diagramm und im Chen-Diagramm

Als Namen für Entitäten verwendet man in der Regel Nomen im Singular, die großgeschrieben werden. Im Diagramm werden diese Namen in die Kästchen geschrieben, die die Entität darstellen. In dem Anwendungsbeispiel gibt es unter anderem die Entitäten KUNDE, BERATER und EXPERTE.

4.2.2 Attribute

Als Attribute werden die Eigenschaften der Entitäten bezeichnet, die diese näher beschreiben. Mögliche Attribute für die Entität BERATER sind z.B. NAME, VORNAME oder STUNDENSATZ.

Im Chen-Diagramm werden Attribute als Ovale dargestellt, die über eine Linie mit dem Entitätskästchen verbunden sind. Diese Darstellung ist sehr unübersichtlich und nimmt viel Platz in Anspruch, wie Sie in Abbildung 4.5 sehen können. Besser ist die Attribut-Darstellung im Crow's-Foot-Diagramm gelöst. Hier werden die Attribute einfach in das Entitätskästchen unterhalb des Entitätsnamens geschrieben. Da die Darstellung von Attributen im Chen-Diagramm unübersichtlich ist, adaptieren viele Datenbankdesign-Werkzeuge die Crow's-Foot-Darstellung auch für das Chen-Diagramm.

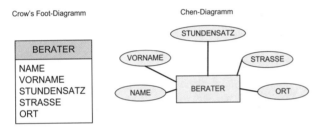

Abb. 4.5:   Attribute im ER-Diagramm

Einfache und zusammengesetzte Attribute

Attribute können entweder einfach oder zusammengesetzt sein. Unter einem einfachen Attribut, das oft auch als atomares Attribut bezeichnet wird, versteht man ein Attribut, dessen Inhalt nicht weiter unterteilt werden kann. In dem Beispiel aus Abbildung 4.5 ist NAME oder STUNDENSATZ ein atomares Attribut. Ein Beispiel für ein zusammengesetztes Attribut stellt das Attribut STRASSE dar. Im Prinzip besteht die dort enthaltene Information aus zwei Komponenten, zum einen der Straßenname und auf der anderen Seite die Hausnummer. Dieses zusammengesetzte Attribut könnte man in zwei atomare Attribute, STRASSENNAME und HAUSNUMMER unterteilen. Es ist allerdings fraglich, ob eine derartige Unterteilung überhaupt Sinn macht. Beim Design einer Datenbank muss immer überlegt werden, welche zusammengesetzten Attribute es gibt und ob diese in atomare Attribute aufgelöst werden müssen oder nicht, was vom Verwendungszweck der Daten abhängt.

Single-Value-Attribute

Ein Single-Value-Attribut ist ein Attribut, das im gesamten Entity Set einen eindeutigen Wert besitzt. Ein Beispiel für ein Single-Value-Attribut ist ein Autokennzeichen oder eine Personalausweisnummer. Die Eindeutigkeit dieser Attribute wird durch deren Definition in der realen Welt bestimmt. Single-Value-Attribute müssen nicht unbedingt atomare Attribute sein. Wenn Sie sich z.B. eine Autonummer vorstellen, so ist diese ja auch aus mehreren Buchstaben-/Zahlengruppen aufgebaut, von denen die erste Buchstabenkombination die Stadt oder den Kreis angibt, in dem das Auto angemeldet ist.

Multi-Value-Attribute

Unter einem Multi-Value-Attribut versteht man ein Attribut, das für eine Entität mehrere Werte enthalten kann. Ein gutes Beispiel hierfür ist eine Telefonnummer. Wenn eine Person einen ISDN-Anschluss hat, so besitzt sie automatisch drei Telefonnummern. Werden diese intern nicht aufgesplittet (z.B. eine für das Fax-Gerät und eine für die Tochter), so kann man die Person unter jeder dieser drei Telefonnummern erreichen. Multi-Value-Attribute werden im Chen-Diagramm durch eine doppelte Linie dargestellt. Im Crow's-Foot-Diagramm gibt es keine besondere Hervorhebung von Multi-Value-Attributen.

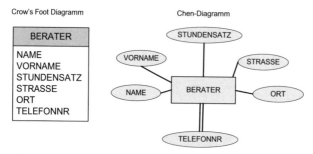

Abb. 4.6:   Multi-Value-Attribut TELEFONNR

Multi-Value-Attribute können in einer relationalen Datenbank nicht direkt abgebildet werden (im Gegensatz zur objektrelationalen Datenbank – hier ist es möglich, ein Feld in der Datenbank als Liste zu definieren). Im Allgemeinen gibt es drei Möglichkeiten. Man kann das Multi-Value-Attribut in Einzelattribute auflösen, man kann eine neue Entität mit den entsprechenden Attributen erzeugen oder man kann eine M:N-Beziehung erstellen.

Wenn Sie das Multi-Value-Attribut TELEFONNR in einzelne Attribute auflösen, so bekommen Sie das ER-Diagramm aus Abbildung 4.7.

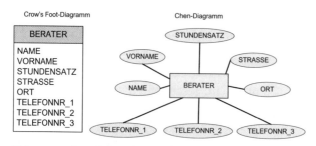

Abb. 4.7:   Das Multi-Value-Attribut wurde aufgelöst.

Der Nachteil dieser Methode liegt darin, dass das Datenmodell unflexibel ist. Es können genau drei Telefonnummern gespeichert werden. Besitzt der Berater weniger als drei Telefonnummern, so werden leere Felder in der Datenbank gespeichert; besitzt der Berater mehr als drei Telefonnummern, so können nur drei gespeichert werden, alle anderen fallen unter den Tisch. Sollen mehr Telefonnummern verwaltet werden, so muss ein zusätzliches Attribut hinzugefügt werden.

Die zweite Möglichkeit, eine Multi-Value-Situation aufzulösen, besteht darin, die Multi-Value-Attribute in eine eigene Entität auszulagern. Dies ist besonders dann sinnvoll (und daher ist das Telefonnummern-Beispiel hier schlecht), wenn mehrere Entitäten dieselbe Kombination von Multi-Value-Werten besitzen können. Stellen Sie sich einmal vor, Sie möchten in Ihrer Datenbank zwei Personen verwalten, die zusammen im selben Büro sitzen und sich dieselben drei Telefonnummern teilen. In diesem Fall ist der Ansatz, das Multi-Value-Attribut in eine eigene Entität auszulagern, eine gute Idee, da eine Kombination von Attributwerten (in diesem Fall drei Telefonnummern) mehrfach vorkommen kann, aber in der Datenbank lediglich einmal gespeichert werden muss. Wird das Multi-Value-Attribut in mehrere Attribute in derselben Entität aufgelöst, so müsste dieselbe Information mehrfach gespeichert werden.

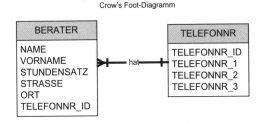

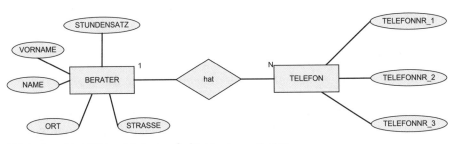

Abb. 4.8: Multi-Value-Attribut aufgelöst in eigene Entität

Der Ansatz, das Multi-Value-Attribut in eine eigene Entität aufzulösen, so wie in Abbildung 4.8 zu sehen ist, spart zwar unter Umständen Speicherplatz, hat aber genau wie der erste Ansatz das Problem, dass er nicht besonders flexibel ist.

Der dritte mögliche Ansatz, der am flexibelsten, aber für das Datenbanksystem auch am aufwändigsten ist, ist es, eine M:N-Beziehung zwischen den Entitäten Telefonnummer und Berater zu definieren.

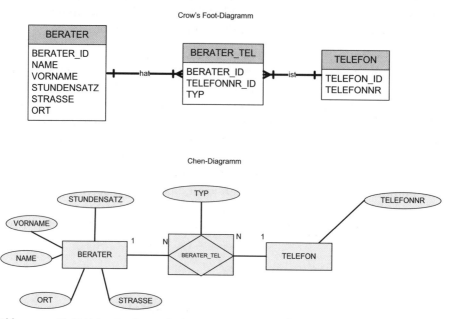

Abb. 4.9:   Multi-Value-Attribut aufgelöst in eine M:N-Beziehung

Der Vorteil, den diese Datenbankstruktur gegenüber den anderen beiden besitzt, liegt darin, dass jedem Berater über die M:N-Beziehung beliebig viele Telefonnummern zugeordnet werden können und dass auf der anderen Seite eine Telefonnummer beliebig vielen Beratern zugeordnet werden kann. Zusätzlich habe ich in der Verknüpfungsentität BERATER_TEL, die die Entität BERATER mit der Entität TELE-FON verknüpft, ein Attribut TYP angelegt, über das man den Typ der Telefonnummer (privat, geschäftlich etc.) angeben kann.

Abgeleitete Attribute

Unter einem abgeleiteten Attribut versteht man ein Attribut, das aus den anderen Attributen einer Entität berechnet werden kann. Ein gutes Beispiel für ein abgeleitetes Attribut ist das Alter der Berater. Wenn Sie den Geburtstag der einzelnen Berater speichern, der ja ein Attribut der Entität BERATER darstellt, so können Sie aus diesem Attribut das Alter des Beraters berechnen (indem Sie einfach das aktuelle Jahr ermitteln und hiervon das Geburtsjahr des Beraters subtrahieren). In diesem Fall ist das Attribut Alter ein abgeleitetes Attribut. Das abgeleitete Attribut kann nicht unbedingt mit dem Attribut (oder den Attributen), aus dem es abgeleitet wird, vertauscht werden, das heißt, es ist nicht immer egal, welches Attribut letztendlich in der Datenbank gespeichert wird und welches berechnet wird. In unserem Beispiel ist es aus verschiedenen Gründen recht ungeschickt, das Alter der Berater zu speichern. Der erste Grund liegt darin, dass man aus dem Alter der Berater nicht auf den Geburtstag rückschließen kann, man kann lediglich auf das Geburtsjahr schließen. Der andere Grund ist der, dass sich das Alter im Gegensatz zum Geburtsdatum einmal im Jahr ändert. Es ist auch ungeschickt, beide Informationen in der Datenbank zu speichern, da sich, wie bereits erwähnt, das Alter jedes Jahr ändert. Wollten Sie das Alter und das Geburtsdatum in der Datenbank speichern, so müssten Sie einen Automatismus in der Datenbank implementieren, der jeden Tag abläuft und das gespeicherte Alter ggf. um ein Jahr erhöht. Dies ist ein wesentlich höherer Aufwand, als das Alter bei Bedarf aus dem Geburtsdatum zu berechnen.

Auch hier finden Sie ein Beispiel für eine redundante Information, auch wenn sie nicht unbedingt auf den ersten Blick als solche zu erkennen ist. Das redundante Attribut Alter ist implizit in der Information über das Geburtsdatum enthalten. Abgeleitete Attribute sind immer ein Indiz dafür, dass es zwischen dem abgeleiteten Attribut und den bereits in der Datenbank gespeicherten Informationen einen funktionalen Zusammenhang gibt.

Abgeleitete Attribute müssen also nicht physikalisch in der Datenbank gespeichert werden, sondern können einfach zur Laufzeit aus den in der Datenbank gespeicherten Informationen berechnet werden.

Im Crow's-Foot-Diagramm werden abgeleitete Attribute nicht besonders hervorgehoben, wohingegen im Chen-Diagramm abgeleitete Attribute durch eine gestrichelte Linie dargestellt werden.

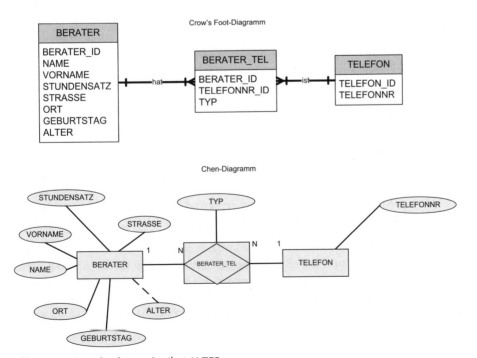

Abb. 4.10: Das abgeleitete Attribut ALTER

Obwohl es in der Regel ungeschickt ist, abgeleitete Attribute in der Datenbank zu speichern, kann es manchmal aus Geschwindigkeitsgründen beim Datenbankzugriff notwendig werden, dies doch zu tun.

Domänen

Attribute besitzen Domänen. Unter einer Domäne versteht man die Menge aller Werte, die ein Attribut annehmen kann. Bitte verwechseln Sie die Domäne eines Attributs nicht mit dem Wertebereich des Datentyps, mit Hilfe dessen das Attribut implementiert wird. Auf der konzeptionellen Ebene, auf der wir uns hier befinden, besitzen Attribute noch gar keine Datentypen. Diese kommen erst dann hinzu, wenn Attribute im Zuge der Implementierung in Felder umgesetzt werden.

Lassen Sie uns hierzu ein Beispiel betrachten. Stellen Sie sich vor, dass Sie eine Datenbankanwendung entwerfen müssen, die Schulnoten verwaltet. Wir gehen hier mal davon aus, dass es keine Zwischennoten gibt. In diesem Fall ist die Domäne des Attributs SCHULNOTE die Menge $\{1, 2, 3, 4, 5, 6\}$. Diese Menge stellt lediglich alle für das Attribut SCHULNOTE möglichen Werte dar, das heißt, Werte, die nicht in dieser Menge liegen, wie z.B. 7, können nicht vom Attribut angenommen werden. Dass die Domäne des Attributs SCHULNOTE von 1 bis 6 geht, sagt aber noch nichts darüber aus, welche Werte von Datensätzen in Ihrer Datenbank wirklich angenommen werden. Verwalten Sie z.B. eine recht gute Klasse, so kann es sein, dass der Attributwert 6 gar nicht vergeben wird (weil es einfach niemanden in der Klasse gibt, der eine 6 verdient hätte), obwohl dies im Rahmen des Möglichen liegt.

Sie müssen zwischen der Domäne und dem Wertebereich des Datentyps, über den das Attribut schlussendlich implementiert wird, unterscheiden. Der Wertebereich, der durch die Domäne festgelegt wird, kommt aus dem konzeptionellen Modell als Abbildung der Realität (in der es nun einmal die 7 als Schulnote nicht gibt), während der durch den Datentyp definierte Wertebereich der technischen Implementierung entspringt. Möchten Sie das Attribut SCHULNOTE nun in einem Datenbanksystem implementieren, so müssen Sie einen der vom Datenbanksystem angebotenen Datentypen zur Darstellung dieses Attributs verwenden. Da Sie nur sehr wenige Zahlen benötigen, bietet sich zur Implementierung der Datentyp SmallInt an, der so oder so ähnlich in jedem Datenbanksystem vorhanden ist. Dieser Datentyp besitzt den Wertebereich von 0 bis 255. Da dies der Datentyp ist, der den kleinsten (Zahlen-)Wertebereich besitzt, verwenden wir diesen. Obwohl die physikalische Speicherung Zahlen zwischen 0 und 255 zulässt, sind aber über die Domäne des konzeptionellen Modells nur Zahlen zwischen 1 und 6 zugelassen.

Verschiedene Attribute können dieselbe Domäne besitzen. Sehen Sie sich das Beispiel mit den Beratern und Kunden an. Beide Entitäten besitzen das Attribut NAME, das im einen Fall den Namen eines Beraters, im anderen Fall den Namen eines Kunden bezeichnet. Obwohl diese beiden Attribute unterschiedlich sind, besitzen sie trotzdem beide die Domäne aller möglichen Namen. Im konzeptionellen

Modell und im Data Dictionary wird diese Tatsache, dass zwei verschiedene Attribute dieselbe Domäne besitzen, dadurch ausgedrückt, dass beide Attribute denselben Namen besitzen.

4.2.3 Primärschlüssel

Eines der wichtigsten Elemente einer relationalen Datenbank stellt der Primärschlüssel dar, über den die Datensätze einer Tabelle eindeutig identifiziert werden.

KUNDE_ID	KDNAME	KDVORNAME	TELEFON	ADRESSE	PLZ	ORT	BERATER_ID
1	Schmidt	Emil	0231-1020449	Kaiserstrasse 5	12345	Musterhausen	1
2	Müller	Hans	0221-2415932	Am Weiher 3	12345	Musterhausen	2
3	Schulze	Johanna	0410-1241335	Alte Poststr. 5	12345	Musterhausen	1
4	Schulte	Markus	04514-123414	Goethestr. 7	12354	Musterburg	2
5	Huber	Markus	04514-123412	Goethestr. 24	12354	Musterburg	

Die Primäschlüsselwerte sind eindeutig!

Abb. 4.11: Der Primärschlüssel KUNDE_ID identifiziert die Datensätze eindeutig.

Primärschlüssel werden teilweise auch als Schlüsselattribute bezeichnet. In den verschiedenen Darstellungsformen von Entitäten bzw. Tabellen gibt es auch verschiedene Darstellungsformen für Primärschlüssel. Neben den beiden Diagrammen, die Sie bisher kennen gelernt haben, gibt es die Möglichkeit, eine Tabelle textuell als Struktur darzustellen:

```
BERATER (BERATER_ID, NAME, VORNAME, STUNDENSATZ, STRASSE, ORT, GEBURTSTAG)
```

Im Chen-Diagramm werden Primärschlüssel-Attribute unterstrichen, wohingegen Primärschlüsselattribute im Crow's-Foot-Diagramm sowohl unterstrichen als auch in fett hervorgehoben werden.

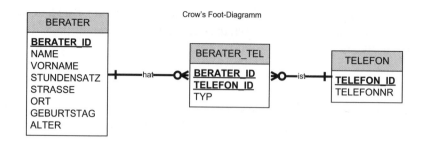

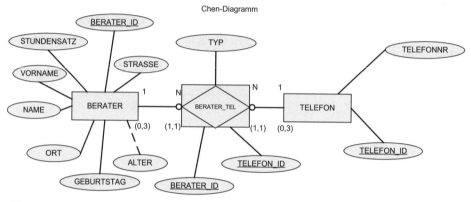

Abb. 4.12: Primärschlüssel im Chen- und im Crow's-Foot-Diagramm

Zusammengesetzte Primärschlüssel

Normalerweise sollte man darauf achten, dass ein Primärschlüssel aus einem einzigen Attribut besteht, es kann aber Situationen wie in Abbildung 4.12 geben, in denen man besser einen *zusammengesetzten Primärschlüssel* verwendet, der aus mehreren Attributen besteht. Zwischen den Entitäten BERATER und TELEFON besteht, wie Sie bereits oben festgestellt haben, eine M:N-Beziehung. Jeder Berater kann mehrere Telefonnummern besitzen und jede Telefonnummer kann mehreren Beratern zugeordnet sein. Es ist aber so, dass, wenn eine bestimmte Telefonnummer einem bestimmten Berater zugeordnet ist, diese Zuordnung eindeutig und einmalig ist (es macht schließlich keinen Sinn, eine definierte Berater-Telefonnummern-Kombination mehrfach in der Datenbank zu speichern). In diesem Fall ist es sinnvoll, einen zusammengesetzten Primärschlüssel zu verwenden, der sich aus den Fremdschlüsseln auf die beiden anderen Tabellen zusammensetzt und so dafür sorgt, dass jede Telefonnummer/Berater-Kombination in der Datenbank eindeutig ist. Die Eindeutigkeit wird durch die Eindeutigkeitsanforderung an den Primärschlüssel erreicht. Bei Primärschlüsseln, die aus einem einzelnen Attribut bestehen, darf jeder Wert ein einziges Mal vergeben werden, bei zusammengesetzten Primärschlüsseln wie in diesem Beispiel müssen die Wertekombinationen der verschiedenen Primärschlüsselattribute eindeutig sein. Zur Demonstration stelle ich nachfolgend noch einmal die Entität BERATER_TEL in der Strukturschreibweise dar.

`BERATER_TEL (`<u>`BERATER_ID`</u>`, `<u>`TELEFON_ID`</u>`, TYP)`

Natürliche vs. »künstliche« Primärschlüssel

Unter einem natürlichen Primärschlüssel versteht man ein Attribut, das über das konzeptionelle Modell in die Struktur der Datenbank eingeführt wird und das von sich aus bereits die Anforderungen erfüllt, die an einen Primärschlüssel gestellt werden. Ein Beispiel hierfür ist die Personalausweisnummer oder ein Auto-Kennzeichen. Diese Attribute sind eindeutige Kennzeichen einer Person bzw. eines Fahrzeuges, das heißt, es gibt keine Personen, die identische Personalausweisnummern besitzen, oder Fahrzeuge, die dasselbe Kennzeichen haben. Künstliche Primärschlüssel werden während des Designs in die Datenbankstruktur eingebracht und spiegeln die Notwendigkeit wider, Datensätze eindeutig markieren zu müssen. Die Primärschlüssel, die ich in den Beispielen verwendet habe, sind allesamt künstliche Primärschlüssel, die außerhalb der Datenbank keine Bedeutung besitzen.

Ob man künstliche oder natürliche Primärschlüssel verwendet, hängt von verschiedenen Faktoren ab. Können Sie garantieren, dass das Attribut, das Sie als Primärschlüssel benutzen, eindeutig ist (z.B. über seine Definition), so können Sie dieses Attribut als Primärschlüssel verwenden. Der Vorteil dieser Maßnahme liegt darin, dass Sie keinen zusätzlichen Speicherplatz für ein weiteres Attribut veranschlagen müssen. Der Vorteil von künstlichen Primärschlüsseln liegt darin, dass durch die Tatsache, dass die künstlichen Primärschlüssel außerhalb der Datenbank keine Bedeutung besitzen, Sie als Datenbankentwickler die komplette Kontrolle über die künstlichen Primärschlüssel besitzen und daher garantieren können, dass die vergebenen Werte eindeutig sind. Viele Datenbanksysteme bieten spezielle Datentypen für künstliche Primärschlüssel an, die dafür sorgen, dass ein neu eingefügter Datensatz automatisch einen eindeutigen Wert für dieses Feld vergeben bekommt.

4.2.4 Beziehungen

Im bisherigen Verlauf dieses Buches haben Sie bereits die verschiedenen Arten der Beziehungen kennen gelernt, die in einer relationalen Datenbank vorkommen können. Im relationalen Datenmodell gibt es 1:1-, 1:N- und M:N-Beziehungen. Eine Beziehung im relationalen Datenmodell stellt stets eine Assoziation zwischen Entitäten dar. Im Allgemeinen werden Beziehungen zwischen Entitäten durch ein aktives oder passives Verb benannt und funktionieren in beide Richtungen. Sehen Sie sich als Beispiel die Beziehung zwischen KUNDE und BERATER an:

1. Ein BERATER berät mehrere KUNDEn.

2. Ein KUNDE wird von mehreren BERATERn beraten.

Bei der Betrachtung von Beziehungen ist es wichtig, stets beide Richtungen der Beziehung zu betrachten. Wenn Sie nur eine Richtung betrachten, können Sie keine Aussage über die Art der Beziehung machen. Betrachten Sie nur

Ein BERATER berät mehrere KUNDEn.

so wissen Sie nicht, ob jeder Kunde exklusiv von einem einzigen Berater beraten wird oder ob es möglicherweise mehrere Berater gibt, die einen Kunden beraten. Erst die Betrachtung der Umkehrrichtung vervollständigt die Beziehung:

Ein KUNDE wird von mehreren BERATERn beraten.

Aus der Betrachtung dieser beiden Richtungen können Sie schließen, dass es eine M:N-Beziehung zwischen BERATER und KUNDE gibt.

Kardinalität und Konnektivität

Die Art der Beziehung, also ob eine Beziehung eine 1:1-, 1:N- oder M:N-Beziehung ist, wird auch als *Kardinalität* der Beziehung bezeichnet. Unter der *Konnektivität* einer Beziehung versteht man die Anzahl der Entitäten des bezogenen Entity Sets, die mit einer Entität des betrachteten Entity Sets in Beziehung steht. Üblicherweise hängt die Konnektivität von der betrachteten Entität ab und kann daher nicht auf Entity-Set-Ebene definiert werden. Daher werden oft die minimale und maximale Konnektivität eingeführt. Unter der *minimalen Konnektivität* versteht man, mit wie vielen bezogenen Entitäten eine betrachtete Entität des Entity Sets mindestens in Beziehung stehen muss, wohingegen die *maximale Konnektivität* angibt, mit wie vielen Entitäten maximal eine Beziehung eingegangen werden kann. Minimale und maximale Konnektivität werden anhand des konzeptionellen Modells entwickelt und stellen einen Teil der Businesslogik des Datenbanksystems dar. Betrachten Sie die Konnektivität einmal an einem Beispiel (siehe Abbildung 4.13).

KUNDE_ID	KDNAME	KDVORNAME	TELEFON	ADRESSE	PLZ	ORT	BERATER_ID
1	Schmidt	Emil	0231-1020449	Kaiserstrasse 5	12345	Musterhausen	1
2	Müller	Hans	0221-2415932	Am Weiher 3	12345	Musterhausen	2
3	Schulze	Johanna	0410-1241335	Alte Poststr. 5	12345	Musterhausen	1
4	Schulte	Markus	04514-123414	Goethestr. 7	12354	Musterburg	2

KUNDE_ID	BERATER_ID
1	1
2	2
3	1
4	2
1	2
2	1

	BERATER_ID	BERNAME	VORNAME	STUNDENSATZ
+	1	Meier	Helena	50,00 €
+	2	Fuchs	Ingo	45,00 €
+	3	Müller	John	60,00 €
+	4	Schulz	Elisabeth	30,00 €

Abb. 4.13:   Konnektivität im Beispiel

Betrachten Sie im Beispiel einmal die Entität Emil Schmidt. Die Konnektivität von Emil Schmidt bezogen auf das Entity Set KUNDE_BERATER beträgt 2, weil es zwei Entitäten des Entity Sets KUNDE_BERATER gibt, die sich auf die Entität Emil Schmidt beziehen. Die Konnektivität der Entität Johanna Schulze bezogen auf die Zwischenentität KUNDE_BERATER beträgt 1, da in diesem Fall nur ein einziger Verweis existiert. Betrachten Sie die aktuell in Abbildung 4.13 dargestellte Situation, so beträgt die minimale Konnektivität 1, da jedes Element des Entity Sets KUNDE ein Mal im Entity Set KUNDE_BERATER referenziert wird. Die maximale Konnektivität beträgt in diesem Beispiel 2, da eine im Entity Set KUNDE enthaltene Entität maximal zwei Mal referenziert wird. Üblicherweise werden minimale und maximale Konnektivität aber dazu verwendet, um eine Unter- und eine Obergrenze für die Konnektivität zu definieren, die sich aus den Geschäftsregeln ergibt. Sie können z.B. definieren, dass jeder Berater minimal einen Kunden beraten muss und maximal fünf Kunden beraten kann. In diesem Fall würden Sie als minimale Konnektivität 1 und als maximale Konnektivität 5 angeben.

Die Konnektivität ist insbesondere für die Anwendungsentwicklung wichtig, da Datenbanksysteme auf Tabellenebene keinen Mechanismus vorsehen, Konnektivitäten zu definieren. Die Überprüfung der Konnektivität muss also in der Anwendungsebene implementiert werden. Dies kann einerseits in der Client-Anwendung oder besser noch direkt in einem in der Datenbank gespeicherten Ereignishandler, einem so genannten *Trigger*, geschehen. Die Methode, die Konnektivität in einem Trigger zu implementieren, ist der anderen Methode in aller Regel vorzuziehen, da ein Trigger stets durch ein datenbankinternes Ereignis wie z.B. eine INSERT-Operation ausgelöst wird und daher vom Anwendungsprogramm unabhängig ist.

Kardinalitäten werden im Chen-Diagramm so, wie Sie das bisher gesehen haben, direkt an die Entitäten geschrieben. Konnektivitäten werden auch an die Entitäten geschrieben, wobei die minimale und maximale Konnektivität in Klammern geschrieben und durch ein Komma getrennt werden.

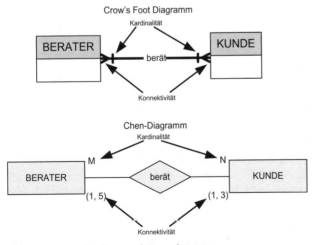

Abb. 4.14: Kardinalität und Konnektivität

Im Gegensatz zum Chen-Diagramm werden im Crow's-Foot-Diagramm Konnektivitäten nicht durch Zahlen, sondern lediglich durch eine zur eigentlichen Beziehungslinie rechtwinklige Linie (oder einen Kreis, wenn die Beziehung optional ist, siehe unten) angezeigt. Kardinalitäten werden im Crow's-Foot-Diagramm entweder durch den namengebenden Krähenfuß (»Viele«-Seite) oder durch einen einfachen Strich (»Eins«-Seite) dargestellt.

Zwischen den beiden Diagrammen gibt es noch einen sehr wichtigen Unterschied, der nicht so offensichtlich ist. Im Chen-Diagramm bezieht sich die Angabe der Konnektivität auf die bezogene Entität, während sich beim Crow's-Foot-Diagramm die Angabe der Konnektivität auf die Entität selbst bezieht.

Stärke der Beziehung

Wie Sie bereits im Verlauf dieses Kapitels gesehen haben, bestehen Beziehungen zwischen Entitäten. Daher ist es offensichtlich, dass die Eigenschaften der Entitäten sich auf die Beziehungen zwischen ihnen auswirken. Man unterscheidet hier zwischen existenzieller Abhängigkeit und existenzieller Unabhängigkeit.

Eine Entität ist von einer anderen *existenziell abhängig*, wenn sie ohne die Entität, von der sie abhängig ist, nicht existieren kann. Ein Beispiel für eine existenzielle Abhängigkeit stellt die Abhängigkeit zwischen einer Rechnung und der auf ihr vorhandenen Positionen dar. Gibt es keine Rechnung, so kann es auch keine Positionen geben, die auf dieser Rechnung erscheinen können. Die Entität POSITION ist von der Entität RECHNUNG existenziell abhängig. Nur wenn es eine Rechnungsentität gibt, so kann es auch eine auf diese Rechnungsentität bezogene Positionsentität geben.

Ist eine Entität *existenziell unabhängig* von einer anderen Entität, so kann diese andere Entität zwar einen Verweis auf die existenziell unabhängige Entität besitzen (üblicherweise in Form eines Fremdschlüssels), sie existiert aber unabhängig von diesem Verweis. Ein gutes Beispiel für existenziell unabhängige Entitäten stellt eine Kategorisierung der Kunden dar. Stellen Sie sich vor, dass Sie eine Entität KUNDENKATEGORIE einführen, in der verschiedene Kundenkategorien aufgelistet werden. Zwischen der Entität KUNDE und KUNDENKATEGORIE besteht eine 1:N-Beziehung, da jeder Kategorie beliebig viele Kunden zugeordnet werden können, jeder Kunde aber nur einer einzigen Kategorie zuzuordnen ist. Die Kategorie-Entitäten sind existenziell unabhängig von den Kunden-Entitäten, da nicht notwendigerweise jeder Kategorie auch ein Kunde zugeordnet sein muss. Auch wenn einer Kategorie kein einziger Kunde zugeordnet ist, so existiert diese Kategorie trotzdem. Die Entität KUNDENKATEGORIE ist existenziell unabhängig von der Entität KUNDE, obwohl die Entität KUNDE einen Verweis auf KUNDENKATEGORIE hat.

Schwache Beziehungen Sind zwei Entitäten voneinander existenziell unabhängig, so spricht man davon, dass die Beziehung zwischen diesen Entitäten *schwach* oder *nicht-identifizierend* ist. Vom Datenbankdesign-Standpunkt aus gesehen kann man eine schwache Beziehung zwischen zwei Entitäten daran erkennen, dass der Primärschlüssel der bezogenen Entität zwar als Fremdschlüssel auftritt, aber nicht Teil des Primärschlüssels ist.

```
KUNDENKATEGORIE (KUNDENKATEGORIE_ID, KUNDENKATEGORIE)
```

```
KUNDE (KUNDE_ID, KUNDENKATEGORIE_ID, NAME, VORNAME, ANSCHRIFT)
```

Wie Sie sehen können, gibt es zwar in der Entität KUNDE einen Fremdschlüssel KUNDENKATEGORIE_ID, dieser ist aber nicht Teil des Primärschlüssels der Entität KUNDE. Das Primärschlüsselattribut ist einzig und allein KUNDE_ID.

Im Crow's-Foot-Diagramm wird eine schwache Beziehung durch eine gestrichelte Beziehungslinie angezeigt, wohingegen es keine besondere Hervorhebung schwacher Beziehungen im Chen-Diagramm gibt.

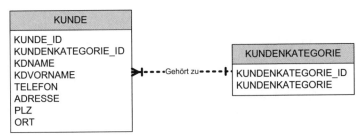

Abb. 4.15:   Schwache Beziehungen werden durch gestrichelte Beziehungslinien dargestellt.

Starke Beziehungen   Starke Beziehungen werden auch oft als *identifizierende Beziehungen* bezeichnet. Man spricht von einer starken Beziehung, wenn die abhängigen Entitäten existenziell abhängig sind. Ein gutes Beispiel für diese Abhängigkeit stellen die Positionen einer Rechnung dar. Diese können nur dann existieren, wenn die zugehörige Rechung auch existiert. Aus Datenbankdesigner-Sicht besteht zwischen zwei Entitäten eine starke Beziehung, wenn der Primärschlüssel der bezogenen Entität Teil des Primärschlüssels der abhängigen Entität ist.

```
RECHNUNG (RECHNUNG_ID, RECHNUNGDATUM, KUNDE_ID)
RECHNUNGPOSITION (POSITION_ID, RECHNUNG_ID, ARTIKEL_ID, ANZAHL, PREIS)
```

Im oben vorgestellten Fall besteht eine starke Beziehung zwischen der Entität RECHNUNGSPOSITION und RECHNUNG, weil der Primärschlüssel der Entität RECHNUNG auch ein Teil des Primärschlüssels der Tabelle RECHNUNGSPOSITION ist.

Im Crow's-Foot-Diagramm werden starke Beziehungen durch eine durchgezogene Linie dargestellt.

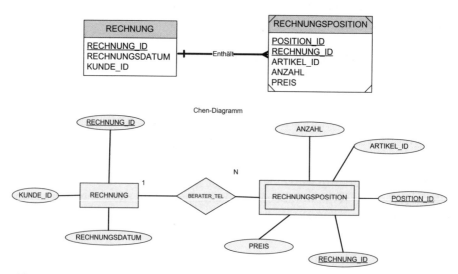

Abb. 4.16: Starke Beziehungen werden durch durchgezogene Linien dargestellt.

Die Entität, deren eigener Primärschlüssel den Fremdschlüssel einer anderen Tabelle enthält, wird als *schwache Entität* bezeichnet und im Crow's-Foot-Diagramm durch abgeschrägte Ecken dargestellt. Im Chen-Diagramm werden schwache Entitäten durch ein Rechteck mit doppeltem Rand dargestellt.

Hinweis

Wie Sie sich aufgrund dieses Beispiels sicherlich schon selbst gedacht haben, muss man bei der Implementierung einer starken Beziehung darauf achten, welchen Datensatz man zuerst anlegt. Würden Sie das in Abbildung 4.16 dargestellte ER-Diagramm in ein DBMS implementieren, so müssen Sie darauf achten, dass beim Einfügen von Datensätzen zuerst Datensätze in die Tabelle RECHNUNG und dann erst in die Tabelle RECHNUNGSPOSITION eingefügt werden können, da man zum Einfügen eines Datensatzes in die Tabelle RECHNUNGSPOSITION eine Rechnungs-ID benötigt, um einen Primärschlüssel bilden zu können.

Da schwache Entitäten eine wichtige Rolle bei der Implementierung von Datenbanken spielen, gehe ich im Folgenden noch einmal etwas genauer auf schwache Entitäten ein. Wie Sie bereits oben gesehen haben, muss eine schwache Entität zwei Bedingungen erfüllen:

1. Der Primärschlüssel der schwachen Entität muss ganz oder teilweise vom Primärschlüssel der übergeordneten Entität abhängig sein.

2. Die Entität kann nicht ohne die übergeordnete Entität existieren.

Hierbei ergibt sich die zweite Forderung im Prinzip schon aus der ersten Forderung – die schwache Entität kann nur dann existieren, das heißt, einen Primärschlüssel besitzen, wenn es die übergeordnete Entität gibt, deren Primärschlüssel ein Teil des Primärschlüssels der schwachen Entität ist.

Ob eine Entität schwach ist oder nicht, wird durch den Datenbankdesigner und das von ihm erarbeitete Datenbankdesign festgelegt. Prinzipiell ist es natürlich auch möglich, lediglich POSITION_NR als Primärschlüssel der Entität RECHNUNGSPOSI-TION zu verwenden.

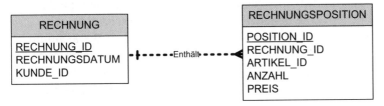

Abb. 4.17:   Das Beispiel mit schwacher Beziehung

In diesem Fall ist RECHNUNG_ID nicht mehr Teil des Primärschlüssels der Entität RECHNUNGSPOSITION. Rechnungspositionen könnten nun auch (sofern es keine Bedingung gibt, die vorschreibt, dass RECHNUNG_ID ein Pflichtfeld ist) ohne eine übergeordnete Rechnung existieren. An den eigentlichen Daten, die in dem Datenmodell gespeichert werden, ändert die Tatsache, ob zwischen zwei Entitäten eine starke oder schwache Beziehung besteht, nichts. Diese sehen immer wie in Abbildung 4.18 aus.

Tabelle RECHNUNG

RECHNUNG_ID	RECHNUNGSDATUM	KUNDE_ID
1	01.01.2004	3
2	05.02.2004	3
3	05.02.2004	17
4	10.03.2004	5

Tabelle RECHNUNGPOSITION

POSITION_ID	RECHNUNG_ID	ARTIKEL_ID	ANZAHL	PREIS
1	1	3	5	17,00 €
2	1	4	3	12,00 €
3	1	24	1	8,00 €
1	2	13	30	7,00 €
2	2	3	3	17,00 €
1	3	1	17	4,00 €
2	3	4	8	10,00 €
1	4	5	19	62,00 €

Abb. 4.18:   Beispieldaten in den beiden Tabellen RECHNUNG und RECHNUNGSPOSITION

Optionale und nicht-optionale Beziehungen

Bei Beziehungen zwischen Entitäten wird zwischen *optionalen* und *nicht-optionalen Beziehungen* unterschieden. Unter einer optionalen Beziehung versteht man eine Beziehung, bei der das Auftreten einer bestimmten Entität nicht automatisch heißt, dass auch eine bestimmte andere Entität auftreten muss. Kehren wir noch einmal zu dem Beispiel mit den Beratern und ihren Telefonen aus Abbildung 4.12 zurück. Nehmen wir nun weiter an, dass es auch Berater geben kann, die gar kein Telefon besitzen. In diesem Fall ist die Beziehung zwischen den Entitäten Berater und Telefon optional, da das Auftreten eines bestimmten Beraters nicht zwangsläufig bedeutet, dass diesem auch ein Telefon zugeordnet ist. Vom Standpunkt eines Datenbankdesigners wird eine optionale Beziehung dadurch charakterisiert, dass der Fremdschlüssel der abhängigen Entität nicht alle möglichen Werte annimmt, die durch den Primärschlüssel der übergeordneten Entität vorgegeben werden. Sowohl im Crow's-Foot-Diagramm als auch im Chen-Diagramm wird eine optionale Beziehung durch einen kleinen Kreis an der optionalen Seite dargestellt.

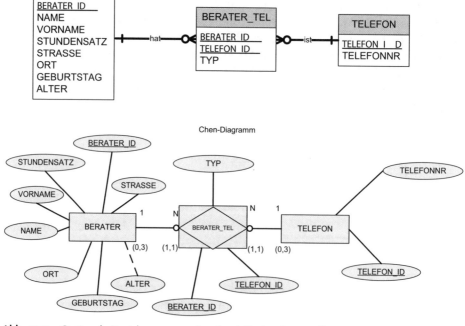

Abb. 4.19: Optionale Beziehungen werden durch Kreise dargestellt.

Bei einer optionalen Beziehung ist die minimale Kardinalität der Beziehung 0, da der Primärschlüsselwert der übergeordneten Entität als Fremdschlüsselwert der abhängigen Entität auch gar nicht (also 0 Mal) vorkommen kann.

Bei nicht-optionalen Beziehungen muss beim Auftreten einer Entität eine bestimmte andere Entität der abhängigen Tabelle auch auftreten, das heißt, es gibt keine übergeordnete Entität, der keine abhängige Entität zugeordnet ist, oder anders ausgedrückt, jeder Primärschlüsselwert der übergeordneten Tabelle muss mindestens einmal als Fremdschlüsselwert in der abhängigen Tabelle auftreten. Nicht-optionale Beziehungen werden, wie wir das bisher schon immer gemacht haben, im Crow's-Foot-Diagramm durch eine kleine, senkrecht zur Beziehungslinie stehende Linie angezeigt. Im Chen-Diagramm gibt es keine besondere Kennzeichnung für nicht-optionale Beziehungen. Bei nicht-optionalen Beziehungen beträgt die minimale Kardinalität der Beziehung 1, da ja jeder Fremdschlüsselwert mindestens einmal vorkommen muss.

Wichtig

Es ist sehr wichtig, dass Sie zwischen Stärke der Beziehung und optionalen/nicht-optionalen Beziehungen unterscheiden, da diese beiden Begriffe verschiedene Dinge beschreiben. Man kann nicht schlussfolgern, dass optionale Beziehungen automatisch schwache Beziehungen und nicht-optionale Beziehungen starke Beziehungen sind. Die Stärke einer Beziehung hängt davon ab, wie der Primärschlüssel der abhängigen Tabelle definiert ist, während sich optional/nicht-optionale Beziehungen darauf beziehen, ob alle Primärschlüsselwerte als Fremdschlüsselwerte in der abhängigen Tabelle vorkommen oder nicht. Die Stärke einer Beziehung ergibt sich aus der Implementierung, während die Tatsache, ob eine Beziehung optional ist oder nicht, sich aus den Geschäftsregeln der Datenbankanwendung ergibt.

In Abbildung 4.19 bin ich davon ausgegangen, dass es möglich ist, dass ein Berater kein Telefon besitzt. Aus dieser Annahme, die sich aus unseren Geschäftsregeln ergibt, folgt, dass die Beziehungen im ER-Diagramm optional sind. Natürlich ist es schon eine merkwürdige Annahme, dass es Berater gibt, die kein Telefon besitzen – wie sollen diese denn von Kunden erreicht werden? Sie können die Geschäftsregeln nun so ändern, dass jeder Berater mindestens ein Telefon besitzen muss. In diesem Fall wird aus der optionalen Beziehung eine nicht-optionale Beziehung. Was sich allerdings in beiden Fällen nicht geändert hat, ist die Stärke der Beziehungen zwischen BERATER und BERATER_TEL bzw. BERATER_TEL und TELEFON. Da sowohl BERATER_ID als auch TELEFON_ID Teile des Primärschlüssels der Tabelle BERATER_TEL sind, sind die beiden Beziehungen stark, unabhängig davon, ob die Beziehung nun optional ist oder nicht.

Beim Datenbankdesign liegt es im Ermessensspielraum des Datenbankdesigners, ob er statt einer schwachen eine starke Beziehung definiert oder nicht. Es ist abzuwägen, ob die sehr rigiden Einschränkungen, die man durch die Verwendung von schwachen Entitäten einführt, im täglichen Umgang mit der Datenbank überhaupt

Sinn machen. Ist es z.B. gängige Praxis, dass abhängige Datensätze angelegt werden, bevor die übergeordneten Datensätze angelegt werden, so macht es keinen Sinn, hier mit starken Beziehungen zu arbeiten, da diese die Dateneingabe, so wie sie in der Praxis vorkommt, nicht zulassen.

Grad der Beziehung

Der Grad der Beziehung gibt an, wie viele verschiedene Entitäten an einer Beziehung beteiligt sind. Man unterscheidet nach der Anzahl der beteiligten Tabellen zwischen unären, binären und tenären Beziehungen. Es gibt auch Beziehungen, an denen mehr als drei Tabellen beteiligt sind. Diese Beziehungen sind allerdings so selten, dass es hierfür keinen speziellen Namen gibt.

Unäre Beziehungen Bei einer unären Beziehung stehen Entitäten eines Entity Sets mit anderen Entitäten desselben Entity Sets zueinander in Beziehung. Dies ist insbesondere im Zusammenhang mit rekursiven Beziehungen interessant, auf die ich weiter unten näher eingehe. Ein Beispiel für eine unäre Beziehung stellt die folgende Situation dar.

Alle Berater-Entities gehören zum Entity Set BERATER. Berater können aber untereinander in Beziehung stehen, so kann es z.B. sein, dass ein Berater der Vorgesetzte eines anderen Beraters ist. Diesen Fall kann man dadurch abbilden, dass jede Berater-Entität ein Attribut VORGESETZTER_ID besitzt, das einen Fremdschlüsselwert auf eine Entität im selben Entity Set (also im Entity Set BERATER) enthält.

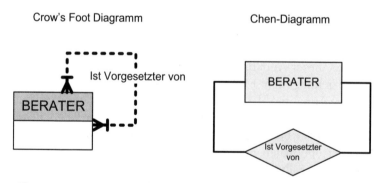

Abb. 4.20: Unäre Beziehung im Crow's-Foot- und Chen-Diagramm

Binäre Beziehungen An einer binären Beziehung sind, wie schon der Name vermuten lässt, zwei Entitäten beteiligt. Binäre Beziehungen sind die am meisten verwendeten Beziehungen. Bei der Implementierung in ein relationales Datenbanksystem werden Beziehungen höheren Grades in binäre Beziehungen umgewandelt.

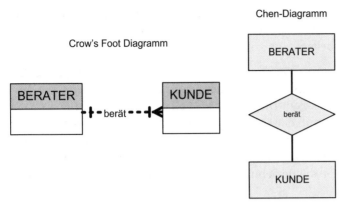

Abb. 4.21: Binäre Beziehung im Crow's-Foot- und Chen-Diagramm

Tenäre Beziehungen Obwohl tenäre Beziehungen bei der Implementierung in ein relationales Datenbanksystem stets in mehrere binäre Beziehungen umgewandelt werden, so stellen sie beim konzeptionellen Design doch ein wertvolles Hilfsmittel für den Datenbankdesigner dar. Ein Beispiel, bei dem eine tenäre Beziehung eingesetzt wird, stellt folgendes Szenario dar.

Stellen Sie sich vor, dass bei Alana Business Consult nicht nur Berater dazu eingesetzt werden, Kunden zu beraten, sondern dass Berater auch innerhalb von Projekten eingesetzt werden, die von mehreren Kunden unterstützt werden. Jeder Kunde zahlt einen bestimmten Betrag in das Projekt ein. Alle eingezahlten Beträge ergeben in Summe das Budget des Projektes. Aus diesem Budget erhalten die verschiedenen Berater Zahlungen. Stellen Sie sich nun vor, dass ein Kunde an mehreren Projekten beteiligt sein kann, jedes Projekt von mehreren Kunden unterstützt wird und jeder Berater an mehr als einem Projekt beteiligt sein kann. Damit Sie alle Transaktionen innerhalb dieses Szenarios nachvollziehen können, benötigen Sie eine tenäre Beziehung.

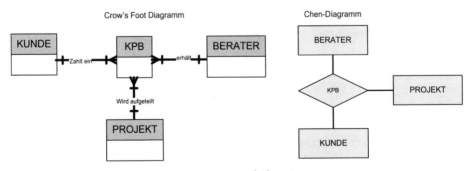

Abb. 4.22: Tenäre Beziehung im Crow's-Foot- und Chen-Diagramm

Da die Beziehung zwischen den drei Entitäten nicht über ein einfaches Verb dargestellt werden kann, bezeichnen wir diese Beziehung einfach mit den Anfangsbuchstaben der beteiligten Tabellen.

In Abbildung 4.22 ist sehr schön der Unterschied zwischen dem implementie-
rungsnahen Crow's-Foot-Diagramm und dem eher konzeptionellen Chen-Diagramm zu sehen. Im Crow's-Foot-Diagramm wird eine tenäre Beziehung direkt in
drei binäre Beziehungen aufgelöst. Dies ist sehr implementierungsnah, da in
einem relationalen Datenbanksystem auch nur binäre Beziehungen dargestellt
werden können. Beim Chen-Diagramm steht das Konzept im Vordergrund. Daher
ist es hier einfach möglich, die Beziehung durch eine einzelne Raute darzustellen.

Rekursive Beziehungen

Ein besonders interessantes Anwendungsgebiet unärer Beziehungen stellen die
rekursiven Beziehungen dar. Hierbei steht eine Entität eines Entity Sets mit anderen Entitäten desselben Entity Sets in Beziehung. Genau wie bei anderen Beziehungen sind 1:1-, 1:N- und M:N-Beziehungen möglich. Rekursive Beziehungen
ermöglichen es, eine hierarchische Struktur auf die lineare Struktur eines Entity
Sets abzubilden.

Ein Beispiel für eine rekursive 1:1-Beziehung liegt vor, wenn Sie in der Datenbank
verwalten wollen, welche Berater miteinander verheiratet sind. Da jeweils immer
nur zwei Personen verheiratet sind, liegt hier eine klassische 1:1-Beziehung vor.
Diese Beziehung ist schwach, da die einzelnen Berater unabhängig davon existieren, ob sie nun verheiratet sind oder nicht, und außerdem ist die Beziehung optional, da es nicht Pflicht ist, dass zwei Berater miteinander verheiratet sind. So kann
es z.B. sein, dass ein Berater mit jemandem verheiratet ist, der nicht bei Alana Business Consult arbeitet, oder dass ein Berater gar nicht verheiratet ist.

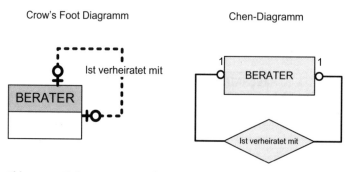

Abb. 4.23: Rekursive 1:1-Beziehung

Ein typisches Beispiel für eine rekursive 1:N-Beziehung stellt eine hierarchische
Struktur dar. In unserem Beispiel können wir die Firmenhierarchie von Alana
Business Consult über eine rekursive 1:N-Beziehung darstellen. Jeder Berater hat
einen vorgesetzten Berater und jeder vorgesetzte Berater hat mehrere untergebene

Berater. Wiederum ist die Beziehung schwach, da die einzelnen Berater unabhängig von den unter ihnen herrschenden Hierarchiestufen existieren können.

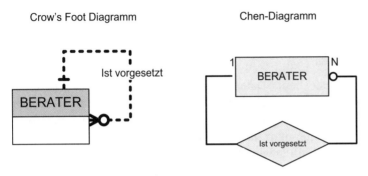

Abb. 4.24:   Rekursive 1:N-Beziehung

Natürlich gibt es auch eine rekursive M:N-Beziehung. Sie könnten z.B. in der Datenbank verwalten, welcher Berater mit welchen anderen Beratern zusammenarbeitet. Da es keine Beschränkung für die Zusammenarbeit unter den Beratern gibt, kann jeder Berater mit beliebig vielen anderen Beratern zusammenarbeiten.

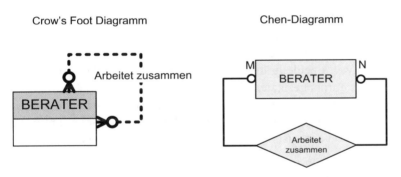

Abb. 4.25:   Rekursive M:N-Beziehung

Wichtig

Bei der Implementierung rekursiver Beziehungen ist es wichtig zu beachten, dass das Fremdschlüsselfeld niemals den Primärschlüsselwert seines eigenen Datensatzes erhalten kann, das heißt, dass ein Datensatz niemals auf sich selbst referenzieren kann. Beachten Sie diese Regel nicht, so wird ein Programm, das die rekursive Struktur der Tabelle auflösen will, unvermeidbar in eine Endlosschleife laufen, die unter Umständen recht schwer zu finden ist. In Datenbanksystemen, die Businesslogik in der Datenbank selbst erlauben (wie z.B. Oracle oder MS SQL Server) können Sie die Fremdschlüsselwerte beim Einfügen von neuen oder Ändern bestehender Datensätze überprüfen und so verhindern, dass die Datenbank Datensätze enthält, die auf sich selbst referenzieren.

Die 1:1-Beziehung und die 1:N-Beziehung können in einer einzigen Tabelle implementiert werden, indem man ein Fremdschlüsselfeld definiert, das einen Primärschlüsselwert derselben Tabelle enthält. Wenn Sie die M:N-Beziehung implementieren möchten, so benötigen Sie eine Zwischentabelle, genau wie bei allen anderen M:N-Beziehungen.

Zusammengesetzte Entitäten

Eine weitere wichtige Rolle beim Datenbankdesign spielen die so genannten zusammengesetzten Entitäten, die Sie bereits weiter oben beim Auflösen einer M:N-Beziehung in zwei 1:N-Beziehungen kennen gelernt haben. Zusammengesetzte Entitäten sind auch unter dem Namen *Brücken-Entitäten* oder *Zwischen-Entitäten* bekannt. Diese Art von Entität wird als zusammengesetzte Entität bezeichnet, da sich der Primärschlüssel der Entität aus den beiden Primärschlüsseln der Entitäten zusammensetzt, die die zusammengesetzte Entität verbindet.

Im Chen-Diagramm wird eine zusammengesetzte Entität, wie in Abbildung 4.9, als Raute mit umschließendem Rechteck dargestellt. Da es bei der Implementierung keinen Unterschied zwischen zusammengesetzten Entitäten und normalen Entitäten gibt, bietet das Crow's-Foot-Diagramm keine besondere Kennzeichnung zusammengesetzter Entitäten an.

Ein weiterer wichtiger Punkt, der bei genauer Betrachtung zusammengesetzter Entitäten auffällt, ist, dass eine zusammengesetzte Entität existenzabhängig von den beiden übergeordneten Entitäten ist. Es kann nur dann eine zusammengesetzte Entität geben, wenn beide bezogenen Entitäten existieren, da sich der Primärschlüssel der zusammengesetzten Entität aus den beiden Primärschlüsseln der übergeordneten Entitäten zusammensetzt. Aufgrund der existenziellen Abhängigkeit der zusammengesetzten Entität von den beiden übergeordneten Entitäten kann der Primärschlüssel der zusammengesetzten Entität niemals (auch nicht in Teilen) Null sein.

Wie Sie in Abbildung 4.12 sehen können, ist es möglich, zusätzlich zu den Primärschlüsseln der beiden übergeordneten Entitäten weitere Attribute zu definieren, die die spezielle Beziehung zwischen den beiden Entitäten näher beschreiben, die durch die zusammengesetzte Entität dargestellt wird.

Supertypen und Subtypen

Sie haben das Unternehmen Alana Business Consult ja bereits im Verlauf dieses Buches ausgiebig kennen gelernt. Als typische Beratungsfirma beschäftigt Alana Business Consult natürlich Berater. Stellen Sie sich nun einmal vor, dass es eine weitere Klassifizierung innerhalb des Beraterstabes gibt. Auf der einen Seite gibt es die Finanz- oder Wirtschaftsberater, die Unternehmen in wirtschaftlichen Belangen beraten, andererseits gibt es IT-Berater, die sich um den Beratungsbedarf kümmern, der sich durch die IT-Landschaft der Kundenunternehmen ergibt. Diese verschiedenen Klassen von Beratern besitzen natürlich auch verschiedene Attribute. Während bei den Finanzberatern Attribute wie z.B. Höhe der größten bisher verwalteten Fonds eine Rolle spielt, haben IT-Berater andere Attribute, die für Finanzberater keine Rolle spielen. Neben diesen unterschiedlichen Attributen besitzen sowohl IT-Berater als auch Finanzberater gemeinsame Attribute wie z.B. Name oder Telefonnummer.

Eine sehr ungeschickte Möglichkeit, dieses Szenario zu modellieren, ist, alle möglichen Attribute in einer einzigen Berater-Entität zu definieren. In diesem Fall bekommen Sie ein Entity Set mit Entitäten, die sehr viele Attribute besitzen, von denen allerdings in jeder Entität viele Attribute unbesetzt bleiben. So haben die Attribute, die sich auf den IT-Berater beziehen, bei einem Finanzberater keinen Inhalt und die Attribute, die sich auf den Finanzberater beziehen, haben keinen Inhalt, wenn man einen IT-Berater anlegt.

Wie Sie an diesem Beispiel sehen, kann es auch unter Entity Sets eine hierarchische Abhängigkeit geben, wie Sie es z.B. von der objektorientierten Programmierung her kennen. Hierbei enthält der *Supertyp* alle Attribute, die allen Entity Sets gemeinsam sind, und die *Subtypen* enthalten die Attribute, die sich speziell auf eine bestimmte Ausprägung des Supertyps beziehen. Im Prinzip können wir hier eine Art Vererbungsdiagramm zeichnen.

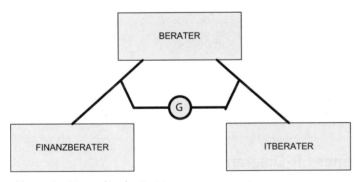

Abb. 4.26: Hierarchie der Entitäten

In Abbildung 4.26 ist die Hierarchie der Entitäten sehr schön dargestellt. Die Entität FINANZBERATER ist genauso wie die Entität ITBERATER von der Entität BERATER abgeleitet. Die beiden Entitäten FINANZBERATER und ITBERATER sind disjunkt, das heißt, ein Berater kann entweder ein IT-Berater oder ein Finanzberater sein, aber nicht beides gleichzeitig. Dieser gegenseitige Ausschluss wird durch den Kreis mit dem eingebetteten G symbolisiert.

In Abbildung 4.27 ist dargestellt, wie eine Supertyp/Subtyp-Beziehung in einem relationalen Datenbanksystem realisiert wird. Zwischen der Tabelle BERATER (die obere Tabelle) und der Tabelle FINANZBERATER besteht eine 1:1-Beziehung, die die zusätzlichen Attribute weiter differenziert, die ein Finanzberater im Gegensatz zu einem normalen Berater haben kann.

BERATER_ID	BERNAME	VORNAME	STUNDENSATZ
1	Meier	Helena	50,00 €
2	Fuchs	Ingo	45,00 €
3	Müller	John	60,00 €
4	Schulz	Elisabeth	30,00 €

BERATER_ID	MAXBUDGET	FINANCIAL_DEGREE
1	1000000	MBA
4	20000	MBA

Abb. 4.27:   Realisierung einer Supertyp-Beziehung

Neben den sich gegenseitig ausschließenden Subtypen gibt es auch Subtypen, die sich gegenseitig nicht ausschließen. Nehmen Sie z.B. einmal an, dass ein Berater aufgrund seiner Qualifikation sowohl Finanz- als auch IT-Berater sein kann. In diesem Fall ändert sich das Vererbungsdiagramm aus Abbildung 4.26, wie in Abbildung 4.28 dargestellt.

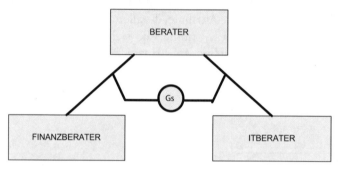

Abb. 4.28:   Sich nicht ausschließende Subtypen

Statt »G« wie in Abbildung 4.26 steht im Kreis nun »Gs«.

4.3   Erstellen eines ER-Diagramms

Nachdem Sie nun so viel darüber erfahren haben, wie man ein ER-Diagramm erstellt und was man bei der Erstellung eines solchen Diagramms berücksichtigen muss, komme ich nun endlich einmal zu einem Praxisbeispiel. Es geht in diesem abschließenden Abschnitt darum, ein ER-Diagramm für die Datenbank des Beratungsunternehmens Alana Business Consult zu entwerfen. Wenn Sie sich noch einmal überlegen, wie dieses Unternehmen funktioniert, treffen Sie auf vier Akteure. Da sind zum einen natürlich die Kunden, dann die Berater und Experten und schließlich die Mitarbeiter von Alana Business Consult, die sich um die administrative Arbeit kümmern. Das konzeptionelle Modell, das diese Konstellation abbildet, haben Sie ja bereits kennen gelernt. In Abbildung 4.29 können Sie sich dieses Modell noch einmal ins Gedächtnis rufen.

Das in Abbildung 4.29 dargestellte Diagramm ist natürlich nur ein erster Entwurf, der den Zusammenhang zwischen den einzelnen Akteuren bei Alana Business

Consult verdeutlicht. Viele Dinge, die letztendlich in der Datenbank aufgenommen werden sollen, werden gar nicht berücksichtigt.

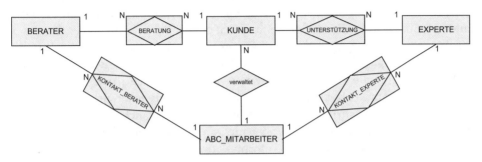

Abb. 4.29: Das konzeptionelle Modell zu Alana Business Consult

Schauen Sie sich nun noch einmal die Berater etwas genauer an. Berater müssen bei Alana Business Consult zu jeder Kundenberatung ein Protokoll schreiben. Dieses Protokoll wird jeweils von einem einzelnen Berater verfasst. Selbst wenn der Kunde durch eine Beratergruppe beraten wird, so schreibt entweder der Gruppenleiter ein Protokoll oder jeder aus dem Team schreibt ein gesondertes Protokoll, damit die verschiedenen Blickwinkel der einzelnen Berater berücksichtigt werden.

Innerhalb von Alana Business Consult sind die Berater in verschiedenen Arbeitsgruppen organisiert, die sich intern um die Weiterentwicklung der Firma kümmern. Diese Struktur dient Alana Business Consult dazu, stets auf dem Laufenden zu bleiben. Ein Berater kann in beliebig vielen Arbeitsgruppen Mitglied sein und in einer Arbeitsgruppe sind natürlich auch mehrere Berater, da es ja ansonsten keine Arbeitsgruppe wäre. Zwischen Arbeitsgruppen und Beratern besteht also eine M:N-Beziehung.

Eine weitere eminent wichtige Sache bei Alana Business Consult stellt das Knowhow dar, da dies im Prinzip der Geschäftsgegenstand des Unternehmens ist. Berater und Experten besitzen Know-how, Kunden suchen dieses Know-how. Ist dem Datenbanksystem bekannt, welcher Kunde welches Know-how sucht und welcher Berater bzw. Experte dieses anbietet, kann eine Art Automatching durchgeführt werden, bei der das Datenbanksystem Berater vorschlägt, die auf dem Gebiet Know-how besitzen, auf dem ein bestimmtes Unternehmen dieses Know-how sucht. Da ein Berater über mehrere Know-how-Gebiete verfügt und es jeweils immer mehrere Berater gibt, die ein bestimmtes Know-how-Gebiet abdecken, besteht zwischen den Beratern und dem Know-how eine M:N-Beziehung. Dasselbe gilt natürlich auch für die Experten. Auf der anderen Seite stehen die Kunden, die Know-how suchen. Hier besteht auch eine M:N-Beziehung zwischen Kunden und Know-how, da ein Kunde auf mehreren Know-how-Gebieten Beratungsbedarf haben kann, andererseits mehrere Kunden im selben Know-how-Gebiet Beratung benötigen.

Das Automatching, das das Datenbanksystem durchführen kann, kann noch wesentlich verbessert werden, indem man noch die Branchen mit erfasst, in denen sich Berater und Experten auskennen. Benötigt ein Kunde z.B. Beratung für eine Finanzierung im Logistikgewerbe, können die Anforderungen an einen Berater anders sein, als wenn ein Kunde Beratung zu einer Finanzierung in der Gastronomiebranche benötigt. Sind diese Informationen bekannt, so kann man Kunden (bzw. Experten) und Berater sowohl anhand des Know-how-Bedarfs als auch anhand der Branche zusammenführen. Zwischen Beratern (bzw. Experten) und Branchen besteht auch wieder eine M:N-Beziehung, da jeder Berater und jeder Experte Branchenerfahrung in mehr als einer einzigen Branche gesammelt haben, jede Branche auf der anderen Seite aber auch von mehr als einem Berater/Experten besetzt sein kann. Wenn Sie diese Informationen alle in das Diagramm eintragen, so erweitert sich dieses so, wie in Abbildung 4.30 zu sehen ist.

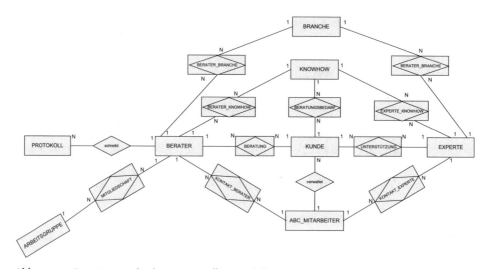

Abb. 4.30: Erweiterung des konzeptionellen Modells

Bevor das Diagramm komplett unübersichtlich wird, lassen Sie uns die bisher gewonnenen Informationen in ein Crow's-Foot-Diagramm übertragen. Dabei geht es im ersten Schritt darum, die grundlegende Struktur der Datenbank aus Abbildung 4.29 umzusetzen.

Lassen Sie uns nun einmal die Abbildung 4.31 genauer untersuchen. Wie bereits in Abbildung 4.29 angedeutet, gibt es auf dieser Stufe lediglich vier starke Entitäten, nämlich die Entitäten KUNDE, BERATER, EXPERTE und ABC_MITARBEITER. Jede dieser Entitäten kann für sich selbst existieren und benötigt keine andere Entität als Existenzgrundlage. Wie Sie sehen, habe ich bei jeder dieser Entitäten viele verschiedene Attribute eingefügt, die die einzelnen Entitäten beschreiben. Auf all diese Attribute möchte ich hier nicht weiter eingehen, da die meisten selbsterklärend sind.

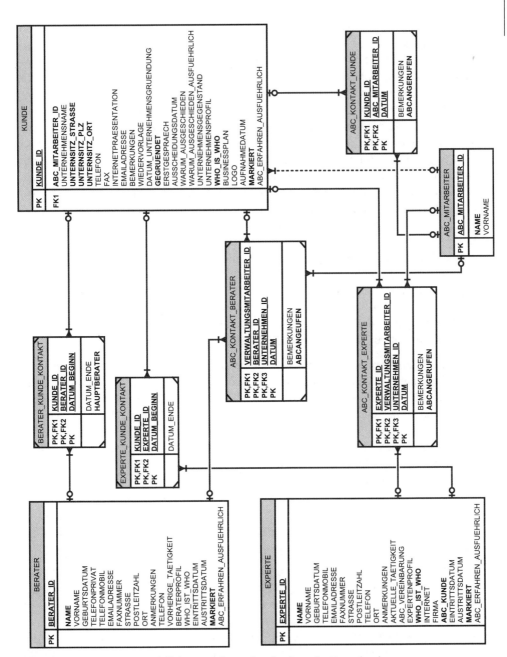

Abb. 4.31: Crow's-Foot-Modell der grundlegenden Struktur der Datenbank

Viel interessanter ist es aber, wenn Sie sich einmal die schwachen Entitäten ansehen, die die Kontakte zwischen den einzelnen Akteuren bei Alana Business Consult abbilden. Der Kontakt zwischen Kunden und Beratern wird durch die Entität BERATER_KUNDE_KONTAKT modelliert. Da diese Entität schwach ist, setzt sich der Primärschlüssel aus den beiden Fremdschlüsseln auf die Entitäten KUNDE und BERATER zusammen. Da ein Berater auch mehrfach in verschiedenen Intervallen Kontakt zum Kunden haben kann, spielt das Datum, an dem der Kontakt zustande kam bzw. an dem die Zusammenarbeit zwischen Kunde und Berater begann, auch eine wesentliche Rolle, um verschiedene Kontakte zwischen demselben Kunden und demselben Berater unterscheiden zu können. Daher ist das Attribut DATUM_BEGINN auch Teil des Primärschlüssels der Entität BERATER_KUNDE_KONTAKT. Zusätzlich zu diesen Informationen möchte Alana Business Consult auch das Ende einer Zusammenarbeit eines Beraters mit einem Kunden speichern. Da für laufende Zusammenarbeit in der Regel kein Ende bekannt ist, muss dieses Feld ein optionales Feld sein und kann daher auch nicht Teil des Primärschlüssels sein. Des Weiteren soll verwaltet werden, ob der Berater bei der betrachteten Zusammenarbeit Hauptberater war oder nicht. Da es sich bei diesem Attribut um ein Boolesches Attribut handelt (entweder ist jemand Hauptberater oder nicht), wurde das Attribut als Pflichtattribut definiert. Die Entität EXPERTE_KUNDE_KONTAKT ist im Prinzip genau so aufgebaut, so dass hier eine weitere Erklärung entfällt.

Zwischen den Beratern/Experten und den Verwaltungsmitarbeitern finden auch Kontakte statt, bei denen über einen Kunden gesprochen wird. Daher sind die Fremdschlüssel auf die Entität ABC_MITARBEITER, BERATER und KUNDE Bestandteil des Primärschlüssels der Entität ABC_KONTAKT_BERATER. Des Weiteren ist auch das Datum, wann es zu dem Kontakt zwischen einem Verwaltungsmitarbeiter und einem Berater gekommen ist, Teil des Primärschlüssels. Eine wichtige Information für Alana Business Consult ist es, ob sich der Berater selbst beim Verwaltungsmitarbeiter gemeldet hat oder ob der Verwaltungsmitarbeiter angerufen hat. Da es sich hier wieder um ein Boolesches Attribut handelt, wurde auch dieses Attribut als Pflichtattribut modelliert. Das Attribut BEMERKUNGEN dient dazu, Informationen zu dem Kontakt festzuhalten (also in der Regel Telefonnotizen). Die Entität ABC_KONTAKT_EXPERTE ist analog aufgebaut.

Zuletzt betrachten wir nun noch die Entität ABC_KONTAKT_KUNDE. Diese Entität bildet den Kontakt eines ABC-Verwaltungsmitarbeiters mit einem Kunden ab. Beispiel für einen Kontakt eines Kunden mit einem ABC-Verwaltungsmitarbeiter ist, wenn ein Kunde anruft, ein spezielles Problem schildert und der Verwaltungsmitarbeiter aufgrund dieses Problems einen Kontakt zwischen einem Berater oder Experten und dem Kunden herstellt. Auch hier gibt es wieder das Boolesche Pflichtattribut ABCANGERUFEN, das festlegt, von wem die Kontaktaufnahme ausgegangen ist.

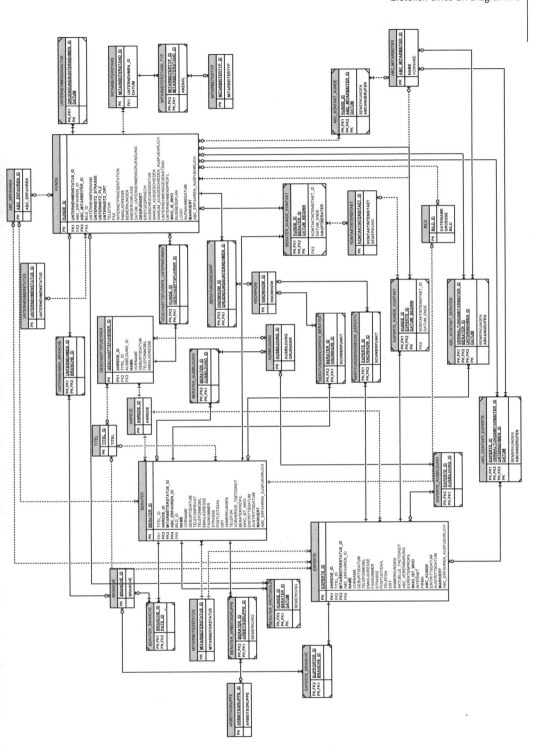

Abb. 4.32: Das komplette Datenmodell der Alana Business Consult

Bitte beachten Sie, dass momentan die einzige nicht-identifizierende Beziehung zwischen den Entitäten KUNDE und ABC_MITARBEITER besteht. Jedem Kunden wird ein Verwaltungsmitarbeiter als Hauptansprechpartner genannt, der dem Kunden als erste Anlaufstelle bei beliebigen Problemen dient. Ein weiterer Punkt, der Aufmerksamkeit erfordert, ist der, dass ausgehend von den starken Entitäten fast alle Beziehungen optionale Beziehungen sind, das heißt, auch wenn eine bestimmte Entität auftritt, muss diese nicht zwangsläufig an einer Beziehung beteiligt sein.

Schauen wir uns nun einmal das Crow's-Foot-Diagramm für das komplette Datenmodell der Alana Business Consult an.

Neben den aus Abbildung 4.31 bekannten Entitäten sind viele neue Entitäten hinzugekommen. Über die Entität BRANCHE werden die in der Datenbank vorhandenen Branchen abgebildet. Zwischen den Entitäten EXPERTE, BERATER und KUNDE bestehen jeweils M:N-Beziehungen zur Entität BRANCHE, da jeder Experte, Berater und Kunde auch in verschiedenen Branchen tätig sein kann. Diese Abhängigkeit wird durch die schwachen Entitäten BERATER_BRANCHE, KUNDE_BRANCHE und EXPERTE_BRANCHE abgebildet.

Jeder Berater schreibt Protokolle zu den Beratungen oder Projekten, die mit Kunden abgewickelt worden sind. Auch diese Protokolle werden in der schwachen Entität PROTOKOLL verwaltet, da sowohl ein Kunde als auch ein Berater existieren muss, bevor ein Protokoll angelegt werden kann.

Wie bereits weiter oben beschrieben, sind die Berater bei Alana Business Consult intern in Arbeitsgruppen organisiert, die in der Entität ARBEITSGRUPPE verwaltet werden. Um die M:N-Beziehung zwischen BERATER und ARBEITSGRUPPE abzubilden, wird die schwache Entität BERATER_ARBEITSGRUPPE verwendet.

Das ganze Datenmodell wurde durch die *starken* Entitäten TITEL, ANREDE, MITARBEITERSTATUS, KONTAKTINTENSITAET und UNTERNEHMENSSTATUS erweitert, aus denen in der fertigen Datenbank Nachschlagetabellen erzeugt werden, die zur Minimierung der Redundanz innerhalb der Datenbank dienen.

In der Entität AUSBILDUNG werden verschiedene anerkannte Ausbildungen verwaltet. Das Datenmodell von Alana Business Consult verwaltet pro Berater und Experten mehrere Ausbildungen, da die von einem Berater/Experten erlangten Ausbildungen für die Auswahl der Berater/Experten wichtig sind. Auch hier wird die M:N-Beziehung wieder durch schwache Entitäten (in diesem Fall EXPERT_AUSBILDUNG und BERATER_AUSBILDUNG) modelliert.

Um den einzelnen Kunden, der ja eigentlich ein eigenes Unternehmen darstellt, weiter differenzieren zu können, wurde die Entität GESCHAEFTSFUEHRER eingeführt, die dazu dient, die im Unternehmen Verantwortlichen in der Datenbank zu speichern, damit alle Mitarbeiter von Alana Business Consult auch wissen, wer im Unternehmen Ansprechpartner ist. Auch zwischen den Geschäftsführern und den Kunden besteht eine M:N-Beziehung. Eine Person kann der Geschäftsführer mehrerer Kundenunternehmen sein und ein Kundenunternehmen kann natürlich auch über mehr als einen Geschäftsführer verfügen. Bei den Geschäftsführern ist für Alana Business Consult nur jeweils die höchste erzielte Ausbildung relevant, daher besteht eine nicht-identifizierende Beziehung zwischen GESCHAEFTSFUEH-RER und AUSBILDUNG.

Ein weiterer interessanter Aspekt der Datenbankanwendung wird durch die Entität KNOWHOW dargestellt. In dieser Tabelle werden die verschiedenen Know-how-Gebiete festgehalten, die bei den Beratungen eine Rolle spielen. Wie Sie sich inzwischen sicherlich denken können, besteht zwischen den Entitäten BERATER und EXPERTE und der Entität KNOWHOW eine M:N-Beziehung, da jeder Experte oder Berater Know-how auf verschiedenen Gebieten besitzen kann und auf der anderen Seite jedes Know-how-Gebiet mehrfach besetzt ist. In den jeweiligen Entitäten BERA-TUNGSKNOWHOW_BERATER und BERATUNGSKNOWHOW_EXPERTE gibt es das Boolesche Pflichtattribut SCHWERPUNKT, das festlegt, ob das jeweilige Gebiet ein Schwerpunktgebiet des Beraters ist.

Das Know-how, das die Berater auf der einen Seite anbieten, wird natürlich auf der anderen Seite durch die Kunden benötigt. Dieser Bedarf wird durch die schwache Entität BERATUNGSBEDARF abgebildet.

Eine weitere interessante Entität ist die Entität BILD. Hier werden für die Unternehmen die jeweiligen Logos und für die Berater Fotos gespeichert, die dann an verschiedenen Stellen verwendet werden. Normalerweise hätte man diese hier abgespeicherte Information natürlich auch direkt in den Entitäten KUNDE bzw. BERATER speichern können, da zwischen den Tabellen eine 1:1-Beziehung besteht. Das Datenmodell wurde an dieser Stelle aber so modelliert, dass Bilder eine eigene Entität bilden, da man die Tabelle, die aus dieser Entität erzeugt wird, vom Rest der Datenbank abspalten kann. Da in der Tabelle BILD später einmal richtige Bilder (z.B. im JPG-Format) gespeichert werden sollen, wird diese Tabelle vom Datenumfang wesentlich größer als die anderen Tabellen werden und muss unter Umständen an einem anderen Ort gespeichert werden als der Rest der Datenbank.

Alana Business Consult bietet seinen Kunden die Möglichkeit, eine Unternehmensanalyse durchzuführen, bei der das gesamte Unternehmen analysiert wird. Diese Unternehmensanalysen können zu verschiedenen Zeiten durchgeführt werden und werden in der schwachen Entität UNTERNEHMENSANALYSE gespeichert.

Zu guter Letzt werden auch die Beschäftigungszahlen der einzelnen Unternehmen von Alana Business Consult in einem wiederkehrenden Rhythmus überwacht, um die Entwicklung der Unternehmen beurteilen zu können. Hierzu wird ab und an ein Mitarbeiterstand erhoben. Es ist nicht nur interessant, wie viele Mitarbeiter angestellt sind, sondern auch, was dies für Mitarbeiter sind (z.B. Teilzeit, Praktikanten oder Auszubildende). Das Ergebnis der Mitarbeitererhebung wird durch die drei Entitäten MITARBEITERSTAND, MITARBEITERSTAND_TYP und MITARBEITER-TYP abgebildet.

4.4 Zusammenfassung

- **Abgeleitete Attribute**

  Unter einem abgeleiteten Attribut versteht man ein Attribut, das aus den anderen Attributen einer Entität berechnet werden kann.

- **Attribut**

  Als Attribute werden die Eigenschaften der Entitäten bezeichnet, die diese näher beschreiben.

- **Binäre Beziehung**

  An einer binären Beziehung sind zwei Entitäten beteiligt. Binäre Beziehungen sind die am meisten verwendeten Beziehungen.

- **Chen-Diagramm**

  Chen-Diagramme sind eine Art des ER-Diagramms. Chen-Diagramme spiegeln eine konzeptionelle Sicht der Daten wider und werden daher meist am Anfang des Design-Prozesses verwendet.

- **Crow's-Foot-Diagramm**

  Crow's-Foot-Diagramme sind eine Art des ER-Diagramms. Das Crow's-Foot-Diagramm ist eher auf die Implementierung ausgelegt und wird daher später im Design-Prozess verwendet. Die meisten Datenbank-Modellierungstools verwenden das Crow's-Foot-Diagramm

- **Domäne**

  Unter einer Domäne versteht man die Menge aller Werte, die ein Attribut annehmen kann.

- **Entität**

  Eine Entität ist ein Objekt der realen Welt, das in der Datenbank verwaltet werden soll, also z.B. eine Person oder ein Gegenstand.

- **Existenzielle Abhängigkeit**

  Eine Entität ist von einer anderen existenziell abhängig, wenn sie ohne die Entität, von der sie abhängig ist, nicht existieren kann.

- **Existenzielle Unabhängigkeit**

  Ist eine Entität existenziell unabhängig von einer anderen Entität, so kann diese andere Entität zwar einen Verweis auf die existenziell unabhängige Entität besitzen, sie existiert aber unabhängig von diesem Verweis.

- **Externes Modell**

  Beim externen Modell handelt es sich um einen Blick auf die Datenbank aus der Sicht eines Endanwenders oder eines Datenbankanwendungsentwicklers.

■ **Internes Modell**

Das interne Modell ist die Anpassung des konzeptionellen Modells auf die Beschränkungen des DBMS, auf dem die Datenbank letztendlich implementiert werden soll.

■ **Kardinalität**

Die Art der Beziehung, also ob eine Beziehung eine 1:1-, 1:N- oder M:N-Beziehung ist, wird auch als Kardinalität der Beziehung bezeichnet.

■ **Konnektivität**

Unter der Konnektivität einer Beziehung versteht man die Anzahl der Entitäten des bezogenen Entity Sets, die mit einer Entität des betrachteten Entity Sets in Beziehung steht.

■ **Konzeptionelles Modell**

Das konzeptionelle Modell bietet den höchsten Abstraktionsgrad und stellt eine globale, unternehmensweite Sicht auf die in der Datenbank zu verwaltenden Daten dar. Damit bietet das konzeptionelle Modell die Basis zur Identifikation und Beschreibung der wichtigsten Objekte in einer Datenbank.

■ **Künstlicher Primärschlüssel**

Unter einem künstlichen Primärschlüssel versteht man ein Schlüsselattribut, das nur aus dem Grund zur Tabelle hinzugefügt wurde, um als Primärschlüssel zu dienen.

■ **Maximale Konnektivität**

Die maximale Konnektivität legt fest, mit wie vielen Entitäten eine Entität maximal eine Beziehung eingehen kann.

■ **Minimale Konnektivität**

Unter der minimalen Konnektivität versteht man, mit wie vielen bezogenen Entitäten eine betrachtete Entität des Entity Sets mindestens in Beziehung stehen muss.

■ **Multi-Value-Attribut**

Unter einem Multi-Value-Attribut versteht man ein Attribut, das für eine Entität mehrere Werte enthalten kann.

■ **Natürlicher Primärschlüssel**

Ein natürlicher Primärschlüssel ist ein Feld bzw. Attribut der Nutzdaten, das von sich aus schon als Primärschlüssel geeignet ist, also so etwas wie eine ISBN-Nummer oder eine Personalausweisnummer.

■ **Nicht-optionale Beziehung**

Bei einer nicht-optionalen Beziehung muss jeder Datensatz mit einem Datensatz der anderen Tabelle in Beziehung stehen.

- **Optionale Beziehung**

  Unter einer optionalen Beziehung versteht man eine Beziehung, die ein Datensatz zu einem Datensatz der anderen Tabelle haben kann, aber nicht haben muss.

- **Physikalisches Modell**

  Das physikalische Modell ist das Modell mit der geringsten Abstraktion, da es festlegt, wie die Daten auf den Datenträgern gespeichert werden. Bestandteil des physikalischen Modells ist die Definition der physikalischen Geräte und des Zugriffsweges auf die Daten.

- **Primärschlüssel**

  Der Primärschlüssel identifiziert Datensätze in einer relationalen Datenbank eindeutig.

- **Rekursive Beziehung**

  Bei einer rekursiven Beziehung steht eine Entität eines Entity Sets mit anderen Entitäten desselben Entity Sets in Beziehung.

- **Schwache Beziehung**

  Sind zwei Entitäten voneinander existenziell unabhängig, so spricht man davon, dass die Beziehung zwischen diesen Entitäten schwach oder nicht-identifizierend ist.

- **Schwache Entität**

  Die Entität, deren eigener Primärschlüssel den Fremdschlüssel einer anderen Tabelle enthält, wird als schwache Entität bezeichnet.

- **Single-Value-Attribute**

  Ein Single-Value-Attribut ist ein Attribut, das im gesamten Entity Set einen eindeutigen Wert besitzt.

- **Starke Beziehung**

  Starke Beziehungen werden auch oft als identifizierende Beziehungen bezeichnet. Man spricht von einer starken Beziehung, wenn die abhängigen Entitäten existenziell abhängig sind.

- **Subtyp**

  Es kann auch unter Entity Sets eine hierarchische Abhängigkeit geben, wie Sie es z.B. von der objektorientierten Programmierung her kennen. Hierbei enthält der Subtyp die Attribute, die sich speziell auf eine bestimmte Ausprägung des übergeordneten Supertyps beziehen.

- **Supertyp**

  Es kann auch unter Entity Sets eine hierarchische Abhängigkeit geben, wie Sie es z.B. von der objektorientierten Programmierung her kennen. Hierbei enthält der Supertyp alle Attribute, die allen Entity Sets gemeinsam sind.

- **Tenäre Beziehung**

  An einer tenären Beziehung sind drei Entitäten beteiligt. Obwohl tenäre Beziehungen bei der Implementierung in ein relationales Datenbanksystem stets in mehrere binäre Beziehungen umgewandelt werden, so stellen sie beim konzeptionellen Design doch ein wertvolles Hilfsmittel für den Datenbankdesigner dar.

- **Unäre Beziehung**

  Bei einer unären Beziehung stehen Entitäten eines Entity Sets mit anderen Entitäten desselben Entity Sets zueinander in Beziehung. Dies ist insbesondere im Zusammenhang mit rekursiven Beziehungen interessant.

- **Zusammengesetzte Entität**

  Zusammengesetzte Entitäten sind auch unter dem Namen Brücken-Entitäten oder Zwischen-Entitäten bekannt. Diese Art von Entität wird als zusammengesetzte Entität bezeichnet, da sich der Primärschlüssel der Entität aus den beiden Primärschlüsseln der Entitäten zusammensetzt, die die zusammengesetzte Entität verbindet.

- **Zusammengesetzter Primärschlüssel**

  Ein zusammengesetzter Primärschlüssel besteht aus mehreren Primärschlüsselfeldern. Zusammengesetzte Primärschlüssel werden sehr häufig bei schwachen Entitäten verwendet, wo sich der Primärschlüssel aus den Fremdschlüsseln auf die bezogenen Tabellen zusammensetzt.

- **Zusammengesetztes Attribut**

  Ein zusammengesetztes Attribut setzt sich aus mehreren anderen Attributen zusammen.

4.5 Aufgaben

Hier finden Sie Wiederholungsfragen, mit denen Sie die Gelegenheit haben, sich noch einmal Gedanken über den Stoff des Kapitels zu machen. Außerdem finden Sie im Abschnitt *Zum Weiterdenken* Probleme und Aufgaben, auf die Sie Ihr frisch gewonnenes Wissen anwenden können. Die Lösungen zu diesen Aufgaben finden Sie in Anhang A.4.

4.5.1 Wiederholung

1. Wie viele verschiedene Datenmodelle kennen Sie? Welche sind das und wie unterscheiden sie sich?

2. Was ist die Aufgabe des konzeptionellen Modells?

3. Wie unterscheiden sich internes und externes Modell?

4. Wie werden Attribute im Chen-Diagramm dargestellt? Was ist der Nachteil dieser Darstellungsform?

5. Welche Möglichkeiten kennen Sie, Multi-Value-Attribute in einer relationalen Datenbank darzustellen? Welche Vor- oder Nachteile haben diese?

6. Was versteht man unter einem abgeleiteten Attribut? Welche Nachteile hat ein abgeleitetes Attribut? Wie kann man diese Nachteile beheben?

7. Was ist die Bedingung für zusammengesetzte Primärschlüssel? Warum gibt es diese Bedingung?

8. Was ist der Unterschied zwischen Kardinalität und Konnektivität?

9. Was sagt die Stärke der Beziehung über die an der Beziehung beteiligten Entitäten aus? Wie wirkt sich das auf die Optionalität der Beziehung aus?

10. Was ist das Haupteinsatzgebiet von rekursiven Beziehungen? Was muss beachtet werden?

4.5.2 Zum Weiterdenken

1. Im Abschnitt über Domänen haben Sie den Unterschied zwischen der Domäne und dem Wertebereich in der Implementierung kennen gelernt. Im Beispiel wurde das Attribut SCHULNOTE betrachtet und als Datentyp für die Implementierung der Zahlendatentyp SmallInt gewählt. Führen Sie eine Betrachtung durch, wie sich die Situation ändert, wenn Sie anstelle des Datentyps SmallInt den Datentyp char (ein einzelnes, alphanumerisches Zeichen) verwenden. Welche Implikationen gibt es in diesem Fall? Wie sieht die Domäne aus, wie der Wertebereich? Welchen Datentyp würden Sie verwenden und warum?

2. Stellen Sie zwei Möglichkeiten dar, wie man ein Multi-Value-Attibut behandeln kann.

3. Geben Sie ein Beispiel für ein abgeleitetes Attribut an.

Die folgenden Aufgaben beziehen sich auf das ER-Diagramm in der folgenden Abbildung.

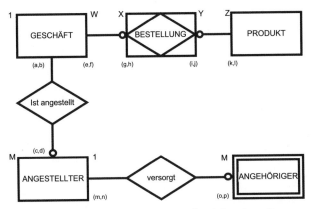

Abb. 4.33: ER-Diagramm einer Datenbank für einen Supermarkt

4. Schreiben Sie die richtigen Kardinalitäten für die Wertepaare (a,b), (c,d), (e,f), (g, h), (i, j), (k, l), (m, n) und (o, p) auf.

5. Schreiben Sie die richtigen Konnektivitäten für W, X, Y und Z auf.

Kapitel 5

Normalisierung

5.1 Warum Normalisierung?

Bisher haben Sie ja bereits eine Menge über Datenbanken und Datenbanksysteme erfahren. Leider nützt auch das beste Datenbanksystem nichts, wenn die Datenbankstruktur bzw. die Tabellenstruktur fehlerhaft ist. In diesem Kapitel werden Sie sich deswegen mit der Normalisierung beschäftigen. Als Normalisierung wird ein Prozess bezeichnet, mit dessen Hilfe man eine gute Tabellenstruktur erzielen kann. Die Normalisierung reduziert die in der Datenbank vorhandenen Datenredundanzen und hilft Ihnen so dabei, die bereits kennen gelernten Anomalien zu vermeiden. Natürlich kann die Normalisierung keine Datenredundanzen eliminieren, da diese stets aus den zu verwaltenden Daten herrühren. Nehmen Sie z.B. die Anrede »Herr«, die sicherlich ein gutes Beispiel für eine Datenredundanz darstellt. In der Datenbank von Alana Business Consult werden sehr viele Herren verwaltet. Es gibt männliche Kunden, männliche Berater, männliche Mitarbeiter usw., die alle die Anrede »Herr« besitzen. Sie sehen also, dass die Redundanz, die es in der Datenbank gibt, nicht etwa durch das Datenbanksystem eingeführt wurde, sondern dass diese Redundanz den zu verwaltenden Business-Daten innewohnt.

KUNDE_ID	ANREDE	KDNAME	KDVORNAME	TELEFON	ADRESSE	PLZ	ORT
1	Herr	Schmidt	Emil	0231-1020449	Kaiserstrasse 5	12345	Musterhausen
2	Herr	Müller	Hans	0221-2415932	Am Weiher 3	12345	Musterhausen
3	Frau	Schulze	Johanna	0410-1241335	Alte Poststr. 5	12345	Musterhausen
4	Herr	Schütte	Markus	04514-123414	Goethestr. 7	12354	Musterburg
5	Herr	Huber	Markus	04514-123412	Goethestr. 24	12354	Musterburg

Redundanz

Abb. 5.1: Datenredundanz in der Tabelle Kunden

Aus diesem Grund eliminiert Normalisierung niemals Redundanz, sondern lenkt sie nur in kontrollierbare Bahnen. Auf unser einfaches Beispiel angewandt bedeutet dies, dass die Anrede selbst in eine eigene Tabelle verschoben wird und in der Tabelle KUNDE lediglich ein Fremdschlüssel erhalten bleibt, der die Redundanz besser kontrollierbar macht.

KUNDE_ID	ANREDE_ID	KDNAME	KDVORNAME	TELEFON	ADRESSE	PLZ	ORT
1	1	Schmidt	Emil	0231-1020449	Kaiserstrasse 5	12345	Musterhausen
2	1	Müller	Hans	0221-2415932	Am Weiher 3	12345	Musterhausen
3	2	Schulze	Johanna	0410-1241335	Alte Poststr. 5	12345	Musterhausen
4	1	Schulte	Markus	04514-123414	Goethestr. 7	12354	Musterburg
5	1	Huber	Markus	04514-123412	Goethestr. 24	12354	Musterburg

ANREDE_ID	ANREDE
1	Herr
2	Frau

Abb. 5.2: Kontrolle der Redundanz durch Aufteilung in zwei Tabellen

Wie Sie in Abbildung 5.2 sehen können, habe ich die Redundanz nicht eliminiert, sondern durch die Einführung von Fremdschlüsseln kontrollierbarer gemacht. War in der Abbildung 5.1 noch der gesamte Text »Herr« redundant, so ist in der Abbildung 5.2 nur noch der Fremdschlüsselwert (im Beispiel der Wert 1) redundant. Während man sich bei der ersten Tabellenstruktur beim Eingeben der Anrede noch vertippen konnte, ist dies in der zweiten Tabellenstruktur nicht mehr möglich. Hier haben Sie lediglich die Möglichkeit, zwischen den Werten 1 oder 2 zu wählen. Möchten Sie die Anrede ändern (z.B. weil Sie die Datenbank in eine andere Sprache übersetzen möchten), so ist dies auch sehr einfach, da Sie den Text lediglich an einer einzigen Stelle ändern müssen.

Die Normalisierung formalisiert das, was wir im vorhergehenden Beispiel mehr oder weniger aus dem Bauch heraus gemacht haben, indem sie Regeln dafür aufstellt, wie man die Daten einer Entität so aufteilt, dass Redundanzen kontrollierbar gemacht und so Anomalien vermieden werden.

Ein Problem der Normalisierung soll hier allerdings auch nicht verschwiegen werden. Natürlich hilft die Normalisierung dabei, Anomalien zu vermeiden, gleichzeitig steigt aber auch der Aufwand, die benötigten Daten wiederzugewinnen. Während man in Abbildung 5.1 die Anrede der Kunden noch durch eine einfache Abfrage der Tabelle KUNDE erhalten konnte, muss in Abbildung 5.2 dazu die Beziehung zwischen den Tabellen KUNDE und ANREDE aufgelöst werden. Neben dem erhöhten Programmieraufwand und der erhöhten Komplexität des Datenmodells hat dies auch zur Folge, dass das Datenbanksystem mehr zu tun hat (es muss die Beziehung zwischen den Tabellen auflösen) und die Abfrage für Abbildung 5.2 unter Umständen nicht so performant läuft wie die für Abbildung 5.1. Bei der Normalisierung ist es stets wichtig, zwischen Performance und Stabilität des Datenbankmodells abzuwägen.

Daher gehen erfahrene Datenbankdesigner wie folgt vor: Zunächst wird das ganze Datenbankmodell komplett normalisiert, um es dann gezielt an bestimmten Stellen, bei denen es auf Performance ankommt, wieder zu denormalisieren und so an diesen Stellen bewusst eine höhere Datenredundanz zuzulassen.

Die Normalisierung beruht auf so genannten *Normalformen*. Die gebräuchlichsten Normalformen sind die erste Normalform (1NF), die zweite Normalform (2NF), die dritte Normalform (3NF) und die Boyce-Codd-Normalform (BCNF). Neben diesen Normalformen gibt es auch noch höhere Normalformen, die in der Praxis allerdings eine eher nebensächliche Rolle spielen. Die meisten heute verwendeten Business-Anwendungen verwenden eine Datenbank, deren Datenmodell sich in der dritten Normalform befindet. Die einzelnen Normalformen bauen aufeinander auf, das heißt, eine Datenbank, die sich in der zweiten Normalform befindet, befindet sich auch automatisch in der ersten Normalform. Wie bereits oben angedeutet, ist es nicht unbedingt erstrebenswert, die Datenbank in die höchstmögliche Normalform zu versetzen, da durch die Normalisierung das Datenmodell immer komplexer wird und es somit immer aufwändiger wird, die Daten aus der Datenbank zurückzugewinnen. Lassen Sie uns nun einmal einen Blick auf die verschiedenen Normalformen und ihre Eigenschaften werfen.

5.1.1 Das Normalisierungsbeispiel

Damit Sie bei der folgenden Diskussion der Normalisierung einen größeren Praxisbezug bekommen, sollten Sie sich einmal den Beispielbericht in Abbildung 5.3 ansehen, der aus der Datenbank erstellt werden soll.

Alana Business Consult – Stundenübersicht

Kunden-Nr	Kundenname	BeraterID	Berater Name	Aufgabe	Stundenlohn	Az. Stunden	Total
1	Emil Schmidt	1	Helena Meier	IT-Berater	50,00 €	3	150,00 €
		2	Ingo Fuchs	Finanzberater	45,00 €	5	225,00 €
		3	John Müller	IT-Berater	60,00 €	7	420,00 €
		4	Elisabeth Schulz	Finanzberater	30,00 €	8	240,00 €
					Total	23	1035,00 €
2	Hans Müller	2	Ingo Fuchs	Finanzber.	45,00 €	4	180,00 €
		3	John Müller	IT-Beratung	60,00 €	6	360,00 €
					Total	10	540,00 €
3	Johanna Schulze	1	Helena Meier	IT-Berater	50,00 €	2	100,00 €
		3	John Müller	IT-Berater	60,00 €	30	1800,00 €
					Total	32	1900,00 €
4	Markus Schulte	1	Helena Meier	IT-Berater	50,00 €	10	500,00 €
		2	Ingo Fuchs	Finanzberater	45,00 €	5	225,00 €
		4	Elisabeth Schulz	Finanzberater	30,00 €	5	150,00 €
					Total	20	875,00 €
5	Markus Huber	3	John Müller	IT-Berater	60,00 €	12	720,00 €
					Total	12	720,00 €
					Gesamt	97	5070,00 €

Abb. 5.3: Stundenübersicht für die Berater bei Alana Business Consult

Abbildung 5.3 stellt einen Bericht dar, der die Stunden zusammenfasst, die die einzelnen Mitarbeiter von Alana Business Consult für die verschiedenen Kunden aufgewendet haben.

Wie Sie sicherlich aus dem bisher vermittelten Wissen erahnen, macht eine 1:1-Umsetzung der in Abbildung 5.3 dargestellten Tabelle in ein relationales Datenbanksystem keinen Sinn, da diese Tabelle Dateninkonsistenzen geradezu heraufbeschwören würde. Wie Sie sehen, gibt es in der Abbildung 5.3 bereits Daten-inkonsistenzen. Beim ersten Kunden ist z.B. die Aufgabe von Ingo Fuchs »Finanzberater«, während der Eintrag beim zweiten Kunden »Finanzber.« lautet.

Die Tabelle, die Sie aus dem in Abbildung 5.3 gezeigten Bericht erstellen würden, hätte auch mit allen bereits vorgestellten Anomalien zu kämpfen. Gegen Update-Anomalien ist die Tabelle nicht geschützt. Ändert sich z.B. die Aufgabe des Beraters »Ingo Fuchs« von Finanzberater zu IT-Berater, so müssen Sie in der Tabelle alle Einträge für »Ingo Fuchs« finden und dort jeweils den Eintrag in der Spalte Auf-gabe ändern. Insert-Anomalien werden von der dargestellten Tabelle auch nicht vermieden. Möchten Sie einen neuen Berater anlegen, so muss dieser Berater mit einem Kunden verknüpft sein, ansonsten ist es nicht möglich, diesen neuen Bera-ter in die Struktur aus Abbildung 5.3 einzufügen. Auch Delete-Anomalien können über die Datenbankstruktur nicht verhindert werden. Wird ein bestimmter Berater aus der Tabelle gelöscht (z.B. weil er das Unternehmen verlassen hat), so werden zusätzlich andere wichtige Daten gelöscht. Beim Löschen von »John Müller« wür-den Sie z.B. die Informationen zum Kunden »Markus Huber« auch löschen. Auf der anderen Seite können auch Berater aus der Tabelle gelöscht werden, wenn Kun-denprojekte gelöscht werden und die einzige Stelle, an der ein Datensatz für einen bestimmten Berater auftrat, just dieses Kundenprojekt war. Sie sehen also, obwohl die in Abbildung 5.3 dargestellte Tabelle eine gute Übersicht über die von den ver-schiedenen Beratern bei verschiedenen Kunden abgeleisteten Stundenzahlen lie-fert, ist sie zum Speichern von Daten äußerst ungeeignet. Lassen Sie uns diese Tabelle daher mit Hilfe der Normalisierung in die verschiedenen Normalformen überführen und dabei sehen, wie durch diese Überführung die oben erwähnten Anomalien eliminiert werden.

5.1.2 Erste Normalform

Sehen Sie sich nun noch einmal einen Ausschnitt der Tabelle aus Abbildung 5.3 genauer an (Abbildung 5.4).

Kunden-Nr	Kundenname	BeraterID	Berater Name	Aufgabe	Stundenlohn	Az. Stunden	Total
1	Emil Schmidt	1	Helena Meier	IT-Berater	50,00 €	3	150,00
		2	Ingo Fuchs	Finanzberater	45,00 €	5	225,00
		3	John Müller	IT-Berater	60,00 €	7	420,00
		4	Elisabeth Schulz	Finanzberater	30,00 €	8	240,00
					Total	23	1035,00
2	Hans Müller	2	Ingo Fuchs	Finanzber.	45,00 €	4	180,00
		3	John Müller	IT-Beratung	60,00 €	6	360,0
							540,0

Abb. 5.4: Abrechnungsdaten für den Kunden Emil Schmidt

Wie Sie bereits erfahren haben, benötigt das relationale Modell eindeutige Schlüs-selwerte, über die die einzelnen Datensätze ermittelt werden können. Diese funda-mentale Regel wird durch die Struktur des in Abbildung 5.4 dargestellten Berichts verletzt. Es gibt zwar eine Kunden-Nummer, unter dieser Kunden-Nummer tummeln sich aber die Datensätze für alle Berater, die für den jeweiligen Kunden tätig waren. Eine derartige Zuordnung von vielen Datensätzen zu einem einzigen Datensatz, der wie in Abbildung 5.4 strukturiert ist, wird auch als *Wiederholgruppe* bezeichnet. In relationalen Datenbanken dürfen keine Wiederholgruppen auftreten, das heißt, jede einzelne Zeile einer relationalen Tabelle muss eine eigene Entität darstellen. Um dies in unserem Beispiel zu erreichen, müssen Sie einfach die fehlenden Kundeninformationen in jeder Zeile ergänzen. Wenn Sie das tun, so erhalten Sie eine Tabelle, wie sie in Abbildung 5.5 dargestellt ist.

KUNDENNR	KUNDENNAME	BERATERID	BERATERNAME	AUFGABE	STUNDENLOHN	AZSTUNDEN	TOTAL
1	Emil Schmidt	1	Helena Meier	IT-Berater	50,00 €	3	150,00 €
1	Emil Schmidt	2	Ingo Fuchs	Finanzberater	45,00 €	5	225,00 €
1	Emil Schmidt	3	John Müller	IT-Berater	60,00 €	7	420,00 €
1	Emil Schmidt	4	Elisabeth Schulz	Finanzberater	30,00 €	8	240,00 €

Abb. 5.5: Die umgewandelte Tabelle

Hier gibt es keine Wiederholgruppen mehr, da die Felder, die im Bericht aus Abbildung 5.4 keine direkte Zuordnung zum Kunden hatten, nun zugeordnet sind. Eine wichtige Sache, die unserer relationalen Tabelle nun noch fehlt, ist ein Primärschlüssel zur eindeutigen Identifizierung der Datensätze. Aufgrund Ihres bisher erlangten Wissens werden Sie mir sicherlich zustimmen, dass das Feld KUNDENNR nicht besonders gut als Primärschlüsselfeld geeignet ist. In Abbildung 5.5 sehen Sie, dass dem Wert 1 des Feldes KUNDENNR gleich vier Datensätze zugeordnet sind, nämlich die vier Datensätze für die vier Berater, die für den Kunden Emil Schmidt tätig geworden sind. Eine eindeutige Zuordnung über das Feld KUNDENNR kann also für die vorliegende Tabelle nicht gewährleistet werden. Anders sieht die Situation aus, wenn wir einen zusammengesetzten Primärschlüssel aus den Feldern KUNDENNR und BERATERID verwenden. Da jeder Berater für jeden Kunden lediglich ein Mal eingesetzt werden kann (auch wenn der Berater intern vielleicht für mehrere Projekte beim Kunden eingesetzt wird, so werden die Stunden jeweils zentral erfasst), gibt es jeweils nur eine Kombination aus KUNDENNR und BERATERID. Dieser zusammengesetzte Primärschlüssel stellt also sicher, dass Datensätze eindeutig identifiziert werden können. Die Bestandteile des Primärschlüssels werden auch als *Schlüsselattribute* oder *Primärattribute* bezeichnet, wohingegen Attribute, die nicht Teil des Primärschlüssels sind, als *Nicht-Schlüsselattribute* oder *Nicht-Primärattribute* bezeichnet werden.

Wenn Sie den Bericht in Abbildung 5.3 genauer betrachten, so stellen Sie fest, dass es zwischen den einzelnen Feldern der Tabelle Abhängigkeiten gibt. Der Inhalt des Feldes Stundenlohn z.B. ist abhängig davon, welcher Mitarbeiter eingesetzt wird. Helena Meier beispielsweise bekommt immer einen Stundenlohn von 50,00 €, während John Müller immer einen Stundenlohn von 60,00 € bekommt. Das Feld AZSTUNDEN hängt sowohl vom Mitarbeiter als auch vom Kunden ab, da hier angegeben wird, welcher Mitarbeiter für welchen Kunden wie lange gearbeitet hat. Um diese Abhängigkeiten besser erfassen zu können, kann man ein so genanntes *Abhängigkeitsdiagramm* zeichnen.

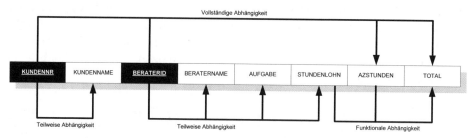

Abb. 5.6: Abhängigkeitsdiagramm für die Tabelle

Das Abhängigkeitsdiagramm, das Sie in Abbildung 5.6 sehen können, ist wie folgt aufgebaut. Alle Felder der Tabelle werden einfach als Rechtecke nebeneinander gezeichnet. Die Primärschlüssel werden, wie in der Abbildung zu sehen, schwarz hinterlegt und der Name des Primärschlüssels wird unterstrichen. Dann werden Pfeile eingezeichnet, die symbolisieren, welches Feld von welchem anderen Feld abhängig ist. Hierbei zeigt der Pfeil auf das abhängige Feld.

In Abbildung 5.6 können Sie drei Arten von Abhängigkeiten erkennen, die vollständige Abhängigkeit, die teilweise Abhängigkeit und die funktionale Abhängigkeit.

Bei der *vollständigen Abhängigkeit* ist das abhängige Feld von allen Schlüsselfeldern der Tabelle abhängig. In unserem Beispiel besteht zwischen den Feldern KUNDENNR, BERATERID und AZSTUNDEN eine vollständige Abhängigkeit, da der Wert des Feldes AZSTUNDEN davon abhängig ist, welcher Berater bei welchem Kunden gearbeitet hat.

Neben der vollständigen Abhängigkeit gibt es auch die *teilweise Abhängigkeit*. Hierbei ist der Inhalt eines Feldes nur von Teilen des Schlüssels abhängig. Ein gutes Beispiel für eine teilweise Abhängigkeit stellt das Feld BERATERNAME dar. Der Inhalt dieses Feldes ist einzig und allein vom Inhalt des Feldes BERATERID abhängig. Normalerweise versucht man (wie Sie das weiter unten auch noch sehen werden), teilweise Abhängigkeiten innerhalb von Tabellen zu vermeiden bzw. zu eliminieren. Es kann allerdings aus Geschwindigkeitsgründen, wie z.B. bei der Datawarehouse-Technologie, Sinn machen, teilweise Abhängigkeiten innerhalb bestimmter Tabellen zuzulassen.

Die dritte Form der Abhängigkeit, die in Abbildung 5.6 zu sehen ist, ist die funktionale Abhängigkeit. Bei der funktionalen Abhängigkeit handelt es sich um eine Abhängigkeit, bei der ein Feldwert aus anderen Feldwerten berechnet werden kann. Im Beispiel ist das Feld TOTAL funktional von den Feldern AZSTUNDEN und STUNDENLOHN abhängig. Der Wert des Feldes TOTAL berechnet sich als Produkt der Feldwerte von STUNDENLOHN und AZSTUNDEN.

Neben diesen drei Abhängigkeiten, die sich aus dem Beispiel in Abbildung 5.6 ergeben, gibt es eine weitere Abhängigkeit, die *transitive Abhängigkeit*. In unserem Beispiel sind die Stundenlöhne der einzelnen Mitarbeiter individuell auf den jeweiligen Mitarbeiter zugeschnitten. Es ist aber auch denkbar, dass alle IT-Berater oder alle Finanzberater jeweils denselben Stundenlohn bekommen. In diesem Fall wäre der Inhalt des Feldes `Stundenlohn` also nicht mehr vom Inhalt des Feldes BERATERID abhängig, sondern vom Inhalt des Feldes AUFGABE.

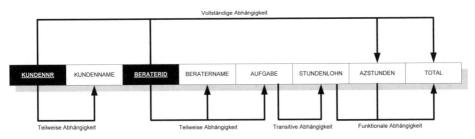

Abb. 5.7:　Transitive Abhängigkeit zwischen AUFGABE und STUNDENLOHN

Neben dem hier vorgestellten Abhängigkeitsdiagramm kann man Abhängigkeiten innerhalb einer Tabelle auch über eine textuelle Form darstellen. Hierbei werden die Schlüsselfelder auf die linke Seite geschrieben. Ein Pfeil zeigt dann auf die anhängigen Felder auf der rechten Seite. Für das Abhängigkeitsdiagramm aus Abbildung 5.6 sieht diese Form wie folgt aus:

```
KUNDENNR, BERATERID → AZSTUNDEN
KUNDENNR → KUNDENNAME
BERATERID → BERATERNAME, AUFGABE, STUNDENLOHN
STUNDENLOH, AZSTUNDEN → TOTAL
```

Auch hier werden die Primärschlüssel wieder unterstrichen. Lassen Sie uns zum Abschluss dieses Abschnitts noch einmal die Charakteristika der ersten Normalform zusammenfassen:

Wichtig

Eine Tabelle befindet sich dann in der ersten Normalform, wenn

- es keine Wiederholgruppen gibt, das heißt, in jeder Zelle der Tabelle gibt es jeweils einen einzigen Wert und keine Wertemenge

- alle Schlüsselattribute vorhanden sind

- alle Nicht-Schlüsselattribute vom Primärschlüssel oder einem Teil des Primärschlüssels abhängen.

Eine Datenbank in der ersten Normalform ist gegen einige Arten der Update-Anomalie immun, bietet aber keinen Schutz vor Delete- oder Insert-Anomalien. Daher ist diese Normalform für den praktischen Einsatz in der Regel ungeeignet.

In einem Satz zusammengefasst kann man auch sagen:

Jedes in einer Tabelle enthaltene Attribut ist elementar.

5.1.3 Zweite Normalform

Wie Sie gesehen haben, schützt die erste Normalform noch nicht wirklich vor den Anomalien, die die Datenhaltung mit sich bringt, daher müssen Sie eine Tabelle, die sich in der ersten Normalform befindet, in eine weitere Normalform, die so genannte *zweite Normalform* (2NF) überführen. Diese Überführung ist recht einfach und soll an unserem Beispiel demonstriert werden.

Um eine Tabelle aus der ersten in die zweite Normalform zu überführen, schreiben Sie zunächst alle Primärschlüsselkomponenten untereinander. Hierbei werden zuerst die Primärschlüsselkomponenten und in der letzten Zeile dann der gesamte Primärschlüssel aufgeschrieben:

```
KUNDENNR
BERATERID
KUNDENNR, BERATERID
```

Jede Zeile steht für eine eigenständige Tabelle mit dem jeweiligen in der Zeile vorhandenen Primärschlüssel. In unserem Fall bekommen wir die drei Tabellen KUNDE, BERATER und ARBEIT.

```
KUNDE (KUNDENNR)
BERATER (BERATERID)
ARBEIT (KUNDENNR, BERATERID)
```

Als Nächstes werden nun die jeweils abhängigen Felder den einzelnen Tabellen zugeordnet, das heißt, ist ein Feld lediglich von einer Komponente des Primärschlüssels abhängig, so wird es der jeweiligen Tabelle zugeordnet. Ist ein Feld vom gesamten Primärschlüssel abhängig, so wird es der letzten Tabelle zugeordnet. Im Beispiel erhalten wir nun folgende Tabellenstruktur:

```
KUNDE (KUNDENNR, KUNDENNAME)
BERATER (BERATERID, BERATERNAME, AUFGABE, STUNDENLOHN)
ARBEIT (KUNDENNR, BERATERID, AZSTUNDEN, TOTAL)
```

Dargestellt in einem Abhängigkeitsdiagramm sieht das Ganze nun so aus, wie in Abbildung 5.8 dargestellt.

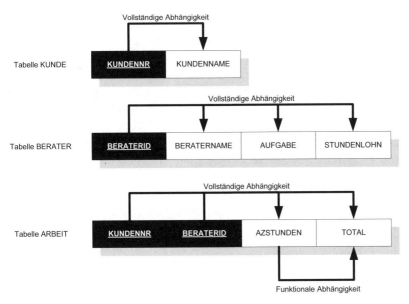

Abb. 5.8: Ergebnis der Konvertierung in die zweite Normalform

Wie Sie in Abbildung 5.8 leicht erkennen können, hat die Konvertierung in die zweite Normalform sämtliche teilweisen Abhängigkeiten eliminiert. Die ursprünglich einzelne Tabelle wurde in drei eigenständige Tabellen aufgeteilt. Innerhalb dieser Tabellen sind die Nicht-Schlüsselfelder vollständig vom Schlüsselfeld abhängig. Viele der noch in der ersten Normalform bestehenden Anfälligkeiten gegenüber Anomalien wurden in diesem Stadium behoben. Die zweite Normalform ist lediglich gegen Delete-Anomalien anfällig, die durch transitive Abhängigkeiten erzeugt werden. Lassen Sie mich zum Abschluss dieses Abschnitts noch einmal die Charakteristika der zweiten Normalform zusammenfassen:

Wichtig

Eine Tabelle befindet sich in der zweiten Normalform, wenn

- sie sich in der ersten Normalform befindet und

- es keine teilweisen Abhängigkeiten gibt, das heißt, kein Nicht-Schlüssel-Attribut ist nur von einem Teil des Primärschlüssels der Tabelle abhängig, in dem es enthalten ist.

Besitzt eine Tabelle nur ein einziges Primärschlüsselattribut, so befindet sich diese Tabelle automatisch in der zweiten Normalform, wenn sie sich in der ersten Normalform befindet.

In einem Satz zusammengefasst kann man auch sagen:

Jedes Attribut ist entweder vollständig von einem Schlüssel abhängig oder selbst ein Schlüssel.

5.1.4 Dritte Normalform

Durch die Transformation unserer Ausgangstabelle in die zweite Normalform haben wir schon recht viel erreicht und die meisten denkbaren Anomalien ausgeschaltet. Allerdings offenbart die zweite Normalform noch eine Anfälligkeit gegen Update-Anomalien bezogen auf transitiv oder funktional abhängige Felder. Sehen Sie sich hierzu bitte noch einmal Abbildung 5.7 an. Hier besteht eine funktionale Abhängigkeit zwischen den Feldern STUNDENLOHN und AZSTUNDEN und TOTAL. Der Gesamtpreis, also der Inhalt des Feldes TOTAL, kann leicht durch Multiplikation der Feldinhalte von STUNDENLOHN und AZSTUNDEN berechnet werden, das heißt, es besteht eigentlich keine Notwendigkeit, diesen Wert überhaupt in der Datenbank zu speichern. Wir haben es an dieser Stelle mit einer impliziten Datenredundanz zu tun. Würde jemand den Stundensatz eines Beraters oder die Anzahl der von diesem Berater für einen bestimmten Kunden gearbeiteten Stunden aktualisieren, so muss auch immer bedacht werden, den Inhalt des Feldes TOTAL neu zu berechnen. Geschieht das nicht, so enthält unsere Datenbank Inkonsistenzen. Um dies zu verhindern, kann man funktional abhängige Felder einfach eliminieren und den benötigten Wert dann zu gegebener Zeit berechnen lassen. Der Vorteil dieser Methode liegt darin, dass für die Berechnung stets aktuelle Werte verwendet werden und es so gar nicht erst zu Inkonsistenzen in der Datenbank kommen kann. Um das Abhängigkeitsdiagramm aus Abbildung 5.8 in die dritte Normalform zu versetzen, genügt es einfach, das Feld zu löschen, das eine funktionale Abhängigkeit zu anderen Feldern besitzt.

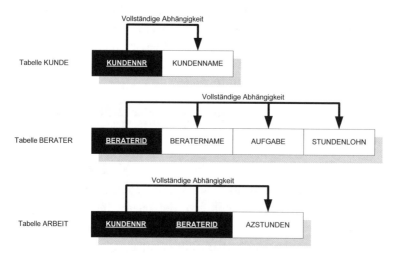

Abb. 5.9:   Das Abhängigkeitsdiagramm in der dritten Normalform

Die Behandlung von funktional abhängigen Feldern ist also recht einfach – diese werden einfach weggelassen. Etwas komplizierter sieht es da schon bei der Behandlung von Feldern aus, die eine transitive Abhängigkeit besitzen. Kehren wir nun gedanklich noch einmal zu der bereits im Abschnitt über die erste Normalform diskutierte transitive Abhängigkeit zwischen den Feldern AUFGABE und STUNDENLOHN zurück. Wie gehen hier einfach davon aus, dass der Stundenlohn auf der vom Mitarbeiter ausgeführten Aufgabe basiert, das heißt, dass alle IT-Berater oder alle Finanzberater immer denselben Stundenlohn erhalten. Im Abhängigkeitsdiagramm aus Abbildung 5.9 würde das aussehen, wie in Abbildung 5.10 dargestellt.

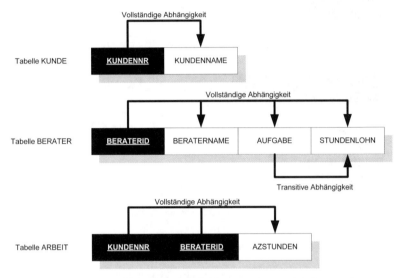

Abb. 5.10: Transitive Abhängigkeit zwischen AUFGABE und STUNDENLOHN

Damit Sie diese transitive Abhängigkeit in eine vollständige Abhängigkeit umwandeln können, müssen Sie im Prinzip Folgendes tun. Die Aufgabe der Mitarbeiter muss zusammen mit dem jeweiligen Stundenlohn in eine eigene Tabelle verschoben und über einen Fremdschlüssel in der Tabelle BERATER referenziert werden, das heißt, Sie erhalten die folgende Tabellenstruktur:

```
KUNDE (KUNDENNR, KUNDENNAME)
BERATER (BERATERID, BERATERNAME, AUFGABEID)
ARBEIT (KUNDENNR, BERATERID, AZSTUNDEN, TOTAL)
AUFGABE (AUFGABEID, BESCHREIBUNG, STUNDENLOHN)
```

Im Abhängigkeitsdiagramm ist leicht zu erkennen, dass nun in unserer Datenbankstruktur nur noch vollständige Abhängigkeiten vertreten sind.

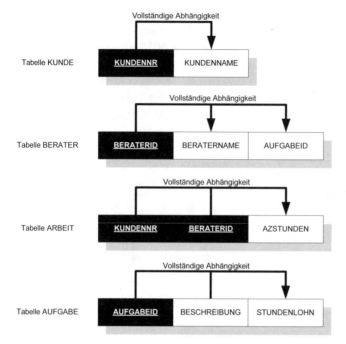

Abb. 5.11:   Eliminierung der transitiven Abhängigkeit zwischen AUFGABE und STUNDENLOHN

Lassen Sie mich die Charakteristika der dritten Normalform zusammenfassen:

Wichtig

Eine Tabelle befindet sich in der dritten Normalform, wenn

- sie sich in der zweiten Normalform befindet und

- es keine transitiven oder funktionalen Abhängigkeiten gibt.

In einem Satz zusammengefasst kann man auch sagen:

Jedes Attribut, das nicht selbst Schlüsselattribut ist, muss nichttransitiv vom Primärschlüssel abhängen.

Die dritte Normalform ist die gebräuchlichste Normalform für Datenbankanwendungen, da in dieser Normalform keine Datenanomalien mehr auftreten können. Üblicherweise werden Sie in Projekten mit Datenbanken konfrontiert, die sich irgendwo zwischen der zweiten und dritten Normalform befinden.

Damit Sie noch einmal genau sehen können, wie sich die im Bericht in Abbildung 5.3 dargestellten Daten auf die in Abbildung 5.9 dargestellte Tabellenstruktur verteilen, ist in Abbildung 5.12 noch einmal eine Gegenüberstellung der Tabellenstruktur und des in diesen Tabellen enthaltenen Inhalts.

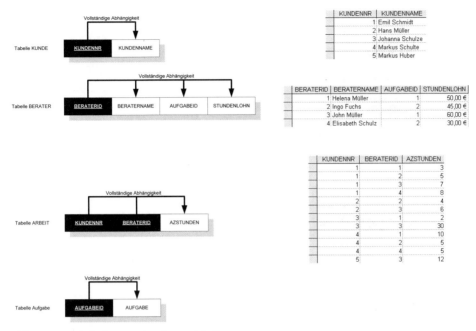

Abb. 5.12: Inhalt der verschiedenen Tabellen

Die hier dargestellte Tabellenstruktur hat allerdings noch ein schwerwiegendes Problem. Obwohl sich die Tabellenstruktur bereits in der dritten Normalform befindet, kann es problematisch werden, das Feld AUFGABE in der Tabelle BERATER zu belassen, da auch hier redundante Informationen verwaltet werden. So ist es in der in Abbildung 5.12 dargestellten Tabellenform durchaus möglich, dass für dieselbe Aufgabe verschiedene Werte vergeben werden (z.B.: »Finanzberater« und »Finanzber.«). Um dieses Problem zu umgehen, können Sie an dieser Stelle eine weitere Tabelle einfügen, die die Informationen zur Aufgabe enthält und auf die per Fremdschlüssel von der Tabelle Berater aus referenziert wird.

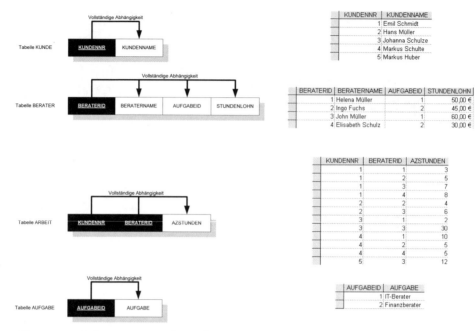

Abb. 5.13:   Tabelle AUFGABE wird eingefügt.

Natürlich wurde durch die Verschiebung der Aufgabe in eine eigene Tabelle ein zusätzliches Problem erzeugt, das an dieser Stelle auch nicht verschwiegen werden soll. Primärschlüssel der neuen Tabelle AUFGABE ist AUFGABEID, obwohl wir ja eigentlich die AUFGABE selbst eindeutig bezeichnen wollten. Mit anderen Worten bedeutet dies, dass der Tabelleninhalt aus Abbildung 5.14 völlig legitim ist.

AUFGABEID	AUFGABE
1	IT-Berater
2	Finanzberater
3	Finanzberater

Abb. 5.14:   Problem mit der Tabelle AUFGABE

Obwohl die Aufgabenbeschreibung der beiden Einträge für Finanzberater völlig identisch ist, sind diese beiden Einträge für das Datenbanksystem anhand der Primärschlüsselwerte 2 und 3 eindeutig zu identifizierende, völlig unabhängige Datensätze. Eine gemischte Verwendung der Werte 2 und 3 für die Aufgabe Finanzberater erzeugt in unserer Datenbank aber Chaos und verhindert, dass gültige Ergebnisse zurückgeliefert werden. Möchten Sie z.B. aus der Tabelle BERATER ermitteln, wie viele Finanzberater es bei Alana Business Consult gibt, so hängt die Anzahl davon ab, ob Sie die Anzahl der Finanzberater abfragen, deren AUFGABENID den Wert 2 enthält, oder ob Sie den Wert 3 auswerten. Noch problematischer wird die Situation, wenn Sie zunächst den Primärschlüssel der Aufgabe Finanzberater aus der Tabelle AUFGABE abfragen und den so ermittelten Wert dann als Auswahlkriterium für die Tabelle BERATER verwenden. Sie können beim Abfragen der Tabelle AUFGABE nicht davon ausgehen, dass immer der erste Datensatz zurückgeliefert wird, das heißt, je nachdem, wann Sie Ihre Abfrage starten und was vorher passiert ist (z.B. Komprimierung oder Umstrukturierung der physikalischen Speicherung der Daten durch das Datenbanksystem – ein Vorgang, auf den Sie üblicherweise keinen Einfluss haben), erhalten Sie entweder 2 oder 3 als Ergebnis. Wenn Sie dieses Ergebnis dann als Auswahlkriterium auf die Tabelle BERATER anwenden, bekommen Sie nicht reproduzierbare Ergebnisse (je nachdem, ob 2 oder 3 als Schlüsselwert zurückgeliefert wurde).

Um eine solche Situation zu vermeiden, kann man das Feld AUFGABE mit der Eigenschaft UNIQUE versehen. Hiermit gewährleistet das Datenbanksystem, dass jeder Eintrag in dieses Feld eindeutig ist und dass keine Dubletten vorkommen können.

5.1.5 Boyce-Codd-Normalform (BCNF)

Oft wird die *Boyce-Codd-Normalform* als Spezialfall der dritten Normalform angesehen, da sich Tabellen mit einem einzigen Primärschlüssel, die sich in der dritten Normalform befinden, automatisch in der Boyce-Codd-Normalform befinden.

> **Wichtig**
>
> Eine Tabelle befindet sich in der Boyce-Codd-Normalform, wenn
>
> ■ sie sich in der dritten Normalform befindet und
>
> ■ jede Determinante ein Schlüsselkandidat ist.
>
> Besitzt die Tabelle nur ein einziges Primärschlüsselattribut und befindet sie sich in der 3NF, so ist diese Tabelle automatisch in der BCNF.

Unter einer *Determinante* versteht man ein Attribut, dessen Wert die Werte anderer Attribute bestimmt. Wie Sie bereits gesehen haben, befindet sich eine Tabelle in der dritten Normalform, wenn sie sich in der zweiten Normalform befindet und es keine transitiven Abhängigkeiten gibt. Es kann aber vorkommen, dass ein Nicht-Schlüsselattribut den Wert eines Schlüsselattributs bestimmt. In diesem Fall haben Sie eine Tabelle, die sich in der dritten Normalform befindet, die aber nicht der Boyce-Codd-Normalform entspricht.

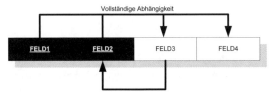

Abb. 5.15: Tabelle, die sich in der dritten Normalform befindet, nicht aber in der Boyce-Codd-Normalform

Die Abhängigkeit zwischen FELD3 und FELD2 ist keine transitive Abhängigkeit. Ich hatte die transitive Abhängigkeit ja so definiert, dass ein Nicht-Schlüsselattribut von einem anderen Nicht-Schlüsselattribut abhängig ist. Dies ist in Abbildung 5.15 aber nicht der Fall. Hier ist ein Schlüsselattribut von einem Nicht-Schlüsselattribut abhängig.

Um dieses Problem zu lösen und die Tabelle in die Boyce-Codd-Normalform zu überführen, müssen Sie zunächst den Primärschlüssel der Tabelle ändern. Der neue Primärschlüssel besteht aus den Feldern FELD1 und FELD3. Dies können Sie ohne Probleme machen, da, wenn FELD4 von FELD2 abhängig ist und FELD2 wiederum von FELD3 abhängig ist, FELD4 automatisch auch von FELD3 abhängig ist.

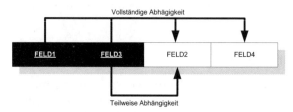

Abb. 5.16:   Tabelle in der ersten Normalform

Durch die Änderung des Primärschlüssels haben Sie die Tabelle automatisch in die erste Normalform versetzt, da nun zwischen FELD3 und FELD2 eine teilweise Abhängigkeit besteht. Diese Tabellenstruktur lässt sich nun sehr einfach, wie oben gezeigt, in die zweite Normalform versetzen, indem Sie einfach eine zusätzliche Tabelle für die teilweise Abhängigkeit einrichten.

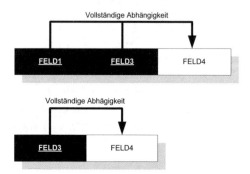

Abb. 5.17:   Die Tabellen befinden sich nun in 3NF und BCNF.

5.1.6   Höhere Normalformen

Die bisher vorgestellten Normalformen stellen in der Regel die im praktischen Einsatz am häufigsten verwendeten Normalformen dar. Neben diesen Normalformen existieren weitere Normalformen, die üblicherweise als höhere Normalformen bezeichnet werden. Diese Normalformen werden aufgrund der immer komplexer werdenden Tabellenstruktur eher selten verwendet. Der Vollständigkeit halber gehe ich an dieser Stelle aber noch kurz auf diese Normalformen ein.

Vierte Normalform (4NF)

Haben Sie sich an die bisher beschriebenen Designregeln gehalten, so sollte es eigentlich nicht möglich sein, dass Sie in eine Situation kommen, in der Sie dazu gezwungen sind, eine Tabelle in die vierte Normalform zu bringen. Üblicherweise tritt dieses Problem bei Tabellen auf, die aus Tabellenkalkulationsanwendungen in relationale Datenbanken überführt werden sollen.

Stellen Sie sich vor, dass in der Tabelle ARBEIT von oben, die Berater und Kunden miteinander verknüpft, zusätzlich noch die Arbeitsmaterialien (wie z.B. Taschenrechner oder Laptop) der Berater verwaltet werden sollen. Sie werden mir jetzt sicherlich entgegenhalten, dass dies aber ein sehr schlechtes Datenbankdesign ist, da die Arbeitsmaterialien, die die Berater verwenden, nun überhaupt nichts mit den Kunden zu tun haben, und dass es daher sehr fragwürdig ist, diese zusammen mit den Beziehungen zwischen Beratern und Kunden in einer Tabelle zu verwalten. Natürlich haben Sie Recht – das ist sehr schlechtes Datenbankdesign. Es gibt aber in der Praxis unzählige Excel-Tabellen, die genau so aufgebaut sind, das kann ich Ihnen versichern. Also wenn Sie zusätzlich die Arbeitsmaterialien in dieser Tabelle verwalten möchten, haben Sie verschiedene Möglichkeiten, dies zu tun.

BERATERID	KUNDENNR	ARBEITSMATERIAL
1	1	
1	3	
1	4	
2	1	
2	2	
2	4	
3	1	
3	2	
3	3	
3	5	
4	1	
4	4	
1		Laptop
1		Kugelschreiber
1		Lineal
2		Laptop
2		Lineal
3		Kugelschreiber
3		Lineal
3		Laptop
4		Kugelschreiber
4		Lineal

BERATERID	KUNDENNR	ARBEITSMATERIAL
1	1	Kugelschreiber
1	3	Laptop
1	4	Lineal
2	1	Laptop
2	2	Laptop
2	4	Lineal
3	1	Kugelschreiber
3	2	Lineal
3	3	Laptop
3	5	Laptop
4	1	Kugelschreiber
4	4	Lineal

BERATERID	KUNDENNR	ARBEITSMATERIAL
1	1	Laptop
1	3	Kugelschreiber
1	4	Lineal
2	1	Laptop
2	2	Lineal
2	4	
3	1	Kugelschreiber
3	2	Lineal
3	3	Laptop
3	5	
4	1	Kugelschreiber
4	4	Lineal

Abb. 5.18: Möglichkeiten, die Arbeitsmaterialien in der Tabelle ARBEIT zu speichern

Wie Sie leicht in der Abbildung 5.18 erkennen können, ist jede der dort vorgestellten Möglichkeiten aus der Sicht eines Datenbankdesigners nicht akzeptabel, da es entweder unnötige Redundanzen oder zahlreiche leere Felder gibt. Durch die Hinzufügung des Feldes ARBEITSMATERIAL haben wir die Tabelle ARBEIT wieder in die erste Normalform versetzt, da weder ein einzelnes Attribut noch die Kombination verschiedener Attribute einen Datensatz eindeutig identifizieren kann. Um einen Primärschlüssel definieren zu können, müssen wir alle drei Attribute hinzunehmen. Dies ist natürlich nur für die mittlere Tabelle möglich. Ist der Primärschlüssel aber so definiert, so befindet sich die Tabelle automatisch in der zweiten Normalform, da es keine Nicht-Schlüsselattribute gibt, die nicht vom Schlüssel abhängig sind (es gibt gar keine Nicht-Schlüsselattribute). Außerdem befindet sich die Tabelle auch noch in der dritten Normalform, da es keine transitiven Abhängigkeiten gibt. Unsere Tabelle befindet sich sogar in der Boyce-Codd-Normalform, da jede Determinante auch gleichzeitig Schlüsselfeld ist (jedes Feld ist Schlüsselfeld). Trotzdem stimmt hier irgendetwas nicht.

Das Problem liegt ganz einfach darin, dass in der Tabelle Informationen zusammengefügt wurden, die nicht zusammengehören. Es gibt keine logische Abhängigkeit zwischen den Kunden, die ein Berater berät, und seinen Arbeitsmaterialien. Dinge wie z.B. ein Kugelschreiber oder ein Laptop kommen sicherlich bei jedem Kunden zum Einsatz. Das Feld BERATERID ist keine Determinante des Feldes KUNDENNR, da jeder Berater mehrere Kunden beraten kann. Gleichzeitig ist es aber auch keine Determinante des Feldes ARBEITSMATERIAL, da ein Berater auch mehrere Arbeitsmaterialien besitzen kann. Zwischen den einzelnen Feldern bestehen mehrwertige unzusammenhängende Abhängigkeiten. Mehrwertige Abhängigkeiten werden wie folgt dargestellt:

```
BERATERID → → KUNDENNR
BERATERID → → ARBEITSMATERIAL
```

Die Lösung für dieses Problem hingegen ist recht einfach. Sie müssen lediglich dafür sorgen, dass die mehrwertigen Abhängigkeiten in eigene Tabellen ausgelagert werden. Die folgende Tabellenstruktur löst das Problem (siehe Abb. 5.19):

```
ARBEIT (BERATERID, KUNDENNR)
BERATERMATERIAL (BERATERID, ARBEITSMATERIAL)
```

Lassen Sie mich zum Abschluss dieses Abschnitts noch einmal die Charakteristika der vierten Normalform zusammenfassen:

Wichtig

Eine Tabelle befindet sich in der vierten Normalform, wenn

- sie sich in der dritten Normalform befindet und

- es nicht zwei oder mehr unzusammenhängende mehrwertige Abhängigkeiten gibt.

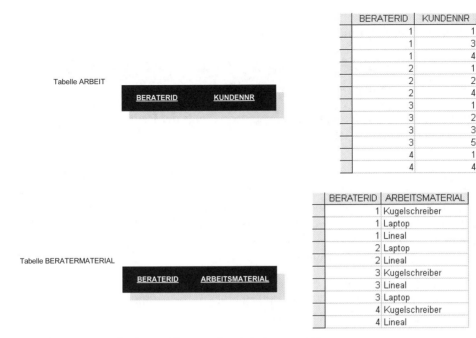

Tabelle ARBEIT

BERATERID	KUNDENNR
1	1
1	3
1	4
2	1
2	2
2	4
3	1
3	2
3	3
3	5
4	1
4	4

Tabelle BERATERMATERIAL

BERATERID	ARBEITSMATERIAL
1	Kugelschreiber
1	Laptop
1	Lineal
2	Laptop
2	Lineal
3	Kugelschreiber
3	Lineal
3	Laptop
4	Kugelschreiber
4	Lineal

Abb. 5.19: Lösung für das Problem mit dem Arbeitsmaterial

Fünfte Normalform (5NF)

Wie Sie gesehen haben, ist es möglich, eine Tabelle, die mehrere unzusammenhängende mehrwertige Abhängigkeiten enthält, in mehrere Tabellen aufzusplitten, die die unzusammenhängenden Abhängigkeiten voneinander trennen. Was passiert aber, wenn man mehrere zusammenhängende mehrwertige Abhängigkeiten innerhalb einer Tabelle hat? In diesem Fall hilft es oft, die Tabelle in mehrere einzelne Relationen zu zerlegen, die jeweils nur noch eine einzige mehrwertige Abhängigkeit besitzen. Diese Tabellen befinden sich dann in der 5NF.

Es ist recht mühsam, Tabellen in die fünfte Normalform zu versetzen, zumal Sie mit dieser Normalform keinen weiteren Vorteil gegenüber den bisher vorgestellten Normalformen haben. Sie können zwar garantieren, dass es zu keinen von Ihnen identifizierten Anomalien kommt, haben Sie jedoch eine Anomalie nicht bedacht, so kann es ohne weiteres sein, dass diese auch auftritt.

Domain/Key-Normalform (DKNF)

Die *Domain/Key-Normalform* wurde zuerst in einem Aufsatz von Rob Fagin von 1981 beschrieben. Rob Fagin konnte in diesem Aufsatz nachweisen, dass eine Tabelle, die sich in der Domain/Key-Normalform befindet, immun gegen jegliche Art von Änderungsanomalien ist.

Lassen Sie mich zum Abschluss dieses Abschnitts noch einmal die Charakteristika der vierten Normalform zusammenfassen:

> **Wichtig**
>
> Eine Tabelle befindet sich in der Domain/Key-Normalform, wenn
>
> - jede Bedingung der Relation eine logische Folge der Definition der Schlüssel und der Domänen ist.

Lassen Sie mich diese Aussage noch einmal etwas genauer untersuchen. Unter einer *Bedingung* versteht man eine Regel, die die statischen Werte (also Werte, die sich über die Zeit nicht ändern) der Attribute festlegt. Eine Bedingung ist stets deterministisch, das heißt, man kann sagen, ob die Bedingung wahr oder falsch ist. Unter einer *Domäne* versteht man, wie Sie bereits aus vorherigen Kapiteln wissen, alle für ein Feld möglichen Werte.

Führt die Durchsetzung der Einschränkungen, die durch Schlüssel und Domänen hervorgerufen werden, dazu, dass alle Bedingungen erfüllt werden können, so befindet sich die Tabelle in der DKNF.

Sicherlich werden Sie sich fragen, warum wir uns überhaupt mit den niedrigen Normalformen beschäftigt haben, wenn es doch die DKNF gibt, die uns vor allen Anomalitäten schützt. Nun, hierfür gibt es einen guten Grund. Für die allermeisten Anwendungsfälle reichen niedere Normalformen, wie z.B. die dritte Normalform oder die Boye-Codd-Normalform völlig aus. Der Vorteil dieser Normalformen gegenüber der DKNF besteht darin, dass man den Normalisierungsprozess für die niederen Normalformen über Algorithmen automatisieren kann, wohingegen zur Überführung einer Tabelle in die DKNF viel menschliche Intuition und Erfahrung im Datenbankdesign nötig ist.

5.2 Normalisierung und Datenbankdesign

Die Normalisierung, die Sie in diesem Kapitel kennen gelernt haben, stellt eine weitere Technik des Datenbankdesigns dar und kann entweder anstelle der ER-Modellierung oder ergänzend zu dieser verwendet werden. Üblicherweise geht man beim Design einer Datenbankanwendung so vor, dass man zunächst ein ER-Modell aufstellt, weil diese Technik anschaulicher und diagrammorientiert ist und somit von den meisten Menschen intuitiv erschlossen werden kann. Das so gewonnene ER-Modell kann dann mit Hilfe der Normalisierung überprüft werden. Wichtig ist, dass die Normalisierung immer ein Teil des Design-Prozesses sein sollte. Selbst wenn Sie ein Meister der ER-Modellierung sind, sollten Sie das ER-Modell mit Hilfe der formalen Methoden der Normalisierung überprüfen, da man bei komplexen Datenbanken schnell mal etwas übersehen kann. Hier hilft die Normalisierung als formale Überprüfungsmethode.

Oft ist es aber auch so, dass Sie als Datenbankexperte gerufen werden, wenn ein bereits bestehendes Datenbanksystem nicht mehr so funktioniert, wie es soll, und Inkonsistenzen im Datenbestand auftreten. Auch hier dient die Normalisierung als probate Methode, um das vorhandene Datenbankdesign zu überprüfen und Schwachstellen oder Designfehler aufzudecken.

Das ER-Diagramm beschäftigt sich mit einer Makro-Ansicht des gesamten Datenmodells, das heißt, im ER-Diagramm werden die verschiedenen Entitäten, die es gibt, und deren Beziehungen untereinander dargestellt. Die Normalisierung beschäftigt sich als Prozess mit einer einzelnen Entität und den Beziehungen, die die Attribute dieser Entität untereinander besitzen.

Lassen Sie mich nun am Ende dieses Kapitels noch einmal einen typischen Datenbankdesign-Prozess darstellen, um die Rolle der Normalisierung in diesem Prozess zu verdeutlichen. Als Beispiel nehme ich wieder die dem Bericht in Abbildung 5.3 zugrunde liegenden Daten, die Sie ja bereits schon gut kennen.

Über die Aktivitäten der einzelnen Berater bei Alana Business Consult ist das Folgende bekannt:

- Ein Berater kann mehrere Kunden beraten.

- Ein Kunde kann von mehreren Beratern beraten werden.

- Jeder Berater besitzt einen eigenen Stundenlohn.

- Jeder Berater kann in verschiedenen Kundenprojekten eingesetzt werden.

- Für jedes Kundenprojekt, in dem ein Berater tätig ist, werden die abgeleisteten Stunden protokolliert. Hierbei ist zu beachten, dass pro Berater und pro Kundenprojekt jeweils nur einmal die Stunden erfasst werden, das heißt, es wird die Gesamtsumme aller von einem Berater für einen Kunden geleisteten Stunden ohne weitere Qualifizierung dieser Stunden erfasst.

- Jeder Berater hat eine bestimmte Aufgabe.

- Jeder Kunde hat eine Kundennummer.

- Jeder Berater hat eine Berater-ID-Nummer.

Bei der Betrachtung dieser Fakten kann man offensichtlich die folgenden beiden Entitäten ausmachen:

```
BERATER (BERATER_ID, BERATERNAME, STUNDENLOHN, AUFGABE)
KUNDE (KUNDENNR, KUNDENNAME)
```

Diese Entitäten kann man natürlich auch im Crow's-Foot-Diagramm darstellen.

Abb. 5.20: Crow's-Foot-Diagramm der bisherigen Datenstruktur

Die Darstellung aus Abbildung 5.20 sollte Ihnen aus dem vorherigen Kapitel bekannt vorkommen. Die Beziehung zwischen BERATER und KUNDE ist eine schwache Beziehung, da beide Entitäten, also sowohl BERATER als auch KUNDE, unabhängig voneinander existieren können. Diese schwache Beziehung wird durch die gestrichelte Linie symbolisiert. Da nicht unbedingt jedem Berater zwingend ein Kunde zugeordnet sein muss, ist die Beziehung zwischen BERATER und KUNDE optional, das heißt, es kann auch Berater ohne jeglichen Kundenkontakt in der Datenbank geben.

Als Nächstes können Sie die Normalformen für unsere Entitäten bestimmen. Beide Entitäten befinden sich in der dritten Normalform, da alle Nicht-Schlüsselattribute vom Schlüsselattribut abhängen. Die Tabelle BERATER weist allerdings noch eine unschöne Redundanz auf. Das Attribut AUFGABE enthält den Text der Aufgabe, die ein Berater innehat. Um dies zu ändern, können Sie die Aufgaben in eine eigene Tabelle auslagern.

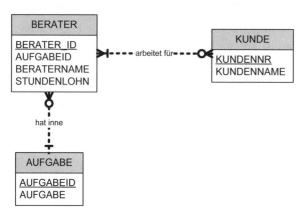

Abb. 5.21: Das Attribut AUFGABE wurde in eine eigene Entität ausgelagert.

Zwischen den Tabellen BERATER und AUFGABE besteht wieder eine schwache Beziehung, da beide Entitäten unabhängig voneinander existieren. Jedem Berater ist eine bestimmte Aufgabe zugeordnet, daher besteht zwischen Aufgaben und Beratern eine 1:N-Beziehung. Da nicht unbedingt jede Aufgabe von mindestens einem Berater erfüllt werden muss, ist die Beziehung an dieser Stelle optional.

Alle Tabellen in Abbildung 5.21 befinden sich nun in der dritten Normalform und Sie haben unnötige Redundanzen beseitigt. Die einzige Aufgabe, die nun noch gelöst werden muss, ist, wie die M:N-Beziehung zwischen BERATER und KUNDE aufgelöst wird. Wie Sie bereits wissen, ist es in einer relationalen Datenbank nicht möglich, solche Beziehungen direkt darzustellen. Daher müssen Sie diese Beziehung in zwei 1:N-Beziehungen mit schwacher Entität auflösen.

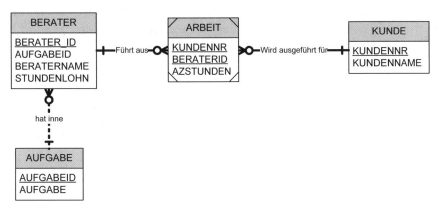

Abb. 5.22: Die M:N-Beziehung wurde aufgelöst.

In Abbildung 5.22 sehen Sie, wie die M:N-Beziehung, die zwischen den Entitäten BERATER und KUNDE besteht, über die Entität ARBEIT aufgelöst wurde. Da ein Datensatz in der Entität ARBEIT nicht ohne die entsprechenden Datensätze in den Entitäten BERATER und KUNDE existieren kann, handelt es sich bei der Entität ARBEIT um eine schwache Entität. Wir kommen also durch Anwendung des ER-Modells und mit Überprüfung der einzelnen Entitäten mit Hilfe der Normalisierung zu folgender Tabellenstruktur:

```
KUNDE (KUNDENNR, KUNDENNAME)

BERATER (BERATERID, AUFGABEID, BERATERNAME, STUNDENLOHN)

ARBEIT (KUNDENNR, BERATERID, AZSTUNDEN, TOTAL)

AUFGABE (AUFGABEID, AUFGABE)
```

Diese Tabellenstruktur ist der sehr ähnlich, die Sie oben allein durch Anwendung der Normalisierung erzeugt haben.

5.3 Denormalisierung

Sicherlich ist die Normalisierung des Datenmodells eine sehr wichtige Aufgabe, die Ihnen dabei hilft, ein möglichst stabiles Datenmodell zu entwickeln, das keine Anomalien zulässt und somit die Integrität der Daten gewährleisten kann. Sie haben aber auch gesehen, dass die Struktur der Datenbank komplexer wird, je höher Sie die einzelnen Tabellen normalisieren. Daten, die vor der Normalisierung einfach aus einer einzigen Tabelle ausgelesen werden konnten, müssen nun mühsam aus verschiedenen Tabellen zusammengetragen werden. Dies ist der Preis, den Sie für das stabile Datenmodell zahlen müssen. Natürlich ist eine derart komplexe, normalisierte Datenbank nicht nur für den Menschen schwerer zu verstehen, es ist auch für das Datenbanksystem selbst schwieriger, die für eine Abfrage benötigten Daten zusammenzutragen. Es müssen insgesamt mehr Operationen als bei einer nicht normalisierten Datenbank durchgeführt werden und daher wird eine solche Datenbank nicht so performant laufen wie eine gänzlich unnormalisierte Datenbank, die aber auf der anderen Seite natürlich mit allen möglichen Arten von Anomalien zu kämpfen hat.

Der Datenbankdesigner muss also immer sehr sorgfältig zwischen Normalisierungsgrad sowie den durch die Normalisierung verhinderten Anomalien und der Performance der Datenbank abwägen. Welche Designentscheidungen der Datenbankdesigner letztendlich fällt, ist von Projekt zu Projekt und damit von Kunde zu Kunde unterschiedlich. Während die einen Kunden viel Wert auf ein performantes und responsives System setzen, können andere Kunden damit leben, dass die Daten nicht sofort zur Verfügung stehen, dafür aber ohne Anomalien und den damit verbundenen Inkonsistenzen gespeichert werden.

An dieser Stelle greift der Prozess der Denormalisierung. In der Praxis geht man meist wie folgt vor. Zunächst wird ein Datenmodell in einer hochnormalisierten Form (meist 3NF oder BCNF) erstellt, das dann gezielt an bestimmten Stellen aus Performancegründen wieder denormalisiert wird. Der Vorteil dieser Vorgehensweise liegt darin, dass man über gezieltes Denormalisieren auch genau weiß, welche Anomalien man an welcher Stelle zugelassen hat. Das Auftreten dieser Anomalien kann dann meist programmatisch in der Businesslogik unterbunden werden. Gezielte Denormalisierung spielt insbesondere im Bereich der Datawarehouses eine große Rolle.

5.4 Zusammenfassung

- **Boyce-Codd-Normalform (BCNF)**

  Eine Tabelle befindet sich in der Boyce-Codd-Normalform, wenn sie sich in der dritten Normalform befindet und jede Determinante ein Schlüsselkandidat ist. Besitzt die Tabelle nur ein einziges Primärschlüsselattribut und befindet sie sich in der 3NF, so ist diese Tabelle automatisch in der BCNF.

- **Denormalisierung**

  Die Denormalisierung ist die gezielte Zurücknahme von Normalisierungen aus einem normalisierten Datenmodell, um durch Redundanz Verarbeitungsgeschwindigkeit zu erkaufen.

- **Domain/Key-Normalform (DKNF)**

  Eine Tabelle befindet sich in der Domain/Key-Normalform, wenn jede Bedingung der Relation eine logische Folge der Definition der Schlüssel und der Domänen ist.

- **Dritte Normalform (3NF)**

  Eine Tabelle befindet sich in der dritten Normalform, wenn sie sich in der zweiten Normalform befindet und es keine transitiven oder funktionalen Abhängigkeiten gibt, das heißt, jedes Attribut, das nicht selbst Schlüsselattribut ist, muss nichttransitiv vom Primärschlüssel abhängen.

- **Erste Normalform (1NF)**

  Eine Tabelle befindet sich dann in der ersten Normalform, wenn es keine Wiederholgruppen gibt, das heißt, in jeder Zelle der Tabelle gibt es jeweils einen einzigen Wert und keine Wertemenge. Alle Schlüsselattribute müssen vorhanden sein und alle Nicht-Schlüsselattribute hängen vom Primärschlüssel oder einem Teil des Primärschlüssels ab.

- **Fünfte Normalform (5NF)**

  Wenn man mehrere zusammenhängende, mehrwertige Abhängigkeiten innerhalb einer Tabelle hat, hilft es oft, die Tabelle in mehrere einzelne Relationen zu zerlegen, die jeweils nur noch eine einzige mehrwertige Abhängigkeit besitzen. Diese Tabellen befinden sich dann in der 5NF.

- **Nicht-Schlüsselattribut**

  Attribute, die nicht Teil des Primärschlüssels sind, werden als Nicht-Schlüsselattribute oder Nicht-Primärattribute bezeichnet.

- **Normalisierung**

  Als Normalisierung wird ein Prozess bezeichnet, mit dessen Hilfe man eine gute Tabellenstruktur erzielen kann. Die Normalisierung reduziert die in der Datenbank vorhandenen Datenredundanzen und hilft so dabei, Datenanomalien zu vermeiden.

- **Schlüsselattribut**

  Die Bestandteile des Primärschlüssels werden auch als Schlüsselattribute oder Primärattribute bezeichnet.

- **Teilweise Abhängigkeit**

  Bei der teilweisen Abhängigkeit ist der Inhalt eines Feldes nur von Teilen des Schlüssels abhängig.

- **Transitive Abhängigkeit**

  Bei der transitiven Abhängigkeit ist ein Attribut von einem anderen Nicht-Schlüsselattribut abhängig.

- **Vierte Normalform (4NF)**

  Eine Tabelle befindet sich in der vierten Normalform, wenn sie sich in der dritten Normalform befindet und es nicht zwei oder mehr unzusammenhängende mehrwertige Abhängigkeiten gibt

- **Vollständige Abhängigkeit**

  Bei der *vollständigen Abhängigkeit* ist das abhängige Feld von allen Schlüsselfeldern der Tabelle abhängig.

- **Zweite Normalform (2NF)**

  Eine Tabelle befindet sich in der zweiten Normalform, wenn sie sich in der ersten Normalform befindet und es keine teilweisen Abhängigkeiten gibt, das heißt, kein Nicht-Schlüsselattribut ist nur von einem Teil des Primärschlüssels der Tabelle abhängig, in dem es enthalten ist.

5.5   Aufgaben

Hier finden Sie Wiederholungsfragen, mit denen Sie die Gelegenheit haben, sich noch einmal Gedanken über den Stoff des Kapitels zu machen. Außerdem finden Sie im Abschnitt *Zum Weiterdenken* Probleme und Aufgaben, auf die Sie Ihr frisch gewonnenes Wissen anwenden können. Die Lösungen zu diesen Aufgaben finden Sie in Anhang A.5.

5.5.1   Wiederholung

1. Eliminiert die Normalisierung Datenredundanzen? Begründen Sie Ihre Antwort!

2. Was ist der Nachteil, den die Normalisierung im Hinblick auf die Implementierung der Datenbank hat?

3. Was besagt die 1. Normalform?

4. Was besagt die 2. Normalform?

5. Was besagt die 3. Normalform?

6. Was versteht man unter einer transitiven Abhängigkeit?

7. Was besagt die Boyce-Codd-Normalform? Wann ist eine Tabelle, die sich in der 3. Normalform befindet, automatisch auch in der Boyce-Codd-Normalform?

8. Wie setzen Sie die Normalisierung im Datenbankdesign-Prozess ein?

9. Was geschieht bei der Denormalisierung und warum führt man diese durch?

5.5.2 Zum Weiterdenken

1. Welches Problem können Sie bei der Tabelle BERATERMATERIAL in Abbildung 5.19 erkennen? Wie würden Sie dieses Problem beheben?

2. Die folgenden Aufgaben beziehen sich auf das nachfolgende Abhängigkeitsdiagramm.

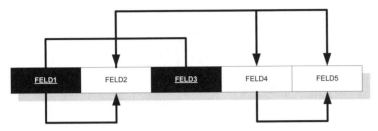

Abb. 5.23: Abhängigkeitsdiagramm für die Aufgaben

3. Erstellen Sie eine Datenbank für das in Abbildung 5.23 dargestellte Abhängigkeitsdiagramm. Die Datenbank sollte in der zweiten Normalform vorliegen. Zeichnen Sie für die einzelnen Tabellen die Abhängigkeitsdiagramme.

4. Erstellen Sie eine Datenbank für das in Abbildung 5.23 dargestellte Abhängigkeitsdiagramm. Die Datenbank sollte in der dritten Normalform vorliegen. Zeichnen Sie für die einzelnen Tabellen die Abhängigkeitsdiagramme.

5. Betrachten Sie die folgende Struktur einer Tabelle zur Speicherung von Rechnungen.

```
RECHNUNGS_NR
PRODUKT_NR
VERKAUFSDATUM
PRODUKTBESCHREIBUNG
HERSTELLER_CODE
HERSTELLERNAME
ANZAHL_VERKAUFT
PRODUKTPREIS
```

Zeichnen Sie das Abhängigkeitsdiagramm dieser Tabelle (inklusive aller transitiven und teilweisen Abhängigkeiten). Sie können annehmen, dass die in der Tabelle enthaltenen Daten keine Wiederholgruppen aufweisen und dass eine Rechnung mehr als ein Produkt enthalten kann.

6. Verwenden Sie das Abhängigkeitsdiagramm aus Aufgabe 4 und entfernen Sie alle teilweisen Abhängigkeiten. Zeichnen Sie das neue Abhängigkeitsdiagramm und stellen Sie fest, in welcher Normalform sich jede Tabelle, die so entstanden ist, befindet.

Kapitel 6

SQL-Grundlagen

Nachdem wir uns bisher um Themen gekümmert haben, die sich hauptsächlich mit dem Design der Datenbank beschäftigen, werden wir in diesem Kapitel einmal die Ärmel hochkrempeln und uns mit der Implementierung dieser Datenbankmodelle in einem Datenbanksystem auseinander setzen. Hier werden Sie die Datenbanksprache SQL kennen lernen, mit der sämtliche Operationen innerhalb der Datenbank durchgeführt werden können. Damit die Beispiele etwas mehr Tiefe bekommen, verwende ich das im vorherigen Kapitel erstellte Datenmodell.

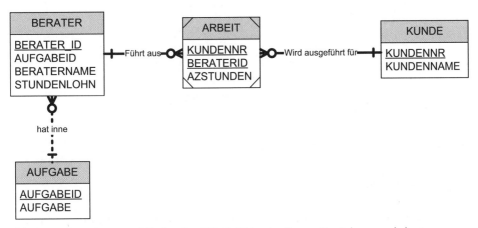

Abb. 6.1:   Das Datenmodell, das den SQL-Befehlen in diesem Kapitel zugrunde liegt

Ich gehe in diesem Kapitel bei allen Beispielen davon aus, dass die im vorherigen Kapitel vorgestellten Demo-Daten in der Datenbank enthalten sind, das heißt, die Tabellen besitzen den Inhalt, wie in Abbildung 6.2 gezeigt.

Tabelle KUNDE

KUNDE
KUNDENNR
KUNDENNAME

KUNDENNR	KUNDENNAME
1	Emil Schmidt
2	Hans Müller
3	Johanna Schulze
4	Markus Schulte
5	Markus Huber

Tabelle BERATER

BERATER
BERATER_ID
AUFGABEID
BERATERNAME
STUNDENLOHN

BERATERID	BERATERNAME	AUFGABEID	STUNDENLOHN
1	Helena Müller	1	50,00 €
2	Ingo Fuchs	2	45,00 €
3	John Müller	1	60,00 €
4	Elisabeth Schulz	2	30,00 €

Tabelle ARBEIT

ARBEIT
KUNDENNR
BERATERID
AZSTUNDEN

KUNDENNR	BERATERID	AZSTUNDEN
1	1	3
1	2	5
1	3	7
1	4	8
2	2	4
2	3	6
3	1	2
3	3	30
4	1	10
4	2	5
4	4	5
5	3	12

Tabelle AUFGABE

AUFGABE
AUFGABEID
AUFGABE

AUFGABEID	AUFGABE
1	IT-Berater
2	Finanzberater

Abb. 6.2:   Inhalt der kleinen Demo-Datenbank

6.1   Einführung

SQL (*Structured Query Language*) ist die Standardsprache zur Kommunikation mit relationalen Datenbanksystemen. Mit SQL ist es möglich, Datenbanken zu erzeugen, zu verwalten und die in der Datenbank vorhandenen Daten zu verändern.

SQL ist keine *prozedurale Sprache* wie z.B. Pascal oder C++. Im Gegensatz zu prozeduralen Programmiersprachen, in denen Sie definieren, wie eine Aufgabe gelöst werden muss, teilen Sie dem Datenbankmanagement-System über SQL mit, was Sie als Ergebnis haben möchten. Das DBMS wählt dann den besten Weg aus, das Ergebnis zu liefern.

Weil SQL viele grundlegende Sprachkonstrukte herkömmlicher Programmiersprachen fehlen, spricht man im Zusammenhang mit SQL auch von einer *Datenunter-sprache*, da SQL eine Spezialsprache zum Zugriff auf Datenbanksysteme ist. Um eine Datenbankanwendung zu erstellen, muss man SQL in Verbindung mit einer vollständigen Programmiersprache wie z.B. C# oder C++ benutzen. Führt eine Programmiersprache SQL-Befehle aus, so spricht man auch von *Embedded SQL*. SQL selbst ist in drei Untersprachen unterteilt: *DDL* (*Data Definition Language*), *DML* (*Data Manipulation Language*) und *DCL* (*Data Control Language*).

SQL wurde als *ANSI-Standard* definiert. Die aktuelle Version des Standards geht auf das Jahr 1999 zurück. Daher heißt der aktuelle SQL-Standard *SQL-99* (oder *SQL 3*). Die Hersteller der Datenbanksysteme implementieren SQL nicht streng nach diesem Standard, so dass es zwischen den einzelnen Systemen Unterschiede im Sprachumfang von SQL gibt. So implementiert Oracle den SQL-Dialekt *PL/SQL* und Microsoft den SQL-Dialekt *Transact-SQL*. Beide Implementationen weisen proprietäre Erweiterungen zum SQL-Standard auf, die unter anderem dazu dienen, SQL um prozedurale Elemente zu erweitern. Der Kern der SQL-Dialekte ist aber bei allen Systemen gleich, so dass alle Systeme ANSI-SQL verstehen. In diesem Buch werde ich weitestgehend nur auf Elemente aus dem Sprachumfang von ANSI-SQL zurückgreifen, so dass die Beispiele mit jedem beliebigen SQL-fähigen Datenbanksystem funktionieren sollten. Sollte dies einmal nicht der Fall sein, so werden Sie einen entsprechenden Hinweis im Text finden.

6.1.1 Historischer Überblick

SQL wurde in den Forschungslabors der Firma IBM in San Jose (Kalifornien) entwickelt und geht auf *SEQUEL* (Structured English Query Language) zurück. SEQUEL wurde im Rahmen der Forschungen an relationalen Datenbanksystemen als Spezialsprache entwickelt. Da der Name SEQUEL bereits als Handelsmarke vergeben war, musste die Sprache dann in SQL umgetauft werden.

Bevor IBM das Produkt SQL/DS 1981 auf den Markt brachte, war SQL in der Industrie recht weit verbreitet, da die Firma Relational Software (heute Oracle) bereits ein Datenbanksystem mit SQL-Unterstützung auf den Markt gebracht veröffentlicht hatte.

Andere Hersteller zogen nach und brachten Systeme heraus, die den De-facto-Standard SQL implementierten. Zwar implementierten alle Hersteller die Kernfunktionen des IBM-Systems, fügten diesen aber eigene Erweiterungen hinzu, die die Stärken des jeweiligen Systems unterstützten. Dadurch war eine plattformübergreifende Kompatibilität der Produkte nicht gewährleistet.

Im Jahr 1986 veröffentlichte das ANSI (American National Standards Institute) einen formalen Standard mit dem Namen SQL-86, der 1989 als SQL-89 aktualisiert wurde. Die meisten Hersteller waren bemüht, diesen Standard in ihre Produkte zu übernehmen, so dass die Kompatibilität der einzelnen Datenbanksysteme im Vergleich zu früher wesentlich zugenommen hat.

Die nächste Version des SQL-Standards, die veröffentlicht wurde, ist in der Spezifikation SQL-92 festgelegt, die dann wiederum teilweise von den Datenbankherstellern in ihre Produkte übernommen wurde. Da der SQL-92-Standard sehr umfangreich ist, ist er bisher noch nicht vollständig implementiert worden. SQL-

92 definiert drei Untermengen: *Entry-SQL-92*, *Intermediate-SQL-92* und *Full-SQL-92*. Momentan arbeiten die Hersteller der Datenbanksysteme daran, die mittlere Schicht, also Intermediate-SQL-92 zu unterstützen.

Obwohl SQL-92 bisher noch nicht hundertprozentig von allen Datenbanken unterstützt wird, wurde bereits der Nachfolger zu SQL-92, SQL-99, entwickelt, der weitere spezielle SQL-Befehle enthält. An den eigentlichen Grundlagen von SQL, wie man Daten aus einer Datenbank liest, schreibt oder aktualisiert, hat sich aber über die Jahre nichts geändert.

Da SQL-99 bisher noch nicht wirklich im Markt implementiert wurde, beschränke ich mich in diesem Buch auf den Standard SQL-92.

6.1.2 Datentypen

SQL unterstützt, je nach Implementation, eine Vielzahl unterschiedlicher Datentypen. Unter einem *Datentyp* versteht man eine Formatangabe für ein Feld einer Tabelle. Über den Datentyp geben Sie an, welche Art von Daten in einem bestimmten Feld gespeichert werden können bzw. wie das Datenbanksystem die im Feld gespeicherten Daten interpretiert. Geben Sie einem Feld beispielsweise einen numerischen Datentyp, so können Sie in diesem Feld keine Texte speichern.

Unter SQL-92 sind nur sechs allgemeine Datentypen definiert: genaue Zahlen, annähernd genaue Zahlen, Zeichenketten, Bit-Strings, Datetime und Intervalle. Innerhalb der definierten Typen sind Untertypen zulässig. Ist eine plattformunabhängige Implementation der Datenbank erforderlich, sollten Sie auf die Verwendung dieser proprietären Datentypen verzichten.

Genaue Zahlen

Der Datentyp *genaue Zahlen* dient dazu, numerische Werte genau zu speichern. Untertypen dieses Datentyps sind: *Integer, SmallInt, Numeric* und *Decimal*.

Annähernd genaue Zahlen

Annähernd genaue Zahlen dienen dazu, Werte darzustellen, die einen Wertebereich haben, der viele Größenordnungen enthält. Computer können solche Werte, die sich über viele Größenordnungen erstrecken, nicht genau verarbeiten. In solchen Fällen ist aber andererseits meist keine absolut genaue Angabe notwendig. Untertypen der annähernd genauen Zahlen sind: *Real, Double Precision* und *Float*.

Zeichenketten

Zeichenketten sind dazu gedacht, Texte in der Datenbank zu speichern. Es gibt zwei Arten von Zeichenketten: Zeichenketten mit *fester Länge* und Zeichenketten mit *variabler Länge*. Als Untertypen dieses Typs sind *Character, Character Varying (VarChar)*, *National Character* und *National Character Varying* definiert. Die beiden

National-Typen haben die gleiche Funktion wie die normalen Character-Typen mit dem Unterschied, dass der spezifizierte Zeichensatz vom Standardzeichensatz abweicht. Dies ist z.B. in Datenbankanwendungen wichtig, in denen Texte in verschiedenen Sprachen mit verschiedenen Zeichensätzen verwaltet werden sollen.

Bit-Strings

Der Datentyp *Bit-Strings* ist dazu gedacht, beliebige Bit-Ketten, also zum Beispiel Binärdaten, zu speichern. Untertypen von Bit-String sind *Bit* und *Bit Varying*. In den letzen Jahren hat sich an dieser Stelle recht viel getan, da Bit-String-Felder natürlich auch wunderbar dazu geeignet sind, Multimedia-Daten, wie z.B. Filme, Musik oder Bilder, zu speichern.

Datetime

Datetime wird verwendet, um Datums- und Zeitwerte in der Datenbank zu speichern. SQL-92 definiert für den Typ *Datetime* fünf Untertypen, die allerdings große Überschneidungen aufweisen, so dass nicht alle fünf Typen unter allen Datenbanksystemen implementiert wurden. Die Untertypen sind *Date*, *Time*, *Timestamp*, *Time with Time Zone* und *Timestamp with Time Zone*.

Intervall

Der Datentyp *Intervall* ist eng mit dem Datentyp *Datetime* verbunden, weil man in einem Intervall-Datentyp Zeitintervalle, d.h. die Differenz zwischen zwei Werten vom Typ *Datetime*, speichern kann. Als Untertypen sind *Year-Month* und *Day-Time* definiert.

Nullwerte

Nullwerte stellen keinen Datentyp im eigentlichen Sinn dar, sondern werden dazu benötigt, leere Werte in der Datenbank zu definieren. Nullwerte repräsentieren den Wert *Nichts* bzw. *Unbekannt*. Wichtig ist, dass Nullwerte bei Zahlenwerten nicht den Wert 0 oder bei Zeichenketten den Leerstring repräsentieren. Dies sind eigenständige, vom Nullwert unterschiedliche Werte. Nullwerte werden durch den Wert *NULL* dargestellt. In folgenden Situationen wird in einer Datenbank der Nullwert gesetzt:

- Der Wert ist unbekannt.

- Der Wert existiert nicht.

- Der Wert liegt außerhalb des Wertebereichs.

6.1.3 Die SQL-Komponenten

SQL stellt, obwohl es keine vollständige Programmiersprache ist, alle Funktionen zur Verfügung, die man benötigt, um mit relationalen Datenbanksystemen zu arbeiten. Diese Funktionen bzw. die zugehörigen Befehle sind in den drei Befehlsgruppen *Data Definition Language* (*DDL*), *Data Manipulation Language* (*DML*) und *Data Control Language* (*DCL*) gruppiert.

Data Definition Language (DDL)

Die *Data Definition Language* stellt Befehle zur Verfügung, mit denen man eine Datenbank erstellen, ändern oder löschen kann. Mit den Befehlen der DDL können Sie die Elemente der Datenbank erstellen. Elemente einer Datenbank sind z.B. Tabellen, Sichten, Schemata usw. Die Befehle der DDL sind CREATE, ALTER und DROP.

Mit dem Befehl CREATE werden alle Elemente der Datenbank erstellt. Je nachdem, welches Element erstellt werden soll, besitzt der Befehl verschiedene Parameter. Mit dem Befehl CREATE TABLE können Sie in der Datenbank eine Tabelle anlegen. Beispielsweise würde der Befehl

```
CREATE TABLE KUNDE (
    KUNDENR      INTEGER         PRIMARY KEY,
    KUNDENNAME   CHARACTER(50)
);
```

die Kundentabelle aus dem vorherigen Kapitel in einer Datenbank anlegen.

Der Befehl ALTER ist dazu gedacht, bestehende Elemente der Datenbank zu verändern. ALTER besitzt genau wie CREATE verschiedene Parameter, die sich auf das Objekt beziehen, das geändert werden soll. Mit dem Befehl ALTER TABLE kann man eine Tabelle verändern. Wenn Sie der Kundentabelle aus dem vorherigen Beispiel ein Feld für den Vornamen hinzufügen möchten, müssen Sie z.B. folgenden Befehl verwenden:

```
ALTER TABLE
    KUNDE
ADD
    VORNAME CHARACTER(50);
```

Schließlich kann man ein bestehendes Element der Datenbank, das nicht mehr benötigt wird, mit dem Befehl DROP löschen. Die Kundentabelle aus den vorherigen Beispielen kann man mit dem Befehl

```
DROP TABLE KUNDE;
```

löschen. Dabei werden sämtliche Daten der Tabelle sowie alle zur Tabelle vorhandenen Metadaten aus der Datenbank gelöscht.

> **Wichtig**
>
> Bitte beachten Sie, dass ein Löschen der Tabelle mit Hilfe des DROP-Befehls ein endgültiger Vorgang ist. Der DROP-Befehl läuft nicht innerhalb von Transaktionen ab, so dass es keine Möglichkeit gibt, diesen Befehl wieder rückgängig zu machen. Haben Sie eine Tabelle mit Hilfe des DROP-Befehls gelöscht, so können Sie diese nur noch vom (hoffentlich vorhandenen) Backup der Datenbank wiederherstellen.

Data Manipulation Language (DML)

Die *Data Manipulation Language* enthält die Befehle, mit denen man Daten in der Datenbank einfügen, wiedergewinnen, löschen und verändern kann. Da man mit SQL sehr genau angeben kann, welche Daten aus der Datenbank wiedergewonnen oder verändert werden sollen, können DML-Befehle sehr lang, verschachtelt und unübersichtlich werden. Die wichtigsten DML-Befehle sind INSERT, UPDATE, DELETE und SELECT. Die Befehle bestehen aus verschiedenen Parametern und Klauseln, die wiederum Ausdrücke, Unterabfragen, logische Verknüpfungen, Prädikate und Aggregatfunktionen enthalten können.

Der Befehl INSERT ist dazu gedacht, neue Datensätze in eine vorhandene Tabelle einzufügen. Um beispielsweise einen Datensatz in die Kundentabelle aus dem vorherigen Kapitel einzufügen, müssen Sie folgenden Befehl an die Datenbank absetzen:

```
INSERT INTO
  KUNDE (KUNDENNR, KUNDENNAME)
VALUES
  (6,'Bodo Meier');
```

KUNDENNR	KUNDENNAME
1	Emil Schmidt
2	Hans Müller
3	Johanna Schulze
4	Markus Schulte
5	Markus Huber
6	Bodo Meier

Abb. 6.3: Der INSERT-Befehl hat einen neuen Datensatz zur Tabelle hinzugefügt.

Bei dem Befehl INSERT ist es auch erlaubt, die erste Klammer, die die Reihenfolge der Datenfelder festlegt, wegzulassen, wenn die Werte der Felder in der richtigen Reihenfolge angegeben werden. So kann man den Befehl aus dem vorhergehenden Beispiel auch folgendermaßen formulieren:

```
INSERT INTO
   KUNDE
VALUES
   (6, 'Bodo Meier');
```

Mit dem Befehl INSERT...VALUES kann man gut einzelne Datensätze in die Datenbank einfügen. Für größere Einfügeoperationen ist INSERT...VALUES allerdings nicht zu empfehlen. Sollen größere externe Datenmengen in die Datenbank eingefügt werden, muss man Programme benutzen, die dem Datenbankserver beiliegen (z.B. beim Microsoft SQL Server das Bulk-Copy-Programm bcp). Befinden sich die einzufügenden Daten bereits irgendwo in der Datenbank, so kann man diese mit Hilfe des Befehls INSERT...SELECT in die gewünschte Tabelle einfügen. Befinden sich z.B. in der Tabelle ALTEKUNDEN Kundendaten und ist diese genau so aufgebaut wie die Tabelle KUNDE, dann kann man die Daten mit Hilfe des folgenden Befehls aus der Tabelle ALTEKUNDEN in die Tabelle KUNDE einfügen:

```
INSERT INTO
   KUNDE
   SELECT
      *
   FROM
      ALTEKUNDEN;
```

Der Befehl UPDATE ist dazu gedacht, in der Datenbank existierende Datensätze zu verändern. Über den Befehl UPDATE kann man sowohl einzelne Datensätze als auch viele Datensätze mit einem einzigen Befehl ändern. Die zu ändernden Datensätze werden über eine WHERE-Klausel ausgewählt. Am Beispiel der Kundentabelle könnten Sie alle Kundennamen auf »Bodo Meier« setzen:

```
UPDATE
   KUNDE
SET
   KDNAME = 'Bodo Meier';
```

KUNDENNR	KUNDENNAME
1	Bodo Meier
2	Bodo Meier
3	Bodo Meier
4	Bodo Meier
5	Bodo Meier
6	Bodo Meier

Abb. 6.4: Alle Kundennamen wurden auf Bodo Meier gesetzt.

Um die WHERE-Klausel zu demonstrieren, aktualisiere ich in der Datenbank alle Namen, die mit dem Buchstaben »M« beginnen auf den Namen »Joe Müller«.

```
UPDATE
  KUNDE
SET
  KDNAME = 'Joe Müller'
WHERE
  KDNAME LIKE 'M%'
```

KUNDENNR	KUNDENNAME
1	Emil Schmidt
2	Hans Müller
3	Johanna Schulze
4	Joe Müller
5	Joe Müller
6	Bodo Meier

Abb. 6.5: Die beiden Kundennamen, die mit »M« beginnen, wurden aktualisiert.

In diesem Beispiel habe ich den Platzhalter »%« verwendet, um anzugeben, dass alle Datensätze, deren Wert für das Feld KUNDENNAME mit M beginnt (dies sind die Datensätze »Markus Schulte« und »Markus Huber«) durch den Wert »Joe Müller« ersetzt werden.

Wichtig

Wie Sie bereits oben erfahren haben, sind im Prinzip alle SQL-Implementationen der verschiedenen Datenbankhersteller mehr oder weniger identisch und unterscheiden sich nur in kleineren Nuancen. Das Platzhalterzeichen ist so eine Nuance. Während unter Oracle das Prozent-Zeichen (%) als Platzhalter für eine beliebige Anzahl von Buchstaben verwendet wird und der Unterstrich (_) den Platzhalter für ein einzelnes Zeichen darstellt, gibt es beim SQL-Server und bei Access jeweils nur ein einziges Platzhalterzeichen, nämlich den Stern (*).

Mit dem Befehl DELETE können vorhandene Datensätze aus der Tabelle gelöscht werden. Dabei werden entweder alle Daten oder nur Daten, auf die eine bestimmte Bedingung zutrifft, gelöscht. Auch hier werden die Datensätze über eine WHERE-Klausel angegeben. Man kann beim Befehl DELETE im Gegensatz zum Befehl SELECT z.B. keine Spaltenbezeichnungen angeben. Wenn ein Datensatz gelöscht wird, dann wird immer der komplette Datensatz gelöscht. Um alle Kunden zu löschen, die mit dem Buchstaben »M« beginnen, müssen Sie folgenden Befehl an die Datenbank absetzen:

```
DELETE FROM
  KUNDE
WHERE
  KDNAME LIKE 'M%';
```

KUNDENNR	KUNDENNAME
1	Emil Schmidt
2	Hans Müller
3	Johanna Schulze
6	Bodo Meier

Abb. 6.6: Die Kunden, deren Name mit »M« beginnt, wurden gelöscht.

Über den Befehl SELECT kann man Datensätze aus der Datenbank auswählen. Von allen SQL-Befehlen insgesamt ist **SELECT** mit Sicherheit der am häufigsten verwendete Befehl. Alle Abfragen an die Datenbank werden mit diesem Befehl realisiert. Abfragen können entweder einige wenige oder sehr viele Datensätze zurückliefern, die sich in einer Tabelle der Datenbank befinden oder sich aus dem Inhalt mehrerer Tabellen zusammensetzen. Welche Datensätze für die Abfrage ausgewählt werden, wird über die WHERE-Klausel angegeben. Um aus der Kundentabelle alle Datensätze zu erhalten, verwendet man den SELECT-Befehl in seiner einfachsten Form:

```
SELECT
    *
FROM
    KUNDE ;
```

KUNDENNR	KUNDENNAME
1	Emil Schmidt
2	Hans Müller
3	Johanna Schulze
4	Markus Schulte
5	Markus Huber
6	Bodo Meier

Abb. 6.7: Alle Datensätze aus der Tabelle KUNDE wurden ausgewählt.

Das Sternchen in diesem Befehl steht für einen Platzhalter (Wildcard) und bedeutet in diesem Kontext, dass alle Spalten der Tabelle KUNDE in das Ergebnis der Abfrage aufgenommen werden sollen.

Anstelle des Platzhalters kann man natürlich auch alle Felder der Tabelle explizit angeben:

```
SELECT
    KUNDENNR,
    KUNDENNAME
FROM
    KUNDE ;
```

Das Ergebnis dieser Abfrage ist dasselbe wie in Abbildung 6.7.

Möchte man nur alle Kunden auswählen, die z.B. mit dem Buchstaben »M« beginnen, so muss man eine WHERE-Klausel benutzen:

```
SELECT
  *
FROM
  KUNDE
WHERE
  KDNAME LIKE 'M%';
```

KUNDENNR	KUNDENNAME
4	Markus Schulte
5	Markus Huber

Abb. 6.8:   Es wurden nur Kunden ausgewählt, deren Name mit »M« beginnt.

Durch Verwendung von Klauseln kann der SELECT-Befehl sehr kompliziert werden, zumal in Klauseln noch Unterabfragen enthalten sein können. Da der SELECT-Befehl sehr vielschichtig ist, habe ich ihm ein eigenes Unterkapitel gewidmet. An dieser Stelle soll nun noch ein kleines Beispiel folgen, das zeigt, wie man Spalten für eine Abfrage auswählt. Mit der folgenden Abfrage erhält man alle Datensätze der Tabelle KUNDE, allerdings nur die Spalte mit den Kundennamen:

```
SELECT
  KUNDENNAME
FROM
  KUNDE;
```

KUNDENNAME
Emil Schmidt
Hans Müller
Johanna Schulze
Markus Schulte
Markus Huber
Bodo Meier

Abb. 6.9:   Hier wurde nur das Feld KUNDENNAME über den SELECT-Befehl ausgewählt.

Wichtig

Wenn Sie sich eine Tabelle als zweidimensionales Gebilde vorstellen, so wie ich Tabellen in diesem Buch darstelle, so kann man sagen, dass die Auswahl von Feldern vorne im SELECT-Befehl im Prinzip eine vertikale Filterung vornimmt, wohingegen die Angabe einer WHERE-Klausel eine horizontale Filterung bewirkt.

Data Control Language (DCL)

Die *Data Control Language* stellt Befehle zur Verfügung, mit denen man die in der Datenbank enthaltenen Daten schützen kann. Durch Einsatz der Möglichkeiten der DCL können Sie den Einfluss von unerwünschten, zerstörerischen Einwirkungen auf die Daten Ihrer Datenbank minimieren. Leider unterstützen nicht alle Datenbanksysteme alle Funktionen der DCL, so dass Sie unter Umständen Schutzmaßnahmen, die das DBMS nicht zur Verfügung stellt, in Ihre Datenbankanwendung implementieren müssen. Die am häufigsten benutzten DCL-Befehle sind GRANT und DENY.

Mit dem Befehl GRANT kann man einem Benutzer oder einer Rolle Rechte auf ein Objekt in der Datenbank zuweisen. Mit Hilfe einer Rolle werden Benutzer zu Gruppen zusammengefasst. Rollen sind den Benutzergruppen unter Windows sehr ähnlich: Man vergibt Rechte (Lesen, Ändern usw.) an eine Rolle und weist dieser Rolle dann Benutzer zu, die die Rechte der Rolle übernehmen. Wollen Sie beispielsweise dem Benutzer fgeisler das Ausführungsrecht für den Befehl SELECT auf die Tabelle KUNDE zuweisen, so müssen Sie folgenden Befehl an die Datenbank absetzen:

```
GRANT
  SELECT ON
    KUNDE
  TO
    fgeisler;
```

Der Befehl DENY verhindert explizit den Zugriff eines Benutzers oder einer Rolle auf ein Objekt der Datenbank. DENY überschreibt GRANT, das heißt, wird einem Benutzer explizit der Zugriff auf eine Tabelle verwehrt, so kann er auch dann nicht auf die Tabelle zugreifen, wenn er Mitglied einer Rolle ist, die Zugriffsrechte besitzt. Wollen Sie dem Benutzer fgeisler den Zugriff auf die Tabelle KUNDEN verwehren, so brauchen Sie dazu folgenden Befehl:

```
DENY
  SELECT ON
    KUNDE
  TO
    fgeisler;
```

6.1.4 Logische Verknüpfungen

Natürlich gibt es unter SQL auch *logische Verknüpfungen*, mit denen man logische Ausdrücke oder Bedingungen verknüpfen kann. Logische Verknüpfungen werden meist dann gebraucht, wenn man eine Bedingung (z.B. für eine Abfrage) formulieren möchte, die aus mehreren Unterbedingungen besteht.

AND

Soll ein Datensatz bei einer Abfrage mehrere Bedingungen gleichzeitig erfüllen, so werden diese Bedingungen mit der logischen Verknüpfung AND verkettet. Die logische Verknüpfung AND arbeitet nach der Wahrheitstabelle in Abbildung 6.10.

Operand 2 / Operand 1	FALSCH	WAHR
FALSCH	FALSCH	FALSCH
WAHR	FALSCH	WAHR

Abb. 6.10:   Wahrheitstabelle für die logische Operation AND

In der Tabelle sind die Zustände von Operand 1 und Operand 2 aufgeführt. Im Kreuzungspunkt zweier Bedingungen steht das Ergebnis der logischen Verknüpfung AND. Ist beispielsweise Operand 1 WAHR und Operand 2 ist auch WAHR, so ist das Ergebnis der AND-Verknüpfung WAHR.

Mit dieser logischen Verknüpfung kann man nun Bedingungen für Abfragen definieren, die aus Unterbedingungen bestehen. Abfragen, die Datensätze aus der Datenbank zurückliefern, formuliert man unter SQL mit dem Befehl SELECT. Im weiteren Verlauf dieses Kapitels werden Sie noch einiges über den Befehl SELECT lernen. Begnügen Sie sich momentan mit der Aussage, dass es diesen Befehl gibt und dass er Datensätze aus der Datenbank gemäß gewisser Vorgaben zurückliefert, so können Sie z.B. folgenden SQL-Befehl formulieren:

```
SELECT
    *
FROM
    KUNDE
WHERE
    KUNDENNAME LIKE 'M%' AND
    KUNDENNR = 4;
```

KUNDENNR	KUNDENNAME
4	Markus Schulte

Abb. 6.11:   Es werden nur die Kunden ausgewählt, deren Name mit M beginnt und deren Kundennummer 4 ist.

Dieser Befehl liefert nur dann einen Datensatz zurück, wenn der Name des Kunden mit dem Buchstaben M beginnt und der Kunde außerdem die Kundennummer 4 besitzt.

> **Wichtig**
>
> Beachten Sie bitte, dass der Begriff »und« in der Umgangssprache etwas lockerer verwendet wird als in diesem streng logischen Zusammenhang. Die Ergebnisse der Verknüpfung AND richten sich ausschließlich nach der oben abgebildeten Tabelle. Umgangssprachliche Formulierungen von Bedingungen, die direkt übernommen werden, können oft fehlschlagen.

Schauen Sie sich dazu folgendes Beispiel an:

```
SELECT
    *
FROM
    KUNDE
WHERE
    KUNDENNAME LIKE 'M%' AND
    KUNDENNAME LIKE 'H%';
```

Abb. 6.12: Es werden keine Datensätze zurückgeliefert.

Warum liefert diese Abfrage keine Datensätze zurück? Na ja, der Autor der Abfrage wollte sich wohl alle Kunden anzeigen lassen, die mit den Buchstaben M und H beginnen. In unserer Beispieldatenbank sind dies die Kunden »Hans Müller«, »Markus Schulte« und »Markus Huber«. Dies wurde dann 1:1 in SQL formuliert und die resultierende Abfrage ist falsch. Es wird von dieser Abfrage immer eine leere Ergebnismenge zurückgeliefert. Warum ist das so?

Rein logisch gesehen kann es keinen Kunden geben, der sowohl mit dem Buchstaben M als auch mit dem Buchstaben H beginnt, das heißt, wenn eine der beiden Unterabfragen WAHR ist, muss die andere zwingend falsch sein. In diesem Fall wird gemäß der Wahrheitstabelle in Abbildung 6.10 immer das Ergebnis FALSCH zurückgeliefert. Um sich Kunden anzeigen zu lassen, die entweder mit dem Buchstaben M oder mit dem Buchstaben H beginnen, benötigen Sie die Verknüpfung OR.

OR

Soll ein Datensatz bei einer Abfrage mindestens eine von mehreren Bedingungen erfüllen (entweder ... oder), so wird zur Formulierung die logische Verknüpfung OR verwendet. Die logische Verknüpfung OR arbeitet nach der Tabelle in Abbildung 6.13.

Operand 2 / Operand 1	FALSCH	WAHR
FALSCH	FALSCH	WAHR
WAHR	WAHR	WAHR

Abb. 6.13: Wahrheitstabelle für die logische Operation OR

In der Tabelle sind die Zustände von Operand 1 und Operand 2 aufgeführt. Im Kreuzungspunkt zweier Bedingungen steht das Ergebnis der logischen Verknüpfung OR. Ist beispielsweise Operand 1 WAHR und Operand 2 FALSCH, so ist das Ergebnis der OR-Verknüpfung, anders als bei der Verknüpfung mit AND, WAHR.

Ein Beispiel für eine Abfrage, in der die Verknüpfung OR verwendet wird:

```
SELECT
    *
FROM
    KUNDE
WHERE
    KUNDENNAME LIKE 'M%' OR
    KUNDENNAME LIKE 'H%';
```

Dieser Befehl liefert dann einen Datensatz zurück, wenn der Name des Kunden entweder mit dem Buchstaben M oder mit dem Buchstaben H beginnt.

KUNDENNR	KUNDENNAME
2	Hans Müller
4	Markus Schulte
5	Markus Huber

Abb. 6.14: Mit OR werden die gewünschten Datensätze zurückgeliefert.

NOT

Mit dem logischen Operator NOT kann man den Wert eines Ausdrucks umkehren. Ist der Ausdruck WAHR, so wird er durch das Voranstellen des Operators NOT falsch, und umgekehrt.

Operand	Operand
FALSCH	WAHR
WAHR	FALSCH

Abb. 6.15: Wahrheitstabelle für die logische Operation NOT

Um beispielsweise alle Kunden anzuzeigen, die nicht mit dem Buchstaben »M« beginnen, kann man folgende Abfrage verwenden:

```
SELECT
    *
FROM
    KUNDE
WHERE
    KUNDENNAME NOT LIKE 'M%';
```

KUNDENNR	KUNDENNAME
1	Emil Schmidt
2	Hans Müller
3	Johanna Schulze
6	Bodo Meier

Abb. 6.16: Es werden alle Datensätze zurückgeliefert, die nicht mit dem Buchstaben M beginnen.

Bedingungen können mit logischen Verknüpfungen beliebig kombiniert und verschachtelt werden. Wird die Verknüpfung komplizierter, so können Sie die Reihenfolge, in der die Ausdrücke ausgewertet werden, durch Klammern festlegen.

```
SELECT
    *
FROM
    KUNDE
WHERE
```

```
NOT ((KUNDENNAME LIKE 'M%') OR
     (KUNDENNAME LIKE 'H%') OR
     (KUNDENNAME LIKE 'E%'));
```

Diese Abfrage liefert Ihnen all die Kunden zurück, deren Namen weder mit dem Buchstaben »M«, noch mit dem Buchstaben »H« oder gar mit dem Buchstaben »E« beginnen. Aber das haben Sie sich sicherlich schon selbst überlegt. Oder?

KUNDENNR	KUNDENNAME
3	Johanna Schulze
6	Bodo Meier

Abb. 6.17: Alle Kunden, die nicht mit »M«, »H« oder »E« beginnen

6.2   Daten mit SQL abfragen

Die wichtigste und am häufigsten ausgeführte Aufgabe einer Datenbankanwendung ist es, Daten aus der Datenbank auszuwählen und diese z.B. dem Benutzer anzuzeigen, in einem Bericht auszugeben oder weiterzuverarbeiten. Für all diese Aufgaben wird der Befehl SELECT verwendet, mit dem Daten ausgewählt und an das aufrufende Programm zurückgeliefert werden. SELECT ist der einzige SQL-Befehl, mit dem man die Daten der Datenbank zurückgewinnen kann.

Um die größtmögliche Flexibilität für die Datengewinnung zu erreichen, gibt es eine sehr große Anzahl von Möglichkeiten, SELECT einzusetzen. Einerseits gibt es einfache Abfragen, die Daten aus einer einzigen Tabelle zurückgewinnen. Einfache Abfragen kann man über die so genannten *modifizierenden Klauseln* so abändern, dass nur bestimmte Datensätze zurückgeliefert werden oder dass Datensätze in einer bestimmte Reihenfolge oder Gruppierung zurückgeliefert werden.

Neben den einfachen Abfragen, die sich nur auf eine Tabelle beziehen, kann man auch komplexere Abfragen mit SELECT schreiben, die Daten aus verschiedenen Tabellen innerhalb einer Ergebnismenge zurückliefern. Bei solchen Abfragen spricht man auch von *Joins*. Je nach dem, wie ein Join zwei (oder mehr) Tabellen verknüpft, handelt es sich um einen *Equi Join, Cross Join, Inner Join, Outer Join, Left Outer Join, Right Outer Join* oder *Full Outer Join.*

SELECT-Anweisungen können innerhalb einer Datenbank abgelegt und für die Benutzer verfügbar gemacht werden. Um eine SELECT-Anweisung (die unter Umständen sehr kompliziert sein und sich über mehrere Tabellen erstrecken kann) in einer Datenbank zur Verfügung zu stellen, gibt es die so genannten *Views* oder *Sichten*. Über einen View kann man eine SELECT-Anweisung in der Datenbank als »virtuelle Tabelle« ablegen, das heißt, die Benutzer können auf den View wie auf eine normale Tabelle zugreifen und erhalten als Ergebnis das Ergebnis der zugrunde liegenden SELECT-Anweisung.

6.2.1 Einfache Abfragen

Einfache Abfragen beschränken sich auf eine einzige Tabelle und liefern die Daten dieser Tabelle zurück. Um ein wenig mehr Spielraum für dieses Kapitel zu bekommen, werden wir nun die Tabelle BERATER etwas genauer untersuchen.

Abb. 6.18: Die Tabelle BERATER

Das Feld BERATER_ID ist der Primärschlüssel der Tabelle, was durch die Unterstreichung im Diagramm gekennzeichnet ist. Um nun alle Datensätze der Tabelle BERATER als Ergebnis einer Abfrage zu erhalten, kann man folgende Abfrage verwenden:

```
SELECT
    *
FROM
    BERATER;
```

BERATERID	BERATERNAME	AUFGABEID	STUNDENLOHN
1	Helena Müller	1	50,00 €
2	Ingo Fuchs	2	45,00 €
3	John Müller	1	60,00 €
4	Elisabeth Schulz	2	30,00 €

Abb. 6.19: Die Abfrage liefert alle Datensätze der Tabelle BERATER zurück.

Das Sternchen in dieser Abfrage steht als Platzhalter für alle Felder. Anstelle des Sternchens kann man natürlich auch alle Felder der Tabelle explizit angeben.

```
SELECT
    BERATERID,
    BERATERNAME,
    AUFGABEID,
    STUNDENLOHN
FROM
    BERATER;
```

Diese Abfrage liefert dasselbe Ergebnis zurück, das in Abbildung 6.19 zu sehen ist.

Möchte man nun nur bestimmte Felder als Ergebnismenge einer Abfrage erhalten, ist aber an allen Datensätzen interessiert, so erreicht man dies, indem nur die Felder in der SELECT-Anweisung explizit angegeben werden:

```
SELECT
  BERATERID,
  BERATERNAME,
FROM
  BERATER;
```

BERATERID	BERATERNAME
1	Helena Müller
2	Ingo Fuchs
3	John Müller
4	Elisabeth Schulz

Abb. 6.20: Es werden nur die Felder BERATERID und BERATERNAME zurückgeliefert.

Das ist zwar schon eine gewisse Einschränkung, für die Praxis reicht diese allerdings nicht aus. Meist möchte man ja aus der Gesamtheit aller Kunden solche heraussuchen, deren Daten eine Bedingung (oder mehrere Bedingungen) erfüllen. Die Kunden sollten dann auch noch im Ergebnis nach bestimmten Kriterien sortiert oder gruppiert werden usw. Für derartige Aufgaben sieht der Befehl SELECT die so genannten modifizierenden Klauseln vor. Insgesamt gibt es fünf modifizierende Klauseln: FROM, WHERE, HAVING, GROUP BY und ORDER BY. Für modifizierende Klauseln gibt es eine vorgegebene Reihenfolge, die eingehalten werden muss. Zuerst kommt die Klausel FROM, der dann optional die Klauseln WHERE, GROUP BY, HAVING und ORDER BY folgen. Die Klauseln werden vom Datenbanksystem in dieser Reihenfolge ausgewertet, wobei das Ergebnis einer Klausel die Eingabe der folgenden Klausel bildet. ORDER BY wird auf das Ergebnis des SELECT-Befehls ausgeführt. Daher kann ORDER BY nur auf Felder referenzieren, die auch im Ergebnis der SELECT-Abfrage enthalten sind.

Abb. 6.21: Die Reihenfolge der modifizierenden Klauseln

FROM

Die FROM-Klausel haben Sie ja bereits kennen gelernt. Mit ihr wird spezifiziert, aus welcher Tabelle Datensätze zurückgeliefert werden sollen. Möchten Sie Daten aus mehreren Tabellen zurückliefern, so können Sie auch mehr als eine Tabelle angeben. Der Befehl

```
SELECT
   *
FROM
   BERATER,
   AUFGABE;
```

ist auch zulässig. Bei der Angabe dieser Anweisung liefert das Datenbanksystem das kartesische Produkt der Tabelle BERATER mit der Tabelle AUFGABE zurück, das heißt, jeder Datensatz der Tabelle BERATER wird mit jedem Datensatz der Tabelle AUFGABE kombiniert.

BERATERID	BERATERNAME	BERATER3NF	STUNDENLOHN	AUFGABE3NF.AUFGABEID	AUFGABE
1	Helena Müller	1	50,00 €	1	IT-Berater
1	Helena Müller	1	50,00 €	2	Finanzberater
2	Ingo Fuchs	2	45,00 €	1	IT-Berater
2	Ingo Fuchs	2	45,00 €	2	Finanzberater
3	John Müller	1	60,00 €	1	IT-Berater
3	John Müller	1	60,00 €	2	Finanzberater
4	Elisabeth Schulz	2	30,00 €	1	IT-Berater
4	Elisabeth Schulz	2	30,00 €	2	Finanzberater

Abb. 6.22: Das kartesische Produkt aus BERATER und AUFGABE

Meistens ist das Ergebnis einer solchen Abfrage wenig sinnvoll, wie Sie in Abbildung 6.22 sehen können. Es gibt sowohl eine Kombination des Datensatzes »Helena Müller« mit der Aufgabe IT-Berater und Finanzberater. Die Kombination von »Helena Müller« mit der Aufgabe Finanzberater ist natürlich nicht gültig, da Helena Müller IT-Beraterin ist. Daher muss man zusätzliche Bedingungen angeben, die für die Datensätze gelten sollen, die in der Ergebnismenge enthalten sind. Sinnvolle Anwendungen einer FROM-Klausel mit mehr als einer Tabelle befinden sich im Abschnitt über die Joins.

WHERE

Mit der Klausel WHERE kann man die in der Ergebnismenge einer Abfrage zurückgelieferten Datensätze beschränken. Es werden nur Datensätze zurückgeliefert, die die in der WHERE-Klausel spezifizierten Bedingungen erfüllen. Beispielsweise liefert

```
SELECT
  *
FROM
  BERATER
WHERE
  BERATER_ID = 3;
```

den Berater zurück, dessen BERATERID die Zahl 3 ist. Eigentlich ganz einfach!

BERATERID	BERATERNAME	AUFGABEID	STUNDENLOHN
3	John Müller	1	60,00 €

Abb. 6.23: Es wird nur der Datensatz mit der BERATERID 3 zurückgeliefert.

Komplex wird die WHERE-Klausel dadurch, dass mehrere Bedingungen durch die logischen Operationen AND, OR und NOT verknüpft werden können. Innerhalb der Bedingung können folgende Vergleichsprädikate verwendet werden: =, <, >, <>, <=, >=, BETWEEN, IN, LIKE, NULL, ALL, SOME, ANY, EXISTS, UNIQUE, OVERLAPS und MATCH. Der folgende Abschnitt erklärt kurz, was welches Vergleichsprädikat bewirkt.

Vergleichsprädikate

- =

  Der linke Wert soll gleich dem rechten Wert sein.

- <

  Der linke Wert soll kleiner als der rechte Wert sein.

- >

  Der linke Wert soll größer als der rechte Wert sein.

- <>

  Der linke Wert soll ungleich dem rechten Wert sein. In einigen SQL-Implementationen wird statt <> die Schreibweise != verwendet.

- <=

  Der linke Wert soll kleiner oder gleich dem rechten Wert sein.

- >=

  Der linke Wert soll größer oder gleich dem rechten Wert sein.

- BETWEEN

  BETWEEN wird eingesetzt, wenn ein Wert zwischen zwei Werten liegen soll. Das Ergebnis von BETWEEN können Sie auch durch die logische Verknüpfung der Vergleichsprädikate <= und => erzielen. Die beiden Zeilen

```
Wert >= Wert1 AND Wert <= Wert2
```

und

```
Wert BETWEEN Wert1 AND Wert2
```

sind von der Wirkung identisch. Es ist zu beachten, dass BETWEEN die Intervall-grenzen mit einschließt.

■ **IN**

Über das Prädikat IN kann man überprüfen, ob eine Menge bestimmte Elemente enthält. Das Ergebnis von IN können Sie auch durch die logische Verknüpfung mit OR erzeugen. Die Zeilen

```
(Wert = Wert1) OR (Wert = Wert2) OR (Wert = Wert3)
```

und

```
Wert IN (Wert1, Wert2, Wert3)
```

sind identisch.

■ **LIKE**

Über LIKE kann man Zeichenketten auf teilweise Übereinstimmung überprüfen. Um teilweise Übereinstimmungen zu überprüfen, gibt es in SQL zwei Zeichen. Der Unterstrich (_) steht für ein einzelnes, beliebiges Zeichen, das Prozentzeichen (%) steht für eine beliebige Zeichenkette, die auch null Zeichen lang sein kann.

■ **NULL**

Mit dem Prädikat NULL kann man all die Datensätze ermitteln, die im angegebenen Feld einen Nullwert besitzen.

■ **ALL**

ALL wird als Allquantor für Unterabfragen verwendet. Die genauere Verwendung von ALL können Sie einem der Beispiele weiter unten in diesem Kapitel entnehmen.

■ **SOME**

SOME wird als Existenzquantor für Unterabfragen verwendet. Die genauere Verwendung von SOME können Sie einem der Beispiele weiter unten in diesem Kapitel entnehmen. SOME ersetzt den Existenzquantor ANY. ANY sollte nicht mehr verwendet werden.

■ **ANY**

In der ursprünglichen Definition von SQL wurde ANY als Existenzquantor definiert. Da ANY aber im Englischen je nach Kontext verschiedene Bedeutungen annehmen kann, wurde im SQL-92-Standard das Wort SOME als Existenzquantor eingeführt. ANY sollte nicht mehr verwendet werden.

- **EXISTS**

  Mit EXISTS kann man feststellen, ob eine Unterabfrage überhaupt eine Ergebnismenge zurückliefert. EXISTS ist äquivalent zum Vergleich einer COUNT-Abfrage gegen den Wert 0. Bitte beachten Sie, dass EXITST nicht in jedem Datenbanksystem implementiert ist.

- **UNIQUE**

  Mit dem Prädikat UNIQUE kann man feststellen, ob die Datensätze in der Ergebnismenge einer Unterabfrage alle eindeutig sind. UNIQUE ist nur dann wahr, wenn es in der Unterabfrage keine doppelten Datensätze gibt.

- **OVERLAPS**

  Mit dem Prädikat OVERLAPS kann man feststellen, ob sich zwei gegebene Zeitintervalle überlappen. Überlappen sich die angegebenen Zeitintervalle, so ist OVERLAPS wahr, ansonsten falsch.

- **MATCH**

  Mit dem Prädikat MATCH kann man ermitteln, ob das Ergebnis einer Hauptabfrage in einer Unterabfrage existiert. Zum Prädikat MATCH gibt es weiter unten in diesem Kapitel ein Beispiel, das die Verwendung etwas klarer zeigt. Zusammen mit dem Prädikat MATCH können die Ausdrücke UNIQUE, PARTIAL oder FULL verwendet werden.

Beispiele zu den verschiedenen Prädikaten der WHERE-Klausel In diesem Abschnitt werde ich Ihnen die einzelnen Prädikate der WHERE-Klausel anhand von Beispielen näher erläutern. Zunächst gehe ich von den einfachen Vergleichsprädikaten aus und am Ende des Abschnitts werden Sie dann Vergleichsprädikate mit Unterabfragen kennen lernen.

Eines der einfachsten Beispiele zur WHERE-Klausel habe ich oben schon erläutert:

```
SELECT
  *
FROM
  BERATER
WHERE
  BERATERID = 3;
```

Es wird der Berater zurückgeliefert, dessen BERATERID gleich 3 ist.

BERATERID	BERATERNAME	AUFGABEID	STUNDENLOHN
3	John Müller	1	60,00 €

Abb. 6.24: Der Berater mit BERATERID 3 wird zurückgeliefert.

Bedingungen in der WHERE-Klausel können auch durch die logischen Operatoren AND, OR und NOT verbunden werden. Die Abfrage

```
SELECT
    *
FROM
    BERATER
WHERE
    BERATERID = 3 OR
    BERATERID = 4;
```

liefert die beiden Berater mit der BERATERID 3 und 4 zurück.

BERATERID	BERATERNAME	AUFGABEID	STUNDENLOHN
3	John Müller	1	60,00 €
4	Elisabeth Schulz	2	30,00 €

Abb. 6.25: Es werden die beiden Berater mit BERATERID 3 und 4 zurückgeliefert.

Innerhalb der WHERE-Klausel können auch Klammern um die einzelnen Bedingungen gesetzt werden, die verknüpft werden sollen. So ist folgender Ausdruck zur Anweisung oben äquivalent.

```
SELECT
    *
FROM
    BERATER
WHERE
    (KUNDENNR = 100) OR
    (KUNDENNR = 101);
```

Die Klammern bedeuten, dass zunächst die Klammerausdrücke ausgewertet werden. Die beiden Ergebnisse der Klammerausdrücke werden dann mit dem logischen Operator OR verknüpft. Sind Sie sich nicht sicher, in welcher Reihenfolge SQL die Ausdrücke der WHERE-Klausel auswertet, so sollten Sie auf jeden Fall Klammern verwenden, um die Auswertungsreihenfolge vorzugeben.

Wollen Sie die Berater in einem bestimmten BERATERID-Bereich ausgeben, so können Sie folgenden Befehl verwenden:

```
SELECT
    *
FROM
    BERATER
WHERE
    (BERATERID >= 2) AND
    (BERATERID <= 4);
```

Dieser Befehl gibt alle Berater aus, deren BERATERID größer gleich 2 und kleiner gleich 4 sind.

BERATERID	BERATERNAME	AUFGABEID	STUNDENLOHN
2	Ingo Fuchs	2	45,00 €
3	John Müller	1	60,00 €
4	Elisabeth Schulz	2	30,00 €

Abb. 6.26: Berater, deren BERATERID größer gleich 2 und kleiner gleich 4 ist

Wichtig ist hier, dass die Intervallgrenzen auch erfasst werden. In der Ergebnisdatenmenge befindet sich sowohl der Berater mit der BERATERID 2 als auch der Berater mit der BERATERID 4 (sofern vorhanden).

Möchten Sie nicht, dass die Intervallgrenzen berücksichtigt werden, so lassen Sie einfach die Gleichheitszeichen weg.

```
SELECT
    *
FROM
    BERATER
WHERE
    (BERATERID > 2) AND
    (BERATERID < 4);
```

Diese Abfrage liefert die Berater zurück, deren BERATERID größer als 2 und kleiner als 4 ist, also den Berater mit der BERATERID 3.

BERATERID	BERATERNAME	AUFGABEID	STUNDENLOHN
3	John Müller	1	60,00 €

Abb. 6.27: Der Berater mit der BERATERID 3

Wenn Sie die Übersicht über die Vergleichsprädikate oben aufmerksam durchgelesen haben, ist Ihnen sicherlich aufgefallen, dass man den Befehl, der die Intervallgrenzen mit einschließt, auch mit Hilfe des Prädikats BETWEEN formulieren kann.

```
SELECT
    *
FROM
    BERATER
WHERE
    BERATERID BETWEEN 2 AND 4;
```

BERATERID	BERATERNAME	AUFGABEID	STUNDENLOHN
2	Ingo Fuchs	2	45,00 €
3	John Müller	1	60,00 €
4	Elisabeth Schulz	2	30,00 €

Abb. 6.28: BETWEEN liefert dieselbe Datenmenge zurück.

Möchten Sie die Kunden mit bestimmten Kundennummern in Ihrer Ergebnisdatenmenge auflisten, wobei die Kundennummern wie im vorherigen Beispiel keinen zusammenhängenden Bereich bilden, können Sie dies durch Verwendung des Prädikats IN erreichen. Um beispielsweise die Berater mit den BERATERIDs 1 und 3 aufzulisten, verwenden Sie den Befehl

```
SELECT
  *
FROM
  BERATER
WHERE
  BERATERID IN (1, 3);
```

BERATERID	BERATERNAME	AUFGABEID	STUNDENLOHN
1	Helena Müller	1	50,00 €
3	John Müller	1	60,00 €

Abb. 6.29: IN liefert die Datensätze mit BERATERID 1 und 3 zurück.

Wenn Sie Zeichenketten miteinander vergleichen möchten, müssen Sie den Befehl LIKE verwenden. Mit diesem Befehl ist es möglich, Teile von Zeichenketten zu vergleichen. Beim Vergleich kommen je nach Datenbanksystem Platzhalterzeichen »_« und »%« oder »*« zum Einsatz.

Der Unterstrich steht dabei für ein Zeichen, das einen beliebigen Inhalt haben darf. Der Befehl

```
SELECT
  *
FROM
  KUNDE
WHERE
  BERATERNAME LIKE '%M_ller';
```

findet z.B. alle Kunden mit beliebigen Vornamen, deren Namen »Müller«, »Möller«, »Maller«, »Mbller«, »Mcller« usw. lautet.

BERATERID	BERATERNAME	AUFGABEID	STUNDENLOHN
1	Helena Müller	1	50,00 €
3	John Müller	1	60,00 €

Abb. 6.30: Ergebnis der LIKE-Abfrage

Mit dem Prozentzeichen kann man eine beliebige Zeichenkette, deren Länge auch null sein kann, innerhalb des LIKE-Befehls darstellen. Der Befehl

```
SELECT
    *
FROM
    BERATER
WHERE
    BERATERNAME LIKE 'I%';
```

liefert alle Berater zurück, deren Vorname mit dem Buchstaben »I« beginnt, also beispielsweise »Ingo«, »Igor«, »Isolde«, »Ingrid«, »Ingmar« und selbst »I.« (wenn der Vorname nicht komplett bekannt ist), weil die beliebige Zeichenkette auch die Länge null besitzen kann.

BERATERID	BERATERNAME	AUFGABEID	STUNDENLOHN
2	Ingo Fuchs	2	45,00 €

Abb. 6.31: Die Abfrage findet den Vornamen Ingo.

Setzen Sie den Befehl

```
SELECT
    *
FROM
    BERATER
WHERE
    BERATERNAME LIKE 'In%';
```

ab, so werden nur all die Kunden in der Ergebnismenge zurückgeliefert, deren Name mit den Buchstaben »In« beginnt, also z.B. »Ingo«, »Ingrid« und »Ingmar«.

Natürlich können Sie auch mehr als ein Platzhalterzeichen in einem Suchausdruck verwenden. Der Befehl

```
SELECT
    *
FROM
    BERATER
WHERE
    BERATERNAME LIKE '_n%';
```

liefert alle Berater in der Ergebnisdatenmenge zurück, in deren Vornamen als zweiter Buchstabe ein »n« steht, also z.B. »Ingo«, »Ingrid«, »Ingmar« wie im vorhergehenden Beispiel. Es werden aber auch Berater wie »Ansgar«, »Enzo« oder »Eni« zurückgeliefert.

BERATERID	BERATERNAME	AUFGABEID	STUNDENLOHN
2	Ingo Fuchs	2	45,00 €

Abb. 6.32: Ingo ist der einzige Beratervorname, bei dem an zweiter Stelle ein »n« steht.

Möchten Sie all die Namen erfassen, in denen an einer beliebigen Stelle der Buchstabe »n« steht, so setzen Sie den Befehl

```
SELECT
    *
FROM
    BERATER
WHERE
    BERATERNAME LIKE '%n%';
```

an die Datenbank ab.

BERATERID	BERATERNAME	AUFGABEID	STUNDENLOHN
1	Helena Müller	1	50,00 €
2	Ingo Fuchs	2	45,00 €
3	John Müller	1	60,00 €

Abb. 6.33: In diesen drei Namen ist der Buchstabe »n« enthalten.

Mit Hilfe des logischen Operators NOT können Sie auch ausschließende Suchkriterien definieren. Möchten Sie die Namen nicht in ihrer Ergebnismenge haben, in denen ein »n« vorkommt, so formulieren Sie folgenden SQL-Befehl

```
SELECT
    *
FROM
    BERATER
WHERE
    BERATERNAME NOT LIKE '%n%';
```

BERATERID	BERATERNAME	AUFGABEID	STUNDENLOHN
4	Elisabeth Schulz	2	30,00 €

Abb. 6.34: Im Namen Elisabeth Schulz befindet sich kein »n«.

Ich denke, Sie haben nun gesehen, dass man unter Verwendung des Prädikats LIKE sehr viele Möglichkeiten hat, Suchmuster für Zeichenketten zu spezifizieren, die in der Ergebnisdatenmenge enthalten sein sollen.

Über das Prädikat NULL können die Datensätze ermittelt werden, die im angegebenen Feld einen Nullwert enthalten. Die Abfrage

```
SELECT
  *
FROM
  BERATER
WHERE
  BERATERID IS NULL;
```

liefert die Berater zurück, denen bisher keine BERATERID zugeordnet worden ist. Hier noch einmal der Hinweis, dass der Wert NULL und die Zahl 0 unterschiedliche Bedeutungen für SQL besitzen. Die Zahl 0 ist ein wirklicher Wert (z.B. das Ergebnis der Berechnung 10-10), wohingegen der Wert NULL einen nicht näher spezifizierten Wert angibt. NULL steht für »nicht bekannt« oder »nicht vorhanden«.

Da das Feld BERATERID der Primärschlüssel der Tabelle ist, gibt es natürlich keine Datensätze, bei denen das Feld den Wert NULL enthält.

Abb. 6.35: Es gibt keine Berater ohne Primärschlüssel.

NULL darf nicht in einer Vergleichsoperation wie z.B. BERATERID = NULL verwendet werden, da das Ergebnis immer den Wert »unbekannt«, also NULL hat. Diese Konvention hat folgenden Hintergrund: Wenn der Wert eines Feldes nicht bekannt ist, dann kann man auch nicht festlegen, ob der Wert gleich einem anderen Wert ist, weil dieser Wert ja nicht bekannt ist. Es kann sein, dass die beiden Werte gleich sind oder auch nicht. Eine endgültige Aussage kann man in diesem Fall nicht treffen, weil ja einer der Werte unbekannt ist. Deshalb ist das Ergebnis einer solchen Vergleichsoperation ebenfalls unbekannt.

Damit verlassen wir nun den Bereich der Prädikate, die sich auf einfache Abfragen beschränken, und betreten den Bereich der Prädikate, die zusammen mit Unterabfragen benutzt werden. Eine Unterabfrage ist eine SQL-Abfrage innerhalb einer Klausel. Näheres zum Thema Unterabfragen erfahren Sie weiter unten.

Das Prädikat ANY wurde, wie bereits erwähnt, in der ursprünglichen Definition von SQL als *Existenzquantor* definiert. Da ANY im Englischen aber in verschiedenen Zusammenhängen verschiedene Bedeutungen haben kann, hat man ANY in der SQL-92-Spezifikation durch das Wort SOME ersetzt. Um Abwärtskompatibilität von SQL-92 zu gewährleisten, ist ANY immer noch Bestandteil von SQL, sollte aber nach Möglichkeit nicht verwendet werden.

Um die Verwendung von SOME (bzw. ANY) zu erklären, muss ich etwas weiter aus-
holen. Stellen Sie sich vor, dass in unserer Datenbank zwei Tabellen existieren. Eine
Tabelle NEUKUNDE, in der neue Kunden eingetragen sind, und die Tabelle KUNDE, in
der der Kundenstamm eines Unternehmens verwaltet wird. Jede der beiden Tabellen besitzt zusätzlich ein Feld UMSATZ, das den Umsatz enthält, den das Unternehmen mit den jeweiligen Kunden gemacht hat.

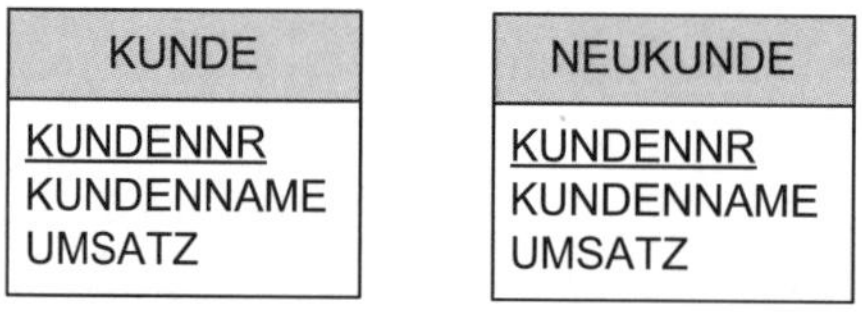

KUNDE		NEUKUNDE
KUNDENNR		KUNDENNR
KUNDENNAME		KUNDENNAME
UMSATZ		UMSATZ

Abb. 6.36: Die Tabellen KUNDE und NEUKUNDE

Möchten Sie nun wissen, mit welchen Neukunden Sie mehr Umsatz gemacht
haben als mit dem schlechtesten Altkunden, können Sie dazu den Befehl SOME
(oder ANY) verwenden.

```
SELECT
   KUNDENNAME
FROM
   NEUKUNDE
WHERE
   UMSATZ > ANY (SELECT
                    UMSATZ
                 FROM
                    KUNDE);
```

Natürlich haben Sie Recht, wenn Sie sagen, dass der obige Befehl nach der SQL-92-
Definition aufgrund des Prädikats ANY nicht verwendet werden sollte. Daher liefere
ich Ihnen hier noch einmal den korrekten SQL-92-Befehl mit dem Prädikat SOME.

```
SELECT
   KUNDENNAME
FROM
   NEUKUNDE
WHERE
   UMSATZ > SOME (SELECT
                     UMSATZ
                  FROM
                     KUNDE);
```

Die beiden Befehle sind äquivalent und liefern dieselbe Ergebnismenge zurück.

Schauen Sie sich den Befehl noch einmal genauer an, um zu verstehen, wie die Kombination aus Abfrage und Unterabfrage arbeitet. Die Unterabfrage SELECT UMSATZ FROM KUNDE liefert einfach für jeden Datensatz der Tabelle KUNDE den jeweiligen Umsatz zurück. Die übergeordnete Abfrage liefert dann aus der Tabelle NEUKUNDE die Namen all der Kunden zurück, die mehr Umsatz gemacht haben als der Altkunde mit dem geringsten Umsatz.

Das Prädikat ALL arbeitet sehr ähnlich wie SOME (ANY), liefert aber in der Unterabfrage die Summe des Vergleichsfeldes zurück. Dazu ein Beispiel. Der Befehl

```
SELECT
    NAME
FROM
    NEUKUNDEN
WHERE
    UMSATZ > ALL (SELECT
                      UMSATZ
                  FROM
                      KUNDE);
```

liefert die Namen der Neukunden zurück, die mehr Umsatz gemacht haben als alle Kunden der Tabelle KUNDE.

Das Prädikat EXISTS stellt fest, ob in einer Unterabfrage überhaupt Datensätze in der Ergebnisdatenmenge zurückgeliefert wurden oder nicht. Um dieses Prädikat erklären zu können, sehen Sie sich einmal den Zusammenhang zwischen den beiden Tabellen KUNDE und ARBEIT an.

Abb. 6.37: Beziehung zwischen den Tabellen ARBEIT und KUNDE

In der Tabelle ARBEIT wird mit Hilfe eines Fremdschlüssels auf die Tabelle KUNDEN verwiesen und so eine Beziehung zwischen ARBEIT und KUNDEN hergestellt. Die folgende Abfrage liefert den Namen all der Kunden zurück, für die mindestens ein Berater tätig geworden ist.

```
SELECT
    KUNDENNAME
FROM
    KUNDE
WHERE
    EXISTS (SELECT
            DISTINCT KUNDENNR
        FROM
            ARBEIT
        WHERE
            KUNDE.KUNDENNR = ARBEIT.KUNDENNR);
```

Diese Abfrage liefert alle Kunden bis auf »Bodo Meier« zurück, da für diesen bisher noch kein Berater tätig geworden ist.

KUNDENNAME
Emil Schmidt
Hans Müller
Johanna Schulze
Markus Schulte
Markus Huber

Abb. 6.38: Für diese Kunden wurde bereits gearbeitet.

Zur eindeutigen Feststellung der Kunden, für die ein Berater tätig geworden ist, dient der Befehl DISTINCT. DISTINCT liefert jeweils einen Eintrag zurück, wenn sich dieser von allen anderen bisher zurückgelieferten Einträgen unterscheidet, das heißt, in unserem Beispiel wird jeder Kunde, für den ein Berater gearbeitet hat, genau einmal aufgelistet, unabhängig davon, ob nur ein einziger Berater oder Hunderte für diesen einen Kunden gearbeitet haben.

Mit dem Prädikat UNIQUE kann man feststellen, ob die in einer Unterabfrage zurückgelieferten Zeilen eindeutig sind. UNIQUE liefert nur dann den Wert WAHR zurück, wenn ein Datensätze in der Ergebnisdatenmenge einer Unterabfrage eindeutig ist, das heißt, in der Ergebnisdatenmenge der Unterabfrage gibt es keinen doppelten Datensatz. Die folgende Abfrage liefert z.B. all die Kunden zurück, für die bisher nur ein einziger Berater gearbeitet hat, also die Kunden, für die in der Tabelle ARBEIT nur ein einziger Datensatz existiert:

```
SELECT
    KUNDENNAME
FROM
    KUNDE
WHERE
    UNIQUE (SELECT
```

```
      KUNDE_ID
FROM
      ARBEIT
WHERE
      ARBEIT.KUNDENNR = KUNDE.KUNDENR);
```

KUNDENNAME
Markus Huber

Abb. 6.39: Für den Kunden »Markus Huber« war bisher nur ein einziger Berater tätig.

Das Prädikat OVERLAPS bezieht sich auf Zeitintervalle und liefert den Wert WAHR zurück, wenn sich zwei Zeitintervalle überlappen. Intervalle können unter SQL entweder durch die Angabe einer Dauer oder durch die Angabe zweier Zeitpunkte, einem Startzeitpunkt und einem Endzeitpunkt, angegeben werden. OVERLAPS enthält nur dann den Wert »wahr«, wenn sich die Intervalle wirklich überlappen. Schließt ein Intervall direkt an ein anderes an, das heißt, der Endzeitpunkt des ersten Intervalls ist gleichzeitig der Startzeitpunkt des zweiten Intervalls, so liefert OVERLAPS den Wert FALSCH zurück, da sich die Intervalle nur »berühren« und nicht wirklich überlappen. Im Folgenden einige Beispiele zum Prädikat OVERLAPS:

```
(TIME '12:00:00', TIME '14:00:00') OVERLAPS (TIME '13:00:00', TIME
'15:00:00')
```

Grafisch dargestellt sehen die beiden Zeitintervalle so aus wie in Abbildung 6.40.

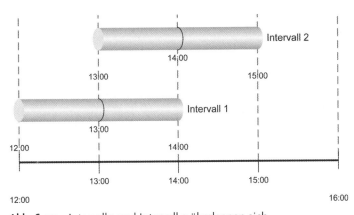

Abb. 6.40: Intervall 1 und Intervall 2 überlappen sich.

Die Intervalle Intervall 1 und Intervall 2 überlappen sich. Daher liefert OVERLAPS in diesem Beispiel den Wert WAHR zurück.

Der Befehl

```
(TIME '12:00:00', INTERVAL '1' HOUR) OVERLAPS
(TIME '12:30:00', INTERVAL '2' HOUR)
```

liefert auch den Wert WAHR zurück, da sich die beiden Intervalle auch überlappen, wie man im Diagramm in Abbildung 6.41 sehen kann.

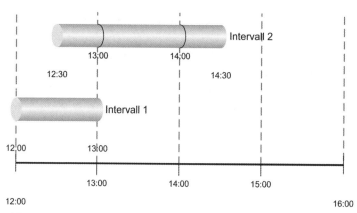

Abb. 6.41: Intervall 1 und Intervall 2 überlappen sich

Im folgenden Beispiel wird der Wert FALSCH zurückgeliefert, da sich die beiden Zeitintervalle nicht überlappen (vgl. Abbildung 6.42):

```
(TIME '12:00:00', TIME '13:00:00') OVERLAPS (TIME '14:00:00', TIME
'15:00:00')
```

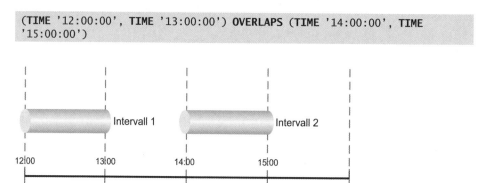

Abb. 6.42: Intervall 1 und Intervall 2 überlappen sich nicht.

Das letzte Beispiel liefert auch den Wert FALSCH zurück, da sich die Intervalle hier zwar berühren, sich aber nicht überlappen:

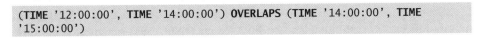
```
(TIME '12:00:00', TIME '14:00:00') OVERLAPS (TIME '14:00:00', TIME
'15:00:00')
```

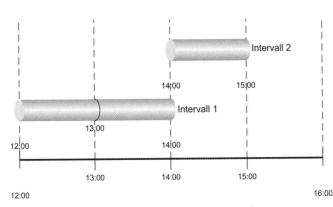

Abb. 6.43: Intervall 1 und Intervall 2 berühren sich.

Das letzte Prädikat, das zusammen mit der WHERE-Klausel verwendet werden kann, ist das Prädikat MATCH. Das Prädikat MATCH ist eng mit der referentiellen Integrität einer Datenbank verknüpft, die ich bereits erläutert habe.

Überlegen wir uns am Beispiel der Tabelle KUNDE und ARBEIT einmal, wie sich dort die referentielle Integrität auswirkt. Eine Beratungsleistung ist immer über den Fremdschlüssel KUNDENNR mit einem Kunden in der Kundentabelle verbunden. Für die referentielle Integrität bedeutet das, dass eine Beratungsleistung nur dann in die Tabelle ARBEIT eingefügt werden kann, wenn der dazugehörige Kunde existiert. Andererseits bedeutet dies auch, dass man erst dann einen Kunden aus der Tabelle KUNDE löschen darf, wenn sämtliche Beratungsleistungen, die mit diesem Kunden in der Tabelle ARBEIT verknüpft sind, vorher gelöscht wurden.

Aus diesen Bedingungen folgt, dass man vor dem Einfügen einer Beratungsleistung bzw. vor dem Löschen eines Kunden überprüfen muss, ob durch diese Aktion nicht die referentielle Integrität der Datenbank gefährdet wird. Diese Überprüfung ist mit dem Prädikat MATCH möglich.

Das Prädikat MATCH kann zusammen mit den Optionen UNIQUE, PARTIAL und FULL genutzt werden.

- UNIQUE

  Die Option UNIQUE erlaubt es, dass partielle Nullwerte im Fremdschlüssel erlaubt sind. Enthält der Fremdschlüssel partielle Nullwerte, so wird der komplette Fremdschlüssel als NULL angesehen. Partielle Nullwerte im Fremdschlüssel treten dann auf, wenn der Fremdschlüssel aus mehreren Feldern einer

Tabelle besteht und eines dieser Felder den Wert NULL enthält. Ein Fremdschlüssel, der aus mehr als einem Feld besteht, könnte z.B. auf die Tabelle BERATER referenzieren und sich in dieser Tabelle auf die Felder BERATERID und KUNDENNR beziehen. Ein gültiger Fremdschlüssel wäre demnach (2, 5). Ist nun einer dieser Werte NULL (also (2, NULL) oder (NULL, 5)), so wird der gesamte Fremdschlüssel wie (NULL, NULL) behandelt.

■ PARTIAL

Die Option PARTIAL lässt partielle Nullwerte dann zu, wenn der Rest des Fremdschlüssels existiert. In dem Beispiel aus dem vorherigen Abschnitt wäre (2, NULL) nur dann zugelassen, wenn es mindestens einen Datensatz in der Tabelle BERATER gibt, der im Feld BERATERID den Wert 2 besitzt. (NULL, 5) andererseits ist nur dann zugelassen, wenn ein Kunde mit dem Wert 5 im Feld KUNDENNR existiert.

■ FULL

Die Option FULL verbietet partielle Nullwerte im Fremdschlüssel. (2, NULL), (NULL, 5) und (NULL, NULL) sind in Verbindung mit FULL ungültig.

Der Standardwert für MATCH ist die Option UNIQUE, weil diese als erste Option im SQL-89-Standard definiert wurde. PARTIAL und FULL kamen erst später mit dem Standard SQL-92 hinzu. Aus Abwärtskompatibilitätsgründen hat man sich dafür entschieden, UNIQUE als Standardwert für MATCH festzulegen.

Mit dem Prädikat MATCH können Sie also überprüfen, ob es einen bestimmten Datensatz, der die Regeln der referentiellen Integrität erfüllen muss, gibt oder nicht.

GROUP BY

Ab und zu möchte man, dass Werte aus der Datenbank in Abhängigkeit von bestimmten Gruppierungen von Datensätzen berechnet werden. Ein Beispiel für eine derartige Gruppierung stellt der folgende SQL-Befehl dar.

```
SELECT
  KUNDENNR,
  COUNT (*)
FROM
  ARBEIT
GROUP BY
  KUNDENNR;
```

Diese Abfrage zählt die Datensätze der Tabelle ARBEIT abhängig von dem Wert des Feldes KUNDENNR, das heißt, es wird gezählt, wie viele Datensätze in der Tabelle ARBEIT für einen bestimmten Kundennummern-Wert existieren. Umgesetzt auf unsere Daten liefert diese Abfrage zurück, wie viele Berater für welchen Kunden arbeiten.

KUNDENNR	Anzahl
1	4
2	2
3	2
4	3
5	1

Abb. 6.44: Anzahl der einzelnen Datensätze pro Kunde

HAVING

Mit der Klausel HAVING kann man die durch GROUP BY gebildeten Gruppen einschränken. HAVING übernimmt für Gruppen dieselbe Funktion, die WHERE für einzelne Zeilen übernimmt.

Innerhalb der HAVING-Klausel kann man Ausdrücke aus denselben Elementen aufbauen wie bei der WHERE-Klausel.

Wollten Sie im vorhergehenden Beispiel nur die Anzahl der Berater anzeigen lassen, die für den Kunden mit der Kundennummer 3 tätig sind, so müssten Sie den Befehl folgendermaßen umschreiben:

```
SELECT
    KUNDENNR,
    COUNT (*)
FROM
    ARBEIT
GROUP BY
    KUNDENNR
HAVING
    KUNDENNR = 3;
```

KUNDENNR	Anzahl
3	2

Abb. 6.45: Anzahl der Berater für den Kunden mit der Kundennummer 3

ORDER BY

Über die Klausel ORDER BY kann die Ergebnisdatenmenge nach einem oder mehreren Feldern sortiert werden. ORDER BY bezieht sich bei der Sortierung auf einzelne Datensätze und nicht wie GROUP BY auf Gruppen von Datensätzen. Enthält eine Abfrage sowohl eine GROUP BY- als auch eine ORDER BY-Klausel, so werden die Datensätze zunächst zu Gruppen zusammengefasst. Innerhalb der Gruppen werden die Datensätze dann gemäß der ORDER BY-Klausel sortiert.

Um die Kundentabelle alphabetisch zu sortieren, kann man folgenden Befehl verwenden:

```
SELECT
  *
FROM
  KUNDE
ORDER BY
  KUNDENNAME;
```

Abb. 6.46: Die Kundentabelle ist nach den Kundennamen sortiert.

Ist der Name zweier Kunden gleich, so ist die Reihenfolge dieser Datensätze vom Datenbanksystem abhängig. Sie können die Reihenfolge aber auch hier vorgeben, indem Sie nach einem weiteren Feld, zum Beispiel der Kundennummer, sortieren lassen:

```
SELECT
  *
FROM
  KUNDE
ORDER BY
  KUNDENNAME,
  KUNDENNR;
```

Geben Sie mehrere Felder an, nach denen sortiert werden soll, so wird zunächst nach dem ersten Feld sortiert. Datensätze, deren Wert im ersten Feld überein-stimmt, werden dann nach dem zweiten Feld sortiert usw.

Die Sortierreihenfolge in der Ergebnisdatenmenge kann zusätzlich durch die Attri-bute ASC und DESC beeinflusst werden.

Mit dem Attribut ASC wird die Ergebnisdatenmenge aufsteigend sortiert, das heißt, der Datensatz mit dem kleinsten Wert in dem durch ORDER BY spezifizierten Feld steht am Anfang der Datenmenge, der Datensatz mit dem größten Wert am Ende.

Mit dem Attribut DESC wird die Ergebnisdatenmenge absteigend sortiert, das heißt, der Datensatz mit dem größten Wert in dem durch ORDER BY spezifizierten Feld steht am Anfang der Datenmenge, der Datensatz mit dem kleinsten Wert am Ende. Möchten Sie die Kundentabelle absteigend sortieren, so können Sie folgenden SQL-Befehl verwenden:

```
SELECT
  *
FROM
  KUNDE
ORDER BY
  KUNDENNAME DESC;
```

KUNDENNR	KUNDENNAME
4	Markus Schulte
5	Markus Huber
3	Johanna Schulze
2	Hans Müller
1	Emil Schmidt
6	Bodo Meier

Abb. 6.47: Die Kundentabelle ist nun absteigend nach dem Kundennamen sortiert.

Wird keines der Attribute explizit angegeben, so ist die Ergebnisdatenmenge wie bei der Angabe von ASC sortiert.

6.2.2 Tabellen verknüpfen mit Joins

Wie man Daten aus einer Tabelle zurückgewinnen kann, haben Sie im vorherigen Abschnitt erfahren. Die meisten Datenbanken bestehen allerdings nicht aus einer einzigen Tabelle, sondern aus einer Vielzahl von verschiedenen Tabellen, die untereinander in Beziehung stehen. Möchte man Daten aus mehreren Tabellen in einer Abfrage darstellen, so müssen die Primär-/Fremdschlüsselbeziehungen wieder aufgelöst werden, die die Verknüpfung der Tabellen herstellen.

Werden mehrere Tabellen in einer Abfrage kombiniert, so spricht man von einem *Join*. Die einfachste Verknüpfung, die man mit Hilfe eines Joins herstellen kann, ist das kartesische Produkt zweier Tabellen.

Beim kartesischen Produkt zweier Tabellen wird einfach jeder Datensatz der einen Tabelle mit jedem Datensatz der anderen Tabelle kombiniert. Bei einer derartigen Kombination ergeben sich so viele Datensätze, wie sich durch die Multiplikation der Datensätze beider Tabellen ergibt.

Sicherlich haben Sie sich schon selbst überlegt, dass in der Ergebnismenge einer derartigen Kombination zweier Tabellen normalerweise wenige sinnvolle Datensätze enthalten sind.

Wenn Sie ein kartesisches Produkt auf die beiden Tabellen des vorherigen Abschnitts, KUNDE und ARBEIT anwenden, bekommen Sie für jeden Datensatz der Tabelle ARBEIT eine sinnvolle Kombination, nämlich die Kombination des richtigen Kunden, der die Beraterstunde angefordert hat. Das ist eine wirkliche Information. Andererseits erhalten Sie bei dieser einen Beratungsleistung sehr viele ungültige Kombinationen, weil ja auch alle anderen Kunden mit dieser Beratungsleistung kombiniert werden.

Den einfachen Join der beiden Tabellen KUNDE und ARBEIT erhalten Sie durch Eingabe des folgenden SQL-Befehls:

```
SELECT
    *
FROM
    KUNDE,
    ARBEIT;
```

KUNDE3NF2.K	KUNDENNAME	ARBEIT.KUNDENNR	BERATERID	AZSTUNDEN
1	Emil Schmidt	1	1	3
2	Hans Müller	1	1	3
3	Johanna Schulze	1	1	3
4	Markus Schulte	1	1	3
5	Markus Huber	1	1	3
6	Bodo Meier	1	1	3
1	Emil Schmidt	1	2	5
2	Hans Müller	1	2	5
3	Johanna Schulze	1	2	5
4	Markus Schulte	1	2	5
5	Markus Huber	1	2	5
6	Bodo Meier	1	2	5
1	Emil Schmidt	1	3	7
2	Hans Müller	1	3	7
3	Johanna Schulze	1	3	7
4	Markus Schulte	1	3	7
5	Markus Huber	1	3	7
6	Bodo Meier	1	3	7
1	Emil Schmidt	1	4	8
2	Hans Müller	1	4	8
3	Johanna Schulze	1	4	8
4	Markus Schulte	1	4	8
5	Markus Huber	1	4	8
6	Bodo Meier	1	4	8
1	Emil Schmidt	2	2	4
2	Hans Müller	2	2	4
3	Johanna Schulze	2	2	4
4	Markus Schulte	2	2	4
5	Markus Huber	2	2	4
6	Bodo Meier	2	2	4
1	Emil Schmidt	2	3	6
2	Hans Müller	2	3	6
3	Johanna Schulze	2	3	6

Abb. 6.48: Kartesisches Produkt zwischen KUNDE und ARBEIT

Die einfache Verknüpfung zweier Tabellen, deren Ergebnis das kartesische Produkt dieser Tabellen ist, kann seit der Definition von SQL-92 auch über das Schlüsselwort CROSS JOIN beschrieben werden. Der Befehl für die einfache Verknüpfung

```
SELECT
    *
```

```
FROM
  KUNDE,
  ARBEIT;
```

kann mit Hilfe des Schlüsselworts CROSS JOIN auch folgendermaßen formuliert werden:

```
SELECT
  *
FROM
  KUNDE CROSS JOIN BESTELLUNGEN;
```

Diese beiden SQL-Befehle sind äquivalent.

Ein einfacher Join stellt an sich meist keine sinnvolle Operation dar, sondern nur den ersten Schritt zu einer sinnvollen Ergebnismenge. Mit Hilfe der WHERE-Klausel lassen sich aus der Gesamtheit aller Ergebnisdatensätze des kartesischen Produktes die Datensätze herausfiltern, die wirklich eine Bedeutung besitzen. Die einfachste Verknüpfung, die über die WHERE-Klausel hergestellt werden kann, ist der Equi-Join.

Equi-Join

Der *Equi-Join* ist die einfachste Verknüpfung mehrerer Tabellen, bei dem die sinnvollen Datensätze aus der Gesamtheit der durch das kartesische Produkt entstandenen Datensätze mit Hilfe der WHERE-Klausel herausgefiltert werden.

Die Bedingung der WHERE-Klausel ist recht einfach. Es werden lediglich die Datensätze in der Ergebnismenge zurückgeliefert, bei denen der Wert eines Feldes der ersten Tabelle mit dem Wert eines Feldes der zweiten Tabelle übereinstimmt.

Der Equi-Join ist eine gute Möglichkeit, normalisierte Tabellen wieder zu denormalisieren, indem man als Felder für die Übereinstimmung den Primär- bzw. den Fremdschlüssel der Tabellen angibt.

Bezogen auf das Beispiel aus dem vorherigen Abschnitt können Sie mit Hilfe des Equi-Join aus den Datensätzen des kartesischen Produkts die Datensätze herausfiltern, die wirklich eine Bedeutung besitzen, d.h. die Datensätze, bei denen der Wert des Feldes KUNDENNR sowohl in der Tabelle KUNDE als auch in der Tabelle ARBEIT übereinstimmt. Der SQL-Befehl für diesen Equi-Join lautet:

```
SELECT
  *
FROM
  KUNDE,
  ARBEIT
```

```
WHERE
  KUNDE.KUNDENNR = ARBEIT.KUNDENNR;
```

KUNDE3NF2.K	KUNDENNAME	ARBEIT.KUNDENNR	BERATERID	AZSTUNDEN
1	Emil Schmidt	1	1	3
1	Emil Schmidt	1	2	5
1	Emil Schmidt	1	3	7
1	Emil Schmidt	1	4	8
2	Hans Müller	2	2	4
2	Hans Müller	2	3	6
3	Johanna Schulze	3	1	2
3	Johanna Schulze	3	3	30
4	Markus Schulte	4	1	10
4	Markus Schulte	4	2	5
4	Markus Schulte	4	4	5
5	Markus Huber	5	3	12

Abb. 6.49:   Ergebnis des Equi-Joins

Beachten Sie bitte, dass auf die beiden gleich lautenden Felder KUNDENNR der Tabellen KUNDE und ARBEIT über die Syntax KUNDE.KUNDENNR bzw. ARBEIT.KUNDENNR referenziert wird. Unter SQL ist es möglich, die Spaltennamen einer Tabelle bei Abfragen, die sich auf mehrere Tabellen beziehen, über den Tabellennamen zu qualifizieren. Möglicherweise bedeutet das ein wenig mehr Schreibaufwand, ist aber insgesamt sauberer und weniger fehleranfällig.

Als Ergebnis dieser Abfrage erhalten Sie alle Datensätze aus der Tabelle ARBEIT, verbunden mit den jeweiligen Daten des zugehörigen Kunden aus der Tabelle KUNDE. Das ist doch ein sehr sinnvolles Ergebnis!

Die Formulierung von Abfragen, die mehrere Tabellen enthalten (und Sie sind hier nicht auf zwei Tabellen beschränkt; Sie können beliebig viele Tabellen verknüpfen, die genaue Anzahl hängt aber von Ihrem Datensystem ab), kann sehr schnell in viel Schreibarbeit ausarten. Daher ist es möglich, Tabellen in einem SQL-Befehl durch ein Alias zu ersetzen. Wenn Sie im Beispiel die Tabelle KUNDE durch das Alias K und die Tabelle ARBEIT durch das Alias A ersetzen, so können Sie den SQL-Befehl folgendermaßen schreiben:

```
SELECT
  *
FROM
  KUNDE K,
  ARBEIT A
WHERE
  K.KUNDENNR = A.KUNDENNR;
```

Ein Alias gilt nur innerhalb des SQL-Befehls, in dem es definiert ist. Definieren Sie ein Alias in einem SQL-Befehl, so müssen Sie dieses Alias im gesamten Befehl verwenden. Es ist nicht erlaubt, sowohl das Alias als auch den ausgeschriebenen Tabellennamen gleichzeitig zu verwenden.

Ein Sonderfall des Equi-Joins ist der *Natural-Join*. Beim Natural-Join müssen nicht nur Typ und Breite der beiden Felder übereinstimmen, die verglichen werden, sondern auch die Namen der Felder. Wenn Sie sich den vorhergehenden SQL-Befehl noch einmal ansehen, werden Sie bemerken, dass es sich bei diesem Befehl offensichtlich um einen Natural-Join handelt. In der Implementierung SQL-92 gibt es für den Natural-Join eine andere Schreibweise:

```
SELECT
  *
FROM
  KUNDE NATURAL JOIN ARBEIT;
```

Wenn Sie mit Equi-Joins arbeiten, ist es immer empfehlenswert, Natural-Joins zu verwenden, da diese von den meisten Tools zum Analysieren von Datenbanken erkannt und in die jeweiligen Beziehungen aufgelöst werden.

Eine weitere Modifikation des Equi-Joins ist die *bedingte Verknüpfung*. Bei einer bedingten Verknüpfung ist die Bedingung der WHERE-Klausel nicht eine Gleichheitsbedingung, sondern eine beliebige Vergleichsbedingung. Ist die Vergleichsbedingung erfüllt, so wird der Datensatz in die Ergebnismenge aufgenommen. Ein einfaches (wenn auch ziemlich sinnloses) Beispiel für eine bedingte Verknüpfung ist folgender SQL-Befehl:

```
SELECT
  *
FROM
  KUNDE,
  ARBEIT
WHERE
  KUNDE.KUNDENNR > ARBEIT.KUNDENNR;
```

KUNDE3NF2.K	KUNDENNAME	ARBEIT.KUNDENNR	BERATERID	AZSTUNDEN
2	Hans Müller	1	1	3
3	Johanna Schulze	1	1	3
4	Markus Schulte	1	1	3
5	Markus Huber	1	1	3
6	Bodo Meier	1	1	3
2	Hans Müller	1	2	5
3	Johanna Schulze	1	2	5
4	Markus Schulte	1	2	5
5	Markus Huber	1	2	5
6	Bodo Meier	1	2	5
2	Hans Müller	1	3	7
3	Johanna Schulze	1	3	7
4	Markus Schulte	1	3	7
5	Markus Huber	1	3	7
6	Bodo Meier	1	3	7
2	Hans Müller	1	4	8
3	Johanna Schulze	1	4	8
4	Markus Schulte	1	4	8
5	Markus Huber	1	4	8
6	Bodo Meier	1	4	8
3	Johanna Schulze	2	2	4
4	Markus Schulte	2	2	4
5	Markus Huber	2	2	4
6	Bodo Meier	2	2	4
3	Johanna Schulze	2	3	6
4	Markus Schulte	2	3	6
5	Markus Huber	2	3	6
6	Bodo Meier	2	3	6
4	Markus Schulte	3	1	2
5	Markus Huber	3	1	2

Abb. 6.50: Auch die bedingte Verknüpfung liefert keine sinnvolle Datenmenge.

Hier werden all die Kombinationen der Datensätze aus der Tabelle KUNDE und ARBEIT in die Ergebnismenge aufgenommen, bei denen der Wert des Feldes KUNDENNR der Tabelle KUNDE größer ist als der Wert des Feldes KUNDENNR der Tabelle ARBEIT. Sicherlich ist die Ergebnisdatenmenge in diesem Beispiel nicht besonders sinnvoll.

Inner-Join

Ein *Inner-Join* enthält all die Datensätze in der Ergebnismenge, die in beiden Tabellen in den angegebenen Vergleichsfeldern gleiche Werte besitzen. Wir haben uns also bisher ausschließlich mit Inner-Joins beschäftigt. In den bisherigen Beispielen wurde nur dann ein Datensatz in die Ergebnismenge übernommen, wenn der Wert des Feldes KUNDENNR in der Tabelle KUNDE mit dem Wert des Feldes KUNDENNR in der Tabelle ARBEIT übereinstimmte, das heißt, Kunden, für die bisher keine Berater tätig geworden sind, sind auch nicht in den Ergebnismengen der oben beschriebenen Joins enthalten (bis auf das letzte Beispiel, die bedingte Verknüpfung; hier ist ein Kunde, der bisher keine Bestellung aufgegeben hat, dann enthalten, wenn der Wert im Feld KUNDENNR größer ist als der Wert eines Kunden, der schon etwas bestellt hat. Aber wie oben bereits erwähnt, liefert dieses Beispiel ja auch keine sinnvolle Ergebnismenge zurück.).

Sicherlich erinnern Sie sich an das Beispiel, mit dem wir alle Bestellungen aller Kunden mit den Daten aus der Tabelle KUNDE und den Daten aus der Tabelle ARBEIT ausgegeben haben:

```
SELECT
  *
FROM
  KUNDE,
  ARBEIT
WHERE
  KUNDE.KUNDENNR = ARBEIT.KUNDENNR;
```

Diesen SQL-Befehl kann man mit dem Schlüsselwort INNER JOIN auch umformulieren zu:

```
SELECT
  *
FROM
  KUNDE INNER JOIN ARBEIT
USING
  (KUNDENNR);
```

Outer-Join

Neben den Inner-Joins gibt es noch die *Outer-Joins*. Ein Outer-Join übernimmt im Gegensatz zum Inner-Join auch die Datensätze aus den Ausgangstabellen, die nicht in beiden Tabellen Entsprechungen besitzen.

Im Zusammenhang mit Outer-Joins spricht man nicht von der ersten und zweiten Tabelle, die mit einem Join verknüpft werden sollen, sondern von der *linken* und der *rechten Tabelle*. Die linke entspricht der ersten und die rechte der zweiten Tabelle.

KUNDENNR	KUNDENNAME
1	Emil Schmidt
2	Hans Müller
3	Johanna Schulze
4	Markus Schulte
5	Markus Huber
6	Bodo Meier

KUNDENNR	BERATERID	AZSTUNDEN
1	1	3
1	2	5
1	3	7
1	4	8
2	2	4
2	3	6
3	1	2
3	3	30
4	1	10
4	2	5
4	4	5
5	3	12

Linke Tabelle   Rechte Tabelle

Abb. 6.51:   Linke und Rechte Tabelle beim Outer-Join

Beim Inner-Join werden alle Datensätze von der Ergebnismenge ausgeschlossen, die keine Entsprechungen in der jeweils anderen Tabelle besitzen. Beim Outer-Join ist dies nicht der Fall. Insgesamt gibt es drei Typen des Outer-Join:

- Left-Outer-Join

  Beim *Left-Outer-Join* werden die Datensätze der linken Tabelle in die Ergebnismenge übernommen, die keine Entsprechung in der rechten Tabelle besitzen.

- Right-Outer-Join

  Beim *Right-Outer-Join* werden die Datensätze der rechten Tabelle in die Ergebnismenge übernommen, die keine Entsprechung in der linken Tabelle besitzen.

- Full-Outer-Join

  Der *Full-Outer-Join* übernimmt sowohl die Datensätze aus der linken Tabelle, die keine Entsprechung in der rechten Tabelle besitzen, als auch die Datensätze der rechten Tabelle, die keine Entsprechung in der linken Tabelle besitzen, in die Ergebnismenge.

Left-Outer-Join

Beim Left-Outer-Join werden die Datensätze der linken Tabelle in die Ergebnismenge übernommen, die keine Entsprechung in der rechten Tabelle besitzen. Die linke Tabelle ist dabei die Tabelle, die links vom Schlüsselwort JOIN steht, die rechte Tabelle ist natürlich die Tabelle, die rechts davon steht.

Möchten Sie z.B. eine Ergebnismenge haben, in der sich alle Kunden befinden, auch die, die bisher keine Beratungsleistung bekommen haben, und andererseits für die Kunden, die bereits Beratungsleistung bekommen haben, die Beratungen anzeigen, so müssen Sie einen Left-Outer-Join verwenden:

```
SELECT
    *
FROM
    KUNDE LEFT OUTER JOIN ARBEIT;
```

Die Felder der Tabelle ARBEIT werden für die Kunden, die bisher keine Beratungsleistung erhalten haben, mit dem Wert NULL angezeigt. Die zurückgelieferten Datensätze besitzen keine bestimmte Ordnung.

KUNDE3NF.KU	KUNDENNAME	ARBEIT.KUNDI	BERATERID	AZSTUNDEN
1	Emil Schmidt	1	1	3
1	Emil Schmidt	1	2	5
1	Emil Schmidt	1	3	7
1	Emil Schmidt	1	4	8
2	Hans Müller	2	2	4
2	Hans Müller	2	3	6
3	Johanna Schulze	3	1	2
3	Johanna Schulze	3	3	30
4	Markus Schulte	4	1	10
4	Markus Schulte	4	2	5
4	Markus Schulte	4	4	5
5	Markus Huber	5	3	12
6	Bodo Meier			

Abb. 6.52: Left-Outer-Join zwischen KUNDE und ARBEIT

Möchten Sie diese Datensätze z.B. nach der BERATERID sortiert haben, so müssen Sie zusätzlich eine ORDER BY-Klausel verwenden:

```
SELECT
    *
FROM
    KUNDE LEFT OUTER JOIN ARBEIT
ORDER BY
    ARBEIT.BERATERID;
```

KUNDE3NF.KU	KUNDENNAME	ARBEIT.KUNDI	BERATERID	AZSTUNDEN
6	Bodo Meier			
4	Markus Schulte	4	1	10
3	Johanna Schulze	3	1	2
1	Emil Schmidt	1	1	3
4	Markus Schulte	4	2	5
2	Hans Müller	2	2	4
1	Emil Schmidt	1	2	5
5	Markus Huber	5	3	12
3	Johanna Schulze	3	3	30
2	Hans Müller	2	3	6
1	Emil Schmidt	1	3	7
4	Markus Schulte	4	4	5
1	Emil Schmidt	1	4	8

Abb. 6.53: Der Left-Outer-Join sortiert nach der BERATERID.

Da es keinen Left-Inner-Join gibt, können Sie das Schlüsselwort LEFT OUTER JOIN auch einfach als LEFT JOIN abkürzen.

Right-Outer-Join

Der *Right-Outer-Join* funktioniert analog zum Left-Outer-Join: Beim Right-Outer-Join werden die Datensätze der rechten Tabelle in die Ergebnismenge übernommen, die keine Entsprechung in der linken Tabelle besitzen. Die linke Tabelle ist dabei die Tabelle, die links vom Schlüsselwort JOIN steht, die rechte Tabelle ist natürlich die Tabelle, die rechts davon steht.

Nehmen wir einmal an, dass es in Ihrer Tabelle auch Beraterstunden gibt, die keinem Kunden zugeordnet sind. Das ist zwar aufgrund unsers Datenmodells nicht möglich, aber damit haben wir zumindest ein Beispiel. Möchten Sie nun alle Beratungsleistungen anzeigen lassen, die in Ihrer Datenbank gespeichert sind, und zusätzlich zu den Beratungsleistung, bei denen der Kunde bekannt ist, auch die Kundendaten, so können Sie dazu einen Right-Outer-Join verwenden:

```
SELECT
    *
FROM
    KUNDE RIGHT OUTER JOIN ARBEIT;
```

Auch hier können Sie die Ergebnismenge natürlich mit der Klausel ORDER BY sortieren lassen.

KUNDE3NF.KU	KUNDENNAME	ARBEIT.KUNDE	BERATERID	AZSTUNDEN
4	Markus Schulte	4	1	10
3	Johanna Schulze	3	1	2
1	Emil Schmidt	1	1	3
4	Markus Schulte	4	2	5
2	Hans Müller	2	2	4
1	Emil Schmidt	1	2	5
5	Markus Huber	5	3	12
3	Johanna Schulze	3	3	30
2	Hans Müller	2	3	6
1	Emil Schmidt	1	3	7
4	Markus Schulte	4	4	5
1	Emil Schmidt	1	4	8

Abb. 6.54: Es gibt keine Beratungsleistungen, die keinem Kunden zugeordnet sind.

Da es keinen Right-Inner-Join gibt, können Sie das Schlüsselwort RIGHT OUTER JOIN auch einfach als RIGHT JOIN abkürzen.

Full-Outer-Join

Der *Full-Outer-Join* übernimmt sowohl die Datensätze aus der linken Tabelle, die keine Entsprechung in der rechten Tabelle besitzen, als auch die Datensätze der rechten Tabelle, die keine Entsprechung in der linken Tabelle besitzen, in die Ergebnismenge.

Möchten Sie nun sowohl Kunden, die keine Beratungsleistungen aufgegeben haben, als auch Beratungsleistungen, denen keine Kunden zugeordnet sind, in Ihrer Ergebnismenge haben, so können Sie dies über Verwendung des Full-Outer-Joins realisieren:

```
SELECT
   *
FROM
   KUNDE FULL OUTER JOIN ARBEIT;
```

Auch hier können Sie die Ergebnismenge natürlich mit der Klausel ORDER BY sortieren lassen.

Da es keinen Full-Inner-Join gibt, können Sie das Schlüsselwort FULL OUTER JOIN auch einfach als FULL JOIN abkürzen.

6.2.3 Verschachtelte Abfragen

Unter einer verschachtelten Abfrage versteht man eine Abfrage, die eine oder mehrere Unterabfragen enthält. Unterabfragen können wiederum weitere Unterabfragen beinhalten. Die Schachtelungstiefe ist theoretisch nicht begrenzt. Praktisch hängt die Tiefe der Verschachtelung der Unterabfragen vom eingesetzten Datenbanksystem ab.

Unterabfragen bestehen immer aus dem Befehl SELECT, nur der äußere Befehl darf auch ein anderer DML-Befehl, also INSERT, UPDATE oder DELETE sein. Einen Vorgeschmack auf verschachtelte Abfragen haben Sie ja bereits bei der Beschreibung der verschiedenen Prädikate der WHERE-Klausel bekommen. Schauen Sie sich das dort beschriebene Beispiel noch einmal genauer an:

```
SELECT
   KUNDENNAME
FROM
   KUNDE
WHERE
   EXISTS (SELECT
            DISTINCT KUNDENNR
         FROM
            ARBEIT
         WHERE
            KUNDE.KUNDENNR = ARBEIT.KUNDENNR);
```

In diesem Beispiel ist der äußere Befehl ein SELECT-Befehl, der den Wert des Feldes KUNDENNAME zurückliefert. Die Unterabfrage besteht aus einem SELECT-Befehl, der für jeden Kunden, der eine Beratungsleistung erhalten hat, einen Datensatz zurückliefert. Dies wird durch das Schlüsselwort DISTINCT erreicht.

An diesem Beispiel kann man erkennen, wie Unterabfragen mit der übergeordneten Abfrage zusammenarbeiten. Einerseits produziert eine Unterabfrage eine Ergebnismenge. Die Datensätze dieser Ergebnismenge dienen dann wiederum als Eingabemenge für den übergeordneten Befehl. Andererseits kann eine Unterabfrage auch einen einzelnen Wert zurückliefern, der dann entweder mit einem Vergleichsoperator ausgewertet werden kann, oder dieser Ergebniswert besitzt schon den Wert WAHR oder FALSCH und kann direkt verarbeitet werden.

Unterabfragen und Joins können oft dasselbe Ergebnis zurückliefern und sind in der Anwendung ähnlich komplex, so dass es dem persönlichen Geschmack überlassen ist, ob man nun Unterabfragen oder Joins verwendet.

6.2.4 Sichten

Eines der wichtigsten Ziele bei der Entwicklung einer Datenbankstruktur ist es, dass diese Struktur die Integrität der Daten so gut wie eben möglich schützt und unterstützt. Dies wird, wie Sie bereits erfahren haben, durch Normalisierung erreicht. Leider ist eine normalisierte Datenbank nicht unbedingt dazu geeignet, von Menschen gelesen (und verstanden) zu werden. Andererseits ist es stets wünschenswert, die in einer Datenbank gespeicherten Daten in verschiedenste Zusammenhänge zu bringen und unter verschiedenen Gesichtspunkten zu betrachten. Eine weitere wichtige Aufgabe ist es, bestimmte Daten vor dem Zugriff durch bestimmte Benutzer zu schützen. So sollte es sicherlich nicht möglich sein, dass jeder auf die Gehaltszahlen aller Mitarbeiter eines Unternehmens zugreifen kann. Dieses Privileg sollte nur den Mitarbeitern der Personalabteilung vorbehalten sein.

All diese Problemstellungen werden in SQL durch die so genannten *Sichten* (oder *Views*) gelöst. Eine Sicht stellt eine virtuelle Tabelle in der Datenbank dar, mit der die Benutzer genau so wie mit einer echten Tabelle arbeiten können. Eine Sicht wird durch die Angabe eines SELECT-Befehls definiert, in dem angegeben wird, wie genau die Datenmenge aussieht, die zurückgeliefert werden soll. Im Prinzip stellt eine Sicht eine Möglichkeit dar, einen SELECT-Befehl in der Datenbank als virtuelle Tabelle abzuspeichern und anderen Benutzern zur Verfügung zu stellen.

Eine Sicht basiert auf einer Tabelle (oder einer anderen Sicht) und bezieht ihre Daten aus dieser Tabelle (oder Sicht). Durch diese Verknüpfung mit der zugrunde liegenden Tabelle sind die Daten einer Sicht immer aktuell.

Als Beispiel können Sie einmal einen View definieren, der unser normalisiertes Datenmodell wieder komplett denormalisiert. Wenn Sie einen Blick auf das Datenmodell werfen, so sehen Sie, dass Sie offensichtlich drei Inner-Joins benötigen.

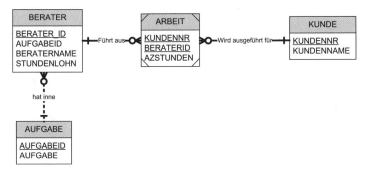

Abb. 6.55: Das normalisierte Datenmodell, das in einen denormalisierten View überführt wird

Des Weiteren werden wir keine Schlüsselfelder in unserem View zulassen, um die Anwender dieser Sicht nicht zu verwirren.

```
SELECT
  K.KUNDENNAME,
  B.BERATERNAME
  B.STUNDENLOHN
  A.AUFGABE,
  AB.AZSTUNDEN
FROM
  KUNDE K,
  ARBEIT AR,
  BERATER B,
  AUFGABE A
WHERE
  (K.KUNDENNR = AB.KUNDENNR) AND
  (AB.BERATERID = B.BERATERID) AND
  (A.AUFGABEID = B.AUFGABEID);
```

Diesen Join wollen wir nun als Sicht KUNDEN_BERATUNGSSTUNDEN definieren. Sichten werden mit dem Befehl CREATE VIEW definiert:

```
CREATE VIEW KUNDEN_BERATUNGSSTUNDEN
  (KUNDENNAME, BERATERNAME, STUNDENLOHN, AUFGABE, AZSTUNDEN)
SELECT
  K.KUNDENNAME,
  B.BERATERNAME,
  B.STUNDENLOHN,
  A.AUFGABE,
  AB.AZSTUNDEN
FROM
```

```
   KUNDE K,
   ARBEIT AB,
   BERATER B,
   AUFGABE A
WHERE
   (K.KUNDENNR = AB.KUNDENNR) AND
   (AB.BERATERID = B.BERATERID) AND
   (A.AUFGABEID = B.AUFGABEID);
```

Nachdem Sie in Ihrer Datenbank diese Sicht angelegt haben, benötigen Sie den oben genannten SELECT-Befehl, der ja schon recht kompliziert ist, nicht mehr. Möchten Sie nun die Kunden und ihre Bestellungen anzeigen lassen, so geben Sie einfach folgenden Befehl ein:

```
SELECT
   *
FROM
   KUNDEN_BERATUNGSSTUNDEN;
```

Das Ergebnis dieser Abfrage denormalisiert das Datenmodell wieder.

KUNDENNAME	BERATERNAME	STUNDENLOHN	AUFGABE	AZSTUNDEN
Emil Schmidt	Helena Müller	50,00 €	IT-Berater	3
Johanna Schulze	Helena Müller	50,00 €	IT-Berater	2
Markus Schulte	Helena Müller	50,00 €	IT-Berater	10
Emil Schmidt	Ingo Fuchs	45,00 €	Finanzberater	5
Hans Müller	Ingo Fuchs	45,00 €	Finanzberater	4
Markus Schulte	Ingo Fuchs	45,00 €	Finanzberater	5
Emil Schmidt	John Müller	60,00 €	IT-Berater	7
Hans Müller	John Müller	60,00 €	IT-Berater	6
Johanna Schulze	John Müller	60,00 €	IT-Berater	30
Markus Huber	John Müller	60,00 €	IT-Berater	12
Emil Schmidt	Elisabeth Schulz	30,00 €	Finanzberater	8
Markus Schulte	Elisabeth Schulz	30,00 €	Finanzberater	5

Abb. 6.56: Das Ergebnis des Views

Das ist natürlich wesentlich einfacher, als sich jedes Mal zu überlegen, wie der Befehl zur Verknüpfung der Tabellen KUNDE, BERATER, ARBEIT und AUFGABE lautet. Bedenken Sie bitte, dass der vorgestellte Join recht einfach ist. In Produktivsystemen kann es schon mal vorkommen, dass ein derartiger Join viele Zeilen umfasst und wirklich komplizierte Dinge tut. Hier ist eine Sicht sicherlich eine willkommene Erleichterung.

Einen weiteren Punkt, den oben angesprochenen Sicherheitsaspekt von Sichten, kann man hier an unserem Beispiel auch gut erkennen. Wenn man sich einmal ansieht, wie die Tabelle KUNDE und die Sicht KUNDEN_BERATUNGSSTUNDEN aufgebaut sind, erkennt man, dass nicht alle in der Tabelle KUNDE vorhandenen Felder auch in die Sicht KUNDEN_BERATUNGSSTUNDEN übernommen worden sind. Kann nun ein Benutzer nur auf die Sicht KUNDEN_BERATUNGSSTUNDEN zugreifen, dann ist es ihm z.B. nicht möglich, die BERATERID oder die KUNDENNR zu ermitteln. Sie erhalten so die Möglichkeit, alle wichtigen Angaben über einen Kunden konsistent in einer einzigen Tabelle zu speichern und dann über Sichten selektiv den Zugriff auf bestimmte Felder zu ermöglichen oder zu unterbinden. Gerade wenn man eine Datenbank für das Internet zur Verfügung stellen möchte, ist es immer eine gute Idee, die Benutzer nicht direkt auf die Tabellen, sondern über Sichten auf Tabellen zugreifen zu lassen.

Ermöglichen Sie es einem Benutzer, auf eine Sicht auch ändernd bzw. schreibend zuzugreifen, kann das unter Umständen zu Problemen führen. Eine Änderung an den Daten einer Sicht wird direkt an die zugrunde liegende Datenbank weitergegeben. Da es innerhalb von Sichten auch möglich ist, berechnete Felder zu definieren, kann dies aber zu Problemen führen. Die berechneten Felder können natürlich nicht durch z.B. UPDATE geändert werden, da es in den zugrunde liegenden Tabellen das entsprechende Feld gar nicht gibt. Erweitern wir in unserem Beispiel den View KUNDEN_BERATUNGSSTUNDEN um das Feld TOTAL. Der Wert dieses Feldes wird als Produkt zwischen STUNDENLOHN und AZSTUNDEN ermittelt. Dadurch ändert sich die Sicht wie folgt:

```
CREATE VIEW KUNDEN_BERATUNGSSTUNDEN
  (KUNDENNAME, BERATERNAME, STUNDENLOHN, AUFGABE, AZSTUNDEN)
SELECT
  K.KUNDENNAME,
  B.BERATERNAME,
  B.STUNDENLOHN,
  A.AUFGABE,
  AB.AZSTUNDEN,
  B.STUNDENLOHN * AB.AZSTUNDEN AS TOTAL
FROM
  KUNDE K,
  ARBEIT AB,
  BERATER B,
  AUFGABE A
WHERE
  (K.KUNDENNR = AB.KUNDENNR) AND
  (AB.BERATERID = B.BERATERID) AND
  (A.AUFGABEID = B.AUFGABEID);
```

Das Ergebnis der Abfrage auf den View sieht aus wie in Abbildung 6.57.

KUNDENNAME	BERATERNAME	STUNDENLOHN	AUFGABE	AZSTUNDEN	TOTAL
Emil Schmidt	Helena Müller	50,00 €	IT-Berater	3	150,00 €
Johanna Schulze	Helena Müller	50,00 €	IT-Berater	2	100,00 €
Markus Schulte	Helena Müller	50,00 €	IT-Berater	10	500,00 €
Emil Schmidt	Ingo Fuchs	45,00 €	Finanzberater	5	225,00 €
Hans Müller	Ingo Fuchs	45,00 €	Finanzberater	4	180,00 €
Markus Schulte	Ingo Fuchs	45,00 €	Finanzberater	5	225,00 €
Emil Schmidt	John Müller	60,00 €	IT-Berater	7	420,00 €
Hans Müller	John Müller	60,00 €	IT-Berater	6	360,00 €
Johanna Schulze	John Müller	60,00 €	IT-Berater	30	1.800,00 €
Markus Huber	John Müller	60,00 €	IT-Berater	12	720,00 €
Emil Schmidt	Elisabeth Schulz	30,00 €	Finanzberater	8	240,00 €
Markus Schulte	Elisabeth Schulz	30,00 €	Finanzberater	5	150,00 €

Abb. 6.57: Das Feld TOTAL ist ein berechnetes Feld.

Würden Sie nun versuchen, im View KUNDEN_BERATUNGSSTUNDEN das Feld TOTAL zu aktualisieren, so würde dies in eine Fehlermeldung münden, da es in den zugrunde liegenden Tabellen das Feld TOTAL gar nicht gibt. Unproblematisch dagegen ist eine Änderung des Feldes STUNDENLOHN.

6.3 Daten mit SQL verändern

Natürlich ist die Anzeige und Ausgabe der in einer Datenbank gespeicherten Daten eine der wichtigsten Aufgaben einer Datenbankanwendung, aber in den meisten Fällen ist eine Datenbank ein lebendes Objekt, das heißt, es müssen Daten hinzugefügt, aktualisiert oder gelöscht werden. Diese Aufgaben kann man mit den DML-Befehlen INSERT, UPDATE und DELETE erfüllen.

6.3.1 INSERT

Der Befehl INSERT ist dazu gedacht, neue Datensätze in eine vorhandene Tabelle einzufügen. Um beispielsweise einen Datensatz in die Kundentabelle einzufügen, können Sie den Befehl

```
INSERT INTO
  KUNDE (KUNDENNR, KUNDENNAME)
VALUES
  (6,'Bodo Meier');
```

an die Datenbank absetzen.

INSERT erlaubt es, die erste Klammer, die die Reihenfolge der Datenfelder festlegt, wegzulassen, wenn die Werte der Felder in der richtigen Reihenfolge angegeben werden. So kann man den Befehl aus dem vorhergehenden Beispiel auch folgendermaßen formulieren:

```
INSERT INTO
  KUNDE
VALUES
  (6, 'Bodo Meier');
```

Mit dem Befehl INSERT...VALUES kann man gut einzelne Datensätze in die Datenbank einfügen. Für größere Einfügeoperationen ist INSERT...VALUES allerdings nicht zu empfehlen. Sollen größere externe Datenmengen in die Datenbank eingefügt werden, muss man Programme benutzen, die dem Datenbankserver beiliegen (z.B. beim Microsoft SQL Server das Bulk-Copy-Programm bcp). Befinden sich die einzufügenden Daten bereits irgendwo in der Datenbank, so kann man diese mit Hilfe des Befehls INSERT...SELECT in die gewünschte Tabelle einfügen. Befinden sich z.B. in der Tabelle ALTEKUNDEN Kundendaten und ist diese genauso aufgebaut wie die Tabelle KUNDE, dann kann man die Daten mit Hilfe des folgenden Befehls aus der Tabelle ALTEKUNDEN in die Tabelle KUNDE einfügen:

```
INSERT INTO
  KUNDE
  SELECT
    *
  FROM
    ALTEKUNDEN;
```

Der Befehl INSERT kann eine WHERE-Klausel enthalten, die genauso aufgebaut sein kann wie beim Befehl SELECT. Es können Bedingungen und Unterabfragen enthalten sein, wie Sie am vorhergehenden Beispiel erkennen können. Diese Unterabfragen können natürlich wieder sehr komplex werden. Möchte man z.B. nur die Kunden, deren Kundennummer größer als 100 ist, aus der Tabelle ALTEKUNDEN in die Tabelle KUNDE einfügen, so kann man folgenden Befehl formulieren:

```
INSERT INTO
  KUNDE
  SELECT
    *
  FROM
    ALTEKUNDEN
  WHERE
    KUNDENNR > 100;
```

6.3.2 UPDATE

Der Befehl UPDATE ist dazu gedacht, in der Datenbank existierende Datensätze zu verändern. Über den Befehl UPDATE kann man sowohl einzelne Datensätze als auch viele Datensätze mit einem einzigen Befehl ändern. Die zu ändernden Datensätze werden über eine WHERE-Klausel ausgewählt. Am Beispiel der Kundentabelle könnten Sie alle Kundennamen auf Bodo Meier setzen:

```
UPDATE
   KUNDE
SET
   KDNAME = 'Bodo Meier';
```

Um die WHERE-Klausel zu demonstrieren, aktualisiere ich in der Datenbank alle Namen, die mit dem Buchstaben »M« beginnen, auf den Namen »Joe Müller«.

```
UPDATE
   KUNDE
SET
   KDNAME = 'Joe Müller'
WHERE
   KDNAME LIKE 'M%'
```

Der Befehl UPDATE kann eine WHERE-Klausel enthalten, die genauso aufgebaut sein kann wie beim Befehl SELECT. Es können Bedingungen und Unterabfragen enthalten sein.

6.3.3 DELETE

Mit dem Befehl DELETE können vorhandene Datensätze aus der Tabelle gelöscht werden. Dabei werden entweder alle Daten oder nur Daten, auf die eine bestimmte Bedingung zutrifft, gelöscht. Auch hier werden die Datensätze über eine WHERE-Klausel angegeben. Man kann beim Befehl DELETE im Gegensatz zum Befehl SELECT z.B. keine Spaltenbezeichnungen angeben. Wenn ein Datensatz gelöscht wird, dann wird immer der komplette Datensatz gelöscht. Um alle Kunden zu löschen, die mit dem Buchstaben »M« beginnen, müssen Sie folgenden Befehl an die Datenbank absetzen:

```
DELETE FROM
   KUNDE
WHERE
   KDNAME LIKE 'M%';
```

Der Befehl DELETE kann eine WHERE-Klausel enthalten, die genauso aufgebaut sein kann wie beim Befehl SELECT. Es können Bedingungen und Unterabfragen enthalten sein.

6.4 Weitere wichtige SQL-Befehle

Neben den bisher vorgestellten SQL-Befehlen gibt es weitere Befehle, die sich in der Praxis als recht nützlich erwiesen haben. Natürlich werde ich hier nicht sämtliche SQL-Befehle vorstellen, aber ich werde Ihnen die Befehle erläutern, die Ihnen die Entwicklung von Datenbankanwendungen erleichtern können. Viele Dinge, die Sie in Programmiersprachen mühsam programmieren können, kann eine Datenbank nämlich von Haus aus. Möchten Sie z.B. eine Summe eines Feldes über alle Datensätze bilden, so können Sie dies sehr bequem in SQL machen und müssen keine einzige Zeile in einer anderen Programmiersprache schreiben.

Die hier vorgestellten Befehle unterteilen sich in die vier Gruppen *Mengenfunktionen, Stringfunktionen, numerische Funktionen* und *Datetime-Funktionen*.

6.4.1 Mengenfunktionen

Als *Mengenfunktionen* werden die SQL-Funktionen bezeichnet, die mit einer Datenmenge, d.h. mit mehreren Datensätzen arbeiten. Diese Funktionen ermitteln aus der Datensatzmenge eine einzelne Zahl, die nach einem bestimmten Verfahren berechnet wird. Da Mengenfunktionen üblicherweise innerhalb des Befehls SELECT verwendet werden, ist es möglich, die Datensätze, auf die sich die Mengenfunktion beziehen soll, durch die WHERE-Klausel zu spezifizieren. Mengenfunktionen werden auch als *Aggregatfunktionen* oder *skalare Funktionen* bezeichnet. In diesem Kapitel stelle ich Ihnen die Mengenfunktionen COUNT, AVG, MAX, MIN und SUM vor.

COUNT

Mit der Funktion COUNT können Sie herausfinden, wie viele Zeilen sich in Ihrer Ergebnismenge befinden. Möchten Sie beispielsweise ermitteln, wie viele Kunden sich in der Tabelle KUNDE befinden, so dient dazu folgender SQL-Befehl:

```
SELECT
  COUNT(*)
FROM
  KUNDE;
```

Dieser Befehl liefert Ihnen die Anzahl der in der Tabelle KUNDE enthaltenen Datensätze.

Abb. 6.58: Offensichtlich gibt es fünf Kundendatensätze in der Tabelle KUNDE.

Natürlich können Sie die Auswahl der Datensätze durch Verwendung der WHERE-Klausel weiter einschränken. Sind Sie z.B. daran interessiert, wie viele Kunden es in Ihrer Tabelle gibt, die mit dem Buchstaben »M« beginnen, so geben Sie folgenden SQL Befehl ein:

```
SELECT
  COUNT(*)
FROM
  KUNDE
WHERE
  KUNDENNAME LIKE 'M%';
```

Abb. 6.59:   In der Datenbank gibt es zwei Kunden, deren Name mit »M« beginnt.

Sie können die Funktion COUNT auch zusammen mit DISTINCT verwenden, um zu ermitteln, wie viele verschiedene Datensätze in Ihrer Tabelle enthalten sind. Es ist ja durchaus möglich, dass Sie mehrere Kunden mit demselben Namen in Ihrer Datenbank gespeichert haben. Möchten Sie ermitteln, wie viele Kunden mit verschiedenen Namen Kunden Ihres Unternehmens sind, so verwenden Sie einfach folgenden SQL Befehl:

```
SELECT
  COUNT(DISTINCT KUNDENNAME)
FROM
  KUNDE;
```

AVG

Die Funktion AVG ist dazu gedacht, den Durchschnittswert der angegebenen Spalte zu berechnen.

Nehmen wir einmal an, dass Sie gerne den durchschnittlichen Stundenlohn der bei Alana Business Consult angestellten Berater ermitteln möchten. Dies können Sie mit dem SQL-Befehl

```
SELECT
  AVG(STUNDENLOHN)
FROM
  BERATER;
```

tun.

Expr1000
▶ 46,25 €

Abb. 6.60: Der durchschnittliche Stundenlohn der Berater ist 46,25 €.

Natürlich haben Sie auch die Möglichkeit, die Datensätze, die in die Berechnung des Durchschnittswertes einfließen, über eine WHERE-Klausel zu spezifizieren. Möchten Sie herausfinden, wie groß der durchschnittliche Stundensatz der Berater ist, die mit Nachnamen Müller heißen, so können Sie dies mit folgendem SQL-Befehl erreichen:

```
SELECT
   AVG(STUNDENLOHN)
FROM
   BERATER
WHERE
   BERATERNAME LIKE '%Müller';
```

Expr1000
▶ 55,00 €

Abb. 6.61: Die Berater mit Nachnamen Müller verdienen durchschnittlich 55,00 €.

Wichtig

Es versteht sich von selbst, dass AVG nur auf numerische Felder angewendet werden kann.

MAX

Die Funktion MAX ist dazu gedacht, den größten Wert des angegebenen Feldes im angegebenen Bereich zu ermitteln.

Möchten Sie den höchsten Stundenlohn aller Berater herausfinden, benutzen Sie dazu den SQL-Befehl:

```
SELECT
   MAX(STUNDENLOHN)
FROM
   BERATER;
```

Expr1000
▶ 60,00 €

Abb. 6.62: Der höchste Stundensatz aller Berater ist 60,00 €.

Wie bei der Funktion AVG ist es auch bei MAX möglich, die Datensätze über eine WHERE-Klausel einzuschränken. Möchten Sie beispielsweise den größten Stundensatz der Berater herausfinden, die mit Nachnamen Müller heißen, so können Sie dies mit folgendem SQL-Befehl erreichen:

```
SELECT
  MAX(STUNDENLOHN)
FROM
  BERATER
WHERE
  BERATERNAME LIKE '%Müller';
```

Expr1000
60,00 €

Abb. 6.63: Zufällig hat ein Mitarbeiter mit Nachnamen Müller auch insgesamt den höchsten Stundensatz.

Wichtig

Es versteht sich von selbst, dass MAX nur auf numerische Felder angewendet werden kann.

MIN

Die Funktion MIN ist dazu gedacht, den kleinsten Wert des angegebenen Feldes im angegebenen Bereich zu ermitteln.

Möchten Sie den niedrigsten Stundenlohn aller Berater herausfinden, benutzen Sie dazu den SQL-Befehl:

```
SELECT
  MIN(STUNDENLOHN)
FROM
  BERATER;
```

Expr1000
30,00 €

Abb. 6.64: Der niedrigste Stundenlohn aller Berater ist 30,00 €.

Wie bei der Funktion AVG und MAX ist es auch bei MIN möglich, die Datensätze über eine WHERE-Klausel einzuschränken. Möchten Sie beispielsweise den niedrigsten Stundensatz der Berater herausfinden, die mit Nachnamen Müller heißen, so können Sie dies mit folgendem SQL-Befehl erreichen:

```
SELECT
  MIN(STUNDENLOHN)
FROM
  BERATER
WHERE
  BERATERNAME LIKE '%Müller';
```

Expr1000
50,00 €

Abb. 6.65: Der niedrigste Stundensatz, den ein Mitarbeiter mit dem Nachnamen Müller hat, ist 50,00 €.

Wichtig

Es versteht sich von selbst, dass MIN nur auf numerische Felder angewendet werden kann.

SUM

Die Funktion SUM bildet die Summe aller Werte des angegebenen Feldes im spezifizierten Bereich.

Möchten Sie die Summe über die Summen aller abgerechneten Arbeitsstunden aus dem View KUNDEN_BERATUNGSSTUNDEN ermitteln, so können Sie dazu den SQL-Befehl

```
SELECT
  SUM (TOTAL)
FROM
  KUNDEN_BERATUNGSSTUNDEN;
```

verwenden.

Expr1000
5.070,00 €

Abb. 6.66: Summer aller abgeleisteten Beratungsstunden

Wie bei der Funktion AVG, MIN und MAX ist es auch bei SUM möglich, die Datensätze über eine WHERE-Klausel einzuschränken. Möchten Sie beispielsweise die Summe der abgerechneten Arbeitsstunden für den Kunden Emil Schmidt ermitteln, so können Sie dies mit dem folgenden SQL-Befehl erreichen:

```
SELECT
  SUM (TOTAL)
```

```
FROM
    KUNDEN_BERATUNGSSTUNDEN
WHERE
    KUNDENNAME = 'Emil Schmidt';
```

Expr1000
▶ 1.035,00 €

Abb. 6.67: Emil Schmidt muss 1.035,00 € bezahlen.

Wichtig

Es versteht sich von selbst, dass SUM nur auf numerische Felder angewendet werden kann.

6.4.2 Stringfunktionen

Stringfunktionen werden unter SQL ähnlich verwendet wie in anderen Programmiersprachen auch. Bei einer Stringfunktion handelt es sich um eine Funktion, die als Eingabe einen String erfordert und aus diesem Eingabestring einen Ausgabestring erzeugt. In diesem Abschnitt stelle ich Ihnen die Stringfunktionen SUBSTRING, UPPER, LOWER und TRIM vor. Neben diesen Funktionen gibt es noch viele weitere Stringfunktionen, die allerdings oft vom Datenbanksystem abhängen, z.B. die Funktion TRANSLATE, die dazu benutzt wird, Strings von einem Zeichensatz in einen anderen zu transformieren. Um nähere Informationen zu diesen Funktionen zu erhalten, schauen Sie bitte in der Dokumentation Ihres Datenbanksystems nach.

SUBSTRING

Die Funktion SUBSTRING dient dazu, aus einem String einen Teilstring herauszukopieren. Der Ausgangstyp für diese Funktion kann ein String oder ein Bit-String sein, der Ergebnistyp ist immer gleich dem Ausgangstyp.

Betrachten Sie folgendes Beispiel:

```
SUBSTRING ('Datenbankdesign macht Spass' FROM 23 FOR 5)
```

Im Beispiel lautet das Ergebnis der Funktion SUBSTRING »Spass«. Der Teilstring Spass beginnt im Quellstring an der Position 23 und ist fünf Zeichen lang. Der Quellstring kann eine vorgegebene Zeichenkette, eine Variable oder ein Ausdruck sein, der einen String zurückliefert. Die Angabe der Klausel FOR ist optional. Wird dieser Teil fortgelassen, so wird der Quellstring ab der angegebenen Position bis zum Ende kopiert.

Liegt der gewünschte Teilstring nicht im Quellstring (z.B. weil die Startposition größer als die Länge des Quellstrings ist), so liefert SUBSTRING einen Nullwert zurück. Die Angabe für die Länge des Teilstrings darf nicht negativ sein. Die Funktion SUBSTRING liefert keine Fehler. Ist einer der Operanden ein Nullwert, so ist das Ergebnis der Funktion auch ein Nullwert.

UPPER

Die Funktion UPPER ist dazu gedacht, alle Zeichen eines Strings in Großbuchstaben umzuwandeln.

```
UPPER ('Datenbankdesign macht Spass')
```

hat den String DATENBANKDESIGN MACHT SPASS als Ergebnis.

LOWER

Die Funktion LOWER ist dazu gedacht, alle Zeichen eines Strings in Kleinbuchstaben umzuwandeln.

```
LOWER ('Datenbankdesign macht Spass')
```

hat den String datenbankdesign macht spass als Ergebnis.

TRIM

Die Funktion TRIM wird dazu benutzt, Leerzeichen oder andere Zeichen, die angegeben werden können, vom Anfang bzw. vom Ende eines Strings abzuschneiden. Per Standardeinstellung werden Leerzeichen abgeschnitten.

Der Befehl

```
TRIM (LEADING ' ' FROM '   Datenbankdesign   ')
```

hat 'Datenbankdesign   ' zum Ergebnis.

```
TRIM (TRAILING ' ' FROM '   Datenbankdesign   ')
```

hat '   Datenbankdesign' zum Ergebnis.

```
TRIM (BOTH ' ' FROM '   Datenbankdesign   ')
```

hat 'Datenbankdesign' zum Ergebnis.

Da TRIM standardmäßig das Leerzeichen abschneidet, kann dieses natürlich auch weggelassen werden. Anstelle des letzten Befehls kann man auch Folgendes schreiben:

```
TRIM (BOTH FROM '    Datenbankdesign    ')
```

Möchte man ein anderes Zeichen abschneiden, so muss dieses explizit angegeben werden. Der Befehl

```
TRIM (LEADING 'D' FROM 'Datenbankdesign')
```

hat 'atenbankdesign' zum Ergebnis.

6.4.3 Numerische Funktionen

Als numerische Funktionen werden unter SQL die Funktionen bezeichnet, die eine Zahl als Ergebnis haben. Die Eingabeparameter müssen bei numerischen Funktionen nicht zwingend aus Zahlen bestehen. In diesem Abschnitt stelle ich Ihnen die numerischen Funktionen POSITION, CHARACTER_LENGTH, OCTET_LENGTH, BIT_LENGTH und EXTRACT vor.

POSITION

Mit Hilfe der Funktion POSITION kann man die Position eines Teilstrings innerhalb eines Strings ermitteln. Kann der Teilstring innerhalb des Strings nicht gefunden werden, so liefert die Funktion POSITION den Wert 0 zurück. Ist der Teilstring leer, so wird der Wert 1 zurückgeliefert. Ist einer der Parameter der Funktion POSITION ein Nullwert, so wird ein Nullwert als Ergebnis zurückgeliefert.

Der Befehl

```
POSITION ('D','Datenbankdesign')
```

hat den Wert 1 zum Ergebnis, da das erste große D, das die Funktion finden kann, in der Zeichenkette auf Position 1 steht.

```
POSITION ('ten','Datenbankdesign')
```

hat den Wert 3 zum Ergebnis.

CHARACTER_LENGTH

Mit der Funktion CHARACTER_LENGTH kann man die Anzahl der Zeichen eines Strings ermitteln. Der Befehl

```
CHARACTER_LENGTH ('Datenbankdesign')
```

hat den Wert 15 als Ergebnis.

OCTET_LENGTH

Mit Hilfe der Funktion OCTECT_LENGTH kann man ermitteln, aus wie vielen Byte eine Zeichenkette oder ein Bit-String besteht. In Zeichensätzen mit lateinischen Buchstaben wird üblicherweise ein Byte, also ein Oktett, dazu benötigt, ein Zeichen darzustellen. Daher liefert die Funktion OCTET_LENGTH für einen String, der mit lateinischen Buchstaben codiert ist, dasselbe Ergebnis wie die Funktion CHARACTER_LENGTH. Wird ein anderer Zeichensatz verwendet, z.B. ein chinesischer Zeichensatz, so wird von OCTET_LENGTH eine Zahl zurückgeliefert, die doppelt so groß wie die Anzahl der Zeichen ist, da ein chinesisches Zeichen mit jeweils zwei Byte codiert wird.

Wenden Sie die Funktion OCTET_LENGTH auf einen Bit-String an, so liefert sie Ihnen als Ergebnis die Anzahl von Byte, die Sie benötigen, um den Bit-String zu speichern.

Der folgende Befehl liefert Ihnen den Wert 15 als Ergebnis, weil die Zeichenkette Datenbankdesign mit 15 Bytes codiert ist.

```
OCTET_LENGTH ('Datenbankdesign')
```

Der folgende Befehl liefert den Wert 1 als Ergebnis zurück, da man ein Byte benötigt, um sechs Bit zu speichern.

```
OCTET_LENGTH (B'010101')
```

BIT_LENGTH

Mit der Funktion BIT_LENGTH kann man ermitteln, aus wie vielen Bits ein Bit-String besteht. Ist ein Bit-String beispielsweise 12 Zeichen lang, so liefert die Funktion BIT_LENGTH als Ergebnis den Wert 12 zurück.

Der folgende Befehl liefert den Wert 6 als Ergebnis zurück, da der Bit-String 6 Bits enthält.

```
BIT_LENGTH (B'010101')
```

EXTRACT

Mit Hilfe der Funktion EXTRACT kann man einzelne Komponenten eines Datetime-Wertes ermitteln. Der Befehl

```
EXTRACT (DAY FROM DATE '2004-07-15')
```

liefert den Wert 15 zurück.

6.4.4 Datetime-Funktionen

Mit Hilfe der Datetime-Funktionen kann man in SQL das aktuelle Datum bzw. die aktuelle Zeit des Datenbankservers ermitteln.

CURRENT_DATE

Der Befehl CURRENT_DATE liefert das aktuelle Datum Ihres Datenbankservers zurück. Beachten Sie dabei bitte, dass der zurückgelieferte Datentyp DATE ist. Wenn Sie das Datum auf dem Bildschirm ausgeben möchten, müssen Sie dieses zunächst in einen String umwandeln.

Der Befehl

```
CURRENT_DATE
```

liefert z.B. den Wert '2004-07-15' zurück.

CURRENT_TIME

Der Befehl CURRENT_TIME liefert die aktuelle Systemzeit Ihres Datenbankservers zurück. Beachten Sie dabei bitte, dass der zurückgelieferte Datentyp TIMESTAMP ist. Wenn Sie die Zeit auf dem Bildschirm ausgeben möchten, müssen Sie diese zunächst in einen String umwandeln. CURRENT_TIME erwartet einen Eingabeparameter, der die Genauigkeit des Sekundenanteils angibt. Setzen Sie diesen Parameter beispielsweise auf den Wert 1, so wird die erste Stelle der Zehntelsekunden berücksichtigt, setzen Sie ihn auf 2, wird auch noch die zweite Stelle der Zehntelsekunden berücksichtigt usw.

Der Befehl

```
CURRENT_TIME (1)
```

liefert z.B. den Wert '13:19:34.2' zurück.

CURRENT_TIMESTAMP

Der Befehl CURRENT_TIMESTAMP liefert die aktuelle Systemzeit und das aktuelle Datum Ihres Datenbankservers zurück. Beachten Sie dabei bitte, dass der zurückgelieferte Datentyp TIMESTAMP ist. Wenn Sie das Datum und die Zeit auf dem Bildschirm ausgeben möchten, müssen Sie diese zunächst in einen String umwandeln. CURRENT_TIMESTAMP erwartet einen Eingabeparameter, der die Genauigkeit des Sekundenanteils angibt. Setzten Sie diesen Parameter beispielsweise auf den Wert 1, so wird die erste Stelle der Zehntelsekunden berücksichtigt, setzen Sie ihn auf 2, wird auch noch die zweite Stelle der Zehntelsekunden berücksichtigt usw.

Der Befehl

```
CURRENT_TIMESTAMP (3)
```

liefert z.B. den Wert '2004-07-15 13:19:34.254' zurück.

6.5 Zusammenfassung

- **AND**

  AND ist eine logische Operation, die dann den Wert WAHR zurückliefert, wenn beide Eingangsparameter den Wert WAHR besitzen.

- **Annähernd genaue Zahlen**

  Annähernd genaue Zahlen dienen dazu, Werte darzustellen, die einen Wertebereich haben, der viele Größenordnungen enthält.

- **Bit-Strings**

  Der Datentyp Bit-Strings ist dazu gedacht, beliebige Bit-Ketten, also zum Beispiel Binärdaten zu speichern.

- **Datentyp**

  Ein Datentyp stellt den Wertebereich dar, den die Werte eines Attributs annehmen können. Neben dem minimalen und maximalen Wert legt er auch fest, ob bei Zahlen Nachkommastellen erlaubt sind und wie genau eine Zahl mit Nachkommastellen gespeichert wird.

- **Datenuntersprache**

  SQL wird auch öfters als Datenuntersprache bezeichnet, da SQL im Gegensatz zu anderen Programmiersprachen nicht komplett ist und wichtige Steuerbefehle fehlen.

- **Datetime**

  Datetime wird verwendet, um Datums- und Zeitwerte in der Datenbank zu speichern.

- **Datetime-Funktionen**

  Mit Hilfe der Datetime-Funktionen kann man in SQL das aktuelle Datum bzw. die aktuelle Zeit des Datenbankservers ermitteln.

- **DCL (Data Control Language)**

  Die Data Control Language (DCL) ist ein Teil von SQL, der sich mit dem Zugriff auf die Daten beschäftigt.

■ **DDL (Data Definition Language)**

Die Data Definition Language (DDL) ist ein Teil von SQL, der sich mit der Definition von Objekten wie z.B. Tabellen oder Views innerhalb der Datenbank beschäftigt.

■ **DELETE**

Der SQL-Befehl DELETE dient zum Löschen eines oder mehrerer Datensätze.

■ **DML (Data Manipulation Language)**

Die Data Manipulation Language (DML) ist ein Teil von SQL, der sich mit der Veränderung der in der Datenbank gespeicherten Daten beschäftigt.

■ **Embedded SQL**

Führt eine Programmiersprache SQL-Befehle aus, so spricht man auch von Embedded SQL.

■ **Equi-Join**

Der Equi-Join ist die einfachste Verknüpfung mehrerer Tabellen, bei dem die sinnvollen Datensätze aus der Gesamtheit der durch das kartesische Produkt entstandenen Datensätze mit Hilfe der WHERE-Klausel herausgefiltert werden.

■ **Full-Outer-Join**

Der Full-Outer-Join übernimmt sowohl die Datensätze aus der linken Tabelle, die keine Entsprechung in der rechten Tabelle besitzen, als auch die Datensätze der rechten Tabelle, die keine Entsprechung in der linken Tabelle besitzen, in die Ergebnismenge.

■ **Genaue Zahlen**

Der Datentyp *genaue Zahlen* dient dazu, numerische Werte genau zu speichern.

■ **GROUP BY**

Mit der Klausel GROUP BY kann man Datensätze im SQL-Befehl gruppieren.

■ **HAVING**

Mit der Klausel HAVING kann man die durch GROUP BY gebildeten Gruppen einschränken.

■ **Inner-Join**

Ein Inner-Join enthält all die Datensätze in der Ergebnismenge, die in beiden Tabellen in den angegebenen Vergleichsfeldern gleiche Werte besitzen.

■ **INSERT**

Der SQL-Befehl INSERT dient zum Einfügen von Datensätzen in die Datenbank.

- **INTERVAL**

  Der Datentyp INTERVAL ist eng mit dem Datentyp DATETIME verbunden, weil man in einem Intervall-Datentyp Zeitintervalle, d.h. die Differenz zwischen zwei Werten vom Typ DATETIME speichern kann.

- **Left-Outer-Join**

  Beim Left-Outer-Join werden die Datensätze der linken Tabelle in die Ergebnismenge übernommen, die keine Entsprechung in der rechten Tabelle besitzen.

- **Logische Verknüpfung**

  Mit logischen Verknüpfungen kann man logische Ausdrücke oder Bedingungen verknüpfen. Logische Verknüpfungen werden meist dann gebraucht, wenn man eine Bedingung (z.B. für eine Abfrage) formulieren möchte, die aus mehreren Unterbedingungen besteht.

- **Mengenfunktionen**

  Als Mengenfunktionen werden die SQL-Funktionen bezeichnet, die mit einer Datenmenge, d.h. mit mehreren Datensätzen arbeiten. Diese Funktionen ermitteln aus der Datensatzmenge eine einzelne Zahl, die nach einem bestimmten Verfahren berechnet wird.

- **NOT**

  Die logische Operation NOT negiert den übergebenen Operanden, das heißt, wird WAHR übergeben, liefert NOT FALSCH zurück und umgekehrt.

- **Nullwert**

  Nullwerte stellen keinen Datentyp im eigentlichen Sinn dar, sondern werden dazu benötigt, leere Werte in der Datenbank zu definieren. Nullwerte repräsentieren den Wert Nichts bzw. Unbekannt.

- **Numerische Funktionen**

  Als numerische Funktionen werden unter SQL die Funktionen bezeichnet, die eine Zahl als Ergebnis haben. Die Eingabeparameter müssen bei numerischen Funktionen nicht zwingend aus Zahlen bestehen.

- **OR**

  Die logische Operation OR liefert den Wert TRUE zurück, wenn mindestens einer der übergebenen Operanden den Wert TRUE besitzt.

- **ORDER BY**

  Über die modifizierende Klausel ORDER BY können Datensätze, die von einem SELECT-Statement zurückgeliefert wurden, nach einem bestimmten Kriterium sortiert werden.

- **Outer-Join**

  Ein Outer-Join übernimmt im Gegensatz zum Inner-Join auch die Datensätze aus den Ausgangstabellen, die nicht in beiden Tabellen Entsprechungen besitzen.

- **PL/SQL**

  SQL-Dialekt der Oracle-Datenbanksysteme.

- **Right-Outer-Join**

  Beim Right-Outer-Join werden die Datensätze der rechten Tabelle in die Ergebnismenge übernommen, die keine Entsprechung in der linken Tabelle besitzen.

- **SELECT**

  Mit Hilfe des SELECT-Befehls kann man Daten aus einer SQL-Datenbank auslesen.

- **Sichten**

  Eine Sicht stellt eine virtuelle Tabelle in der Datenbank dar, mit der die Benutzer genau so wie mit einer echten Tabelle arbeiten können. Eine Sicht wird durch die Angabe eines SELECT-Befehls definiert, in dem angegeben wird, wie genau die Datenmenge aussieht, die zurückgeliefert werden soll.

- **SQL**

  SQL ist die Standardsprache für relationale Datenbanksysteme, mit der man Daten ändern, Datenstrukturen anlegen und Benutzerzugriffe steuern kann.

- **Stringfunktionen**

  Bei einer Stringfunktion handelt es sich um eine Funktion, die als Eingabe einen String erfordert und aus diesem Eingabestring einen Ausgabestring erzeugt.

- **Transact-SQL**

  Transact-SQL ist der von Microsoft im SQL-Server implementierte SQL-Dialekt.

- **UPDATE**

  Mit Hilfe des UPDATE-Befehls können Daten in einer SQL-Datenbank aktualisiert werden.

- **Verschachtelte Abfragen**

  Unter einer verschachtelten Abfrage versteht man eine Abfrage, die eine oder mehrere Unterabfragen enthält.

- **WHERE**

  Mit der Klausel WHERE kann man die in der Ergebnismenge einer Abfrage zurückgelieferten Datensätze beschränken. Es werden nur Datensätze zurückgeliefert, die die in der WHERE-Klausel spezifizierten Bedingungen erfüllen.

■ **Zeichenketten**

Zeichenketten sind dazu gedacht, Texte in der Datenbank zu speichern. Es gibt zwei Arten von Zeichenketten: Zeichenketten mit fester Länge und Zeichenketten mit variabler Länge.

6.6 Aufgaben

Hier finden Sie Wiederholungsfragen, mit denen Sie die Gelegenheit haben, sich noch einmal Gedanken über den Stoff des Kapitels zu machen. Außerdem finden Sie im Abschnitt *Zum Weiterdenken* Probleme und Aufgaben, auf die Sie Ihr frisch gewonnenes Wissen anwenden können. Die Lösungen zu diesen Aufgaben finden Sie in Anhang A.6.

6.6.1 Wiederholung

1. Was ist der Unterschied zwischen SQL und herkömmlichen Programmiersprachen? Warum ist dieser Unterschied kein Problem für die Erstellung von Datenbankanwendungen?

2. Was müssen Sie beachten, wenn Sie den DROP-Befehl verwenden möchten?

3. Wie können Sie mit Hilfe des SELECT-Befehls Datensätze filtern, wie werden nur bestimmte Attribute gefiltert?

4. Welche Untersprachen von SQL gibt es und welche Aufgaben haben diese?

5. Warum gibt es unterschiedliche SQL-Dialekte, obwohl die Sprache doch eigentlich ANSI-zertifiziert ist?

6. Was ist der Unterschied zwischen einer Tabelle und einer Sicht?

7. Was ist der Unterschied zwischen einem Outer- und einem Inner-Join?

8. Welche modifizierenden Klauseln kennen Sie und welche Funktion haben diese?

9. Was wird durch den Datentyp festgelegt?

10. Müssen numerische Funktionen eine Zahl als Argument bekommen? Begründen Sie Ihre Antwort und geben Sie ggf. ein Beispiel.

6.6.2 Zum Weiterdenken

Die folgenden Aufgaben zum Weiterdenken beziehen sich alle auf das in Abbildung 6.68 zu sehende Datenmodell.

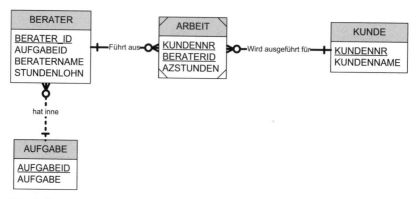

Abb. 6.68: Das Datenmodell, das den Aufgaben zugrunde liegt

1. Schreiben Sie einen SQL-Befehl, der alle Berater mit einem Stundenlohn kleiner als 40,- € auflistet.

2. Schreiben Sie einen SQL-Befehl, der alle Kunden auflistet, die mit dem Buchstaben »J« beginnen.

3. Schreiben Sie einen SQL-Befehl, der alle Berater und deren Aufgabe ausgibt.

4. Schreiben Sie einen SQL-Befehl, der alle IT-Berater mit Namen und Stundensatz ausgibt.

5. Schreiben Sie einen SQL-Befehl, der alle Berater, die für einen Kunden mehr als fünf Stunden gearbeitet haben, mit deren genauer Stundenzahl auflistet.

6. Schreiben Sie einen SQL-Befehl, der alle Berater auflistet, die für den Kunden »Markus Schulte« gearbeitet haben.

7. Schreiben Sie einen SQL-Befehl, der die Kunden auflistet, für die ein IT-Berater tätig war. Wie können Sie den Befehl verändern, dass jeder Kunde nur ein einziges Mal angezeigt wird?

8. Schreiben Sie einen SQL-Befehl, der die Namen der Berater und deren Gesamtstunden auflistet.

9. Schreiben Sie einen SQL-Befehl, der die Gesamtstunden auflistet, die jedem Kunden in Rechnung gestellt werden.

10. Schreiben Sie einen SQL-Befehl, der auflistet, wie viel Geld der Berater »Ingo Fuchs« abrechnen muss.

Teil III

Weiterführende Themen

In diesem Teil:

- **Kapitel 7**
  Projektablauf bei der Erstellung einer Datenbank... 281

- **Kapitel 8**
  Transaktionen und konkurrierende Zugriffe....... 315

- **Kapitel 9**
  Die Client-Server-Architektur.................... 343

- **Kapitel 10**
  Verteilte Datenbanksysteme 367

- **Kapitel 11**
  Data Warehouses 395

Projektablauf bei der Erstellung einer Datenbank

Bisher haben Sie sich hauptsächlich mit dem Design und der Erstellung von Datenbanken beschäftigt. Eine Datenbank selbst ist aber noch kein vollständiges Informationssystem. Normalerweise wird eine Datenbank ja nicht zum Selbstzweck entwickelt, sondern soll als Datenbasis für ein Informationssystem dienen, das aus vielen anderen Komponenten zusammengesetzt ist. Wie Sie bereits in den vorhergehenden Kapiteln gesehen haben, werden in einer Datenbank die Rohdaten der Datenbankanwendung gespeichert. Das Datenbankdesign, also das Aufstellen der Tabellenstruktur dient dazu, dass diese Rohdaten in einer möglichst redundanz- und inkonsistenzfreien Form gespeichert werden können und dass beim Arbeiten mit diesen Daten (also Ändern, Löschen und Hinzufügen) keine Anomalien auftreten können, die zu Inkonsistenzen in unserem Rohdatenbestand führen.

Leider sind Rohdaten nicht unbedingt dazu geeignet, Geschäftsentscheidungen zu treffen. Wenn z.B. ein Einkäufer entscheiden soll, wie viel Stück einer bestimmten Ware beschafft werden soll, nützt es ihm recht wenig, wenn er sämtliche Bestellungen vorliegen hat, in denen diese Ware angefordert wurde. Anhand dieser Daten kann er nicht direkt den Bedarf ermitteln, das heißt, er benötigt keine (Roh-)Daten, sondern er benötigt die Information, wie viel Stück dieser Ware z.B. im letzen Monat verkauft wurden, damit er entsprechende Stückzahlen bedarfsgerecht nachordern kann. Sie sehen also, dass der Einkäufer mit Daten an sich gar nichts anfangen kann – was er benötigt, sind Informationen. In der Datenbank sind die Rohdaten aller Bestellungen gespeichert, die Aufgabe des Informationssystems ist es nun aber, aus diesen Daten Informationen zu gewinnen. Die Überführung von Daten in Informationen wird auch als *Transformation* bezeichnet.

Damit aus den gespeicherten Daten Informationen gewonnen werden können, muss ein vernünftiges Informationssystem aufgebaut werden. Die Datenbank ist nur ein kleiner Teil dieses Informationssystems und stellt im Prinzip die Basis dar, auf der alle anderen Komponenten des Systems aufsetzen. Ein Informationssystem besteht üblicherweise aus Hardware, unterstützender Software wie z.B. einem Betriebssystem oder einem Datenbankmanagement-System und Anwendungsprogramm, das basierend auf den Daten der Datenbank Berichte, Tabellen und Diagramme erstellt. Neben diesen informationstechnischen Bestandteilen gibt es aber noch zusätzliche Komponenten, die ein erfolgreiches Informationssystem auszeichnen, wie z.B. die Unternehmensprozesse und natürlich auch die Mitarbeiter.

Der Sinn des Informationssystems ist es, die in der Datenbank gespeicherten Daten zu verarbeiten und aus diesen Daten abgeleitete Informationen zur Verfügung zu stellen. Die Transformation der Daten in Informationen kann einerseits sehr einfach sein, indem die Daten z.B. als Tabelle oder Grafik dargestellt werden, es können aber auch sehr komplexe Transformationen mit entsprechend komplizierten Berechnungen eingesetzt werden.

Um ein solches Informationssystem professionell zu entwickeln, muss dem eigentlichen Entwicklungsprozess eine *Systemanalyse* vorausgehen. Die Systemanalyse ist ein Prozess, bei dem der Bedarf ermittelt wird, der durch das Informationssystem gedeckt werden soll, das heißt, durch die Systemanalyse wird der Funktionsumfang des Informationssystems festgelegt. Auf die Systemanalyse folgt die *Systementwicklung*, bei der die technische Architektur des Systems festgelegt wird. Ein Bestandteil der Systementwicklung stellt natürlich auch das Datenbankdesign dar. An die Systementwicklung schließt sich dann die Implementierung an.

Hinweis

Systemanalyse und Systementwicklung sind Disziplinen des Software Engineering. Dieses für die professionelle Software-Entwicklung sehr wichtige Thema geht weit über dieses Buch hinaus. Im Buchhandel finden Sie zahlreiche Bücher, die sich ausschließlich mit dem Gebiet Software Engineering beschäftigen. Dieses Kapitel soll Ihnen lediglich dabei helfen, die in diesem Buch vorgestellten Techniken im übergeordneten Rahmen der Entwicklung eines Informationssystems richtig einzuordnen. Die in diesem Kapitel vorgestellten Methoden lassen sich auf beliebige Informationssysteme anwenden und sind daher unabhängig von der Größe der Datenbank. Bestimmte, projektbezogene Umstände können aber dazu führen, von dem hier skizzierten Weg abzugehen.

Lassen Sie mich an dieser Stelle noch einmal einen kleinen Blick auf eines der zentralen Bestandteile eines Informationssystems werfen, die Anwendungsprogramme. Eine Anwendung besteht üblicherweise aus zwei Teilen, Daten und dem Code, der diese Daten bearbeitet und Informationen daraus erzeugen kann.

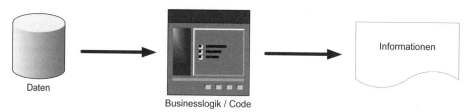

Daten

Businesslogik / Code

Informationen

Abb. 7.1:   Ein typisches Anwendungsprogramm

Die Daten werden in einer Datenbank gespeichert und stellen im Prinzip einen aktuellen Schnappschuss des Unternehmens dar. Die Businesslogik kann entweder auch in der Datenbank gespeichert werden oder sie befindet sich in einem externen Anwendungsprogramm.

Für ein erfolgreiches Informationssystem sind hauptsächlich drei Faktoren verantwortlich:

- Gutes Datenbankdesign und gute Implementierung

- Gutes Anwendungsdesign und gute Implementierung

- Administrative Prozesse

In diesem Buch beschäftige ich mich natürlich nur mit dem ersten dieser drei Punkte, der Datenbankentwicklung, die aus Datenbankdesign und Datenbankimplementierung besteht. Beim Datenbankdesign geht es darum, ein für das Informationssystem vollständiges, größtenteils redundanzfreies Datenmodell zu erstellen. Dieses Datenmodell splittet sich weiter auf in ein konzeptionelles, logisches und physikalisches Datenmodell, wie Sie es bereits in vorhergehenden Kapiteln dieses Buches kennen gelernt haben. Bei der Datenbankimplementierung geht es darum, das im Datenbankdesign entworfene Datenmodell auf einem bestehenden RDBMS zu implementieren und danach Daten in die so entstandene Datenbank zu laden.

7.1 Der System Development Life Cycle

Der *System Development Life Cycle* (SDLC) beschreibt die komplette Entwicklungsgeschichte eines Informationssystems, das heißt, hier wird im Prinzip das komplette Projekt beschrieben, von dem die Entwicklung der Datenbank nur ein Teilprojekt darstellt. Genau das ist auch der Grund, warum wir uns an dieser Stelle mit dem System Development Life Cycle beschäftigen. Wenn Sie wissen, wie der System Development Life Cycle aufgebaut ist, haben Sie einen Überblick darüber, wie sich die Entwicklung der Datenbank in das Gesamtkonzept einfügt.

Der System Development Life Cycle unterteilt sich in fünf verschiedene Phasen, die sich gegenseitig beeinflussen. Diese Phasen sind *Planung, Analyse, System-Design, Implementierung* und *Wartung*. Der System Development Life Cycle stellt einen iterativen Prozess dar, das heißt, während der Betriebszeit eines Informationssystems ändern sich unter Umständen die Umgebung oder die Geschäftsprozesse des Unternehmens, das dieses Informationssystem einsetzt, und damit ändern sich auch die Anforderungen an das Informationssystem selbst. Daher muss dann neu geplant, entworfen, implementiert usw. werden, wodurch der System Development Life Cycle in eine neue Iteration läuft.

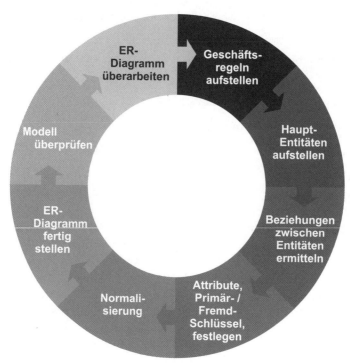

Abb. 7.2:   Der System Development Life Cycle

7.1.1   Planung

Die erste Phase in einem professionellen Software-Prozess stellt natürlich die Planung des Informationssystems dar. Hierbei geht es allerdings nicht um technische Architekturaspekte oder eine Aufgabenplanung. In dieser Phase geht es erst einmal um die Planung im Allgemeinen, das heißt, es muss ein genauer Blick auf das Unternehmen, das das Informationssystem einführen möchte, geworfen werden und somit sowohl das Feld, das das neue System abdecken soll, wie auch das Umfeld, in dem dieses System arbeiten soll, genau untersucht werden. Teil dieser Untersuchung ist es, einen Überblick über den Informationsfluss im Unternehmen und die damit verbundenen unternehmensinternen Prozesse zu erhalten. Es ist zu klären, was genau die Aufgabe des neuen Informationssystems sein soll und welche Ziele mit dem neuen System erreicht werden sollen. Dies wird üblicherweise in einer *Anforderungsanalyse* zusammen mit den im Unternehmen für das Informationssystem Verantwortlichen durchgeführt. Im Rahmen der Anforderungsanalyse werden die Ziele festgelegt, die mit dem Informationssystem erreicht werden sollen. Wichtig ist es, dass genau zwischen den eigentlichen Kernzielen und zusätzlichen Kundenwünschen (so genannten »nice-to-haves«) unterschieden wird. Die Entwicklung des Systems muss sich natürlich in erster Linie auf die Kernziele konzentrieren und kann auf dem Weg dahin unter Umständen auch die nice-to-haves berücksichtigen.

Als Nächstes ist zu klären, ob es sich bei dem Informationssystem um eine komplette Neuentwicklung handelt oder ob es bisher schon ein ähnliches Informationssystem gab, das die geforderten Aufgaben erledigen kann. Handelt es sich um eine komplette Neuentwicklung, bei der man auf keine Erfahrungen aus der Vergangenheit zurückgreifen kann, so muss zunächst im Rahmen einer *Machbarkeitsstudie* untersucht werden, ob es überhaupt möglich ist, die gewünschten Kernziele zu erreichen. Hierbei ist sowohl zu betrachten, ob die Erreichung der Kernziele technisch möglich ist, als auch, ob die Erreichung dieser Ziele im Rahmen der Möglichkeiten (sowohl Ressourcen als auch Finanzen) realistisch ist. Da natürlich niemand auf ganz neuen Problemgebieten Erfahrungen vorzuweisen hat (ansonsten wären die Gebiete ja nicht neu), kann es sein, dass im Rahmen der Machbarkeitsstudie ein *Prototyp* als »Proof of Concept« erstellt werden muss, das heißt, man entwickelt eine eingeschränkte Version des Informationssystems, um die technische Machbarkeit des Projektes zu demonstrieren. Nachdem der Prototyp fertig gestellt wurde, obliegt es dem Projektmanager zu entscheiden, ob der Prototyp evolutionär zum Endprodukt weiterentwickelt wird oder ob er verworfen und ein neues System auf Basis des während der Prototypentwicklung erlangten Wissens entwickelt wird.

Meist stehen Sie aber gar nicht vor dem Problem, ein komplett neues System entwickeln zu müssen. Da die Informationstechnologie unser Geschäftsleben inzwischen schon weit durchdrungen hat, geht es bei den meisten Projekten darum, die Aufgaben von bereits bestehenden Systemen nachzubilden. Existiert im Unternehmen bereits ein solches Informationssystem und betreten Sie mit Ihrem Projekt kein völliges Neuland, so ist es sinnvoll, sich verschiedene Fragen zu stellen.

Die erste dieser Fragen ist, warum das vorhandene System überhaupt erweitert oder ersetzt werden soll. Wenn alles in bester Ordnung ist und es keinen zwingenden Grund dafür gibt, dass ein System ersetzt wird, das jahrelang seine Aufgaben zuverlässig und gut erledigt hat, dann sollte man dies auch nicht tun. Es ist also wichtig, einen genauen Blick auf die Forderungen und Ziele zu werfen, die mit dem neuen Informationssystem erreicht werden sollen, und zu hinterfragen, ob diese Ziele eine große Investition in eine Erweiterung oder Ersetzung des vorhandenen Systems überhaupt rechtfertigen.

Ist man zum Schluss gekommen, dass es notwendig ist, das alte System zu verändern, muss nun noch geklärt werden, ob das System lediglich erweitert werden soll oder ob es durch ein neues System komplett ersetzt werden soll. Hier gibt es zahlreiche Faktoren zu bedenken, die für oder gegen eine Ersetzung des Systems sprechen. Zunächst muss geprüft werden, ob das bestehende System überhaupt erweitert werden kann. Es muss geprüft werden, ob die Systemarchitektur des alten Informationssystems so flexibel ist, dass Erweiterungen einfach in das bestehende System integriert werden können. Des Weiteren ist zu klären, inwiefern das alte System überhaupt dokumentiert wurde. Die Dokumentation ist meist eine der größten Schwachstellen vieler IT-Projekte. Wurde das Informationssystem schlecht dokumentiert und haben die Mitarbeiter, die für die Entwicklung des Systems hauptverantwortlich waren, inzwischen das Unternehmen verlassen, so ist es eine fast unmögliche Aufgabe, das Informationssystem aufgrund der technischen Texte (z.B. Sourcecodes oder Datenbankscripts) zu analysieren und zu verstehen. Oft ist hier eine komplette Neuentwicklung schneller und damit auch günstiger. Ein anderer wichtiger Aspekt, der für eine Neuentwicklung eines Systems spricht, ist die unterliegende Soft- bzw. Hardware. Wurde das Altsystem auf einer Plattform entwickelt, die heute vom Hersteller gar nicht mehr unterstützt wird, so macht es oft Sinn, das komplette System auf eine neue Plattform zu migrieren. Die komplette Neuentwicklung eines bestehenden Informationssystems ist sehr oft auch mit weiteren Problemen verknüpft. So kann es bei der Einführung eines neuen Systems durchaus vorkommen, dass Programmteile, die beim alten System fehlerfrei liefen, im neuen System plötzlich fehlerhaft sind.

Sie sehen also, dass man während der Planungsphase des System Development Life Cycles sämtliche Alternativen durchdenken muss, um dann schließlich zu einer Vorgehensweise zu gelangen, die das wesentlich beeinflusst, was in den anderen Phasen des System Development Life Cycles passiert.

Während der Planungsphase werden die grundsätzlichen technischen Randbedingungen des Projektes abgesteckt. Hierbei geht es nicht unbedingt um Entscheidungen für einen bestimmten Hersteller, sondern eher um Grundsatzentscheidungen, wie z.B. ob das Informationssystem auf einem zentralen Mainframe-Rechner oder einer verteilten PC-Umgebung implementiert werden soll. Ein wesentlicher Faktor, der hier auch eine Rolle spielt, ist die bisherige Systemumgebung des Unternehmens, die als Randbedingung bestimmte Entscheidungen erzwingt. Soll z.B. ein neues Informationssystem im Unternehmen eingeführt werden, so macht es sicherlich keinen Sinn, in einer von Microsoft-SQL-Servern dominierten IT-Infrastuktur einen Oracle-Datenbankserver installieren zu wollen. Das Unternehmen hat bisher viel Geld in diese Infrastruktur und die Ausbildung der Systemadministratoren gesteckt. Diese Investition muss natürlich auch berücksichtigt werden. Würde in dieser Umgebung ein Oracle-Datenbankserver installiert, so würde dieser zwingend weitere Investitionen (z.B. in Mitarbeiterschulung) nach sich ziehen.

Ein weiterer wichtiger Punkt, der auch in der Planungsphase bedacht werden muss, ist eine Wirtschaftlichkeitsbetrachtung. Es macht keinen Sinn, ein Problem, dessen Lösung dem Unternehmen Tausend Euro spart, mit einer Lösung in den Griff zu kriegen, die eine Million Euro kostet.

7.1.2 Analyse

An die Planungsphase schließt sich die Analysephase an. In dieser Phase werden die Probleme, die während der Planungsphase angesprochen wurden, näher betrachtet und Möglichkeiten erarbeitet, diese Probleme zu lösen. Während der Fokus in der Planungsphase eher auf grundsätzlichen Problemen lag, also auf der

Machbarkeit des Informationssystems als Ganzem, so liegt der Fokus in der Analysephase eher auf untergeordneten, technischen Problemen.

Ein weiterer sehr wichtiger Punkt, der während der Analysephase beachtet werden muss, ist die Analyse sowohl der Endnutzerbedürfnisse wie auch eine Analyse der Unternehmensziele. Es ist sehr wichtig, die Anforderungen der Endanwender zu kennen, also der Personen, die mit dem Informationssystem letztendlich arbeiten sollen. Was nützt das tollste Informationssystem, wenn sich die Anwender, aus welchen Gründen auch immer, weigern, damit zu arbeiten, und insgesamt die Akzeptanz für das neue System im Unternehmen fehlt. Daher ist es für den Systemanalysten sehr wichtig, in dieser Phase eng mit den Endanwendern zusammenzuarbeiten und sich über deren Bedürfnisse klar zu werden. Die Akzeptanz eines Systems, bei dem der Anwender an der Entwicklung aktiv mitgearbeitet hat, ist meist wesentlich höher, als wenn einfach ein System vorgesetzt wird.

Die Unternehmensleitung hat zwar das große Gesamtbild des Unternehmens im Auge, weiß aber meist gar nicht so genau, wie vor Ort gearbeitet wird, und hat deswegen unter Umständen auch falsche Vorstellungen davon, welche Bedürfnisse die Endanwender des Systems haben. Nachdem Sie nun wissen, was die Endanwender vom Informationssystem erwarten und wie die Unternehmensziele aussehen, die hinter dem Informationssystem stehen, müssen Sie diese nun miteinander abgleichen und sehen, ob es irgendwo zu Widersprüchen kommt. Ist das der Fall, so müssen Sie die Unternehmensleitung auf diese Widersprüche hinweisen und darum bitten, dass sie unternehmensintern beseitigt werden.

Als Nächstes muss die existierende Hard- und Software untersucht werden und es muss überprüft werden, ob die aktuell vorhandenen Ressourcen überhaupt die Anforderungen erfüllen können, die das neue System stellt. Es ist insbesondere wichtig, nicht nur die Datenbankserver zu betrachten, sondern auch, ob die Arbeitsstationen, mit denen die Mitarbeiter auf das neue Informationssystem zugreifen sollen, den Anforderungen entsprechen.

Aus all diesen gewonnenen Erkenntnissen muss eine logische Systemarchitektur entwickelt werden. Wichtige Teile dieser logischen Systemarchitektur stellen das konzeptuelle Datenmodell, die Eingabe, Verarbeitung und die zu erwartenden Ergebnisse dar. Gebräuchliche Techniken für die Erstellung einer logischen Systemarchitektur sind Flussdiagramme, HIPO-Diagramme (Hierachical Input Process Output) und natürlich ER-Diagramme. Wie Sie sich also bereits gedacht haben, fällt die Datenmodellierung in diese Phase des System Development Life Cycles. In der Analysephase werden die Entitäten samt ihrer Attribute und natürlich auch die Beziehungen zwischen den Entitäten festgelegt.

Das Ergebnis der Analysephase sollte ein Bericht sein, der die funktionalen Gebiete des Informationssystems innerhalb des Unternehmens aufzeigt. Des Weiteren sollten existierende und potenzielle Probleme erläutert und mögliche Lösungswege aufgezeigt werden. Wurde das Informationssystem in dieser Phase bereits in Module aufgeteilt, ist es wichtig, dass der Bericht eine Auflistung dieser System-komponenten und ihres Funktionsumfangs enthält. Außerdem sollten alle vom System durchzuführenden Datentransformationen beschrieben und dokumentiert werden. Hierzu haben sich Datenflussdiagramme (DFDs) als recht nützlich erwie-sen. Sind die Datentransformationen bekannt, so können diese mit dem konzepti-onellen Datenmodell verglichen werden und ggf. können hier noch bestehende Inkonsistenzen behoben werden. Insgesamt sollte der Bericht dazu dienen, zu einem besseren Verständnis der Funktionalität und der Einbettung des Informati-onssystems ins Unternehmen beizutragen.

7.1.3 System-Design

In der Phase des System-Designs werden die Ergebnisse der Analysephase aufge-griffen und weiter verfeinert. Hier werden unter anderem auch die technischen Spezifikationen für die Bedienoberfläche der Datenbankanwendung bzw. des Informationssystems festgelegt. Es wird spezifiziert, wie genau Fenster, Menüs, Berichte und alle anderen Dinge auszusehen haben, die dazu beitragen, ein mög-lichst effizientes Informationssystem zu entwickeln.

Ein weiterer wichtiger Punkt, der auch in die Phase des System-Designs fällt, ist es, sich über den Migrationsweg vom alten zum neuen System Gedanken zu machen, wenn es sich beim Informationssystem nicht um eine komplette Neuentwicklung handelt. Es ist wichtig zu klären, wie die Daten aus dem alten in das neue System übernommen werden sollen und welche Transformationen hierbei unter Umstän-den zu erfolgen haben. In der Regel werden sich das alte und das neue System im internen Datenmodell erheblich unterscheiden, so dass genaue Transformations-vorschriften erarbeitet werden müssen, die vorschreiben, welche Daten aus dem alten System an welchen Platz im neuen System übernommen werden sollen. Des Weiteren ist zu planen, wie genau die Migration vonstatten gehen soll. In unserer heutigen Zeit ist es meist nicht mehr einfach möglich, ein Informationssystem aus-zuschalten, ohne den Geschäftsablauf in einem Unternehmen nachhaltig zu beein-flussen. Es muss also geklärt werden, wann genau die Migration stattfinden soll (z.B. am Wochenende oder nachts) und ob die beiden Informationssysteme für einen gewissen Zeitraum parallel laufen sollen. Wichtig ist auch, einen Notfallplan zu erarbeiten, so dass man im schlimmsten aller Fälle gerüstet ist und immer auf den Stand vor den Migrationsbemühungen zurückkehren kann.

Da die am Projekt Beteiligten in dieser Phase bereits eine recht genaue Vorstellung vom Informationssystem erhalten haben, ist es nun auch an der Zeit zu sehen, wel-ches Know-how zur Implementierung des Systems benötigt wird und ob dieses Know-how firmenintern (z.B. durch Schulungen) erworben werden kann oder ob externe Spezialisten eingekauft werden müssen. Bereits in dieser Phase sollte man auch planen, wie die Anwender auf das neue Informationssystem geschult werden.

Da der Funktionsumfang des Informationssystems nun recht detailliert bekannt ist, kann jetzt auch ein Testplan aufgestellt werden. Hierbei wird spezifiziert, was getestet werden soll, wie dieser Test auszusehen hat und was das gewünschte Ergebnis des Tests ist. Möglicherweise macht es auch schon Sinn, sich über die Testdaten Gedanken zu machen und zu entscheiden, ob künstliche Testdaten erzeugt werden sollen oder ob man auf die Produktivdaten des Altsystems zurückgreifen kann.

Ein weiterer wichtiger Punkt, der auch in die System-Design-Phase fällt, ist die Aufstellung von Kodier- und Dokumentationsrichtlinien, sofern diese nicht bereits im Unternehmen vorhanden sind. Kodier- und Dokumentationsrichtlinien legen z.B. Namenskonventionen und den Stil der internen Programmdokumentation fest.

Wichtig für alle Phasen ist natürlich eine gewissenhafte Abstimmung mit dem Management, da nur das Management entscheiden kann, ob das Projekt fortgeführt werden soll oder nicht.

7.1.4 Implementierung

Nachdem das System-Design so weit abgeschlossen ist, gilt es nun, das in der Systemdokumentation beschriebene Informationssystem zu implementieren. Hierbei wird zunächst die benötigte Hard- und Software wie beispielsweise das DBMS installiert. Auf dem DBMS wird dann das Datenmodell implementiert. Hierbei ist darauf zu achten, dass der Implementierungsprozess reproduzierbar bleibt, das heißt, wenn wirklich größere Katastrophen passieren, sollte es kein Problem sein, die Datenbank wieder neu zu errichten.

Aus meiner eigenen Erfahrung kann ich sagen, dass sich eine Kombination aus SQL-Scripts und Datenbank-Backups als sehr nützlich erwiesen hat. Die SQL-Scripts sollten so geschrieben sein, dass sie das komplette Datenmodell auf einem neu installierten Datenbankserver mehr oder weniger automatisch einrichten können. Die Datenbank-Backups dienen dazu, einen Schnappschuss der Datenbank festzuhalten. Oft nützt es ja nichts, wenn man anhand der SQL-Scripts eine leere Datenbank erzeugen kann, sondern für die Tests des Systems benötigt man natürlich auch Daten. Beim Aufsetzen des Produktivsystems leisten die SQL-Scripts auch wertvolle Hilfen.

In der Implementierungsphase findet ein Zyklus aus Kodieren, Testen und Debuggen statt. Als Faustregel sagt man, dass Implementierung und Test des Informationssystems ca. 60% der gesamten Entwicklungszeit ausmachen sollten. Durch moderne Entwicklungsumgebungen und Datenbanktools kann man die Entwicklungszeit jedoch stark reduzieren. Verwendet man z.B. während der System-Design-Phase Datenbankmodellierungstools wie z.B. Visio, so können diese dem Entwickler oft einen beträchtlichen Teil der Arbeit abnehmen und z.B. SQL-Scripts selbst erzeugen.

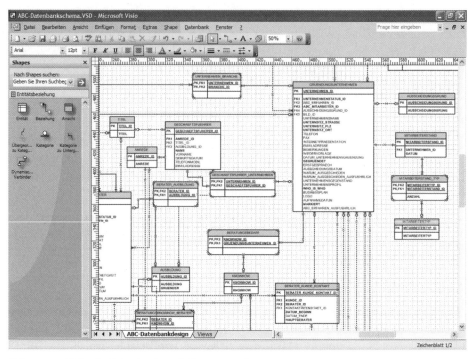

Abb. 7.3: Visio als Datenbankmodellierungstool

Wurde das System in der Testumgebung des Entwicklungslabors erfolgreich implementiert und anhand der in der Designphase entwickelten Testpläne erfolgreich getestet, geht es an den so genannten *Rollout*. Hierbei wird das Informationssystem in der Produktivumgebung installiert und den Endanwendern zur Verfügung gestellt. Das soll natürlich nicht bedeuten, dass die Endanwender das System erst zu diesem Zeitpunkt zu Gesicht bekommen. Sinnvoll ist es, während der Implementierung Rücksprache mit den Endanwendern zu halten und diesen Zwischenergebnisse zu präsentieren, damit man sicherstellen kann, dass sich das Projekt auch in die richtige Richtung entwickelt. Üblicherweise wird das in der Produktivumgebung installierte System dann noch angepasst, indem bestimmte Tabellen oder Views angelegt werden und die Berechtigungen für die einzelnen Datenbankbenutzer eingerichtet werden. Bevor das Informationssystem in den Produktivbetrieb gehen kann, müssen natürlich noch die Daten aus dem Altsystem übernommen werden, das heißt, der in der System-Design-Phase entwickelte Migrationsprozess muss in die Tat umgesetzt werden.

Einer der letzten Schritte der Implementierungsphase ist die Erstellung der Endanwender-Dokumentation und die Schulung der Mitarbeiter. Am Ende der Implementierungsphase läuft das Informationssystem im Produktivbetrieb.

7.1.5 Wartung

Nachdem das Informationssystem erfolgreich seine Arbeit aufgenommen hat, tritt der System Development Life Cycle in die Wartungsphase ein. Die Wartungsphase kann in zwei grobe Bereiche unterteilt werden, die *operative Wartung* und die *strukturelle Wartung*. Bei der operativen Wartung des Systems geht es im Prinzip einfach nur darum, das Informationssystem am Laufen zu halten. Es muss z.B. regelmäßig überprüft werden, ob genügend Festplattenspeicher zur Verfügung steht, ob die Antwortzeiten des Systems noch im akzeptablen Bereich liegen, ob die Sicherheit des Systems weiterhin gewährleistet werden kann usw. Neben diesen Wartungsaufgaben kommen weitere administrative Aufgaben wie z.B. das Anlegen neuer Benutzer hinzu.

Bei der strukturellen Wartung werden Bestandteile des Informationssystems selbst überarbeitet. Sobald Sie ein Informationssystem einer größeren Anzahl an Anwendern zur Verfügung gestellt haben, werden unweigerlich Änderungswünsche an Sie herangetragen. Es müssen Fehler behoben werden, die während der Implementierungsphase übersehen worden sind. Des Weiteren muss das System unter Umständen an sich ändernde Rahmenbedingungen, die durch die Politik oder den Markt verursacht werden, angepasst werden oder es werden Wünsche zur Erweiterung des Informationssystems geäußert. Besonders in den letzten beiden Fällen tritt das ganze Projekt in eine weitere Iteration des System Development Life Cycles ein. Sicherlich ist der Aufwand für die Änderungen nicht mit dem für die Konzeption des Systems vergleichbar – trotz allem sollte aber auch bei Änderungen strukturiert vorgegangen werden.

7.2 Der Datenbank-Lebenszyklus

Innerhalb des bisher beschriebenen System Development Life Cycles existiert der Datenbank-Lebenszyklus, der den Teil des Systems abdeckt, der direkt mit der Datenbank zu tun hat. Der Datenbank-Lebenszyklus besteht aus sechs Phasen, der *grundlegenden Analyse*, dem *Datenbankdesign*, der *Implementierung und dem Datenimport*, dem *Test und der Evaluierung*, dem *Betrieb* und der *Wartung und Evolution*. Diese einzelnen Phasen spielen sich untergeordnet in einigen Phasen des System Development Life Cycles ab.

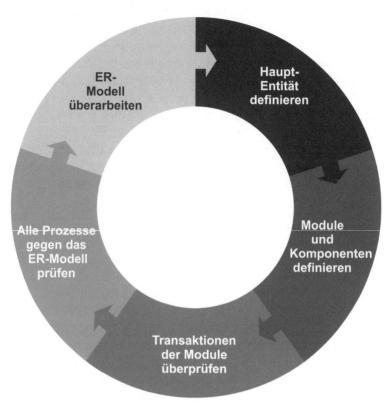

Abb. 7.4:   Der Datenbank-Lebenszyklus

7.2.1   Grundlegende Analyse

Entscheidet sich ein Unternehmen dazu, bei einem bestehenden Informationssystem einen externen Datenbankberater hinzuzuziehen, so ist meiner Erfahrung nach oft schon das Kind in den Brunnen gefallen und die Aufgabe des externen Beraters ist es, zu retten, was noch zu retten ist, und das System wieder auf den rechten Weg zu bringen. Eine der wichtigsten Aufgaben des Datenbankdesigners, der sich in dieser Situation befindet, ist es dann, sich mit Hilfe einer grundlegenden Analyse zunächst mal ein möglichst vollständiges Bild vom Unternehmen und dessen Problemen zu machen und so einen Überblick zu gewinnen. Erst wenn der Datenbankdesigner weiß, wo beim existierenden System die Probleme auftreten, kann er wirkungsvolle Gegenmaßnahmen entwickeln.

Auch wenn es darum geht, ein komplett neues System zu entwickeln, spielt die grundlegende Analyse eine Schlüsselrolle und entscheidet nicht selten über Erfolg und Niederlage eines Projektes. Erst wenn die Struktur einer Organisation vollständig verstanden ist, kann auch ein performantes Informationssystem entwickelt werden, das diese Organisationsstruktur optimal unterstützt.

Um die für die grundlegende Analyse notwendigen Informationen zu erhalten und ein tieferes Verständnis der zu lösenden Aufgabe zu entwickeln, muss der Datenbankdesigner mit allen Personen sprechen, die im Unternehmen an dem Projekt beteiligt sind. Dies umfasst sowohl die Geschäftsführung als auch die Endanwender. Obwohl Datenbankdesign ein sehr technisches Gebiet ist, ist der Datenbankdesigner in dieser Projektphase als kompetenter Gesprächspartner (und vor allem als Zuhörer!) gefragt. Daher muss man als Datenbankdesigner neben den zweifellos notwendigen technischen Voraussetzungen auch über die notwendigen Soft-Skills verfügen, d.h. er muss eine große soziale Kompetenz aufweisen. Soft-Skills kommen sowohl nach außen, also in der Kommunikation mit den Mitarbeitern des Unternehmens, als auch nach innen zum Einsatz, wenn bei komplexeren Projekten ein Team von Datenbankspezialisten koordiniert werden muss.

Die grundlegende Analyse lässt sich weiter in verschiedene Schritte unterteilen. Zunächst muss die Situation des Unternehmens analysiert und grundlegende Informationsflüsse aufgedeckt werden. Nachdem dies geschehen ist, müssen die vorhandenen Probleme und Beschränkungen definiert werden. Aus den so gewonnenen Informationen kann dann eine Spezifikation des Datenbanksystems erzeugt werden.

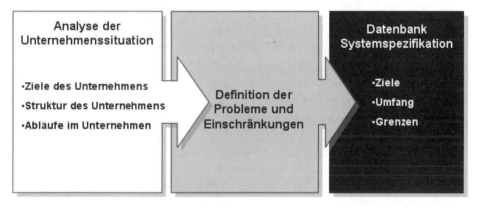

Abb. 7.5: Aktivitäten bei der grundlegenden Analyse

Situation des Unternehmens analysieren

Bevor Sie sich darangeben können, Pläne dafür zu erstellen, was das Datenbanksystem können soll, müssen Sie zunächst damit beginnen, die aktuelle Situation zu untersuchen, in der sich das Unternehmen und ggf. das Informationssystem befinden. Was nützt die beste Datenbank-Systemspezifikation, wenn diese nichts mit der Realität zu tun hat? Analyse bedeutet in diesem Zusammenhang, das, was bereits existiert, in seine Einzelteile zu zerlegen und diese genau zu untersuchen. Es geht darum zu erfassen, welche operationalen Komponenten es im Unternehmen gibt, wie diese miteinander verbunden sind und wie diese untereinander interagieren. Des Weiteren ist es sehr wichtig, einen Blick auf das Umfeld zu werfen, in dem das Unternehmen tätig ist, um seine Aufgabe und Vision zu erfassen und den Kontext zu begreifen, in dem es am Markt tätig ist. Es ist wichtig, diese externen Faktoren zu kennen, weil diese das Unternehmen und letztendlich auch das Datenbanksystem, das vom Unternehmen betrieben wird, entscheidend beeinflussen. Die Datenbank existiert nicht unabhängig von allen anderen Dingen, sondern wird in diesem Kontext eingesetzt.

Eine andere wichtige Frage, die es zu klären gilt, ist, wie das Unternehmen strukturiert ist, für das die Datenbank entwickelt wird. Es ist wichtig zu wissen, wer welche Daten sehen soll, welcher Bericht für wen wichtig ist und in welcher Form der jeweilige Mitarbeiter am meisten mit den Informationen anfangen kann. Für die Durchführung des Projektes ist es ferner wichtig zu wissen, welcher Mitarbeiter welche Entscheidungen treffen kann. Da das Datenbanksystem die Abläufe im Unternehmen unterstützen soll, ist es weiterhin wichtig, die internen Informationsflüsse zu kennen, da diese ja auch direkten Einfluss auf das Datenbanksystem besitzen (wenn sie nicht ohnehin komplett davon abgebildet werden sollen).

Probleme und Beschränkungen definieren

Nachdem der Datenbankdesigner nach der ersten Stufe zunächst grundlegende Informationen über das Unternehmen und die angestrebte Lösung erhalten hat, geht es in dieser Phase nun darum, das eigentliche Problem näher zu spezifizieren. Existiert das Unternehmen bereits einige Zeit am Markt, so haben sich bereits gewisse Informationssysteme herausgebildet. Diese können entweder elektronische Form besitzen oder aber manuell mit Hilfe von Unterlagen funktionieren. Unabhängig davon, ob es sich bereits um eine digitale Form der Informationsverarbeitung handelt oder nicht, ist es für den Datenbankdesigner zunächst einmal wichtig, die vorhandenen Informationssysteme sehr genau zu studieren und zu verstehen. Dabei ist es wichtig zu analysieren, welche Eingaben in die Informationssysteme fließen und welche Dokumente oder Berichte basierend auf diesen Eingaben erzeugt werden. Des Weiteren ist es auch wichtig, sich einmal anzusehen, was mit den erzeugten Dokumenten dann passiert. Wer bekommt diese Dokumente? Was stellt dieser damit an?

In Unternehmen gibt es üblicherweise zwei Arbeitsabläufe. Zum einen den vom Management propagierten Arbeitsablauf, der festlegt, wie die Dinge innerhalb des Unternehmens gehandhabt werden sollen. Über die Zeit bildet sich aber meistens ein zweiter, inoffizieller Arbeitsablauf aus, das heißt, dass die Endanwender oft von dem vom Management vorgegebenen Pfad aus praktischen Erwägungen heraus abweichen. In den allermeisten Fällen funktioniert dies auch recht problemlos. Aufgabe des Datenbankdesigners ist es an dieser Stelle, die beiden Arbeitsabläufe herauszuarbeiten und miteinander zu vergleichen, damit er sowohl auf die Bedürfnisse der Manager als auch auf die Bedürfnisse der Endanwender eingehen kann.

Beginnt man mit der Analyse des eigentlichen Problems, so bekommt man meist am Anfang recht allgemeine Problembeschreibungen zu hören, da sowohl die Manager als auch die Endanwender den großen Zusammenhang gar nicht kennen und daher auch nicht in der Lage sind, diesen bzw. die Probleme, die sich daraus ergeben, adäquat zu beschreiben. Des Weiteren unterscheidet sich die Sicht der Unternehmensleitung meist sehr von der Sicht einzelner Angestellter, die bestimmte Routineaufgaben erledigen. Aufgabe des Datenbankdesigners ist es an dieser Stelle, die allgemeine Problembeschreibung durch Gespräche mit allen Beteiligten weiter zu konkretisieren und so dem eigentlichen Problem und dessen Ursachen auf die Schliche zu kommen.

Spezielles Augenmerk sollte der Datenbankdesigner auch auf das Zusammenspiel der einzelnen Geschäftsbereiche und Abteilungen untereinander legen. Wird dies nicht beachtet, so wird im schlimmsten denkbaren Fall ein Informationssystem entwickelt, das die Probleme der einen Abteilung löst, dafür die Probleme einer anderen Abteilung weiter verschlimmert. Ein solches System stellt natürlich keine ganzheitliche Lösung zur Erreichung der Unternehmensziele dar.

Selbst wenn alle Eventualitäten berücksichtigt sind, der Datenbankdesigner ein perfektes Bild vom Unternehmen und den vorhandenen Problemen hat und eine vollständige Problemdefinition aufgestellt hat, gibt es weitere Beschränkungen, die verhindern können, dass eine perfekte Lösung implementiert werden kann. Diese Beschränkungen werden hauptsächlich durch Faktoren wie Zeit, Finanzen oder Personalkapazität aufgestellt. Eine perfekte, aber unbezahlbare Lösung ist keine wirkliche Lösung. Daher muss der Datenbankdesigner auch in der Lage sein, die perfekte Lösung aufgrund der vorhandenen Möglichkeiten zu evaluieren und unter Umständen Abstriche zu machen und eine Lösung zu wählen, die zwar nicht perfekt ist, aber die im Rahmen der Möglichkeiten liegt und zumindest die Hauptaspekte des Problems lösen kann.

Ziele definieren

Als Nächstes ist es wichtig, aufgrund der in den beiden vorhergehenden Schritten gemachten Beobachtungen die Ziele des Datenbanksystems zu definieren. Es ist wichtig, dass das Datenbanksystem in der Lage ist, die grundsätzlichen Probleme zu lösen, die in den beiden vorhergehenden Phasen identifiziert worden sind. Hierbei sollte sich der Datenbankdesigner nicht ausschließlich auf die Probleme selbst konzentrieren, sondern vielmehr versuchen, die Quellen, die die Probleme verursachen, ausfindig zu machen, und dort mit der Lösung ansetzen. Viele Datenbankprojekte sind schon gescheitert, weil bei der Lösung nicht die eigentlichen Problemquellen behandelt worden sind, sondern nur die Symptome. Ein Ziel der grundlegenden Analyse sollte es auf jeden Fall auch sein, Lösungen für die erkannten Probleme aufzuzeigen. Lösungen lassen sich natürlich dann besonders effektiv finden, wenn die Quellen bekannt sind, die die Probleme verursachen. Der Datenbankdesigner muss diese vorgeschlagenen Lösungen als Ziele für das Datenbanksystem definieren und sicherstellen, dass diese Ziele auch mit den übergeordneten Unternehmenszielen übereinstimmen. Hierbei ist zu bedenken, was das eigentliche Ziel des Datenbanksystems sein soll, das heißt, welche Aufgabe das System erfüllen oder vereinfachen soll. Des Weiteren muss überlegt werden, wie das System mit bereits existierenden oder zukünftigen Systemen interagieren soll, und hierfür müssen Schnittstellen geschaffen werden. Je besser und flexibler diese Schnittstellen sind, umso mehr Investitionssicherheit gewinnt der Kunde, da vernünftige Schnittstellen sicherstellen, dass das System auch in der Zukunft an neue Informationssysteme angebunden werden kann. Ein weiterer wichtiger Punkt, der bedacht werden muss, ist, inwiefern das zu entwickelnde Datenbanksystem sich Daten mit anderen Systemen oder anderen Anwendern teilt und wie dies vernünftig koordiniert werden kann, damit es ausgeschlossen werden kann, dass über das Teilen von Daten Inkonsistenzen in die Datenbank eingebracht werden.

Umfang und Grenzen definieren

Bei der Entwicklung eines Datenbanksystems ist der Datenbankdesigner verschiedenen Randbedingungen unterworfen. Diese lassen sich einerseits als Umfang und andererseits als externe Grenzen definieren.

Der Umfang des Projektes bestimmt die operationalen Grenzen des Datenbanksystems, das heißt, wo genau das System eingesetzt wird. Wird es nur in einer einzelnen Abteilung eingesetzt oder verwenden verschiedene Abteilungen das System? Wird es innerhalb der Abteilungen für eine oder für mehrere Aufgaben eingesetzt? Wie wird es eingesetzt? All diese Fragen stecken sozusagen den Umfang des Datenbanksystems innerhalb des Unternehmens ab. Die Antworten auf diese Fragen haben entscheidende Auswirkungen auf das Design des Datenmodells und der in ihm enthaltenen Entitäten samt Attributen und Beziehungen. Außerdem kann man, wenn man erst einmal den Umfang des Datenbanksystems festgelegt hat, auch damit beginnen, Schätzungen über die zu erwartende Datenmenge zu tätigen. Ein unternehmensweit genutztes Datenbanksystem wird sicherlich eine wesentlich größere Datenmenge zu bewältigen haben als ein Datenbanksystem, das nur intern in einer einzigen Abteilung genutzt wird.

Neben dem Umfang werden durch externe Beschränkungen weitere Grenzen aufgestellt. So sind Datenbankprojekte in der Regel an Zeit- und Budgetvorgaben gebunden, die nicht überschritten werden dürfen. Des Weiteren gibt es auch oft Beschränkungen bzgl. der zu verwendenden Hard- und Software. Oft müssen Datenbanksysteme auf bereits vorhandener Hardware implementiert werden oder es müssen bestimmte Datenbankmanagement-Systeme eingesetzt werden, die im Unternehmen bereits verwendet werden oder die durch die Unternehmenspolitik zwingend vorgeschrieben sind.

Der Umfang und die externen Grenzen legen im Prinzip das Spielfeld fest, auf dem sich der Datenbankdesigner bewegen kann. Die fordernde Aufgabe, der sich der Datenbankdesigner nun zu stellen hat, ist es, innerhalb dieser Grenzen das bestmögliche Datenmodell zu entwickeln.

7.2.2 Datenbankdesign

Der nächste Schritt des Datenbank-Lebenszyklus ist der kritischste Schritt überhaupt, das Datenbankdesign. In dieser Phase wird das Datenmodell festgelegt, das darüber entscheidet, ob das Datenbanksystem die Anforderungen und Erwartungen erfüllen kann, die Geschäftsführung und Endanwender in es setzen, oder nicht. Alle weiteren Schritte bauen auf dem Ergebnis dieses Schritts auf, so dass hier entschieden wird, ob das Endprodukt ein Erfolg oder ein Fehlschlag wird. Daher ist es wichtig, sich in dieser Phase auf die Charakteristika der Daten zu konzentrieren und das Datenmodell so zu entwerfen, dass es diesen Charakteristika Rechnung trägt.

Im Prinzip gibt es zwei Sichten auf das Datenmodell, das eine ist die Business-Sicht, das andere ist die Sicht des Datenbankdesigners. Diese beiden Sichten unterscheiden sich hauptsächlich durch den Betrachtungswinkel. In der Business-Sicht spielen die Informationen, die aus dem Datenbanksystem gewonnen werden sollen, die Hauptrolle, während sich die Datenbankdesigner-Sicht hauptsächlich mit den zu erfassenden Daten beschäftigt. Die Business-Sicht ist eher am eigentlichen Problem orientiert, während sich die Datenbankdesigner-Sicht mit den technischen Gegebenheiten und Erfordernissen des Datenbanksystems auseinander setzt. Natürlich ist die Sicht des Datenbankdesigners nicht ausschließlich auf die Daten fokussiert, da der Datenbankdesigner auch dafür Sorge tragen muss, dass die in der Business-Sicht benötigten Informationen aus den Daten gewonnen werden können und die dafür benötigten Transformationen zur Verfügung stellen muss.

Während der Erstellung des Datenbankdesigns sollten Sie stets bedenken, dass die Entwicklung des Datenbanksystems stets in den größeren Kontext der Entwicklung eines Informationssystems eingebunden und lose mit diesem gekoppelt ist. Obwohl Systemanalytiker und Programmierer für die anderen Teile des Informationssystems verantwortlich sind, die nicht direkt mit der Datenbank zu tun haben, sollten Sie trotz allem bedenken, dass viele der Entscheidungen, die beim Datenbankdesign getroffen werden, direkte Auswirkungen auf die Arbeit dieser Gruppen haben. Daher ist es wichtig, dass zwischen den Datenbankdesignern und den anderen am Projekt beteiligten Entwicklern ein stetiger Informations- und Kommunikationsfluss stattfindet. Nur so kann verhindert werden, dass die einzelnen Teile am Ende kein gemeinsames Ganzes bilden. Genau wie der System Development Life Cycle ist auch der Datenbank-Lebenszyklus kein sequenzieller, sondern ein iterativer Prozess, dessen einzelne Phasen Auswirkungen aufeinander haben, so dass es ein ständiges Feedback zwischen den einzelnen Phasen gibt.

Die Datenbankdesign-Phase kann in vier Unterbereiche untergliedert werden, das *konzeptionelle Design*, die *Auswahl des DBMS*, das *logische Design* und das *physikalische Design*.

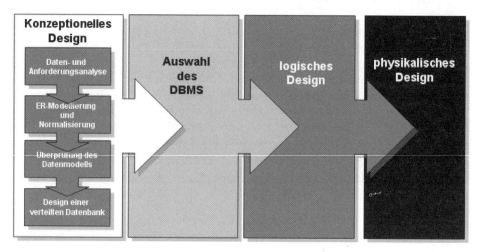

Abb. 7.6:   Vorgehensweise beim Datenbankdesign

Konzeptionelles Design

Am Anfang des Datenbankdesigns steht natürlich die Erstellung des konzeptionellen Modells. Es wird ein Datenmodell erstellt, das die wirkliche Welt möglichst genau abbilden soll, damit die daraus resultierende Datenbank die Geschäftsprozesse des Unternehmens optimal unterstützen kann. Die eigentliche Realisierung der Datenbank tritt in dieser Phase in den Hintergrund, das heißt, hier ist völlig uninteressant, auf welcher Hardware das System realisiert werden soll oder welches RDBMS bei der Realisation zum Einsatz kommt. Der Vorteil dieser Vorgehensmethode ist der, dass Sie sich auf dieser Stufe noch nicht festlegen und dass das resultierende Datenmodell plattformunabhängig ist. Wichtig ist, dass einerseits genau die Anforderungen an das Datenmodell realisiert werden, die für die aktuelle Anwendung notwendig sind, das heißt, es müssen alle Daten enthalten sein, die benötigt werden. Auf der anderen Seite muss das Datenmodell aber so flexibel sein, dass es für zukünftige Anforderungen leicht erweitert werden kann. Das konzeptionelle Design wiederum ist, wie Sie in Abbildung 7.6 sehen können, in vier Schritte aufgeteilt: die *Daten- und Anforderungsanalyse*, die *ER-Modellierung und Normalisierung*, die *Überprüfung des Datenmodells* und eventuell das *Design einer verteilten Datenbank*.

Daten- und Anforderungsanalyse   Der erste und wichtigste Schritt bei der Erstellung des konzeptionellen Modells ist die Daten- und Anforderungsanalyse, da hier festgelegt wird, was überhaupt benötigt wird. Das Ergebnis der Daten- und Anforderungsanalyse wird dann in den nächsten Schritten weiterverarbeitet.

Das Ziel der Daten- und Anforderungsanalyse ist es, die Datenelemente zu identifizieren, die im Datenmodell enthalten sein werden. Hierbei muss sich der Datenbankdesigner auf den Informationsbedarf des Unternehmens und der Endanwender konzentrieren, das heißt, es muss die Frage geklärt werden, welche Informationen das System liefern soll. Hierbei ist es auch wichtig zu verstehen, wozu diese Informationen benötigt werden und welche Informationen vom Datenbanksystem abgeleitet werden müssen, das heißt, welche Informationen explizit aus den Daten extrahiert werden sollen. Um diese Frage zu klären, muss zunächst auch festgestellt werden, welche Informationen überhaupt vorhanden sind und auf welchen von diesen Informationen aufgebaut werden kann. Ist es unter Umständen vielleicht sogar möglich, Informationen von externen Quellen zu beziehen und wenn ja, wie glaubwürdig sind diese Informationen und welche Qualität besitzen sie?

Des Weiteren ist es wichtig zu ermitteln, wer die Informationen verwendet, die vom Datenbanksystem zurückgeliefert werden sollen, und vor allem, wozu er diese Informationen verwendet und in welchem Format die Informationen bereitgehalten werden sollen. Gibt es bestimmte Anforderungen der Endanwender an die zurückgelieferten Informationen oder gibt es womöglich gesetzliche Bestimmungen?

Natürlich spielt das Ergebnis des Datenbanksystems eine wichtige Rolle, also die Informationen, die an die Endbenutzer zurückgeliefert werden. Es ist aber auch wichtig zu wissen, woher die Eingabedaten des Datenbanksystems kommen. Das beste Datenbanksystem mit dem komplexesten Datenmodell nützt überhaupt nichts, wenn die Eingabedaten falsch oder unvollständig sind. Daher ist es auch wichtig, sich mit den Datenquellen zu beschäftigen. Werden die Daten manuell erfasst, so muss der Erfassungsprozess überprüft und gegebenenfalls verbessert werden. Liegen die Eingabedaten bereits in einem digitalen Format vor, so muss überprüft werden, welche Qualität die Daten besitzen, also ob es z.B. fehlerhafte oder unvollständige Datensätze gibt oder ob das Datenformat konsistent ist. Außerdem muss natürlich auch überprüft werden, in welchem Format die Daten überhaupt vorliegen, damit entsprechende Routinen zum Datenimport erstellt werden können.

Sind diese grundsätzlichen Fragen zum Umfeld der Datenbank geklärt, ist es nun wichtig, sich einmal mit den Daten zu beschäftigen, die in der Datenbank gespeichert werden sollen. Hierbei muss geklärt werden, welche Datenelemente mit welchen Attributen gespeichert werden sollen und welche Beziehungen zwischen diesen Datenelementen bestehen. Neben diesen strukturellen Eigenschaften der Daten ist es aber auch wichtig, etwas über die zu erwartende Datenmenge und die Anzahl und Häufigkeit der Zugriffe zu erfahren. Diese Informationen sind besonders für die Auslegung der Hardware und des physikalischen Designs der Datenbank wichtig. Zu guter Letzt ist es wichtig zu wissen, welche Transformationen benötigt werden, um aus den Daten die gewünschten Informationen zu erzeugen.

Um an die Antworten zu all diesen wichtigen Fragestellungen zu kommen, gibt es verschiedene Methoden. Zunächst einmal kann man zusammen mit den Endbenutzern die geforderten Berichte und gewünschten Ergebnisse der Datenbank entwickeln. Der Vorteil bei einer engen Zusammenarbeit mit den Endanwendern liegt darin, dass man eine sehr genaue Vorstellung davon bekommt, was der Endanwender gerne als Ergebnis aus dem Datenbanksystem erhalten möchte. Hat man das Ergebnis komplett durchstrukturiert, so kann man meist schon von diesem Ergebnis auf die zu speichernden Daten rückschließen.

Eine andere sehr verbreitete Methode, um an die gewünschten Informationen über das zu erstellende Datenbanksystem zu gelangen, ist es, wenn bereits ein Informationssystem im Unternehmen vorhanden ist, dieses genau zu analysieren und sowohl die Eingaben als auch die Ausgaben zu untersuchen, die das vorhandene System liefert. Hier muss dann auch festgestellt werden, inwieweit sich die existierenden Ausgaben von den gewünschten Ausgaben unterscheiden, um diese Unterschiede im Designprozess zu berücksichtigen. Die Untersuchung eines vorhandenen Systems erleichtert die Aufgabe des Datenbankdesigners meist erheblich, da auf diesem Wege viele Informationen über die Art und Menge der zu verwaltenden Daten gesammelt werden können.

Da der Datenbank-Lebenszyklus meist in einen übergeordneten Information System Life Cycle eingebettet ist, ist es natürlich auch wichtig, dass der Datenbankdesigner in dieser Phase eng mit den Systemarchitekten des Informationssystems zusammenarbeitet, damit am Ende auch die Daten bzw. Informationen an das Informationssystem geliefert werden können, die dort benötigt werden.

Damit ein effizientes und effektives Datenmodell erstellt werden kann, muss der Datenbankdesigner ein sehr tief greifendes Verständnis des Unternehmens und der im Unternehmen vorhandenen Arbeitsabläufe gewinnen. Ein derartiges umfassendes Verständnis kann am besten durch das Aufstellen von Geschäftsregeln erzielt werden. Bei *Geschäftsregeln* handelt es sich um einfach formulierte Regeln, die einen Prozess, ein Prinzip oder einen Vorgang im Unternehmen beschreiben. Einfache Geschäftsregeln für Alana Business Consult könnten z.B. sein:

- Ein oder mehrere Berater beraten einen Kunden.

- Es wird auf Stundenbasis abgerechnet.

- Ein Berater berät mehrere Kunden.

- Ein Berater hat eine bestimmte Funktion, wie z.B. IT-Berater oder Finanzberater.

Diese Geschäftsregeln werden aus der Beschreibung abgeleitet, wie ein Unternehmen funktioniert. Um diese Beschreibung zu erhalten, muss der Datenbankdesigner mit vielen Personen von der Geschäftsleitung bis hin zum Endanwender im

Unternehmen sprechen. Wichtig ist, dass man meist am einfachsten an solche Geschäftsregeln kommt, wenn man mit den Endanwendern spricht, es ist aber von essenzieller Bedeutung, die Geschäftsregeln, die sich durch die Gespräche mit den Endanwendern ergeben, zu hinterfragen und zu überprüfen. Oft kennen die Endanwender nur ihren eigenen, eingeschränkten Bereich und wissen über die Zusammenhänge auf höheren Ebenen nicht Bescheid. Des Weiteren sollte man auch die Dokumentation von im Unternehmen vorhandenen Prozessen, Standards usw. studieren, sofern hierzu Unterlagen vorhanden sind.

Nachdem die Geschäftsregeln in möglichst einfacher Sprache aufgestellt wurden, ist es wichtig, diese Regeln im ganzen Unternehmen auf möglichst breiter Basis zu verteilen, damit alle sie kennen und unter Umständen Einspruch erheben können, wenn etwas falsch dargestellt ist. Werden beim Aufstellen der Geschäftsregeln widersprüchliche Regeln entdeckt, so sind diese meist das Ergebnis von Struktur- oder Managementproblemen. Hier kann der Datenbankdesigner nichts weiter tun, als diese Widersprüche aufzuzeigen und darauf zu hoffen, dass die Probleme unternehmensintern bereinigt werden.

Sind die Geschäftsregeln bekannt, so weiß der Datenbankdesigner, wie das Unternehmen funktioniert, für das er das Datenmodell erstellen soll, und kann abschätzen, wie sich diese Regeln auf die in der Datenbank gespeicherten Daten auswirken. Sind die Geschäftsregeln gut formuliert, so definieren sie die Entitäten, Attribute, Beziehungen, Konnektivitäten, Kardinalitäten und Domänen des Datenmodells. Auch die Art der Beziehung, also ob eine Beziehung notwendig oder optional ist, ergibt sich aus den Geschäftsregeln.

Neben dieser wichtigen Aufgabe, die die Geschäftsregeln für das Erstellen des Datenmodells besitzen, kann der Datenbankdesigner die Regeln auch dazu verwenden, um die Unternehmenssicht auf die Daten zu standardisieren. Darüber hinaus verschaffen die Geschäftsregeln dem Datenbankdesigner ein tiefes Verständnis der Unternehmensinterna und der Prozesse, die im Unternehmen ablaufen. Außerdem können die Geschäftsregeln zur Kommunikation mit den Mitarbeitern im Unternehmen verwendet werden. So wird gewährleistet, dass man eine gemeinsame Sprache spricht, und die Wahrscheinlichkeit für Missverständnisse wird minimiert.

ER-Modellierung und Normalisierung Nachdem die Geschäftsregeln aufgestellt worden sind und der Datenbankdesigner nun eine recht genaue Vorstellung davon hat, wie das Unternehmen intern funktioniert, ist es an der Zeit, das Entity-Relationship-Modell aufzustellen. Bevor dies jedoch gemacht werden kann, sollten Standards für die Dokumentation der Ergebnisse dieses und der folgenden Schritte aufgestellt werden. Diese Standards sind besonders dann sehr wichtig, wenn ein Datenbanksystem im Team entwickelt werden soll. Nur wenn einheitlich dokumentiert wird, ist die Gefahr gering, dass es im Projektverlauf zu Missverständnissen kommt. Probleme in der Dokumentation führen im Projektverlauf unweigerlich zu Kommunikationsproblemen innerhalb des Teams, die wiederum zu Problemen beim Datenbankentwurf oder bei der Implementierung führen. Diese Probleme können dazu führen, dass das System nicht optimal implementiert wird oder dass sogar das ganze Projekt scheitert.

Wie Sie bereits gesehen haben, führen klar definierte Geschäftsregeln fast unweigerlich zur Struktur des Datenmodells. Es gibt sogar einen Prozess dafür, wie man Geschäftsregeln in ein ER-Diagramm überführen kann.

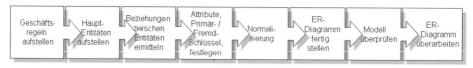

Abb. 7.7:   Überführung von Geschäftsregeln in ein ER-Diagramm

Da die Geschäftsregeln für das Datenmodell so wichtig sind, ist es eine gute Idee, diese auch mit in die Dokumentation aufzunehmen. Manche der in Abbildung 7.7 dargestellten Schritte können auch parallel durchgeführt werden. Obwohl Abbildung 7.7 suggeriert, dass es sich bei der Überführung der Geschäftsregeln in das ER-Diagramm um einen sequenziellen Prozess handelt, ist es in der Praxis oft so, dass mehrere Zyklen durchlaufen werden müssen, bevor das endgültige ER-Diagramm vorliegt, das den Anforderungen an die Datenbank genügt. Dies ist durchaus normal und ergibt sich aus der Tatsache, dass das ER-Diagramm nicht nur als Bauplan für die Datenbank verstanden werden sollte, sondern darüber hinaus vielmehr auch als Kommunikationsmittel Verwendung findet. Sie sollten das ER-Diagramm auf jeden Fall den Projektbeteiligten im Unternehmen vorlegen und fragen, ob es mit den Vorstellungen der einzelnen Personen übereinstimmt. Erst wenn alle Beteiligten mit dem Diagramm einverstanden sind, sollten Sie mit Ihrem Projekt fortfahren.

Alle in diesem Prozess entwickelten Elemente, also alle Entitäten, Attribute, Primärschlüssel und Fremdschlüssel werden im aus dem Kapitel 3 bereits bekannten Data Dictionary dokumentiert. Zur Fertigstellung dieser Phase müssen noch weiter Entscheidungen getroffen werden, wie etwa die Behandlung von 1:1-Beziehungen oder die Abbildung von mehrwertigen Attributen. Auch diese Entscheidungen sollten Sie dokumentieren. Am besten ist es, wenn Sie nicht nur die Entscheidung selbst, sondern auch den Grund für diese Entscheidung dokumentieren (und möglicherweise auch den Grund, warum man sich nicht für eine andere Alternative entschieden hat).

Zum Abschluss sollte noch eine Namenskonvention für Elemente und Objekte in der Datenbank entwickelt werden. Diese ist insbesondere bei der Arbeit im Team wichtig, damit alle Objekte gleich bezeichnet werden. Damit Sie eine vernünftige und auch durchführbare Namenskonvention erarbeiten können, müssen Sie sich auch mit der Zielplattform Ihres Datenbanksystems beschäftigen. Nicht alle denkbaren Namenskonventionen können auch mit allen RDBMS umgesetzt werden. Ältere Systeme beispielsweise können nur eine bestimmte, festgelegte Anzahl von Zeichen für Feld- oder Tabellennamen verwenden. Daher ist es notwendig, dass Sie Ihre Namenskonvention an das Zielsystem anpassen.

Überprüfung des Datenmodells Nachdem im vorhergehenden Schritt ein konzeptionelles Datenmodell entwickelt und dieses in einem ER-Diagramm erfasst wurde, ist es nun an der Zeit, das entwickelte Modell gegenüber den gewünschten Prozessen und den Anforderungen der Endanwender zu überprüfen. Die wichtige Fragestellung, die hier geklärt werden muss, ist, ob das Modell all die geplanten Funktionen und Einsatzszenarien erfüllen kann oder nicht und ob die benötigten Prozesse überhaupt mit dem Modell abgebildet werden können. Bestandteile eines wirkungsvollen Tests sollte die Überprüfung der aus der Datenbank zu generierenden Informationen und der in der Datenbank möglichen Transaktionen sein. Es muss überprüft werden, ob es mit dem Datenmodell möglich ist, die vorgeschlagenen Transformationen durchzuführen, die dann die gewünschten Informationen erzeugen. Des Weiteren muss überprüft werden, ob alle benötigten Beschränkungen gesetzt sind. Die Beschränkungen helfen dabei, fehlerhafte Daten bereits bei der Eingabe zu erkennen und ihre Eingabe gar nicht erst zuzulassen. Ein gutes Beispiel hierfür ist ein Datenfeld, das Schulnoten verwalten kann. Da nur Schulnoten von 1 bis 6 vergeben werden können, ist es sinnvoll, für dieses Feld eine entsprechende Einschränkung zu definieren, um so sicherzustellen, dass ein Anwender nicht versehentlich den Wert 7 eingibt.

Zusätzlich zu dieser Funktionsprüfung des Datenmodells sollte auch eine Re-Evaluierung der vorhandenen Entitäten samt ihrer Attribute vorgenommen werden. Hat sich der Datenbankdesigner bis an diese Stelle vorgearbeitet, hat er sich schon sehr intensiv mit dem Datenmodell, den Abhängigkeiten und den Anforderungen an das Datenbanksystem auseinander gesetzt, so dass es vor dem Hintergrund des so erlangten Wissens Sinn macht, bestimmte Entitäten in Attribute umzuwandeln und umgekehrt. Die Untersuchung der verschiedenen Attribute kann unter Umständen auch dazu führen, dass bestimmte Abhängigkeiten innerhalb der Datenbank noch besser verstanden werden und daher möglicherweise eine Überarbeitung der vorhandenen Beziehungen erforderlich wird. Falsch definierte Beziehungen führen zu Problemen bei der Implementierung der Datenbank und bei der Erstellung der Datenbankanwendungen.

Eine genauere Betrachtung des ER-Modells und der Abgleich mit den Endbenutzeranforderungen und Prozessen legt es möglicherweise auch nahe, andere Primärschlüssel als die bisher definierten zu verwenden, um das Datenmodell benutzerfreundlicher zu machen.

Eine weitere wichtige Information, die der Datenbankdesigner an dieser Stelle kennen muss, ist der Normalisierungsgrad des Datenmodells. Ist der Normalisierungsgrad bekannt, können Redundanzen und mögliche Datenanomalien vorhergesagt werden. Wird bei der Ermittlung des Normalisierungsgrades festgestellt, dass dieser zu niedrig ist, um eine robuste Datenbank zu garantieren, muss das ER-Modell überarbeitet werden.

Größere Datenbanken werden in der Regel in Teams entwickelt, so dass es Sinn macht, das gesamte Datenmodell in einzelne kleinere Module zu unterteilen. Der Vorteil der Module liegt auf der Hand. Module bilden eigene, geschlossene Einheiten, so dass es wesentlich einfacher ist, Arbeit zu delegieren. Außerdem helfen Module dabei, das große, möglicherweise sehr unübersichtliche Datenmodell in kleine, handhabbare Stücke aufzuteilen. Einzelne Module können wesentlich schneller als Prototypen implementiert werden als das gesamte System, so dass während der Erstellung des Prototyps mögliche Probleme schneller erkannt werden, die während der Implementierung der Datenbank auftreten. Kann das gesamte System nicht rechtzeitig fertig gestellt werden, so ist es bei der Aufteilung in Module möglich, einzelne dieser Module bereits vor der Inbetriebnahme des Gesamtsystems zu verwenden.

Natürlich ergeben sich durch die Aufteilung des Datenmodells in einzelne Module auch Probleme, die bedacht werden müssen. Wird das gesamte Datenmodell in einzelne Module aufgeteilt, so muss gewährleistet werden, dass modulübergreifende Prozesse immer noch genau so funktionieren, wie sie funktionieren würden, wäre das gesamte Datenmodell nicht in Module aufgeteilt.

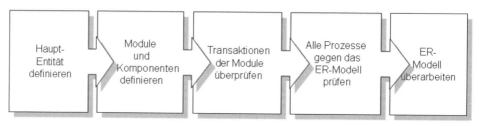

Abb. 7.8:   Überprüfung des ER-Modells

Bei der Überprüfung des ER-Modells beginnt man üblicherweise mit der Definition der Hauptentität. Die Hauptentität eines Datenmodells ist die Entität, die an den meisten Beziehungen innerhalb des Datenmodells beteiligt ist. Als Nächstes werden die Module des Datenmodells definiert. Zuerst wird das Modul für die Hauptentität festgelegt, das heißt, das Modul, das die Hauptentität am häufigsten verwendet, danach werden alle anderen Module festgelegt. Wichtig bei der Definition der Module ist es, auf die interne Kohärenz der Module zu achten, das heißt, innerhalb eines Moduls muss es starke Abhängigkeiten der einzelnen Entitäten untereinander geben, wohingegen zwischen den einzelnen Modulen nur eine lose Kopplung bestehen sollte. Dies führt dazu, dass Module als eigene, autarke Einheiten angesehen werden können und in diesem Kontext auch autark funktionieren. Ein Modul sollte vollständig und in sich geschlossen sein, damit keine unnötigen Beziehungen zwischen den Modulen bestehen, die die Komplexität der Datenbank vergrößern. Nachdem die Module festgelegt sind, ist es wichtig, die Transaktionen, die innerhalb der Module möglich sind, und die Transaktionen zwischen den Modulen zu überprüfen. Es muss festgestellt werden, ob die benötigten Prozesse mit Hilfe dieser Transaktionen dargestellt werden können. Die Prozesse müssen modulübergreifend gegen das ER-Modell geprüft werden. Als letzter Schritt müssen nun noch die durch die Überprüfung des Datenmodells gewonnenen Erkenntnisse dazu verwendet werden, das Modell so abzuändern, dass es alle erforderlichen Anforderungen erfüllen kann. Oft werden durch die bei der Überprüfung erzielten Erkenntnisse neue Entitäten und Attribute notwendig, die in das ER-Modell eingearbeitet werden müssen.

Als Ergebnis dieser Phase erhalten Sie ein ER-Modell, das den Erfordernissen der Datenbankanwendung genügt und gleichzeitig plattformunabhängig ist. Bisher haben wir uns noch nicht über die zu verwendende Hard- oder Software Gedanken gemacht. Der Vorteil des plattformunabhängigen ER-Modells ist, dass das Modell selbst nachdem ein Informationssystem, das auf dem Modell basiert, wieder abgeschafft wird, immer noch Bestand hat und auf anderer Technologie implementiert werden kann.

Design einer verteilten Datenbank Je nach der Größe des Unternehmens, für das die Datenbank entwickelt werden soll, kann es unter Umständen vorkommen, dass sich die Datenbank auf mehrere physikalische Standorte verteilt.

Im Beispiel von Alana Business Consult sind dies die Standorte Essen, Berlin, München und Hamburg, wobei die Zentrale in Essen ist.

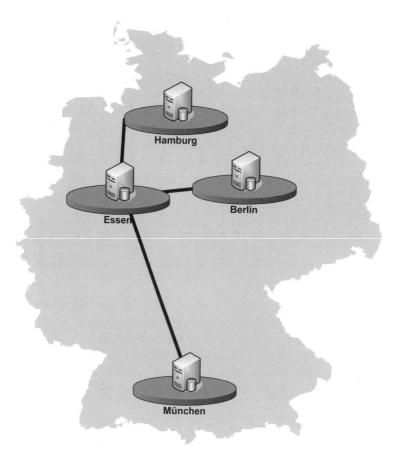

Abb. 7.9:   Die verteilte Datenbank von Alana Business Consult

Natürlich müssen alle Mitarbeiter an allen Standorten vernünftig mit den Daten arbeiten können. Eine zentrale Datenhaltung in Essen kommt aber aufgrund der hohen Kosten für eine vernünftige Standleitung nicht in Frage.

Steht man vor einer solchen Situation, dass es eine derartige physikalische Verteilung der Datenbank über mehrere Standorte gibt, so muss eine entsprechende Strategie erarbeitet werden, um einerseits die Kosten möglichst gering zu halten, andererseits aber auch die Integrität der Datenbank gewährleisten zu können.

Eine mögliche Lösung für das in Abbildung 7.9 dargestellte Szenario könnte folgendermaßen funktionieren. In Essen findet eine zentrale Datenhaltung statt. Jeder Standort erhält die Daten, die sich auf die Kunden des jeweiligen Standortes beziehen. Die Mitarbeiter in München können also beispielsweise auf alle Daten von Kunden in München zugreifen und diese auch bearbeiten, haben aber keinen Zugriff auf Daten aus Berlin. Jede Nacht werden die Datenbestände zwischen den einzelnen Standorten und der Zentrale in Essen abgeglichen. Die Änderungen der Daten in München werden dann auf dem zentralen Server in Essen aktualisiert.

Wurden für München relevante Daten in der Zentrale in Essen geändert, so werden diese in der Datenbank in München aktualisiert. Problematisch wird diese Strategie allerdings dann, wenn gleichzeitig Daten in München und Essen geändert wurden. Für diesen Fall muss eine Strategie zur Konfliktlösung implementiert werden. Eine sehr einfache Strategie wäre es z.B., wenn man Essen eine höhere Priorität einräumt als den anderen Standorten, das heißt, in Konfliktfällen überschreiben Änderungen aus Essen alle anderen Änderungen an den einzelnen Standorten. Meist macht es allerdings mehr Sinn, Konflikte einem zuständigen Mitarbeiter zu melden, der dann entscheidet, was die gültigen Daten sind, oder der die beiden Änderungen zu einem konsistenten Datensatz zusammenführt.

Sie haben bereits durch dieses zugegebenermaßen recht einfache Beispiel gesehen, dass man sich bei der verteilten Datenhaltung sehr genau darüber Gedanken machen muss, wie in einem solchen Szenario die Konsistenz der Daten gewährleistet werden kann. Leider gehen verteilte Datenbanksysteme über den Fokus dieses Buches hinaus, so dass ich nicht weiter auf dieses interessante Thema eingehen kann.

Auswahl des DBMS

Nachdem das konzeptionelle Modell so weit erfolgreich erstellt wurde und die Tests gezeigt haben, dass das erstellte ER-Modell alle an die Datenbank gestellten Anforderungen erfüllen kann, ist es nun an der Zeit, ein für die Implementierung geeignetes Datenbankmanagement-System auszusuchen. Die Auswahl des richtigen DBMS entscheidet darüber, ob nach der Implementierung des Systems ein reibungsloser Ablauf gewährleistet werden kann oder nicht. Daher sollten alle infrage kommenden Systeme zunächst einer genauen Untersuchung unterzogen werden, um das für das Projekt am besten geeignete System herauszufinden. Hat man mehrere Systeme, die die Anforderungen erfüllen (und in der Praxis ist das eigentlich immer der Fall), so müssen diese gegeneinander abgewogen werden. Eines der Hauptkriterien ist natürlich der Preis des Systems. Hier spielt aber nicht nur der einmalige Anschaffungspreis eine Rolle, es ist zusätzlich zu prüfen, welche Kosten beim Betrieb, für Lizenzen, für die Installation und für die Ausbildung der Mitarbeiter anfallen. Des Weiteren sollte man auch vergleichen, welche Ausstattung das Datenbanksystem mitbringt. Werden zahlreiche, benutzerfreundliche Tools mitgeliefert oder müssen wichtige Bestandteile unter Umständen noch nachgekauft werden? Gibt es genügend Tools von Drittherstellern, die die Arbeit mit dem DBMS erleichtern? Ist das System für verschiedene Plattformen verfügbar, so dass man unter Umständen portieren kann? Wenn ja, was sind das für Plattformen? Letztendlich muss natürlich auch noch geklärt werden, welche Hardware-Anforderungen das System hat, und ob die notwendige Hardware bereits vorhanden ist oder ob diese neu angeschafft werden muss. Ein weiteres wichtiges Kriterium bei der Auswahl des Datenbanksystems ist auch die bereits vorhandene Systemumgebung. Werden bereits DBMS von bestimmten Herstellern eingesetzt, so ist es oft praktischer, das neue System auf diesen DBMS aufzusetzen, da im Unternehmen bereits eine Infrastruktur und auch entsprechendes Datenbank-Know-how vorhanden ist.

Logisches Design

Nachdem das DBMS ausgewählt wurde, geht es nun an das logische Design des Datenmodells. Beim logischen Design wird das plattformunabhängige konzeptionelle Modell in ein von der Zielplattform abhängiges Modell überführt. Das konzeptionelle Modell wird in das interne Modell der Datenbank übersetzt. In dieser Phase werden im Fall eines relationalen Datenbanksystems Tabellen, Indizes, Domänen, Views, Transaktionen usw. definiert und entwickelt. Auch der Benutzerzugriff auf die einzelnen Tabellen und das Sicherheitsmodell insgesamt findet hier statt, also die Definition der verschiedenen Datenbankrollen und die Zuordnung der Benutzer zu diesen Datenbankrollen.

Physikalisches Design

Beim physikalischen Design der Datenbank geht es darum, die Speicherorte der einzelnen Elemente der Datenbank zu bestimmen. Die Charakteristiken der Datenspeicherung ergeben sich aus vielen verschiedenen Faktoren, unter anderem der verwendeten Hardware, dem Zugriff auf die Daten und natürlich auch durch das verwendete DBMS.

Gerade bei größeren Datenbanksystemen, die von vielen Anwendern verwendet werden, ist es wichtig, sich über das physikalische Design der Datenbank Gedanken zu machen, da man die Performance des Systems über ein intelligentes physikalisches Design maßgeblich beeinflussen kann. Die Aufgaben, die beim physikalischen Design auf den Datenbankdesigner zukommen, sind recht technisch und erfordern, dass er eine Menge über die verwendete Hardware, wie z.B. die Festplatten weiß.

Obwohl die Notwendigkeit, sich mit der physikalischen Speicherung der Daten zu befassen, durch die Einführung von relationalen Datenbanksystemen und der starken logischen Isolierung dieser Datenbanken nachgelassen hat, sollte sie trotz allem nicht komplett vernachlässigt werden.

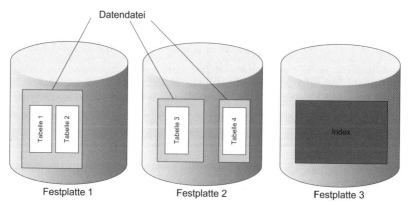

Abb. 7.10: Beispiel für das physikalische Design einer relationalen Datenbank

In der Abbildung 7.10 ist ein Beispiel für das physikalische Design einer relationalen Datenbank abgebildet. Die gesamte Datenbank ist über mehrere Festplatten verteilt, damit der Zugriff auf die verschiedenen Tabellen gleichzeitig stattfinden kann. Nehmen wir an, dass die beiden Festplatten Festplatte 1 und Festplatte 2 an zwei unterschiedlichen Controllern betrieben werden, so können gleichzeitig Daten aus Tabelle 1 und 3 gelesen werden. Dies ist natürlich schneller, als wenn sich alle Tabellen auf einer einzigen Festplatte befinden, da in diesem Fall die Daten der beiden Tabellen hintereinander gelesen werden müssen. Meist ist es auch eine gute Idee, den Tabellenindex auf eine eigene Platte auszulagern. Wie ein sinnvolles physikalisches Design auszusehen hat, hängt immer von den speziellen Anforderungen an das Datenbanksystem ab. Ein effizientes physikalisches Design erfordert vom Datenbankdesigner große Erfahrung mit dem verwendeten RDBMS und Wissen über den zu erwartenden Datenzugriff.

Obwohl logisches und physikalisches Design hier sequenziell hintereinander dargestellt werden, ist es doch oft so, dass diese beiden Prozesse parallel ablaufen und Hand in Hand gehen.

Noch schwieriger wird das physikalische Design im Fall einer verteilten Datenbank, da hier das Netzwerk als zusätzlicher Kommunikationsweg mit berücksichtigt werden muss.

7.2.3 Implementierung und Datenimport

Nachdem das logische und das physikalische Design der Datenbank erstellt worden sind, kann es nun daran gehen, die Datenbank auf dem ausgewählten DBMS zu implementieren. Oft können die Tools, mit denen man die Datenbankmodellierung durchgeführt hat, wie z.B. Visio, dem Entwickler einen beträchtlichen Teil der Arbeit abnehmen und z.B. SQL-Scripts selbst erzeugen, die dann im Datenbanksystem die benötigten Strukturen anlegen. Generell lohnt es sich auf jeden Fall, neben grafischen Tools SQL-Scripts für sämtliche in der Datenbank zu erzeugenden Strukturen anzulegen. Damit ist die Erzeugung von Tabellen oder anderen Objekten jederzeit nachvollziehbar und wiederholbar.

Wurde das Datenmodell erfolgreich implementiert, so muss es nun mit Daten befüllt werden. Hierzu müssen die vorliegenden Daten unter Umständen noch in ein für den Import vorteilhaftes Datenformat konvertiert und eventuell bereinigt werden.

Während der Implementierung der Datenbank muss sich der Datenbankdesigner auch über die Thematiken Sicherheit, Backup und Recovery, Performance und Kontrolle des konkurrierenden Zugriffs Gedanken machen.

Sicherheit

Da die in der Datenbank gespeicherten Daten ein wertvolles Gut darstellen, muss gewährleistet werden, dass keine unbefugte Person Zugriff auf diese Daten bekommt. Hierzu können in modernen Datenbanksystemen Zugriffsrechte sowohl auf die Datenbank als Ganzes wie auch auf die in dieser Datenbank enthaltenen Tabellen definiert und vergeben werden. Des Weiteren ist der physikalische Zugang zum Datenbankserver zu prüfen. Es muss gewährleistet werden, dass nur autorisiertes Personal physikalischen Zugriff auf den Datenbankserver erlangen kann. Selbst wenn die Daten auf dem Server optimal gegen Fremdzugriff geschützt sind, so kann der Datenbankserver gestohlen oder zerstört werden. Die meisten modernen Datenbanksysteme bieten es an, dass die von den Benutzern zu wählenden Passwörter, mit denen sie sich an der Datenbank anmelden, gegen eine einzustellende Passwortkomplexität geprüft werden, das heißt, dass in einem Passwort z.B. eine Zahl und ein Sonderzeichen vorkommen muss. Die Passwortkomplexität erhöht den Schwierigkeitsgrad beim Einbrechen in eine Datenbank enorm, da Wörterbuchattacken so unterbunden werden können. Um herauszufinden, ob es in der Datenbank unbefugten Zugriff auf die Daten gab, bieten viele Datenbanksysteme Überwachungsmaßnahmen an, die den Datenbankadministrator auf derartige unbefugte Zugriffe hinweisen.

Backup und Recovery

Die auf einem Datenbankserver gespeicherten Daten können durch Systemausfälle oder durch unbeabsichtigtes Löschen verloren gehen. Daher ist es sehr wichtig, dass eine vernünftige Backup-und-Recovery-Strategie entwickelt wird, die der Änderungsgeschwindigkeit der Daten im Datenbanksystem Rechnung trägt.

Performance

Einer der wichtigsten Faktoren beim Betreiben eines Datenbanksystems ist die Performance des Systems, das heißt, wie schnell ein Benutzer auf die benötigten Daten zugreifen kann. Ist das ganze System recht langsam und müssen die Anwender zu lange auf ihre Daten warten, wird das Datenbanksystem nicht akzeptiert und so wie geplant verwendet.

Kontrolle des konkurrierenden Zugriffs

Normalerweise greifen mehrere Personen auf ein Datenbanksystem zu. Es muss gewährleistet sein, dass sich diese Personen und die Operationen, die sie mit den Daten durchführen, nicht gegenseitig behindern. Um zu verstehen, warum die Kontrolle des konkurrierenden Zugriffs so wichtig ist, schauen wir uns einmal an einem Beispiel an, was passiert, wenn es keine vernünftige Kontrolle gibt.

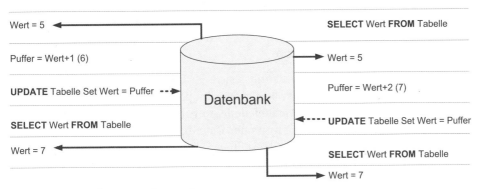

Abb. 7.11: Werte können verloren gehen

Sehen Sie sich einmal an, was in Abbildung 7.11 passiert. Zwei Benutzer sind an der Datenbank angemeldet und bearbeiten denselben Datensatz. Benutzer A wählt einen Wert aus der Datenbank aus, dieser Wert ist 5. Dasselbe macht Benutzer B etwas zeitversetzt. Während Benutzer A den Wert auf 6 verändert und in der Datenbank abspeichert, verändert Benutzer B denselben Wert auf 7 und speichert den Datensatz auch in der Datenbank. Die von Benutzer A vorgenommene Änderung wird nicht berücksichtigt, das heißt, der falsche Wert 7 wird in der Datenbank gespeichert und nicht, wie eigentlich richtig, der Wert 8.

7.2.4 Test und Evaluierung

Nachdem die Datenbank implementiert und mit Daten gefüllt wurde, ist es nun an der Zeit, das Datenbanksystem zu testen. Oft finden diese Tests parallel zur Entwicklung der Anwendungen statt. Werden in dieser Phase Anwendungsprototypen erstellt, so kann die Funktionalität der Datenbank noch besser evaluiert werden. Außerdem sind hier noch wesentlich bessere Aussagen zur Performance des Systems möglich. Erfüllt das Datenbanksystem die in es gesetzten Performance-Anforderungen nicht, so muss das physikalische Design der Datenbank noch einmal überdacht und die Hardware untersucht werden. Relationale Datenbanksysteme haben den Vorteil, dass man das physikalische Design ändern kann, ohne dass sich dies auf andere Teile der Datenbank auswirkt.

7.2.5 Betrieb

Tritt das Datenbanksystem in diese Phase ein, so wird nun produktiv damit gearbeitet und das Informationssystem ist fertig gestellt. In diesem Stadium können, nachdem alle Benutzer auf die Datenbank zugreifen, Fehler auftreten, die in den vorhergehenden Entwicklungsphasen nicht vorhergesehen werden konnten. Manche dieser Probleme können so schwerwiegend sein, dass sofortige Nachbesserung stattfinden muss. Da das System nun auch unter Volllast läuft, kann es sein, dass sich bestimmte Engpässe herausbilden. Der Datenbankdesigner muss in diesem Fall die Engpässe lokalisieren und versuchen, eine Lösung zu finden.

7.2.6 Wartung und Evolution

Während der Laufzeit des Systems muss sich der Datenbankadministrator darum kümmern, dass das Datenbanksystem weiterhin performant und sicher läuft. Um dies zu gewährleisten, müssen verschiedene Aufgaben erfüllt werden. Um das System gegen Ausfälle zu schützen, muss der Datenbankadministrator in regelmäßigen Abständen gemäß dem aufgestellten Backup-und-Recovery-Plan Sicherheitskopien der Datenbank anfertigen. Des Weiteren muss die Systemleistung überwacht werden und ggf. müssen weitere Entitäten und Attribute hinzugefügt werden. Außerdem muss der Datenbankadministrator Statistiken über die Datenbankverwendung aufstellen, über die die reale Verwendung des Datenbanksystems besser verstanden werden kann und somit das System noch besser für diese Aufgaben optimiert werden kann. Außerdem sollten ab und zu Sicherheitsüberprüfungen des Systems durchgeführt werden, um zu sehen, ob die Sicherheitsmechanismen immer noch in Ordnung sind.

7.3 Zusammenfassung

- **Anforderungsanalyse**

  Im Rahmen der Anforderungsanalyse werden die Ziele festgelegt, die mit dem Informationssystem erreicht werden sollen. Wichtig ist es, dass genau zwischen den eigentlichen Kernzielen und zusätzlichen Kundenwünschen unterschieden wird.

- **Datenbank-Lebenszyklus**

  Der Datenbank-Lebenszyklus besteht aus sechs Phasen, der grundlegenden Analyse, dem Datenbankdesign, der Implementierung und dem Datenimport, dem Test und der Evaluierung, dem Betrieb sowie der Wartung und Evolution.

- **Konzeptionelles Design**

  Ziel des konzeptionellen Designs ist die Erstellung des konzeptionellen Modells. Es wird ein Datenmodell erstellt, das die wirkliche Welt möglichst genau abbilden soll, damit die daraus resultierende Datenbank die Geschäftsprozesse des Unternehmens optimal unterstützen kann.

■ **Logisches Design**

Beim logischen Design wird das plattformunabhängige konzeptionelle Modell in ein von der Zielplattform abhängiges Modell überführt.

■ **Machbarkeitsstudie**

Ziel der Machbarkeitsstudie ist es, zu untersuchen, ob es überhaupt möglich ist, die gewünschten Kernziele des Projektes zu erreichen. Hierbei ist sowohl zu betrachten, ob die Erreichung der Kernziele technisch möglich ist, als auch, ob die Erreichung dieser Ziele im Rahmen der Möglichkeiten realistisch ist.

■ **Operative Wartung**

Bei der operativen Wartung des Systems geht es im Prinzip einfach nur darum, das Informationssystem am Laufen zu halten. Es muss z.B. regelmäßig überprüft werden, ob genügend Festplattenspeicher zur Verfügung steht, ob die Antwortzeiten des Systems noch im akzeptablen Bereich liegen, ob die Sicherheit des Systems weiterhin gewährleistet werden kann usw.

■ **Physikalisches Design**

Beim physikalischen Design der Datenbank geht es darum, die Speicherorte der einzelnen Elemente der Datenbank zu bestimmen.

■ **Prototyp**

Meist wird ein Prototyp als »Proof of Concept« erstellt, das heißt, man entwickelt eine eingeschränkte Version des Informationssystems, um die technische Machbarkeit des Projektes zu demonstrieren.

■ **Strukturelle Wartung**

Bei der strukturellen Wartung werden Bestandteile des Informationssystems selbst überarbeitet. Fehler werden korrigiert und vorhandene Funktionen werden erweitert oder ergänzt.

■ **System Development Life Cycle**

Der System Development Life Cycle (SDLC) beschreibt die komplette Entwicklungsgeschichte eines Informationssystems. Der System Development Life Cycle unterteilt sich in fünf verschiedene Phasen, die sich gegenseitig beeinflussen. Diese Phasen sind *Planung, Analyse, System-Design, Implementierung* und *Wartung*.

■ **Systemanalyse**

Die Systemanalyse ist ein Prozess, bei dem der Bedarf ermittelt wird, der durch das Informationssystem gedeckt werden soll, das heißt, durch die Systemanalyse wird der Funktionsumfang des Informationssystems festgelegt.

■ **Systementwicklung**

Bei der Systementwicklung wird die technische Architektur des Systems festgelegt.

■ **Transformation**

Die Überführung von Daten in Informationen wird auch als Transformation bezeichnet.

7.4 Aufgaben

Hier finden Sie Wiederholungsfragen, mit denen Sie die Gelegenheit haben, sich noch einmal Gedanken über den Stoff des Kapitels zu machen. Die Lösungen zu diesen Aufgaben finden Sie in Anhang A.7.

7.4.1 Wiederholung

1. Was passiert bei der Systemanalyse? Warum ist dieser Prozess wichtig? Wie hängt die Systementwicklung mit der Systemanalyse zusammen?

2. Warum beeinflussen sich die einzelnen Phasen des System Development Life Cycles?

3. Warum wird ein Prototyp während der Machbarkeitsstudie entwickelt? Was passiert mit dem Prototyp, nachdem die Machbarkeitsstudie abgeschlossen ist?

4. Welche beiden Aspekte müssen bei der Analyse berücksichtigt werden?

5. Warum muss die Migration des Altsystems geplant werden?

6. Welchen Randbedingungen ist der Datenbankdesigner unterworfen?

7. Was ist das Ziel der Daten- und Anforderungsanalyse? Welche Verfahren kommen hier zum Einsatz?

8. Welche Aspekte sollte man bei der Auswahl des DBMS bedenken?

9. In welche Designphase(n) tritt das Projekt nach der Auswahl des DBMS?

10. Über welche Thematiken muss sich der Datenbankdesigner während der Implementierung Gedanken machen?

Kapitel 8

Transaktionen und konkurrierende Zugriffe

Bisher habe ich versucht, Dateninkonsistenzen in unserer Datenbank mit Hilfe von Designprozessen, wie z.B. der Normalisierung in den Griff zu bekommen. Aber selbst wenn Sie ein komplett redundanzfreies Datenmodell erstellt haben, so ist unsere Datenbank im Betrieb zahlreichen Gefahren ausgesetzt. Solange nur ein einziger Anwender mit der Datenbank arbeitet, haben Sie kein Problem. Der Anwender wird eine Operation nach der anderen durchführen und die Datenbank stets in einem konsistenten Zustand lassen. Was passiert aber, wenn mehrere Datenbankanwender gleichzeitig mit der Datenbank arbeiten und womöglich versuchen, gleichzeitig Änderungen an denselben Daten vorzunehmen? Dieses Szenario ist in einer unternehmensweit genutzten Datenbank gar nicht so unwahrscheinlich. In diesem Kapitel werden Sie lernen, wie verhindert wird, dass es zu Inkonsistenzen kommt, wenn mehrere Benutzer gleichzeitig auf die Datenbank zugreifen.

8.1 Was ist eine Transaktion?

Sobald ein Anwender auf eine Datenbank zugreift – und dabei ist es zunächst einmal unerheblich, ob der Anwender lesend oder schreibend zugreift –, wird eine *Transaktion* gestartet. Eine Transaktion kann aus einem simplen SELECT-Statement oder einer Reihe von komplexen UPDATE-Befehlen bestehen.

Um das hinter Transaktionen liegende Konzept besser verstehen zu können, stellen Sie sich z.B. vor, dass jemand Geld von einem Konto auf ein anderes Konto überweisen möchte. Dieser Vorgang besteht aus zwei Schritten, die aber als Einheit angesehen werden müssen. Zunächst muss das Geld von Konto A abgehoben und dann auf Konto B gutgeschrieben werden. Stürzt nun der Computer nach dem Abheben des Geldes von Konto A ab und ist keine Transaktionsverwaltung implementiert, so ist der abgehobene Geldbetrag verschwunden. Er wurde korrekt von Konto A abgehoben, aber wegen des Computerabsturzes nie auf Konto B gutgeschrieben.

Um solche Situationen zu vermeiden, wird dieser aus zwei Schritten bestehende Vorgang als Transaktion aufgefasst; die Transaktion ist nur dann erfolgreich, wenn alle Einzelschritte erfolgreich waren. Schlägt auch nur einer dieser Einzelschritte fehl, so wird die gesamte Transaktion als Fehlschlag gewertet und der ursprüngliche Zustand vor Beginn der Transaktion wird wiederhergestellt.

Kehren wir nun gedanklich zu unserem Konto-Beispiel zurück. Diesmal wird aber ein Transaktionskonzept unterstützt. Wird nun von Konto A Geld abgehoben und der Computer stürzt danach ab, so wird dieser Absturz vom Datenbankserver registriert. Da die begonnene Transaktion nicht abgeschlossen wurde, wird der Zustand vor dem Abheben des Geldes von Konto A wieder hergestellt, das heißt, das Geld wird auf Konto A wieder gutgeschrieben (bzw. die Abhebung wird rückgängig gemacht).

Unter einer Transaktion kann man also eine logische Operation verstehen, die entweder in ihrer Gesamtheit erfolgreich verlaufen muss oder in ihrer Gesamtheit scheitert. Eine teilweise Ausführung der Transaktion ist nicht zulässig. Eine Transaktion besteht aus mehreren *Datenbankabfragen*, wobei eine Datenbankabfrage mit einem einzelnen SQL-Befehl gleichzusetzen ist.

Man sagt auch, dass eine Transaktion eine Datenbank von einem konsistenten Zustand in einen anderen konsistenten Zustand versetzt. Unter einem *konsistenten Zustand* versteht man einen Zustand, in dem die Datenbank keine Dateninkonsistenzen aufweist.

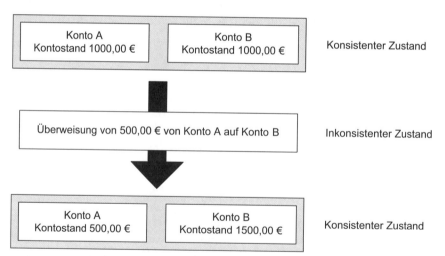

Abb. 8.1: Eine Transaktion überführt die Datenbank von einem konsistenten Zustand in einen anderen konsistenten Zustand.

Damit die Konsistenz der Datenbank gewährleistet werden kann, muss die Transaktion in einem konsistenten Zustand der Datenbank beginnen. Befindet sich die Datenbank bereits beim Start einer Transaktion in einem inkonsistenten Zustand, so kann sie nicht mehr in einen konsistenten Zustand zurückgeführt werden. Aus diesem Grund muss das DBMS die Transaktionen kontrollieren.

Sehen wir uns noch genauer an, was bei der Transaktion aus Abbildung 8.1 geschieht. Bevor die Kontostände geändert werden können, müssen sie vom Datenbanksystem zunächst von der Festplatte geladen und in den Hauptspeicher des Datenbankservers gebracht werden. Nachdem dies geschehen ist, können die Kontostände im Hauptspeicher verändert werden und das Ergebnis dieser Veränderung muss dann wieder auf der Festplatte gespeichert werden. Während dieser Zeit darf keine andere Transaktion auf die Kontostände der Konten A und B zugreifen, da sich die Datenbank in einem inkonsistenten Zustand befindet. Erst wenn die neuen Kontostände auf der Festplatte des Servers gespeichert sind, ist die Transaktion beendet und Zugriffe können wieder gestattet werden.

Stellen Sie sich einmal vor, dass Sie überprüfen möchten, wie hoch der Kontostand auf dem Konto A ist. Um dies zu tun, können Sie den folgenden SQL-Befehl verwenden:

```
SELECT
  KONTOSTAND
FROM
  KONTEN
WHERE
  KONTO = 'Konto A';
```

Obwohl Sie keine Änderung an der Datenbank vornehmen, wird dieser SQL-Befehl trotz allem in eine Transaktion eingebunden, da Sie auf die Datenbank zugreifen. Natürlich befindet sich die Datenbank nach dieser Transaktion wieder in einem konsistenten Zustand. Sie haben ja lediglich Daten aus der Datenbank ausgelesen und nichts verändert. Man kann eine Datenbank nur durch Befehle, die Daten ändern, in einen inkonsistenten Zustand bringen (also nur durch die Befehle UPDATE, INSERT oder DELETE).

Sehen Sie sich nun einmal die in Abbildung 8.1 durchgeführte Transaktion als SQL-Befehle an. Zunächst müssen 500,00 € von Konto A abgehoben werden, um dann auf Konto B gutgeschrieben zu werden.

```
UPDATE
  KONTEN
SET
  KONTOSTAND = KONTOSTAND - 500
WHERE
  KONTO = 'Konto A';

UPDATE
  KONTEN
SET
```

```
   KONTOSTAND = KONTOSTAND + 500
WHERE
   KONTO = 'Konto B';
```

Diese beiden zunächst voneinander unabhängigen SQL-Befehle stellen zusammen den Vorgang einer Überweisung dar. Der erste Befehl hebt Geld von Konto A ab, der zweite schreibt es auf Konto B gut. Beide Befehle bilden eine Einheit, das heißt, eine Überweisung kann nur dann erfolgreich sein, wenn beide SQL-Befehle erfolgreich waren. Schlägt einer dieser beiden Befehle aus irgendeinem Grund fehl, so schlägt die gesamte Überweisung fehl.

Wurde der erste SQL-Befehl durchgeführt und stürzt das System danach aus irgendeinem Grund ab (z.B. weil es zu einem Stromausfall gekommen ist), so wurde das Geld zwar von Konto A abgehoben, aber niemals auf Konto B gutgeschrieben, das heißt, die 500,00 € wären einfach verschwunden. So etwas darf natürlich auf gar keinen Fall passieren. Daher kann ein DBMS, wenn es gestartet wird, offene Transaktionen erkennen. Gibt es während des Datenbankstarts offene Transaktionen, so werden die Änderungen, die im Rahmen der Transaktion durchgeführt wurden, zurückgenommen und die Datenbank wird in den Zustand vor der offenen Transaktion versetzt. Das heißt, in unserem Beispiel würde der erste UPDATE-Befehl rückgängig gemacht und auf Konto A würden sich weiterhin 1000,00 € befinden.

Transaktionen müssen nicht nur bei Hardware-Fehlern zurückgenommen werden. Es kann auch sein, dass eine Transaktion aufgrund von Programmfehlern oder bestimmten Bedingungen, die nicht zutreffen, wieder zurückgenommen werden muss. Stellen Sie sich z.B. vor, was passiert, wenn Sie ein neues Konto C anlegen möchten und gleichzeitig 200,00 € auf dieses Konto C überweisen möchten.

```
INSERT INTO
   KONTEN
VALUES
   ('Konto C');
UPDATE
   KONTEN
SET
   KONTOSTAND = KONTOSTAND + 200
WHERE
   KONTO = 'Konto C';
```

Was passiert nun, wenn es Konto C bereits gibt? Hätten wir keine Transaktionssteuerung, so würde zunächst der INSERT-Befehl ausgeführt. Dieser schlägt fehl, da es das Konto C schon gibt. Als Nächstes würde dann der UPDATE-Befehl ausgeführt. Da es das Konto C aber schon gibt und dieses einer anderen Person gehört als der, die das Konto C neu anlegen möchte, würden in diesem Fall der falschen Person 200,00 € gutgeschrieben. Damit dies nicht passiert, werden auch diese beiden Befehle in eine Transaktion eingekapselt, das heißt, kann der erste Befehl nicht ausgeführt werden, so wird der zweite Befehl gar nicht mehr ausgeführt und es werden keine 200,00 € auf das falsche Konto eingezahlt.

8.1.1 Eigenschaften einer Transaktion

Wie Sie bereits weiter oben gesehen haben, überführt eine Transaktion eine Datenbank von einem konsistenten Zustand in einen anderen konsistenten Zustand. Damit dies reibungslos geschehen kann und keine Probleme auftreten, wie sie oben geschildert wurden, muss eine Transaktion bestimmte Eigenschaften besitzen. In der englischsprachigen Literatur werden diese Eigenschaften kurz unter dem Begriff ACID zusammengefasst, der sich aus den Anfangsbuchstaben der vier Eigenschaften ableitet.

Atomarität (Atomicity)

Unter *Atomarität* versteht man, dass eine Transaktion stets als Ganzes betrachtet werden muss, das heißt, es ist nicht zulässig, dass einige Teiloperationen der Transaktion ausgeführt werden, andere Teiloperationen nicht. Sobald eine einzige Teiloperation fehlschlägt, schlägt die gesamte Transaktion fehl. Es ist nicht zulässig, dass Transaktionen Zwischenzustände nach einem Abbruch hinterlassen. Eine Transaktion kann als eine einzige, unteilbare, logische Operation aufgefasst werden.

Konsistenz (Consistency)

Nach dem Abschluss einer Transaktion, unabhängig davon, ob sie erfolgreich war oder nicht, muss die Datenbank in einem konsistenten Zustand vorliegen.

Isolation (Isolation)

Transaktionen müssen isoliert voneinander stattfinden. Sobald eine Transaktion Daten verändert, darf keine andere Transaktion auf diese Daten zugreifen, bis die erste Transaktion beendet wurde. Da parallel ablaufende Transaktionen voneinander isoliert ablaufen, können sich diese nicht gegenseitig beeinflussen.

Dauerhaftigkeit (Durability)

Wurde eine Transaktion erfolgreich durchgeführt, so werden alle in dieser Transaktion an den Daten vorgenommenen Änderungen dauerhaft in der Datenbank gespeichert. Selbst ein Systemfehler, der nach der erfolgreichen Durchführung einer Transaktion auftritt, kann an dieser Tatsache nichts ändern.

Es ist wichtig, dass Transaktionen in Mehrbenutzerumgebungen diese Eigenschaften besitzen, da nur so sichergestellt werden kann, dass die Datenbank von einem konsistenten in einen anderen konsistenten Zustand versetzt werden kann.

8.1.2 Transaktionsverwaltung mit SQL

In SQL kann man mit Hilfe der Befehle COMMIT und ROLLBACK Transaktionen steuern. Sobald man damit beginnt, SQL-Befehle an die Datenbank abzusetzen, wird implizit eine neue Transaktion gestartet. Die Änderungen, die man in dieser neuen Transaktion getätigt hat, werden dann entweder mit COMMIT bestätigt, das heißt, die Transaktion wird beendet und die Änderungen werden in der Datenbank festgeschrieben, oder man kann mit Hilfe des Befehls ROLLBACK die getätigten Änderungen wieder zurücknehmen.

Eine Transaktion hat so lange Bestand, bis eines der folgenden vier Ereignisse auftritt:

1. Es wird ein COMMIT-Statement an die Datenbank abgesetzt. Alle Änderungen der Transaktion werden bestätigt und in der Datenbank festgeschrieben. Die Transaktion wurde beendet und eine neue Transaktion startet.

2. Es wird ein ROLLBACK-Statement an die Datenbank abgesetzt. Hierbei werden alle Änderungen, die innerhalb der Transaktion vorgenommen worden sind, zurückgenommen und die Datenbank wird in den Stand vor der Transaktion versetzt. Da sich Transaktionen gegenseitig nicht beeinflussen dürfen, werden natürlich die Änderungen, die andere Transaktionen parallel zur zurückgenommenen Transaktion durchgeführt haben, nicht zurückgenommen.

3. Das Anwendungsprogramm wird erfolgreich beendet. Greift ein Anwendungsprogramm auf die Datenbank zu, so wird in dem Moment, in dem es beendet wird und keine Fehler aufgetreten sind, automatisch ein COMMIT an die Datenbank gesendet, womit alle an den Daten vorgenommenen Änderungen in der Datenbank festgeschrieben werden.

4. Ist das Anwendungsprogramm nicht normal beendet worden, beispielsweise weil es abgestürzt ist, so wird ein ROLLBACK an die Datenbank gesendet und alle vom Anwendungsprogramm getätigten Transaktionen werden zurückgenommen.

Da man in der Regel natürlich nicht so lange warten möchte, bis ein Anwendungsprogramm beendet wurde, werden in Datenbankanwendungen zwischendurch ab und zu COMMIT-Befehle gesendet. Man sollte generell nur so viele Operationen in einer einzelnen Transaktion kapseln, wie unbedingt notwendig sind, da die Transaktion, solange sie nicht beendet wurde, den Zugriff auf Daten sperrt. Andere Transaktionen benötigen aber vielleicht gerade diese Daten und können daher nicht ausgeführt werden. Hat man ein COMMIT an einer wichtigen Stelle vergessen, kann dies dazu führen, dass man damit ein ganzes Datenbanksystem zum Stillstand bringt.

Sehen Sie sich nun noch einmal in einem Beispiel die Verwendung von COMMIT
und ROLLBACK an.

```
UPDATE
  KONTEN
SET
  KONTOSTAND = KONTOSTAND - 500
WHERE
  KONTO = 'Konto A';

UPDATE
  KONTEN
SET
  KONTOSTAND = KONTOSTAND + 500
WHERE
  KONTO = 'Konto B';

COMMIT;
```

In diesem Beispiel wird nach dem zweiten UPDATE-Befehl ein COMMIT abgesetzt.
Die Überweisung, die aus den beiden UPDATE-Befehlen besteht, wird damit bestätigt und die Änderung wird in der Datenbank festgeschrieben. Auf Konto A befinden sich 500,00 €, auf Konto B befinden sich 1.500,00 €. Anders im folgenden
Beispiel:

```
UPDATE
  KONTEN
SET
  KONTOSTAND = KONTOSTAND - 500
WHERE
  KONTO = 'Konto A';

UPDATE
  KONTEN
SET
  KONTOSTAND = KONTOSTAND + 500
WHERE
  KONTO = 'Konto B';

ROLLBACK;
```

Hier wird nach dem zweiten UPDATE-Befehl ein ROLLBACK durchgeführt, das heißt, die Änderungen, die die beiden UPDATE-Befehle vorgenommen haben, werden wieder zurückgenommen. Auf Konto A befinden sich 1.000,00 € und auf Konto B auch.

Neben den vom ANSI-Standard festgelegten Befehlen zur Transaktionssteuerung haben die einzelnen Hersteller von Datenbankmanagement-Systemen diesen Standard erweitert und eigene Befehle zur Transaktionssteuerung, wie z.B. BEGIN TRANSACTION, eingeführt. Mit Hilfe dieser plattformspezifischen Befehle ist es möglich, eine wesentlich feinere Steuerung der Transaktionen vorzunehmen als mit COMMIT und ROLLBACK alleine.

8.1.3   Das Transaktionsprotokoll

In einer großen Datenbankumgebung finden in jeder Sekunde unzählige Transaktionen statt. Damit das Datenbanksystem den Überblick über all diese Transaktionen behält, führt es intern ein Transaktionsprotokoll mit, in dem festgehalten wird, welche Transaktion welche Änderung an der Datenbank vorgenommen hat. Das Transaktionsprotokoll ist im Prinzip nichts weiter als eine interne Tabelle, die das Datenbanksystem genau wie alle anderen Tabellen verwaltet. Kommt es zu einem Fehler oder wird ein ROLLBACK-Befehl an die Datenbank abgesetzt, so werden die im Transaktionsprotokoll vorhandenen Informationen dazu genutzt, den Zustand vor der Transaktion wiederherzustellen.

Ein einfaches Transaktionsprotokoll können Sie in Abbildung 8.2 sehen.

TID	TNUM	PREV	NEXT	OPERATION	TABELLE	ROWID	ATTRIBUT	WERT VORHER	WERT NACHHER
...	...	...	...	...	...	...	...	...	...
2487	125	NULL	2488	START	NULL				
2488	125	2487	2489	UPDATE	KONTEN	1892135	KONTOSTAND	1.000	500
2489	125	2488	2490	UPDATE	KONTEN	1360906	KONTOSTAND	1.000	1.500
2490	125	2489	NULL	COMMIT	NULL				
...	...	...	...	...	...	...	...	...	...

Abb. 8.2:   Ein Transaktionsprotokoll

Das erste Feld des Beispiel-Protokolls trägt den Namen TID und stellt den Primärschlüssel der Transaktionsprotokoll-Tabelle dar, mit der die in ihr enthaltenen Datensätze eindeutig identifiziert werden können. Das zweite Feld TNUM gibt die Nummer der Transaktion an. Alle Datensätze mit derselben Transaktionsnummer gehören zu einer Transaktion. Die nächsten beiden Felder PREV und NEXT bauen innerhalb des Transaktionsprotokolls so etwas wie eine doppelt verkettete Liste auf. Im Feld PREV ist der Fremdschlüssel auf den vorhergehenden Datensatz der Transaktion enthalten, im Feld NEXT der Fremdschlüssel auf den nachfolgenden Datensatz. Laufen mehrere Transaktionen gleichzeitig ab, so ist nicht damit zu rechnen, dass alle Datensätze, die zu einer Transaktion gehören, so schön geordnet wie in unserem Beispiel im Transaktionsprotokoll stehen. Es werden abwechselnd die Datensätze verschiedener Transaktionen im Protokoll stehen, gerade so wie sie das

Datenbanksystem in das Protokoll geschrieben hat. Daher ist die Verknüpfung zu einer doppelt verketteten Liste sinnvoll, damit schnell der nächste bzw. vorhergehende Datensatz zu einer Transaktion ermittelt werden kann. Im Feld OPERATION steht die Operation, die auf die Daten in der Datenbank angewendet werden soll, und im Feld TABELLE steht die Tabelle, auf die die Operation angewendet werden soll. Das Feld ROWID enthält die physikalische Zeilennummer des zu aktualisierenden Datensatzes in der Tabelle. Im Feld ATTRIBUT schließlich steht der Name des Feldes, auf das die Operation angewendet wird. Im Feld WERTVORHER und WERT-NACHHER stehen jeweils die Werte des Feldes vor und nach der durchzuführenden Operation.

Für jede Transaktion wird ein Starteintrag, ein Eintrag für jede Veränderung an der Datenbank und ein Endeintrag in das Transaktionsprotokoll geschrieben. Anhand dieser Informationen kann jederzeit nachvollzogen werden, welche Befehle während der Transaktion durchgeführt wurden und welche Änderungen diese Befehle in der Datenbank zur Folge hatten. Wird die Transaktion erfolgreich durchgeführt, so werden die Änderungen in die Datenbank übernommen; schlägt die Transaktion fehl, so werden die Änderungen, die anhand des Transaktionsprotokolls ermittelt wurden, wieder rückgängig gemacht. Da jederzeit alle zu einer einzelnen Transaktion gehörenden Werte bekannt sind, ist es ohne weiteres möglich, nur die Änderungen dieser einen Transaktion rückgängig zu machen, ohne Änderungen anderer Transaktionen zu beeinflussen, genau so wie es die Isolation fordert.

Natürlich stellt das Transaktionsprotokoll einen zusätzlichen Overhead bei der Datenspeicherung dar und wirkt sich negativ auf die Performance der Datenbank aus. Daher bieten einige Datenbankhersteller proprietäre Methoden an, um in Ausnahmefällen (z.B. beim Einfügen von Massendaten) das Transaktionsprotokoll zu umgehen. Im Normalbetrieb stellt das Transaktionsprotokoll eine wertvolle Hilfe zur Bewahrung der Datenbankintegrität dar.

> **Hinweis**
>
> Das Transaktionsprotokoll ist eine der kritischsten Komponenten des ganzen Datenbanksystems. Wird das Transaktionsprotokoll zerstört oder beschädigt, so kann dies dazu führen, dass die ganze Datenbank nicht mehr verwendet werden kann. Aus Geschwindigkeitsgründen lagern manche Datenbanksysteme das Transaktionsprotokoll in den Hauptspeicher des Rechners aus, was das ganze System extrem empfindlich gegen Stromunterbrechungen (z.B. durch Stromausfall oder unabsichtliches Ausschalten des Rechners) macht. Sie sollten daher einen Datenbankserver stets an einer unterbrechungsfreien Stromversorgung betreiben.

8.2 Konkurrierende Zugriffe

Transaktionen sollen dabei helfen, Datenbanken beim gleichzeitigen, konkurrierenden Zugriff konsistent zu halten. In diesem Abschnitt stelle ich einige der Probleme vor, die beim gleichzeitigen konkurrierenden Zugriff mehrerer Benutzer auf
dieselbe Datenbank entstehen können, und die merkwürdigen Effekte, die sich daraus ergeben. Probleme im Mehrbenutzerbetrieb können *Lost Updates*, *Dirty Reads*,
Nonrepeatable Reads und *Phantome* darstellen.

8.2.1 Lost Updates

Das Lost-Update-Problem tritt auf, wenn zwei Benutzer in engen zeitlichen Abständen auf die Datenbank zugreifen und dort Änderungen vornehmen. Sehen Sie sich
dazu das Beispiel aus Abbildung 8.3 einmal an.

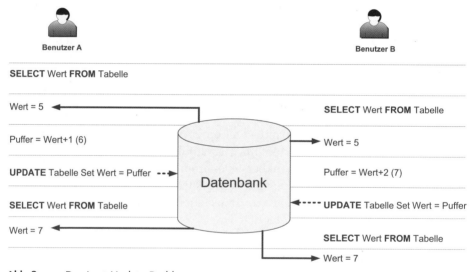

Abb. 8.3:   Das Lost-Update-Problem

Zunächst wählt der Benutzer A einen Wert aus der Tabelle `Tabelle` aus. Im Beispiel enthält die Tabelle den Wert 5. Dieser wird Benutzer A von der Datenbank
zurückgeliefert. In der Zwischenzeit ruft auch Benutzer B diesen Wert ab und
erhält natürlich richtigerweise den Wert 5 von der Datenbank zurückgeliefert.
Benutzer A addiert 1 zum von der Datenbank zurückgelieferten Wert und speichert
diesen in der Datenbank. Dasselbe führt auch der Benutzer B durch, er addiert
allerdings 2 zum Rückgabewert. Rufen beide Benutzer nun den Wert ab, so liefert
die Datenbank den Wert 7 zurück, was falsch ist. Der Benutzer A hat 1 zum Feld der
Datenbank addiert, der Benutzer B 2, also ist das richtige Ergebnis 5+1+2 = 8. Die
Änderung von Benutzer A wurde verworfen.

Hinweis

Dieses Phänomen ist auch als »wer zuletzt speichert, gewinnt« bekannt.

Damit ein derartiges Verhalten der Datenbank verhindert wird, muss der Update-Befehl einen Sperrmechanismus auslösen, der verhindert, dass es für den Benutzer B möglich ist, den Wert in der Tabelle zu ändern, nachdem Benutzer A ihn bereits geändert hat.

8.2.2 Dirty Read

Das Dirty-Read-Problem tritt dann auf, wenn auch unbestätigte Transaktionen berücksichtigt werden und zwischenzeitlich ein Rollback (z.B. durch einen Rechnerabsturz) durchgeführt wurde.

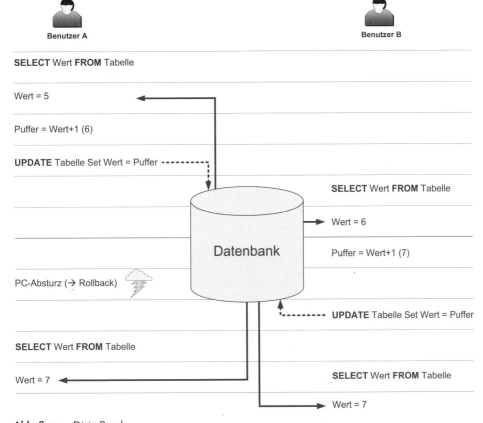

Abb. 8.4: Dirty Read

Die Situation ist ähnlich wie beim Lost Update im vorherigen Abschnitt. Zunächst lädt Benutzer A einen Wert aus der Datenbank (in unserem Fall ist der Wert wieder

5). Zu diesem Wert wird 1 addiert und das Ergebnis wird wieder in der Datenbank gespeichert. Zu diesem Zeitpunkt ist die Transaktion von Benutzer A noch nicht beendet. Benutzer B lädt denselben Wert aus der Datenbank und bekommt den Wert 6 zurückgeliefert, da in dem Beispiel auch unbestätigte Transaktionen berücksichtigt werden. Benutzer B arbeitet mit dem zurückgelieferten Wert und addiert auch die Zahl 1, so dass das Ergebnis 7 lautet. In der Zwischenzeit stürzt aber der Computer von Benutzer A ab. Da die Transaktion bisher noch nicht bestätigt wurde, führt der Datenbankserver, der den Absturz registriert hat, ein Rollback durch und setzt die Datenbank wieder in den Zustand zurück, den sie hatte, bevor Benutzer A den Wert des entsprechenden Feldes verändert hat, das heißt, dieses Feld enthält den Wert 5. Nun wird aber ein Update von Benutzer B durchgeführt, der den Wert des Feldes Wert um 1 erhöhen wollte. Da aber in der Zwischenzeit das Update vom Benutzer A durch den Rollback verworfen wurde, ist der von Benutzer B in die Datenbank eingefügte Wert 7 falsch.

> **Hinweis**
>
> Das Dirty-Read-Problem kann nur dann umgangen werden, wenn das Datenbanksystem beim Zurückliefern von Werten niemals unbestätigte Transaktionen berücksichtigt.

8.2.3 Nonrepeatable Read

Wird innerhalb einer Transaktion ein Wert mehrfach aus der Datenbank ausgelesen, so muss dieser Wert gleich sein, auch wenn er inzwischen von anderen Benutzern verändert wurde.

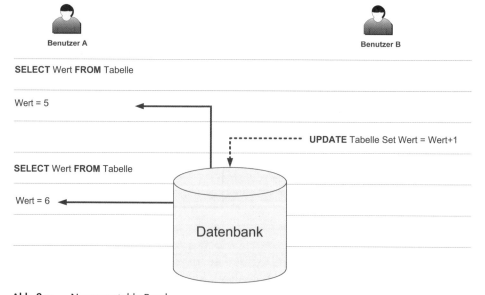

Abb. 8.5:   Nonrepeatable Read

Das Nonrepeatable-Read-Problem bekommt man nur dann in den Griff, wenn jeder Benutzer der Datenbank den Datenbestand über die gesamte Zeitdauer der Transaktion hinweg genau so sieht, wie dieser zum Start der Transaktion vorlag. Somit muss ein relationales Datenbankmanagement-System für jeden Benutzer eine eigene Sicht auf die Daten zur Verfügung stellen. Nur dann kann gewährleistet werden, dass Benutzer 1 immer dieselben Daten innerhalb einer Transaktion aus der Datenbank auslesen kann.

8.2.4 Phantome

Das Problem der Phantome tritt auf, wenn nacheinander Werte eingelesen werden, die verrechnet werden, und wenn zwischenzeitlich einer dieser Werte von einem anderen Benutzer geändert wurde.

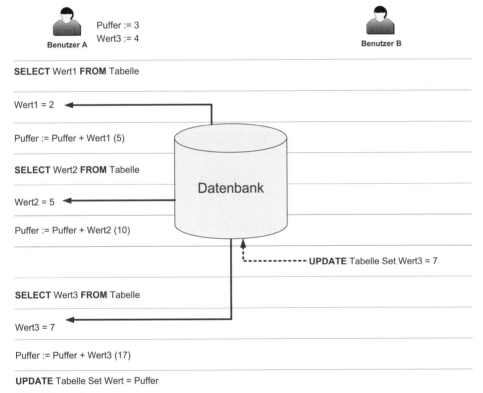

Abb. 8.6: Phantome

Benutzer A möchte die Werte der Felder Wert1, Wert2 und Wert3 zu dem bereits im Puffer vorhandenen Wert addieren. Wert1 enthält die Zahl 2, Wert2 die Zahl 5 und Wert3 die Zahl 4. Der Puffer enthält den Wert 3. Insgesamt erwartet Benutzer A also den Wert 14 (3+2+5+4). Während Benutzer A sich nacheinander die Werte aus der Datenbank holt, führt Benutzer B ein Update auf `Wert3` aus und setzt diesen auf den Wert 7. Dieser wird von Benutzer A aus der Datenbank geholt und zum Wert des Puffers (inzwischen 10) hinzuaddiert. Der nun im letzten `UPDATE`-Befehl von Benutzer A in die Datenbank gespeicherte Wert (17) entspricht nicht den Erwartungen (14), die Benutzer A am Anfang seiner Berechnung hatte.

> **Hinweis**
>
> Auch hier besteht die Lösung des Problems genau wie beim Nonrepeatable Read darin, dass jeder Benutzer nur den Datenbankstatus sehen darf, der zum Start seiner Transaktion vorlag.

Sie sehen also, dass es für ein Datenbankmanagement-System wichtig ist, die einzelnen Benutzer über Transaktionen voneinander zu trennen, damit die vier hier vorgestellten Synchronisationsprobleme nicht auftreten können. Außerdem muss ein Datenbankmanagement-System Probleme, wie z.B. den Absturz eines Clientrechners erkennen, und die nicht bestätigten Aktionen wieder rückgängig machen.

Diese Probleme werden durch das Konzept der Transaktionen vermieden, das jedes moderne Datenbanksystem unterstützt. Unter einer Transaktion versteht man eine Sequenz mehrerer Datenbankbefehle, die als eine Einheit angesehen werden.

> **Hinweis**
>
> Eine Transaktion überführt eine Datenbank stets von einem konsistenten Zustand in einen anderen konsistenten Zustand.

8.3 Sperrmechanismen (Locks)

In diesem Kapitel haben Sie bisher gesehen, wie man mehrere Befehle, die eine logische Einheit bilden, in einer Transaktion kapseln kann, so dass alle Befehle erfolgreich ausgeführt werden müssen, damit die gesamte Transaktion erfolgreich ist. Sie haben auch die Techniken gesehen, die es ermöglichen, Befehle innerhalb von nicht erfolgreich ausgeführten Transaktionen wieder zurückzunehmen. Es wurde erwähnt, dass, wenn eine Transaktion einen Datensatz ändert, dieser für andere Transaktionen gesperrt werden muss. In diesem Abschnitt werden Sie sich nun damit befassen, wie diese Sperrung von Datensätzen innerhalb einer Datenbank vonstatten geht.

Sperren (oder engl. *Locks*) garantieren einer Transaktion den exklusiven Zugriff auf einen bestimmten Teil der Datenbank, das heißt, wenn ein Teil der Datenbank durch eine Transaktion gesperrt ist, so kann keine andere Transaktion auf diesen Teil der Datenbank zugreifen.

Bevor eine Transaktion auf Daten aus der Datenbank zugreift, wird zunächst Zugriff auf diese Daten angefordert. Kann dieser Zugriff gewährleistet werden, weil gerade keine andere Transaktion die benötigten Daten gesperrt hat, so richtet die Transaktion, der der Zugriff gewährt wurde, eine Sperre ein, um damit zu signalisieren, dass die gesperrten Daten nun bearbeitet werden, und um anderen Transaktionen den Zugriff auf diese Daten zu verwehren. Nachdem die Transaktion ihre Aufgaben durchgeführt hat und die Daten entweder erfolgreich in der Datenbank geändert werden konnten oder die Änderungen bei Misserfolg zurückgenommen worden sind, wird die Sperre wieder freigegeben und andere Transaktionen können wieder auf die Daten zugreifen.

Moderne Datenbanksysteme verwalten Sperren von selbst, so dass sich der Anwendungsprogrammierer oder der Datenbankdesigner überhaupt nicht manuell um das Einrichten und Löschen von Datenbanksperren kümmern muss.

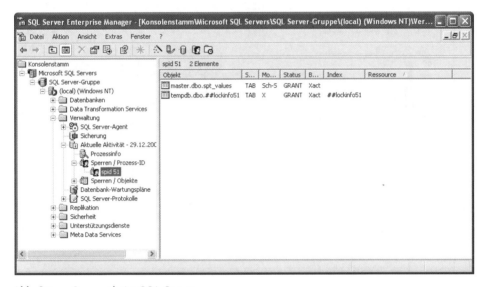

Abb. 8.7: Sperren beim SQL-Server

In Abbildung 8.7 kann man sehen, welche Sperren vom Prozess `spid51` gerade verwendet werden.

8.3.1 Granularität

Unter der *Granularität* von Sperren versteht man, auf welcher Ebene eine Sperre die Datenbank sperrt. Es ist möglich, dass eine Sperre die gesamte Datenbank, einzelne Tabellen, einzelne Seiten von Tabellen, Datensätze oder sogar nur Felder sperrt.

Sperren auf Datenbankebene

Wird eine Sperre auf Datenbankebene errichtet, so ist die gesamte Datenbank gesperrt, das heißt, eine andere Transaktion kann gar nicht auf die Datenbank zugreifen, selbst wenn sie ganz andere Daten bearbeiten möchte als die Transaktion, die die Datenbank gesperrt hat.

Sehen Sie sich dazu das Beispiel in Abbildung 8.8 an.

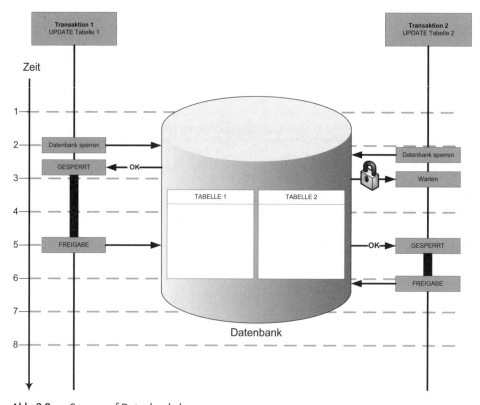

Abb. 8.8:   Sperre auf Datenbankebene

In Abbildung 8.8 ist eine Sperre auf Datenbankebene dargestellt. Transaktion 1 möchte Daten in Tabelle 1 verändern. Hierzu fordert sie eine Sperre auf Datenbankebene an, die sie sogleich bekommt. Die Datenbank ist nun für alle Transaktionen gesperrt und Transaktion 1 beginnt damit, die Daten in Tabelle 1 zu aktualisieren. Kurze Zeit später fordert Transaktion 2 auch eine Sperre auf Datenbankebene an. Da die Datenbank bereits gesperrt ist, wird diese Anforderung abgelehnt und Transaktion 2 muss warten. Nachdem Transaktion 1 beendet ist, wird die Datenbanksperre wieder freigegeben und Transaktion 2 kann nun endlich die Datenbank für sich sperren und die Daten in Tabelle 2 verändern.

Wie Sie an diesem kleinen Beispiel gesehen haben, machen Sperren auf Datenbank-ebene beim normalen Einsatz eines Datenbanksystems keinen Sinn. Obwohl `Transaktion 1` und `Transaktion 2` Daten in unterschiedlichen Tabellen bearbei-ten und sich daher gar nicht in die Quere kommen können, muss `Transaktion 2` trotzdem warten, bis `Transaktion 1` fertig ist.

Sperren, die die komplette Datenbank sperren, kommen in der Praxis nur dann zum Einsatz, wenn extrem kritische Operationen durchgeführt werden sollen, die viele Tabellen der Datenbank betreffen, und man sicherstellen möchte, dass kein anderer Anwender in dieser Zeit Änderungen vornehmen darf.

Sperren auf Tabellenebene

Im Gegensatz zur Sperre auf Datenbankebene wird bei einer Sperrung auf Tabellen-ebene nur eine komplette Tabelle gesperrt. Der Zugriff auf verschiedene Tabellen so wie in Abbildung 8.8 ist hier problemlos möglich. Greift eine Transaktion auf mehrere Tabellen zu, so werden alle benötigten Tabellen gesperrt.

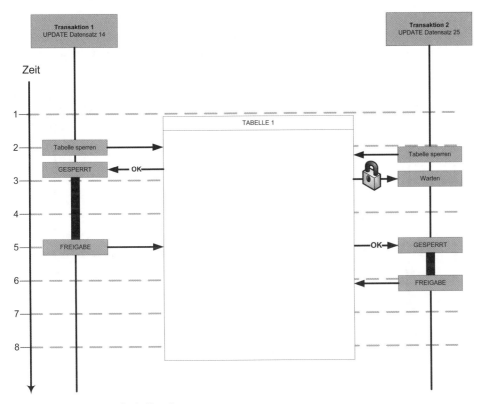

Abb. 8.9:   Sperre auf Tabellenebene

Obwohl diese Methode schon besser ist als die Sperrung der gesamten Datenbank, so bremsen sich hier auch verschiedene Transaktionen gegenseitig aus. In Abbildung 8.9 möchte `Transaktion 1` `Datensatz 14` aktualisieren, während `Transaktion 2`

`Datensatz` 25 aktualisieren möchte. Wieder kommen sich die beiden Transaktionen eigentlich nicht in die Quere, da sie mit verschiedenen Daten arbeiten, da aber die gesamte `Tabelle 1` gesperrt ist, muss `Transaktion 2` warten, bis `Transaktion 1` fertig ist und die Sperre auf `Tabelle 1` wieder aufhebt.

Ein solcher Sperrmechanismus ist natürlich besonders bei Tabellen kritisch, die ständig von verschiedenen Benutzern aktualisiert werden müssen, wie beispielsweise Tabellen, in denen Bestellungen verwaltet werden.

Sperren auf Seitenebene

Die Speicherverwaltung einer Datenbank ist ähnlich aufgebaut wie die Speicherverwaltung einer Festplatte, das heißt, der Gesamtspeicher ist in so genannte Seiten von einheitlicher Größe (z.B. 4 Kbyte, 8 Kbyte oder 16 Kbyte etc.) aufgeteilt. Es kann immer nur eine komplette Seite von der Festplatte gelesen bzw. auf diese geschrieben werden. In einer Seite befinden sich in der Regel mehrere Datensätze, wobei dies aber natürlich auch von der Größe der Datensätze abhängt, und eine Tabelle besteht aus mehreren Seiten.

Bei der Sperre auf Seitenebene wird eine Sperre für eine einzige Seite angefordert, das heißt, mehrere Transaktionen können gleichzeitig Datensätze in derselben Tabelle verändern, solange diese auf verschiedenen Seiten liegen.

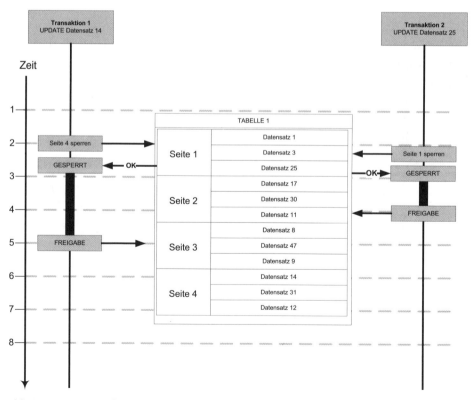

Abb. 8.10: Sperre auf Seitenebene

Im Gegensatz zu Abbildung 8.9 können Sie sehen, dass `Transaktion 2` in Abbildung 8.10 nicht mehr auf `Transaktion 1` warten muss, da die Transaktionen auf verschiedene Seiten der `Tabelle 1` zugreifen. `Transaktion 1` ändert `Datensatz 14`, der sich auf `Seite 4` befindet, während `Transaktion 2 Datensatz 25` ändert, der sich auf `Seite 1` befindet. Im Gegensatz zur Sperre auf Tabellenebene ist diese Sperre wesentlich flexibler und beschleunigt das System ungemein, da die Wahrscheinlichkeit recht hoch ist, dass Datensätze auf verschiedenen Seiten innerhalb der Datenbank liegen. Es kann allerdings der Fall auftreten, dass `Transaktion 1` `Datensatz 14` ändern möchte, `Transaktion 2` aber gleichzeitig `Datensatz 31`, der auf derselben Seite wie `Datensatz 14` liegt. In diesem Fall muss `Transaktion 2` auf die Beendigung von `Transaktion 1` warten.

Sperren auf Datensatzebene

Noch flexibler als die Sperrung auf Seitenebene ist natürlich die Sperrung auf Datensatzebene, das heißt, Transaktionen kommen sich nur noch dann in die Quere, wenn sie gleichzeitig auf denselben Datensatz zugreifen möchten.

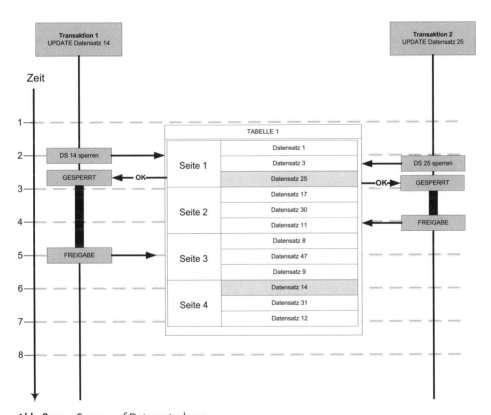

Abb. 8.11: Sperre auf Datensatzebene

Bedenken Sie aber bitte, dass der Aufwand, der zur Verwaltung von Sperren auf Datensatzebene vom DBMS betrieben werden muss, ausgesprochen hoch ist. Es muss für jeden Datensatz jeder Tabelle ein Lock vorhanden sein.

Sperren auf Feldebene

Die flexibelste aller Sperren stellt die Sperre auf Feldebene dar. Hier stören sich gleichzeitige Transaktionen nur noch dann, wenn sie gleichzeitig auf dasselbe Feld desselben Datensatzes zugreifen möchten. Unterschiedliche Felder desselben Datensatzes können von verschiedenen Transaktionen gleichzeitig bearbeitet werden. Der Nachteil und auch der Grund, warum Sperren auf Feldebene keine große Bedeutung bei professionellen Datenbanksystemen besitzen, ist der, dass hier für jedes Feld jedes Datensatzes jeder Tabelle eine Sperre verwaltet werden muss.

8.3.2 Sperrtypen

Unabhängig von der Granularität der Sperre ist der Typ der Sperre, der bestimmt, wie die Sperre funktioniert. Über den Sperrtyp wird festgelegt, was eine andere Transaktion mit einem gesperrten Teil der Datenbank machen darf.

Binäre Sperren

Unter einer *binären Sperre* versteht man eine Sperre, die zwei Zustände haben kann: gesperrt oder offen. Werden binäre Sperren verwendet, so kann ein gesperrtes Objekt von einer anderen Transaktion gar nicht verwendet werden.

Bei der Verwendung von binären Sperren wird das zu sperrende Objekt von der Transaktion gesperrt, die dieses Objekt verwendet. Nachdem die Transaktion beendet wurde, wird das gesperrte Objekt wieder freigegeben und eine andere Transaktion kann das Objekt sperren und selbst Änderungen vornehmen. Während eine binäre Sperre aktiv ist, kann eine andere Transaktion nicht auf das Datenbankobjekt zugreifen. Die Sperren, die ich in den Beispielen oben verwendet habe, waren ausschließlich binäre Sperren.

Binäre Sperren sind für den Praxiseinsatz viel zu restriktiv, da selbst, wenn zwei Transaktionen lesend auf ein Datenbankobjekt zugreifen möchten, eine Transaktion warten muss, bis die andere Transaktion beendet worden ist.

Exklusive/Nicht-exklusive Sperren

Besser als binäre Sperren sind exklusive bzw. nicht-exklusive Sperren. Fordert eine Transaktion eine *exklusive Sperre* an, so wird das zu sperrende Objekt exklusiv für diese eine Transaktion gesperrt und keine andere Transaktion kann auf das Objekt zugreifen. Eine *nicht-exklusive Sperre* lässt einen Lesezugriff auf das Datenbankobjekt auch mehrerer Transaktionen parallel zu, da hier ja kein Konfliktpotenzial gegeben ist. Die Transaktionen lesen schließlich nur die Werte aus der Datenbank, ohne sie zu verändern.

Eine nicht-exklusive Sperre kann immer dann gewährt werden, wenn das Datenbankobjekt, das gesperrt werden soll, nicht-exklusiv gesperrt ist, das heißt, es muss entweder nicht gesperrt oder mit einer anderen nicht-exklusiven Sperre gesperrt worden sein. Wurde ein Datenbankobjekt mit einer exklusiven Sperre gesperrt, so kann vorübergehend keine nicht-exklusive Sperre eingerichtet werden. Nicht-exklusive Sperren werden immer dann verwendet, wenn eine Transaktion lesend auf Objekte der Datenbank zugreifen will.

Möchte eine Transaktion schreibend auf ein Datenbankobjekt zugreifen, das heißt, es wurden die Befehle UPDATE, DELETE oder INSERT an die Datenbank abgesetzt, so muss eine exklusive Sperre eingerichtet werden. Eine exklusive Sperre kann aber nur dann eingerichtet werden, wenn keine andere Sperre, also weder eine exklusive noch eine nicht-exklusive Sperre auf dem zu sperrenden Datenbankobjekt besteht. Ist das Objekt bereits durch eine andere Transaktion gesperrt worden, so muss die Transaktion warten, bis diese Sperre wieder aufgehoben wurde, bevor das Objekt gesperrt werden kann.

Natürlich bieten exklusive/nicht-exklusive Sperren wesentlich mehr Flexibilität als binäre Sperren. Diese Flexibilität muss aber durch erhöhten Aufwand bei der Verwaltung der Sperren durch das DBMS erkauft werden. Für jede Sperre muss der Typ der Sperre verwaltet werden (exklusiv oder nicht-exklusiv). Außerdem muss es drei Operationen geben, eine zum Setzen der Sperre, eine zum Löschen der Sperre und eine zum Auslesen der Sperre.

Das Einführen von exklusiven/nicht-exklusiven Sperren bringt auch zwei Probleme mit sich. Unter Umständen kann es passieren, dass die Transaktionen, die diese Sperren verwenden, nicht mehr serialisierbar sind (das heißt, dass man nicht zwei Transaktionen geordnet hintereinander durchführen kann). Das zweite Problem, das auftreten kann, wenn Transaktionen Sperren auf mehreren Tabellen einrichten, ist, dass Deadlocks auftreten können.

8.3.3 Zwei-Phasen-Locking

Um zu verhindern, dass Transaktionen nicht mehr serialisierbar sind, wurde das *Zwei-Phasen-Locking-Protokoll* entwickelt. Hierbei gibt es eine Wachstumsphase, in der alle notwendigen Sperren errichtet werden, und eine Schrumpfphase, in der diese Sperren wieder gelöscht werden. In der Wachstumsphase können keine Sperren freigegeben werden, während in der Schrumpfphase keine neuen Sperren errichtet werden können.

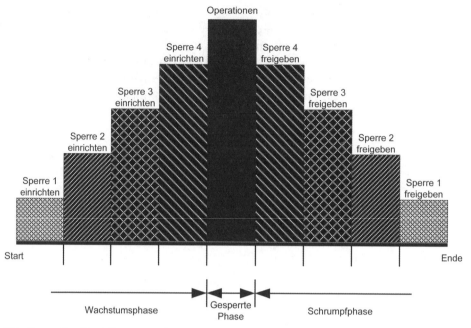

Abb. 8.12: Das Zwei-Phasen-Locking

In Abbildung 8.12 können Sie erkennen, wie das Zwei-Phasen-Locking-Protokoll funktioniert. Im Beispiel in der Abbildung benötigt die Transaktion Zugriff auf vier Datenbankobjekte, das heißt, es müssen vier Sperren errichtet werden. Diese werden in der Wachstumsphase nacheinander eingerichtet. Wurde die Sperre auf das letzte Datenbank-Objekt erfolgreich eingerichtet, so befindet sich das Zwei-Phasen-Locking-Protokoll in der gesperrten Phase und die Transaktion kann nun damit beginnen, Operationen auszuführen. Nachdem alle Operationen ausgeführt wurden, müssen die gesperrten Objekte wieder freigegeben werden. Dies geschieht in der umgekehrten Reihenfolge, in der die Sperren errichtet wurden.

Der Vorteil des Zwei-Phasen-Locking-Protokolls besteht darin, dass zwei verschiedene Transaktionen keine Sperren besitzen können, die in Konflikt zueinander stehen, und dass Sperren nicht freigegeben werden können, bevor sie eingerichtet wurden. Des Weiteren werden keine Daten verändert, bevor nicht alle Sperren erfolgreich eingerichtet werden konnten.

8.3.4 Deadlocks

Unter einem *Deadlock* versteht man eine Situation, die auftritt, wenn zwei Transaktionen dieselben Ressourcen benötigen, diese aber in verschiedener Reihenfolge belegen und somit jede der beiden Transaktionen darauf wartet, dass die jeweils andere Transaktion die belegte Ressource wieder freigibt.

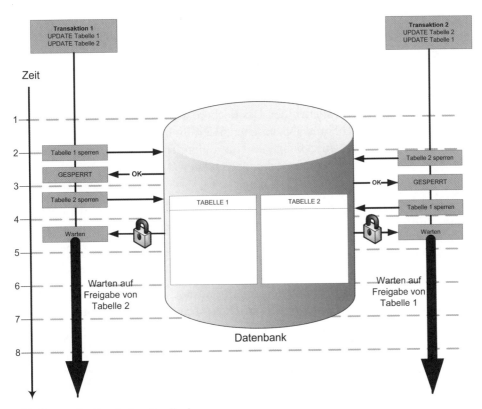

Abb. 8.13: Ein klassischer Deadlock

Wie genau ein Deadlock zustande kommt, können Sie in Abbildung 8.13 sehen. Transaktion 1 aktualisiert Tabelle 1 und Tabelle 2, während Transaktion 2 gleichzeitig Tabelle 2 und Tabelle 1 aktualisieren möchte. Zunächst sperrt Transaktion 1 Tabelle 1, während Transaktion 2 Tabelle 2 sperrt. Da auf beiden Tabellen keine Sperren liegen, funktioniert dies wie erwartet. Als Nächstes versucht Transaktion 1, Tabelle 2 zu sperren. Da Tabelle 2 bereits von Transaktion 2 gesperrt ist, kann Transaktion 1 diese Tabelle nicht mehr sperren und wartet, bis Transaktion 2 die Tabelle wieder freigibt. Transaktion 2 auf der anderen Seite möchte eine Sperre auf Tabelle 1 einrichten, kann dies aber nicht, da Tabelle 1 bereits durch Transaktion 1 gesperrt ist. Nun beginnt Transaktion 2 auch damit, auf das Aufheben der Sperre auf Tabelle 1 zu warten. Beide Transaktionen warten darauf, dass die andere Transaktion die Sperre freigibt, und es ist eine Situation entstanden, bei der beide Transaktionen unendlich lange warten – ein klassischer Deadlock.

Da in realen Datenbanksystemen weit mehr als zwei Transaktionen gleichzeitig ablaufen, ist die Wahrscheinlichkeit recht hoch, dass es in einem solchen System zu einem Deadlock kommt. Um Deadlocks zu verhindern bzw. aufzulösen, gibt es drei Techniken.

Bei der Deadlock-Prävention wird eine Transaktion, bei der es möglicherweise zu einem Deadlock kommen kann, präventiv abgebrochen. Alle Änderungen werden verworfen und die Sperren, die die Transaktion eingerichtet hat, werden wieder freigegeben.

Es gibt auch die Möglichkeit, dass Datenbanksysteme Deadlocks erkennen können. Erkennt ein Datenbanksystem einen Deadlock, so wird eine der beiden Transaktionen als Opfer ausgewählt und abgebrochen. Hierdurch werden die Sperren, die die Transaktion gesetzt hat, aufgehoben und die andere Transaktion kann die benötigten Datenbankobjekte sperren und die notwendigen Operationen damit durchführen.

Die dritte Möglichkeit, Deadlocks zu verhindern, ist die Deadlock-Vermeidung. Hierbei müssen alle Transaktionen die Sperren in derselben Reihenfolge errichten. Wenn Sie sich noch einmal Abbildung 8.13 ansehen, so erkennen Sie, dass es gar kein Problem gibt, wenn beide Transaktionen die Sperren in derselben Reihenfolge errichtet hätten. In diesem Fall hätte `Transaktion 2` keine Sperre auf `Tabelle 1` errichten können, da diese bereits von `Transaktion 1` gesetzt wurde. Folglich wäre die Sperre auf `Tabelle 2` auch nicht errichtet worden und somit hätte `Transaktion 1` diese Sperre errichten und ganz normal abgearbeitet werden können.

8.4   Zusammenfassung

- **Atomarität**

  Unter Atomarität versteht man, dass eine Transaktion stets als Ganzes betrachtet werden muss, das heißt, es ist nicht zulässig, dass Teiloperationen der Transaktion ausgeführt werden.

- **Binäre Sperre**

  Unter einer binären Sperre versteht man eine Sperre, die zwei Zustände haben kann: gesperrt oder offen. Werden binäre Sperren verwendet, so kann ein gesperrtes Objekt von einer anderen Transaktion gar nicht verwendet werden.

- **COMMIT**

  Mit dem COMMIT-Befehl wird unter SQL eine Transaktion bestätigt und die Änderungen werden in die Datenbank übernommen.

- **Deadlock**

  Unter einem Deadlock versteht man eine Situation, die auftritt, wenn zwei Transaktionen dieselben Ressourcen benötigen, diese aber in verschiedener Reihenfolge belegen und somit jede der beiden Transaktionen darauf wartet, dass die jeweils andere Transaktion die belegte Ressource wieder freigibt.

- **Dirty Read**

  Das Dirty-Read-Problem tritt dann auf, wenn auch unbestätigte Transaktionen berücksichtigt werden und zwischenzeitlich ein Rollback (z.B. durch einen Rechnerabsturz) durchgeführt wurde.

- **Exklusive Sperre**

  Fordert eine Transaktion eine exklusive Sperre an, so wird das zu sperrende Objekt exklusiv für diese eine Transaktion gesperrt und keine andere Transaktion kann auf das Objekt zugreifen.

- **Konkurrierende Zugriffe**

  Unter konkurrierenden Zugriffen versteht man die Zugriffe, die gleichzeitig auf die Datenbank zugreifen.

- **Konsistenter Zustand**

  Unter einem konsistenten Zustand versteht man einen Zustand, in dem die Datenbank keine Dateninkonsistenzen aufweist.

- **Lost Update**

  Das Lost-Update-Problem tritt auf, wenn zwei Benutzer in engen zeitlichen Abständen auf die Datenbank zugreifen und dort Änderungen vornehmen.

- **Nicht-exklusive Sperre**

  Eine nicht-exklusive Sperre lässt einen Lesezugriff auf das Datenbankobjekt auch mehrerer Transaktionen parallel zu, da hier ja kein Konfliktpotenzial gegeben ist. Die Transaktionen lesen schließlich nur die Werte aus der Datenbank, ohne sie zu verändern.

- **Nonrepeatable Read**

  Wird innerhalb einer Transaktion ein Wert mehrfach aus der Datenbank ausgelesen, so muss dieser Wert gleich sein, auch wenn er inzwischen von anderen Benutzern verändert wurde. Beim Nonrepeatable Read ist dies nicht der Fall.

- **Phantome**

  Das Problem der Phantome tritt auf, wenn nacheinander Werte eingelesen werden, die verrechnet werden, und wenn zwischenzeitlich einer dieser Werte von einem anderen Benutzer geändert wurde.

- **ROLLBACK**

  Mit dem ROLLBACK-Befehl wird unter SQL eine Transaktion abgebrochen und alle Änderungen an den Daten der Datenbank werden verworfen.

- **Sperre (Lock)**

  Sperren (oder engl. Locks) garantieren einer Transaktion den exklusiven Zugriff auf einen bestimmten Teil der Datenbank, das heißt, wenn ein Teil der Datenbank durch eine Transaktion gesperrt ist, so kann keine andere Transaktion auf diesen Teil der Datenbank zugreifen.

- **Sperren auf Datenbankebene**

Wird eine Sperre auf Datenbankebene eingerichtet, so kann keine andere Transaktion auf die gesamte Datenbank zugreifen. Sperren auf Datenbankebene werden normalerweise nicht eingerichtet, da so alle Transaktionen bis auf die sperrende Transaktion warten müssen, auch wenn sie andere Tabellen als die sperrende Transaktion bearbeiten möchten.

- **Sperren auf Datensatzebene**

Bei einer Sperre auf Datensatzebene wird nur der Datensatz gesperrt, der von der Transaktion bearbeitet wird. Der Vorteil dieses Sperrmechanismus liegt darin, dass auch andere Transaktionen auf dieselbe Tabelle zugreifen können wie die sperrende Transaktion, solange sie einen anderen Datensatz verwenden. Sperren auf Datensatzebene sind recht aufwändig, da für jeden Datensatz in der Datenbank eine Sperre verwaltet werden muss.

- **Sperren auf Feldebene**

Wird eine Sperre auf Feldebene eingerichtet, so wird nur das von der Transaktion bearbeitete Feld gesperrt, das heißt, eine andere Transaktion kann auf andere Felder desselben Datensatzes zugreifen. Sperren auf Feldebene werden sehr selten verwendet, da hier für jedes Feld jedes Datensatzes einer Tabelle eine Sperre verwaltet werden muss.

- **Sperren auf Seitenebene**

Wird eine Sperre auf Seitenebene eingerichtet, so wird lediglich die Seite gesperrt, auf der sich der zu ändernde Datensatz befindet, das heißt, andere Transaktionen können auf andere Datensätze derselben Tabelle zugreifen, solange sich diese Datensätze auf einer anderen Seite befinden.

- **Sperren auf Tabellenebene**

Wird eine Sperre auf Tabellenebene durchgeführt, so wird die gesamte Tabelle gesperrt. Andere Transaktionen können nicht auf diese Tabelle zugreifen, selbst wenn sie auf andere Datensätze zugreifen möchten als den, der von der sperrenden Transaktion bearbeitet wird.

- **Transaktion**

Eine Transaktion ist ein logischer Vorgang, der aus mehreren Einzelschritten besteht. Der gesamte Vorgang kann nur dann erfolgreich sein, wenn jeder der Einzelschritte erfolgreich durchgeführt werden konnte. Schlug nur einer der Einzelschritte fehl, so schlägt die gesamte Transaktion fehl.

- **Transaktionsprotokoll**

  Damit das Datenbanksystem den Überblick über all diese Transaktionen behält, führt es intern ein Transaktionsprotokoll mit, in dem festgehalten wird, welche Transaktion welche Änderung an der Datenbank vorgenommen hat. Das Transaktionsprotokoll ist im Prinzip nichts weiter als eine interne Tabelle, die das Datenbanksystem genau wie alle anderen Tabellen verwaltet.

- **Zwei-Phasen-Locking-Protokoll**

  Um zu verhindern, dass Transaktionen nicht mehr serialisierbar sind, wurde das Zwei-Phasen-Locking-Protokoll entwickelt. Hierbei gibt es eine Wachstumsphase, in der alle notwendigen Sperren errichtet werden, und eine Schrumpfphase, in der diese Sperren wieder gelöscht werden.

8.5 Aufgaben

Hier finden Sie Wiederholungsfragen, mit denen Sie die Gelegenheit haben, sich noch einmal Gedanken über den Stoff des Kapitels zu machen. Außerdem finden Sie im Abschnitt *Zum Weiterdenken* Probleme und Aufgaben, auf die Sie Ihr frisch gewonnenes Wissen anwenden können. Die Lösungen zu diesen Aufgaben finden Sie in Anhang A.8.

8.5.1 Wiederholung

1. Was ist eine Transaktion und wozu wird sie gebraucht?

2. Welche Eigenschaften muss eine Transaktion haben?

3. Wie kann man Transaktionen mit SQL verwalten?

4. Wozu dient das Transaktionsprotokoll?

5. Welche Probleme kennen Sie, die beim konkurrierenden Zugriff auftreten können, wenn es kein vernünftiges Transaktionsmanagement gibt?

6. Wozu dienen Locks?

7. Welchen Sperrtyp würden Sie für ein Datenbanksystem empfehlen? Warum?

8. Was passiert bei einem Deadlock? Wie kann man einen Deadlock verhindern?

9. Wie funktioniert das Zwei-Phasen-Locking ?

10. Warum ist das abrupte Ausschalten eines Datenbankservers, ohne dass dieser vorher heruntergefahren wurde, eine sehr kritische Angelegenheit?

8.5.2 Zum Weiterdenken

1. Stellen Sie sich vor, dass Sie eine Tabelle in einer Datenbank haben, die sieben Felder besitzt und über 20.000 Datensätze verfügt. Wenn Sie eine Sperre auf Feldebene verwenden möchten, wie viele Sperren muss die Datenbank verwalten und wie viel Speicherplatz benötigen diese Sperren, wenn Sie davon ausgehen, dass eine Sperre 1 Byte Speicherplatz benötigt?

2. Die folgenden Fragen beziehen sich auf das im Anschluss geschilderte Szenario. Stellen Sie sich vor, dass Sie der Hersteller vom Produkt PRODUKT_A sind, das aus drei Einzelteilen, TEIL_1, TEIL_2 und TEIL_3 zusammengebaut wird. Wird ein neues Produkt PRODUKT_A erstellt, so muss der Wert des Feldes AZPRODUKTE in der Tabelle PRODUKT für PRODUKT_A erhöht werden. In der Tabelle TEILE muss der Wert des Feldes AZTEILE für jedes der drei Einzelteile entsprechend verringert werden. Die Tabellen enthalten die folgenden Daten:

PRODUKTNAME	AZPRODUKTE
PRODUKT_A	52

TEILNAME	AZTEILE
TEIL_1	34
TEIL_2	253
TEIL_3	41

Abb. 8.14: Daten in den Tabellen PRODUKT und TEIL

3. Wie viele Datenbankabfragen müssen durchgeführt werden, wenn aus TEIL_1, TEIL_2 und TEIL_3 einmal das PRODUKT_A erzeugt wird?

4. Formulieren Sie die in Aufgabe 2 ermittelten Aktualisierungen als SQL-Befehle.

5. Schreiben Sie die komplette Transaktion für einen Fertigungsvorgang auf.

6. Wie sieht das Transaktionsprotokoll für die in Aufgabe 4 durchgeführte Transaktion aus, wenn wir annehmen, dass die in Abbildung 8.14 dargestellten Daten in den Tabellen vorhanden sind?

Kapitel 9

Die Client-Server-Architektur

9.1 Was ist Client-Server?

Die Client-Server-Architektur ist eine Anwendungsarchitektur, die sich in den letzten Jahren auf den meisten Gebieten der unternehmensweiten Datenbearbeitung durchgesetzt hat. Obwohl inzwischen immer mehr webbasierte Anwendungen das Intra- bzw. Internet erobern, hat die klassische Client-Server-Architektur noch lange nicht ausgedient, da auch in diesen Bereichen typische Client-Server-Merkmale verwendet werden. Im Prinzip kann man eine Inter-Intranet-Anwendung als einen sehr schlanken Client sehen. Auf der anderen Seite fungiert der Applikationsserver, der die Intranetanwendung implementiert, als Client für den nachgelagerten Datenbankserver. Grund genug, dass Sie in diesem Buch einen genaueren Blick auf Client-Server-Architekturen werfen.

Client-Server ist ein Modell für die Anwendungsentwicklung, bei der die von der Anwendung zu erbringenden Funktionen zwischen einem Client- und einem Server-Prozess aufgeteilt werden. Es ist nicht zwingend notwendig, dass Client- und Server-Prozess auf verschiedenen Rechnern ausgeführt werden. Die Client-Server-Architektur ist in der Regel so flexibel, dass der Client-Prozess sowohl auf dem Server als auch auf durch ein Netzwerk mit dem Server verbundenen Clients ausgeführt werden kann.

Ein Server-Prozess kann Dienste für mehrere Client-Prozesse bereitstellen und ein Client-Prozess kann auf mehrere Server zugreifen. Daher ist die Client-Server-Architektur natürlich besonders gut für heterogene Unternehmensumfelder geeignet. Da ein Server viele Clients bedienen kann, können so leicht die zahlreichen Mitarbeiter-Arbeitsplätze angebunden werden. Da aber ein Client auch auf verschiedene Datenquellen zugreifen kann, ist es auch möglich, dass über den Client verschiedene heterogene Serversysteme über das Netzwerk als Kommunikationsmedium vereinigt werden.

Eine der Schlüsselfragen der Client-Server-Architetur ist, wo die Datenverarbeitung stattfindet. Sie haben ja bereits in Abschnitt 2.5 gesehen, dass es verschiedene Architekturen gibt, die sich über den Ort der Datenverarbeitung bzw. der Businesslogik voneinander unterscheiden. In diesem Zusammenhang haben Sie zweischichtige und n-schichtige Anwendungen kennen gelernt.

Bei einer typischen Anfrage an die Datenbank (jetzt mal unabhängig davon, in welche andere Anwendungsarchitektur diese Abfrage eingebaut ist) handelt es sich stets um eine zweischichtige Thin-Client-Architektur. Der Client setzt eine Datenbankabfrage an den Server ab. Dieser bearbeitet die Datenbankabfrage und sendet das Ergebnis wieder an den Client zurück. Diese Abfrage kann dann natürlich in den größeren Kontext einer Datenbankanwendung eingebaut sein, die im Rahmen einer der vorgestellten Datenbankanwendungsarchitekturen implementierte wurde.

9.1.1 Geschichte von Client-Server

In den frühen siebziger Jahren wurden Daten hauptsächlich auf Mainframe-Rechnern verwaltet. Diese wurden von sehr einfachen Terminals abgefragt, die kaum mehr machten, als Daten anzuzeigen und Benutzereingaben entgegenzunehmen. Hier wurde bereits der Anfang für eine Client-Server-Architektur gelegt, mit sehr fetten Servern und sehr schlanken Clients. Das Problem, dass die Mainframe-Rechner mit sich brachten, war, dass Daten nur zentral auf dem Mainframe selbst verändert werden konnten und dass auch nur der Mainframe in der Lage war, Berechnungen durchzuführen. Gerade in komplexen Anwendungen mit vielen Benutzern stellte der Mainframe-Rechner einen nicht zu unterschätzenden Flaschenhals dar.

Anfang der achtziger Jahre fassten immer mehr PCs Fuß in den Büros, da es mit ihnen zum ersten Mal möglich wurde, Daten auch lokal, das heißt unabhängig vom Server zu verändern. Zunächst musste die Datenübernahme zwischen Mainframe und PC noch manuell erfolgen, das heißt, Daten wurden vom Mainframe ausgedruckt und erneut in den PC eingegeben. Dass diese Eingabe natürlich fehleranfällig war und viel Redundanz erzeugt, sollte klar sein. Außerdem war diese Arbeitsweise in höchstem Maße ineffizient, da viel wertvolle Arbeitszeit darauf verwendet werden musste, Daten einzugeben.

Da die Verbreitung von PCs über die Jahre immer größer und die Ineffektivität der bisherigen Vorgehensweise erkannt wurde, begann man damit, PCs untereinander und mit den Mainframe-Rechnern zu vernetzen. Auf den PCs wurden dann Terminal-Emulationen zur Abfrage der Mainframes ausgeführt. Berechnungen wurden, wie zuvor auch, auf dem lokalen PC durchgeführt. Obwohl diese Methode schon viel besser als die manuelle Dateneingabe war, hatte sie doch einen entscheidenden Nachteil. Die Daten, die vom Mainframe auf den PC heruntergeladen wurden, stellten jeweils nur einen Schnappschuss der aktuellen Daten zum Zeitpunkt des Herunterladens dar, das heißt, es wurde nicht mit echten Live-Daten gearbeitet. In regelmäßigen Abständen mussten diese Daten vom Mainframe erneut heruntergeladen werden, um aktuelle Berichte und Informationen zu erhalten.

Parallel zum Herunterladen der Mainframe-Daten entwickelte sich ein zweiter Trend. Benutzer waren nun auf einmal in der Lage, auf ihren eigenen PCs selbst

Datenbanken anzulegen, was natürlich auch genutzt wurde. Dies führte im Endeffekt zu den so genannten Informationsinseln, das heißt, dass im gesamten Unternehmen Daten verstreut und unter Umständen redundant gehalten wurden. Eine Datenpflege und die Zusammenführung der Daten in diesem Szenario ist ziemlich schwierig, da es durch den Datenbanken-»Wildwuchs« keine einheitlichen Standards gab. Natürlich gibt es in diesem Umfeld, weil die Datenbanken von Endanwendern entwickelt werden und nicht von IT-Spezialisten, ein großes Potenzial für Sicherheitsprobleme, Datenredundanzen und all die Dateninkonsistenzen, die durch solche Probleme verursacht werden.

Durch den anhaltenden Erfolg der PCs wurden immer mehr Teile ehemaliger Mainframe-Anwendungen auf diesen ausgelagert, zumal sich in der Zwischenzeit auch eine reiche Palette an grafischen Entwicklungstools auf dem PC-Markt herausgebildet hatte, die die textbasierten Entwicklungstools der Mainframe-Rechner bei Weitem übertrafen und durch die wesentlich einfachere Handhabung Entwicklungszyklen dramatisch verkürzen konnten. Ehemalige Mainframe-Anwendungen wie Dateneingabe oder Textverarbeitung wurden vollständig auf PCs ausgelagert.

Die Entwicklung schritt nun weiter von Datenbankmanagement-Systemen auf teuren, proprietären Mainframe-Rechnern hin zu DBMS auf billigen Standard-PCs. Neue, verteilte Datenbanksysteme eroberten den Markt und halfen enorm, die Skalierbarkeit PC-gestützter Systeme zu verbessern, indem bei Engpässen einfach zusätzliche Server hinzugefügt werden konnten.

Die neueste Entwicklung in diesem Gebiet geht weg von den Client-Server-Systemen, die mit Hilfe von Datenbankanwendungen auf den Client-Computern arbeiten, hin zu den Systemen, die die Datenbankanwendung vollständig im Webbrowser ablaufen lassen.

Anhand dieser kurzen Zeitreise durch die Geschichte der Client-Server-Architektur haben Sie gesehen, dass die eigentliche Idee von Client-Server, Anwendungen über separate Rechnersysteme zu verteilen, zu jeder Zeit aktuell war. Der einzige Unterschied zwischen den einzelnen Architekturen besteht darin, wie viele (und welche) Funktionen auf dem Clientrechner und auf dem Server ausgeführt werden.

9.1.2 Vorteile von Client-Server

Das Client-Server-Modell ist deshalb so erfolgreich, weil es vielen Forderungen der Industrie Rechung trägt und diese besser als alle bisher entwickelten Architekturen befriedigen kann.

Die Globalisierung trägt dazu bei, dass die Unternehmen immer mehr darauf angewiesen sind, ihre internen Strukturen zu verschlanken und den Kundenservice immer weiter auszubauen. Einer der Schlüsselfaktoren, um auch noch im Markt von morgen erfolgreich tätig sein zu können, ist eine reibungslos funktionierende Informationsinfrastruktur, die es den Anwendern ermöglicht, schnell auf sämtliche im Unternehmen verteilte Daten zugreifen zu können und diese leicht in bedeutungsvolle Informationen überführen zu können. Die unternehmensweite Datenbank ist zu einem kritischen Erfolgsfaktor geworden, der zu niedrigen Kosten angeboten werden muss, damit sich auch kleinere Firmen diesen leisten können.

Im rasch wechselnden Geschäftsumfeld ist es heute notwendig geworden, dass jederzeit die Informationen zum Fällen kritischer Unternehmensentscheidungen abgerufen werden können. Natürlich müssen diese Informationen sowohl zeitnah als auch in einem Format vorliegen, das leicht weiterverarbeitet werden kann. Diese Forderung kann die Client-Server-Architektur erfüllen.

Ein weiterer wesentlicher Erfolgsfaktor des Client-Server-Modells ist, dass dieses durch einfache und intuitiv zu bedienende Anwendungsprogramme unterstützt wird. Entscheidungsträger in Unternehmen haben meist nicht das Know-how und die Zeit, sich in komplexe Anwendungsprogramme einzuarbeiten. Daher muss der Zugriff auf diese Informationen möglichst einfach gestaltet sein. Hier haben die Benutzeroberflächen in den letzten zehn Jahren sehr stark zugelegt und inzwischen sind sogar recht komplizierte Aktionen mit Hilfe der grafischen Oberflächen einfach durchzuführen. Der Fokus, mit dem die Anwender arbeiten, verschiebt sich von der Frage »Wie greife ich auf Informationen zu?« zur Frage »Wie kann ich die Daten so bearbeiten, dass ich die gewünschten Informationen bekomme?« Dies hat natürlich einen erheblichen Produktivitätsgewinn für die Anwender zur Folge.

Des Weiteren ermöglicht es die Client-Server-Architektur, dass bereits im Unternehmen getätigte Investitionen erhalten werden können, da bestehende Systeme, wie z.B. Mainframe-Rechner, mit in diese Architektur eingebunden werden können. Es können selbst verschiedene interne und externe Datenquellen unterschiedlichen Formats, wie z.B. flache Dateien, relationale Datenbanken, hierarchische Datenbanken und Netzwerk-Datenbanken angebunden werden. Mit Hilfe von Client-Server-Architekturen können Software, Hardware und ganze Technologien zusammengeführt werden. Eine logische Konsequenz aus dieser Eigenschaft ist die Entwicklung von XML als plattformunabhängige Sprache.

Einen weiteren Schub hat die Client-Server-Architektur durch die immer leistungsfähiger werdende Hard- und Software erfahren. Durch diesen Leistungsschub sind inzwischen viele Anwendungen denkbar, die noch vor zehn Jahren völlig utopisch waren. Moderne PC-Systeme können es von der Leistungsfähigkeit her leicht mit ehemaligen Mainframe-Rechnern zu einem Bruchteil des Preises aufnehmen. Heutzutage steht unter dem durchschnittlichen Büroschreibtisch mehr Rechenpower, als man damals benötigt hat, den ersten Mann auf den Mond zu bringen. So ist es sogar kleinen Firmen möglich, komplexe Datenbankanwendungen zu einem bezahlbaren Preis zu entwickeln.

Eine weitere technologische Entwicklung, die Datenbankanwendungen ermöglicht, die vor einigen Jahren noch undenkbar waren oder nur von Großkonzernen bezahlt werden konnten, ist das Internet. Heutzutage ist es sehr einfach möglich, über das Internet selbst entfernteste Zweigstellen an die zentrale Datenbank anzukoppeln oder die eigenen Datenbestände mit Hilfe von externen Daten weiter zu ergänzen.

Auch die Datenbankmanagement-Systeme haben in den letzten Jahren eine erhebliche Entwicklung durchlaufen. Heutzutage gibt es kaum noch Funktionen, die große Mainframe-Datenbanken abdecken, die nicht auch von PC-basierten Systemen (natürlich zu einem erheblich niedrigeren Preis) erfüllt werden können. Diese modernen Datenbanksysteme zusammen mit den sehr ausgeklügelten Datenbankanwendungen ermöglichen es, dass selbst Personen recht gut mit den vorhandenen Daten arbeiten können, die keine Computerexperten sind.

Durch die schnelle Entwicklung der PC-Hardware und den günstigen Preis bietet diese gegenüber anderen Alternativen ein immer besseres Preis-Leistungs-Verhältnis. Durch die gewohnte Arbeitsumgebung, die hohe Verfügbarkeit unternehmensweiter Daten und die einfach zu bedienenden Datenbankanwendungen können Datenbankanwender heutzutage sehr produktiv arbeiten. Durch die Verwendung von Windows-Rechnern oder Webanwendungen als Datenbank-Frontend halten sich auch die Trainingskosten im Rahmen, da die Anwender mit ihnen bereits vertrauten Umgebungen konfrontiert werden.

Neben all diesen wunderbaren Eigenschaften von Client-Server-basierten Datenbanksystemen gibt es aber auch einen entscheidenden Nachteil, das ist die Verteilung der Software. Hier treten hauptsächlich zwei Aspekte in den Vordergrund. Zum einen ist es die eigentliche Verteilung und Installation der Software. Werden Änderungen an der Client-Software vorgenommen, so muss diese auf jedem Clientrechner installiert werden. Auf der anderen Seite ist die Installation selbst auch recht kritisch. Neben der eigentlichen Client-Software müssen zusätzlich noch weitere Programme (z.B. die Konnektivität zur Datenbank) installiert werden. In den hoch reglementierten IT-Umgebungen mancher Unternehmen ist es schwierig, diese Software zu installieren.

Aus diesen Gründen etabliert sich neben der reinen Client-Server-Architektur mit Client-Anwendungen die Webanwendung als Alternative. Hierbei wird die Datenbankanwendung nur noch im Webbrowser des Clients dargestellt. Die eigentliche Client-Anwendung wird von einem so genannten Anwendungsserver zur Verfügung gestellt, der sozusagen das Bindeglied zwischen Web-Frontend und Datenbank darstellt. Muss die Anwendung aktualisiert werden, weil beispielsweise Fehler korrigiert wurden oder neue Funktionen hinzugekommen sind, so muss lediglich die Software auf dem Anwendungsserver aktualisiert werden.

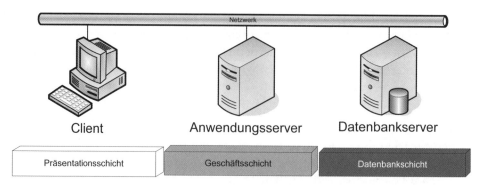

Abb. 9.1: Der Anwendungsserver als Bindeglied zwischen Client und Datenbankserver

Ruft ein Anwender die Webanwendung nach der Aktualisierung auf, so kann er direkt mit der neuen Version der Anwendung arbeiten.

In einem solchen Szenario entfällt natürlich auch die Notwendigkeit, auf den Clientrechnern Konnektivitätskomponenten zum Datenbankserver zu installieren. In der Regel reicht die Software, die ohnehin schon auf dem Clientrechner installiert ist, völlig aus, um die Datenbankanwendung bedienen zu können.

9.2   Client-Server-Architektur

Die Client-Server-Architektur besteht aus Hard- und Software-Komponenten, die miteinander interagieren. Es gibt drei Hauptkomponenten.

1. Client

   Der Begriff Client ist (genau wie der Begriff Server) mit mehreren Bedeutungen hinterlegt. Auf der einen Seite versteht man unter einem Client einen Clientrechner, also in der Regel eine Arbeitsstation, an der ein Anwender des Datenbanksystems sitzt, auf der anderen Seite versteht man unter dem Begriff Client auch die auf diesem Rechner ausgeführte *Client-Software* oder den *Client-Prozess*. Clientrechner und Client-Software bilden natürlich aus Sicht der Client-Server-Architektur eine Einheit. Ohne die Client-Hardware kann die Client-Software nicht ausgeführt werden, andererseits macht die Client-Software aus der Hardware erst den Client, das heißt, ohne die Client-Software wäre die Hardware nur ein weiterer PC, der nichts mit der Datenbankanwendung zu tun hat. Daher hat es sich auch eingebürgert, einfach nur vom Client zu sprechen. Die Bedeutung, ob Soft- oder Hardware gemeint ist, ergibt sich aus dem Zusammenhang.

2. Middleware/Kommunikation

   Damit Client und Server eines Client-Server-Systems überhaupt miteinander kommunizieren können, benötigen sie eine Software, die diese Kommunikation über das Netzwerk hinweg ermöglicht. Diese Software wird als Middleware bezeichnet und Sie haben in Abschnitt 2.6 bereits einiges zum Thema Middleware erfahren.

3. Server

Der Begriff Server ist genau so doppelt belegt wie der Begriff Client und kann einerseits den *Server-Computer* oder den *Server-Prozess* auf diesem Computer meinen. Auch hier sind Hard- und Software wieder untrennbar miteinander verbunden, so dass es legitim ist, lediglich vom Server zu sprechen.

Wie die Kommunikation zwischen der Datenbankanwendung auf dem Client und dem Datenbankserver auf dem Server stattfindet, können Sie in Abbildung 9.2 erkennen.

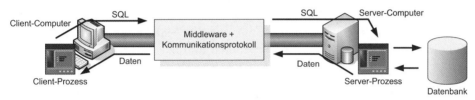

Abb. 9.2:   Kommunikation zwischen Client und Server

Wie in Abbildung 9.2 zu sehen ist, werden alle Benutzereingaben auf dem Client zunächst in SQL-Befehle umgewandelt, die dann mit Hilfe der Middleware und den unterliegenden Netzwerkprotokollen an den Datenbankserver bzw. den Datenbank-Server-Prozess, der auf dem Servercomputer ausgeführt wird, gesendet wird. Der Server-Prozess kommuniziert mit der eigentlichen, physikalischen Datenbank auf dem Server und sucht die benötigten Informationen heraus. Nachdem die Daten ermittelt werden konnten, werden diese über die Middleware wieder zurück an den Client gesendet.

In diesem Prozess trägt die Middleware die Verantwortung dafür, dass die Kommunikation zwischen Server und Client vorschriftsmäßig stattfinden kann und dass der richtige Server und der richtige Client an der Kommunikation teilnehmen. Unter der Middleware wird in der Regel ein weiteres Netzwerkprotokoll ausgeführt, was heutzutage in den meisten Fällen TCP/IP ist. Auch wenn Server und Client auf demselben Rechner installiert sind, kümmert sich die Middleware darum, dass die Kommunikation zwischen den beiden Prozessen funktioniert.

Damit Sie bei der Entwicklung eines Datenbanksystems ein möglichst flexibles, performantes und zukunftsträchtiges System erstellen, sollten Sie bei der Entwicklung der Client-Server-Architektur gewisse Prinzipien befolgen.

Zunächst sollte gewährleistet sein, dass die Architekturkomponenten hardwareunabhängig voneinander funktionieren, das heißt, es sollte möglich sein, dass die verschiedenen Komponenten des Systems auf verschiedenen Hardware-Plattformen ausgeführt werden können, ohne dass dies die Kommunikation zwischen den Komponenten beeinflusst. Des Weiteren sollte dire Client-Server-Architektur auch softwareunabhängig sein, das heißt, es muss gewährleistet sein, dass z.B. eine Client-Software, die unter einem Client auf Windows-XP-Basis ausgeführt wird, auf eine Datenbank auf einem Unix-Server zugreifen kann. Außerdem darf die Kommunikation der Komponenten untereinander nicht vom gewählten Netzwerkprotokoll abhängig sein, das heißt, für die Kommunikation zwischen den Client-Server-Komponenten muss es unwichtig sein, ob das Netzwerkprotokoll z.B. IPX ist oder TCP/IP.

Ein wichtiges Merkmal der Client-Server-Architektur stellt die Aufteilung der Datenverarbeitung auf den Client-Prozess und den Server-Prozess dar. Bei dieser Aufteilung muss man darauf achten, dass Client und Server autonome Einheiten darstellen, die definierte Funktionsgrenzen besitzen. Die Kommunikation über diese Funktionsgrenzen hinaus darf nur über die Middleware stattfinden. Diese Einschränkung ermöglicht es, die Flexibilität und Skalierbarkeit des Systems zu verbessern.

Die Ressourcen sowohl vom Client als auch vom Server müssen optimal genutzt werden, das heißt, es muss gewährleistet sein, dass der Teil der Client-Server-Architektur, der am besten dazu geeignet ist, eine bestimmte Aufgabe auszuführen, diese auch ausführt. Möchten Sie beispielsweise 30.000 Datensätze ändern, so macht es keinen Sinn, diese 30.000 Datensätze zunächst auf den Client herunterzuladen, die Änderungen lokal auf dem Client durchzuführen und das Ergebnis dann auf dem Datenbankserver zu aktualisieren. Diese Vorgehensweise erzeugt extrem viel unnötige Netzwerklast und ist daher recht unperformant. Viel sinnvoller ist es, dass nur ein Befehl an den Server gesendet wird, wie die Daten zu ändern sind, und dass diese Änderung dann lokal auf dem Server durchgeführt wird.

Des Weiteren sollte es problemlos möglich sein, sowohl den Client als auch den Server auf leistungsfähigerer Hardware ausführen zu können, damit eventuelle Engpässe mit einer Leistungssteigerung bei der Hardware behoben werden können. Die Integration zwischen Client und Server sollte so gut gelöst sein, dass, wenn es Änderungen im Server-Prozess gibt, diese keinen Einfluss auf den Client-Prozess haben.

Zu guter Letzt ist es bei einem solchen System sehr wichtig, dass man interne Standards aufstellt, an die sich alle Komponenten zu halten haben. Nur so kann verhindert werden, dass es bei der Kommunikation zwischen den verschiedenen Komponenten zu Fehlern kommt.

Sicherlich ist es in der Praxis schwierig, all diese Regeln zu befolgen, und oft ist es gar nicht möglich. Sie sollten die Regeln jedoch als Leitfaden für gutes Design von Client-Server-Anwendungen im Hinterkopf behalten.

9.2.1 Client-Komponenten

Der Client ist die proaktive Komponente der Client-Server-Architektur, das heißt, die Kommunikation geht immer vom Client aus, der Abfragen an den Server sendet, die dieser dann bearbeitet. Damit der Client, der sowohl aus Hard- als auch aus Software besteht, diese Aufgaben gut erfüllen kann, sind verschiedene Anforderungen an die einzelnen Komponenten des Clients notwendig.

Die Hardware des Clients sollte sehr leistungsfähig sein, da der Client-Prozess einerseits eine einfach zu bedienende grafische Oberfläche enthalten muss und andererseits auch komplexe Operationen durchführt. Des Weiteren wird die Middleware zur Kommunikation mit dem Server auch noch im Hintergrund ausgeführt. Daher sollte die Client-Hardware sowohl einen leistungsfähigen Prozessor als auch genügend Speicher (sowohl RAM als auch Festplatte) besitzen, damit der Client-Prozess beim Abarbeiten seiner Aufgaben optimal unterstützt wird.

Des Weiteren sollte das Client-System multitaskingfähig sein und eine einfach zu bedienende grafische Benutzeroberfläche besitzen. Vorteilhaft ist es auch, wenn für diese Benutzeroberfläche Tools zur Verfügung stehen, die es ermöglichen, schnell Datenbankanwendungen zu erstellen. Aus diesem Grund fällt die Wahl beim Clientbetriebssystem meist auf eine der zahlreichen Windows-Versionen. Sie sollten allerdings darauf achten, dass Sie mindestens Windows 2000 oder Windows XP verwenden, da im Gegensatz zu Windows 98 professionelles Arbeiten durch die Architektur des Betriebssystems optimal unterstützt wird.

Damit der Client mit dem Server kommunizieren kann, muss das Clientbetriebssystem verschiedene Netzwerktypen und Netzwerkprotokolle unterstützen, da es bei einem komplexen Client-Server-System durchaus vorkommen kann, dass verschiedene Dienste in verschiedenen Netzwerken zu finden sind.

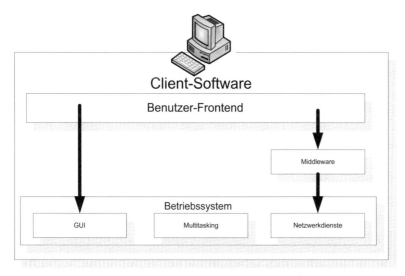

Abb. 9.3:   Zusammenspiel der Komponenten der Client-Software

Wie in Abbildung 9.3 zu sehen ist, arbeitet das Benutzer-Frontend eng mit den verschiedenen Diensten des Betriebssystems zusammen, so fordert es z.B. über die Betriebssystem-API Dienste zum Zeichnen der grafischen Benutzeroberfläche an. Des Weiteren nutzt das Benutzer-Frontend die Dienste der auf dem Client installierten Middleware zur Kommunikation mit dem Datenbankserver. Die Middleware ihrerseits verwendet zur Kommunikation mit dem Datenbankserver die vom Betriebssystem angebotenen Netzwerkdienste.

Mit diesem Aufbau des Datenbank-Frontends sind die meisten der im vorhergehenden Abschnitt aufgestellten Forderungen für die Client-Server-Architektur erfüllt. Durch den Zugriff auf das Betriebssystem ist eine Hardware-Unabhängigkeit und eine Unabhängigkeit vom verwendeten Netzwerkprotokoll sichergestellt. Durch den Zugriff auf den auf dem Client installierten Teil der Middleware wird die Kommunikation mit dem Datenbankserver sichergestellt.

9.2.2 Server-Komponenten

Der Server stellt dem Client bestimmte Dienste auf Anfrage zur Verfügung, das heißt, er ist der reaktive Teil in der Client-Server-Architektur. Wie auch der Client besteht der Server aus Hard- und Software-Komponenten.

Üblicherweise sollte die Server-Hardware performanter als die Client-Hardware sein, da ein einzelner Server in der Regel Anfragen von mehreren Clients gleichzeitig bearbeiten muss. Um möglichst gut für viele gleichzeitige Clientanfragen gerüstet zu sein, benötigt der Server eine (oder mehrere) schnelle CPUs, viel RAM und natürlich auch viel Festplattenspeicher. Da der Server das zentrale Element in der Client-Server-Architektur darstellt, ist es von erheblicher Wichtigkeit, dass die Hardware möglichst fehlertolerant ausgelegt ist. Fällt der Server aus, so kann keiner der Clientcomputer weiterarbeiten. Es gibt verschiedene Ansatzpunkte, die bei der Absicherung der Hardware zu berücksichtigen sind. Zunächst sollte man dafür sorgen, dass der Server über ein redundantes Netzteil verfügt, damit der Rechner beim Ausfall eines Netzteils weiterlaufen kann. Um den Server vor Stromausfällen zu schützen (im Kapitel über Transaktionen haben Sie gesehen, wie wichtig das ist), benötigt er eine unterbrechungsfreie Stromversorgung. Das RAM sollte über ECC abgesichert sein, so dass fehlerhafte Speicherzellen oder fehlerhafte Speicherriegel sofort entdeckt werden können. Um die Festplatte zu schützen, empfiehlt sich die Einrichtung eines RAID-Systems (RAID = Redundant Array of Inexpensive Disks). Des Weiteren sollte auch dafür gesorgt sein, dass die Hardware leicht erweitert werden kann, wenn es sich abzeichnet, dass die vorhandene Hardware die Anforderungen nicht mehr erfüllen kann.

Auf der Server-Hardware wird der Server-Prozess ausgeführt, der auf Anfragen vom Client wartet. Bekommt er eine Anfrage, so wird diese lokal bearbeitet und das Ergebnis der Abfrage wird an den Client zurückgesendet. Der Server-Prozess allein ist für die Ausführung der Abfragen verantwortlich, das heißt, der Client spezifiziert lediglich, was für ein Ergebnis er benötigt. Wie dieses Ergebnis erzielt werden kann, ist dem Client nicht bekannt, hierum kümmert sich der Server. Das Ergebnis der Abfrage wird dann über die Middleware zum Client zurückgeschickt.

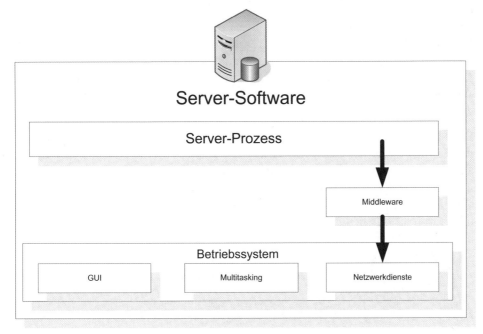

Abb. 9.4:   Zusammenspiel der Komponenten der Server-Software

Die Server-Software ist ziemlich ähnlich aufgebaut wie die Client-Software. Auch hier werden wieder die verschiedenen Dienste des unterliegenden Betriebssystems in Anspruch genommen, um die benötigte Funktionalität unabhängig von der verwendeten Hardware und den benötigten Netzwerkprotokollen implementieren zu können.

9.2.3 Middleware

Nachdem Sie bereits in Kapitel 2 verschiedene Middleware-Produkte kennen gelernt haben, werde ich mich nun an dieser Stelle etwas allgemeiner mit Middleware an sich beschäftigen.

Wie Sie bereits im Verlauf dieses Kapitels erfahren haben, stellt die Middleware die Verbindung zwischen dem Client-Prozess und dem Server-Prozess her. Der große Vorteil, den die Einführung und Verwendung von Middleware mit sich brachte, war der, dass der Datenbank-Anwendungsentwickler sich nicht mehr um die Kommunikation seiner Anwendung mit dem Datenbankserver kümmern muss. Bevor es Middleware gab, musste ein Anwendungsentwickler sowohl Code zum Steuern des

Netzwerkprotokolls als auch Code zum direkten Zugriff auf die Datenbank in seine Anwendung einbauen. Das Problem, das sich durch dieses Vorgehen ergibt, ist, dass es nicht mehr einfach möglich ist, die Datenbankanwendung auf ein anderes Datenbanksystem oder eine anderes Netzwerkprotokoll zu portieren. Alle Datenbank- bzw. netzwerkprotokollabhängigen Teile des Programmcodes mussten neu geschrieben werden. Griff die Anwendung auf mehrere unterschiedliche Datenbanken zu, die unter Umständen über unterschiedliche Netzwerkprotokolle angesprochen werden mussten, so musste all der Code, um diese vielfältige Kommunikation zu regeln, in die Datenbankanwendung programmiert werden. Wie Sie sich sicherlich denken können, war das eine sehr anstrengende und fordernde Aufgabe.

Die Einführung der Middleware stellte sicher, dass der Anwendungsentwickler nun komplett von der Kommunikation des Client-Prozesses mit der Datenbank abgeschirmt war und lediglich die API der Middleware programmieren muss. Dies hat den Vorteil, dass die so erstellten Programme sowohl plattformunabhängig als auch netzwerkprotokollunabhängig wurden. Die Middleware ermöglicht einen transparenten Datenzugriff auf den Datenbankserver.

Abb. 9.5: Komponenten der Middleware

Diese Datenbank- und Netzwerkunabhängigkeit wird, wie Sie in Abbildung 9.5 sehen können, durch die Komponenten *Datenbank-Übersetzer* und *Netzwerk-Übersetzer* erreicht. Diese übersetzen die allgemeinen Befehle, die das Anwendungsprogramm über die API an die Middleware weitergibt, in Befehle, die jeweils zum Datenbankserver bzw. zum Netzwerkprotokoll passen. Die meisten Middleware-Produkte bieten zur Anpassung der Middleware an die verschiedenen Datenbanksysteme ein Treiberkonzept an, dass den für Hardware benötigten Gerätetreibern nicht unähnlich ist. Dieses Treiberkonzept sorgt nicht nur dafür, dass die Datenbankanwendung unabhängig von der Datenbank wird, es sorgt auch dafür, dass die recht allgemeinen Befehle, die über die API gegeben werden, gegebenenfalls sogar auf die besonderen Funktionen des Datenbankservers optimiert werden, so dass datenbankspezifische Erweiterungen von SQL direkt mitbenutzt werden können. Über die Middleware wird sichergestellt, dass der Anwendungsentwickler recht allgemeine SQL-Befehle nutzen kann, die dann in den jeweiligen SQL-Dialekt des verwendeten Datenbankservers übersetzt werden.

Neben den relationalen Datenquellen ist es über Middleware auch möglich, andere, nichtrelationale Datenquellen an die Datenbankanwendung anzubinden, wie z.B.

einen Exchange Server oder flache Dateien. Natürlich ist man bei der Verwendung der Middleware nicht auf eine einzige Datenquelle beschränkt. Sie können beliebig viele unterschiedliche Datenquellen verwenden, die sogar über verschiedene Netzwerkprotokolle angesprochen werden können.

Lassen Sie uns nun zur Verdeutlichung der einzelnen Komponenten noch einmal ein Szenario betrachten, bei dem eine Datenbankanwendung über die Middleware auf verschiedene Datenbankserver zugreift.

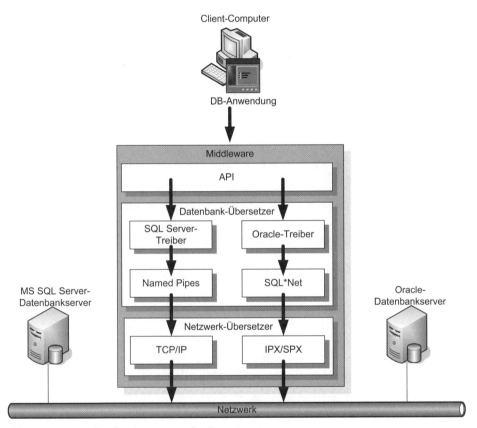

Abb. 9.6: Zugriff auf mehrere Datenbankserver

Im Beispiel in Abbildung 9.6 greift eine Datenbankanwendung gleichzeitig auf einen MS-SQL-Server und einen Oracle-Datenbankserver zu. Der Microsoft-SQL-Server ist über TCP/IP angebunden, die Oracle-Datenbank über IPX/SPX. Die Datenbankanwendung ruft nun zum Zugriff auf die beiden verschiedenen Datenbanken Funktionen der Middleware-API auf. Die Middleware erkennt, auf welche Datenbank sich die einzelnen von der Datenbankanwendung empfangenen SQL-Befehle beziehen, und wandelt die Oracle-SQL-Befehle in PL/SQL und die MS-SQL-Server-Befehle in Transact-SQL um. Als Nächstes wird das Kommunikationsprotokoll bestimmt, über das die Datenbank angesprochen wird. Bei Oracle ist dies SQL*Net, beim SQL-Server von Microsoft Named Pipes. Nachdem diese datenbankspezifischen Eigenschaften ausgewertet worden sind und alles zur Kommunikation mit dem Datenbankserver bereit ist, werden nun noch die entsprechenden Netzwerkprotokolle vom Netzwerk-Übersetzer der Middleware angesprochen.

Logisch gesehen teilt sich Middleware in zwei Teile auf, einerseits den physikalischen Teil und den logischen Anteil. Der physikalische Anteil sorgt dafür, dass der Clientcomputer mit dem Servercomputer kommunizieren kann. Zum physikalischen Anteil wird z.B. das Netzwerkmedium oder das Netzwerkprotokoll gezählt. Der logische Anteil der Middleware kümmert sich um die Kommunikation zwischen Client-Prozess und Server-Prozess.

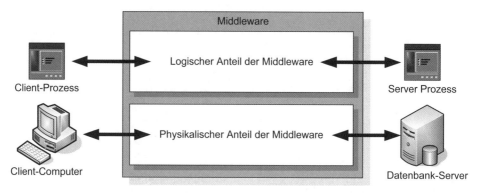

Abb. 9.7:   Aufteilung der Middleware in logischen und physikalischen Anteil

Um den Unterschied zwischen logischem und physikalischem Anteil der Middleware besser verstehen zu können, sehen Sie sich einmal ein Beispiel aus dem täglichen Leben an. Stellen Sie sich vor, dass Sie über das Telefon einen Flug buchen möchten. Um dies zu tun, müssen Sie bei einem Reisebüro oder einer Fluggesellschaft anrufen und dem Mitarbeiter am Telefon alle Angaben mitteilen, die dieser benötigt, um Sie auf den richtigen Flug zu buchen.

In diesem Beispiel wird die physikalische Ebene durch das Telefon und das Telefonnetz abgebildet. Prozesse, die auf physikalischer Ebene ablaufen, sind z.B. dass Ihre Stimme und die Stimme des Gesprächspartners in elektrische Signale umgewandelt, über die Telefonleitung geschickt und am anderen Ende wieder in Tonsignale zurückgewandelt werden. Obwohl dieser Prozess technisch ziemlich anspruchsvoll ist, müssen Sie über die physikalischen Gegebenheiten des Prozesses nichts wissen. Es reicht, dass Sie die API kennen, das heißt, es reicht aus, dass Sie wissen, wie man ein Telefon bedient, also dass man vor dem Wählen den Hörer abnehmen muss oder dass man die richtige Nummer wählen muss, um mit dem Gesprächsteilnehmer verbunden zu werden.

Auf der logischen Ebene des Telefongesprächs befinden sich die Informationen, die Sie und der Mitarbeiter der Fluggesellschaft austauschen, das heißt, Sie sprechen dieselbe Sprache und können sich aufgrund dessen verständigen. Außerdem haben Sie beide ein Konzept davon, was ein Flug ist, wie eine Flugbuchung abläuft etc.

Je nachdem, wie die Middleware aufgebaut ist, unterscheidet man zwischen Message Oriented Middleware (MOM), Remote Procedure Middleware (RPC) und objektorientierter Middleware. Welche Art von Middleware zum Einsatz kommt, hängt sehr stark vom Einsatzgebiet und von den Anforderungen an die Datenbankanwendung ab.

9.2.4 Netzwerk-Protokolle

Damit Sie die Kommunikation, die zwischen dem Client- und dem Servercomputer abläuft, besser verstehen können, gehe ich in diesem Abschnitt noch einmal kurz auf die verschiedenen Netzwerkmodelle und -protokolle ein.

Das OSI/ISO-Modell

Eine wesentliche Forderung an den Netzwerkbetrieb von Computern ist, dass die Kommunikation auch Plattformen verschiedener Hersteller unterstützt. Dazu ist eine Schematisierung und Gliederung des Kommunikationsprozesses in wohl definierte, hierarchische Ebenen (Schichten, Layers) notwendig. Es erfolgt eine Zuordnung der verschiedenen Kommunikationsfunktionen zu bestimmten logischen Schichten. Jede Schicht verlässt sich auf die Dienste, die ihr die darunter liegende Schicht anbietet. Diese Kapselung bietet den Vorteil, dass, wenn in einer Schicht eine Änderung vorgenommen wird, die anderen Ebenen davon unberührt bleiben. Die einzelnen Schichten besitzen also Schnittstellen zu ihren Nachbarn. (Schicht 2 hat z.B. Schnittstellen zu den Schichten 1 und 3.) Die Kommunikation darf nur über diese Schnittstellen stattfinden. Logisch gesehen findet die Kommunikation zwischen dem sendenden und dem empfangenden Computer jedoch immer zwischen den gleichen Schichten statt. Die Verbindungen zwischen den einzelnen Schichten sind rein logischer Natur, lediglich bei Schicht 1 handelt es sich um eine physikalische Verbindung, nämlich das Netzwerkmedium.

Die ISO (International Standard Organisation) hat im Jahr 1984 für offene Netze ein 7-Schichten-Modell, das OSI/ISO-Modell (OSI = Open Systems Interconnection), standardisiert. Im OSI/ISO-Modell, das auch als 7-Schichten-Modell bekannt ist, werden die grundsätzlichen Funktionen der einzelnen Ebenen und die Schnittstellen zwischen diesen Ebenen definiert. So ergibt sich eine universell anwendbare logische Struktur für alle Anforderungen der Datenkommunikation.

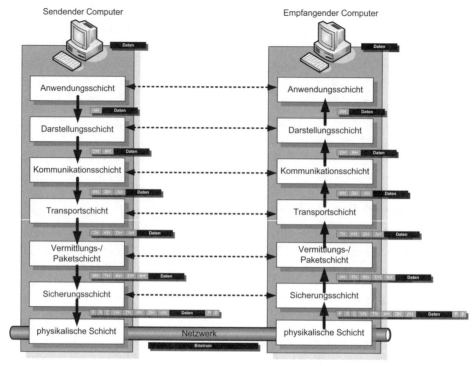

Abb. 9.8:   Das OSI/ISO-Modell

In Abbildung 9.8 ist das OSI/ISO-Modell noch einmal grafisch dargestellt. Beachten Sie bitte, dass sich der wirkliche Datenfluss (symbolisiert durch die durchgezogenen Pfeile) vom logischen Datenfluss (symbolisiert durch die gestrichelten Pfeile) unterscheidet.

Möchte der sendende Computer Informationen zum empfangenden Computer schicken, so werden diese zunächst auf dem sendenden Computer von der Anwendungsschicht bis zur physikalischen Schicht heruntergereicht und dann als Bit-Strom über das Netzwerkmedium versendet. Jede Schicht kann den Daten einen eigenen Header oder Datenrahmen hinzufügen, der zur Kommunikationssteuerung auf dieser Schicht dient. Der Datenblock, der von der vorherigen Schicht heruntergereicht wurde, wird von der Schicht als reine Nutzdaten betrachtet, das heißt, keine Schicht ist in der Lage, die von der vorhergehenden Schicht hinzugefügten Steuerinformationen zu ändern.

Auf der Empfängerseite wird das empfangene Datenpaket dann durch die einzelnen Schichten wieder nach oben gereicht. Hierbei werden sukzessive die vom sendenden Computer angehängten Steuerinformationen wieder entfernt, so dass am Ende nur die eigentlichen Nutzdaten übrig bleiben.

Die Schichten haben folgende Aufgaben:

1. Physikalische Schicht (physical layer) Auf dieser Schicht findet die physikalische Übertragung der Daten statt. Die physikalische Schicht legt die elektrischen, mechanischen, funktionalen und prozeduralen Parameter für die physikalische Verbindung zweier Einheiten fest (z.B. Pegel, Modulation, Kabel, Stecker, Übertragungsrate etc.).

2. Sicherungsschicht (data link layer) Die Sicherungsschicht stellt sicher, dass zwischen zwei direkt benachbarten Stationen eine Verbindung zustande kommt. Diese Schicht stellt einen definierten Rahmen für den Datentransport, die Fehlererkennung und die Synchronisierung der Daten zur Verfügung. Ein typisches Protokoll, das auf dieser Ebene arbeitet, ist TCP. Die zu sendenden Nutzdaten werden in Blöcke unterteilt, die für die Versendung geeignet sind. Diese Blöcke werden als Datenrahmen (frames) bezeichnet und mit Prüfinformationen für die Fehlererkennung und -korrektur versehen (Checksumme). Auf dieser Ebene erfolgt die Flusskontrolle für die Binärdaten. Über die Bestätigung der Gegenstation wird der Datenfluss gesteuert. Datenrahmen und Bestätigungen müssen also nur innerhalb eines Bereichs (»Fenster«) liegen.

3. Vermittlungs-/Paketschicht (network layer) Diese Schicht dient hauptsächlich dazu, die Übertragung der Datenpakete zu steuern und dafür zu sorgen, dass diese den richtigen Weg durch das Netzwerk finden. Des Weiteren steuert diese Schicht die Fehlerbehandlung und Flusskontrolle zwischen den Endpunkten einer Verbindung (nicht zwischen den Anwenderprozessen).

Die Flusskontrolle auf dieser Schicht schützt den Endpunkt der Kommunikation vor Überlastung. Die Fehlerbehandlung in dieser Schicht kümmert sich nicht um Übertragungsfehler (das ist schon in der 2. Schicht passiert), sondern um Fehler wie das Erkennen und Beseitigen von Duplikaten, Beseitigen permanent kreisender Blöcke und vor allem die Wiederherstellung der richtigen Datenpaket-Reihenfolge.

4. Transportschicht (transport layer) Diese Schicht stellt sicher, dass alle Datenpakete beim richtigen Empfänger ankommen. In dieser Schicht wird die Datenverbindung zwischen zwei Partnern aufgebaut. Weitere Dienste dieser Schicht sind Datentransport, Flusskontrolle, Fehlererkennung und -korrektur. Eine der Hauptaufgaben der Transportschicht ist es, die Charakteristika des Netzes (LAN, WAN, ...) vor den darüber liegenden Schichten zu verbergen. Die Transportschicht kann, wenn höherer Datendurchsatz gefordert wird, mehrere Verbindungen zum empfangenden Computer aufbauen und so die Daten in Teilströmen leiten. Auch das Aufteilen der Daten in passende Blöcke und die Flusskontrolle werden in dieser Schicht erledigt.

5. Kommunikationsschicht (session layer) Diese Schicht steuert den Aufbau, die Durchführung und Beendigung der Verbindung. Hier werden die Betriebsparameter überwacht und hier findet auch die Datenfluss-Steuerung (bei Bedarf mit Zwischenspeicherung der Daten) statt. Kam es bei der Netzwerkkommunikation zu einem Fehler, so sorgt diese Schicht dafür, dass die Verbindung wieder aufgebaut wird und dass eine erneute Synchronisation stattfindet. Der Verbindungsaufbau ist eine bidirektionale Kommunikation, das heißt, beide Kommunikationspartner tauschen Parameterübergabe und Bestätigung im Wechselspiel aus. Danach befinden sich beide Kommunikationspartner in einem definierten Zustand. Die Synchronisation findet nur beim Aufbau der Verbindung statt. Der eigentliche Datentransfer läuft asynchron ab, da es aus Zeitgründen nicht sinnvoll ist, nach dem Senden eines Datenblocks auf die Bestätigung zu warten. Es wird gleich der nächste Block geschickt. Die Bestätigungen laufen zeitversetzt ein. Durch so genannte Synchronisationspunkte wird der Datentransfer in Abschnitte unterteilt. Kommt es zu einer Störung oder Unterbrechung, so kann der Transfer am letzten Synchronisationspunkt wieder aufgenommen werden. Beide Rechner können die Verbindung beenden. Das kann ordnungsgemäß nach Beendigung aller Transfers geschehen oder durch Unterbrechen der Verbindung.

6. Darstellungsschicht (presentation layer)   Hier werden die von den unterliegenden Schichten zurückgelieferten Daten für die Anwendung interpretiert. Auf dieser Schicht findet die Überwachung des Informationsaustausches und Kodierung/Dekodierung der Daten sowie die Festlegung der Formate und Steuerzeichen statt. Diese Schicht bildet oft eine Einheit mit der Anwendungsschicht oder sie fehlt ganz, falls sie nicht benötigt wird.

7. Anwendungsschicht (application layer)   Die Anwendungsschicht stellt die Verbindung zum Anwenderprogramm her. In diese Schicht fällt der Austausch von Dateien, das heißt Dateizugriffsdienste über das Netzwerk. Für das Anwenderprogramm ist nicht erkennbar, ob auf eine Datei lokal oder über das Netz zugegriffen wird. Eine weitere Funktion der Anwendungsschicht ist die Verwaltung des Benutzerzugangs, der Dateizugriffsrechte und das Absetzen von Rechenaufträgen an entfernte Systeme. Außerdem findet auf dieser Schicht das Message-Handling statt. Die Schicht 7 besteht also nicht, wie man aufgrund ihres Namens meinen könnte, aus den eigentlichen Anwenderprogrammen – diese setzen auf dieser Schicht auf. Das kann entweder direkt geschehen, z.B. beim Zugriff auf die Dateien eines anderen Rechners, oder durch die lokale Übergabe von Dateien an das Message-Handling-System.

Das TCP/IP-Referenzmodell

Im vorherigen Abschnitt wurde das OSI/ISO-Referenzmodell vorgestellt. In diesem Abschnitt soll nun das Referenzmodell für die TCP/IP-Architektur noch etwas genauer vorgestellt werden, da TCP/IP das heute am häufigsten verwendete Netzwerkprotokoll ist. Das TCP/IP-Referenzmodell – benannt nach den beiden primären Protokollen TCP und IP der Netzarchitektur – beruht auf den Vorschlägen, die bei der Fortentwicklung des ARPANETs gemacht wurden. Das TCP/IP-Modell ist zeitlich vor dem OSI-Referenzmodell entstanden. Daher sind die Erfahrungen, die bei der Verwendung von TCP/IP gemacht wurden, in die OSI/ISO-Standardisierung eingeflossen. Im Gegensatz zum OSI/ISO-Modell besteht das TCP/IP-Referenzmodell aus vier Schichten, der Anwendungsschicht, der Transportschicht, der Internetschicht und der Netzwerkschicht. Ziele bei der Entwicklung von TCP/IP waren die Unabhängigkeit von der Netzwerk-Technologie und von der Architektur der verwendeten Rechner, universelle Verbindungsmöglichkeiten im gesamten Netzwerk und standardisierte Anwendungsprotokolle.

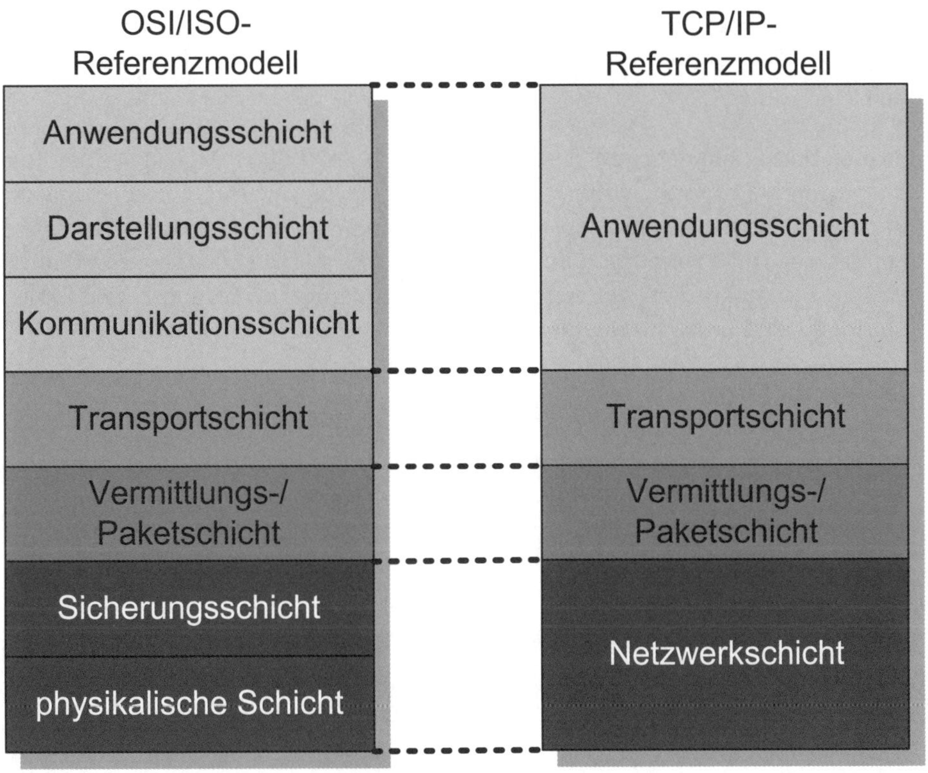

OSI/ISO-Referenzmodell	TCP/IP-Referenzmodell
Anwendungsschicht	Anwendungsschicht
Darstellungsschicht	
Kommunikationsschicht	
Transportschicht	Transportschicht
Vermittlungs-/ Paketschicht	Vermittlungs-/ Paketschicht
Sicherungsschicht	Netzwerkschicht
physikalische Schicht	

Abb. 9.9: Vergleich zwischen OSI/ISO-Modell und TCP/IP

Applikationsschicht (application layer) Die Applikationsschicht umfasst im TCP/IP-Referenzmodell alle höherschichtigen Protokolle wie z.B. TELNET (für virtuelle Terminals), FTP (Dateitransfer) und SMTP (zur Übertragung von E-Mail). Außerdem befinden sich hier auch Protokolle wie z.B. DNS (Domain Name Service) und HTTP (Hypertext Transfer Protocol).

Transportschicht (transport layer) Die Transportschicht im TCP/IP-Modell ent-spricht der Transportschicht im OSI-Modell, das heißt, diese Schicht ermöglicht die Kommunikation zwischen den Quell- und Zielhosts. Im TCP/IP-Referenzmodell sind auf dieser Schicht zwei Ende-zu-Ende-Protokolle definiert: das Transmission Control Protocol (TCP) und das User Datagram Protocol (UDP). TCP ist ein verbin-dungsorientiertes Protokoll, durch das ein Bytestrom fehlerfrei einem anderen Rechner im Internet übermittelt werden kann. Bei TCP gibt es eine Rückmeldung darüber, ob ein bestimmtes Paket beim Empfänger angekommen ist oder nicht.

UDP ist ein verbindungsloses Protokoll, das vorwiegend für Abfragen und Anwen-dungen in Client-Server-Umgebungen verwendet wird, in denen es in erster Linie nicht um eine sehr genaue, sondern schnelle Datenübermittlung geht (z.B. Über-tragung von Sprache und Bildsignalen). Im Gegensatz zu TCP gibt es bei UDP keine Nachricht darüber, ob ein Paket auch wirklich beim Empfänger angekom-men ist.

Internetschicht (internet layer) Die Internetschicht im TCP/IP-Modell definiert ein sehr wichtiges Protokoll, nämlich IP (Internet Protocol). Die Internetschicht hat die Aufgabe, IP-Pakete richtig zuzustellen, auch wenn dabei über mehrere Netzwerk-segmente geroutet werden muss. Auf der Internetschicht ist das Internet Control Message Protocol (ICMP) definiert, das zur Übertragung von Diagnose- und Fehler-informationen für das Internet Protocol dient.

Netzwerkschicht (network layer) Unterhalb der Internetschicht befindet sich im TCP/IP-Modell die Netzwerkschicht. In der Netzwerkschicht des TCP/IP-Referenz-modells ist nicht definiert, wie genau Pakete über das Netzwerk gesendet werden sollen. Hier greift das TCP/IP-Modell auf eine Vielzahl bereits vorhandener Proto-kollen, wie z.B. Ethernet (IEEE 802.3) oder Serial Line IP (SLIP), zurück.

Gebräuchliche Netzwerkprotokolle

Bisher habe ich die beiden Referenzmodelle für die Netzwerkkommunikation, das OSI/ISO-Modell und das TCP/IP-Modell beschrieben. Auf diesen beiden Referenz-modellen basiert eine Vielzahl von Netzwerkprotokollen. Die gebräuchlichsten fin-den Sie hier:

TCP/IP (Transmission Control Protocol/Internet Protocol) TCP/IP ist das am meis-ten verwendete Netzwerkprotokoll, da es das offizielle Protokoll des Internets ist. Außerdem stellt TCP/IP auch das Hauptprotokoll von Windows 2000/XP und der diversen Unix-Derivate dar. TCP/IP ist das De-facto-Standard-Protokoll für die Ver-netzung heterogener Systeme. Durch die weite Verbreitung von TCP/IP spielt dies natürlich auch im Client-Server-Bereich eine sehr wichtige Rolle.

NetBIOS (Network Basic Input/Output System) NetBIOS wurde ursprünglich von IBM und Sytek als Standardprotokoll für die Vernetzung von PCs entwickelt, daher wird NetBIOS von den meisten PC-Betriebssystemen unterstützt. Da NetBIOS ausschließlich für lokale Netzwerke konzipiert wurde, hat es gegenüber den anderen Protokollen einen entscheidenden Nachteil. NetBIOS ist nicht routingfähig, das heißt, es ist nicht möglich, verschiedene Netzwerke mit Hilfe von NetBIOS zu vernetzen.

IPX/SPX (Internetwork Packet Exchange/Sequenced Packet Exchange) IPX/SPX ist das von der Firma Novell entwickelte Protokoll zur Vernetzung von PCs. Da IPX/SPX nicht in der Lage ist, die großen Verkehrsströme vernünftig zu verwalten, die in größeren Netzwerken wie z.B. WANs entstehen, hat sich Novell dazu entschlossen, in neueren Versionen von NetWare das TCP/IP-Protokoll als Standardprotokoll zu verwenden.

APPC (Application Program-to-Program Communications) Das APPC-Protokoll wird von IBM-Mainframe-Systemen genutzt und wird dazu verwendet, eine Kommunikation zwischen IBM-Mainframes, auf denen DB/2 ausgeführt wird, und normalen PCs einzurichten. APPC wird teilweise auch für die Kommunikation mit Systemen wie z.B. der AS/400 oder RISC/6000 verwendet.

AppleTalk AppleTalk ist das proprietäre Kommunikationsprotokoll von Apple. Moderne Apple-Systeme wie z.B. Mac OS X können aber auch über TCP/IP an das Netzwerk angebunden werden.

9.3 Zusammenfassung

■ **Anwendungsschicht**

Die Anwendungsschicht stellt die Verbindung zum Anwenderprogramm her. In diese Schicht fällt der Austausch von Dateien, d.h. Dateizugriffsdienste über das Netzwerk.

■ **APPC**

Das APPC-Protokoll wird von IBM-Mainframe-Systemen genutzt und wird dazu verwendet, eine Kommunikation zwischen IBM-Mainframes, auf denen DB/2 ausgeführt wird, und normalen PCs einzurichten.

■ **AppleTalk**

AppleTalk ist das proprietäre Kommunikationsprotokoll von Apple.

■ **Client**

Der Begriff Client ist mit mehreren Bedeutungen belegt. Auf der einen Seite versteht man unter einem Client einen Clientrechner, auf der anderen Seite versteht man unter dem Begriff Client auch die auf diesem Rechner ausgeführte Client-Software oder den Client-Prozess.

■ **Client-Prozess**

Der Client-Prozess ist das Programm, das auf dem Clientrechner ausgeführt wird und das vom Server proaktiv Dienste anfordert.

■ **Client-Server-Architektur**

Die Client-Server-Architektur ist eine Anwendungsarchitektur, die sich in den letzen Jahren auf den meisten Gebieten der unternehmensweiten Datenbearbeitung durchgesetzt hat.

■ **Darstellungsschicht**

Hier werden die von den unterliegenden Schichten zurückgelieferten Daten für die Anwendung interpretiert.

■ **Internetschicht**

Die Internetschicht hat die Aufgabe, IP-Pakete richtig zuzustellen, auch wenn dabei über mehrere Netzwerksegmente geroutet werden muss.

■ **IPX/SPX**

IPX/SPX ist das von der Firma Novell entwickelte Protokoll zur Vernetzung von PCs.

■ **Kommunikationsschicht**

Diese Schicht steuert den Aufbau, die Durchführung und Beendigung der Verbindung. Hier werden die Betriebsparameter überwacht und hier findet auch die Datenfluss-Steuerung statt.

■ **Middleware**

Die Middleware abstrahiert den Datenbank- und Netzwerkzugriff von der Datenbankanwendung, das heißt, die Datenbankanwendung muss nur noch auf die Middleware zugreifen und muss sich nicht mehr um die Kommunikation mit dem Datenbankserver kümmern.

■ **NetBIOS**

NetBIOS wurde ursprünglich von IBM und Sytek als Standardprotokoll für die Vernetzung von PCs entwickelt.

■ **Netzwerkschicht**

Die Netzwerkschicht enthält die physikalische Kommunikation. In der Netzwerkschicht des TCP/IP-Referenzmodells ist nicht definiert, wie genau Pakete über das Netzwerk gesendet werden sollen. Hier greift das TCP/IP-Modell auf eine Vielzahl bereits vorhandener Protokolle, wie z.B. Ethernet (IEEE 802.3) oder Serial Line IP (SLIP), zurück.

- **OSI/ISO-Modell**

  Im OSI/ISO-Modell, das auch als 7-Schichten-Modell bekannt ist, werden die grundsätzlichen Funktionen der einzelnen Ebenen und die Schnittstellen zwischen diesen Ebenen definiert. So ergibt sich eine universell anwendbare logische Struktur für alle Anforderungen der Datenkommunikation.

- **Physikalische Schicht**

  Auf dieser Schicht findet die physikalische Übertragung der Daten statt. Die physikalische Schicht legt die elektrischen, mechanischen, funktionalen und prozeduralen Parameter für die physikalische Verbindung zweier Einheiten fest.

- **Server**

  Der Begriff Server ist doppelt belegt und kann einerseits den Server-Computer oder den Server-Prozess auf diesem Computer meinen.

- **Server-Prozess**

  Der Server-Prozess wird auf dem Server-Computer ausgeführt und wartet auf Anfragen vom Client-Prozess, die dann bearbeitet werden.

- **Sicherungsschicht**

  Die Sicherungsschicht stellt sicher, dass zwischen zwei direkt benachbarten Stationen eine Verbindung zustande kommt. Diese Schicht stellt einen definierten Rahmen für den Datentransport, die Fehlererkennung und die Synchronisierung der Daten zur Verfügung.

- **TCP/IP**

  TCP/IP ist das am meisten verwendete Netzwerkprotokoll, da es das offizielle Protokoll des Internets ist.

- **TCP/IP-Referenzmodell**

  Das TCP/IP-Referenzmodell beruht auf den Vorschlägen, die bei der Fortentwicklung des ARPANETs gemacht wurden. Das TCP/IP-Modell ist zeitlich vor dem OSI-Referenzmodell entstanden, daher sind die Erfahrungen, die bei der Verwendung von TCP/IP gemacht wurden, in die OSI/ISO-Standardisierung eingeflossen. Im Gegensatz zum OSI/ISO-Modell besteht das TCP/IP-Referenzmodell aus vier Schichten.

- **Transportschicht**

  Diese Schicht stellt sicher, dass alle Datenpakete beim richtigen Empfänger ankommen. In dieser Schicht wird die Datenverbindung zwischen zwei Partnern aufgebaut.

■ **Vermittlungsschicht/Paketschicht**

Diese Schicht dient hauptsächlich dazu, die Übertragung der Datenpakete zu steuern und dafür zu sorgen, dass diese den richtigen Weg durch das Netzwerk finden. Des Weiteren steuert diese Schicht die Fehlerbehandlung und Flusskontrolle zwischen den Endpunkten einer Verbindung.

9.4 Aufgaben

Hier finden Sie Wiederholungsfragen, mit denen Sie die Gelegenheit haben, sich noch einmal Gedanken über den Stoff des Kapitels zu machen. Die Lösungen zu diesen Aufgaben finden Sie in Anhang A.9.

9.4.1 Wiederholung

1. Wie funktioniert bei Client-Server das Zusammenspiel zwischen Client und Server?

2. Worin liegen die Vorteile von Client-Server?

3. Aus welchen Komponenten besteht die Client-Server-Architektur?

4. Welche Komponenten werden auf dem Client ausgeführt?

5. Welche Komponenten werden auf dem Server ausgeführt?

6. Was ist die Aufgabe der Middleware?

7. Wozu dient das OSI/ISO-Modell?

8. Wie unterscheidet sich das TCP/IP-Referenzmodell von OSI/ISO?

9. Welche Netzwerkprotokolle kennen Sie und wo werden diese eingesetzt?

10. Welche Schichten gibt es im OSI/ISO-Modell und welche Aufgaben haben diese?

Kapitel 10

Verteilte Datenbanksysteme

Die Datenbanksysteme, die Sie bisher kennen gelernt haben, hatten trotz ihrer sehr unterschiedlichen Architekturen doch immer eine Gemeinsamkeit. Es handelte sich um zentrale Datenbanksysteme, das heißt, der Datenbankserver war bisher immer an einem zentralen Standort.

In den siebziger Jahren wurden Datenbanksysteme generell so aufgebaut, dass es ein zentrales System gab (meist ein Mainframe-Rechner), der das Datenbankmanagement-System ausführte und die Daten verwaltet hat. Auf diese zentrale Datenbank wurde mit vielen Terminal-Arbeitsplätzen zugegriffen, die aber jeweils nur die Darstellung der Benutzeroberfläche und die Entgegennahme der Benutzereingaben erledigen konnten. Die gesamte Anwendungslogik lief auf dem zentralen Mainframe-Rechner ab. Wurden bestimmte Berichte oder Informationen benötigt, so musste man sich an die IT-Abteilung wenden, die dann innerhalb weniger Wochen die benötigten Berichte zur Verfügung stellte.

Wie Sie sicherlich schon erkannt haben, hat ein Datenbanksystem, das derartig aufgebaut ist, zwei entscheidende Nachteile. Der erste Nachteil ist, dass man einen so genannten »single point of failure« hat, das heißt, es gibt einen zentralen Punkt, der, wenn er ausfällt, das ganze System lahm legt. Der andere Nachteil ist natürlich, dass ein derartiges System nicht dazu geeignet ist, schnell benötige Informationen bei Bedarf zu liefern. Somit konnte diese zentrale Struktur die Entscheidungsträger nicht ausreichend bei der Entscheidungsfindung unterstützen.

Das in den Siebzigern noch völlig ausreichende monolithische Architekturmodell war den Anforderungen, die die Achtziger stellten, nicht mehr gewachsen. Langsam veränderten sich die Randbedingungen, unter denen die Unternehmen operierten. Aufgrund des immer größer werdenden Wettbewerbs und der beginnenden Globalisierung begann man damit, Unternehmen immer stärker dezentral auszurichten und aufzubauen. Um Kundenanfragen besser bearbeiten zu können und um näher am Marktgeschehen zu sein, begannen die Unternehmen damit, landesweit und auch international Filialen zu eröffnen. Ein weiterer Faktor, der in den Achtzigern hinzukam, war der Siegeszug der PCs, der dazu führte, dass immer mehr Unternehmen neben ihren Mainframe-Terminal-Strukturen LANs aus PCs betrieben. Natürlich mussten trotz des technischen Fortschritts die Investitionen, die in die zentralen Datenbanken bzw. Mainframe-

Rechner getätigt wurden, erhalten werden, so dass es auch interessant wurde, verteilt auf die zentrale Datenbank zuzugreifen. Das Problem beim Zugriff auf den zentralen Mainframe-Rechner bestand aber darin, dass dieser von Filialstandorten aus recht langsam war, das heißt, es musste eine neue Lösung geschaffen werden.

Aus diesen veränderten Marktbedingungen ergaben sich im Prinzip zwei Hauptforderungen an moderne Datenbanksysteme. Zum einen sollten diese Systeme schnelle Ad-hoc-Abfragen ermöglichen, so dass zeitnahe Entscheidungen getroffen werden konnten, auf der anderen Seite mussten die Datenbanksysteme den dezentralen Unternehmensstrukturen Rechnung tragen.

Der Trend zur Dezentralisierung ist in den Neunzigern durch Entwicklungen wie das Internet weiter vorangetrieben worden. Durch dieses offene Netzwerk bekamen es die Datenbanksysteme auf einmal mit nie gekannten Benutzerzahlen zu tun, die von einem einzelnen, monolithischen System gar nicht vernünftig bedient werden konnten. Eine andere Entwicklung, die in den Neunzigern ihren Anfang nahm, war die Fokussierung auf die Analysen großer Datenbestände über Technologien wie Datamining oder Datawarehousing. Obwohl diese Datenanalysetechniken normalerweise nicht auf verteilten Datenbanken ausgeführt werden, so verwenden sie doch Techniken, die ihre Ursprünge bei den verteilten Datenbanken haben.

10.1 Vor- und Nachteile verteilter Datenbanksysteme

Bei näherer Betrachtung verteilter Datenbanksysteme springen die Vorteile dieser Systeme förmlich ins Auge. Durch eine Verteilung der Gesamtdatenmenge auf verschiedene Standorte kann man erreichen, dass die benötigten Daten näher am Anwender sind und somit die Datenzugriffszeiten erheblich reduzieren. Stellen Sie sich einmal eine Organisation mit Sitz in München, Hamburg und Berlin vor, die ihre Zentrale in Essen hat.

Würden alle Mitarbeiter aller Standorte auf die zentralen Daten in Essen zugreifen, ergeben sich gleich mehrere Probleme. Zunächst wäre der Datenzugriff aufgrund der Entfernung recht langsam. Alle Datenbankabfragen müssen über das Telefonnetz nach Essen und die Ergebnisse müssen auf demselben Weg wieder zurück zu den einzelnen Filialmitarbeitern transportiert werden. Hat man viele Mitarbeiter in einer Filiale, so benötigt man eine sehr breitbandige Verbindung zur Zentrale, da sonst die Netzwerkverbindung schnell ausgelastet ist und zusätzliche Wartezeiten entstehen. Außerdem gibt es in der Zentrale weitere Probleme, die dazu führen, dass das Gesamtsystem sehr langsam arbeitet. Der zentrale Datenbankserver muss alle Anfragen aus allen Filialen beantworten und hat damit eine besonders große

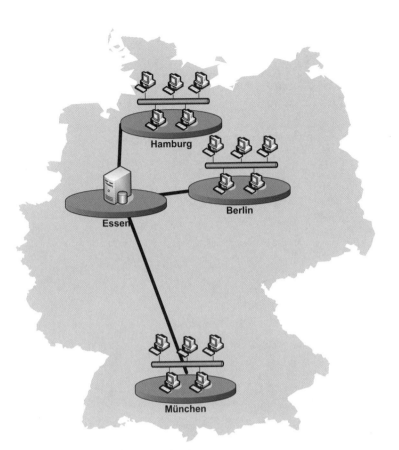

Abb. 10.1: Ein verteiltes Datenbanksystem

Anzahl von Benutzern, die gleichzeitig an den Daten arbeiten. Die Beseitigung von Konflikten, die durch den gleichzeitigen Datenzugriff entstehen, (siehe auch Kapitel 8) und die Verwaltung einer so großen Anzahl an Benutzern führt zu einer weiteren Verlangsamung des Systems. Da sämtliche Daten des gesamten Unternehmens auf einem einzigen Server liegen, müssen auch all diese Daten bei Abfragen durchsucht werden. Möchte beispielsweise ein Mitarbeiter aus München Informationen zu einem bestimmten, ortsansässigen Kunden abfragen, so werden auf dem Server in Essen sämtliche Kundendaten aller Kunden des Unternehmens – also auch die Kundendaten aus Essen, Hamburg und Berlin – durchsucht. Die Lösung für dieses Problem stellt die Verteilung der Datenbank über diese Standorte dar.

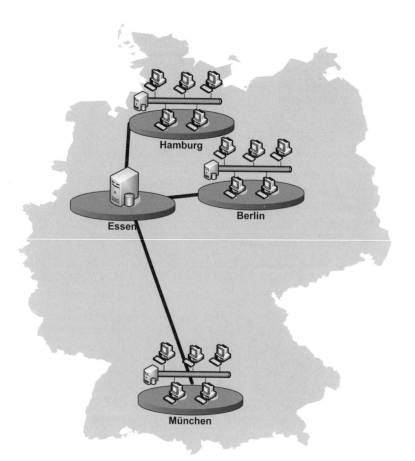

Abb. 10.2: Ein Datenbankserver an jedem Standort verringert die WAN-Netzwerklast.

Wird in jedem Standort ein Datenbankserver aufgestellt, der lokale Anfragen beantworten kann, und müssen nur Anfragen nach Kunden anderer Filialen an die Zentrale in Essen geschickt werden, so reduziert sich der Netzwerkverkehr über die Langstrecke erheblich. Durch die lokale Speicherung der Daten an den einzelnen Standorten werden die Abfragen schneller ausgeführt, da keine Weitverkehrsnetze benötigt werden und sich die Zahl der Benutzer auf die Datenbankserver an den einzelnen Standorten aufteilt und nicht mehr zentral vom Server in Essen bewältigt werden muss. Außerdem verringert sich auch die zu durchsuchende Datenmenge, da nur noch die relevanten Daten am jeweiligen Standort in den dortigen Datenbanken vorhanden sind.

Größere Datenverarbeitungsaufgaben können auf die einzelnen Standorte verteilt und dort parallel mit einer kleineren Datenmenge abgewickelt werden, so dass die Zeit, die eine solche große Aufgabe auf einem zentralen System benötigen würde, drastisch reduziert werden kann. Durch die andere Architektur und die verwendete Hardware (PCs) ist das System insgesamt viel kostengünstiger als eine zentrale Mainframe-Lösung.

Außerdem hat die Verteilung der Datenbank über mehrere Standorte den Vorteil, dass es keinen »single-point-of-failure« mehr gibt. Fällt in dem in Abbildung 10.1 dargestellten Datenbanksystem der zentrale Server aus, so kann in keinem der Filialstandorte weitergearbeitet werden. Alle Mitarbeiter sind auf diesen zentralen Server angewiesen. Fällt dagegen der Server in Essen in Abbildung 10.2 aus, so sind die einzelnen Standorte davon nicht betroffen. Aufgrund der lokalen Datenbankserver kann dort ganz normal weitergearbeitet werden, es kann lediglich sein, dass die Dienste nicht funktionieren, die standortübergreifend benötigt werden. Im Gegensatz zu vollständigem Arbeitsstillstand ist das, denke ich, ein akzeptabler Preis.

Natürlich besitzt ein verteiltes Datenbanksystem auch einige Nachteile. Durch die verteilte Struktur ist klar, dass das System im Vergleich zu einem zentralen Datenbankserver wesentlich komplexer in der Planung, Implementierung und Wartung ist. Die Daten, die an den verschiedenen Orten erfasst und verändert werden, müssen in der Zentrale zusammengebracht werden. Hierbei ist es wichtig zu beachten, dass Konflikte aufgelöst werden müssen. Außerdem benötigen die Daten eine Ortsinformation, so dass das Datenbanksystem weiß, welche Daten wo zu finden sind.

Stellen Sie sich einmal das folgende Szenario vor. Tagsüber werden die Daten lokal an den Filialstandorten erfasst und im lokalen Datenbanksystem gespeichert. Diese Daten müssen natürlich der Zentrale in Essen und den anderen Filialen zur Verfügung gestellt werden. Daher schicken nachts alle Filialen die geänderten Datensätze an die Zentrale in Essen. Dort wird der lokale Datenbankserver mit den neuen Daten aktualisiert. Wurden die Daten aus allen Filialen in der Datenbank eingespielt, so existiert in Essen nun eine aktuelle Version der Datenbank mit allen Änderungen, die in den Filialen am Tag durchgeführt wurden. Diese aktuelle Datenversion muss nun noch an alle Filialen wieder verteilt werden, damit dort am nächsten Tag auch aktuelle Daten vorliegen. Problematisch wird die ganze Situation allerdings dann, wenn die Daten desselben Kunden gleichzeitig z.B. in München und in Berlin geändert wurden. Laufen diese beiden geänderten Datensätze in Essen ein, so muss es eine Methode zur Konfliktlösung geben.

Noch komplizierter wird es, wenn wir von einem verteilten Datenbanksystem ausgehen, bei dem Benutzer gleichzeitig auf die Daten der verschiedenen Datenbanken zugreifen können. Hier muss die Zugriffssteuerung und die Transaktionskontrolle auf das gesamte verteilte Datenbanksystem ausgedehnt werden, was recht kompliziert ist, da sich nun Deadlocks auch über mehrere Rechner verteilen können.

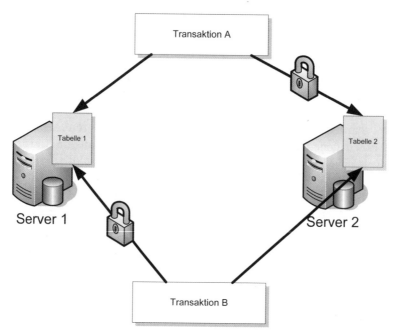

Abb. 10.3:   Ein Deadlock, der über zwei Server verteilt ist

Schauen Sie sich die Situation in Abbildung 10.3 einmal etwas genauer an. Die verteilte Datenbank läuft auf zwei Servern, Server 1 und Server 2. Auf Server 1 ist Tabelle 1 gespeichert, auf Server 2 Tabelle 2. Es starten nun gleichzeitig zwei Transaktionen, Transaktion A und Transaktion B, die beide auf die beiden Tabellen 1 und 2 zugreifen müssen. Transaktion A sperrt Tabelle 1 und Transaktion B sperrt Tabelle 2. Nun versucht Transaktion A, auf Tabelle 2 zuzugreifen, was wegen der durch Transaktion B verursachten Sperren nicht funktioniert. Auf der anderen Seite versucht Transaktion B auf Tabelle 1 zuzugreifen, die wiederum von Transaktion A gesperrt wurde. Beide Transaktionen warten, bis die jeweils andere Transaktion die Sperre freigibt – ein klassischer Deadlock. Ein verteiltes Datenbanksystem muss in der Lage sein, eine solche Situation zu erkennen und aufzulösen.

Neben der erheblich komplexeren Verwaltung von verteilten Datenbanksystemen ist es auch wesentlich schwieriger, ein solches Datenbanksystem abzusichern, da im Gegensatz zum monolithischen Server nicht nur ein einziger Server, sondern viele verschiedene Server abgesichert werden müssen. Es gibt keinen zentralen Sicherheitsbeauftragen mehr, an jedem Standort muss sich ein Mitarbeiter um die Sicherheit des lokalen Servers kümmern.

Da verteilte Datenbanksysteme eine recht neue Technologie darstellen, fehlen bisher allgemein akzeptierte Standards, das heißt, auf Datenbankebene selbst gibt es bisher kein einheitliches Kommunikationsprotokoll, mit dem die Datenbanken verschiedener Hersteller in ein verteiltes Datenbanksystem eingebunden werden können.

Wie Sie bereits in Abbildung 10.2 gesehen haben, gibt es bei verteilten Datenbanksystemen (gewollte) Redundanzen, die auch kontrolliert werden müssen, das heißt, es dürfen durch die verteilte Speicherung keine Dateninkonsistenzen entstehen. Da dieselben Daten an mehreren Orten gespeichert werden, ist natürlich auch der Speicherplatzbedarf einer verteilten Datenbank höher als der einer zentralen Datenbank.

Trotz dieser Nachteile werden heutzutage verteilte Datenbanken schon sehr erfolgreich eingesetzt. Aufgrund der fehlenden Standards und verschiedener anderer Probleme ist es aber momentan noch nicht möglich, das gesamte Potenzial dieser faszinierenden Technologie zu erschließen.

10.2 Verteilte Datenverarbeitung vs. verteilte Datenbanken

Man muss sehr genau zwischen verteilter Datenverarbeitung und verteilten Datenbanken unterscheiden.

Bei der verteilten Datenverarbeitung verteilt sich der gesamte Datenverarbeitungsprozess über mehrere Rechner, das heißt, bestimmte Teilaufgaben der Datenverarbeitung werden auf Rechnern an verschiedenen Orten erledigt. Es ist hierbei nicht zwingend erforderlich, dass auch eine verteilte Datenbank verwendet wird.

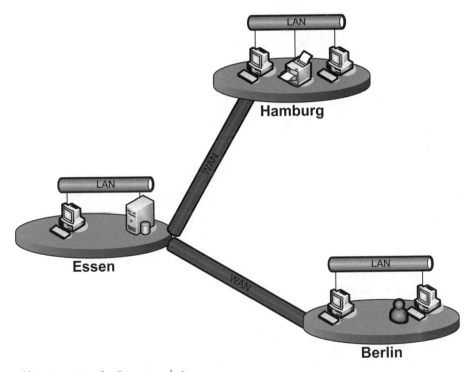

Abb. 10.4: Verteilte Datenverarbeitung

Sehen Sie sich hierzu bitte die Abbildung 10.4 an. Im Beispiel in der Abbildung werden Daten vom Benutzer in Berlin erfasst und auf dem zentralen Datenbankserver in Essen gespeichert. Die Clientrechner in Hamburg verwenden auch die Datenbank aus Essen und generieren Berichte, die dann ausgedruckt werden. Diese Berichte basieren auf den in Berlin erfassten Daten. Sie sehen also, dass die Datenverarbeitung über die drei Standorte aufgeteilt ist, obwohl das System mit einer zentralen Datenbank arbeitet. Die Dateneingabe findet in Berlin statt, die Datenspeicherung in Essen und die Datenausgabe in Hamburg.

Bei der verteilten Datenbank hingegen werden Teile der Datenbank an verschiedenen Standorten gespeichert. Die Datenbank selbst präsentiert sich dem Benutzer aber als Einheit, das heißt, er muss nicht wissen, welche Daten auf welchem Server gespeichert sind.

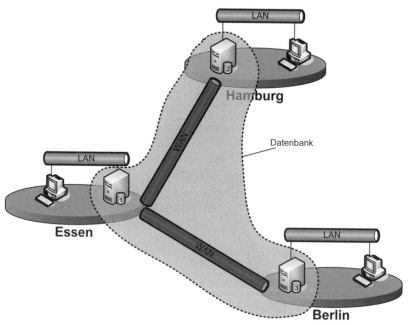

Abb. 10.5: Verteilte Datenbank

In der Abbildung 10.5 befindet sich im Gegensatz zur Abbildung 10.4 an jedem Standort ein Datenbankserver. Diese Datenbankserver enthalten jeweils einen bestimmten Teil der Datenbank. Auf dem Server in Essen liegt der erste Teil, auf dem Server in Hamburg der zweite Teil und auf dem Server in Berlin der dritte Teil. Den Anwendern der verteilten Datenbank präsentiert sich das System aber als eine geschlossene Einheit, das heißt, wenn ein Benutzer in Berlin Daten benötigt, die im ersten Teil der Datenbank zu finden sind, so muss er nicht wissen, dass sich dieser Teil in Essen befindet. Er greift einfach auf die Datenbank als Ganzes zu und das Datenbanksystem kümmert sich dann um die Lokalisierung der Daten.

10.3 Komponenten eines verteilten Datenbanksystems

Ein verteiltes Datenbanksystem wird von einem Distributed Data Management System (DDBMS) verwaltet. Das DDBMS steuert sowohl die verteilte Datenverarbeitung als auch die verteilte Datenhaltung der verteilten Datenbank.

Ein DDBMS muss in der Lage sein zu erkennen, welche Teile der Datenbankabfrage lokal bearbeitet werden können und welche Teile über das Netzwerk ausgeführt werden müssen. Des Weiteren muss ein DDBMS eine Optimierung der Datenbankabfrage durchführen, um den optimalen Zugriffsweg zu den Daten zu ermitteln. Das DDBMS muss in der Lage sein, die physikalischen Standorte der Daten zu ermitteln und herauszufinden, ob die Daten auf dem lokalen System gespeichert sind oder auf einem entfernten System. Wichtig ist auch, dass das DDBMS Sicherheitsfunktionen implementiert. Außerdem sollte das DDBMS auch Backup und Recovery des gesamten Systems anbieten. Das Backup/Recovery ist in einer solchen Umgebung natürlich schwieriger als in einer zentralen Umgebung, da alle verteilten Daten gespeichert werden müssen. Außerdem muss das DDBMS auch den konkurrierenden Datenbankzugriff und die Transaktionsverwaltung systemweit implementieren.

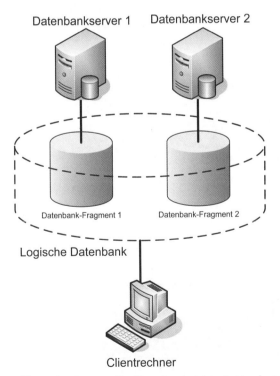

Abb. 10.6: Die verteilte Datenbank sieht wie eine logische Datenbank aus.

Das DDBMS sorgt dafür, dass eine verteilte Datenbank, die sich aus mehreren Fragmenten zusammensetzt, für einen Client wie eine einzige logische Datenbank aussieht. In Abbildung 10.6 setzt sich die verteilte Datenbank aus zwei Datenbankfragmenten zusammen, die auf Server 1 und Server 2 verwaltet werden. Für den Client sieht die verteilte Datenbank wie eine einzige Datenbank aus, das heißt, der Client muss nicht wissen, auf welchem Server welche Daten gespeichert wurden. Aus der Sicht des Clients ist noch nicht einmal erkennbar, dass es sich bei der Datenbank um eine verteilte Datenbank handelt.

Ein verteiltes Datenbanksystem muss alle Funktionen eines zentralen Datenbanksystems implementieren und zusätzlich die Funktionen, die dazu benötigt werden, die verteilte Datenhaltung und die verteilte Datenverarbeitung zu kontrollieren.

Damit diese Funktionen zur Verfügung gestellt werden können, existieren in einem verteilten Datenbanksystem zwei Komponenten, der Transaktionsmanager und der Datenmanager. Der Transaktionsmanager ist ein Programm, das auf jedem Computer ausgeführt wird, der auf das verteilte Datenbanksystem zugreifen muss. Er kümmert sich darum, dass die Datenbankabfragen des Clients an die richtigen Datenbankserver verteilt werden, und fügt die von verschiedenen Servern erhaltenen Daten auf dem Client lokal zusammen. Der Datenmanager wird auf allen Rechnern ausgeführt, die Daten verwalten, und kümmert sich darum, dass die abgefragten Daten zu den richtigen Clients bzw. den entsprechenden Transaktionsmanagern gesendet werden.

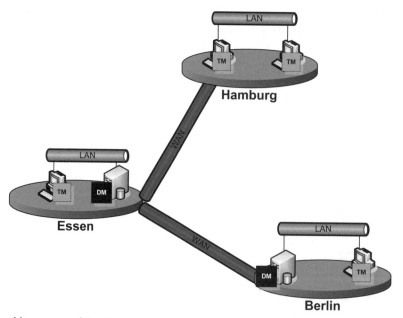

Abb. 10.7: Auf den Clients werden Transaktionsmanager, auf den Servern Datenmanager ausgeführt.

Wie Sie bereits oben gesehen haben, gibt es zwei Arten der verteilten Datenbankanwendung. Einerseits wie in Abbildung 10.1 kann die Datenverarbeitung verteilt sein und die Datenhaltung ist zentral oder aber wir haben ein vollständig verteiltes Datenbanksystem mit verteilter Datenverarbeitung und verteilter Datenhaltung wie in Abbildung 10.2. Ein weiterer Vorteil des in Abbildung 10.7 dargestellten Systems liegt darin, dass jederzeit neue Rechner, auf denen Transaktionsmanager oder Datenmanager ausgeführt werden, hinzugefügt werden können, ohne dass dies die anderen bereits bestehenden Rechner beeinflusst.

Verteilte Datenverarbeitung und zentrale Datenhaltung

Bei der verteilten Datenverarbeitung mit zentraler Datenhaltung werden die Daten zentral auf einem Server gespeichert, während die Datenverarbeitung parallel und verteilt auf mehreren Computern abläuft, die mit dem Server über ein Netzwerk verbunden sind. Es gibt zwei Arten der zentralen Datenhaltung, einerseits die zentrale Datenhaltung im Dateisystem oder die zentrale Datenhaltung auf einem Datenbankserver. Bei der zentralen Datenhaltung im Dateisystem dient der Server lediglich als Dateiserver, der einzelne Dateien zur Verfügung stellt. Diese werden dann lokal auf die einzelnen Arbeitsstationen heruntergeladen und dort verarbeitet. Das Problem dieses Ansatzes ist, dass kein zentraler Kontrollmechanismus die lokalen Datenänderungen auf den verschiedenen Arbeitsstationen überwacht. Zum Beispiel lädt sich Anwender 1 eine bestimmte Datei lokal auf seinen Rechner herunter und ändert diese dort. Gleichzeitig lädt auch Anwender 2 dieselbe Datei herunter und ändert diese. Werden nun beide Dateien wieder auf den zentralen Server hochgeladen, so werden die Änderungen des Anwenders gespeichert, der seine Datei zuletzt hochlädt. Diese Datei überschreibt die Änderungen des ersten Benutzers.

Eine etwas bessere Version des Szenarios verteilte Datenverarbeitung und zentrale Datenhaltung haben Sie bereits in Kapitel 9 kennen gelernt, die Client-Server-Architektur. Hier werden sämtliche auf die Datenbank bezogenen Aktivitäten auf dem Server ausgeführt, wodurch ein zentraler Kontrollmechanismus der verteilten Datenhaltung etabliert wird. Gleichzeitig wird durch die zentrale Datenverwaltung der Netzwerkverkehr reduziert.

Vollständig verteiltes Datenbanksystem

Beim vollständig verteilten Datenbanksystem ist, wie der Name schon andeutet, sowohl die Datenhaltung als auch die Datenverarbeitung verteilt. Man unterscheidet zwischen homogenen verteilten Datenbanksystemen und heterogenen verteilten Datenbanksystemen. Beim homogenen verteilten Datenbanksystem führt jeder Computer, der zur Datenhaltung dient, dasselbe DBMS aus, während bei einem heterogenen verteilten Datenbanksystem auf den verschiedenen Datenbankservern DBMS unterschiedlicher Hersteller betrieben werden.

Die meisten heute erhältlichen Datenbankmanagement-Systeme unterstützen homogene, verteilte Datenbanksysteme, das heißt, man kann das DBMS eines Herstellers auf unterschiedlichen Datenbankservern installieren, die dann zusammen ein verteiltes Datenbanksystem aufbauen. Heterogene verteilte Datenbanken sind bisher eher selten, da es keine gemeinsamen Kommunikationsstandards gibt, über die sich die Datenbanksysteme der verschiedenen Hersteller verständigen können. Vielleicht werden diese Kommunikationshindernisse in den nächsten Jahren mit Hilfe von WebServices und XML überwunden.

10.4 Transparenz beim Datenzugriff

Wichtig bei einem verteilten Datenbanksystem ist, wie Sie in Abbildung 10.5 bereits gesehen haben, dass sich dem Benutzer das verteilte Datenbanksystem als eine einzige logische Datenbank präsentiert. Das Verbergen des physikalischen Aufbaus der Datenbank nennt man auch *Transparenz*. Es muss für den Datenbankanwender völlig transparent sein, dass das Datenbanksystem keine zentrale Datenbank ist, sondern dass sie sich über verschiedene physikalische Systeme verteilt.

Damit sich das verteilte Datenbanksystem wie eine einzige logische Datenbank verhält, müssen verschiedene Aspekte der Datenbank transparent und damit für den Datenbankanwender nicht sichtbar sein.

Zunächst muss die Verteilung der Datenbank transparent sein, das heißt, der Benutzer muss gar nicht wissen, dass er es mit einem verteilten Datenbanksystem zu tun hat. Die Tatsache, dass die Daten auf mehreren Rechnern verteilt sind oder gar der Ort, an dem sich bestimmte Daten befinden, sollten dem Benutzer nicht zugänglich sein.

Des Weiteren müssen Transaktionen transparent sein, das heißt, obwohl das Datenbanksystem verteilt über mehrere Server läuft, muss es sich Transaktionen gegenüber wie eine lokale Datenbank verhalten. Transaktionen können nur dann erfolgreich durchgeführt werden, wenn jede Einzelanweisung der Transaktion erfolgreich war. Scheitert eine Anweisung, so scheitert die ganze Transaktion. Natürlich kann es vorkommen, dass eine Transaktion Daten an verschiedenen physikalischen Standorten aktualisieren muss. Die komplette Verwaltung dieses Vorgangs muss vom DDBMS erfüllt werden.

Außerdem muss das verteilte Datenbanksystem in der Lage sein, im Falle der Fehlfunktion eines Datenbankservers zu reagieren. Die Funktionen, die durch den fehlerhaften Server wegfallen, müssen dann von einem anderen Server übernommen werden.

10.4.1 Transparente Datenverteilung

Die physikalische Datenverteilung des verteilten Datenbanksystems soll dem Anwender transparent sein, das heißt, der Datenbankanwender weiß gar nicht, wo sich die Daten, mit denen er arbeitet, physikalisch befinden. Leider ist eine vollständige Transparenz nicht immer gegeben. Sehen Sie sich dazu die Darstellung aus Abbildung 10.8 einmal genauer an.

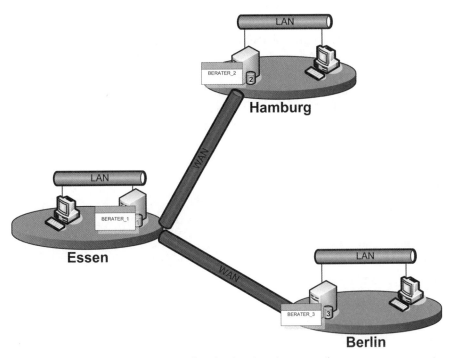

Abb. 10.8: Die Tabelle BERATER ist über die drei Standorte verteilt.

In der Abbildung 10.8 ist die Tabelle BERATER über die drei Standorte Essen, Berlin und Hamburg verteilt. Auf jedem lokalen Server werden die Berater gespeichert, die am Filialstandort tätig sind. Sehen Sie sich nun einmal an, was passiert, wenn Sie eine Abfrage schreiben möchten, die auf die gesamte Tabelle `Berater` zugreift (also auf alle Datensätze an den drei Standorten) und Ihnen all die Berater zurückliefert, deren Namen mit den Buchstaben »In« beginnen.

Unterstützt das Datenbanksystem eine vollständige Transparenz der Datenverteilung, so können Sie auf die Tabelle BERATER, die aus den drei Teilfragmenten BERATER_1, BERATER_2 und BERATER_3 besteht und die sich an den verschiedenen Standorten befinden, ganz normal zugreifen, so wie Sie das in Kapitel 6 erfahren haben.

```
SELECT
  *
FROM
  BERATER
WHERE
  BERATERNAME LIKE 'In%';
```

Anhand dieses SQL-Befehls ist nicht ersichtlich, dass die Tabelle BERATER eigentlich aus drei Teilen besteht, die sich an den verschiedenen Standorten befinden.
Unterstützt das DDBMS keine vollständige Transparenz, sondern nur eine Ortstransparenz, so muss der Anwender wissen, dass die Tabelle BERATER aus drei
Fragmenten besteht. Er muss allerdings nicht wissen, wo sich diese Fragmente
genau befinden. Um dasselbe Ergebnis wie im Fall der vollständigen Transparenz
zu erzielen, muss der Benutzer die drei Tabellenfragmente explizit abfragen und
die Ergebnisse der Abfragen mittels UNION verknüpfen:

```
SELECT
  *
FROM
  BERATER_1
WHERE
  BERATERNAME LIKE 'In%'

UNION

SELECT
  *
FROM
  BERATER_2
WHERE
  BERATERNAME LIKE 'In%'

UNION
SELECT
  *
FROM
  BERATER_3
WHERE
  BERATERNAME LIKE 'In%';
```

Verfügt das Datenbanksystem über keine Ortstransparenz, so muss der Datenbankanwender nicht nur wissen, dass die Tabelle BERATER in die drei Fragmente

BERATER_1, BERATER_2 und BERATER_3 aufgeteilt ist, er muss darüber hinaus auch noch wissen, wo sich diese Fragmente befinden.

```
SELECT
  *
FROM
  BERATER_1 NODE Essen
WHERE
  BERATERNAME LIKE 'In%'

UNION

SELECT
  *
FROM
  BERATER_2 NODE Hamburg
WHERE
  BERATERNAME LIKE 'In%'

UNION
SELECT
  *
FROM
  BERATER_3 NODE Berlin
WHERE
  BERATERNAME LIKE 'In%';
```

Wünschenswert ist natürlich, dass das verteilte Datenbanksystem vollständige Transparenz unterstützt, so dass man bei der Abfrage der Datenbank nicht wissen muss, wo sich die Daten befinden. Der große Nachteil, den die beiden letzten Arten der Transparenz besitzen, ist der, dass die Verteilung der Datenbank mit in den SQL-Befehl einfließt, im ersten Fall durch die Angabe der einzelnen Datenbankfragmente und im zweiten Fall sogar durch die Angabe der Standorte. Wird ein weiterer Standort, z.B. München, zum Datenbanksystem hinzugefügt, so müssen die SQL-Befehle ergänzt werden, damit wieder alle Fragmente der Tabelle berücksichtigt werden. Bei der Ortstransparenz müsste der Befehl um den Abschnitt

```
...
UNION
SELECT
  *
FROM
  BERATER_4
```

```
WHERE
  BERATERNAME LIKE 'In%';
und bei dem Beispiel ohne Ortstransparenz um den Abschnitt
...
UNION

SELECT
  *
FROM
  BERATER_4 NODE Muenchen
WHERE
  BERATERNAME LIKE 'In%';
```

ergänzt werden, was natürlich die Erweiterbarkeit etwas einschränkt. Wird ein neuer Knoten zum Datenbanksystem hinzugenommen, so müssen die SQL-Befehle angepasst werden.

Die Standorte der verschiedenen Tabellen oder der Tabellenfragmente werden im »Verteilten Datenbank Dictionary« (distributed database dictionary) verwaltet. Setzt ein Anwender eine Abfrage an ein verteiltes Datenbanksystem ab, so fragt der Transaktionsmanager zunächst das »Verteilte Datenbank Dictionary« ab, um die Standorte der einzelnen Tabellen oder Tabellenfragmente zu erfahren. Der vom Anwender abgesetzte SQL-Befehl wird dann so umgewandelt und unterteilt, dass die benötigten Daten von den einzelnen Datenstandorten abgerufen werden. Auf dem Client setzt der Transaktionsmanager dann die einzelnen Datenmengen zusammen, die von den verschiedenen Datenmanagern zurückgeliefert worden sind.

Sehen Sie sich diesen Vorgang noch einmal an einem Beispiel an. Ein Client möchte gerne den SQL-Befehl

```
SELECT
  *
FROM
  BERATER;
```

ausführen. Die Datenbank ist so verteilt, wie in Abbildung 10.8 zu sehen, das heißt, die Tabelle BERATER ist in drei Fragmente unterteilt, die sich auf die Standorte Essen, Berlin und Hamburg verteilen. Natürlich ist auf dem Client ein *Transaktionsmanager* installiert, der als Erstes das verteilte Data Dictionary abfragt, um zu erfahren, wo sich die Tabelle BERATER befindet.

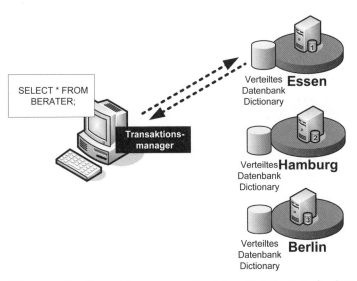

Abb. 10.9:   Der Transaktionsmanager fragt das »Verteilte Datenbank Dictionary« ab.

Als Ergebnis liefert das »Verteilte Datenbank Dictionary« die Information zurück, dass die Tabelle BERATER in drei Fragmente unterteilt ist, die sich an den drei Standorten Essen, Hamburg und Berlin befinden. Das »Verteilte Datenbank Dictionary« ist selbst eine verteilte Datenbank. In jedem Standort befindet sich eine komplette Kopie des »Verteilten Datenbank Dictionarys«. Natürlich muss eine Änderung an einem Datenbank Dictionary auf die anderen Standorte repliziert werden.

Aufgrund dieser Information wandelt der Transaktionsmanager den eingegebenen SQL-Befehl in drei einzelne SQL-Befehle um, die die Daten von den verschiedenen Standorten abfragen.

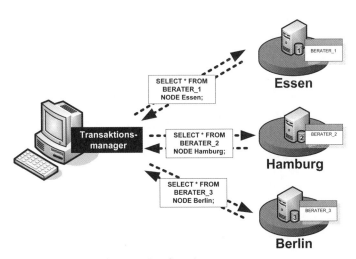

Abb. 10.10:   Die Abfrage wird aufgeteilt

Die drei Abfragen, in die unsere ursprüngliche Abfrage aufgeteilt worden sind, liefern jeweils von jedem Server die benötigten Daten zurück. Die Teildatenmengen werden dann auf dem Client zur gewünschten Ergebnisdatenmenge zusammengesetzt.

> **Wichtig**
>
> Bitte beachten Sie, dass nicht alle Datenbankmanagement-Systeme Tabellenfragmente in unterschiedlichen Standorten unterstützen. Es gibt auch Datenbankmanagement-Systeme, die fordern, dass sich eine Tabelle komplett an einem Standort befinden muss.

10.4.2 Transparentes Transaktionsmanagement

Wie bereits weiter oben angeklungen ist, ist es für ein verteiltes Datenbanksystem sehr wichtig, dass das Transaktionsmanagement auch transparent ist. Werden verteilte Transaktionen durchgeführt, das heißt, ändert eine Transaktion Daten an mehreren Standorten, so muss gewährleistet sein, dass durch diese Änderung die Integrität der Datenbank nicht verletzt wird. Eine verteilte Transaktion kann nur dann erfolgreich sein, wenn alle Änderungen an allen Standorten durchgeführt werden konnten. Wurde an einem Standort eine Teilaufgabe der Transaktion nicht erfolgreich erledigt, so müssen alle Änderungen an allen Standorten zurückgenommen werden und es muss der Zustand des Gesamtsystems vor der Transaktion wieder hergestellt werden.

Wie Sie sich sicherlich denken können, ist die Transaktionskontrolle in einem verteilten Datenbanksystem nicht so einfach, da komplexe Mechanismen benötigt werden, um die Konsistenz und Integrität der Datenbank über alle Standorte hinweg gewährleisten zu können.

Im Gegensatz zu einer lokalen Transaktion ändert eine verteilte Transaktion Daten an mehreren Standorten, was bestimmte Probleme mit sich bringt. Sehen Sie sich dazu das nächste Beispiel an.

Bei Alana Business Consult sollen die Stundenlöhne der Berater um jeweils 10,- € erhöht werden. Hierzu werden UPDATE-Befehle an die einzelnen Tabellenfragmente in den verschiedenen Standorten geschickt.

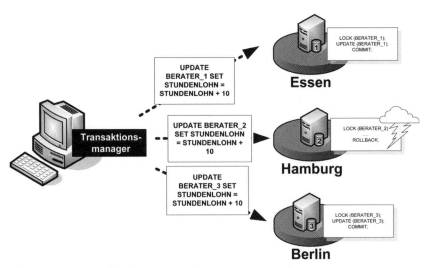

Abb. 10.11: Die Tabellenfragmente sollen aktualisiert werden.

Was würde passieren, wenn die Datenbanksysteme ein herkömmliches Transaktionsmanagement verwenden würden, wie Sie es bereits beim zentralen Datenbanksystem kennen gelernt haben? Im Szenario in Abbildung 10.11 versuchen die einzelnen Datenbanksysteme an den Filialstandorten, das lokale Tabellenfragment der Tabelle BERATER zu sperren. In Essen und Berlin ist dies ohne Probleme möglich. Die Tabelle wird gesperrt, das UPDATE wird durchgeführt und mit einem COMMIT bestätigt. In Hamburg kann das Tabellensegment nicht gesperrt werden und es wird ein ROLLBACK erzwungen. In diesem Moment ist die Konsistenz der Datenbank verletzt, da die durch COMMIT bestätigten Änderungen in Essen und Berlin nicht wieder zurückgenommen werden können, wie Sie aus dem Kapitel über Transaktionsmanagement wissen. Wurde einmal ein COMMIT erfolgreich an das Datenbanksystem abgesetzt, so werden die Änderungen in der Datenbank festgeschrieben und können nicht mehr zurückgenommen werden.

Damit ein vernünftiges, transparentes Transaktionsmanagement möglich wird, müssen Sie ein Protokoll entwickeln, das die eben geschilderte Situation verhindert. Dieses Protokoll heißt *Zwei-Phasen-Commit-Protokoll*. Um dieses Protokoll implementieren zu können, müssen Sie zunächst das Transaktionsprotokoll auf den einzelnen Datenbankservern erweitern.

Um die Integrität der einzelnen Datenbanken sicherstellen zu können, muss jeder Datenbankserver natürlich sein eigenes Transaktionsprotokoll verwalten. Geschieht dies unkoordiniert, wie in Abbildung 10.11, so treten die beschriebenen Probleme auf, und die Datenbankintegrität ist gefährdet. Daher müssen Sie die Befehle DO, UNDO und REDO in den Transaktionsprotokollen auf den einzelnen Datenbankservern einführen.

- Der Befehl DO führt die Operation aus und speichert die Werte vor und nach der Operation im Transaktionsprotokoll.

- Der Befehl UNDO nimmt mit Hilfe der Einträge im Transaktionsprotokoll die Änderung wieder zurück.

- Der Befehl REDO führt die Änderung an der Datenbank gemäß der durch DO im Transaktionsprotokoll gespeicherten erneut aus.

Um gegenüber Systemausfällen gewappnet zu sein, werden diese Befehle im so genannten »write-ahead«-Modus ausgeführt, das heißt, bevor irgendwelche Änderungen an der Datenbank durchgeführt werden, wird zunächst das Transaktionsprotokoll auf die Festplatte geschrieben, damit das Transaktionsprotokoll bei einem Systemausfall wiederhergestellt werden kann.

Das Zwei-Phasen-Commit-Protokoll funktioniert wie folgt. Einer der Datenmanager wird zum Koordinator der verteilten Transaktion ernannt. Der UPDATE-Befehl wird an die einzelnen Datenbankserver gesendet, die von der Transaktion betroffen sind. Nach einer Weile sendet der Transaktionskoordinator eine PREPARE TO COMMIT-Nachricht an alle beteiligten Datenbankserver. Jeder dieser Datenbankserver kann mit YES oder mit NO antworten. Antwortet mindestens einer der Server mit NO, so sendet der Transaktionskoordinator die Nachricht ABORT an alle beteiligten Datenbankserver. Haben allerdings alle Server mit YES geantwortet, so tritt das Zwei-Phasen-Commit-Protokoll in die zweite Phase ein.

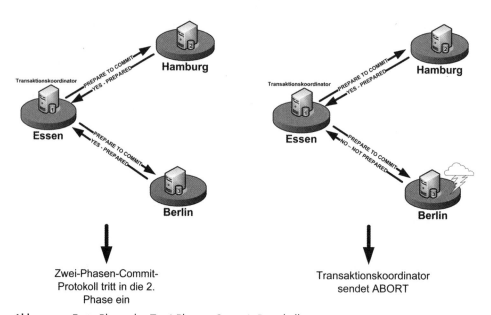

Abb. 10.12: Erste Phase des Zwei-Phasen-Commit-Protokolls

Nun sendet der Transaktionskoordinator den Befehl COMMIT an alle beteiligten Rechner. Diese führen dann das COMMIT lokal durch, indem sie die DO-Einträge des Transaktionsprotokolls auf die Datenbank anwenden. Jeder Datenbankserver, der die Daten erfolgreich in der Datenbank aktualisieren konnte, sendet die Nachricht COMMITED an den Transaktionskoordinator. Konnte ein Server die Datenbank nicht aktualisieren, so sendet dieser die Nachricht NOT COMMITED an den Koordinator. Hat der Transaktionskoordinator von jedem beteiligten Rechner die Nachricht COMMITED erhalten, so konnte die Transaktion erfolgreich durchgeführt werden. Erhielt der Transaktionskoordinator allerdings von einem beteiligten Rechner eine NOT COMITTED-Nachricht, so sendet er eine ABORT-Nachricht an alle beteiligten Rechner, die dann mittels UNDO alle Änderungen an der Datenbank zurücknehmen.

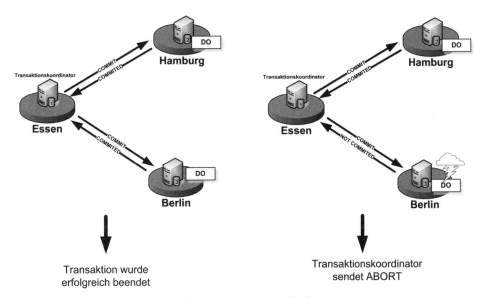

Abb. 10.13: Zweite Phase des Zwei-Phasen-Commit-Protokolls

Mit dem Zwei-Phasen-Commit-Protokoll kann so gewährleistet werden, dass auch bei einer verteilten Transaktion alle Teiloperationen erfolgreich beendet worden sind.

10.5 Datenfragmentierung

Wie Sie bereits in den Beispielen oben gesehen haben, ist es durchaus möglich, dass einzelne Tabellen über mehrere Standorte verteilt sein können. In diesem Zusammenhang spricht man auch von *Datenfragmentierung*. Ein Teilstück dieser Tabelle wird als *Datenfragment* bezeichnet. Die Information darüber, welche Tabelle wie fragmentiert ist und welche Datenfragmente sich wo befinden, wird im »Verteilten Datenbank Dictionary« gespeichert.

Unterteilt man eine einzelne Tabelle in Datenfragmente, so sind drei Fragmentierungsstrategien denkbar, die horizontale Fragmentierung, die vertikale Fragmentierung und die gemischte Fragmentierung.

Im Folgenden werde ich diese Fragmentierungsstrategien vorstellen. Hierzu habe ich die Tabelle BERATER um das Feld STANDORT erweitert, in dem der Standort des jeweiligen Beraters gespeichert ist.

BERATER_ID	BERNAME	VORNAME	STUNDENSATZ	STANDORT
1	Meier	Helena	50,00 €	Berlin
2	Fuchs	Ingo	45,00 €	Essen
3	Müller	John	60,00 €	Hamburg
4	Schulz	Elisabeth	30,00 €	Essen

Abb. 10.14: Die erweiterte Tabelle BERATER

Bei der *horizontalen Fragmentierung* wird die Tabelle anhand der Datensätze aufgeteilt, das heißt, an jedem Standort ist die Tabellenstruktur gleich – die Tabellenfragmente unterscheiden sich nur durch die an diesen Standorten gespeicherten Datensätze. Im Beispiel können Sie die Tabelle so aufteilen, dass die Datensätze der jeweiligen Berater an deren Standorten gespeichert sind.

Standort Essen   Datenbanksegment BERATER_1

BERATER_ID	BERNAME	VORNAME	STUNDENSATZ	STANDORT
2	Fuchs	Ingo	45,00 €	Essen
4	Schulz	Elisabeth	30,00 €	Essen

Standort Berlin   Datenbanksegment BERATER_2

BERATER_ID	BERNAME	VORNAME	STUNDENSATZ	STANDORT
1	Meier	Helena	50,00 €	Berlin

Standort Hamburg   Datenbanksegment BERATER_3

BERATER_ID	BERNAME	VORNAME	STUNDENSATZ	STANDORT
3	Müller	John	60,00 €	Hamburg

Abb. 10.15: Datenbank ist horizontal fragmentiert

Wichtig bei der horizontalen Fragmentierung ist, dass jedes Datenfragment dieselbe Anzahl an Spalten hat.

Natürlich ist es auch möglich, die Tabelle BERATER vertikal zu fragmentieren. Hierbei enthält jedes Tabellensegment alle Datensätze, aber nicht alle Felder jedes einzelnen Datensatzes.

Es ist z.B. eine Fragmentierung denkbar, bei der bestimmte Informationen über die Berater von Alana Business Consult in Berlin und bestimmte Informationen in Essen gespeichert werden. Meist wird eine vertikale Fragmentierung durchgeführt, um besonders sensible Informationen, wie z.B. die Stundensätze der Berater, an einem gesicherten Ort abzuspeichern.

In unserem Beispiel werden die allgemeinen Informationen über die Berater in Berlin und die sensiblen Informationen, wie z.B. der Stundensatz der Berater, in Essen gespeichert.

Standort Essen   Datenbanksegment BERATER_1

BERATER_ID	STUNDENSATZ
1	50,00 €
2	45,00 €
3	60,00 €
4	30,00 €

Standort Berlin   Datenbanksegment BERATER_2

BERATER_ID	BERNAME	VORNAME	STANDORT
1	Meier	Helena	Berlin
2	Fuchs	Ingo	Essen
3	Müller	John	Hamburg
4	Schulz	Elisabeth	Essen

Abb. 10.16: Die Tabelle BERATER ist vertikal fragmentiert.

Bei einer *vertikalen Fragmentierung* dürfen die Datenfragmente unterschiedliche Felder besitzen, es müssen aber gleich viele Datensätze in beiden Tabellen enthalten sein. Zwischen den beiden Datenbanksegmenten besteht eine 1:1-Beziehung.

Natürlich ist auch eine Situation denkbar, in der die Tabellen sowohl horizontal als auch vertikal fragmentiert werden müssen. In diesem Fall spricht man von *gemischter Fragmentierung*.

In dem Beispiel kann eine gemischte Fragmentierung dann auftreten, wenn die Datensätze der Tabelle BERATER einerseits nach den Standorten fragmentiert werden sollen, so wie in Abbildung 10.15, andererseits am Standort aber vertikal unterteilt werden sollen, so dass sich die sensiblen Informationen an einem gesonderten Ort befinden.

Standort Essen

Datenbanksegment BERATER_1

BERATER_ID	BERNAME	VORNAME	STANDORT
2	Fuchs	Ingo	Essen
4	Schulz	Elisabeth	Essen

Datenbanksegment BERATER_4

BERATER_ID	STUNDENSATZ
2	45,00 €
4	30,00 €

Standort Berlin

Datenbanksegment BERATER_2

BERATER_ID	BERNAME	VORNAME	STANDORT
1	Meier	Helena	Berlin

Datenbanksegment BERATER_5

BERATER_ID	STUNDENSATZ
1	50,00 €

Standort Hamburg

Datenbanksegment BERATER_3

BERATER_ID	BERNAME	VORNAME	STANDORT
3	Müller	John	Hamburg

Datenbanksegment BERATER_6

BERATER_ID	STUNDENSATZ
3	60,00 €

Abb. 10.17: Die Tabelle BERATER mit gemischter Fragmentierung

Die gemischte Fragmentierung läuft in zwei Schritten ab. Zunächst wird die Tabelle horizontal nach den verschiedenen Standorten fragmentiert. An jedem Standort wird die Tabelle dann vertikal fragmentiert.

10.6 Replikation

Unter dem Begriff *Datenreplikation* versteht man die Speicherung von Kopien der Daten an verschiedenen Standorten. Durch diese redundante Speicherung kann die Effizienz des verteilten Datenbanksystems erheblich gesteigert werden, da Daten lokal an einem Standort bereitgestellt werden können, die ansonsten über WAN-Verbindungen abgerufen werden müssten.

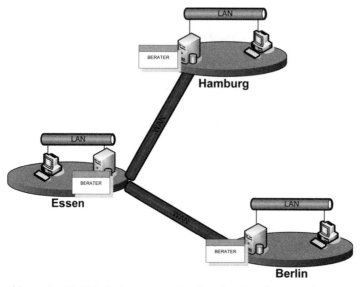

Abb. 10.18: Die Tabelle BERATER ist in allen drei Standorten repliziert.

Sehen Sie sich einmal das Beispiel aus Abbildung 10.18 an. Die Tabelle BERATER ist auf allen drei Standorten repliziert, das heißt, in jedem Standort existiert eine vollständige Kopie der Tabelle BERATER. Möchte nun ein Anwender aus Hamburg Daten aus der Tabelle BERATER abrufen, so werden diese Daten vom lokalen Datenbankserver bereitgestellt. Es muss keine langsame und kostenträchtige Verbindung zur Zentrale in Essen aufgebaut werden.

Wie Sie bereits aus den vorherigen Kapiteln wissen, birgt die redundante Datenhaltung die Gefahren, dass Dateninkonsistenzen auftreten können. Wird ein Datensatz in der Tabelle BERATER in Hamburg geändert, so muss diese Änderung auch in der Tabelle BERATER in Essen und in Berlin vorgenommen werden.

Obwohl die Replikation Vorteile beim Datenzugriff bietet, bedeutet die Verwendung von Replikation aber auch eine Belastung für das verteilte Datenbanksystem. Wird eine Abfrage an eine Tabelle gestellt, muss das DDBMS nicht nur die Standorte ermitteln, an denen sich diese Tabelle befindet, es muss auch den Standort ermitteln, an dem die Daten am besten zugänglich sind. Wird eine Operation durchgeführt, die eine Änderung an den Daten vornimmt, so trägt das DDBMS Sorge dafür, dass diese Änderung an allen Standorten vorgenommen wird, an denen sich die Daten befinden.

10.7 Zusammenfassung

■ **Datenfragment**

Unter einem Datenfragment versteht man einen Teil einer Tabelle oder einer Datenbank, der durch Fragmentierung der gesamten Tabelle entstanden ist und an einem bestimmten Standort gespeichert wird.

■ **Datenfragmentierung**

Wird eine einzelne Tabellen über mehrere Standorte verteilt, so spricht man von Datenfragmentierung.

■ **Datenmanager**

Der Datenmanager ist eine Software-Komponente eines verteilten Datenbanksystems, der auf den einzelnen Datenbankservern läuft und den Zugriff der Transaktionsmanager auf die Datenbank steuert, die auf den Clientrechnern des Datenbanksystems ausgeführt werden.

■ **Datenreplikation**

Bei der Datenreplikation werden Kopien der Daten an verschiedenen Standorten gehalten, um den Zugriff auf diese Daten zu beschleunigen.

- **Distributed Database Management System (DDBMS)**

  Das DDBMS ist das Datenbankmanagement-System der verteilten Datenbank. Es kümmert sich darum, dass die verteilte Umgebung alle Funktionen unterstützt, die bei einem zentralen Datenbanksystem implementiert sind.

- **DO**

  Der Befehl DO schreibt eine Datenänderung in das Transaktionsprotokoll. Hierbei wird sowohl der neue als auch der alte Werte des Datenfeldes gespeichert, damit die Änderung gegebenenfalls wieder rückgängig gemacht werden kann.

- **Gemischte Fragmentierung**

  Bei der gemischten Fragmentierung werden Tabellen sowohl horizontal als auch vertikal fragmentiert.

- **Heterogenes verteiltes Datenbanksystem**

  Bei einem heterogenen verteilten Datenbanksystem sind die DBMS verschiedener Hersteller an der verteilten Datenbank beteiligt.

- **Homogenes verteiltes Datenbanksystem**

  Bei einem homogenen verteilten Datenbanksystem sind die auf den verschiedenen Servern installierten DBMS vom selben Hersteller.

- **Horizontale Fragmentierung**

  Bei der horizontalen Fragmentierung wird eine Tabelle datensatzweise fragmentiert, das heißt, jedes Tabellenfragment enthält dieselben Felder, es ist nur die Anzahl der gespeicherten Datensätze unterschiedlich.

- **Ortstransparenz**

  Unter Ortstransparenz versteht man, dass der Anwender, der auf ein Tabellenfragment zugreifen will, nicht wissen muss, an welchem Ort sich dieses Tabellenfragment befindet.

- **REDO**

  REDO führt eine mittels UNDO zurückgenommene Änderung erneut aus.

- **Single point of failure**

  Der Single point of failure stellt die Komponente eines Systems dar, die bei ihrem Ausfall bewirkt, dass das gesamte System nicht mehr funktioniert.

- **Transaktionsmanager**

  Der Transaktionsmanager ist ein Programm, das auf jedem Computer ausgeführt wird, der auf das verteilte Datenbanksystem zugreifen muss. Er kümmert sich darum, dass die Datenbankabfragen des Clients an die richtigen Datenbankserver verteilt werden und fügt die von verschiedenen Servern erhaltenen Daten auf dem Client lokal zusammen.

- **Transparenz**

  Unter Transparenz versteht man, dass die physikalische Verteilung des Datenbanksystems für den Anwender nicht sichtbar ist.

- **UNDO**

  Mit Hilfe des Befehls UNDO kann man die durch eine Transaktion an der Datenbank vorgenommenen Änderungen wieder zurücknehmen.

- **Verteilte Datenbank**

  Bei einer verteilten Datenbank ist die Datenhaltung über mehrere Standorte verteilt.

- **Verteilte Datenverarbeitung**

  Bei einer verteilten Datenverarbeitung ist die Verarbeitung der Daten über mehrere Standorte verteilt, so wie das z.B. bei der Client-Server-Architektur üblich ist. Die verteilte Datenverarbeitung impliziert nicht, dass die Datenhaltung auch verteilt ist. Verteilte Datenverarbeitung kann auch mit einer zentralen Datenbank stattfinden.

- **Verteilte Transaktion**

  Eine verteilte Transaktion ändert Daten an mehreren Standorten einer verteilten Datenbank. Es muss bei verteilten Transaktionen sichergestellt sein, dass die verteilte Transaktion nur dann erfolgreich ausgeführt werden kann, wenn alle Teilaktionen an allen Standorten erfolgreich beendet werden konnten.

- **»Verteiltes Datenbank Dictionary«**

  Das »Verteilte Datenbank Dictionary« verwaltet, welche Daten sich an welchem Standort befinden. Es ist selbst eine verteilte Datenbank, die auf jeden Standort vollständig repliziert wird.

- **Vertikale Fragmentierung**

  Bei der vertikalen Fragmentierung werden Tabellen entsprechend ihrer Felder fragmentiert, das heißt, die Struktur der Tabellen der einzelnen Tabellenfragmente ist unterschiedlich. Wichtig ist allerdings, dass die Anzahl der Datensätze in beiden Tabellen gleich sein muss.

- **Vollständig verteiltes Datenbanksystem**

  Ein vollständig verteiltes Datenbanksystem besitzt eine verteilte Datenverarbeitung und eine verteilte Datenhaltung.

- **Vollständige Transparenz**

  Besitzt eine verteilte Datenbank vollständige Transparenz, so stellt sich dieses System dem Benutzer gegenüber wie ein zentrales Datenbanksystem dar.

- **Write-ahead-Modus**

  Beim Write-ahead-Modus wird das Transaktionsprotokoll auf die Festplatte geschrieben, bevor Änderungen an der Datenbank selbst durchgeführt werden.

- **Zwei-Phasen-Commit-Protokoll**

  Das Zwei-Phasen-Commit-Protokoll wird dazu verwendet, verteilte Transaktionen zu steuern und um zu garantieren, dass die Daten entweder an allen Standorten geändert werden konnten oder dass alle Änderungen zurückgenommen werden.

10.8 Aufgaben

Hier finden Sie Wiederholungsfragen, mit denen Sie die Gelegenheit haben, sich noch einmal Gedanken über den Stoff des Kapitels zu machen. Die Lösungen zu diesen Aufgaben finden Sie in Anhang A.10.

10.8.1 Wiederholung

1. Was sind die Vor- und Nachteile verteilter Datenbanksysteme?

2. Was ist der Unterschied zwischen verteilter Datenverarbeitung und verteilten Datenbanken?

3. Was sind die Komponenten eines verteilten Datenbanksystems?

4. Was bedeutet Transparenz beim Datenzugriff?

5. Welche Arten von Transparenz beim Datenzugriff gibt es?

6. Warum ist ein transparentes Transaktionsmanagement notwendig?

7. Wie funktionieren verteilte Transaktionen?

8. Was versteht man unter Datenfragmentierung?

9. Welche Arten der Datenfragmentierung gibt es?

10. Was versteht man unter Replikation?

Kapitel 11

Data Warehouses

Daten stellen einen der bedeutendsten Rohstoffe unseres Jahrhunderts dar. Aufgrund dieser Tatsache hat sich die Speicherung und die Verwaltung von Daten als eine der Hauptdisziplinen der kommerziellen Informatik herausgebildet. Dort, wo Wirtschaft betrieben wird, fallen auch Daten an, die gesammelt, gespeichert und verwaltet werden müssen. Durch immer komplexere Systeme werden immer mehr Daten gesammelt. Häufig wird in diesem Zusammenhang auch von einer Datenexplosion gesprochen. Der Trend, immer mehr Daten zu sammeln, wird auch durch die stetig sinkenden Preise für Festplatten-Speicherplatz unterstützt.

Im Jahr 1991 brachte die Firma Tanba die erste 2,5 Zoll Festplatte auf den Markt. Diese für damalige Verhältnisse äußerst kleine Festplatte konnte 63 MB Daten speichern. Heute werden solche Festplatten immer noch in Notebooks eingesetzt, können aber im Gegensatz zu der Tanba Festplatte über 100 GB Daten speichern. In den Jahren zwischen 1991 und 1997 stieg die Kapazität von Festplatten um ca. 60% pro Jahr. Zwischen 1997 und 2001 verdoppelte sich die Kapazität sogar Jahr für Jahr. 2004 brachte Hitachi Global Storage Technologies eine Festplatte mit einer Speicherkapazität von 400 GB auf den Markt. Auf einer solchen Festplatte kann man ca. 200 Spielfilme oder die wöchentliche Sitcom der letzten zwanzig Jahre speichern. Damit sprengt die Entwicklung von Festplattenspeicherplatz sogar das Moore'sche Gesetz.

Heutzutage ist Festplattenspeicherplatz billiger als Papier. Es ist knapp 10.000 mal billiger, Daten auf Festplatte zu speichern als auf Papier. Möchte man ein Bild aufbewahren, so ist es immer noch 100 mal billiger, das Bild auf Festplatte zu speichern, als es auf Papier zu drucken.

In den vorangegangenen Kapiteln haben wir gesehen, wie man Daten aufbereitet und in eine Datenbank speichert. Es wurden Themen wie die Normalisierung, relationale Datenbanken und gutes Datenbankdesign behandelt. Sie haben gesehen, dass man viele Fehler, die bei der Datenspeicherung auftreten können, durch gutes Datenbankdesign und ein solides relationales Datenmodell vermeiden kann.

Des Weiteren haben Sie gelernt, dass die Datenspeicherung nicht dem Selbstzweck dient, sondern dass aus Daten, die in einen bestimmten Zusammenhang gebracht worden sind, Informationen werden. Diese Informationen dienen dazu, bessere Entscheidungen treffen zu können. Um den Entscheidungsprozess zu vereinfachen, wurden so genannte Decision Support Systeme (DSS), auch Entscheidungsunterstützungssysteme oder kurz Controllingsysteme, entwickelt. DS-Systeme sollen den Entscheidungsträgern helfen, Informationen aus den verfügbaren Daten zu gewinnen und Entscheidungen dann auf der Basis dieser Informationen zu treffen. Um den Entscheidungsprozess zu beschleunigen, verfügen DS-Systeme über Oberflächen, die es den Entscheidungsträgern einfacher machen, mit den Informationen kreativ zu arbeiten, diese auszuwerten und zu analysieren, und so Probleme und Vorgänge im Unternehmen besser zu verstehen.

DS-Systeme und die relationalen Datenstrukturen der eingesetzten Produktivsysteme, die auch oft OLTP-Systeme (Online Transaction Processing) genannt werden, lassen sich schwer vereinbaren. Während OLTP-Systeme darauf ausgelegt sind, Einzeltransaktionen zu bearbeiten, z.B. das Buchen eines bestimmten Fluges oder das Verkaufen eines bestimmten Buches an einen bestimmten Kunden benötigen DS-Systeme eine globalere Sicht der Dinge. Für ein DS-System ist es nicht interessant, dass der Kunde Hans Müller am 27.06.2006 das Buch *Datenbanken* aus dem MITP-Verlag gekauft hat. Es ist vielmehr interessant wie viele Bücher im Juni insgesamt verkauft worden sind, an welchen Tagen und in welchen Bundesländern.

Das alles sind natürlich Informationen, die implizit schon im OLTP-System vorhanden sind, die aber erst mühsam aus diesem zu Tage gefördert werden müssen. Sicherlich ist dies über die geschickte Abfrage und Verknüpfung der im OLTP-System vorhandenen Daten möglich, diese Vorgehensweise hat aber zwei entscheidende Nachteile: Zum einen ist es sehr schwierig, SQL-Abfragen zu schreiben, die die Tabellen in der gewünschten Weise verknüpfen. Oft müssen Joins über zehn oder mehr Tabellen ausgeführt, werden um die benötigten Informationen zu erhalten. Der zweite entscheidende Nachteil ist, dass diese komplizierten Abfragen die Leistung des OLTP-Systems entscheidend beeinflussen können. Ein komplizierter Join auf eine größere Datenbank eines OLTP-Systems ausgeführt kann dazu führen, dass das gesamte System ausgebremst wird und dass z.B. keine Flugbuchungen oder Bücherverkäufe mehr möglich sind. Dies ist in einer Welt, die immer mehr von computergestützten Systemen abhängig ist und in der eine immer größere Verfügbarkeit der Systeme gefordert wird, ein nicht tragbarer Zustand. Stellen Sie sich einmal vor, wie viel Geld Sie verlieren würden, wenn Sie einen gut laufenden, international agierenden Online-Shop betreiben würden und wenn dieser eine Stunde keine Bestellungen mehr annimmt, weil Sie eine statistische Abfrage durchgeführt haben. Vom Image-Verlust mal ganz zu schweigen.

Um dieser Situation zu begegnen, wurde eine neue Art der Datenspeicherung eingeführt, das Data Warehouse. Die Grundidee des Data Warehouses ist eigentlich recht einfach. Wenn es schon nicht möglich ist, die Daten, die ein OLTP-System liefert, in diesem selbst auszuwerten, dann kann man die Daten doch einfach auf ein zweites System übernehmen das ausschließlich zur Auswertung der im OLTP-System erzeugten Daten dient. Wenn dieses System mehrere Stunden mit einer Abfrage beschäftigt ist, ist das egal, da es ja nur zu diesem Zweck aufgebaut worden ist. Komplexe Abfragen im Data Warehouse beeinflussen das OLTP-System nicht, da es sich um zwei getrennte technische Systeme handelt. Da das Data Warehouse ja nur zu dem Zweck erstellt worden ist, Daten zu analysieren, werden die vom OLTP-System übernommenen Daten so aufbereitet, dass sie für eine Datenanalyse optimal geeignet sind. Hierbei werden Regeln, die für das OLTP-System galten und die die Datenintegrität sicherstellen, bewusst verletzt. So ist es beispielsweise üblich, in Data Warehouses die Normalisierung wieder aufzuheben und eine hohe Datenredundanz zuzulassen, da so Daten für Analysen schneller zur Verfügung gestellt werden. Es ist auch üblich, die Ergebnisse bestimmter komplexer Abfrage vorzugenerieren, damit diese bei Bedarf schnell verfügbar sind. Geschwindigkeit wird hier durch Speicherplatz erkauft. Es ist nicht weiter verwunderlich, dass Data Warehouses die zentrale Datenquelle für DS-Systeme geworden sind.

Parallel zu den Data Warehouses haben sich die so genannten OLAP-Systeme (Online Analytical Processing) entwickelt, die komplexe Möglichkeiten zur Datenanalyse wie z.B. die mehrdimensionale Datenanalyse ermöglichen und Systeme zum Data Mining, die es ermöglichen, aus den gesammelten Daten Informationen zu extrahieren.

Die meisten Prozesse zur Datenanalyse basieren heutzutage auf irgendeiner Art von Data Warehouse. In diesem Kapitel werden Sie in die interessante Welt des Data-Warehousing eingeführt und es werden die Werkzeuge und Strategien betrachtet, die es ermöglichen effektiv mit dem Data Warehouse zu arbeiten.

11.1 Die Notwendigkeit der Datenanalyse

Damit Unternehmen im Markt bestehen und wachsen können, müssen sie diesen verstehen und sich so einen wichtigen Vorteil gegenüber Wettbewerbern verschaffen. Wer verstanden hat, wie ein Markt funktioniert, kann diesen dominieren. Um ein solches Marktverständnis zu erlangen, müssen Manager die Daten, die während des Tagesgeschäftes anfallen, analysieren und auf Basis der Analysen Entscheidungen treffen. Außerdem müssen Effekte bestimmter kurzzeitiger Strategien auf den Gesamtumsatz ausgewertet werden, um z.B. zu sehen, ob die Marketingkampagne in der letzten Woche etwas gebracht hat. Taktische und strategische Entscheidungen werden auch immer stärker von externen und internen Einflüssen wie z.B. der Globalisierung, der kulturellen und politischen Umgebung und natürlich der Technik beeinflusst.

In einem immer härter umkämpften Markt suchen Manager nach Alleinstellungsmerkmalen bei der Produktentwicklung, dem Service, dem Vertrieb, dem Marketing und der Marktpositionierung, um nur einige Kernbereiche zu nennen. Die Umgebung, in der heutige Unternehmen bestehen müssen, ist sehr dynamisch: jeden Tag kann eine neue Technologie entwickelt werden oder ein neuer Mitbewerber den Markt betreten. Unternehmen werden gekauft, in andere Unternehmen eingegliedert, umstrukturiert und wieder ausgegliedert. In einer solchen Umgebung ist es wichtig, dass Entscheidungen schnell getroffen werden können, da die Zeiträume zur Entscheidungsfindung immer knapper werden. Zusätzlich wird die Entscheidungsfindung immer komplexer, da immer mehr interne und externe Variablen berücksichtigt werden müssen. Daher ist es nicht verwunderlich, dass der Markt für Systeme, die Entscheidungen in komplexen Umgebungen unterstützen, stetig wächst.

Verschiedene Personen im Unternehmen benötigen Daten in verschiedenen Granularitäten. Dem Kassierer an der Kasse genügen für seine Arbeit beispielsweise die Daten, die ihm sein Kassensystem, das ein klassisches OLTP-System ist, liefert. Er kann nur auf die Daten der Verkäufe zugreifen, die er selbst getätigt hat, um z.B. Kassenbons mit Fehlbuchungen zu korrigieren. Er muss weder auf die Verkäufe seiner Kollegen zugreifen noch auf die Übersicht der Verkäufe der letzten Woche.

Eine derartiger Blick auf die Daten ist natürlich für Angestellte im mittleren oder höheren Management nicht ausreichend. Um strategische Entscheidungen treffen zu können, sind die Einzelverkäufe uninteressant (und in der Menge der angefallenen Daten auch kaum beherrschbar). Hier zählen eher Verdichtungen wie z.B. die Verkäufe eines bestimmten Produkts über einen Zeitraum. Nur mit diesen strategischen Informationen ist es möglich, informierte Entscheidungen treffen zu können. Um Managern in komplexen Umgebungen derartige Informationen zu liefern und um ihnen zu helfen, auf Basis der Informationen Entscheidungen zu treffen, wurden die Decision Support Systeme (oder kurz DSS) entwickelt.

11.2   Decision Support Systeme

Als Decision Support System (DSS) bezeichnet man ein System, das dazu entwickelt wurde, Informationen aus Daten zu gewinnen und anhand dieser Informationen Entscheidungsprozesse zu unterstützen. Üblicherweise werden DSS aus mehreren Einzelkomponenten aufgebaut, die die Daten intensiv bearbeiten, um Informationen zu gewinnen.

DSS werden in allen funktionalen Einheiten von Unternehmen eingesetzt und sind meist auf ein sehr enges Gebiet wie z.B. Finanzen, Verkauf oder Herstellung beschränkt. Üblicherweise arbeitet ein DSS interaktiv mit seinem Benutzer zusammen und bietet ihm die Möglichkeit, Ad-Hoc-Abfragen auszuführen. Die Ergebnisse dieser Abfragen können in verschiedenen Formaten abgespeichert werden.

Übliche DSS-Aufgaben sind:

- Relativer Produktivitätszuwachs des Unternehmens oder eines Unternehmensbereichs über eine bestimmte Zeit

- Beziehung zwischen Werbemaßnahmen und Verkaufszahlen. Diese Beziehung kann später für Vorhersagen verwendet werden.

- Relative Marktanteile verschiedener Produktlinien festlegen

- Obwohl DS-Systeme in Unternehmen heutzutage einen hohen Stellenwert haben, ist es wichtig zu beachten, dass der Entscheidungsprozess vom Anwender ausgelöst wird, d.h. es ist für den Anwender wichtig, die richtigen Fragen zu stellen, auf die das DSS dann antworten kann. Ein DSS soll den Anwender dabei unterstützen, Entscheidungen zu treffen, und ihm diese Entscheidungsprozesse nicht abnehmen. Wenn einem DSS nicht die richtigen Fragen gestellt werden, so werden mögliche Probleme nicht erkannt und gelöst und Geschäftsmöglichkeiten verschenkt. Daher ist es wichtig zu erkennen, dass trotz aller DSS Systeme immer noch der Mensch die zentrale Rolle im Entscheidungsprozess spielt.

- Üblicherweise besteht ein DS-System aus vier Hauptkomponenten: eine Daten-Speicherkomponente, einer Datenextraktions- und Filterkomponente, einem Abfragetool für Endanwender und einem Endanwender-Präsentationstool.

Die Daten-Speicherkomponente Natürlich werden Sie sicherlich schon erraten haben, dass es sich bei der Daten-Speicherkomponente um eine Datenbank handelt. Eine typische DSS-Datenbank enthält zwei Hauptdatentypen: auf der einen Seite Geschäftsdaten und auf der anderen Seite Modelldaten. Die Geschäftsdaten werden aus externen Quellen, den operationalen Systemen, exportiert und in die DSS-Datenbank geladen. Der Ladevorgang der DSS-Datenbank wird zyklisch wiederholt, so dass die Geschäftsdaten nicht die aktuelle Geschäftslage wiedergeben, sondern die Geschäftslage zum Zeitpunkt der Datenextraktion. Üblicherweise stellen die Geschäftsdaten keine 1:1 Kopie der Daten aus den operationalen Systemen dar, sondern eine für Auswertungen und Analysen aufbereitete Zusammenfassung der operationalen Daten dar. Zusätzlich zu den Geschäftsdaten werden auch Daten anderer externer Quellen mit in die DSS-Datenbank importiert, die im direkten Zusammenhang mit der Datenanalyse stehen wie z.B. Aktienkurse, Marktindikatoren oder Marketinginformationen (z.B. demographische Daten).

Die Modelldaten werden anhand bestimmter Algorithmen wie z.B. der linearen Regression oder Matrix-Optimierungstechniken berechnet und sollen dabei helfen, das Unternehmen zu modellieren und so das Marktumfeld und die Unternehmensprobleme zu analysieren und zu verstehen. Übliche Einsatzgebiete der Modelldaten finden sich z.B. bei der Analyse von Beziehungen zwischen Marketingkampagnen und Verkäufen oder bei der Berechnung von Verkaufsprognosen.

Die Datenextraktions- und Filterkomponente Wie Sie bereits im vorherigen Abschnitt gesehen haben, ist eine der wichtigen Aufgaben in einem DS-System die

Datenübernahme aus den operationalen Systemen. Die Datenextraktions- und Filterkomponente wird auch als ETL-Komponente (Extraction, Transformation und Loading) bezeichnet. Diese Bezeichnung trifft die Natur der Datenextraktions- und Filterkomponente sehr gut. Zunächst werden die Daten aus dem Quellsystem exportiert. Die so gewonnenen Daten sind oft nicht direkt im DS-System verwendbar, da sie einerseits durch ihren operationalen Charakter nicht für Analysen geeignet sind und andererseits oft nicht so »sauber« sind, wie man das in der DSS-Datenbank gerne hätte. Dies ist besonders dann der Fall, wenn das operationale System stark von Benutzereingaben lebt. Stellen Sie sich nur einmal vor, wie viele Möglichkeiten es gibt, eine Telefonnummer aufzuschreiben. Dies ist die Stelle, an der die Transformationskomponente in Aktion tritt und die Daten einerseits bereinigt und andererseits in eine für Auswertungszwecke geeignetere Form bringt. Im späteren Verlauf dieses Kapitels werden Sie sehen, dass sich Daten, die für Analysezwecke aufbereitet wurden, stark von den bisher diskutierten relationalen Strukturen unterscheiden. Außerdem kann die Transformations-Komponente auch relevante von den nicht-relevanten Daten trennen, so dass nur die relevanten Daten weiterverarbeitet werden. Die so aufbereiteten Daten werden dann von der Ladekomponente in die eigentliche DSS-Datenbank überführt.

Neben den Geschäftsdaten aus den operationalen Systemen müssen auch Daten aus externen Quellen importiert werden. Um beispielsweise die Marktposition eines bestimmten Produkts zu ermitteln, benötigt man auch Daten über Konkurrenzprodukte, die man beispielsweise von Industrieverbänden oder Wirtschaftsforschungsinstituten bekommen kann.

Das Abfragetool für Endanwender Das Abfragetool für Endanwender wird von Analytikern verwendet, um Abfragen zu erzeugen, die auf den in der DSS-Datenbank gespeicherten Daten beruhen und Antworten auf bestimmte Fragen liefern sollen. Ein gutes Abfragetool unterstützt den Anwender dabei, die wichtigen Daten auszuwählen und ein verlässliches Datenmodell zu erstellen.

Das Endanwender-Präsentationstool/Reporting Das Präsentationstool wird vom Anwender des DS-Systems dazu genutzt, die erstellten Abfragen in eine präsentationswürdige Form zu bringen. Gute Präsentationstools bieten eine Unmenge an möglichen Diagrammen und Berichtsformaten. Oft spricht man statt vom Präsentationstool auch vom Reporting- oder Berichtstool, weil Ergebnisse von DSS-Abfragen meist in Form von Berichten zur Verfügung gestellt werden.

Das Abfrage- und das Präsentationstool bilden das Benutzerfrontend des DS-Systems. Da es zwischen Abfrage- und Präsentationstool einen starken Zusammenhang gibt (ohne Abfrage kein Bericht), werden diese beiden Tools meist zu einem einzigen Produkt zusammengefasst.

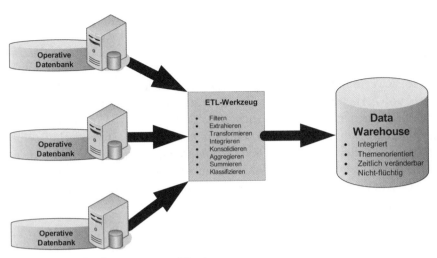

Abb. 11.1: Architektur eines Data Warehouses

Die Effektivität dieser Komponenten basiert auf der Qualität der gesammelten Daten. Ist diese schlecht, so können die Ergebnisse, die ein DS-System liefert, bestenfalls als zweifelhaft angesehen werden. Daten, die im operationalen Geschäft anfallen, sind nicht für die Auswertung in einem DS-System ausgelegt. Im nächsten Abschnitt werden wir sehen, wie sich operationale Daten von DSS-Daten unterscheiden.

11.2.1 Der Unterschied zwischen operationalen Daten und DSS-Daten

Operationale Daten und DSS-Daten dienen verschiedenen Zwecken, daher ist es nicht weiter verwunderlich, dass sie sich strukturell stark voneinander unterscheiden.

Operationale Daten werden meist in relationalen Datenbanken gespeichert, in denen die aus Tabellen aufgebaute Struktur sehr stark normalisiert ist. Diese Normalisierung spiegelt den eigentlichen Einsatzzweck operationaler Daten wider: die Unterstützung von Einzel-Transaktionen, die den Einsatzzweck des operationalen Systems widerspiegeln, das die operationalen Daten verwendet. Wenn wir uns als Beispiel die Datenbankstruktur eines Webshops ansehen, so sehen wir, dass diese Datenbankstruktur so ausgelegt ist, dass sie die Einkäufe eines Webshop-Anwenders optimal unterstützt. Sehen wir uns die Daten, die im operationalen System gespeichert sind, einmal näher an, so erkennen wir, dass diese Daten regelmäßig geändert und aktualisiert werden. Die Tabelle, in der die Lagerbestände der zu verkaufenden Waren gespeichert werden, wird z.B. bei jedem Verkauf aktualisiert, da sich in diesem Fall der Warenbestand verringert. Wird anderseits das Lager wieder aufgefüllt, so wird die Tabelle auch aktualisiert, diesmal steigt der Warenbestand allerdings wieder. Um eine möglichst hohe Performance beim Aktualisieren der Daten zu erzielen und um fehlerhafte Eingaben zu unterbinden, ist die Datenbankstruktur eines operationalen Systems stark normalisiert. Obwohl ein derartiger Aufbau optimal für operationale Systeme geeignet ist, birgt er einen goßen Nachteil in sich: ein normalisiertes Datenmodell ist nicht besonders gut für Auswertungen und Analysen geeignet. Da beim normalisierten Datenmodell die Daten in vielen verschiedenen Tabellen gespeichert werden, muss man für Auswertungen komplexe Joins verwenden, die die Daten anhand der Primär-/Fremdschlüsselbeziehungen wieder zusammenfügen. Solche Operationen sind vom Standpunkt des Datenbanksystems sehr »teuer«, laufen recht unperformant und können dazu führen, dass die Gesamtleistung eines Datenbanksystems bei der Ausführung einer solchen Abfrage drastisch einbricht.

DSS-Daten dienen der Auswertung der Daten und weisen im Vergleich zu operationalen Daten drei wesentliche Unterschiede auf: die Zeitspanne, die Granularität und die Dimensionalität.

Zeitspanne Operationale Daten repräsentieren atomare Transaktionen, das bedeutet, dass ein bestimmtes Datum für genau eine Transaktion, z.B. genau einen Buchkauf oder genau eine Veränderung des Lagerbestandes, steht. Operationale Daten umfassen somit eine sehr begrenzte Zeitspanne, oft sogar nur einen einzigen Zeitpunkt (das Buch wurde am 13.06.2006 um 14:24:22 gekauft). Im Gegensatz dazu repräsentieren DSS-Daten einen wesentlich größeren Zeitraum. In der Regel interessieren sich Manager nicht für einen Einzelverkauf sondern dafür, wie viele Bücher in der letzten Woche, im letzten Monat oder sogar im letzten Jahr verkauft worden sind. Statt an einem Einzelverkauf an einen Kunden sind sie vielmehr am Kaufmuster eines Kunden oder einer bestimmten Kundengruppe interessiert. Üblicherweise gelangen auch nicht alle aktuellen Transaktionen sofort in ein DS-System sondern werden zyklisch importiert (z.B. einmal am Tag nachts). Wir können also festhalten, dass DSS-Daten historische Daten über einen längeren Zeitraum darstellen und dass sie eine »Momentaufnahme« dieser Daten sind, d.h. wenn wir davon ausgehen, dass die DSS-Daten z.B. nachts um 3:00 importiert werden, so stellen die Daten im DS-System die Daten der operationalen Datenbank zu genau diesem Zeitpunkt dar. Setzt sich ein Manager um 12:00 am nächsten Tag an das DS-System, so kann er Verkäufe bis maximal zum Importzeitpunkt (also im Beispiel 3:00) nachvollziehen. Alles was im operationalen System nach diesem Importzeitpunkt vorgefallen ist, kann vom DS-System aus nicht eingesehen werden und wird erst beim nächsten Import in das DS-System übernommen.

Granularität Wie wir bereits oben gesehen haben, repräsentieren operationale Daten Einzeltransaktionen, wie beispielsweise die Bestellung eines bestimmten Produkts durch einen bestimmten Kunden. Damit hat das operationale System eine sehr hohe (man spricht auch von atomarer) Granularität. Im Gegensatz hierzu muss ein DS-System eine große Variation an Granulariäten anbieten. Diese können von der atomaren Granularität des Einzelbuchverkaufs bis hin zur Summe über alle Buchverkäufe der letzten zehn Jahre reichen. Diese Anforderung an ein DS-System liegt daran, dass Manager in der Lage sein müssen, je nach Aufgabestellung die Daten aus verschiedenen Blickwinkeln zu betrachten. Typische Aufgabenstellungen sind z.B.: Wie sieht der Verkauf eines bestimmten Buches im Januar, im Februar und im März aus? Wie sehen diese Verkaufzahlen im Vergleich zum Gesamtjahresumsatz aus? Welche Kaufmuster gibt es in den einzelnen Monaten? Verkaufen sich Bücher am Mittwoch besser als am Montag? Diese Fragestellungen kann man nur beantworten, wenn im DS-System verschiedene Granularitäten existieren. Natürlich ist die Granularität nicht wie im Beispiel auf Zeitspannen begrenzt. In einem DSS gibt es viele verschiedene Bereiche, in denen unterschiedliche Granularitäten wichtig sind wie z.B. regionale Verteilungen oder Produktgruppen. Um mit den verschiedenen Verdichtungsebenen der DSS-Daten umgehen zu können bieten die Benutzeroberflächen von DS-Systemen den so genannten »Drill-Down« an. Hier sieht man zunächst die höchste Aggregationsstufe, also z.B. Jahresverkaufszahlen oder Verkaufszahlen nach Region summiert. Erweitert man nun diese Jahresverkaufszahl, so werden die Verkaufszahlen der jeweiligen Monate angezeigt. Die Monatsverkaufszahl kann man wiederum erweitern, so dass die Verkaufszahlen der einzelnen Wochen des Monats angezeigt werden. Auch die Wochen kann man wieder erweitern usw. Über den »Drill-Down« kann man sich so von der höchsten Aggregationsstufe gezielt zu niedrigeren Aggregationsstufen vorarbeiten, um bestimmte Zusammenhänge sichtbar zu machen

Als genaues Gegenteil des Drill-Downs wird der Roll-Up bezeichnet. Hier gelangt man von niedrigen Aggregationsstufen (z.B. den Tagesverkaufszahlen) sukzessiv zu den höheren Aggregationsstufen (z.B. den Jahresverkaufszahlen). Der Roll-Up ist also der umgekehrte Vorgang zum Drill-Down.

Dimensionalität Das augenscheinlichste Merkmal von DSS-Daten ist die so genannte Dimensionalität. Im Zusammenhang mit DSS-Daten spricht man auch oft von multidimensionalen Daten. Daten hängen in der Regel von vielen verschiedenen Faktoren ab. Um dies zu verdeutlichen, lassen Sie uns einmal das folgende Beispiel ansehen. Wir beschäftigen uns in diesem Beispiel mit einer Ladenkette, die bundesweit über viele Niederlassungen verfügt. Für diese Ladenkette möchten wir den Verkauf der Produkte analysieren. Jeder Verkauf weist drei Dimensionen auf, eine zeitliche Dimension (**Wann** ist der Verkauf durchgeführt worden?), eine räumliche Dimension (**Wo** d.h. in welchem Laden ist der Verkauf durchgeführt worden?) und eine Produktdimension (**Was** ist überhaupt verkauft worden?). Natürlich weist ein realer Verkauf noch wesentlich mehr als diese drei Dimensionen auf, z.B. könnte man eine Verkäuferdimension (**Wer** hat etwas verkauft?) oder eine Kundendimension (**Wer** hat etwas gekauft?) definieren. Wie viele und welche

Dimensionen in einem DSS definiert werden, hängt stark von der Struktur der Daten, der Fragestellung und dem Erfindungsreichtum der Anwender des DSS ab. An dieser Stelle beschränken wir uns der Einfachheit halber nur auf drei Dimensionen, die wir uns noch vorstellen können und weil ich das ganze hier auch grafisch darstellen kann. Betrachtet man die Verkäufe unserer fiktiven Ladenkette vor diesem Hintergrund, so kann man jeden Verkauf anhand seiner drei Dimensionen (Zeit, Raum und Produkt) in einem dreidimensionalen Koordinatenkreuz darstellen.

In Abbildung 11.2 ist dies für das Beispiel dargestellt, dass Produkt B am Mittwoch in Laden 6 verkauft worden ist. Dieser Verkaufsvorgang lässt sich in unseren drei Dimensionen als Vektor (Mi, Laden 6, Produkt B) darstellen.

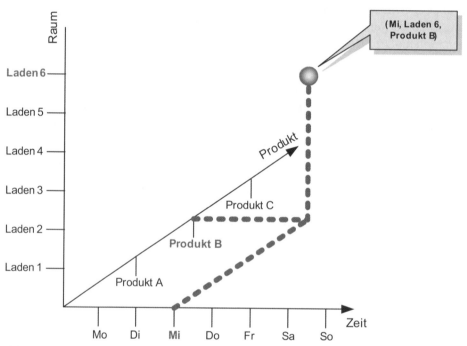

Abb. 11.2: Der Verkauf des Produkts B im Laden 6 am Mittwoch in einem dreidimensionalen Koordinatenkreuz dargestellt.

Stellen wir alle Verkaufsvorgänge, die im betrachteten Intervall liegen, im Koordinatenkreuz dar, so bekommen wir eine dreidimensionale, diskrete Punktewolke. Die Punktewolke ist diskret, da nicht jeder beliebige Wert angenommen werden kann (im Gegensatz z.B. zu einer Punktewolke, die aus Punkten besteht, deren Vektoren auf rationalen Zahlen beruhen. Hier kann jeder Wert angenommen werden.). Es ist z.B. nicht möglich, dass ein Punkt einen Wert auf der Produktachse einnehmen kann, der zwischen Produkt A und Produkt B liegt.

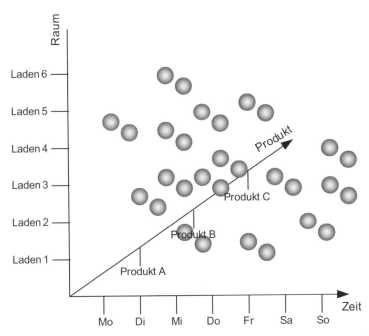

Abb. 11.3: Alle Verkäufe im angegebenen Intervall bilden eine Punktewolke

Bestimmte Fragestellungen wie z.B. wie viele Produkte am Dienstag verkauft worden sind, führen dazu, dass man quasi eine Ebene[1] in das Koordinatenkreuz zieht, die einen festen und zwei variable Parameter besitzt. Im Beispiel, in dem alle Produktverkäufe vom Dienstag ermittelt werden sollen, wird die Zeitkomponente konstant gehalten und die Produkte sowie die Raumkomponente sind variabel.

Die Konstanthaltung einer Dimension wird uns später im Kapitel noch im Zusammenhang mit multidimensionalen Datenbanken begegnen und ist dort als »Slice-and-Dice« bekannt.

Natürlich ist eine multidimensionale Datenbank mit lediglich drei Dimensionen ein sehr stark vereinfachter Fall, der aber gut veranschaulicht, worum es bei multidimensionalen Datenbanken geht. In der Realität weisen multidimensionale Datenbanken oft 20 oder mehr Dimensionen auf. Hier wird zu Auswertungszwecken mehr als eine Dimension konstant gehalten. Die so entstehenden Ebenen werden auch als Hyper-Ebenen bezeichnet.

---

[1] Es handelt sich hierbei nicht unbedingt um eine Ebene im mathematischen Sinne, da ja nicht alle Punkte auf der Ebene erlaubt sind, sondern nur Punktepaare, die im diskreten Koordinatenkreuz unseres Beispiels gültig sind (also z.B. keine Punkte zwischen Laden 1 und Laden 2)

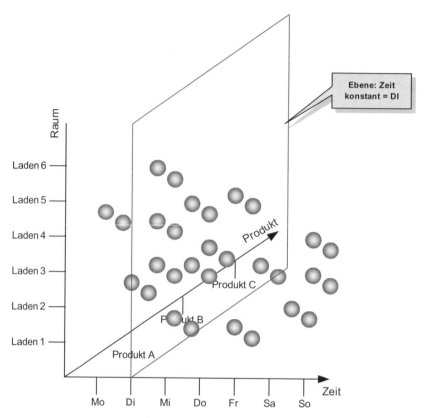

Abb. 11.4:   Durch das Konstanthalten einer Dimension entsteht eine Ebene.

An diesem Beispiel ist auch sehr schön der Unterschied zwischen operationalen Systemen und DS-Systemen zu sehen. Bei operationalen Systemen liegt das Hauptinteresse auf einer einzelnen Transaktion, also einem einzelnen Datenpunkt, während DS-Systeme eher das Gesamtbild betrachten.

Anhand dieser drei Komponenten, der Zeitspanne, der Granularität und der Dimensionalität, kann man ein bestimmtes Datenbanksystem entweder den operationalen Systemen oder den DS-Systemen zuordnen.

Um ein DS-System zu entwickeln, muss man diese recht groben Unterschiede etwas weiter verfeinern und die Charakteristiken zwischen operationalen Daten und DSS-Daten etwas besser herausarbeiten. Zusammenfassend sind dies:

- Operationale Daten repräsentieren Transaktionen in Echtzeit, d.h. sie beschreiben Vorgänge, während diese passieren (z.B. einen Verkaufsvorgang). DSS-Daten bilden einen Schnappschuss dieser Daten zu einem bestimmten Zeitpunkt. Daher sind die DSS-Daten historischer Natur.

■ Operationale Daten werden in einer großen Anzahl von normalisierten Tabellen gespeichert, wobei nur die Informationen gespeichert werden, die für die aktuelle Transaktion interessant sind. Im Vergleich hierzu werden DSS-Daten in einigen wenigen Tabellen gespeichert und enthalten nicht unbedingt jede einzelne Transaktion, sondern eher eine Zusammenfassung der Transaktionen des operationalen Systems. Das DSS speichert Daten, die integriert, aggregiert und zusammengefasst sind, um Entscheidungsprozesse zu unterstützen.

■ Operationale Daten und DSS-Daten unterscheiden sich sowohl im Zugriff auf die Daten als auch im Umfang dieses Zugriffs. Während in einem operationalen System hauptsächlich Update-Vorgänge stattfinden, wird auf DSS-Daten hauptsächlich lesend zugegriffen. Im Gegensatz zu den operationalen Daten, die allein dadurch aktualisiert werden, dass jemand mit dem operationalen System arbeitet, müssen DSS-Daten zyklisch durch die Datenbestände des operationalen Systems aktualisiert werden. Außerdem unterscheiden sich die beiden Datenarten durch die Häufigkeit des Zugriffs. Während in einem operationalen System eine große Menge an Transaktionen stattfinden, da in der Regel eine große Anzahl an Anwendern mit einem solchen System arbeitet, wird auf ein DS-System nur gelegentlich von Analysten zugegriffen.

■ Der Grad, zu dem DSS-Daten aggregiert sind, kann im Vergleich zum operationalen System sehr hoch sein. So kann es z.B. vorkommen, dass anstelle der 100.000 Einzeltransaktionen, die an einem bestimmten Tag angefallen sind, nur ein einziger Wert gespeichert wird, der die Summe dieser Transaktionen darstellt und die die Umsätze an diesem Tag beschreibt. Für Manager ist es nicht interessant zu wissen, wie viel Hans Wurst für seinen Einkauf bezahlt hat, sondern wie viel insgesamt umgesetzt worden ist. Über aggregierte Daten ist es viel einfacher, Verkaufstrends zu ermitteln oder Verkäufe miteinander zu vergleichen.

■ Die Abfragen, die an eine operationale Datenbank gestellt werden, sind sowohl von der Komplexität als auch von der Abfragehäufigkeit her wesentlich einfacher als bei einem DS-System, dessen Hauptaufgabe es ist, Daten für Abfragen zur Verfügung zu stellen. Abfragen an operationale Datenbanken sind üblicherweise vom Umfang und von der Komplexität her sehr begrenzt und außerdem sehr zeitkritisch, wohingegen DSS-Abfragen sowohl vom Umfang als auch von der Komplexität wesentlich größer sind und die Ausführungszeit hier nicht kritisch ist.

■ Die Datenmodelle von operationalen Systemen und DS-Systemen unterscheiden sich grundlegend. Durch die regelmäßigen manuellen Updates der operationalen Datenbank ist es hier wesentlich wahrscheinlicher, dass Datenanomalien auftreten als bei DS-Systemen, die zyklisch und automatisch aktualisiert werden. Daher ist es nur natürlich, dass der Datenbankdesigner eines operationalen Systems versucht, durch eine weitgehende Normalisierung der Datenbank Gegenmaßnahmen gegen Datenanomalien zu treffen, was wiederum dazu führt, dass in einer operationalen Datenbank im Vergleich zu einer DSS-Datenbank viele Tabellen vorhanden sind, die wiederum die minimal mögliche Anzahl von Attributen besitzen. Bei der DSS-Datenbank liegt der Fokus hingegen nicht auf dem Schutz der Daten vor Datenanomalien sondern vielmehr darauf, die Abfragen, die gegen eine solche Datenbank durchgeführt werden, zu beschleunigen. Daher sind DSS-Datenbanken in der Regel nicht normalisiert und enthalten dementsprechend weniger Tabellen als operationale Datenbanken, die aber wiederum recht viele Attribute enthalten.

■ Zu guter letzt sind DSS-Daten durch sehr große Datenmengen charakterisiert. Diese große Datenmenge ist das Ergebnis zwei entscheidender Faktoren. Zum einen werden historische Daten verwaltet, d.h. Daten, die für das OLTP-System schon lange nicht mehr relevant sind und die auch unter Umständen schon längst nicht mehr auf diesem gespeichert werden, finden sich im DS-System. Außerdem werden die DSS-Daten nicht normalisiert gespeichert, d.h. es gibt viele Redundanzen, die sich natürlich in der Datenmenge widerspiegeln. Außerdem können dieselben Daten in verschiedenen Aggregationsstufen oder Kategorisierungen vorliegen.

Tipp

Generell gilt bei DS-Systemen, dass man Abfragegeschwindigkeit durch Speicherplatz »erkauft«. Abfragen, die auf voraggregierte Daten zugreifen, die sich bereits auf der Festplatte des Datenbankservers befinden laufen natürlich um ein Vielfaches schneller ab als Abfragen, deren Ergebnis erst mühsam über Joins zusammengestellt werden muss.

■ Die in den vorherigen Abschnitten herausgearbeiteten Unterschiede zwischen operationalen und DSS-Daten finden Sie in der folgenden Tabelle noch einmal zusammengefasst:

Eigenschaft	Operationale Daten	DSS-Daten
■ Aktualität	■ aktuelle Operationen	■ historische Daten
	■ Echtzeitdaten	■ Schnappschuss der Unternehmensdaten zu einem bestimmten Zeitpunkt
■ Datenmodell	■ stark normalisiert	■ nicht normalisiert
	■ relationales Datenmodell	■ komplexe Strukturen
		■ Einige relationale Daten aber hauptsächlich multidimensional

Eigenschaft	Operationale Daten	DSS-Daten
■ Datenverwendung	■ hauptsächlich Updates	■ hauptsächlich Abfragen
■ Granularität	■ atomare Granularität	■ aggregierte Daten
■ Aggregationsstufe	■ sehr wenig aggregierte Daten (wenn überhaupt)	■ stark aggregiert, verschiedene Aggregationsstufen
■ Anzahl der Transaktionen	■ ständig viele Update Transaktionen	■ Updates werden periodisch durchgeführt
■ Anzahl der Abfragen	■ wenig Abfragen	■ sehr viele Abfragen
■ Umfang der Abfragen	■ recht beschränkt	■ sehr umfangreich
■ Komplexität der Abfragen	■ sehr einfach	■ sehr komplex
■ Datenmenge	■ gering	■ sehr hoch
■ Geschwindigkeitskritische ■ Operationen	■ Updates	■ Abfragen

■ Die vielen Unterschiede zwischen operationalen Daten und DSS-Daten, die oft sogar diametral entgegengesetzt sind, machen es offensichtlich erforderlich, dass DSS-Daten in Strukturen gespeichert werden, die sich stark von den relationalen Strukturen der operationalen Datenbanken unterscheiden. Daten für DS-Systeme müssen also in einem Format vorgehalten werden, das den Bedürfnissen dieser Systeme mehr entgegenkommt als es stark normalisierte, relationale Strukturen können. Die unterschiedlichen Charakteristiken von operationalen und DSS-Daten macht es erforderlich, dass auch das DBMS, mit dem diese Daten verwaltet werden, andere Anforderungen erfüllen muss als zur Verwaltung von operationalen Daten. Was nutzt in einem DSS-Szenario ein DBMS, das zwar auf der einen Seite sehr schnell Updates durchführen kann, das aber auf der anderen Seite bei komplexen Abfragen, die große Datenmengen zurückliefern, hoffnungslos überfordert ist. Im nächsten Abschnitt werden wir uns mit den Anforderungen beschäftigen, die DS-Systeme an ein DBMS stellen.

11.2.2 Anforderungen an eine DSS-Datenbank

Ein DBMS, das speziell auf die Anforderungen eines DS-Systems ausgerichtet ist, muss auf jeden Fall dazu in der Lage sein, schnell Antworten auf komplexe Abfragen zu liefern, die große Datenmengen zurückliefern. Diese recht einfach formulierte Aussage hat großen Einfluss auf das Datenbankschema, die Datenextraktion und das Laden von Daten, das Analysewerkzeug für Endanwender und die von der Datenbank verwaltete Datenmenge. Wir werden uns diese vier Bereiche im Folgenden etwas näher ansehen.

Das Datenbankschema Wie wir im bisherigen Verlauf des Kapitels bereits gesehen haben, muss ein DBMS, das DS-Systeme unterstützen soll, dazu in der Lage sein, mit einer großen Menge komplexer, nicht normalisierter Daten umzugehen. Wie wir bereits im Verlauf des Kapitels gesehen haben, DSS-Daten außerdem die Eigenschaft, dass sie in verschiedenen Aggregationsstufen vorliegen und dass es Verbindungen zu vielen anderen Daten gibt.

Zusätzlich zur Anforderung Daten, die diese Charakteristik aufweisen, verwalten zu können, muss ein DBMS, das DS-Systeme optimal unterstützt, auch dazu in der Lage sein »cheiben« dieser Daten (siehe oben) zurückzuliefern.

Wenn ein RDBMS zur Verwaltung von DSS-Daten genutzt wird, die diese Eigenschaften aufweisen, so werden nicht-normalisierte und sogar redundante Daten in der Datenbank gespeichert.

Sicherlich können Sie sich vorstellen, dass in einer solchen Umgebung die Datenmengen sehr schnell anwachsen. In der bisherigen Diskussion haben wir gesehen, dass DSS-Datenbanken darauf optimiert werden müssen, schnell Abfrageergebnisse aus den großen Datenmengen zu liefern, da ein DSS fast ausschließlich (bis auf das zyklische Laden mit neuen Daten aus dem operativen System) abgefragt wird. Um diesen Anforderungen gewachsen zu sein, implementieren DBMS Bitmap-Indices oder unterstützen die Partitionierung von Tabellen.

Tipp

Bei der Tabellenpartitionierung werden sehr große Tabellen in mehrere logische Stücke aufgeteilt, die unter Umständen sogar in eigenen Dateien gespeichert werden. Beim Anlegen von partitionierten Tabellen gibt man ein Kriterium ein, nach dem die Tabelle partitioniert werden soll. Je nach Aufgabenstellung bietet sich z.B. die Zeit wunderbar als Partitionierungskriterium an. Eine sehr große Tabelle, in der Verkäufe gespeichert werden, kann man z.B. nach Monaten partitionieren. Wird nun ein bestimmter Verkauf gesucht, der im Mai 2006 stattgefunden hat, so kommt nur eine einzige Partition in Frage, in der diese Daten enthalten sind, dementsprechend schnell kann das DBMS ein Ergebnis liefern, da nicht alle Verkäufe durchsucht werden, sondern nur die, die im Mai stattgefunden haben.

Neben diesen strukturellen Verbesserungen der Datenspeicherung muss auch der Abfragenoptimierer des Datenbanksystems erweitert werden, um nicht-normalisierte und komplexe Strukturen zu unterstützen, die in DSS-Datenbanken vorhanden sind.

Die Datenextraktion und das Laden von Daten Da eine DSS-Datenbank hauptsächlich durch den Datenimport von operativen Systemen gefüllt und zusätzlich mit

Daten aus anderen Quellen angereichert wird, muss ein DBMS, das eine gute DSS-Unterstützung bereitstellen möchte, natürlich auch hier spezielle Funktionen vorsehen, mit denen man Daten extrahieren und filtern kann. Um die Beeinflussung der operativen Datenbank so gering wie möglich zu halten, sollte das DBMS zyklische, automatische Importvorgänge unterstützen. Diese können am besten in Zeiten ausgeführt werden, in denen das operative System nicht besonders stark ausgelastet ist. Üblicherweise lässt man solche Importvorgänge nachts laufen – das hängt aber auch sehr stark von der Produktivumgebung ab, da in bestimmten Branchen z.B. auch nachts produziert wird.

Die Extraktions-Funktion des DBMS sollte natürlich nicht nur die Datenübernahme aus anderen Datenbanken verschiedener Hersteller beherrschen, sondern auch die Datenextraktion aus flachen Dateien oder aus XML-Dateien.

Neben der Extraktion muss es auch noch eine Filterfunktion geben, da nicht alle Daten, die das operative System generiert, auch in die DSS-Datenbank importiert werden sollen.

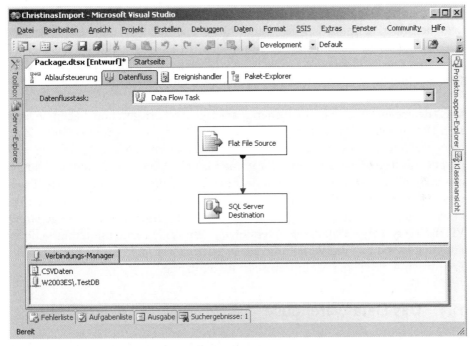

Abb. 11.5: Die Integration Services des SQL Server 2005

Idealerweise läuft beim Import der Daten aus den operativen Systemen zusätzlich auch noch eine Datenbereinigung ab, in der bestimmte Datentransformationen durchgeführt werden wie z.B. die Bereinigung von Telefonnummer-Formaten oder die Anpassung von Messwerten auf eine gemeinsame Größenordnung. Auch hier muss das DBMS Unterstützung anbieten.

Ein sehr gelungenes Werkzeug, dass den ETL-Prozess (Extraction, Transformation, Loading) sehr gut unterstützt, sind die Integration Services des SQL Servers 2005. Dieses Tool bietet nicht nur alle Funktionen, die in diesem Abschnitt besprochen worden sind, es ist damit sogar möglich, Daten- und Prozessflüsse grafisch zu modellieren.

Analysewerkzeuge für Endanwender Nachdem die Daten nun in der DSS-Datenbank eingelagert worden sind, ist es nun wichtig, Analysewerkzeuge zur Verfügung zu stellen, mit denen man diese Daten optimal abfragen und analysieren kann. Dieses Analysewerkzeug wird dazu verwendet, datenbasierte Antworten auf die Fragen des Geschäftsalltags zu liefern. Für Anwender, die nicht so oft mit Datenbanken arbeiten (und somit auch kein SQL beherrschen), sollte es die Möglichkeit bieten, Abfragen grafisch zu gestalten und dann im Hintergrund die notwendigen Abfragen generieren. Die Ergebnisse dieser Abfragen sollten dann mit Analysewerkzeugen bearbeitet werden können. Das Analysewerkzeug für den Endanwender ist eine der kritischsten Komponenten des DSS. Ist das Analysewerkzeug schlecht zu bedienen oder langsam bei der Datenabfrage, so sinkt die Akzeptanz bei den Endanwendern und das ganze DSS-Projekt ist in Frage gestellt. Da die meisten Analysten mit Excel arbeiten, klinken sich die meisten DSS-Analysewerkzeuge in Excel ein und bieten dem Anwender so eine vertraute Oberfläche.

Die Datenmenge Wie wir im bisherigen Kapitel schon gesehen haben, neigen DSS-Datenbanken dazu, sehr groß zu werden. Dies hat mehrere Gründe. Zum einen werden historische Daten verwaltet, d.h. es ändern sich keine Daten (wie z.B. im operativen System) sondern es kommen immer mehr Daten hinzu, je länger das System läuft. Der zweite Grund liegt darin, dass die Daten nicht-normalisiert und dadurch zwangsweise redundant gespeichert werden, um Abfragen zu beschleunigen. Daher muss ein DBMS, das für DSS optimiert wurde, so genannte VLDBs (Very Large Database) unterstützen. Zur VLDB-Unterstützung gehören Funktionen wie z.B. die Verteilung der Datenbank auf mehrere Festplatten (oder Festplatten-Arrays) oder Multiprozessorunterstützung.

11.3 Das Data Warehouse

Die immer komplexeren Datenstrukturen und die immer größere Nachfrage nach Datenanalyse-Tools brachte eine neue Art von Datenspeicher mit sich. In diesem Datenspeicher werden die Daten im Gegensatz zur bisherigen normalisierten Speicherung so gespeichert, dass sie für die Datenextraktion, die Datenanalyse und die

Entscheidungsfindung optimal aufbereitet sind. Ein solcher Datenspeicher wird als Data Warehouse bezeichnet und bildet die Grundlage aller modernen DS-Systeme.

Bill Inmon, der als Vater des Data Warehouses gilt, definiert das Data Warehouse als *integrierte, Thema-orientierte, zeitlich veränderbare* und *nichtflüchtige* Datenbank, die den Prozess der Entscheidungsfindung unterstützt. Um diese Definition zu verstehen, lassen Sie uns nun einmal die vier beschreibenden Adjektive genauer untersuchen.

Integriert Ein Data Warehouse stellt eine zentrale Datenbank im Unternehmen dar, die Daten aus allen möglichen unternehmensinternen Quellen abgreift und diese auf einer zentralen Plattform speichert. Diese Zusammenführung von Daten wird auch als Datenintegration bezeichnet. Neben einer einfachen Zusammenführung von Daten werden die im Data Warehouse gesammelten Daten konsolidiert. So können gegebenenfalls Abweichungen zwischen unterschiedlichen Systemen erkannt werden. Eine erfolgreiche Datenintegration setzt voraus, dass alle anfallenden Daten definiert, kategorisiert und standardisiert worden sind. Dabei ist es nicht so wichtig, die Daten in den Quellsystemen zu standardisieren, was aufgrund der Struktur der Quellsysteme unter Umständen gar nicht möglich ist, sondern es geht darum, generelle Regeln für die anfallenden Daten festzulegen (z.B. in welchem Maßstab Messgrößen gespeichert werden). Die aus den Quellsystemen extrahierten Daten können dann über den Transformationsprozess (siehe oben) auf den Standard gebracht werden.

Sicherlich ist eine derartige Vorgehensweise sehr zeit- und arbeitsintensiv, aber eine erfolgreiche Integration der verschiedenen unternehmensinternen Datenquellen kann nur dann erfolgen, wenn die Daten zuvor standardisiert worden sind. Als Ergebnis bekommt man dann aber auch einen guten Überblick über die Gesamtsituation des Unternehmens. In englischsprachiger Literatur ist in diesem Zusammenhang auch oft der Begriff »single version of the truth« zu finden.

Auf Basis dieses Überblicks, den das Data Warehouse über die Gesamtsituation des Unternehmens gewährt, ist es wesentlich einfacher, schnelle Entscheidungen zu treffen und das Unternehmen besser zu verstehen.

Thema-orientiert Data Warehouses werden entwickelt, um Antworten auf Fragen zu liefern, die von verschiedenen funktionalen Einheiten eines Unternehmens gestellt werden. Daher enthalten Data Warehouses Daten, die nach verschiedenen Themen geordnet und verdichtet worden sind wie z.B. Verkaufszahlen oder Marketinginformationen. Für jedes dieser Themen sind im Data Warehouse Informationen zu bestimmten Bereichen wie z.B. Produkte oder Regionen enthalten.

> **Tipp**
>
> Bitte beachten Sie, dass diese Art der Datenspeicherung anders ist als die Datenspeicherung in operativen Systemen, bei denen die Daten eher prozessorientiert und funktional gespeichert werden, um das operative System optimal zu unterstützen. Ein Data Warehouse kann sogar abgeleitete Daten enthalten, die aus den gespeicherten Daten durch statistische Berechnungen hervorgehen. Diese Daten werden gespeichert (obwohl sie durch Berechnungen aus den vorhandenen Daten hervorgegangen sind), damit sie bei Abfragen schnell zur Verfügung stehen und eine möglicherweise sehr komplexe Rechnung nicht noch einmal durchgeführt werden muss.

Die funktionale Fokussierung der Datenbanken operationaler Systeme lässt sich vielleicht an einem Beispiel erklären. Beim Entwurf von Datenbanken operationaler Systeme wird der Fokus auf den Prozess gelegt, der die Daten verändert.

Stellen Sie sich ein System vor, mit dem Rechnungen gestellt werden können. Dieses System verfügt beispielsweise über eine Tabelle RECHNUNG und eine Tabelle RECHNUNG_ZEILE. Die Tabelle RECHNUNG enthält allgemeine Informationen zur Rechnung wie den Namen des Kunden oder das Rechnungsdatum. Die Tabelle RECHNUNG_ZEILE enthält Detailinformationen zu jeder einzelnen Zeile einer Rechung (Welches Produkt? Welche Anzahl? Welcher Rabatt?) und ist mit der Tabelle Rechung über eine Primär-/Fremdschlüsselbeziehung verknüpft. Diese Struktur ist optimal dazu geeignet, neue Rechnungen einzufügen oder vorhandene Rechnungen zu verändern. Die Struktur ist aber nicht gut dazu geeignet, Fragen wie z.B. »Wie groß war unser Gesamtumsatz?« oder »Wie groß war unser Umsatz mit Herrn Meier?« zu beantworten. Um eine Antwort auf diese beiden Fragen aus dieser sehr simplen Struktur aus zwei Tabellen zu bekommen, muss auf jeden Fall ein Join zwischen den Tabellen durchgeführt werden. Informationen zum Kunden stehen in der Tabelle RECHNUNG[1] und Informationen über die Einzelbeträge der einzelnen Rechnungen in der Tabelle RECHNUNG_ZEILE. Natürlich reicht ein einfacher Join nicht aus, da auf Basis der Daten in der Tabelle RECHNUNG_ZEILE auch noch Berechnungen (eine Summierung und gegebenenfalls auch noch eine Berechnung mit den Rabatten) durchgeführt werden müssen. Sowohl Joins als auch Berechnungen sind »teure« Operationen, die sich negativ auf die Leistungsfähigkeit einer Datenbank auswirken.

Im Gegensatz zu diesem Beispiel würden in einem Data Warehouse nicht die Einzelpositionen der Rechnungen gespeichert, sondern z.B. eine Gesamtsumme der Rechnung (in die mögliche Rabatte bereits eingeflossen sind) oder ein kundenbe-

---

[1]   In einer gut entwickelten Datenbank steht natürlich die Information zum Kunden nicht in der Tabelle RECHNUNG, sondern in einer eigenen KUNDEN-Tabelle, die mit der Tabelle RECHNUNG über eine Primär-/Fremdschlüsselbeziehung verknüpft ist, d.h. wir bekommen direkt einen weiteren Join hinzu.

zogener Gesamtumsatz. Um dieselben Informationen aus dem Data Warehouse zu erhalten, für die wir im Beispiel oben mindestens einen Join erstellen mussten, wird nur eine einfache Abfrage benötigt.

Zeitlich veränderbar In allen unseren bisherigen Betrachtungen wurde immer wieder angesprochen, dass DSS-Daten eine Zeitkomponente enthalten, im Gegensatz zu den operativen Systemen, die eher auf den operativen Prozess optimiert sind und somit eine Zeitkomponente nicht zwingend enthalten müssen. Die im Data Warehouse gespeicherten Daten haben historischen Charakter und beschreiben die Entwicklung eines Unternehmens mit der Zeit. Eine zeitliche Veränderbarkeit kommt natürlich auch durch die zyklischen Importvorgänge zustande und dadurch, dass abhängig von diesen natürlich auch zeitabhängige, abgeleitete Werte (wie z.B. der Gesamtumsatz des laufenden Kalenderjahres) neu berechnet werden müssen.

Die Zeitkomponente ist in einem Data Warehouse deshalb so wichtig, da das Data Warehouse die Geschichte eines Unternehmens durch bestimmte Messwerte (z.B. Gesamtumsatz in einem Monat, Umsatz einer Filiale in einer bestimmten Woche etc.) beschreibt. Zu jedem dieser Messwerte wird auch ein Zeitwert gespeichert, so dass man im Nachhinein die gespeicherten Werte zeitlich einordnen kann. Die Zeitkomponente wird auch dazu verwendet, Summierungen oder andere Aggregationen über ein bestimmtes Zeitintervall durchzuführen. Auf diese Art kann das Data Warehouse jede Datenkomponente in verschiedenen Zeitverdichtungen (z.B. Tag, Woche, Monat, Jahr) darstellen. Um dies zu gewährleisten, bekommt jeder in das Data Warehouse importierte Wert beim Import einen Zeitstempel, der im Nachhinein nicht geändert werden kann.

Nicht-flüchtig Natürlich ist es für eine Datenbank selbstverständlich, dass die in der Datenbank gespeicherten Werte nicht-flüchtig gespeichert werden, d.h. dass auch nach dem Aus- und Wiedereinschalten des Systems noch alle Daten vorhanden sein müssen. Diese Datenpersistenz ist aber hier nicht gemeint. Es ist vielmehr gemeint, dass Daten, die einmal ihren Weg in das Data Warehouse gefunden haben, dieses nicht mehr verlassen dürfen. Da das Data Warehouse die Historie des Unternehmens beschreibt, ist es logisch, dass die Daten aus den operativen Systemen, die die jüngere Historie wie z.B. den letzten Tag oder die letzte Woche beschreiben, immer nur zum Data Warehouse hinzugefügt und niemals entfernt werden, um eine lückenlose Historie aufzubauen.

Die vier Anforderungen, die hier an ein Data Warehouse gestellt worden sind, sind natürlich auch die Anforderungen, die an das Subsystem eines DSS gestellt werden müssen, das die Daten des DSS enthält.

Zusammenfassend lässt sich sagen, dass ein Data Warehouse eine Datenbank ist, auf die nur lesend zugegriffen wird und deren Daten aus verschiedenen Quellen im und außerhalb des Unternehmens zyklisch importiert werden. Vor dem Import findet noch eine Filterung und Konsolidierung der Daten statt. Die Daten werden im Data Warehouse in einer Form gespeichert, in der sie leicht für Abfragen und Analysen verwendet werden können. Die Anwender des Data Warehouses greifen über bestimmte Anwendungen auf die gespeicherten Daten zu, die die Analysearbeiten unterstützen (z.B. Drill-Down).

Um einen konsistenten Überblick über das Unternehmen zu bekommen, müssen, wie bereits oben angesprochen, alle Daten unternehmensweit integriert werden. Um diese Integration erfolgreich durchführen zu können, müssen alle Unternehmenseinheiten, Datenelemente, Daten-Charakteristika und alle Metriken, die es im Unternehmen gibt, *unternehmensweit* vereinheitlicht werden.

Auch wenn diese Forderung zunächst trivial und logisch erscheint, ist es doch die Hürde, über die viele Data Warehouse Projekte stolpern. In größeren Unternehmen ist es üblich, dass jeder Unternehmensbereich und jede Abteilung ihre eigene Fachsprache, ihre eigenen Metriken usw. entwickelt hat. D.h. es gibt nicht nur unterschiedliche Beschreibungen desselben Sachverhalts, sondern auch unterschiedliche Methoden, um dieselben Werte und Metriken zu berechnen. Während in einer Abteilung Bestellungen über die Worte »offen«, »verschickt« etc. beschrieben werden, werden dieselben Bestellungen in einer anderen Abteilung beispielsweise mit »1«, 2« usw. kategorisiert. Um hier aufkeimenden »Format-Kriegen« entgegenzutreten, muss man mit sehr viel Fingerspitzengefühl und Verhandlungsgeschick vorgehen.

Aus diesen Gründen ist es in der Regel nicht besonders einfach, ein gutes Data Warehouse zu bauen. Neben den oben angesprochenen verschiedenen Terminologien, die in unterschiedlichen Abteilungen verwendet werden, gibt es weitere Probleme bei der Datenübernahme. Zum einen können dieselben Informationen auf viele unterschiedliche Arten aufgeschrieben werden. Denken Sie nur einmal daran, wie viele Möglichkeiten es gibt, eine Telefonnummer aufzuschreiben.

Außerdem können sich die Datentypen, die auf den Produktivdatenbanken eingesetzt worden sind, voneinander unterscheiden. Diese Unterscheidung kann zwei Ursachen haben, zum einen können bei verschiedenen Produktivsystemen unterschiedliche Designansätze gewählt worden sein. Während auf dem einen System ein Feld für eine Telefonnummer 12 Zeichen umfasst, stellt ein anderes System 20 Zeichen zur Verfügung. Die andere Ursache für unterschiedliche Datentypen kann systembedingt sein. Während ein DBMS 32 Bit zur Speicherung einer Integer-Zahl vorsieht, verwendet ein anderes DBMS möglicherweise 64 Bit. Sie sehen also, dass die auf den ersten Blick recht unscheinbare Aufgabe, ein Data Warehouse mit Daten zu beliefern, zu einer mittelprächtigen IT-Herausforderung anwachsen kann. Und das ist nur ein Teilaspekt bei der Entwicklung eines Data Warehouses.

11.3.1 Data-Marts

Da die Implemetierung eines Data Warehouses ein Schritt ist, der das ganze Unternehmen betrifft gibt es Unternehmen, die die so genannten Data-Marts den Data Warehouses vorziehen. Unter einem Data-Mart versteht man ein Data Warehouse, das im Gegensatz zum originären Data Warehouse nicht gleich das gesamte Unternehmen, sondern nur einen bestimmten Teil des Unternehmens, üblicherweise eine Abteilung, abbildet. Inzwischen sind Computer so leistungsfähig geworden, dass es ohne größeren finanziellen Aufwand möglich ist, auch kleinen Gruppen von Mitarbeitern genügend Rechenpower zur Verfügung zu stellen, damit diese ihr eigenes Data Warehouse betreiben können. Der Vorteil eines Data-Marts gegenüber einem Data Warehouse besteht darin, dass ein Data-Mart schneller erstellt werden kann, da nicht sämtliche Unternehmensdaten integriert werden müssen, und dass bestimmte Probleme wie z.B. unterschiedliche Terminologien und Metriken in unterschiedlichen Abteilungen nicht ins Gewicht fallen, da ohnehin nur eine Abteilung betroffen ist.

Oft werden Data-Marts auch als Test eingesetzt, um die Vorteile eine Data Warehouses zunächst einmal auf kleinerem Gebiet zu testen und dann im ganzen Unternehmen einzusetzen. Diese schrittweise Vorgehensweise bietet den Vorteil für das Unternehmen, dass das Data-Mart-Projekt schneller abgeschlossen werden kann und dass sich auch das IT-Personal auf diesem Testfeld mit den benötigten Fähigkeiten und Fertigkeiten beschäftigen kann, bevor dann der ganz große Wurf getätigt wird.

Zusammenfassend kann man sagen, dass sich Data-Marts allein durch ihre Größe und den Umfang der archivierten Daten von Data Warehouses unterscheiden, d.h. dass nur die für eine Abteilung relevanten Daten im Data-Mart eingelagert werden. Die grundlegenden Technologien und Architekturen, die wir im weiteren Verlauf dieses Kapitels kennen lernen werden, werden bei beiden verwendet.

11.3.2 Zwölf Eigenschaften, an denen man ein Data Warehouse erkennen kann

1994 haben William H. Inmon und Chuck Kelly zwölf Regeln zusammengestellt, an denen man ein Data Warehouse erkennen kann und die unsere bisherigen Überlegungen gut zusammenfassen. Daher möchte ich Ihnen die Regeln an dieser Stelle nicht vorenthalten.

1. Das Data Warehouse und die operativen Systeme sind voneinander getrennt.

2. Die Daten des Data Warehouses sind integriert.

3. Das Data Warehouse enthält historische Daten in einem großen Zeitraum.

4. Die Daten des Data Warehouses sind Momentaufnahmen der operativen Systeme zu einem bestimmten Zeitpunkt.

5. Die Daten im Data Warehouse sind themenorientiert.

6. Auf die Daten im Data Warehouse wird hauptsächlich lesend zugegriffen, abgesehen von den zyklischen Ladevorgängen, bei denen neue Daten eingelagert werden.

7. Der Entwicklungszyklus des Data Warehouses unterscheidet sich von den Entwicklungszyklen herkömmlicher Systeme. Bei herkömmlichen Systemen ist die Entwicklung prozessgetrieben, beim Data Warehouse ist sie datengetrieben.

8. Das Data Warehouse enthält Daten mit verschiedenen Detallierungsgraden und verschiedenen Aggregationsstufen.

9. Ein Data Warehouse-Umfeld ist durch lesende Zugriffe auf sehr große Datenmengen gekennzeichnet. Im Gegensatz werden bei einer operativen Umgebung viele Update-Vorgänge gegen eine kleine Datenmenge durchgeführt.

10. Das Data Warehouse bietet ein System, mit dem man Datenquellen, Transformationen und Datenspeicherung kontrollieren kann.

11. Die Metadaten des Data Warehouses sind eine kritische Komponente der Umgebung, da sie alle Datenelemente definieren. Über die Metadaten werden die Herkunft der Daten, deren Transformationen, die Integration, die Speicherung, die Verwendung, die Beziehungen und die Historie beschrieben.

12. Das Data Warehouse bietet einen Mechanismus, um nicht mehr benötigte Ressourcen wieder freizugeben und so eine optimale Verwendung der Daten zu gewährleisten.

11.4 OLAP (Online Analytical Processing)

Die Nachfrage nach immer neuen Verfahren bei den DS-Systemen hat eine neue Art von Programmen entstehen lassen, die als OLAP-Programme bezeichnet werden. OLAP-Programme erzeugen eine Umgebung, die Entscheidungsfindung, Geschäftsmodellierung und Aktivitäten zur Erforschung des operativen Geschäfts vereinfachen. OLAP-Systeme haben vier Eigenschaften:

- Verwenden von multidimensionalen Analysetechniken

- Unterstützung durch das Datenbanksystem

- eine einfach zu bedienende Benutzeroberfläche

- Unterstützung der Client/Server-Architektur

Lassen Sie uns nun einen näheren Blick auf diese vier Eigenschaften werfen.

Multidimensionale Datenanalyse

Die multidimensionale Datenanalyse ist die augenfälligste Eigenschaft eines OLAP-Werkzeugs. Multidimensionale Datenanalyse bezieht sich auf die Analyse von Daten, die so aufgebaut sind wie wir oben in Absatz 11.2.1 gesehen haben. In diesem Abschnitt haben wir die Multidimensionalität von Daten als Voraussetzung für DS-Systeme gefordert. Die Multidimensionalität von DSS-Daten ergibt sich aus der Tatsache, dass Entscheider Daten gerne aus verschiedenen Blickwinkeln und im Zusammenhang zu anderen geschäftsrelevanten Daten sehen. Multidimensionale Daten sind für diese Betrachtungsweise ideal geeignet.

Um diese Art der Datenhaltung besser verstehen zu können, lassen Sie uns noch einmal das Beispiel eines DVD-Großhändlers ansehen.

Tabelle DVD_RECHNUNG

RECHNUNGNR	RECHNUNG_DATUM	KUNDE	RECHNUNGSBETRAG
1110	06.06.2006	Danny's Video Club	1.000,00 €
1111	06.06.2006	DVD 4 US	2.000,00 €
1112	06.06.2006	DVD Terminator	1.000,00 €
1113	07.06.2006	DVD 4 US	1.500,00 €
1114	07.06.2006	DVD Terminator	2.000,00 €

Tabelle DVD_RECHNUNGZEILE

RECHNUNGNR	ZEILENR	PRODUKT	EINZELPREIS	ANZAHL	ZEILESUMME
1110	1	Top Gun	20,00 €	25	500,00 €
1110	2	Beverly Hills Cop	20,00 €	25	500,00 €
1111	1	SAW	15,00 €	50	750,00 €
1111	2	Matrix	25,00 €	10	250,00 €
1111	3	Der Pferdeflüsterer	20,00 €	25	500,00 €
1111	4	Fluch der Karibik	20,00 €	25	500,00 €
1112	1	Top Gun	20,00 €	25	500,00 €
1112	2	Texas Chainsaw Massacre	20,00 €	25	500,00 €
1113	1	M:I 2	10,00 €	50	500,00 €
1113	2	The Rock	20,00 €	25	500,00 €
1113	3	Bad Boys 2	10,00 €	50	500,00 €
1114	1	Alien	20,00 €	25	500,00 €
1114	2	Aliens - Die Rückkehr	20,00 €	25	500,00 €
1114	3	Alien 3	20,00 €	25	500,00 €
1114	4	Alien Ressurection	20,00 €	25	500,00 €

Abb. 11.6: Die operationalen Tabellen des DVD-Großhändlers

In Abbildung 11.6 sehen Sie ein Beispiel für die Tabellen der Datenbank des operativen Systems. Um das Beispiel bewusst einfach zu halten, wurde auf eine komplette Normalisierung der Tabellen verzichtet. Anhand der Abbildung kann man aber sehr gut erkennen, wie diese Tabellenstruktur auf den operativen Zweck, nämlich Rechnungen zu drucken, angepasst ist.

Auf der anderen Seite ist die in Abbildung 11.6 dargestellte Tabellenstruktur für die analytische Auswertung nicht so gut geeignet, da der Geschäftsbezug der Daten nicht auf den ersten Blick sichtbar ist. Wenn Sie die Verkäufe an die drei Kunden am 06.06.2006 vergleichen möchten, müssen Sie Sich die entsprechenden Zahlen mühsam aus der Tabelle heraussuchen.

Wenn wir die Daten der Tabellen betrachten, so sind in diesem Beispiel zwei Dimensionen für eine multidimensionale Auswertung prädestiniert: eine Zeitdimension und eine Kundendimension. Wenn wir die Daten nun anders anordnen, bekommen Sie aus Geschäftssicht mehr Bedeutung.

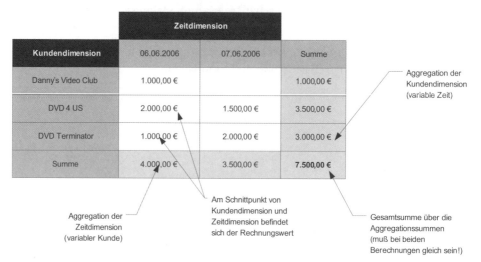

Abb. 11.7: Multidimensionale Ansicht der DVD-Verkäufe

Es gibt eine Zeitdimension, die in der Abbildung 11.7 oben angeordnet ist und die die beiden Zeitwerte 06.06.2006 und 07.06.2006 enthält. Auf der linken Seite des Diagramms befindet sich die Kundendimension, die die drei DVD-Geschäfte enthält. Auf dem Schnittpunkt zwischen Zeit- und Kundendimension befinden sich die Umsätze, die der Kunde am jeweiligen Tag gemacht hat[1]. Ganz unten befinden sich die Tagessummen, d.h. die Summen über alle Kundenumsätze an einem bestimmten Tag. Auf der rechten Seite befinden sich die Kundensummen, d.h. die Summe aller Umsätze, die ein bestimmter Kunde gemacht hat. Auf dem Schnittpunkt zwischen Tagessumme und Kundensumme befindet sich der Gesamtumsatz, der mit allen betrachteten Kunden im betrachteten Zeitintervall erzielt worden ist. Dieser Gesamtumsatz ergibt sich sowohl aus der Summe aller Tagesumsätze als auch aus der Summe aller Kundenumsätze.

---

[1] In unserem Beispiel sind die Tagesumsätze der Kunden mit den einzelnen Rechnungsumsätzen identisch, da jeder Kunde an jedem Tag eine einzige Rechnung bekommen hat. Bekommt ein Kunde an einem Tag mehrere Rechnungen (wie das bei Großkunden üblich ist), so müsste an dieser Stelle die Summe über alle Rechnungen, die an dem betrachteten Tag an den Kunden gegangen sind, stehen.

Die multidimensionale Darstellung, wie sie in Abbildung 11.7 zu sehen ist, kann viel einfacher ausgewertet werden als die operativen Tabellen in Abbildung 11.6. Auf einen Blick sind die Tagesumsätze oder die Umsätze mit den einzelnen Kunden erkennbar. Außerdem kann man diese sofort miteinander vergleichen. So ist offensichtlich, dass am 06.06.2006 500,00 € mehr umgesetzt worden sind als am 07.06.2006 und dass DVD 4 US der Kunde mit dem höchsten Gesamtumsatz ist.

Eine ähnliche Darstellung kann nun natürlich auch für die Zeitdimension gegen die Mitarbeiterdimension oder die Zeitdimension gegen die Produktdimension erstellt werden.

Damit man multidimensionale Datenanalyse betreiben kann, benötigt man die folgenden Funktionen:

- Grafische Darstellung der Daten in Diagrammen: Da die multidimensionale Datenanalyse sehr abstrakt werden kann ist es von Vorteil, wenn man die Ergebnisse einer solchen Analyse grafisch veranschaulichen kann (ein Bild sagt mehr als 1000 Worte). Beliebt sind hier 3D-Grafik, Pivot-Tabellen, Kreuztabellen oder dreidimensionale Würfel. Diese Funktionen werden von den meisten Tabellenkalkulationsprogrammen, Statistikprogrammen oder Berichtssystemen unterstützt.

- Funktionen zur Aggregation, Konsolidierung und Klassifikation von Daten, mit denen der Anwender verschiedene Aggregationsstufen erzeugen kann, und typische OLAP-Funktionen, wie »Slice-and-Dice«, »Drill-Down« oder »Roll-Up« durchführen kann. Was man genau unter diesen OLAP-Funktionen versteht, wird im weiteren Verlauf dieses Kapitels erklärt.

- Berechnungsfunktionen, mit denen man geschäftskritische Werte wie z.B. Marktanteile, Zeitvergleiche, Absatzziele, Produktverkäufe, prozentuale Abweichungen und andere finanzmathematische Funktionen berechnen kann

- Funktionen zur Datenmodellierung, mit denen man Was-wäre-wenn« Szenarien berechnen kann oder mit denen man den Einfluss von Eingangsparametern auf Geschäftsergebnisse bestimmen kann

Da viele dieser geforderten Funktionen bereits in den handelsüblichen Tabellenkalkulationsprogrammen vorhanden sind binden sich viele OLAP Programme direkt in diese Anwendungen ein, so dass sie dort als zusätzliche Option zur Auswahl verfügbar sind.

Unterstützung durch das Datenbanksystem

Damit ein OLAP-System die Entscheidungsfindung gut unterstützen kann, muss es Funktionen bieten, mit denen man auf eine Vielzahl von Daten zugreifen kann. Diese Funktionen umfassen:

- Zugriff auf verschiedenste DBMS, flache Dateien und interne sowie externe Datenquellen

- Zugriff auf die aggregierten Daten im Data Warehouse sowie Zugriff auf die Detail-Daten des operativen Systems.

- Daten-Navigation über »Drill-Down« oder »Roll-Up«

- Schnelle Antwortzeiten auf Abfragen

- Die Möglichkeit, Endanwender-Abfragen, die entweder in Geschäfts- oder Modell-Terminologie ausgedrückt wurden, auf die entsprechenden Datenquellen und im Anschluss daran in die entsprechende Abfragesprache (üblicherweise SQL) umzusetzen. Die Abfragen müssen dann noch auf die jeweiligen Datenquellen (Data Warehouse oder operationale Datenbank) optimiert werden.

- Unterstützung von sehr großen Datenvolumina, da ein Data Warehouse sehr schnell sehr stark wachsen kann.

- Um einen lückenlosen Übergang zwischen der Terminologie, die in OLAP verwendet wird (üblicherweise Geschäfts- oder Modell-Terminologie) und der Terminologie, die in den eigentlichen Datenbanken verwendet wird und die viel technischer als die OLAP-Terminologie ist, zu gewährleisten, werden in so genannten Data Dictionaries Regeln für die Abbildung der einen Terminologie auf die andere festgelegt. Aufgrund dieser Regeln werden die Anfragen des Endanwenders dann auf die technische Struktur der Datenquellen umgesetzt.

Eine einfach zu bedienende Benutzeroberfläche

Je einfacher der Zugriff auf OLAP-Funktionen fällt, desto sinnvoller und nützlicher werden diese im Unternehmen. Wozu taugt eine OLAP-Anwendung, die hervorragende Ergebnisse erzielen kann, die aber so kompliziert und komplex in der Bedienung ist, dass nur sehr wenige Mitarbeiter im Unternehmen überhaupt damit arbeiten können? Eine solche Anwendung wird nicht nur von den Benutzern gemieden, sondern liefert im schlimmsten Fall falsche Ergebnisse, da die Fehlerwahrscheinlichkeit bei einer schwer zu bedienenden Anwendung wesentlich größer ist als wenn die Bedienung intuitiv und einfach geschieht. Aus diesem Grund und um die Lernkurve möglichst flach zu halten bedienen sich moderne OLAP-Anwendungen bei den Benutzeroberflächen älterer Analysewerkzeuge. Dies geht sogar so weit, dass sich OLAP-Anwendungen in bereits bestehende Anwendungen wie z.B. Tabellenkalkulationsprogramme einbetten und dort einfach als eine weitere Funktion zur Verfügung stehen. Diese Einbettung hat zur Folge, dass Anwender mit bereits bekannten Benutzeroberflächen arbeiten und dass die Akzeptanz von OLAP-Anwendungen recht groß ist.

Unterstützung der Client/Server-Architektur

Wenn wir uns die Funktionalität eines OLAP-Systems ansehen, so wird offensichtlich, dass ein solches System von einer Client/Server-Architektur nur profitieren kann. Auf der Serverseite befindet sich ein OLAP-Server, der Aggregationen und multidimensionale Datenmengen vorbereitet, auf der Clientseite befindet sich die Anwendung, mit der man einfach auf die vom Server bereitgestellten Daten zugreifen kann.

Obwohl in letzter Zeit immer stärker Architekturen an Gewicht gewinnen, bei denen eher eine lose Kopplung der Einzelkomponenten vorgenommen wird, wie beispielsweise bei mobilen Anwendungen oder bei Internetapplikationen, so scheint die Client/Server-Architektur für OLAP besser geeignet zu sein, da hier einerseits enorme Datenmengen bewegt werden und da andererseits in der Regel eine Konnektivität zum Server besteht.

Über die Client/Server-Architektur ist es möglich, ein OLAP-System in verschiedene Komponenten aufzuteilen, die dann auf verschiedene Rechner aufgeteilt werden können. Hierdurch gewinnen OLAP-Systeme systemtechnisch betrachtet an Flexibilität.

11.4.1 OLAP-Architekturen

Ein OLAP-System kann man grob in drei Hauptfunktionen unterteilen:

■ die Benutzeroberfläche

■ die Logik für die Datenanalyse

■ die Logik für die Datenverarbeitung

Diese drei Funktionseinheiten sorgen dafür, dass die vier oben definierten Funktionalitäten eines OLAP-Systems realisiert werden können.

Wie man in Abbildung 11.8 erkennen kann verwendet ein OLAP-System sowohl die Daten der operativen Datenbank als auch Daten aus dem Data Warehouse.

Vom architektonischen Blickwinkel aus betrachtet stellt Abbildung 11.8 ein OLAP-System dar, bei dem alle drei Komponenten auf einem einzelnen Rechner laufen. Obwohl dies durchaus möglich ist und in Einzelfällen auch so gemacht wird (z.B. wenn ein neues OLAP-System firmenintern bewertet werden soll), so stellt diese Architektur für Systeme in der Praxis eher die Ausnahme dar. Der hier verwendete Computer muss sehr leistungsfähig sein, damit sowohl die Datenanalysen als auch die Datenverarbeitung lokal auf dem einen OLAP-Rechner stattfindet. Ein weiterer Nachteil dieser Architekturvariante besteht darin, dass – wenn man mehrere dieser Systeme in einem Unternehmen installiert – jedes System mit unterschiedlichen

Daten arbeitet. Die Datenbasis, die von der operativen Datenbank und vom Data Warehouse extrahiert wird, ist zwar gleich, die lokal auf den OLAP-Rechnern gespeicherten Daten sind aber unterschiedlich, was uns wieder zum Problem der Informationsinseln zurückführt.

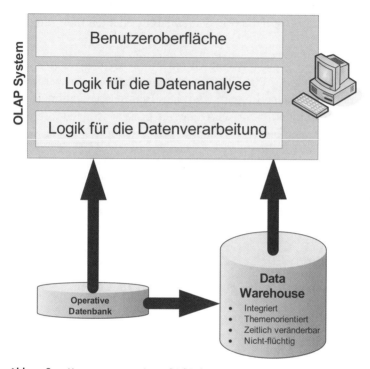

Abb. 11.8:   Komponenten eines OLAP-Systems

Ein wesentlich gebräuchlicher Architektur-Ansatz, der viel öfters anzutreffen ist, ist die Verteilung der Benutzeroberfläche auf verschiedene Client-Rechner und die Installation des OLAP-Systems auf einem Server.

In diesem Fall dient das OLAP-System als Zugriffsschicht zwischen dem Data Warehouse und den Endanwendern. Das OLAP-System erhält Anfragen von der Benutzeroberfläche, die auf den Client-Rechnern läuft, und leitet diese an das Data Warehouse bzw. das operationale System weiter.

Wenn Sie Abbildung 11.9 näher betrachten, sehen Sie, dass das Data Warehouse von einem Prozess aus der operativen Datenbank gespeist wird, der in keiner Verbindung zur OLAP-Schicht steht. Dieser Prozess führt, wie wir es oben bereits gesehen haben, die Extraktion, die Transformation und das Laden (ETL) des Data Warehouses aus der operativen Datenbank durch.

Des Weiteren kann man in der Abbildung sehen, dass Datenhaltung im Data Warehouse und die Datenanalyse üblicherweise voneinander getrennt sind.

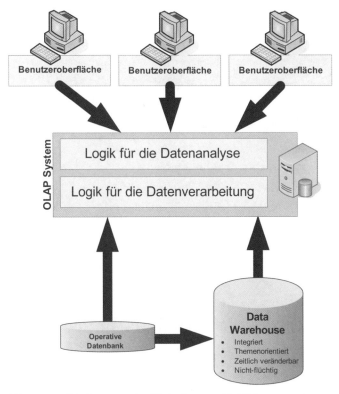

Abb. 11.9: Die Benutzeroberfläche ist vom OLAP-System getrennt

Sicherlich werden Sie sich an dieser Stelle fragen, wozu man das Data Warehouse überhaupt benötigt, wenn das OLAP-System bereits die Funktion der multidimensionalen Datenanalyse der operativen Daten enthält. Das liegt daran, dass ein OLAP-System auf *alle* relevanten Business-Daten zugreifen muss. Diese befinden sich sowohl im Data Warehouse als auch in der operativen Datenbank. In der Tat kann es sein, dass eine OLAP-Implementation sowohl auf das Data Warehouse als auch auf die operative Datenbank zugreift. Ob dies dann aber auf ein bestimmtes OLAP-System zutrifft oder nicht, ist herstellerabhängig.

In den meisten Business Intelligence Projekten werden Data Warehouse und OLAP als separate Systeme implementiert, die sich gegenseitig ergänzen. Während das Data Warehouse die integrierten, themenorientierten, zeitveränderlichen und nicht-flüchtigen Daten des Decision Support Systems darstellt, wird das OLAP-System als Frontend zum Zugriff auf diese Daten verwendet. Der Anwender kann mit dem OLAP-System die im Data Warehouse enthaltenen Daten analysieren und auswerten. Zusätzlich kann ein OLAP-System auch direkt auf die operativen Daten zugreifen und diese in eine multidimensionale Struktur transferieren, d.h. ein OLAP-System kann auch einen multidimensionalen Datenspeicher enthalten.

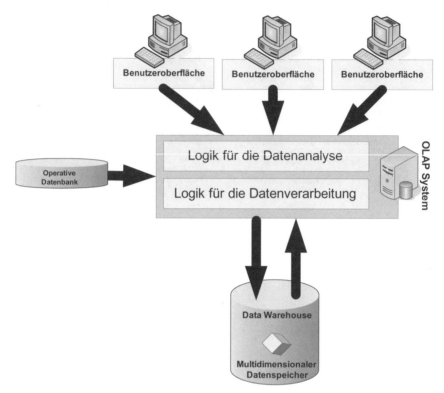

Abb. 11.10: Data Warehouse mit multidimensionalem Datenspeicher

In Abbildung 11.10 sehen Sie einen möglichen OLAP-Architekturansatz, bei dem das OLAP-System die Daten aus der operationalen Datenbank extrahiert und diese dann in einer multidimensionalen Struktur in der Datenbank eines Data Warehouse Servers speichert. Bei der Extraktion der Daten aus der operativen Datenbank gelten dieselben Regeln wie beim Data Warehouse. Um diese Funktionalität abdecken zu können, besitzt das OLAP-System eine »Mini-Data Warehouse« Komponente, die sehr stark an die oben vorgestellten Datamarts erinnert.

In der in Abbildung 11.10 vorgestellten OLAP-Architektur kümmert sich das OLAP-System um den gesamten ETL-Prozess und um die Aggregation der Daten. Diese Funktionen wurden in unseren bisherigen Beispielen immer von der Data Warehouse-Komponente übernommen. In der Realität werden diese Aufgaben aber stets von der Data Warehouse-Komponente übernommen, um das OLAP-System nicht zusätzlich zu belasten und um zu verhindern, dass Funktionen doppelt implementiert werden müssen. Das OLAP-System verwendet lediglich die vom Data Warehouse zur Verfügung gestellten Funktionen.

Um bessere Leistung zu erzielen, vereinigen einige OLAP-Systeme den Data Warehouse- und den Datamartansatz und speichern Daten aus dem zentralen, firmenumspannenden Data Warehouse in kleinen, lokalen Datamarts auf den Client-Rechnern. Dieser Ansatz wird gewählt, um die Geschwindigkeit bei der Datenanalyse und der Datenvisualisierung zu steigern.

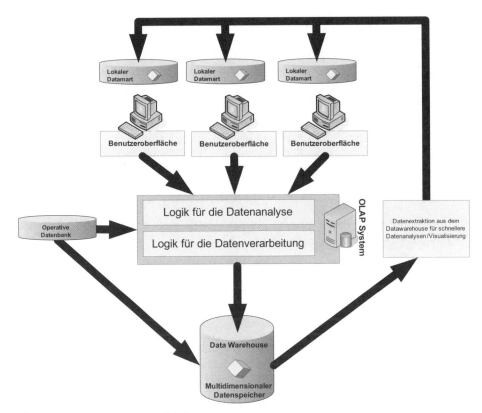

Abb. 11.11: OLAP-System mit lokalen Datamarts

Der Ansatz, dem diese Architektur folgt, ist die Beobachtung, dass bestimmte Anwender immer nur mit einer bestimmten, sehr begrenzten Datenmenge des Data Warehouses arbeiten. Der Verkaufsleiter beispielsweise beschäftigt sich hauptsächlich mit den Verkaufsdaten, während sich ein Kundendienstmitarbeiter hauptsächlich mit Kundendaten beschäftigt.

Wir haben nun die am weitesten verbreiteten OLAP-Architekturen kennen gelernt. Neben den hier beschriebenen Architekturen gibt es in der Praxis noch weitere, die aber meist Variation der vorgestellten Architekturen sind. Das wichtigste Merkmal von OLAP teilen die verschiedenen OLAP-Implementierungen aber unabhängig von der Architektur und das ist die Arbeit mit multidimensionalen Daten. Bei der Frage, wie multidimensionale Daten am besten zu speichern sind, gehen die Expertenmeinungen auseinander. Die einen befürworten die Speicherung von multidimensionalen Daten in relationalen Datenbanken, andere favorisieren die Speicherung in speziellen multidimensionalen Datenbanken. Beide Ansätze haben Vor- und Nachteile, die wir im Folgenden erörtern werden.

11.4.2 Relationales OLAP (ROLAP)

Beim Relationalen OLAP, das auch als ROLAP bezeichnet wird, werden multidimensionale OLAP Daten in relationalen Datenbanken gespeichert. Diese Daten können dann mit vertrauten Werkzeugen wie z.B. der Abfragesprache SQL bearbeitet werden. Da dieser Ansatz auf der gewohnten relationalen Welt aufsetzt, kann er als logische Erweiterung relationaler Datenbanken verstanden werden. In vielen Unternehmen wird der ROLAP-Ansatz bevorzugt, da keine neuen Datenbanksysteme oder Entwicklungstools angeschafft werden müssen. ROLAP erweitert die traditionelle RDBMS-Technologie um folgende Funktionen:

- Unterstützung mehrdimensionaler Datenbanken im RDBMS

- Erweiterung der Abfragesprache (üblicherweise SQL) um mehrdimensionale Konstrukte

- Optimierung der Abfragegeschwindigkeit multidimensionaler Daten

- Unterstützung für sehr große Datenbanken (VLDB)

Mehrdimensionale Datenbanken im RDBMS

In der relationalen Welt werden normalisierte Tabellen dazu verwendet, um Informationen zu speichern. Obwohl normalisierte Tabellen in relationalen Datenbanken ein Eckpfeiler der Datenkonsistenz sind und dabei helfen, Datenredundanzen zu vermeiden, können Sie in Verbindung mit OLAP schnell zum Stolperstein werden. Wie wir aber bereits im Verlauf des Kapitels gesehen haben, ist diese Form der Datenhaltung für Analysezwecke nicht geeignet. Hier ist es wichtig, Daten im Zusammenhang mit anderen Daten zu sehen. Daher tendieren DSS-Daten dazu, nicht normalisiert, stark redundant und voraggregiert zu sein. Da ein RDBMS aber auf normalisierte Datenbankstrukturen optimiert ist, scheint sich bei der Speicherung eine Unvereinbarkeit zu ergeben. Andererseits möchte man sich natürlich auch nicht von der relationalen Technologie verabschieden, in die in den letzten Jahrzehnten stark investiert worden ist und die sehr zuverlässig ist.

Zum Glück gibt es eine spezielle Entwurfstechnik für OLAP-Datenbanken auf relationalen Datenbanksystemen, das so genannte Sternschema (Star schema), das wir im Detail weiter unten besprechen werden. Das Sternschema bildet multidimensionale Datenbanken auf eine relationale Struktur ab.

Beim Sternschema handelt es sich um ein Datenbankdesign, das darauf optimiert ist, Abfragen schnell zu beantworten, das aber nicht so gut für Einfüge- oder Update-Aktionen geeignet ist. Wenn man die Paradigmen der Datenspeicherung wechselt, so müssen sich auch die Werkzeuge, mit denen man auf diese Daten zugreift, ändern. Herkömmliche Datenbankwerkzeuge wie z.B. die Abfragesprache SQL sind nicht besonders gut dazu geeignet, das neue Sternschema abzufragen. Hier hilft ROLAP, in dem die herkömmlichen Werkzeuge erweitert werden, um optimale Abfragegeschwindigkeiten bei der Abfrage des Sternschemas zu erhalten. So wird SQL z.B. um neue multidimensionale Befehle[1] erweitert.

Erweiterung der Abfragesprache

Wie bereits oben angesprochen ist SQL nicht besonders gut dazu geeignet multidimensionale Daten, die im Sternschema gespeichert sind, abzufragen. Die meisten SQL-Abfragen, mit denen die Daten im Sternschema analysiert werden sollen, sind sehr komplex und verschachtelt. Oft kommt man (bei der Verwendung von reinem SQL) nicht darum herum, mehrere Abfragen in einer Stored Procedure zusammenzufassen oder sogar temporäre Tabellen anzulegen. Um diese Situation zu verbessern, erweitert ROLAP SQL um multidimensionale Befehle, mit denen man das Sternschema abfragen kann. So kann man meist schon anhand des SQL-Befehls erkennen, ob das ROLAP-System auf die relationalen Daten des operativen Systems oder die multidimensionalen Daten des Data Warehouses zugreift.

Optimierung der Abfragegeschwindigkeit

Die Abfragegeschwindigkeit wird dadurch verbessert, dass der Optimierer des RDBMS so erweitert wird, dass er dazu in der Lage ist, das Abfrageziel, also entweder die relationale, normalisierte Datenbank oder das Sternschema zu erkennen und die Abfragen dementsprechend zu optimieren. Ist das Abfrageziel die multidimesionale Datenbank des Data Warehouses so wird die Abfrage, bevor sie an das Data Warehouse weitergegeben wird, auf die dort vorherrschenden multidimensionalen Strukturen optimiert. Handelt es sich bei dem Abfrageziel um die opertative Datenbank, so wird die Abfrage so optimiert, dass sie das operative System minimal belastet.

Eine weitere Methode zur Steigerung der Abfragegeschwindigkeit ist die Verwendung von fortgeschrittenen Indizierungstechniken wie z.B. der Bitmap-Index. Wie der Name schon verrät basiert der Bitmap-Index auf den Ziffern 0 und 1, mit denen bestimmte Bedingungen dargestellt werden. Ein Bitmap-Index funktioniert folgen-

---

[1] Leider gibt es für diese neuen Befehle noch keinen Industriestandard, so dass hier (wie so oft in der Vergangenheit) jeder Datenbankhersteller sein eigenes Süppchen kocht.

dermaßen: Für jedes Attribut, das im Bitmap-Index vorhanden ist, wird jeweils ein Feld benötigt. Wenn wir einen Bitmap-Index für die Tabelle DVD_RECHNUNG aus Abbildung 11.2 auf Basis der Spalte KUNDE erstellen, dann erhalten wir als Ergebnis die folgende Abbildung:

Tabelle DVD_RECHNUNG

RECHNUNGNR	RECHNUNG_DATUM	KUNDE	RECHNUNGSBETRAG
1110	06.06.2006	Danny's Video Club	1.000,00 €
1111	06.06.2006	DVD 4 US	2.000,00 €
1112	06.06.2006	DVD Terminator	1.000,00 €
1113	07.06.2006	DVD 4 US	1.500,00 €
1114	07.06.2006	DVD Terminator	2.000,00 €

Bitmap-Index für die Spalte KUNDE

Danny's Video Club	DVD 4 Us	DVD Terminator
1	0	0
0	1	0
0	0	1
0	1	0
0	0	1

Abb. 11.12: Bitmap-Index für die Spalte KUNDE der Tabelle DVD_RECHNUNG

Wie Sie in der Abbildung 11.12 sehen können existiert bei einem Bitmap-Index für jeden möglichen Wert einer Spalte ein Feld. Für jeden Datensatz der zu indizierenden Tabelle existiert eine Zeile im Bitmap-Index. Je nachdem, ob der jeweilige Wert im Datensatz angenommen wird oder nicht, enthält das entsprechende Feld des Bitmap-Indexes eine 0 (für nicht angenommen) oder eine 1 (für angenommen). Wie das funktioniert, sehen Sie z.B. an der ersten Zeile der beiden Tabellen in Abbildung 11.12 . Der Datensatz in der Tabelle DVD_RECHNUNG enthält Daten für den Kunden »Danny's Video Club«, d.h. im Bitmap-Index ist in der Spalte DANNY'S VIDEO CLUB für diesen Datensatz eine 1 enthalten und in den anderen Spalten dementsprechend eine Null.

Wie Sie Sich sicherlich schon selbst überlegt haben, nimmt eine Struktur wie der in Abbildung 11.12 dargestellte Bitmap-Index sehr wenig Speicher ein, da er ausschließlich aus einzelnen Bits zusammengesetzt ist. Eine solche Struktur kann mit Hilfe von binären Operationen sehr schnell verarbeitet werden. Aus diesen Gründen ist ein Bitmap-Index sehr gut für große Datenmengen geeignet.

Der Nachteil eines Bitmap-Indexes liegt darin, dass er nur für Felder geeignet ist, deren Attribut-Domäne recht klein ist, d.h. die nur wenige verschiedene Werte annehmen können. Würde das Feld KUNDE aus dem Beispiel viele tausend Kunden umfassen, so wäre ein Bitmap-Index nicht so gut geeignet, da die Index-Tabelle viel zu breit würde.

Üblicherweise gibt es in typischen Datawarehousing-Umgebungen aber viele Felder mit kleinen Attribut-Domänen, die als Klassifizierung der gespeicherten Daten fungieren.

Sehr große Datenbanken

- Eine der grundlegenden Anforderungen an ein DS-System ist, dass es sehr große Datenbanken unterstützen muss. Daher muss im Fall einer ROLAP-Implementierung das RDBMS auch sehr große Datenmengen unterstützen. Hierbei ist es wichtig, dass große Datenmengen sowohl bei der Datenspeicherung als auch beim Datenimport berücksichtigt werden. Während des Import-Vorgangs wird bei einem DS-System üblicherweise ein Massenimport (Bulk load, Batch load) von operativen Daten vorgenommen. Daher muss ein RDBMS Werkzeuge zur Verfügung stellen, mit denen man einen solchen Massenimport von Daten durchführen kann. Eine wichtige Funktion, die diese Werkzeuge erfüllen müssen ist, dass sowohl die Datenquelle als auch die Zieltabelle in der Datenbank gesperrt werden können, so dass der Ladevorgang exklusiven Zugriff auf die Daten bekommt, um Datenänderungen während des Imports zu verhindern.

- Auch die Geschwindigkeit der Datenimports ist eine nicht zu vernachlässigende Größe. Die meisten operativen Systeme laufen im Dauerbetrieb, d.h. sie laufen 24 Stunden am Tag, 7 Tage die Woche und 52 Wochen im Jahr. Daher ist die Zeit, in der ein Datenimport (der das operative System natürlich belastet) durchgeführt werden kann, recht begrenzt. Üblicherweise wird der Datenimport während Schwachlastzeiten durchgeführt.

- Da ROLAP auf der bekannten Client/Server Technologie der RDBMS aufsetzt ist es nur natürlich, dass die vom ROLAP-System zur Verfügung gestellten DSS Funktionen unternehmensweit genutzt werden können, ebenso wie die bereits vorhandenen relationalen Datenbanken.

So ist es nur natürlich, dass ein ROLAP-System der logische Schritt für ein Unternehmen ist, das bereits über eine relationale Infrastruktur verfügt und das diese um eine DSS-Komponente erweitern möchte. Daher ist es auch nicht weiter verwunderlich, dass die meisten Anbieter relationaler Datenbanksysteme inzwischen auch ROLAP-Erweiterungen für ihre Produkte anbieten.

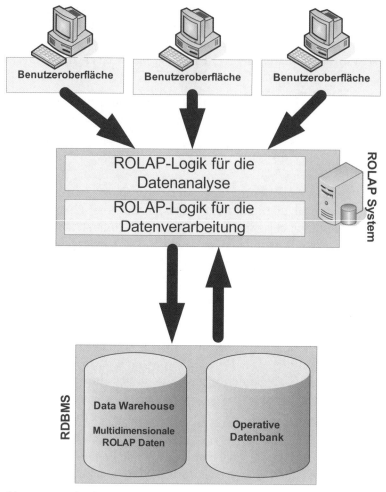

Abb. 11.13: Architektur eines ROLAP-Systems

11.4.3 Multidimensionales OLAP (MOLAP)

Multidimensionales Online Analytical Processing (oder kurz MOLAP) nutzt im Gegensatz zu ROLAP als Datenspeicher eine spezielle multidimensionale Datenbank, in der die Daten in einem proprietären Format gespeichert werden. Dieses proprietäre Format kann man sich als eine matrixähnliche n-dimensionale Anordnung von Arrays vorstellen. Dieser Ansatz setzt im Gegensatz zu ROLAP, bei dem einfach bereits vorhandene Technologie verwendet wird, auf speziell zur Datenhaltung von multidimensionalen Daten ausgelegte Datenbanksysteme, so genannte Multidimensionale Datenbankmanagement Systeme (MDBMS). Die beim MDBMS verwendeten Technologien stammen aus anderen Ingenieurswissenschaften wie z.B. CAD/CAM (Computer Aided Design/Computer Aided Manufacturing) oder GIS (Geographic Information System).

Konzeptionell werden MDBMS-Daten als dreidimensionale Würfel visualisiert (vgl. Abbildung 11.4). Man spricht in diesem Zusammenhang auch von Data Cubes bzw. Datenwürfeln. Jeder Wert in diesem Datenwürfel kann durch die Angabe von Werten für die drei Dimensionen erreicht werden. Datenwürfel können natürlich, so wie das oben schon beschrieben worden ist, auch mehr als 3 Dimensionen enthalten. Dann spricht man von so genannten Hypercubes.

> **Tipp**
>
> Ein Data Cube oder ein Hypercube stellt nur eine Sicht auf eine begrenzte, vorausgewählte Datenmenge der Datenbank dar und ist nicht mit dieser zu verwechseln.

Data Cubes werden erzeugt, indem Daten aus dem operativen System oder dem Data Warehouse extrahiert und dann in die multidimensionale Form gebracht werden. Eine besondere Eigenschaft von Data Cubes ist, dass sie statisch sind, d.h. dass sie sich nicht verändern. Möchte man einen Data Cube verwenden, so muss man ihn vor der Verwendung zunächst generieren. Ändern sich nach der Erzeugung des Data Cubes Daten im Data Warehouse oder im operativen System, so spiegelt sich diese Änderung nicht im Data Cube wieder. Möchte man die geänderten Daten als Basis für die multidimensionale Analyse des Data Cubes verwenden, so muss man diesen neu erstellen. Ein weiteres Resultat aus der statischen Struktur des Data Cubes ist, dass man diesen nur entlang der vorgenerierten Achsen auswerten kann. Stellen Sie sich z.B. einen Data Cube vor, der die in Abbildung 11.4 definierten Dimensionen Raum, Zeit und Produkt enthält. Einen solchen Cube kann man nur entlang dieser Achsen abfragen, d.h. es ist z.B. nicht möglich, eine Abfrage zu schreiben, die eine (nicht vorhandene) Kundendimension abfragt. Daher ist es sehr wichtig, dass man sich vor der Erstellung des Data Cubes oder des Hypercubes Gedanken macht, welche Dimensionen dieser enthalten soll. Diese Vorarbeit zahlt sich aber insbesondere bei großen Datenmengen aus, da MDBMS-Systeme wesentlich schneller als ROLAP-Systeme sind.

Um den Datenzugriff noch weiter zu beschleunigen werden Data Cubes in der Regel im Speicher gehalten, den man auch als Cube Cache bezeichnet. Natürlich profitiert auch ein MOLAP-System durch die Client/Server-Architektur. Die grundlegende MOLAP-Architektur ist in der folgenden Abbildung dargestellt.

In diesem Zusammenhang ist eine neue Art von Datenbank Management Systemen entwickelt worden, die so genannten MMDBs (Main Memory Database). Bei MMDBs wird die gesamte Datenbank im Speicher gehalten. So ist es möglich, eine 1000% schnellere Datenverarbeitung als bei herkömmlichen RDBMs oder

MDBMs zu erzielen, da in diesem Fall der Datenzugriff auf die Festplatte als begrenzendes Element ausfällt. Der Nachteil dieser Methode liegt darin, dass ein solches System wesentlich ressourcenhungriger ist als ein traditionelles Datenbanksystem.

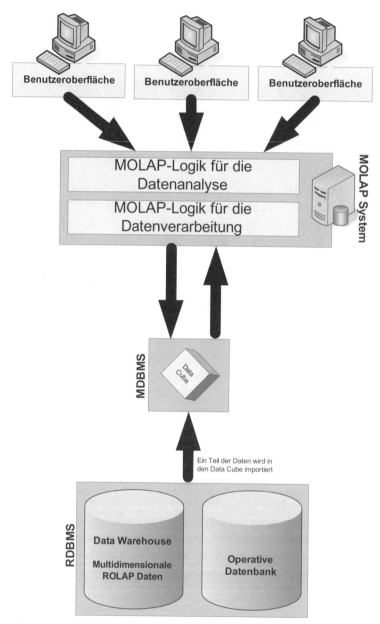

Abb. 11.14: MOLAP-Architektur mit zwischengelagertem MDBMS

Da ein Data Cube aus ausgesuchten Daten und Dimensionen vorgeneriert wird, muss dieser beim Hinzufügen von neuen Dimensionen neu erzeugt werden. Dieser Erstellungsprozess ist eine sehr zeitintensive Sache, daher verliert der MOLAP-Ansatz gegenüber dem ROLAP-Ansatz an Geschwindigkeitsvorteilen, wenn die Neuerstellung des Data Cubes zu häufig durchgeführt wird.

Obwohl MDBMs bei der Verarbeitung von multidimensionalen Daten Vorteile gegenüber relationalen Datenbanken haben, sind sie im Gegensatz zu diesen hauptsächlich auf kleinere bis mittlere Datenmengen optimiert. Ein anderer Aspekt, der die Skalierbarkeit von MDBMs beschränkt, ist die Datenhaltung im Hauptspeicher. Die verwaltete Datenmenge sollte nicht so groß werden, dass sie Speicher, der für das Betriebssystem benötigt wird, belegt und somit den Rechner dazu zwingt, bei Betriebssystem-Operationen Speicher auf die Festplatte auszulagern (Swapping). Dieser Vorgang bremst den Rechner merkbar aus.

Ein weiterer Nachteil von MDBMs liegt in der proprietären multidimensionalen Datenspeicherung. Um auf die in proprietären Strukturen gespeicherten Daten zuzugreifen, muss man auch proprietäre Datenzugriffsmethoden wie z.B. proprietäre multidimensionale Abfragesprachen verwenden.

Ein weiterer wichtiger Punkt bei der Analyse multidimensionaler Daten, die in multidimensionalen Datenbanken gespeichert sind ist, wie das Datenbanksystem mit der Datendichte umgeht. Unter der Datendichte versteht man die Belegung der Datenbank mit Werten. Man berechnet die Datendichte, indem man die Anzahl der in einem Data Cube vorhandenen Werte durch die Anzahl der vorhandenen Datenzellen teilt. Da ein Data Cube anhand von vorgegebenen Dimensionen erstellt wird, muss nicht jede Kombination von Dimensionswerten auch einen Datenwert besitzen. Sehen wir uns hierzu noch einmal das Beispiel aus Abbildung 11.7 an:

Kundendimension	Zeitdimension	
	06.06.2006	07.06.2006
Danny's Video Club	1.000,00 €	
DVD 4 US	2.000,00 €	1.500,00 €
DVD Terminator	1.000,00 €	2.000,00 €

Datendichte:

$$\frac{\text{Anzahl der Werte}}{\text{Anzahl der Zellen}}$$

$$\frac{5}{6} = 0,8333 = 83,33\,\%$$

Kein Wert enthalten

Abb. 11.15: Datendichte anhand eines Beispiels

Im Beispiel in Abbildung 11.15 sind von den vorhandenen sechs Feldern nur fünf belegt. Das liegt daran, dass an den Kunden »Danny's Video Club« am 07.06.2006 keine DVDs verkauft worden sind. Dies führt uns zu einer Datendichte von 83,33%.

Üblicherweise sind bei einem realen Data Cube weniger als 50% aller Zellen mit Werten belegt. Daher muss ein MDBMS dazu in der Lage sein, Cubes mit niedrigen Datendichten effizient zu verwalten, um sowohl Rechenleistung als auch Speicheranforderungen zu begrenzen.

Kritiker des MOLAP-Ansatzes kritisieren, dass es schwierig ist, aufgrund der proprietären Natur des MDBMS dieses in bestehende Umgebungen zu integrieren und dass hierzu im Vergleich zum ROLAP-Ansatz zu viel Aufwand nötig ist. Trotzdem handelt es sich bei MOLAP um eine gute Lösung, wenn die benötigten Datenmengen nicht allzu groß sind und die Verarbeitungsgeschwindigkeit dieser Daten eine kritische Größe darstellt.

11.5 Das Sternschema

Wie Sie bereits früher in diesem Kapitel gelernt haben handelt es sich beim Sternschema um eine Datendesign-Technik, bei der multidimensionale Datenmengen auf die Strukturen relationaler Datenbanksysteme abgebildet werden. Der Grund für die Entwicklung des Sternschemas war die Unzulänglichkeit der üblichen Datenbankdesignmethoden (ER-Modellierung und Normalisierung) in Bezug auf multidimensionale Datenmengen.

Beim Sternschema handelt es sich um eine einfache Technik, mit der man multidimensionale Analysen auf Basis von relationalen Strukturen durchführen kann. Das Sternschema basiert auf vier Komponenten: Fakten, Dimensionen, Attributen und Attribut-Hierarchien. Jede dieser Komponenten wird nun im Detail beschrieben.

11.5.1 Fakten

Fakten sind numerische Messwerte für bestimmte Geschäftsaspekte, wie z.B. die täglichen Verkaufszahlen. Fakten in Geschäftsanwendungen werden üblicherweise in Stückzahlen, Kosten oder Preisen gemessen. Fakten werden in Faktentabellen gespeichert, die die zentralen Tabellen des Sternschemas darstellen. Die in Faktentabellen enthaltenen Fakten werden über die ihnen zugeordneten Dimensionen miteinander in Beziehung gebracht.

Fakten können auch zur Laufzeit aus anderen Fakten abgeleitet oder berechnet werden. Abgeleitete oder berechnete Fakten werden auch manchmal als Metriken bezeichnet, um sie von den ursprünglichen Fakten zu unterscheiden. Faktentabellen werden in bestimmten periodischen Zyklen (täglich, wöchentlich, monatlich) aktualisiert.

11.5.2 Dimensionen

Dimensionen werden dazu verwendet, bestimmte Eigenschaften der Fakten herauszuheben und diese einzusortieren. Wie wir bereits in diesem Kapitel gelernt haben, werden DSS-Daten meist in Beziehung zu anderen DSS-Daten gesetzt, so können z.B. Verkaufszahlen in Beziehung zu bestimmten Produkten oder bestimmten Zeitintervallen betrachtet werden.

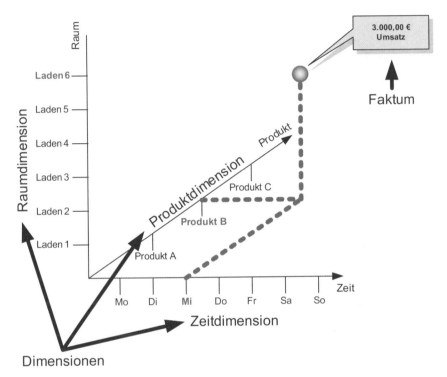

Abb. 11.16: Fakten und Dimensionen

Dimensionen werden üblicherweise in Dimensionstabellen verwaltet und fügen den Fakten eine Geschäftssicht hinzu.

11.5.3 Attribute

Jede Dimensionstabelle enthält Attribute. Attribute werden oft dazu genutzt, um Fakten zu suchen, zu filtern oder zu klassifizieren. Dimensionen liefern durch ihre Attribute beschreibende Charakteristiken über die Fakten. Daher muss der Data Warehouse-Entwickler die Geschäftsattribute definieren, die vom Anwender des DSS dazu verwendet werden, in den DSS-Daten zu suchen, Informationen zu gruppieren oder Dimensionen zu beschreiben. Wenn wir das Verkaufsbeispiel aus Abbildung 11.16 betrachten, so können wir z.B. für die Produktdimension die Attribute Produktschlüssel, Produktbeschreibung oder Produkthersteller definieren. Für die Ortsdimension können wir Region, Land, Stadt oder Geschäft definieren und für die Zeitdimension lassen sich als Attribute Jahr, Monat, Woche oder Tag definieren.

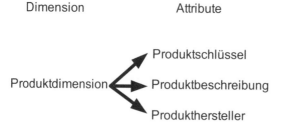

Abb. 11.17: Dimension und Attribute am Beispiel der Produktdimension

Über die Attribute ist es möglich, die Fakten zu bestimmten Produkten, Läden und Zeiten im benötigten Format zurückzugeben, d.h. es ist möglich, z.B. die Tages-, Wochen-, Monats-, und Jahresverkaufszahlen eines bestimmten Produkts in einem bestimmten Geschäft zu bestimmen. Bei dieser Vorgehensweise werden alle für diese Auswertung unnötigen Daten (wie z.B. die Bestellnummer) im Gegensatz zu operativen Datenbanken nicht berücksichtigt, da diese gar keine Repräsentation im Sternschema besitzen.

Multidimensionale Datenmengen kann man am besten über einen dreidimensionalen Würfel visualisieren, auch wenn multidimensionale Datenmengen natürlich nicht auf drei Dimensionen beschränkt sind.

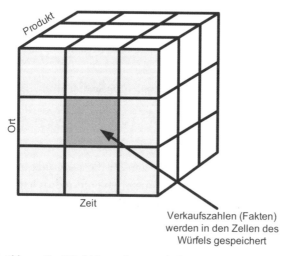

Abb. 11.18: Würfeldarstellung multidimensionaler Daten

Der Würfel in Abbildung 11.18 visualisiert die dreidimensionale Datenmenge Verkaufszahlen mit den Dimensionen Produkt, Zeit und Ort. Jeder Umsatzwert, der im Würfel gespeichert ist, ist mit einem Zeit-, Orts-, und Produktwert verknüpft. Bitte beachten Sie, dass diese Würfeldarstellung nur eine konzeptionelle Darstellung ist, d.h. der Würfel sagt nichts darüber aus, wie die Daten physikalisch gespeichert sind, sondern dient nur der Visualisierung. Die Datenspeicherung hängt vom verwendeten System ab. Ein ROLAP-System speichert Daten in relationalen Datenbanken, auf die über ein RDBMS zugegriffen wird, wohingegen ein MOLAP-System Daten in einer multidimensionalen Datenbank speichert.

Unabhängig von der zugrunde liegenden Technologie, mit der die Daten physikalisch gespeichert werden, bietet die multidimensionale Datenanalyse die Möglichkeit, sich auf spezielle »Scheiben« des Würfels zu fokussieren und diese auszuwerten. Hierbei wird eine Dimension konstant gehalten. Die beiden anderen Dimensionen sind weiterhin variabel. So ergibt sich eine Ebene innerhalb des Würfels (vgl. auch Abbildung 11.4).

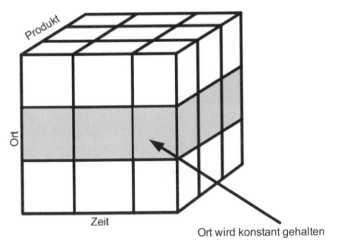

Abb. 11.19: Die Ortsdimension wird konstant gehalten – es ergibt sich eine Ebene im Würfel.

Diese Ebene kann nun näher ausgewertet werden und es kann analysiert werden, wie sich die Produktverkäufe in dem Geschäft, das als Ort angegeben ist, über die Zeit entwickeln. Zieht man über das Festhalten bestimmter Parameter mehrere Ebenen in einen Würfel, so ergeben sich Unterwürfel. Diese Technik nennt man im Fachjargon der multidimensionalen Datenanalyse »Slice-and-Dice«.

Um eine Ebene im Würfel zu fixieren müssen, wir dazu in der Lage sein, ein Kriterium festzulegen, dass die Ebene definiert. Dies geschieht über die Attribute, die einer Dimension zugeordnet sind. Wir haben im Beispiel der Ortsdimension z.B. die Möglichkeit, die Attribute Stadt, Bundesland oder Geschäftsnummer zu fixieren um so eine Ebene im Würfel zu erzeugen. Sie sehen, dass es über die verschiedenen Attribute, die der Dimension Ort zugeordnet sind, auch möglich ist, Auswertungen in verschiedenen Granularitäten druchzuführen. Diese Feststellung führt uns zu den Attribut-Hierarchien.

11.5.4 Attribut-Hierarchien

Die Attribute innerhalb einer Dimension können in eine definierte Attribut-Hierarchie geordnet werden. Über die Attribut-Hierarchie wird eine Ordnung innerhalb der Attribute der Dimension festgelegt, die sowohl für Aggregationen als auch für Drill-Down- oder Roll-Up-Funktionen verwendet werden kann.

Abb. 11.20: Attribut-Hierarchie der Zeitdimension

In Abbildung 11.20 ist die Attribut-Hierarchie für die Zeitdimension zu sehen. Zeitintervalle können in einer Hierarchie Tag à Woche à Monat à Jahr angeordnet werden.Über die Attribut-Hierarchie kann das Data Warehouse Drill-Down- und Roll-Up-Analysefunktionen zur Verfügung stellen.

Wenn z.B. ein Endanwender mit einem Data Warehouse arbeitet und feststellt, dass die Produktverkäufe im Juli im Gegensatz zu den Verkäufen im Mai stark abgenommen haben, kann er sich über einen Drill-Down die Verkaufszahlen des Monats Juli im Detail ansehen, indem er auf Wochen- oder Tagesverkaufszahlen umschaltet. Vielleicht kommt bei dieser Analyse dann heraus, dass die Verkaufszahlen im Juli so schlecht sind, weil die Sommerferien angefangen haben.

Diese Vorgehensweise wird dadurch ermöglicht, dass es Attribut-Hierachien innerhalb des Datawarhouses gibt, die genau beschreiben, wie eine Erweiterung bzw. Reduzierung der Details für eine bestimmte Dimension funktioniert. Nicht alle Attribute einer Dimension müssen in Attribut-Hierarchien angeordnet sein. Bei manchen Attributen ist das u.U. gar nicht möglich, andere Attribute sind der Dimension nur hinzugefügt worden, um eine Beschreibung der Daten zu liefern.

Attribut-Hierachien bestimmen, wie die Daten im Data Warehouse präsentiert werden. Die Informationen zur Attribut-Hierarchie werden im Data Dictionary des DBMS gespeichert und vom OLAP-System verwendet, um auf das Data Warehouse zuzugreifen.

11.5.5 Stern-Schemata in der Praxis

Das Sternschema bildet multidimensionale Datenmengen in eine relationale Datenbank ab. Fakten und Dimensionen werden in der Datenbank in der Regel in physikalischen Fakten- und Dimensionstabellen abgelegt. Die Faktentabelle stellt das Zentrum des Sternschemas dar und ist mit jeder Dimensionstabelle über eine 1:N-Beziehung verknüpft, d.h. viele Zeilen der Faktentabelle sind mit jeweils einer Zeile der Dimensionstabelle verknüpft. Diese Verknüpfung von Fakten- und Dimensionstabellen wird über Primär-/Fremdschlüsselbeziehungen erreicht, so wie es bei relationalen Datenbanken üblich ist. Da die Faktentabelle mit vielen Dimensionstabellen verknüpft ist, ist der Primärschlüssel der Faktentabelle ein zusammengesetzter Schlüssel, der aus allen Fremdschlüsseln, die in der Faktentabelle gespeichert sind, besteht.

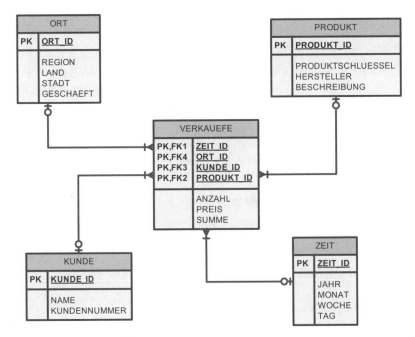

Abb. 11.21: Ein Sternschema

Der zusammengesetzte Primärschlüssel der Tabelle VERKAUFE besteht aus den Fremdschlüsseln ZEIT_ID, ORT_ID, KUNDE_ID und PRODUKT_ID. Jeder Wert in der Tabelle VERKAUFE ist durch eine eindeutige Kombination dieser Werte gekennzeichnet[1]. Das ist auch eines der Kennzeichen eines Sternschemas. Der Primärschlüssel der Faktentabelle wird aus den Fremdschlüsseln der Dimensionstabellen zusammengesetzt, zu denen sie in Beziehung steht. Jeder Datensatz der Tabelle VERKAUFE stellt einen Verkauf eines bestimmten Produkts an einen bestimmten Kunden in einem bestimmten Laden zu einer bestimmten Zeit dar.

Da die Faktentabellen die eigentlichen Daten enthalten, auf denen das DS-System aufbaut, wiederholen sich die Werte in den Faktentabellen oft. Dies hat zur Folge, dass die Faktentabelle im Sternschema die Tabelle mit den meisten Datensätzen ist. Die Dimensionstabellen enthalten jeweils Werte, die nicht wiederholt werden und daher sind sie im Verhältnis zur Faktentabelle relativ klein. In einem typischen Sternschema ist jeder Dimensionsdatensatz mit tausenden von Faktendatensätzen verknüpft. Diese Charakteristik des Sternschemas macht spezielle Funktionen zur Datengewinnung notwendig, da Anwender des Sternschemas über die Dimensionstabellen auf die Faktentabelle schauen. Daher durchsucht ein auf DSS optimiertes DBMS zuerst die Dimensionstabellen, bevor es auf die Faktentabellen zugreift. Data Warehouses haben in der Regel viele Faktentabellen. Jede Faktentabelle beantwortet eine spezifische Frage. Oft werden mehrere Faktentabellen auch aus Geschwindigkeitsgründen erstellt oder um bestimmte Semantiken abzudecken.

11.5.6 Techniken zur Erhöhung der Performance

Die Hauptaufgabe beim Erstellen eines Data Warehouses ist es, ein System zu erzeugen, das schnell Antworten auf geschäftskritische Fragen liefert. Daher ist es nur natürlich, dass man durch verschiedene Techniken versucht, die Abfragegeschwindigkeit auf Sternschemata zu erhöhen. Diese Geschwindigkeitszuwäche erhält man sowohl über geschicktes Formulieren der SQL-Befehle als auch über ein besseres Design des Sternschemas. Es gibt vier Haupttechniken, um die Abfragegeschwindigkeit zu erhöhen:

- Normalisierung der Dimensionstabellen

- Mehrere Faktentabellen repräsentieren verschiedene Aggregationsstufen

- Denormalisierung der Faktentabelle

- Tabellenpartitionierung und Replikation

Normalisierung der Dimensionstabellen

Die Dimensionstabellen werden normalisiert, um eine einfachere semantische Struktur zu erhalten und um es dem Endanwender zu erleichtern, sich durch die Dimensionen zu bewegen. Wenn die Dimensionstabellen z.B. die transitiven

---

[1] Es gibt auch den Fall, bei dem der Primärschlüssel einer Faktentabelle nicht eindeutig ist. In diesem Fall spricht man vom Multistenschema.

Abhängigkeiten zwischen Jahr, Monat, Woche und Tag darstellen sollen, so kann man diese Abhängigkeit über Tabellen in der dritten Normalform darstellen.

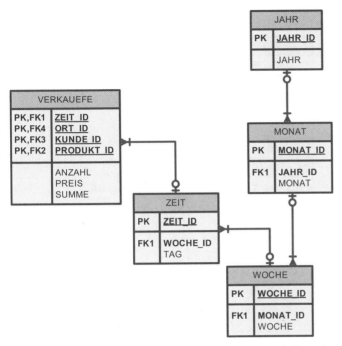

Abb. 11.22: Ausschnitt aus dem Sternschema mit Zeittabelle in der dritten Normalform

Durch die Normalisierung der Dimensionstabellen vereinfacht sich die Datenbankstruktur und es ist viel einfacher möglich, Filterungen auf Basis der Dimensionen vorzunehmen. Im direkten Vergleich zur Tabelle VERKAUEFE befinden sich in den anderen Tabellen nur sehr wenige Datensätze. Nur die Tabelle ZEIT ist direkt mit der Tabelle VERKAUEFE verknüpft.

Mehrere Fakten-Tabellen

Man kann die Abfragegeschwindigkeit eines Sternschemas auch dadurch erhöhen, dass man mehrere Faktentabellen anlegt, und zwar für jede Aggregationsstufe eine. In unserem Beispiel müssten wir also für die Aggregationsstufen Tag, Woche, Monat und Jahr jeweils eine eigene Faktentabelle anlegen. Die Inhalte dieser Faktentabellen werden vorberechnet. Wird nun eine Anfrage an das Sternschema gestellt, in der diese vorberechneten Werte enthalten sind, so müssen diese nur aus der Datenbank ausgelesen und zurückgeliefert und nicht zur Laufzeit berechnet werden. Je nach Komplexität der Berechnung schlummert hier ein enormes Einsparungspotential von Rechenzeit. Außerdem müssen mit dieser Methode die Daten nur ein einziges Mal berechnet werden und nicht für jede Abfrage neu. Das

Ziel dieses Ansatzes, Prozessorzeit zu sparen, wird auf Kosten des Festplattenspeicherplatzes erreicht. Ein Beispiel für diese Vorgehensweise sehen Sie in der Abbildung 11.23.

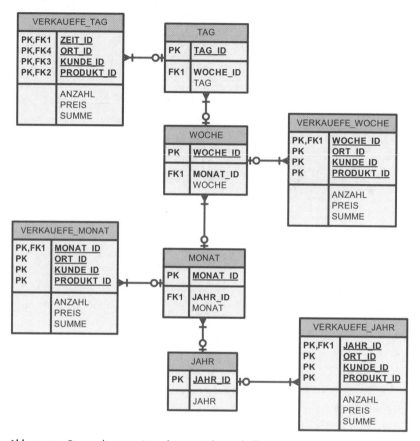

Abb. 11.23: Sternschema mit mehreren Faktentabellen

Der Entwickler des Data Warehouses muss bei dieser Technik zuerst wissen, für welche Aggregationsstufen solche Tabellen gebildet werden sollen und mit welchen Rechenoperationen diese dann befüllt werden müssen. Während jedes Ladevorgangs des Data Warehouses werden diese voraggregierten Tabellen neu berechnet, um die Einflüsse der neuen Daten auf Gesamtergebnisse wie z.B. die Jahressumme zu berücksichtigen. Ein weiterer Aspekt, um zu beurteilen, ob man mit voraggregierten Faktentabellen arbeiten sollte, ist die Häufigkeit, mit der auf solche Tabellen zugegriffen wird. Kommt dies sehr selten vor ist zu überlegen, ob der Speicherplatz, der zur Speicherung der Aggregate verwendet wird, im Verhältnis zur Wartezeit des Anwenders steht oder nicht. Außerdem muss man untersuchen, wie groß der Geschwindigkeitszuwachs beim Abfragen der aggregierten

Faktentabelle gegenüber der Laufzeitberechnung der Werte ist. Ist hier kein signifikanter Geschwindigkeitszuwachs zu beobachten, so kann man sich die aggregierten Faktentabellen auch sparen.

Denormalisierte Fakten-Tabellen

Häufig kann man die Abfragegeschwindigkeit eines Sternschemas auch dadurch beschleunigen, indem man die Faktentabellen denormalisiert. Obwohl die Denormalisierung von Tabellen den von diesen Tabellen benötigten Speicherplatz wesentlich in die Höhe treibt, ist es aus Geschwindigkeitsgründen ratsam, die Faktentabellen zu denormalisieren, da alle wesentlichen Informationen nun in einer einzigen Zeile der denormalisierten Faktentabelle stehen und nicht mehr aus unzähligen Tabellen, die mit Primär-/Fremdschlüsselbeziehungen untereinander verknüpft sind, mühsam (und rechenzeitintensiv) herausgesucht werden müssen.

Partitionierung und Replikation

Die Themen Partitionierung und Replikation wurden ja bereits in Kapitel 10 ausführlich behandelt, daher will ich an dieser Stelle auf die Grundlagen nicht weiter eingehen, sondern mich darauf beschränken, welche Rolle Partitionierung und Replikation im Zusammenhan mit Data Warehouses spielen.

Bei der Partitionierung wird eine Tabelle innerhalb des Data Warehouses in mehrere Teile aufgeteilt, die wie wir das bereits in Kapitel 10 gesehen haben auch räumlich verteilt sein können. Bei der Replikation werden die Daten einer Tabelle (bzw. die ganze Tabelle) an einen anderen Ort kopiert, was die Geschwindigkeit gerade in einem räumlich verteilten Data Warehouse enorm steigern kann.

11.6 Data Mining

Der Sinn der multidimensionalen Datenanalyse wie wir sie in diesem Kapitel kennen gelernt haben ist, Zusammenhänge, unbekannte Charakteristiken oder Trends aus den eingelagerten Daten herauszuarbeiten. Auf Basis der durch die Datenanalyse zutage geförderten Informationen werden dann Entscheidungen getroffen. Trotz aller schönen Möglichkeiten, die die Endanwenderwerkzeuge, mit denen man solche Datenanalysen durchführen kann, heutzutage bieten haben sie einen entscheidenden Nachteil. Sie verlassen sich auf die Eingaben des Anwenders. Nur wenn dieser die richtigen Fragen stellt, werden auch die richtigen Ergebnisse aus dem Datenpool an die Oberfläche gefördert. Stellt der Anwender schlechte oder ungenaue Fragen, so erhält er schlechte Antworten, obwohl die Antworten auf die eigentlich drängenden Fragen implizit im Data Warehouse schlummern. Es ist also notwendig, dass der Endanwender bei der multidimensionalen Datenanalyse weiß, nach was er sucht.

Die meisten Endanwender reagieren auf externe Einflüsse, d.h. sie machen sich dann auf die Suche nach Ursachen, wenn z.B. bemerkt worden ist, dass die Verkaufszahlen eingebrochen sind. Dann ist es meist schon zu spät und man muss Maßnahmen ergreifen, um zu verhindern, dass das ausgebrochene Feuer zum Flächenbrand wird. In dieser Situation agiert der Anwender nicht mehr auf Markttrends, sondern reagiert nur noch.

Das ist im Geschäftsleben natürlich schlecht und so hat man eine neue Technologie entwickelt, mit der die Data Warehousedaten proaktiv ausgewertet werden können, das Data Mining.

Beim Data Mining geht es darum, mit Hilfe von Methoden aus dem Bereich der künstlichen Intelligenz Trends und Zusammenhänge aus den Data Warehouse-Daten zu ermitteln und zwar automatisch, d.h. die Daten werden unabhängig von Benutzerabfragen analysiert. Wird ein bestimmtes Muster oder werden Abweichungen in den Daten entdeckt, so schlägt das System Alarm und macht die Anwender so auf bestimmte Sachverhalte aufmerksam.

Wie oben bereits erwähnt funktioniert Data Mining proaktiv, d.h. hier muss kein Benutzer die Fragestellung definieren, dann eine Datenmenge auswählen und dann auf Basis dieser Auswahl Analysen durchführen. Data Mining durchsucht Daten automatisch nach Anomalien und möglichen Zusammenhängen und können so Probleme identifizieren, die bisher vom Anwender noch gar nicht entdeckt worden sind.

Ein sehr schönes Beispiel für Data Mining findet bei amazon.de statt. Sicherlich haben Sie dort auch schon einmal ein Buch bestellt. Wenn Sie sich für ein Buch entschieden haben, schlägt Ihnen das System andere Titel vor, die andere Käufer des Buches, das Sie gekauft haben, auch gekauft haben (der Punkt »Kunden, die dieses Buch gekauft haben haben auch folgende Bücher gekauft«). Hier werden die Kaufmuster anderer Kunden analysiert und eine Statistik über andere Bücher gebildet, die andere Kunden gekauft haben, die Ihr Buch gekauft haben. Oft werden hier sehr interessante, themenbezogene Bücher angezeigt und auch ich habe hier schon ab und zu Bücher gefunden, von denen ich ohne diese Funktion nie erfahren hätte.

Data Mining-Werkzeuge analysieren also anhand vorgegebener mathematischer Algorithmen und Methoden (z.B. neuronale Netze) die im Data Warehouse vorhandenen Daten und können so inhärent in den Daten vorhandene Beziehungen, Trends und Abhängigkeiten ermitteln. Die so ermittelten Informationen lassen sich dazu nutzen, Vorhersagemodelle zu entwickeln um vorherzusagen, wie sich z.B. bestimmte Markttrends in der Zukunft entwickeln.

Data Mining kann man als Methode beschreiben, die zur Wissensgewinnung aus Data Warehouse-Daten mit minimaler Interaktion der Endbenutzer dient.

Es ist schwierig, eine verlässliche Liste mit Charakteristiken für ein Data Mining-Werkzeug aufzustellen, da es viele verschiedene Ansätze zum Data Mining gibt. Bisher gibt es auch noch keine Standards für Data Mining-Werkzeuge, daher scheint es sinnvoll, die verschiedenen Produkte für Data Mining in Klassen einzuordnen, je nachdem, welche Aufgabe sie z.B. im Marketing- oder im Investmentbereich erfüllen.

Unabhängig von der jeweiligen Art des Data Mining-Programms und vom Einsatzgebiet lassen sich aber vier Arbeitsschritte identifizieren, die jedes Programm durchlaufen muss:

- Vorbereitung der Daten

- Datenanalyse und Klassifizierung

- Wissensgewinnung

- Prognose

Bei der Vorbereitung der Daten werden die für das Data Mining wichtigen Datensätze identifiziert und gegebenenfalls bereinigt. Da aber oft ein Data Warehouse als Basis für Data Mining genutzt wird, kann der Bereinigungsschritt auch entfallen, da die Daten ja im Data Warehouse bereits bereinigt sind.

In der Datenanalyse und Klassifizierungsphase werden die Daten gruppiert und es wird nach Charakteristiken oder Mustern gesucht. Während dieser Phase versucht das Data Mining

- Gruppierungen, Klassifikationen, Datenhäufungen oder Abfolgen

- Abhängigkeiten, Verknüpfungen oder Beziehungen

- Muster, Trends und Abweichungen

zu finden.

Während der Wissensgewinnungsphase werden auf die in der Datenanalyse und Klassifizierungsphase gewonnenen Ergebnisse die richtige Modellierung (unter Umständen in Interaktion mit dem Anwender) angewendet, um so Informationen aus den Daten zu gewinnen. Die beim Data Mining am häufigsten genutzten Algorithmen sind neuronale Netze, Entscheidungsbäume, genetische Algorithmen, Klassifikationen, Regressionsbäume oder Wahrscheinlichkeitsrechnung.

Obwohl viele Data Mining-Werkzeuge die Daten nur bis zur Wissengewinnungsphase bearbeiten, gibt es auch Programme, die darüber hinausgehen und anhand einer Wissensbasis Prognosebrechnungen vornehmen. Solche Prognosen können beispielsweise wie folgt aussehen:

- 80% der Kunden, die einen LCD-Fernsehr gekauft haben, werden in den nächsten sechs Wochen auch noch einen DVD-Recorder kaufen.

- Siebzig Prozent der Kreditkartenkunden, die Ihre Kreditkarte im letzten halben Jahr nicht genutzt haben, werden diese im nächsten halben Jahr kündigen.

Da sich Data Mining-Technologien immer noch in den Kinderschuhen befinden, kann es natürlich auch sein, dass die Ergebnisse von Data Mining-Programmen nicht unbedingt mit der Realität übereinstimmen oder dass vermeintliche Beziehungen erkannt werden, die nicht existieren. Daher ist es sehr ratsam, die Ergebnisse des Data Minings mit dem gesunden Menschenverstand zu überprüfen.

Data Mining ist eines der nächsten großen Themen in der Entwicklung von Datenbanksystemen, da es die bisherigen Grenzen des Machbaren weiter verschiebt. Datenbanken werden nicht mehr nur zur Speicherung der Daten verwendet – Data Mining trägt zur aktiven Wissensgewinnung auf Basis dieser Daten bei.

11.7 Zusammenfassung

Um in der modernen Geschäftswelt bestehen zu können benötigt man Systeme, die dabei helfen, Entscheidungen in komplexen Umgebungen zu fällen. Diese Systeme nennt man DS-Systeme. Nach den Anfängen der DS-Systeme hat sich herausgestellt, dass ein Data Warehouse die beste Datenbasis für ein DS-System darstellt. Bei einem Data Warehouse handelt es sich um ein System, das Daten aus dem operativen System kopiert und diese mittels eines ETL-Prozesses in die Data Warehouse-Datenbank überführt. Der ETL-Prozess (Extraction-Transformation-Loading) bereinigt und transformiert die Daten so, dass sie im Data Warehouse zur Datenanalyse verwendet werden können. Daten im Data Warehouse unterscheiden sich von operativen Daten dadurch, dass sie im Gegensatz zu den operativen Daten für die Analyse aufbereitet sind.

Ein typisches Merkmal der Data Warehouse-Daten ist ihre Multidimensionalität. Zur Analyse mutlidimensionaler Daten gibt es so genannte OLAP-Systeme (Online Analytical Processing), die je nach ihrer Ausführungsart entweder als ROLAP (basierend auf einer relationalen Datenbank) oder MOLAP (basierend auf einer multidimensionalen Datenbank) bezeichnet werden. ROLAP-Systeme sind sehr verbreitet, da sie auf den relationalen Datenbankmanagementsystemen aufbauen.

Um eine multidimensionale Datenbank auf einer relationalen Basis zu implementieren, ist das Sternschema entworfen worden, das sich aus Fakten, Dimensionen, Attributen und Attributhierarchien zusammensetzt.

Um den Mensch bei der Suche nach Informationen im Datenwust eines Data Warehouses zu unterstützen, gibt es Data Mining. Beim Data Mining werden die Daten automatisch nach Zusammenhängen, Trends oder Abweichungen untersucht.

11.8 Aufgaben

11.8.1 Wiederholung

1. Was ist ein DS-System und zu welchem Zweck dient es?

2. Wie arbeiten die Komponenten eines Data Warehouses zusammen?

3. Was ist ein ETL-Prozess und welchen Zweck hat er?

4. Was ist ein Data Warehouse und was sind die Hauptcharakteristiken eines Data Warehouses?

5. Was ist OLAP? Welche Arten von OLAP kennen Sie und wie unterscheiden sich diese voneinander?

6. Was versteht man unter Data Mining?

7. Was ist ein Sternschema? Wozu wird es benötigt?

8. Aus welchen Bestandteilen besteht ein Sternschema?

9. Wie kann man Sternschemata beschleunigen?

10. Was versteht man unter Drill-Down, was unter Roll-Up und was unter Slice-and-Dice?

Kapitel 12

LINQ

Auch das Thema Datenbanken ist, wie jedes andere Thema der Informatik, einer stetigen Weiterentwicklung und Veränderung unterworfen. Während die eigentliche relationale Theorie und die darauf aufbauenden Datenbanken in den letzten Jahrzehnten sich eher evolutionär entwickelt und stabilisiert haben, gibt es in einigen Randbereichen durchaus die ein oder andere kleine Revolution. Eine dieser Revolutionen möchte ich in diesem Kapitel darstellen.

Normalerweise beschäftigt sich dieses Buch mit dem Thema Datenbanken herstellerunabhängig. In diesem Kapitel soll es aber um LINQ gehen, eine Erweiterung des .NET-Frameworks und der .NET-Programmiersprachen von Microsoft. Natürlich ist es im Rahmen eines Kapitels in einem Datenbankbuch nicht möglich, LINQ in aller epischer Tiefe und Breite darzustellen. Daher habe ich mich an dieser Stelle darauf beschränkt, die Grundlagen von LINQ zu erklären und die Teile von LINQ darzustellen, die direkt mit dem Thema Datenbanken in Zusammenhang stehen. Möchten Sie in das Thema tiefer einsteigen, so kann ich Ihnen empfehlen, sich eines der zahlreichen Fachbücher zu besorgen, die sich ausschließlich mit diesem Thema beschäftigen. Dieses Kapitel setzt voraus, dass Sie sich mit der Programmiersprache C# einigermaßen auskennen.

12.1 Unverträglichkeit zwischen Relationen und Objekten

Wenn man sich damit beschäftigt, wie Datenbankanwendungen entwickelt werden, wird man früher oder später auf den Begriff des *Impedance Mismatch* (auf Deutsch in etwa Unverträglichkeit) stoßen. Während Daten üblicherweise in relationalen Datenbanken gespeichert werden, werden Anwendungen, die auf diese Datenbanken zugreifen, in objektorientierten Programmiersprachen wie beispielsweise C# geschrieben.

In diesem Zusammenhang passt der Ausspruch »Zwei Welten prallen aufeinander« so gut wie kaum in einem anderen Zusammenhang. Während sich die der Datenbankseite hauptsächlich mit relationaler Algebra beschreiben, hat man es auf der Seite der Programmiersprache mit Objekten zu tun. Der Zugriff auf die in einer relationalen Datenbank gespeicherten Daten geschieht mit SQL über eine deskriptive Programmiersprache, das heißt, ich beschreibe, wie mein gewünschtes Ergebnis aussehen soll, wohingegen eine objektorientierte Programmiersprache prozedural ist, das heißt, hier werden die einzelnen Schritte programmiert, die dann das gewünschte Ergebnis liefern.

Sie sehen, dass diese beiden Systeme offensichtlich sehr unterschiedlich sind. Neben den unterschiedlichen Denkansätzen ist es oft zusätzlich so, dass die Datentypen, die in relationalen Datenbanken verwendet werden, nicht unbedingt mit den Datentypen einer relationalen Programmiersprache übereinstimmen.

Relationale Systeme beschreiben eine Form der Informationsspeicherung und -rückgewinnung, die auf Prädikatenlogik und Wahrheitsaussagen basiert. Vereinfacht ausgedrückt ist jede Zeile einer Tabelle eine Abbildung eines Faktums der Wirklichkeit. SQL wird nun dazu verwendet, um mit Hilfe der Prädikatenlogik Folgerungen aus den Daten abzuleiten. Das relationale Modell wird durch Relationen, Attribute, Tupel und Beziehungen definiert.

Objekte werden üblicherweise durch die vier Basiskomponenten *Identität, Zustand, Verhalten* und *Kapselung* definiert. Unter Identität versteht man, dass jedes Objekt eine eindeutige Identität besitzt. Im Gegensatz zur relationalen Sichtweise sind zwei Objekte, die dieselben Attributwerte (bzw. Eigenschaftswerte) besitzen, nicht gleich. Der Zustand eines Objektes wird durch die Gesamtheit der Werte der Objekteigenschaften definiert. Identität und Äquivalenz stimmen bei Objekten also im Gegensatz zum relationalen Modell nicht überein. Das Verhalten von Objekten ist recht einfach zu verstehen. Im Gegensatz zu rein statischen Datenstrukturen besitzen Objekte neben dem Speicherplatz für Daten auch Code, über den die Daten des Objektes, also der Zustand, manipuliert werden können. Die Kapselung des Objektes sorgt schließlich dafür, dass die internen Strukturen und Daten des Objektes nicht von außen direkt manipuliert werden können.

Wegen der großen Unterschiede zwischen der relationalen Welt auf der einen Seite und der objektorientierten Welt auf der anderen Seite muss eine Möglichkeit geschaffen werden, die Daten aus der einen in die andere Darstellungsform und wieder zurück zu transformieren.

12.1.1 Das Problem, Objekte auf Tabellen abzubilden

Das augenscheinlichste Problem, das man bekommt, wenn man Objekte als Zugriff auf eine relationale Datenbank verwendet, ist, wie die Klassen im objektorientierten Modell auf die Tabellen des relationalen Modells abgebildet werden sollen.

Auf den ersten Blick sieht das noch ziemlich einfach aus: Tabellen werden auf Typen abgebildet und Spalten auf Eigenschaften. Auch wenn man Spalten direkt auf Objekteigenschaften abbildet, ergibt sich hier schon das erste Problem. Die Datentypen der Programmiersprache und die Datentypen der Datenbank stimmen nicht überein, das heißt, es muss eine Regel geben, nach der Varchar-Felder der Datenbank auf Strings in der Programmiersprache abgebildet werden usw.

Auf diese Art kann man sehr einfach Tabellen in Objekte transformieren. Der Ansatz wird aber der objektorientierten Programmiersprache keinesfalls gerecht. Die Möglichkeiten der objektorientierten Programmierung können nicht in die

Welt der relationalen Datenbanken übertragen werden. So gibt es beispielsweise in relationalen Datenbanken keine Möglichkeit, Vererbung zu verwenden. Des Weiteren wird von relationalen Datenbanken kein Polymorphismus oder die Beziehung Ist-vom-Typ unterstützt. Es gibt hier drei Ansätze, wie man Vererbung in der relationalen Welt abbilden kann:

■ **Eine Tabelle pro Klasse**

Der Ansatz, eine Tabelle pro Klasse zu verwenden, ist der am leichtesten zu verstehende Ansatz. Dieser Ansatz versucht, die Unterschiede zwischen relationaler und objektorientierter Welt zu minimieren. Jede Klasse in der Vererbungshierarchie wird auf eine eigene Tabelle abgebildet. Objekte und abgeleitete Typen werden über Joins im relationalen Modell wieder zusammengeführt. Gibt es in der Objekthierarchie beispielsweise die Basisklasse `Person`, von der die Klasse `Berater` und von dieser wieder die Klasse `IT-Berater` abgeleitet sind, so werden im relationalen Modell drei Tabellen benötigt, nämlich `PERSON`, `BERATER` und `ITBERATER`. Jede dieser Tabellen enthält die Felder, die den Eigenschaften der entsprechenden Klasse entsprechen. Um diese Tabellen zusammenzuführen, benötigt jede Tabelle einen künstlichen Primärschlüssel, der nur innerhalb des Datenmodells Bedeutung erhält und nicht in das objektorientierte Modell übernommen wird. So kann ein Datensatz in einer Tabelle, die einer abgeleiteten Klasse entspricht, einen Fremdschlüssel auf den verknüpften Datensatz der entsprechenden Tabelle der Elternklasse haben.

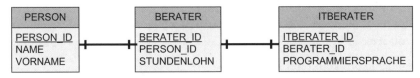

Abb. 12.1: Eine Tabelle pro Klasse

In Abbildung 12.1 ist das relationale Datenmodell für unser Beispiel zu sehen. Die Basisklasse der Hierarchie wird auf die Tabelle `PERSON` abgebildet. Diese Tabelle enthält die beiden Felder `NAME` und `VORNAME`. Die von der Klasse `Person` abgeleitete Klasse `BERATER` bezieht sich mit dem Fremdschlüssel `PERSON_ID` auf einen Datensatz der Tabelle `PERSON` und fügt das Feld `STUNDENLOHN` hinzu. Beachten Sie, dass die Beziehungen in diesem Datenmodell 1:1-Beziehungen sind. Auf dieselbe Weise wird die Klasse `IT-Berater` über die Tabelle `ITBERATER` abgebildet. Auch hier gibt es wieder eine 1:1-Beziehung zur Tabelle der Elternklasse, also zur Tabelle `BERATER`.

Um nun beispielsweise ein Objekt der Klasse `IT-Berater` aus der Datenbank zu füllen, müssen die Werte für die Eigenschaften über einen Join über alle drei Tabellen zusammengetragen werden, das heißt, die Eigenschaftswerte für die Klasse `IT-Berater` sind über die drei Tabellen im relationalen Datenmodell verteilt. In unserem Beispiel würde man den folgenden SQL-Befehl verwenden.

um den IT-Berater zu ermitteln, der der Person mit dem Primärschlüssel 25 entspricht:

```
SELECT
    PERSON.NAME,
    PERSON.VORNAME,
    BERATER.STUNDENLOHN,
    ITBERATER.PROGRAMMIERSPRACHE
FROM
    PERSON,
    BERATER,
    ITBERATER
WHERE
    BERATER.PERSON_ID = PERSON.PERSON_ID AND
    ITBERATER.BERATER_ID = BERATER.BERATER_ID AND
    PERSON_ID = 25;
```

Das bedeutet, dass, wenn wir die Eigenschaften für ein bestimmtes Objekt aus der Datenbank abfragen möchten, wir einen SQL-Befehl mit mindestens zwei Joins schreiben müssen, um alle Eigenschaftswerte aus der Datenbank auszulesen.

Die Anzahl der Joins steigt natürlich mit der Tiefe der Objekthierarchie. Das ist einer der Hauptnachteile dieser Vorgehensweise, da Joins zu den »teuersten« Datenbankoperationen zählen und somit keine hohe Performance erreicht werden kann. Daher verwenden Entwickler üblicherweise einen der beiden anderen Ansätze.

- **Eine Tabelle pro konkreter Klasse**

Bei der Methode, eine Tabelle pro konkreter Klasse zu verwenden, geht man so vor, dass die kompletten Eigenschaften einer Klasse (also auch die von der Elternklasse geerbten Eigenschaften) in einer einzigen Tabelle gespeichert werden. Hierbei werden die Daten natürlich nicht optimal gespeichert, da aber auf Joins verzichtet werden kann, ist diese Methode wesentlich performanter.

Abb. 12.2: Eine Tabelle pro konkreter Klasse

Möchte man in diesem Modell den IT-Berater mit der ID 25 abfragen, reduziert sich der SQL-Befehl auf eine einfache SQL-Abfrage ohne Joins:

■ **Eine Tabelle pro Klassenhierarchie**

```
SELECT
    NAME,
    VORNAME,
    STUNDENLOHN
    PROGRAMMIERSPRACHE
FROM
    ITBERATER
WHERE
    ITBERATER_ID = 25;
```

Es ist natürlich auch möglich, eine einzige Tabelle für die gesamte Klassenhierarchie zu erstellen und dann über ein zusätzliches Feld festzulegen, zu welcher Klasse ein bestimmter Datensatz gehört. Die hierfür benötigte Tabelle muss alle in der Klassenhierarchie enthaltenen Eigenschaften als Felder enthalten, was dazu führen kann, dass viele Felder leer sind.

PERSON
PERSON_ID
NAME
VORNAME
STUNDENLOHN
PROGRAMMIERSPRACHE
KLASSE

Abb. 12.3: Eine Tabelle pro Klassenhierarchie

Möchte man in dieser Tabelle nun einen Datensatz für ein Objekt der Klasse Person abspeichern, so sind die Felder STUNDENLOHN und PROGRAMMIERSPRACHE leer.

Auch hier kann die Tabelle wieder mit einem einfachen Select-Befehl abgefragt werden:

```
SELECT
    NAME,
    VORNAME,
    STUNDENLOHN
    PROGRAMMIERSPRACHE
FROM
    PERSON
WHERE
    PERSON_ID = 25;
```

Bei der Abbildung der Vererbung des objektorientierten Modells ist aber bei den Problemen, die man bei der Verbindung der beiden Welten hat, noch lange nicht Schluss. So werden Beziehungen beispielsweise in der relationalen und der objektorientierten Welt komplett unterschiedlich dargestellt. In der objektorientierten Welt geht eine Beziehung stets von der Elternklasse zur Kindklasse aus (durch die Vererbung). Die Kindklasse besitzt üblicherweise intern keinen Hinweis darüber, dass sie von einer Elternklasse abgeleitet wurde, wohingegen im relationalen Modell die Beziehung stets vom untergeordneten Element (also dem Detail-Datensatz) zum übergeordneten Element (dem Masterdatensatz) über einen Fremdschlüssel hergestellt wird. Aus dieser Tatsache entspringt auch die Notwendigkeit, dass man eine zusätzliche Tabelle zur Abbildung einer M:N-Beziehung benötigt.

12.1.2 Wem gehört das Schema?

Die Diskussion, wie Vererbung in ein relationales Datenmodell umgesetzt werden sollte, enthält einen weiteren wichtigen Punkt, der beachtet werden muss. Während die meisten objektrelationalen Mapping-Tools davon ausgehen, dass das Datenbankschema etwas ist, was die Speicherung der Objektdaten unterstützen soll und somit beliebig verändert werden kann, sieht die Realität doch oft ganz anders aus. Meist ist es so, dass das Schema der relationalen Datenbank nicht unter der direkten Kontrolle des Anwendungsentwicklers steht, sondern etwas ist, das dem Anwendungsentwickler vorgegeben wird und auf Basis dessen er seine Anwendung schreiben muss. Üblicherweise obliegt die Kontrolle des Datenbankschemas den Datenbank-Administratoren im Unternehmen. Mit diesen muss dann geklärt werden, wann Änderungen am Datenbankschema überhaupt zulässig sind. Besonders schwierig wird die ganze Situation dann, wenn mehrere Anwendungsprogramme auf dieselbe Datenbasis zugreifen müssen. In einem solchen Fall sind Änderungen des Datenbankschemas meist von vornherein ausgeschlossen.

Wird ein neues Programm erstellt, das auf einer neuen Datenbasis aufbauen soll, so beginnen die Anwendungsentwickler meist mit einer leeren Datenbank, die sie nach ihren Vorstellungen (und so wie es ihrem Anwendungsprogramm am besten dient) entwerfen. Sobald das Projekt aber in Betrieb geht, wird klar, dass der Besitz des Entwicklers am Schema (wenn überhaupt) nur von kurzer Dauer war. Unterschiedliche Abteilungen möchten jetzt Berichte gegen die Datenbank laufen lassen und die Datenbank-Administratoren sind für die Leistung der Datenbank verantwortlich. Die Leistung der Datenbank kann durch Schemaänderungen verbessert werden. Daher wird in dieser Phase oft ein Redesign der Datenbank (und damit auch der Anwendung) von den Datenbank-Administratoren hinsichtlich Leistungsverbesserungen gefordert. Da aber inzwischen schon mit der Datenbank gearbeitet wird, muss das Schema eingefroren werden und kann somit nicht mehr für ein Redesign des Objektmodells geändert werden.

Diese Probleme sind natürlich nicht so sehr technischer wie vielmehr politischer Natur.

Außerdem erzeugt ein Datenmodell, das durch die Abbildung von Klassen auf Tabellen wie oben beschrieben entstanden ist, ein Problem bei der Entwicklung von Berichten, da übliche Berichtsgeneratoren eher auf ein relationales Datenmodell, das durch ER-Modellierung entstanden ist, abgestimmt sind.

12.1.3 Das Doppel-Schema-Problem

Ein weiteres Problem bei der Abbildung von Klassen auf relationale Datenbanken wird dadurch verursacht, dass Metadaten an zwei verschiedenen Orten verwaltet werden müssen. Zum einen im Schema der relationalen Datenbank, zum anderen im Objektmodell selbst. Auch hier kann man von einem Datenschema reden, das aber im Gegensatz zur relationalen Datenbank nicht durch DDL, sondern durch C# oder Java ausgedrückt wird.

Wird ein Schema aktualisiert oder verändert, müssen die entsprechenden Aktualisierungen oder Veränderungen auch am anderen Schema durchgeführt werden.

Wird das Schema der Datenbank verändert, so ist das der einfachere von beiden Fällen, da diese Schemaänderungen lediglich im Objektmodell nachgepflegt werden müssen. Wird jedoch das Objektmodell verändert, ist es oft schwieriger, die Änderungen am Datenmodell der relationalen Datenbank durchzuführen, da die in der Datenbank vorhandenen Daten unter Umständen in das neue relationale Schema migriert werden müssen. Änderungen am Quellcode der objektorientierten Anwendung erfordern dies nicht.

Oft sind Änderungen am Datenbankschema auch deswegen schwierig, da Datenbanken nicht nur von einer einzigen Anwendung, sondern von vielen Anwendungen verwendet werden. Wird nun das Datenbankschema verändert, so müssen alle Anwendungen, die auf der Datenbank basieren, angepasst werden. Daher stehen viele Entwickler vor der Aufgabe, ihre Anwendung vom Datenmodell der Datenbank zu entkoppeln, so dass Änderungen am Code nicht Änderungen in der Datenbank erfordern. Teilweise führt das dazu, dass eigene, private Datenbanken für die jeweiligen Anwendungen erstellt werden, die die Daten dann mit der eigentlichen Datenbank austauschen. Dadurch entstehen zusätzliche Dateninseln, die man ja eigentlich vermeiden will.

12.1.4 Identitätsprobleme bei Entitäten

Ein weiteres Problem betrifft die Identität von Objekten und Relationen. Objekte besitzen eine implizite Identität, die ihnen durch ihren Speicherplatz im Hauptspeicher des Rechners verliehen wird. Üblicherweise wird ein solches Objekt durch einen Zeiger bzw. eine Objektvariable identifiziert, die manchmal auch als *OID* (Objekt-ID) bezeichnet wird. Im relationalen Modell wird die Identität von Datensätzen durch den Inhalt des Datensatzes bestimmt. Ein Datensatz ist dann mit einem anderen Datensatz identisch, wenn beide Datensätze dieselben Feldwerte für alle Felder besitzen. Gibt es zwei identische Datensätze innerhalb einer Tabelle in einer relationalen Datenbank, wird dies gemeinhin als Fehler gewertet, da dieselben Daten redundant abgelegt sind. Natürlich kann ein relationales System auch doppelte Datensätze zulassen, in den allermeisten Fällen ist dies aber durch das relationale Datenmodell verboten, beispielsweise durch die Eindeutigkeitsanforderung an Primärschlüsselwerte. Sind doppelte Datensätze im relationalen Modell zugelassen, gibt es keinen Weg zu bestimmen, welcher Datensatz bei einer Datenabfrage zurückgeliefert wird, da jeder Datensatz nur mit Hilfe seiner Attribute identifiziert werden kann. Diese Einschränkung gilt für Objekte nicht, da zwei Objekte, die dieselben Eigenschaftswerte enthalten können, sich an zwei unterschiedlichen Positionen im Speicher befinden können und somit anhand ihrer Speicheradressen eindeutig identifiziert werden können. Daher gibt es in C# oder Java die Unterscheidung zwischen identisch (==) und gleich (.equals()).

Die Lösung für das Identitätsproblem ist recht einfach. Man muss sich in beiden Welten auf ein gemeinsames Identitätskriterium festlegen. Üblicherweise wird das Identitätskriterium vom relationalen System über Primärschlüsselfelder vorgegeben.

Auch die Behandlung der Identität zwischen der objektorientierten und der relationalen Welt ist sehr unterschiedlich. Greifen zwei Benutzersitzungen auf denselben Datensatz innerhalb einer relationalen Datenbank zu, so tritt das Transaktionssystem der Datenbank in Aktion und sorgt dafür, dass die Datenbank immer in einem konsistenten Status bleibt.

Arbeitet man jedoch mit Objekten, so werden die Daten aus der Datenbank geladen und aus der relationalen Welt in die objektorientierte Welt transferiert, was dazu führt, dass es die Daten nun an zwei unterschiedlichen Stellen, einmal in der Datenbank und einmal im Hauptspeicher des Rechners, auf dem die objektorientierte Anwendung läuft, gibt. Die Repräsentation der Daten im Speicher unterliegt keiner konsistenten Transaktionsverwaltung außer denen, die die Entwicklungssprachen selbst mitbringen. Diese Transaktionsverwaltungsmechanismen müssen von Entwicklern aber nicht verwendet werden. Die Verwaltung von Isolation und gleichzeitigem Zugriff ist in objektorientierten Systemen recht aufwändig.

Was die Situation noch verschärft, ist die Tatsache, dass auf dem Client, auf dem das objektorientierte Anwendungsprogramm ausgeführt wird, oft auch noch Daten aus der Datenbank aus Performance-Gründen gecacht werden. Ist der Cache kein Write-through-Cache, das heißt, dass nicht alle Änderungen sofort an die Datenbank übermittelt werden, kann dies zu schwerwiegenden Konsistenzproblemen führen. So kann es passieren, dass die Anwendung davon ausgeht, dass die Daten in die Datenbank geschrieben wurden, obwohl sie eigentlich zunächst nur in den Cache geschrieben wurden. Greift die Anwendung nun mit mehreren Prozessen parallel auf die Datenbank zu, kann es sein, dass die Daten, die von einem Prozess geschrieben wurden, von einem anderen Prozess aus der Datenbank nicht ausgelesen werden können, da sie dort noch nicht angekommen sind, sondern noch im Cache des ersten Prozesses liegen. In diesem Fall sind die Daten sogar noch stärker redundant verteilt. Es gibt die Daten n+1 Mal, wobei n die Anzahl der Prozesse ist, mit der die Anwendung auf die Datenbank zugreift.

12.1.5 Rückgewinnung der Daten

Nachdem die Entität nun in der relationalen Datenbank gespeichert wurde, stehen wir vor dem Problem, wie genau sollen wir die Entität wieder aus der Datenbank auslesen?

In einem reinen objektorientierten Ansatz würde man alle objektorientierten Techniken ausnutzen und die Daten innerhalb des Konstruktors eines Objektes aus der relationalen Datenbank auslesen, indem man dem Konstruktor die Identität (üblicherweise den Primärschlüssel des Datensatzes) übergeben würde. Dieser Ansatz ist leider für die Praxis nicht flexibel genug, da es sehr oft vorkommt, dass man nicht nur einen einzelnen Datensatz, sondern eine Datenmenge von der Datenbank abfragt. Man hätte natürlich die Möglichkeit, jeden einzelnen Datensatz in einer eigenen Abfrage vom Server abzufragen, das ist aber viel zu verschwenderisch und wird daher üblicherweise nicht empfohlen. Die drei in der Praxis verwendeten Ansätze sind Abfrage durch Beispiel (Query By Example; QBE), Abfrage durch API (Query By API; QBA) und Abfrage durch Sprache (Query By Language; QBL).

■ **Abfrage durch Beispiel**

Der Ansatz Abfrage durch Beispiel geht so vor, dass man eine Objektvorlage mit den Werten, nach denen man sucht, vorbelegt und diese Vorbelegung dann als Teil des Filterprozesses verwendet. Sucht man beispielsweise in den Relationen/Objekten nach Personen mit dem Nachnamen Schmidt, würde man die Abfrage folgendermaßen einrichten.

```
Person _p = new Person();
_p.Nachname = "Schmidt";
ObjectCollection _oc = QueryExecutor.Execute(_p);
```

Die Probleme, die sich bei der Verwendung des Ansatzes Abfrage durch Beispiel ergeben, sind offensichtlich. Während dieser Abfragestil bei einfachen Abfragen noch funktioniert, wird es bei komplexen Abfragen recht schwierig. So ist es mit diesem Ansatz nicht möglich, Abfragen zu definieren, die alle Personen mit dem Nachnamen Schmidt und Müller zurückliefern, oder Abfragen zu schreiben, die alle Personen zurückliefern, die nicht Schmidt heißen. Natürlich kann man den Ansatz Abfrage durch Beispiel so erweitern, dass diese Abfragen möglich werden, was aber die Programmierung insgesamt erschwert und verkompliziert.

■ **Abfrage durch API**

Als Folge aus den Problemen bei der Abfrage durch Beispiel ist der Ansatz der Abfrage durch API entstanden. Hier werden Abfragen durch Abfrageobjekte erstellt. Das kann dann wie folgt aussehen:

```
Query _q = new Query();
_q.From("Person").Where (
```

```
    new EqualsCriteria ("PERSON.NACHNAME", "Schmidt"));
ObjectCollection _oc = QueryExecutor.execute(q);
```

In diesem Fall basiert die Abfrage nicht auf einer leeren Objektvorlage, sondern aus verschiedenen Abfrageobjekten, die dazu dienen, ein Befehlsobjekt zu erstellen, das gegen die Datenbank ausgeführt wird. Mehrere Kriterien können durch binomische Verknüpfungen, üblicherweise AND und OR, abgebildet werden. Zusätzliche Manipulationen können über angehängte Aufrufe wie OrderBy oder GroupBy erzielt werden. In manchen Fallen sind diese Methodenaufrufe eigene Objekte, die vom Programmierer erstellt und verknüpft wurden.

Es fällt auf, dass dieser Ansatz viel wortreicher als übliches SQL ist. Bestimmte Abfragearten (zum Beispiel Outer Joins) können nur sehr schwer, wenn überhaupt, im Ansatz Abfrage durch API abgebildet werden.

Des Weiteren gibt es ein zusätzliches Problem. Sowohl der Name der Tabelle als auch der Name des Kriteriums (in unserem Fall PERSON.NACHNAME) werden durch Strings repräsentiert und so, wie sie sind, an die Datenbank weitergereicht. Eine Gültigkeitsprüfung kann somit erst zur Laufzeit erfolgen und Flüchtigkeitsfehler (PRESON statt PERSON) fallen erst dann auf, wenn die Datenbank einen Fehler meldet.

Des Weiteren fließt die logische Struktur der Datenspeicherung auf der Datenbankseite sehr stark in den Code des Entwicklers ein, was dazu führt, dass die Anwendung sehr verwundbar gegenüber Schemaänderungen auf der Datenbankseite ist. Daher wird ab und zu auch ein hybrider Ansatz zwischen Abfrage durch Beispiel und Abfrage durch API verwendet, der wie folgt aussehen kann:

```
Query _q = new Query();
Field _nachnameFeldVonPerson = Person.Class.GetDeclaredField("NACH-
NAME");
_q.From(Person.Class).Where(new EqualsCrite-
ria(_nachnameFeldVonPerson, "Schmidt"));
ObjectCollection _oc = QueryExecutor.execute(q);
```

Dieser Ansatz löst einige der Probleme der Schema-Abhängigkeit und der Flüchtigkeitsfehler, aber es wird immer noch sehr viel geschrieben und außerdem bestehen die Probleme bei komplexeren Abfragen (beispielsweise Joins) immer noch. Daraus resultiert der Ansatz Abfrage durch Sprache.

■ **Abfrage durch Sprache**

Beim Ansatz Abfrage durch Sprache wird eine neue »Programmiersprache« innerhalb der eigentlichen Programmiersprache eingeführt. Diese neue Programmiersprache weist große Ähnlichkeiten zu SQL auf und unterstützt die komplexen und mächtigen Abfragen, die SQL auch unterstützt. LINQ ist ein Beispiel für eine solche Sprache. Entwickler müssen nun nicht mehr das Schema der relationalen Datenbank kennen, die Abbildung der Objekte auf die

Relationen wird vom Interpreter/Executor der Abfragesprache übernommen. Daher wird es möglich, Abfragen wie die folgende zu schreiben:

```
SELECT Person _p1, Person _p2
FROM PERSON
WHERE p1.Verlobt() == null
  AND p2.Verlobt() == null
  AND p1.AkzeptablerVerlobter(p2)
  AND p2.AkzeptablerVerlobter(p1);
```

Anders ausgedrückt bedeutet dieser Codeblock: Gehe durch die Datenbank, suche alle Personen heraus, die nicht verlobt sind, und überprüfe anhand der Methode AkzeptablerVerlobter, ob die jeweiligen Personen auf Grund ihrer gegenseitigen Kriterien für eine Verlobung passen.

12.2 Die Architektur von LINQ

Wenn man sich die ausgeschriebene Bezeichnung von LINQ, Language Integrated Query (das heißt so viel wie *in die Sprache integrierte Abfragen*), ansieht, so mag die erste Reaktion Unverständnis sein. Bisher hat man doch auch Abfragen an Datenquellen in die Sprache integriert. Es gab SQL-Abfragen, die in Strings definiert wurden und dann an eine Datenbank zur weiteren Auswertung geschickt wurden. Auch hier wurden Abfragen in die (Haupt-)Programmiersprache integriert. Wo soll denn da jetzt die bahnbrechende Neuerung sein?

Sehen wir uns hierzu einmal das folgende Beispiel einer typischen Datenbankabfrage auf dem traditionellen Weg an:

```
SqlConnection _c = new SqlConnection(…);
_c.Open();
SqlCommand _cmd = new SqlCommand(
                  @"SELECT K.Name, K.Telefon
                    FROM KUNDE K
                    WHERE K.Stadt = @p0"
                  );
cmd.Parameters.AddWithValue("@po", "Essen");
DataReader _dr = c.Execute(_cmd);
while (_dr.Read()) {
      string name = _dr.GetString(0);
      string telefon = _dr.GetString(1);
      DateTime datum = _dr.GetDateTime(2);
      }
_dr.Close();
```

Zunächst wird über ein Objekt der Klasse `SqlConnection` eine Verbindung zur Datenbank hergestellt. Danach wird ein Objekt der Klasse `SqlCommand` erzeugt, um einen Befehl an die Datenbank senden zu können. Dieser Befehl, in unserem Beispiel eine SELECT-Abfrage, wird dann als String an die Datenbank übergeben. Da der SQL-Befehl über den Parameter @p0 parametrisiert ist, muss noch der Parameterwert übergeben werden. Der SQL-Befehl kann nun ausgeführt werden. Das Ergebnis wird von einem `DataReader`-Objekt zurückgeliefert. Die einzelnen Attribute des Datensatzes werden in Strings umgewandelt und können dann im Programmcode weiterverarbeitet werden.

Alles in allem stellt dieser Ansatz keine echte Integration der Abfrage in die umgebende Programmiersprache dar. Der Abfragebefehl ist in einen String eingebettet, den die Entwicklungsumgebung zur Compilierungszeit nicht auswerten kann. Ob der SQL-Befehl syntaktisch korrekt ist oder ob es Tippfehler gibt, kann erst zur Laufzeit der Anwendung bestimmt werden. Das ist natürlich ein recht unbefriedigender Zustand. Des Weiteren gibt es bei der Erstellung der SQL-Befehle keine Unterstützung, das heißt, Intellisense (die automatische Vervollständigung der Programmier-Befehle) funktioniert hier auch nicht. An dieser Stelle kommt LINQ ins Spiel.

Die LINQ-Abfrage, die dieselbe Datenmenge wie die oben vorgestellte herkömmliche Abfrage durchführt, sieht wie folgt aus:

```
public class Kunde
{
    public int Id;
    public string Name;
    public string Telefonnummer;

    ...
}
Table<Kunde> _kunden = db.Kunden;

var Kontakte =
    from k in _kunden
    where k.Stadt == "Essen"
    select new { k.Name, k.Telefonnummer };
```

Sie sehen, dass dieser Code wesentlich einfacher zu lesen ist als der herkömmliche Code, der oben dargestellt ist, und dass die Abfrage wirklich (und nicht nur als String) in die Sprache integriert ist. Das bietet dem Compiler die Möglichkeit, die Abfrage schon während der Compilierungszeit zu analysieren und zu überprüfen.

LINQ ist eine neue Spracherweiterung, die in Visual Studio 2008 eingeführt wurde und die die Abfragemöglichkeiten von C# und Visual Basic stark erweitert. In Visual Studio 2008 sind LINQ Provider Assemblies enthalten, die die Verwendung von LINQ mit verschiedenen Datenquellen ermöglichen. So können Sie mit diesen

Providern beispielsweise auf Daten in XML-Dateien, in Objekten und, ganz wichtig für uns, in Datenbanken zugreifen.

Die Spracherweiterungen, die LINQ ermöglichen (siehe unten), verwenden die neue Standard Query Operators API, über die man beliebige Collections abfragen kann, solange sie die Schnittstelle `IEnumerable<T>` implementieren. Das bedeutet, dass man beispielsweise auch Arrays über LINQ abfragen kann.

In Abbildung 12.4 sehen Sie ein Diagramm, das den Aufbau von LINQ verdeutlicht.

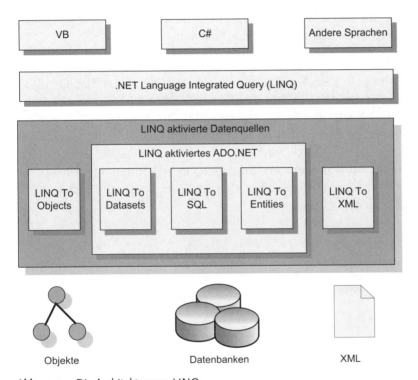

Abb. 12.4: Die Architektur von LINQ

Über die .NET-Programmiersprachen kann man über LINQ, das als Bibliothek bzw. Namespace in eigene Anwendungen eingebunden wird, auf die so genannten LINQ-aktivierten Datenquellen zugreifen. Unter dem Begriff *LINQ-aktivierte Datenquellen* versteht man Datenquellen, für die es einen LINQ-Provider gibt. Die verschiedenen Arten von LINQ-Zugriffen werden auch als »Flavours« bezeichnet. In Abbildung 12.4 sind die folgenden LINQ-Flavours dargestellt:

- **LINQ to Objects**

  LINQ to Objects bezieht sich auf den Zugriff von LINQ auf Strukturen im Hauptspeicher des Rechners, die in der Regel als Objekte abgebildet werden. Man kann auf jeden Typ zugreifen, der das Interface `IEnumerable <T>` implementiert. Sie haben so die Möglichkeit, Objekte im Speicher ähnlich wie Daten in SQL abfragen zu können, das heißt, Sie könnten sich beispielsweise alle Fenster aus einer Fenstercollection zurückliefern lassen, deren Fenstertitel mit dem Buchstaben A beginnt.

- **LINQ to Datasets**

  Über LINQ to Datasets kann man die Daten, die in Dataset-Objekten zwischengespeichert werden, einfacher abfragen. Ein Dataset-Objekt cachet Daten aus der Datenbank auf dem Client-Computer, wo sie angezeigt und bearbeitet werden können. Ein Dataset ist in der Regel nicht mit der Datenquelle verbunden und kann auch Daten aus verschiedenen Datenquellen enthalten.

- **LINQ to SQL**

  Über LINQ to SQL kann man auf relationale Daten in einer Datenbank als Objekte zugreifen. LINQ to SQL ist Teil der ADO.NET-Technologiefamilie. LINQ to SQL übersetzt die Abfragen, die über LINQ an Objekte gestellt werden, in SQL und sendet diese Abfragen an eine Datenbank. Liefert die Datenbank eine Datenmenge zurück, so wird diese wiederum in Objekte umgewandelt, mit denen man im Code arbeiten kann. LINQ to SQL unterstützt auch in der Datenbank gespeicherte Prozeduren (Stored Procedures) und benutzerdefinierte Funktionen.

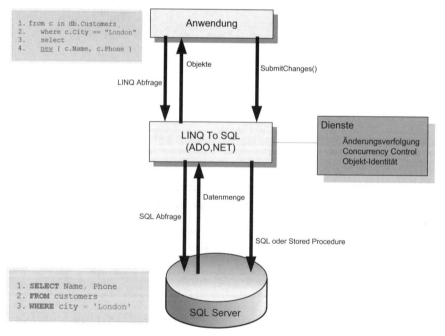

Abb. 12.5: LINQ to SQL

■ **LINQ to Entities**

Das Entity-Datenmodell beschreibt ein konzeptionelles Modell, das dazu verwendet wird, die Daten so zu modellieren, dass Anwendungen mit diesen Daten als Entitäten oder Objekte interagieren können. Mit Hilfe des Entity-Datenmodells kann ADO.NET Entitäten als Objekte zur Verfügung stellen.

■ **LINQ to XML**

LINQ to XML stellt die Möglichkeiten des Document-Object-Modells (DOM) von XML zur Verfügung. Mit Hilfe von LINQ to XML kann man XML-Dokumente abfragen, verändern, durchsuchen und die Änderungen wieder in einem XML-Dokument speichern. LINQ to XML erlaubt es, Abfragen ähnlich wie mit XPath oder XQuery gegen die Elemente und Attribute eines XML-Dokuments auszuführen.

12.3 Spracherweiterungen, die LINQ ermöglichen, am Beispiel von C#

Damit LINQ so wie oben dargestellt funktionieren kann, muss auch die zugrundeliegende Programmiersprache ein wenig abgeändert werden und es müssen zusätzliche Sprachkonstrukte eingerichtet werden. Ich stelle am Beispiel von C# dar, welche Sprachkonstrukte für LINQ erforderlich sind. Beachten Sie dabei bitte, dass diese Sprachkonstrukte in einer etwas anderen Syntax auch unter Visual Basic zur Verfügung stehen. Die im Folgenden vorgestellten Sprachkonstrukte ermöglichen in ihrer Gesamtheit erst die Verwendung von LINQ, sie können aber auch völlig unabhängig von LINQ für eigene Programmierungen verwendet werden.

12.3.1 Anonyme Typen

Mit Hilfe von anonymen Typen kann man streng typisierte Typen definieren, ohne dass man eine komplette Klasse deklarieren muss. Anonyme Typen sind streng typisiert und werden während der Compilierung überprüft. Anonyme Typen werden von LINQ sehr stark verwendet, da LINQ dynamische Datenkonstrukte zurückliefert, deren Struktur durch die zugrundeliegende LINQ-Abfrage bestimmt ist, das heißt, LINQ verwendet anonyme Typen, wenn diese nur zeitweise oder gar nur ein einziges Mal benötigt werden. Sehen wir uns dazu folgendes Beispiel an:

```
public class Berater
{
    public string Vorname;
    public string Name;
    public string Stundensatz;
}
```

```
List<Kunde> _team = new List<Berater>
{
  new Berater
  {
    Name="Meier",
    Vorname="Helena",
    Stundensatz=50
  },
  new Berater
  {
    Name="Fuchs",
    Vorname="Ingo",
    Stundensatz=45
  },
  new Berater
  {
    Name="Müller",
    Vorname="John",
    Stundensatz=60
  },
}
```

In diesem Beispiel habe ich eine Liste von Beratern mit ihren jeweiligen Informationen erzeugt. Nun kann man die Projektions- und Transformationsmöglichkeiten nutzen, die LINQ zur Verfügung stellt, um mit dieser Liste zu arbeiten. Dabei ist es möglich, eine andere Struktur als die durch die ursprüngliche Klassendeklaration von `Berater` vorgegebene Struktur zu verwenden. Man muss nicht explizit eine neue Klasse deklarieren, die die neu strukturierten Daten aufnehmen soll, stattdessen kann man hier einen anonymen Typ verwenden, der beispielsweise nur zwei Eigenschaften besitzt.

```
var JuniorBerater =
  from mitarbeiter in _team
  where Stundensatz < 50
  select new
  {
   Name = mitarbeiter.Name,
   Vorname = mitarbeiter.Vorname
  };
```

In diesem Code wird ein anonymer Typ innerhalb der LINQ-Abfrage deklariert. Dieser anonyme Typ hat im Gegensatz zum ursprünglichen Typ `Berater` nur zwei Eigenschaften, die durch die LINQ-Abfrage definiert werden.

12.3.2 Objekt-Initialisierer

Objekt-Initialisierer ermöglichen es, dass man die Eigenschaften von Objekten schon bei ihrer Erstellung initialisieren kann. Unter .NET 1.1 und .NET 2.0 musste man zunächst eine Klasse mit den entsprechenden Eigenschaften deklarieren, dann eine Instanz, also ein Objekt dieser Klasse erzeugen und dann konnte man die Eigenschaften dieses Objektes initialisieren. Dies geschah dann entweder im Konstruktor des Objektes oder in der Funktion, in der das Objekt verwendet wurde. In C# 3.0 können die Eigenschaften eines Objektes während der Instanzierung gesetzt werden. Dazu folgendes Beispiel:

```
public class Berater
{
    public string Vorname {get; set;}
    public string Name {get; set;}
    public string Stundensatz {get; set;}
}
```

Hier deklarieren wir die Klasse Berater mit automatisch implementierten Eigenschaften. Erstellen wir nun ein neues Objekt auf Basis dieser Klasse, können wir die Eigenschaften während der Instanzierung des Objektes setzen.

```
Berater _john = new Berater {Name = "Müller",
                    Vorname = "John",
                    Stundensatz = 60}
```

Diese Objekt-Initialisierer werden in LINQ dazu verwendet, um die anonymen Typen zu initialisieren. Im Beispiel im Abschnitt *Anonyme Typen* werden Objekt-Initialisierer dazu verwendet, dem anonymen Typ Daten zuzuweisen.

```
var JuniorBerater =
  from mitarbeiter in _team
  where Stundensatz < 50
  select new
  {
   Name = mitarbeiter.Name,
   Vorname = mitarbeiter.Vorname
  };
```

12.3.3 Collection-Initialisierer

Collection-Initialisierer verwenden Objekt-Initialisierer, um Collections zu initialisieren. So ist es möglich, im Code Collections in einem einzigen Befehl zu initialisieren. Auch Collection-Initialisierer sind Ihnen im Abschnitt über anonyme Typen schon begegnet.

```
List<Kunde> _team = new List<Berater>
{
  new Berater
  {
    Name="Meier",
    Vorname="Helena",
    Stundensatz=50
  },
  new Berater
  {
    Name="Fuchs",
    Vorname="Ingo",
    Stundensatz=45
  },
new Berater
  {
    Name="Müller",
    Vorname="John",
    Stundensatz=60
  },
}
```

12.3.4 Partielle Methoden

Das Konzept der partiellen Klassen wurde von Microsoft bereits im .NET-Framework 2.0 eingeführt. Partielle Klassen erlauben es mehreren Entwicklern, an einer Klasse gleichzeitig zu arbeiten. Mit Hilfe von partiellen Klassen kann man die Definition einer Klasse auf mehrere Dateien aufspalten. Die verschiedenen Dateien, in denen sich eine Klassendefinition befindet, werden dann zur Compilierungszeit wieder zusammengefasst. So kann man neuen Code einer vorhandenen Klasse hinzufügen, ohne die ursprüngliche Klassendatei ändern zu müssen. Um Klassen aufzuteilen, verwendet man das Schlüsselwort `partial`.

Partielle Methoden sind eine neue Funktion, die in .NET 3.0 eingeführt wurde und die sich ähnlich verhält wie partielle Klassen. Partielle Methoden sind ein Bestandteil von partiellen Klassen, wobei ein Programmierer die Methode definiert und ein anderer Programmierer dann die partielle Methode programmiert. Es ist aber nicht notwendig, dass der zweite Programmierer die Methode auch wirklich implementiert. Wird die Methode nicht implementiert, so entfernt der Compiler die Methodendefinition des ersten Programmierers und alle Aufrufe dieser Methode. Das unterstützt Entwickler dabei, Code mit eigenen Implementationen anzupassen. So ist es sicher, partielle Methoden zu deklarieren, ohne sich über die Implementation Gedanken machen zu müssen. Im folgenden Code finden Sie ein Beispiel:

```
// Dieser Code befindet sich in der Datei Elemente1.cs
partial void ElementeAktualisieren();

// Dieser Code befindet sich in der Datei Elemente2.cs
partial void ElementeAktualisieren()
{
    // Hier ist die Implementierung der Methode
}
```

Es gibt ein paar Einschränkungen bei der Verwendung von partiellen Methoden:

1. Die Methodendeklaration muss mit dem Schlüsselwort `partial` beginnen und die Methode sollte `void` zurückgeben.

2. Partielle Methoden können `ref`-Parameter besitzen, aber keine `out`-Parameter.

3. Methoden können nicht `virtual` sein, da sie implizit `private` sind.

4. Partielle Methoden können nicht `extern` sein, da das Vorhandensein eines Methodenrumpfes bestimmt, ob sie nur definiert oder auch implementiert sind.

5. Es kann für eine partielle Methode kein Delegat erzeugt werden.

12.3.5 Implizit deklarierte lokale Variablen

Implizit deklarierte lokale Variablen sind eine neue Funktion, die die Programmierung vereinfacht. Man spricht auch von *lokaler Typinferenz*. Der Compiler bestimmt den Typ der verwendeten Variablen aus dem Kontext selbst. LINQ verwendet diese Funktion, um den Typ des Ergebnisses einer LINQ-Abfrage zu bestimmen. Der Programmierer muss den Typ des Ergebnisses der LINQ-Abfrage nicht explizit angeben. Normalerweise werden Variablen deklariert, indem der Typ der Variablen angegeben wird.

```
int zaehler = 0;
string text = "Hello world!";
int[] Zahlen = new int[] {1,2,3,4,5,6}
```

Mit Hilfe der implizit deklarierten lokalen Variablen kann man stattdessen schreiben:

```
var zaehler = 0;
var text = "Hello world!";
var Zahlen = new int[] {1,2,3,4,5,6}
```

Wenn Sie sich die Beispiele genau ansehen, fällt Ihnen auf, dass wir die Variablen über das Schlüsselwort var und eine Wertzuweisung deklariert haben, den Typ der Variablen aber explizit nicht angegeben haben. Sicherlich werden bei dem ein oder anderen unschöne Erinnerungen an den Datentyp Variant hochkommen. Seien Sie unbesorgt; var hat mit Variant nichts zu tun! Während es in früheren Visual-Basic-Versionen den Datentyp Variant gab, der im Prinzip beliebige Daten aufnehmen konnte und der daher nicht streng typisiert war, werden die Variablendeklarationen, die mit var beginnen, zur Compilezeit überprüft und es wird entsprechend der Wertzuweisung ein Datentyp festgelegt. Wenn Sie sich den Code oben im Debugger ansehen und den Wert für die Variable zaehler auswerten lassen, werden Sie sehen, dass es sich um eine Integer-Variable handelt.

Da der Typ der Variablen aus der Wertzuweisung abgeleitet wird, ist es natürlich klar, dass man eine implizite Variablendeklaration nur dann verwenden kann, wenn gleichzeitig eine Wertzuweisung stattfindet. Wird kein Wert zugewiesen, kann der Compiler logischerweise auch keinen Datentyp ableiten.

Implizite Typdeklaration von Variablen kann man natürlich auch bei der Deklaration von Collections verwenden. Das ist besonders dann nützlich, wenn man komplexe generische Typen instanzieren muss. Üblicherweise deklarieren Sie eine Integer-Collection folgendermaßen:

```
List<int> zahlen = new List<int>();
zahlen.Add(1);
zahlen.Add(2);
zahlen.Add(35);
```

Stattdessen kann man eine Liste von Integer-Zahlen auch implizit deklarieren:

```
var zahlen = new List<int>();
zahlen.Add(1);
zahlen.Add(2);
zahlen.Add(35);
```

Das Arbeiten mit impliziten Typdeklarationen besitzt einige Beschränkungen:

- Man kann das Schlüsselwort var nur gleichzeitig mit einer Wertzuweisung bei der Variablendeklaration verwenden.

- Der bei der Wertzuweisung verwendete Wert darf kein Nullwert sein.

- Der bei der Wertzuweisung verwendete Wert darf selbst kein Objekt oder eine Collection sein.

Nachdem die Variable einmal initialisiert wurde, kann der Typ während des Programmablaufs nicht mehr verändert werden.

12.3.6 Erweiterungsmethoden

Erweiterungsmethoden sind statische Methoden, die genau so aufgerufen werden können, als ob es Methoden der jeweiligen Objektinstanz wären. Erweiterungsmethoden werden mit Hilfe des Schlüsselworts this als Modifizierer des ersten Parameters der Methode deklariert. Erweiterungsmethoden können nur in statischen Klassen deklariert werden.

Als Beispiel deklarieren wir einmal eine statische Klasse, die die Erweiterungsmethode ZeichenZaehlen für String-Objekte implementiert.

```
namespace Erweiterungsmethoden
{
  public static class Beispiel
  {
    public static int ZeichenZaehlen (this string pStr)
    {
      var _zaehler = pStr.Length;
      return _zaehler;
    }
  }
}
```

Die so deklarierte Erweiterungsmethode können wir jetzt bei jeder Variablen vom Typ String verwenden. Im Code sieht es so aus, als ob ZeichenZaehlen eine Methode der Klasse String ist.

```
string _test = "Hello World";
int _laenge = _test.ZeichenZaehlen();
```

Erweiterungsmethoden können auch für generische Typen wie beispielsweise List<T> oder Dictionary<T> deklariert werden. Das funktioniert genau so wie bei gewöhnlichen Typen.

Erweiterungsmethoden sollten nur dann verwendet werden, wenn es wirklich notwendig ist, ansonsten sollte man mit Vererbung arbeiten und neue Typen erzeugen, indem man andere Typen ableitet. Gibt es sowohl eine Erweiterungsmethode wie auch eine Instanzmethode gleichen Namens, so wird die Instanzmethode aufgerufen.

12.3.7 Lambda-Ausdrücke

Mit Hilfe der anonymen Methoden konnte man in C# 2.0 Methoden als Inline-Methoden ohne expliziten Namen deklarieren. Diese Funktionalität benötigt man, wenn man eine bestimmte Funktion nur ein einziges Mal an einer bestimmten

Stelle innerhalb einer übergeordneten Methode benötigte. Anonyme Methoden können nicht in anderen Methoden als in der übergeordneten Methode verwendet werden. Im Folgenden wird ein bestimmter String innerhalb einer String-Liste gefunden.

```
class Program
{
  static void Main (string[] args)
  {
    List<string> _berater = new List<string>();
    _berater.Add("Meier");
    _berater.Add("Fuchs");
    _berater.Add("Müller");
    string berater1 = _berater.Find(FuchsFinden);
  }

  public static bool FuchsFinden (string pBerater)
  {
    return pBerater.Equals("Fuchs");
  }
}
```

Diesen Code kann man auch über eine anonyme Methode ausdrücken:

```
static void Main (string[] args)
{
  List<string> _berater = new List<string>();
  _berater.Add("Meier");
  _berater.Add("Fuchs");
  _berater.Add("Müller");
  string berater1 = _berater.Find(delegate (string pBerater)
            {
                return pBerater.Equals("Fuchs");
            });
}
```

In diesem Beispiel wird eine Methode inline deklariert und wir müssen keine externe Methode deklarieren, um den String zu finden.

Unter C# 3.0 gibt es ein neues Konstrukt, das *Lambda-Ausdrücke* heißt, über das man die anonyme Methode vermeiden kann. Sehen Sie im Folgenden das Beispiel von oben mit Lambda-Ausdruck:

```
static void Main (string[] args)
{
  List<string> _berater = new List<string>();
  _berater.Add("Meier");
  _berater.Add("Fuchs");
  _berater.Add("Müller");
  string berater1 = _berater.Find((string beratername) => berater-
name.Equals
                                         ("Fuchs"));

}
```

Ein Lambda-Ausdruck sieht wie folgt aus:

```
(Eingabeparameter durch Kommata getrennt) => Ausdruck
```

Es ist möglich, die Typen der Eingabeparameter zu deklarieren, beispielsweise

```
(int x, int y) => x > y
```

Im Folgenden finden Sie ein Beispiel, das sowohl Lambda-Ausdrücke wie auch die Erweiterungsmethode where verwendet, um die Zahlen in einem Integer-Array zu bestimmen, die kleiner als 10 sind.

```
var _zahlen = new int[] {2, 9, 11, 30, 50, 100, 1, 3, 200};
var _anzahl = _zahlen.Where(x => x < 10);
Console.WriteLine("Zahlen die kleiner als Zehn sind:" + _anzahl.Count());
foreach (var _wert in _anzahl)
  Console.WriteLine(_wert);
```

Mit Hilfe von LINQ kann man Ausdrücke zur Laufzeit wie Daten behandeln, indem man den neuen Typ Expression<T> verwendet, der einen Ausdrucksbaum darstellt. Das ist eine Darstellung des Lambda-Ausdrucks im Speicher. Über die Ausdrucksbäume ist es möglich, Abfrageausdrücke während der Laufzeit des Programms zusammenzusetzen. Dazu benötigt man den Namensraum System.Expression.

Es gibt auch bei der Verwendung von Lambda-Ausdrücken ein paar Beschränkungen:

■ Der Lambda-Ausdruck muss dieselbe Anzahl an Parametern wie der Delegat besitzen.

■ Jeder Eingabeparameter im Lambda-Ausdruck muss implizit in den entsprechenden Delegaten-Parameter konvertierbar sein.

■ Der Rückgabewert des Lambda-Ausdrucks muss in den Rückgabeparameter des Delegaten konvertiert werden können.

12.3.8 Abfrage-Ausdrücke

Bei der herkömmlichen Programmierung arbeiten wir mit zwei verschiedenen Programmiersprachen, um Inhalte aus einer Datenbank auszulesen. Die eine Programmiersprache dient zur Programmierung der Anwendung, in unserem Fall C#. Die andere Programmiersprache dient zur Abfrage der Daten aus der Datenbank. Hier nimmt man üblicherweise SQL. Die SQL-Abfragen sind in den Code der Programmiersprache in Form von Strings eingebettet, so dass der Compiler nicht mit ihnen arbeiten kann.

In C# können wir mit Hilfe von LINQ Abfragen schreiben, die Bestandteil der Sprache selbst sind und somit vom Compiler untersucht werden können. Über die Abfrageausdrücke wird die Syntax für LINQ-Abfragen zur Verfügung gestellt.

Der Abfrageausdruck beginnt mit einer from-Klausel und endet mit einer select- oder group-Klausel. Der from-Klausel können viele from-, let- oder where-Klauseln folgen. Die from-Klausel ist ein Generator, die let-Klausel berechnet den Wert, die where-Klausel filtert das Ergebnis und die Klauseln select und group legen die Form des Ergebnisses fest. Es gibt weitere Operatoren wie beispielsweise orderby. Die folgende Abfrage gibt Berater mit einem Stundensatz größer als 50 zurück.

```
from Berater _berater in Team
where _berater.Stundensatz > 50
select _berater
```

C# 3.0 wandelt den Abfrageausdruck in Aufrufe von Methoden wie where, select, oderby, groupby, thenby, selectmany, join, cast und groupjoin um, die ihre eigenen Methodensignaturen und Ergebnistypen besitzen. Diese Methoden implementieren dann die eigentliche Abfrage. Die Übersetzung des Abfrageausdrucks geschieht als Prozess, der sich so lange wiederholt, bis keine weitere Wiederholung möglich ist. Unsere Abfrage oben wird zunächst in den folgenden Code transformiert:

```
from Berater _berater in Team.Cast<Berater>()
where _berater.Stundensatz > 50
select _berater;
```

Und schließlich wird dieser Code ein weiteres Mal transformiert:

```
Team.Cast<Berater>().Where(Berater => Berater.Stundensatz > 50)
```

Die Abfrage

```
from _berater in Team
group _berater.name by _berater.Stundensatz
```

wird in den folgenden Code übersetzt:

```
Team.GroupBy(_berater => _berater.name, _berater => _berater.Stundensatz)
```

Sehen wir uns einmal an, wie man mit diesen Abfragen Collections abfragen kann, die im Speicher liegen. Der Namensraum System.Linq enthält alle Standard-Abfrageoperatoren. Wenn man mit Abfrageausdrücken arbeiten möchte, muss man diesen Namensraum verwenden. Zunächst erstellen wir eine Klasse wie folgt:

```
public class Berater
{
    public string Vorname {get; set;}
    public string Name {get; set;}
    public string Stundensatz {get; set;}
}
```

Nun verwenden wir diese Klasse, um eine Liste von Beratern zu erzeugen. Diese Liste wird einer Variablen zugewiesen. Danach sehen wir uns an, wie einfach es ist, diese Liste mit Hilfe von Abfrageausdrücken abzufragen.

```
List<Berater> _team = new List<Berater>
{
  new Berater ("Helena", "Meier", 50),
  new Berater ("Ingo", "Fuchs", 45),
  new Berater ("John", "Müller", 60),
  new Berater ("Elisabeth", "Schulz", 30)
}
```

Die folgende Abfrage liefert den Namen und den Stundensatz von allen Beratern zurück, deren Stundensatz mehr als 45,00 € beträgt. In dieser Abfrage haben wir keine Variablentypen deklariert; das geschieht alles implizit. Selbst wenn wir den Variablentyp deklarieren wollten, ist es nicht einfach, diesen für die Rückgabe der Abfrage festzulegen.

```
var _TeureBerater =
from _berater in _team
where _berater.Stundensatz > 45
select new {_berater.Name, _berater.Stundensatz};
```

Die so ausgewählten Berater können wir uns nun in einer `foreach`-Schleife wieder ausgeben lassen.

```
Console.WriteLine ("Teure Berater: ");
foreach (var _berater in _TeureBerater)
{
  Console.WriteLine (_berater.Name + " " + _berater.Stundensatz);
}
```

Nun lassen Sie uns noch einmal schauen, wie wir hier die Funktionen der Lambda-Ausdrücke verwenden können. Es ist auch möglich, die teuren Berater mit Hilfe eines Lambda-Ausdrucks zu ermitteln:

```
var _az = _team.Count<Berater>(_berater => _berater.Stundensatz > 45);
Console.WriteLine ("Anzahl teurer Berater: " + _az);
```

Dieser Code liefert die Anzahl der Berater zurück, die mehr als 45 € die Stunde verlangen.

Ich hoffe, Sie haben durch dieses Kapitel einen kleinen Einblick in die Funktionalität von LINQ und die zugrundeliegenden Sprachkonstrukte erhalten können. Natürlich ist es im Rahmen eines Datenbankbuches nicht möglich, einen umfassenden Überblick über LINQ zu geben. Wenn Sie sich tiefer für dieses sehr spannende Thema interessieren, seien Ihnen die zahlreichen Publikationen in diesem Bereich ans Herz gelegt.

12.4 Aufgaben

Hier finden Sie Wiederholungsfragen, mit denen Sie die Gelegenheit haben, sich noch einmal Gedanken über den Stoff des Kapitels zu machen. Die Lösungen zu diesen Aufgaben finden Sie im Anhang A.1.

12.4.1 Wiederholung

1. Was versteht man unter »Impedance Mismatch«?

2. Wie kann man Objekte in relationale Datenbankstrukturen abbilden? Nennen Sie drei Möglichkeiten.

3. Was versteht man unter dem Doppel-Schema-Problem?

4. Wie kann man Daten aus einem objektorientierten Modell zurückgewinnen?

5. Was sind anonyme Typen?

6. Was sind partielle Methoden?

7. Was sind Lambda-Ausdrücke?

8. Wie funktionieren Abfrageausdrücke? Was sind die Vorteile?

9. Was sind Objekt-Initialisierer?

10. Was sind Erweiterungsmethoden?

Lösungen zu den Übungsaufgaben

A.1 Kapitel 1

Hier finden Sie die Musterlösungen zu den Aufgaben am Ende von Kapitel 1. Bitte beachten Sie, dass es sich lediglich um Lösungsvorschläge handelt, d.h. es kann durchaus vorkommen, dass Sie eine andere richtige Lösung erarbeitet haben, die hier nicht aufgeführt ist. Wie so oft führen mehrere Wege ans Ziel.

A.1.1 Wiederholungsaufgaben

1. **Beschreiben Sie die Begriffe Daten, Feld, Datensatz und Datei!**
   - Daten sind Fakten über Dinge des täglichen Lebens, die in einer Datei oder einer Datenbank gespeichert werden.
   - Ein Feld stellt die Eigenschaften einer Entität dar, die in der Datenbank gespeichert wird. Daten werden in Feldern gespeichert
   - Ein Datensatz ist die Gesamtheit aller Daten, die zu einer Entität in der Datenbank gespeichert worden sind.
   - Als Datei bezeichnet man eine Menge von Datensätzen, die zusammen gehören.

2. **Was ist ein DBMS und welche Funktion hat es?**
   Ein DBMS ist ein Datenbankmanagementsystem. Die Aufgabe des DBMS ist es, die Daten in der Datenbank zu verwalten und den Benutzerzugriff von der physikalischen Speicherung dieser Daten zu abstahieren, d.h. Anwender müssen nur noch wissen, wo die Daten logisch gespeichert sind und nicht mehr, wo diese Daten physikalisch auf dem Datenbankserver zu finden sind.

3. **Was bezeichnet man als Datenredundanz? Welche Probleme bringt die Datenredundanz mit sich?**
   Sind zur gleichen Entität mehrere Datensätze in der Datenbank vorhanden, so spricht man von Redundanz. Datenredundanzen führen zu Anomalien und damit zu Dateninkonsistenz. Da zur selben Entität mehrere Datensätze in der Datenbank existieren ist es sehr leicht möglich, dass bei der Aktualisierung eines Datensatzes die anderen Datensätze vergessen werden. Hierdurch werden widersprüchliche Informationen zur selben Entität erzeugt.

4. **Beschreiben Sie, wie es in einem Unternehmen, das seine Daten im Dateisystem verwaltet, zu Problemen kommen kann.**

Verwaltet ein Unternehmen seine Daten im Dateisystem ist das größte Problem, dass die Daten nur nach einem einzigen Ordnungskriterium abgelegt werden können. So können Rechnungen beispielsweise entweder in Verzeichnissen gespeichert werden, die nach den Namen der Kunden sortiert sind oder in Verzeichnissen, die nach dem Rechnungsmonat sortiert sind. Möchte man die Daten anderes als das vorgegebene Ordnungskriterium sortieren, so muss man die ganze Datenspeicherung im Dateisystem umstellen.

5. **Was genau ist der Unterschied zwischen Daten und Informationen?**

Daten stellen lediglich Fakten dar, die ohne Zusammenhang keinen Sinn ergeben. Werden die Daten in einen sinnvollen Zusammenhang gestellt, so entstehen aus den Daten Informationen. Informationen spiegeln unser Wissen über eine Person oder einen Gegenstand wider.

6. **Warum brauchen wir Datenbanksysteme?**

Die Datenhaltung im Dateisystem hat mehrere gravierende Schwächen. Zunächst einmal die unter Frage 4 bereits angesprochene Schwäche, dass es nicht (oder nur sehr schwer) möglich ist, die gespeicherten Daten in eine andere als die vorgegebene Ordnung zu bringen. Ein anderer wichtiger Punkt ist, dass Datenbanksysteme die Datenspeicherung und das Abrufen der Daten abstrahieren. Arbeitet man mit flachen Dateien im Dateisystem, so müssen in der Datenbankanwendung für jede Datei Funktionen geschrieben werden, die diese Daten aus der Datei herauslesen, ändern und speichern. Das Datenbanksystem entbindet uns von dieser Aufgabe. Wir verwenden nur noch die vom Datenbanksystem vorgegebenen Befehle zum Laden und Speichern von Daten, ohne uns um die technischen Vorgänge, die die Daten von ihrem physikalischen Speicherort auslesen kümmern zu müssen.

7. **Warum besitzen Dateien keine Datenunabhängigkeit?**

Laden wir Daten aus einer Datei, so müssen wir den physikalischen Aufbau dieser Datei sehr genau kennen. Wir müssen für jedes in der Datei gespeicherte Feld den Datentyp schon beim Auslesen der Daten festlegen, damit die in der Datei gespeicherten Informationen überhaupt richtig interpretiert werden können. Sobald wir auch nur die kleinste Änderung an der Datendatei vornehmen müssen wir alle Anwendungsprogramme, die auf diese Datendatei zugreifen anpassen, so dass sie mit den neuen Dateien weiterarbeiten können.

8. **Warum ist Datenbank-Design wichtig?**

Datenbankdesign ist deshalb wichtig, weil selbst das beste Datenbankmanagementsystem die in ihm gespeicherten Daten nicht verstehen kann, d.h. der Datenbankdesigner muss sozusagen vordenken und ein Design entwickeln, das stabil ist und alle Widrigkeiten der zu erstellenden Datenbankanwendung berücksichtigt. Nur durch ein gutes Datenbank-Design können inkonsistente

Daten vermieden werden. Das beste Datenbankmanagement System nützt nichts, wenn das Datenbank-Design schlecht ist.

9. **Welche Datenanomalien kennen Sie und wie wirken sich diese aus? Geben Sie Beispiele an!**

Es gibt die Insert-Anomalie, die Update-Anomalie und die Lösch-Anomalie.

Bei der Insert-Anomalie müssen bestimmte Informationen in die Datenbank eingefügt werden, wenn man andere Informationen einfügen möchte, die aber eigentlich nichts mit den Informationen zu tun haben, die man einpflegen muss. Werden die Produkte eines Unternehmens beispielsweise mit in der Rechnungstabelle gespeichert, so ist es nicht möglich, ein neues Produkt in die Datenbank einzupflegen, ohne dass man direkt für dieses neue Produkt auch eine Rechnung anlegen muss.

Bei der Update-Anomalie werden dieselben Daten, die an verschiedenen Stellen der Datenbank gespeichert wurden (Datenredundanz!) nicht gleichmäßig aktualisiert. Werden z.B. die Kunden sowohl in der Rechnungstabelle als auch in einer gesonderten Kundentabelle verwaltet und werden diese Daten dann nur in der Kundentabelle aktualisiert, so haben wir dadurch eine Dateninkonsistenz geschaffen, da nicht nachvollziehbar ist, welche der verschiedenen Informationen über denselben Kunden denn nun die richtige ist.

Bei der Lösch-Anomalie werden versehentlich Daten mitgelöscht, die eigentlich nicht gelöscht werden sollten. Betrachten wir noch einmal das Beispiel, bei dem sowohl Rechungen als auch Produkte in derselben Tabelle gespeichert werden. Wird nun die letzte Rechnung gelöscht, die ein bestimmtes Produkt enthielt, so wurde auch dieses Produkt komplett aus der Datenbank gelöscht.

A.2 Kapitel 2

Hier finden Sie die Musterlösungen zu den Aufgaben am Ende von Kapitel 2. Bitte beachten Sie, dass es sich lediglich um Lösungsvorschläge handelt, d.h. es kann durchaus vorkommen, dass Sie eine andere richtige Lösung erarbeitet haben, die hier nicht aufgeführt ist. Wie so oft führen mehrere Wege ans Ziel.

A.2.1 Wiederholungsaufgaben

1. **Welche Arten von Datenbanksystemen gibt es? Wo liegen die Unterschiede?**

Datenbanksysteme lassen sich nach verschiedenen Kriterien klassifizierten. Es gibt Einzelplatz und Mehrbenutzerdatenbanken. Bei Einzelplatzdatenbanken greift nur ein einziger Benutzer auf die Daten zu während bei Mehrbenutzerdatenbanken mehrere Benutzer gleichzeitig auf die Datenbank zugreifen. Außerdem gibt es Desktopdatenbanken und serverbasierte Datenbanken. Desktopdatenbanken laufen auf dem Arbeitsrechner des Anwenders während serverbasierte Datenbanken auf einem Datenbankserver ausgeführt werden. Die dritte Möglichkeit Datenbanksysteme zu klassifizieren funktioniert anhand der Anzahl der Benutzer. Greifen wenige Benutzer zu so spricht man von einer Desktop-Datenbank, greifen bis zu 50 Benutzer zu, so handelt es sich um eine Abteilungsdatenbank. Greifen alle Benutzer des Unternehmens auf die Datenbank zu, so handelt es sich um eine Enterprise-Datenbank.

2. **Was ist der Unterschied zwischen implementativen und konzeptionellen Datenbankmodellen?**

   Implementative Datenbankmodelle sind auf die Implementierung ausgelegt, wohingegen konzeptionelle Datenbankmodelle auf die konzeptionelle Arbeit und das Modellieren der Grundstruktur (unabhängig von der Implementierung) ausgerichtet sind. Daher ist es nicht verwunderlich, dass am Anfang des Designprozesses meist konzeptionelle Modelle Anwendung finden und am Ende implementative.

3. **Wie sind Tabellen im relationalen Datenbankmodell miteinander verknüpft? Geben Sie ein Beispiel an!**

   Im Relationalen Datenbankmodell sind Tabellen über Primär-/Fremdschlüsselbeziehungen miteinander verknüpft. Gibt es z.B. eine Tabelle KUNDE und eine Tabelle RECHNUNG, so befindet sich in der Tabelle RECHNUNG ein Fremdschlüssel, der auf den Primärschlüssel der Tabelle Kunde referenziert, und so die Rechnung einem bestimmten Kunden zuordnet.

4. **Worin besteht der Unterschied zwischen dem relationalen Datenbankmodell und dem ER-Modell? Wie können sich diese ergänzen?**

   Der Unterschied zwischen dem relationalen Datenbankmodell und dem ER-Modell besteht darin, dass das relationale Datenbankmodell ein implementatives Datenbankmodell ist während das ER-Modell ein eher konzeptionelles Datenbankmodell ist. Man kann aber beide Datenbankmodelle in einem Projekt ergänzend einsetzen. Zunächst wird die generelle Struktur mit Hilfe des konzeptionellen ER-Modells entwickelt um dann mit Hilfe des relationalen Datenbankmodells implementiert zu werden.

5. **Was versteht man unter einem Objekt? Welchen Unterschied gibt es zwischen Objekten und Entitäten?**

   Ein Objekt stellt in der objektorientierten Programmierung eine Einheit aus Code und Daten dar, die autark mit ihrer Umgebung interagieren kann. Im Gegensatz zu Entitäten, die eine eher statische Sicht auf ein Ding des täglichen Lebens darstellen sind Objekte dynamisch, d.h. Objekte besitzen nicht nur Eigenschaften (Eigenschaften sind analog zu Attributen) sondern verfügen auch über Codesegmente, mit denen sie Aktionen ausführen können.

6. **Was ist der Unterschied zwischen einer Klasse und einer Instanz?**

   Eine Klasse stellt sozusagen den Bauplan für Objekt eines bestimmten Typs dar. Eine Instanz ist eine Manifestation dieses Bauplans für ein bestimmtes

Objekt. Das ist ganz analog zu anderen Herstellungsprozessen in der Industrie. Betrachten Sie einmal die Fertigung eines Autos. Es gibt einen Bauplan, in dem genau verzeichnet ist, wie ein Auto einer bestimmten Marke und eines bestimmten Typs gebaut werden muss (aus diesem Bauplan gehen implizit die Eigenschaften und die Aktionen hervor, die das Auto ausführen kann). Dieser Bauplan stellt sozusagen unsere Klasse dar. Ein bestimmtes Auto, das nach diesem Bauplan gebaut worden ist, ist eine Instanz.

7. **Wie kann man Vererbung einsetzen? Geben Sie ein Beispiel an!**

Vererbung setzt man dazu ein, um spezifische Klassen von einer allgemeineren Klasse abzuleiten. Der Vorteil der Vererbung liegt darin, dass Code für Methoden und Eigenschaften, die alle Nachfahren der allgemeinen Klasse besitzen nur ein einziges Mal implementiert werden muss. Bezogen auf unser Auto-Beispiel aus der vorherigen Aufgabe könnte man z.B. ein generisches Auto definieren, das all die Eigenschaften und Methoden besitzt, die jedes Auto besitzt. Also z.B. eine Farbe oder vier Reifen. Von diesem generischen Auto können wir nun bestimmte Autotypen ableiten, die sich voneinander unterscheiden (aber trotzdem die Eigenschaften besitzen, die alle Autos besitzen).

8. **Was macht eine Middleware? Welche Middlewares kennen Sie?**

Die Middleware abstrahiert den Datenbank- und Netzwerkzugriff von der Datenbankanwendung, d.h. die Datenbankanwendung muss nur noch auf die Middleware zugreifen und muss sich nicht mehr um die Kommunikation mit dem Datenbankserver kümmern. Im Buch wurden ODBC, ADO und ADO.NET vorgestellt.

9. **Worin bestehen die Unterschiede zwischen ADO und ADO.NET**

ADO.NET ist der Nachfolger von ADO, der in das .NET Framework von Microsoft eingebettet ist. Der größte Unterschied zwischen ADO und ADO.NET ist, dass ADO von einer verbundenen Architektur ausgeht, d.h. Client und Server sind während der gesamten Kommunikation miteinander verbunden. ADO.NET hingegen geht von einer nicht verbundenen Architektur aus, d.h. die Daten werden nicht auf dem Server bearbeitet sondern in einer lokalen Kopie auf dem Client, die dann mit dem Server synchronisiert wird.

10. **Woraus besteht eine Datenbankanwendung?**

Eine Datenbankanwendung besteht aus einer Präsentationsschicht, die die Daten für den Benutzer darstellt, einer Geschäftsschicht, die die Geschäftsregeln enthält und einer Datenschicht, die die Daten speichert.

A.3 Kapitel 3

Hier finden Sie die Musterlösungen zu den Aufgaben am Ende von Kapitel 3. Bitte beachten Sie, dass es sich lediglich um Lösungsvorschläge handelt, d.h. es kann durchaus vorkommen, dass Sie eine andere richtige Lösung erarbeitet haben, die hier nicht aufgeführt ist. Wie so oft führen mehrere Wege ans Ziel.

A.3.1 Wiederholungsaufgaben

1. **Wie werden Entitäten in Tabellen umgewandelt? Wie verhalten sich die Attribute bei dieser Umwandlung?**
   Das Entity-Set bildet die Tabelle, daher bilden einzelne Entitäten bzw. Entitäts-Instanzen die Datensätze und die Attribute der Entität werden in die Felder der Tabelle umgewandelt.

2. **Was ist der Unterschied zwischen Datentyp und Domäne?**
   Der Datentyp bestimmt den möglichen Wertebereich eines Feldes, d.h. welche Werte überhaupt angenommen werden können. Die Domäne ist die Menge der Werte, die dann im Endeffekt auch wirklich vom Feld angenommen werden. Legen wir ein Feld für Schulnoten fest, so ist der Datentyp für diese Schulnoten z.B. BYTE, d.h. das zugehörige Feld kann (theoretisch) Werte von 0 bis 255 enthalten. Da Schulnoten aber nur von 1 bis 6 gehen ist die Domäne des Feldes die Menge der Zahlen {1, 2, 3, 4, 5, 6}, und das auch nur, wenn in der betrachteten Tabelle wirklich alle Noten vergeben wurden. Der Datentyp legt den technisch möglichen Wertebereich fest während die Domäne über die Geschäftsregeln festgelegt wird.

3. **Warum sollte man Datenbankobjekte vernünftig benennen? Was ist zu beachten?**
   Datenbankobjekte sollten vernünftig benannt werden, weil dies schon der erste Schritt zu einer guten Dokumentation der Datenbank ist. Die unterschiedlichen Datenbanksysteme der verschiedenen Hersteller haben verschiedene Regeln, die bei der Benennung von Datenbankobjekten beachtet werden müssen. Leider sind diese Regeln unterschiedlich, so dass Sie sich bei der Benennung ausschließlich auf Standard-Buchstaben und Zahlen, die auch im englischsprachigen Raum verwendet werden beschränken sollten.

4. **Was ist der Unterschied zwischen einem Primärschlüssel und einem Fremdschlüssel?**
   Ein Primärschlüssel definiert einen Datensatz eindeutig, während ein Fremdschlüssel auf Datensätze in anderen Tabellen verweist. Ein Fremdschlüssel verweist stets auf den Primärschlüssel der bezogenen Tabelle.

5. **Was bedeutet der Wert NULL?**
   Der Wert NULL steht für »nichts« oder »nicht bekannt«. Er sollte nicht mit dem mathematischen Wert 0 verwechselt werden.

6. **Warum muss man die Verwendung von natürlichen Primärschlüsseln diese gut prüfen? Wie unterscheidet sich ein künstlicher Primärschlüssel und warum ist dieser oft besser geeignet?**

    Bei der Verwendung natürlicher Primärschlüssel, also solcher Attribute aus den zu verwaltenden Daten, die eindeutig sind ist zu prüfen, ob man auch wirklich davon ausgehen kann, dass niemals zwei Entitäten denselben Primärschlüsselwert besitzen können. Bei manchen Attributen, wie z.B. ISBN-Nummer oder Personalausweisnummer ist das gegeben, bei anderen Attributen muss man diese Eindeutigkeit sehr genau prüfen. Ein künstlicher Primärschlüssel ist ein Schlüssel, der vom Datenbankdesigner zu den eigentlichen Attributen hinzugefügt wurde. Hier kann die Eindeutigkeit garantiert werden, da der Primärschlüssel außerhalb der Datenbank keine Bedeutung besitzt.

7. **Welche relationalen Operatoren kennen Sie? Was machen diese Operatoren?**

    - Der relationale Operator DIFFERENCE vergleicht die beiden Eingangstabellen und liefert all die Datensätze zurück, die in der ersten, aber nicht in der zweiten Tabelle vorkommen.

    - Für den relationalen Operator DIVIDE benötigen Sie zwei Tabellen. Die eine Tabelle muss zwei Felder besitzen und die zweite ein Feld, das mit einem der beiden Felder der ersten Tabelle übereinstimmt. Die Operation DIVIDE zieht nun die zweite von der ersten Tabelle ab und liefert die Ergebnisse des anderen Feldes zurück.

    - Der relationale Operator INTERSECT übernimmt nur die Datensätze in die Eregbnistabelle, die in beiden Tabellen enthalten sind.

    - Die relationale Operation JOIN stellt die wichtigste relationale Operation überhaupt dar, da dieser Operator dazu in der Lage ist, die Beziehungen zwischen den einzelnen Tabellen aufzulösen und somit ein sinnvolles, für Menschen verständliches Ergebnis zurückzuliefern.

    - Das Ergebnis des relationalen Operators PRODUCT stellt das kartesische Produkt der beiden als Operanden übergebenen Tabellen dar.

    - Die relationale Operation PROJECT bildet eine vertikale Teilmenge der Ausgangstabelle. Hierbei werden eine oder mehrere Spalten der Ausgangstabelle als Ergebnis zurückgeliefert.

    - Der relationale Operator SELECT bildet eine horizontale Teilmenge der Tabelle, d.h. es werden Datensätze nach bestimmten Kriterien ausgewählt.

    - Der relationale Operator UNION fügt die Zeilen der zweiten Tabelle an das Ende der ersten Tabelle an. Voraussetzung für den relationalen Operator UNION ist, dass die beiden Tabellen union-kompatibel sind, d.h. beide Tabellen müssen dieselben Felder besitzen.

8. **Welche Gemeinsamkeit besitzen DIFFERENCE, INTERSECT und UNION? Warum besitzen sie diese Gemeinsamkeit?**

Die beiden Tabellen, auf die DIFFERENCE, INTERSECT und UNION angewendet werden sollen müssen union-kompatibel sein, d.h. sie müssen dieselben Felder besitzen. Alle drei Funktionen arbeiten so, dass entweder die Felder der einen Tabelle an die der andern angehängt oder von dieser abgezogen werden. Daher ist es natürlich notwendig, dass die Tabellen auch über dieselben Felder verfügen.

9. **Welche Arten von Beziehungen zwischen Tabellen kennen Sie? Geben Sie für jede Beziehung ein Beispiel an!**

Es gibt 1:1-Beziehungen, 1:N-Beziehungen und M:N-Beziehungen. Ein Beispiel für eine 1:1-Beziehung ist, wenn man z.B. bestimmte Daten, die eindeutig zu einer Tabelle dazugehören in eine andere Tabelle auslagert, damit man die beiden Tabellen auf unterschiedlichen Festplatten lagern kann. Dies wird oft bei Binärdateien gemacht, zu denen noch weitere Metainformationen in der Datenbank verwaltet werden müssen. Eine typische 1:N-Beziehung besteht zwischen Kunden und Rechnungen. Ein Kunde kann beliebig viele Rechnungen bekommen, jede Rechnung wird aber eindeutig einem Kunden zugeordnet. Eine M:N-Beziehung besteht zwischen Rechungen und Produkten. Auf jeder Rechnung können beliebig viele Produkte vorkommen und jedes Produkt kann auf beliebig vielen Rechnungen stehen.

10. **Wann werden Indices eingesetzt? Wie funktionieren Indices und was sollte man beim Einsatz von Indices beachten?**

Indices werden dann eingesetzt, wenn man bestimmte Suchvorgänge beschleunigen möchte. Richtet man einen Index ein, so werden im Index die Daten in der Reihenfolge sortiert gespeichert, die durch den Index vorgegeben ist. Neben dieser Sortierung wird auch ein Verweis auf den Datensatz gespeichert, in dem die Daten enthalten sind. Wird nun nach dem im Index festgelegten Feld gesucht, kann die Suche wesentlich schneller durchgeführt werden als ohne Index, da die Daten ja bereits in der richtigen Reihenfolge im Index stehen und nicht jeder Datensatz untersucht werden muss. Der Nachteil eines Index ist aber, dass für jeden Index zusätzlicher Verwaltungsaufwand nötig ist, d.h. beim Ändern der Daten in einer Tabelle müssen auch alle zugehörigen Indices geändert werden.

A.4 Kapitel 4

Hier finden Sie die Musterlösungen zu den Aufgaben am Ende von Kapitel 4. Bitte beachten Sie, dass es sich lediglich um Lösungsvorschläge handelt, d.h. es kann durchaus vorkommen, dass Sie eine andere richtige Lösung erarbeitet haben, die hier nicht aufgeführt ist. Wie so oft führen mehrere Wege ans Ziel.

A.4.1 Wiederholungsaufgaben

1. **Wie viele verschiedene Datenmodelle kennen Sie? Welche sind das und wie** unterscheiden sie sich?
   Es gibt vier verschiedene Datenmodelle, die sich in dem durch sie ausgedrückten Abstraktionsgrad unterscheiden. Diese Modelle heißen Konzeptionelles Modell, Internes Modell, Externes Modell und physikalisches Modell.

2. **Was ist die Aufgabe des konzeptionellen Modells?**
   Die Aufgabe des konzeptionellen Modells ist es, die Basis zur Identifikation und Beschreibung der wichtigsten Objekte in unserer Datenbank zu liefern. Aufgrund des Übersichts-Charakters des konzeptionellen Modells enthält es keine Details. Die am meisten verbreitete Darstellungsform des konzeptionellen Modells stellt das ER-Diagramm dar.

3. **Wie unterscheiden sich internes und externes Modell?**
   Das interne Modell ist ein auf das Datenbanksystem, auf dem die Anwendung implementiert werden soll angepasstes Datenmodell. Hierbei spielt hauptsächlich die technische Notwendigkeit eine Rolle. Das externe Modell stellt die Datenbank so dar, wie sie sich dem Anwender bzw. den Anwendungsprogrammen gegenüber präsentiert. In der Regel werden Normalisierungen, die im internen Modell eingerichtet wurden, um Redundanz zu vermeiden im externen Modell über Sichten wieder denormalisiert, damit die Daten in eine für den Anwender verständliche Form gebracht werden.

4. **Wie werden Attribute im Chen-Diagramm dargestellt? Was ist der Nachteil dieser Darstellungsform?**
   Attribute werden im Chen-Diagramm durch Ellipsen dargestellt, die mit der Entität über eine Linie verbunden werden. Der Nachteil dieser Darstellungsform ist, dass sie sehr viel Platz beansprucht und daher sehr schnell unübersichtlich wird.

5. **Welche Möglichkeiten kennen Sie, Multivalued Attribute in einer relationalen Datenbank darzustellen? Welche Vor- oder Nachteile haben diese?**
   Es gibt drei Möglichkeiten Multivalued Attribute in einer relationalen Datenbank darzustellen. Multivalued Attribute können entweder in Einzelattribute innerhalb der Entität aufgelöst werden, was den Nachteil hat, dass das Datenmodell sehr unflexibel ist. Auf der anderen Seite können Multivalued Attribute

in eine eigene Entität aufgelöst werden, was aber auch unflexibel ist. Die beste Möglichkeit Multivalued Attribute in einer relationalen Datenbank zu speichern ist es, eine M:N-Beziehung zwischen den Entitäten herzustellen.

6. **Was versteht man unter einem abgeleiteten Attribut? Welche Nachteile hat ein abgeleitetes Attribut? Wie kann man diese Nachteile beheben?**

Ein abgeleitetes Attribut ist ein Attribut, dass von anderen Attributen der Entität funktional abhängig ist, d.h. dieses Attribut aus anderen Attributen der Entität berechnet werden kann. Abgeleitete Attribute, sofern sie in der Datenbank gespeichert werden, führen eine Art impliziter Redundanz ein. Wird eines der Attribute aktualisiert, von dem das abgeleitete Attribut abhängt und das abgeleitete Attribut selbst nicht, so haben wir eine Inkonsistenz in der Datenbank. Damit eine solche Situation nicht auftritt sollten abgeleitete Attribute nicht in der Datenbank gespeichert sondern bei Bedarf berechnet werden.

7. **Was ist die Bedingung für zusammengesetzte Primärschlüssel? Warum gibt es diese Bedingung?**

Bei einem zusammengesetzten Primärschlüssel darf jede Wertekombination der einzelnen Komponenten jeweils nur ein einziges Mal auftreten. Diese Bedingung ist wichtig, da nur so gewährleistet werden kann, dass die Datensätze mit Hilfe des Primärschlüssels eindeutig identifiziert werden können.

8. **Was ist der Unterschied zwischen Kardinalität und Konnektivität?**

Die Art der Beziehung, also ob eine Beziehung eine 1:1-, 1:N- oder M:N-Beziehung ist, wird auch als Kardinalität der Beziehung bezeichnet. Unter der Konnektivität einer Beziehung versteht man die Anzahl der Entitäten des bezogenen Entity-Sets, die mit einer Entität des betrachteten Entity-Sets in Beziehung steht.

9. **Was sagt die Stärke der Beziehung über die an der Beziehung beteiligten Entitäten aus? Wie wirkt sich das auf die Optionalität der Beziehung aus?**

Handelt es sich bei der Beziehung um eine starke Beziehung, so ist die abhängige Entität eine schwache Entität, d.h. diese Entität kann ohne die übergeordnete Entität nicht existieren. Handelt es sich bei der Beziehung um eine schwache Beziehung, so sind beide an der Beziehung beteiligten Entitäten starke Entitäten, d.h. beide Entitäten existieren auch unabhängig voneinander. Ist eine Beziehung eine starke Beziehung, so ist diese Beziehung nicht-optional, da die abhängige Entität von der übergeordneten Entität existenziell abhängig ist. Bei der schwachen Beziehung kann die Beziehung auch optional sein, da die beiden Entitäten unabhängig voneinander existieren.

10. **Was ist das Haupteinsatzgebiet von rekursiven Beziehungen? Was muss beachtet werden?**

Das Haupteinsatzgebiet von rekursiven Beziehungen ist die Darstellung von Hierarchien in einer relationalen Tabelle. Hierbei ist zu beachten, dass eine

Entität sich nicht selbst referenzieren kann, da es ansonsten bei der Auflösung der Beziehung zu einer Endlosschleife kommen kann.

A.5 Kapitel 5

Hier finden Sie die Musterlösungen zu den Aufgaben am Ende von Kapitel 5. Bitte beachten Sie, dass es sich lediglich um Lösungsvorschläge handelt, d.h. es kann durchaus vorkommen, dass Sie eine andere richtige Lösung erarbeitet haben, die hier nicht aufgeführt ist. Wie so oft führen mehrere Wege ans Ziel.

A.5.1 Wiederholungsaufgaben

1. **Eliminiert die Normalisierung Datenredundanzen? Begründen Sie Ihre Antwort!**
   Die Normalisierung eliminiert keine Datenredundanzen, da sich die Datenredundanzen ja aus den zu verwaltenden Daten selbst ergeben. Die Normalisierung dient lediglich dazu, die vorhandenen Datenredundanzen kontrollierbarer zu machen.

2. **Was ist der Nachteil, den die Normalisierung im Hinblick die Implementation der Datenbank hat?**
   Durch die Normalisierung werden Daten über Primär-/Fremdschlüsselbeziehungen in verschiedene Tabellen aufgeteilt. Diese Aufteilung hat zur Folge, dass die Tabelleninhalte für Menschen recht unleserlich werden und dass beim Abfragen der Daten die Beziehungen zwischen den Tabellen wieder aufgelöst werden müssen. Der Auflösevorgang kostet natürlich Performance.

3. **Was besagt die 1. Normalform?**
   Eine Tabelle befindet sich dann in der ersten Normalform wenn es keine Wiederholgruppen gibt, d.h. in jeder Zelle der Tabelle gibt es jeweils einen einzigen Wert und keine Wertemenge. Außerdem müssen alle Schlüsselattribute vorhanden sein. Alle Nicht-Schlüsselattribute hängen vom Primärschlüssel oder einem Teil des Primärschlüssels ab. Eine Datenbank in der ersten Normalform ist gegen einige Arten der Update-Anomalie immun, bietet aber keinen Schutz vor Delete- oder Insert Anomalien. Daher ist diese Normalform für den praktischen Einsatz in der Regel ungeeignet. In einem Satz zusammengefasst kann man auch sagen: Jedes in einer Tabelle enthaltene Attribut ist elementar.

4. **Was besagt die 2. Normalform?**
   Eine Tabelle befindet sich in der zweiten Normalform wenn sie sich in der ersten Normalform befindet und es keine teilweisen Abhängigkeiten gibt, d.h. kein Nicht-Schlüssel Attribut ist nur von einem Teil des Primärschlüssels der

Tabelle abhängig, in dem es enthalten ist. Besitzt eine Tabelle nur ein einziges Primärschlüsselattribut, so befindet sich diese Tabelle automatisch in der zweiten Normalform, wenn sie sich in der ersten Normalform befindet. In einem Satz zusammengefasst kann man auch sagen, dass jedes Attribut entweder vollständig von einem Schlüssel abhängig oder selbst ein Schlüssel ist.

5. **Was besagt die 3. Normalform?**
   Eine Tabelle befindet sich in der dritten Normalform wenn sie sich in der zweiten Normalform befindet und es keine transitiven oder funktionalen Abhängigkeiten gibt. In einem Satz zusammengefasst kann man auch sagen, dass jedes Attribut, das nicht selbst Schlüsselattribut ist, muss nichttransitiv vom Primärschlüssel abhängen.

6. **Was versteht man unter einer transitiven Abhängigkeit?**
   Eine transitive Abhängigkeit besteht dann, wenn ein Attribut von einem anderen Attribut abhängig ist, dass selbst wiederum von einem Primärschlüssel abhängig ist.

7. **Was besagt die Boyce-Codd Normalform? Wann ist eine Tabelle, die sich in der 3. Normalform befindet automatisch auch in der Boyce-Codd Normalform?**
   Eine Tabelle befindet sich in der Boyce-Codd Normalform wenn sie sich in der dritten Normalform befindet und jede Determinante ein Schlüsselkandidat ist. Besitzt die Tabelle nur ein einziges Primärschlüsselattribut, und befindet sie sich in der 3NF, so ist diese Tabelle automatisch in der BCNF

8. **Wie setzen Sie die Normalisierung im Datenbank-Design-Prozess ein?**
   Normalerweise beginnt man beim Datenbank-Design-Prozess mit einer ER-Modellierung, da diese anschaulicher als eine Normalisierung ist. Das Ergebnis dieser Modellierung kann dann mit der Normalisierung überprüfen und dann, sofern das Modell noch nicht in der dritten Normalform ist in diese überführen.

9. **Was geschieht bei der Denormalisierung und warum führt man diese durch?**
   Bei der Denormalisierung wird die Normalisierung des in der dritten Normalform befindlichen Datenmodells an bestimmten Stellen wieder aufgehoben. Dieser Vorgang wird durchgeführt, damit man die Datenbank an bestimmten Stellen beschleunigen kann. Wichtig bei der Denormalisierung ist, dass man sich darüber im Klaren ist, welche Datenanomalien man durch die Denormalisierung wieder zulässt.

A.6   Kapitel 6

Hier finden Sie die Musterlösungen zu den Aufgaben am Ende von Kapitel 6. Bitte beachten Sie, dass es sich lediglich um Lösungsvorschläge handelt, d.h. es kann durchaus vorkommen, dass Sie eine andere richtige Lösung erarbeitet haben, die hier nicht aufgeführt ist. Wie so oft führen mehrere Wege ans Ziel.

A.6.1   Wiederholungsaufgaben

1.   **Was ist der Unterschied zwischen SQL und herkömmlichen Programmiersprachen? Warum ist dieser Unterschied kein Problem für die Erstellung von Datenbankanwendungen?**
   Der Unterschied zwischen SQL und herkömmlichen Programmiersprachen ist, dass SQL eine so genannte Datenuntersprache ist, d.h. SQL ist nicht vollständig – es fehlen bestimmte Befehle. Dies ist aber kein Problem, da SQL nur zum Abfragen bzw. Manipulieren der Datenbank gedacht ist. Wird eine Datenbankanwendung entwickelt, so werden die SQL-Befehle in die Programmiersprache, mit der die Datenbankanwendung entwickelt wird eingebettet (embedded SQL). Ein anderer wichtiger Unterschied zwischen SQL und herkömmlichen Programmiersprachen ist, dass SQL eine beschreibende Sprache ist, d.h. im Gegensatz zu einer iterativen Sprache, bei der Sie die Schritte, die das Programm durchführen soll explizit vorgeben müssen Sie bei SQL lediglich beschreiben, wie das von Ihnen gewünschte Ergebnis aussehen soll – um den Rest kümmert sich das Datenbankmanagement System.

2.   **Was müssen Sie beachten, wenn Sie den DROP-Befehl verwenden möchten?**
   Der DROP-Befehl findet außerhalb der normalen Transaktionsverarbeitung statt, d.h. wenn Sie eine mit Daten gefüllte Tabelle einfach per DROP entfernen gibt es keine Möglichkeit diese Daten wiederherzustellen (außer über eine Sicherheitskopie der Datenbank).

3.   **Wie können Sie mit Hilfe des SELECT Befehls Datensätze filtern, wie werden nur bestimmte Attribute gefiltert?**
   Datensätze werden mit Hilfe der WHERE-Klausel gefiltert, in der angegeben wird, welche Kriterien die Datensätze erfüllen müssen, damit sie in die Ergebnisdatenmenge aufgenommen werden. Möchte man eine Datenmenge nach bestimmten Attributen/Feldern filtern, so werden die Namen dieser Felder explizit zwischen den SELECT Befehl und die FROM Klausel geschrieben.

4.   **Welche Untersprachen von SQL gibt es und welche Aufgaben haben diese?**
   SQL besitzt die Untersprachen DDL (Data Definition Language), DML (Data Manipulation Language) und DCL (Data Control Language). Mit Hilfe der Befehle der DDL können Objekte wie z.B. Tabellen in der Datenbank angelegt

werden. Die DML ermöglicht es uns, Daten, die in der Datenbank gespeichert wurden zu verändert, die DCL schließlich enthält alle Befehle, die man benötigt, um den Zugriff auf die Daten zu steuern.

5. **Warum gibt es unterschiedliche SQL-Dialekte obwohl die Sprache doch eigentlich ANSI zertifiziert ist?**

   Die Hersteller der verschiedenen Datenbankmanagementsysteme haben den eigentlichen Sprachumfang von SQL erweitert, um zusätzliche Funktionen anzubieten, und sich so von den Mitbewerbern zu unterscheiden. So gibt es beispielsweise TransactSQL (Microsoft) oder PL/SQL (Oracle). Die grundsätzlichen SQL-Befehle werden aber von jeder Sprache unterstützt.

6. **Was ist der Unterschied zwischen einer Tabelle und einer Sicht?**

   Eine Tabelle ist eine Speicherstruktur innerhalb einer Datenbank, in der physikalisch Daten gespeichert werden können. Eine Sicht hingegen ist mit einer Art virtuellen Tabelle zu vergleichen, d.h. in einer Sicht sind selbst keine Daten gespeichert sondern nur in den Tabellen, auf denen die Sich beruht. Im Prinzip können Sie Sich eine Sicht wie einen abgespeicherten SELECT-Befehl vorstellen.

7. **Was ist der Unterschied zwischen einem Outer- und einem Inner-Join?**

   Ein Inner-Join nimmt nur die Datensätze in die Ergebnisdatenmenge auf, deren Primär- und Fremdschlüsselwerte übereinstimmen. Ein Outer-Join nimmt auch Werte mit in die Ergebnisdatenmenge auf, deren Fremdschlüsselwert nicht gesetzt (also NULL) ist.

8. **Welche modifizierenden Klauseln kennen Sie und welche Funktion haben diese?**

   Die modifizierenden Klauseln in SQL sind: FROM, WHERE, HAVING, GROUP BY und ORDER BY. Mit FROM gibt man die Tabelle oder die Tabellen an, aus denen Daten ausgewählt werden sollen. Mit WHERE werden die Bedingungen angegeben, denen die Datensätze in der Ergebnisdatenmenge entsprechen sollen. Die Klausel HAVING gibt Bedingungen für die Datensätze, die in einer Gruppierung berücksichtigt werden sollen an. GROUP BY ermöglicht es, Datensätze nach bestimmte Kriterien zu gruppieren und ORDER BY schließlich gibt an, wie diese Datensätze in der Ergebnisdatenmenge sortiert werden sollen.

9. **Was wird durch den Datentyp festgelegt?**

   Durch den Datentyp wird der Wertebereich eines Feldes festgelegt. Neben dem minimalen und maximalen Wert legt er auch fest, ob bei Zahlen Nachkommastellen erlaubt sind und wie genau eine Zahl mit Nachkommastellen gespeichert wird.

10. **Müssen numerische Funktionen eine Zahl als Argument bekommen? Begründen Sie Ihre Antwort und geben Sie ggf. ein Beispiel.**

Nein, numerische Funktionen benötigen nicht unbedingt eine Zahl als Argument. Eine numerische Funktion zeichnet sich dadurch aus, dass sie eine Zahl als Wert zurückliefert. Die Funktion CHARACTER_LENGTH z.B. ermittelt die Länge eines Strings, der als Eingabeparameter verwendet wird.

A.6.2 Aufgaben Zum Weiterdenken

1. **Schreiben Sie einen SQL-Befehl, der alle Berater mit einem Stundenlohn kleiner als 40,- _ auflistet.**

```
SELECT
    *
FROM
    BERATER
WHERE
    STUNDENSATZ < 40;
```

BERATER_ID	BERNAME	VORNAME	STUNDENSATZ
4	Schulz	Elisabeth	30,00 €

Abb. A.1: Ergebnis der Abfrage

2. **Schreiben Sie einen SQL-Befehl, der alle Kunden auflistet, die mit dem Buchstaben J beginnen.**

```
SELECT
    *
FROM
    KUNDE
WHERE
    KUNDENNAME LIKE 'J%';
```

KUNDENNR	KUNDENNAME
3	Johanna Schulze

Abb. A.2: Ergebnis der Abfrage

3. **Schreiben Sie einen SQL-Befehl, der alle Berater und deren Aufgabe ausgibt.**

```
SELECT
    BERATERNAME,
    AUFGABE
FROM
```

```
    BERATER,
    AUFGABE
WHERE
    BERATER.AUFGABEID = AUFGABE.AUFGABEID;
```

BERATERNAME	AUFGABE
Helena Müller	IT-Berater
Ingo Fuchs	Finanzberater
John Müller	IT-Berater
▶ Elisabeth Schulz	Finanzberater

Abb. A.3:   Ergebnis der Abfrage

4. Schreiben Sie einen SQL-Befehl, der alle IT-Berater mit Namen und Stundensatz ausgibt.

```
SELECT
    BERATERNAME,
    STUNDENLOHN,
    AUFGABE
FROM
    BERATER,
    AUFGABE
WHERE
    (BERATER.AUFGABEID = AUFGABE.AUFGABEID) AND
    (AUFGABE = 'IT-Berater');
```

BERATERNAME	STUNDENLOHN	AUFGABE
Helena Müller	50,00 €	IT-Berater
▶ John Müller	60,00 €	IT-Berater

Abb. A.4:   Ergebnis der Abfrage

5. Schreiben Sie einen SQL-Befehl, der alle Berater, die für einen Kunden mehr als 5 Stunden gearbeitet haben mit deren genauer Stundenzahl auflistet.

```
SELECT
    BERATERNAME,
    AZSTUNDEN
FROM
    BERATER,
    ARBEIT
WHERE
    (BERATER.BERATERID = ARBEIT.BERATERID) AND
    (AZSTUNDEN > 5);
```

	BERATERNAME	AZSTUNDEN
	John Müller	7
	Elisabeth Schulz	8
	John Müller	6
	John Müller	30
	Helena Müller	10
▶	John Müller	12

Abb. A.5:   Ergebnis der Abfrage

6. Schreiben Sie einen SQL-Befehl, der alle Berater auflistet, die für den Kunden »Markus Schulte« gearbeitet haben.

```
SELECT
  BERATERNAME
FROM
  BERATER,
  ARBEIT,
  KUNDE
WHERE
  (BERATER.BERATERID = ARBEIT.BERATERID) AND
  (ARBEIT.KUNDENNR = KUNDE.KUNDENNR) AND
  (KUNDENNAME = 'Markus Schulte');
```

	BERATERNAME
	Helena Müller
	Ingo Fuchs
▶	Elisabeth Schulz

Abb. A.6:   Ergebnis der Abfrage

7. Schreiben Sie einen SQL-Befehl, der die Kunden auflistet, für die ein IT-Berater tätig war. Wie können Sie den Befehl verändern, dass jeder Kunde nur ein einziges Mal angezeigt wird?

```
SELECT
  KUNDENNAME
FROM
  BERATER,
  ARBEIT,
  KUNDE,
  AUFGABE
WHERE
  (BERATER.BERATERID = ARBEIT.BERATERID) AND
  (ARBEIT.KUNDENNR = KUNDE.KUNDENNR) AND
  (BERATER.AUFGABEID = AUFGABE.AUFGABEID) AND
  (AUFGABE = 'IT-Berater');
```

	KUNDENNAME
	Emil Schmidt
	Johanna Schulze
	Markus Schulte
	Emil Schmidt
	Hans Müller
	Johanna Schulze
▶	Markus Huber

Abb. A.7: Ergebnis der Abfrage

Man kann doppelte Datensätze mit DISTINCT herausfiltern.

```
SELECT
  DISTINCT(KUNDENNAME)
FROM
  BERATER,
  ARBEIT,
  KUNDE,
  AUFGABE
WHERE
  (BERATER.BERATERID = ARBEIT.BERATERID) AND
  (ARBEIT.KUNDENNR = KUNDE.KUNDENNR) AND
  (BERATER.AUFGABEID = AUFGABE.AUFGABEID) AND
  (AUFGABE = 'IT-Berater');
```

	KUNDENNAME
	Emil Schmidt
	Hans Müller
	Johanna Schulze
	Markus Huber
▶	Markus Schulte

Abb. A.8: Ergebnis der Abfrage

8. Schreiben Sie einen SQL-Befehl, der die Namen der Berater und deren Gesamtstunden auflistet.

```
SELECT
  BERATERNAME,
  SUM(ARBEIT.AZSTUNDEN) AS GESAMTSTUNDEN
FROM
  BERATER,
  ARBEIT
WHERE
  (BERATER.BERATERID = ARBEIT.BERATERID)
GROUP BY
  BERATERNAME;
```

	BERATERNAME	GESAMTSTUNDEN
	Elisabeth Schulz	13
	Helena Müller	15
	Ingo Fuchs	14
▶	John Müller	55

Abb. A.9:   Ergebnis der Abfrage

9. Schreiben Sie einen SQL-Befehl, der die Gesamtstunden auflistet, die jedem Kunden in Rechnung gestellt werden.

```
SELECT
    KUNDENNAME,
    SUM(ARBEIT.AZSTUNDEN) AS GESAMTSTUNDEN
FROM
    KUNDE,
    ARBEIT
WHERE
    (KUNDE.KUNDENNR = ARBEIT.KUNDENNR)
GROUP BY
    KUNDENNAME;
```

	KUNDENNAME	GESAMTSTUNDEN
	Emil Schmidt	23
	Hans Müller	10
	Johanna Schulze	32
	Markus Huber	12
▶	Markus Schulte	20

Abb. A.10:   Ergebnis der Abfrage

10. Schreiben Sie einen SQL-Befehl, der auflistet, wie viel Geld der Berater »Ingo Fuchs« abrechnen muss.

```
SELECT
    BERATERNAME,
    SUM(ARBEIT.AZSTUNDEN*BERATER.STUNDENLOHN) AS ABRECHNUNG
FROM
    BERATER,
    ARBEIT
WHERE
    (BERATER.BERATERID = ARBEIT.BERATERID)
GROUP BY
    BERATERNAME
HAVING
    BERATERNAME LIKE 'Ingo Fuchs' ;
```

BERATERNAME	ABRECHNUNG
▶ Ingo Fuchs	630,00 €

Abb. A.11: Ergebnis der Abfrage

A.7 Kapitel 7

Hier finden Sie die Musterlösungen zu den Aufgaben am Ende von Kapitel 7. Bitte beachten Sie, dass es sich lediglich um Lösungsvorschläge handelt, d.h. es kann durchaus vorkommen, dass Sie eine andere richtige Lösung erarbeitet haben, die hier nicht aufgeführt ist. Wie so oft führen mehrere Wege ans Ziel.

A.7.1 Wiederholungsaufgaben

1. **Was passiert bei der Systemanalyse? Warum ist dieser Prozess wichtig? Wie hängt die Systementwicklung mit der Systemanalyse zusammen?**
   Bei der Systemanalyse wird zunächst einmal der Bedarf ermittelt. Dies ist äußerst wichtig, da hier sozusagen die groben Grenzen des Projektes bereits gesteckt werden. Es wird festgelegt, was überhaupt zu tun ist. An die Systemanalyse schließt sich dann die Systementwicklung an, die eine Lösung für den bei der Systemanalyse ermittelten Bedarf entwickelt und letztendlich implementiert.

2. **Warum beeinflussen sich die einzelnen Phasen des System Development Life Cycles?**
   Die einzelnen Phasen des System Development Life Cycles beeinflussen sich, weil man den Entwicklungsprozess nicht als linearen Prozess verstehen kann. Während der Systementwicklung ergeben sich durch die intensive Beschäftigung mit dem Thema wie aber auch durch sich eventuell ändernde Randbedingungen neue Erkenntnisse, die Auswirkungen auf alle Phasen haben.

3. **Warum wird ein Prototyp während der Machbarkeitsstudie entwickelt? Was passiert mit dem Prototyp nachdem die Machbarkeitsstudie abgeschlossen ist?**
   Ein Prototyp wird während der Machbarkeitsstudie als so genannter »proof-of-concept« entwickelt, d.h. man entwickelt eine im Funktionsumfang drastisch reduziertes Programm, das beweist, dass das Projekt im Prinzip umsetzbar ist. Der Prototyp wird entweder weggeworfen und es werden für das Projekt nur die Erkenntnisse, die bei der Entwicklung des Prototypen gesammelt wurden eingesetzt, oder der Prototyp wird in das endgültige Produkt weiterentwickelt.

4. **Welche beiden Aspekte müssen bei der Analyse berücksichtigt werden?**
   Bei der Analyse müssen sowohl die Anforderungen des Unternehmens als auch die Bedürfnisse der Endanwender berücksichtig werden. Es kann vorkommen, dass die Anforderungen und Bedürfnisse im Widerspruch stehen. Hier muss dann gemeinsam mit allen beteiligten Gruppen eine Lösung entwi-

ckelt werden. Die Bedürfnisse der Endanwender zu berücksichtigen ist sehr wichtig, da diese letztendlich mit dem System arbeiten müssen. Wird das System nicht akzeptiert, so wird das Projekt ein Fehlschlag.

5. **Warum muss die Migration des Altsystems geplant werden?**
   Die Migration des Altsystems muss geplant werden, damit ein möglichst schneller Übergang des alten in das neue System vollzogen werden kann. Ein wichtiger Punkt bei der Planung der Migration ist ein Worst-Case-Szenario, d.h. man muss sich überlegen was passiert, wenn die Migration nicht wie gewünscht vorgenommen werden kann. Es muss ein Alternativplan erarbeitet werden, der gewährleisten kann, dass das Unternehmen produktiv weiterarbeiten kann.

6. **Welchen Randbedingungen ist der Datenbankdesigner unterworfen?**
   Der Datenbankdesigner ist einerseits den durch die Analyse vorgegebenen Beschränkungen des Projektes unterworfen, auf der anderen Seite muss er die externen Beschränkungen, wie z.B. Budget oder Ressourcen berücksichtigen.

7. **Was ist das Ziel der Daten- und Anforderungsanalyse? Welche Verfahren kommen hier zum Einsatz?**
   Das Ziel der Daten- und Anforderungsanalyse ist es, die für das Projekt wichtigen Datenelemente zu identifizieren, die im Datenmodell enthalten sein müssen. Während dieser Phase kommen konzeptionelle Methoden, wie z.B. das ER-Diagramm zum Einsatz.

8. **Welche Aspekte sollte man bei der Auswahl des DMBS bedenken?**
   Bei der Auswahl eines DMBS sind viele Aspekte zu bedenken. Neben den eigentlichen Punkten, wie z.B. Kosten ist auch zu bedenken, mit welchem Datenbanksystem die Entwicklungsmannschaft bisher die meiste Erfahrung gesammelt hat bzw. mit welchem Datenbanksystem die besten Erfahrungen gemacht wurden. Natürlich spielt auch der Projektumfang eine wichtige Rolle, da hier auch eine zu erwartende Datenmenge festgelegt wurde, die natürlich vom ausgewählten DBMS bewältigt werden muss. Natürlich ist es auch wichtig, auf die Kunden einzugehen und das DBMS so zu wählen, dass er optimal damit zurechtkommt, d.h. es muss berücksichtigt werden, welche DBMS beim Kunden schon im Einsatz sind, um ggf. Lizenz- und Ausbildungskosten möglichst niedrig zu halten.

9. **In welche Designphase(n) tritt das Projekt nach der Auswahl des DBMS?**
   Nach der Auswahl des DBMS kann sowohl das logische als auch das physikalische Design angefertigt werden. Beim logischen Design wird das konzeptionelle Modell, das DBMS unabhängig ist an das ausgewählte DBMS angepasst. Das physikalische Modell schließlich legt fest, wie das DBMS physikalisch installiert wird und wie die Datenspeicherung auf die verschiedenen Festplatten aufgeteilt wird.

10. **Über welche Thematiken muss sich der Datenbankdesigner während der Implementierung Gedanken machen?**
    Während der Implementierung muss sich der Datenbankdesigner über die Thematiken Gedanken machen, die während des Betriebs des Datenbanksystems wichtig werden. Hier sind besonders die Themengebiete Sicherheit, Backup und Recovery, Performance und Kontrolle des konkurrierenden Zugriffs wichtig.

A.8 Kapitel 8

Hier finden Sie die Musterlösungen zu den Aufgaben am Ende von Kapitel 8. Bitte beachten Sie, dass es sich lediglich um Lösungsvorschläge handelt, d.h. es kann durchaus vorkommen, dass Sie eine andere richtige Lösung erarbeitet haben, die hier nicht aufgeführt ist. Wie so oft führen mehrere Wege ans Ziel.

A.8.1 Wiederholungsaufgaben

1. **Was ist eine Transaktion und wozu wird sie gebraucht?**
   Eine Transaktion kapselt mehrere Aktionen zu einer einzigen logischen Operation. Dies ist wichtig, um das Datenbanksystem unanfälliger gegen Fehler zu machen. Ein gutes Beispiel für den sinnvollen Einsatz einer Transaktion ist eine Überweisung von einem Konto auf ein anderes. Diese Überweisung besteht aus zwei Vorgängen – Geld abheben und Geld gutschrieben – die unbedingt zusammen ausgeführt werden müssen. Schlägt ein Teilvorgang einer Transaktion fehl, so schlägt die ganze Transaktion fehl.

2. **Welche Eigenschaften muss eine Transaktion haben?**
   Eine Transaktion muss über Atomarität, Konsistenz, Isolation und Dauerhaftigkeit verfügen. Diese Eigenschaften führen dazu, dass die Transaktion die Integrität der Datenbank gewährleisten kann.

3. **Wie kann man Transaktionen mit SQL verwalten?**
   Transaktionen werden in SQL mit Hilfe der Befehle COMMIT und ROLLBACK verwaltet. COMMIT bestätigt die Änderung und sorgt dafür, dass diese in der Datenbank festgeschrieben werden, während ROLLBACK alle Änderungen zurücknimmt und die Datenbank in den Zustand vor der Transaktion zurücksetzt.

4. **Wozu dient das Transaktionsprotokoll?**
   Das Transaktionsprotokoll dient dazu, dass das DBMS die Transaktionen intern verwalten kann. Hier werden alle Änderungen, die während einer Transaktion an den Daten der Datenbank getätigt werden und die Werte, die die Felder vorher besessen haben aufgezeichnet. Wird nun ein ROLLBACK durchgeführt, so ist es möglich mit Hilfe des Transaktionsprotokolls den Ursprungszustand der Datenbank wieder herzustellen.

5. **Welche Probleme kennen Sie, die beim konkurrierenden Zugriff auftreten können, wenn es kein vernünftiges Transaktionsmanagement gibt?**
Beim konkurrierenden Zugriff kann es zu Lost Updates, Dirty Reads, Nonrepeatable Reads und Phantomen kommen.

6. **Wozu dienen Locks?**
Locks dienen Transaktionen dazu, einen bestimmten Teil der Datenbank für andere Transaktionen zu sperren. Hiermit ist es möglich, dass Transaktionen einen exklusiven Zugriff auf die Daten bekommen und diese ohne Rücksicht auf andere Transaktionen ändern können.

7. **Welchen Sperrtyp würden Sie für ein Datenbanksystem empfehlen? Warum?**
Ideal für ein praktisches System sind entweder Sperren auf Seitenebene oder auf Datensatzebene. Der Vorteil dieser Sperren liegt darin, dass ein möglichst kleiner Bereich der Datenbank gesperrt wird und dass so andere Transaktionen parallel auf Daten der Datenbank zugreifen können und ihrerseits andere Bereiche der Datenbank sperren können und nicht auf die Beendigung der sperrenden Transaktion warten müssen. Die Sperre auf Feldebene ist nicht zu empfehlen, da hier für jedes Feld jedes Datensatzes eine Sperre verwaltet werden muss, was den Verwaltungsaufwand extrem in die Höhe treibt.

8. **Was passiert bei einem Deadlock? Wie kann man einen Deadlock verhindern?**
Beim Deadlock haben zwei Transaktionen Objekte in der Datenbank gesperrt, die von der jeweils anderen Transaktion benötigt werden. Beide Transaktionen warten auf die Beendigung der jeweils anderen Transaktion was zu einem unbegrenzten Wartevorgang führt. Einen Deadlock kann man verhindern, indem jede Transaktion die benötigten Objekte in derselben Reihenfolge belegt. Treffen hierbei zwei Transaktionen aufeinander, so muss die eine Transaktion warten, weil die andere Transaktion bereits das Objekt belegt hat.

9. **Wie funktioniert das Zwei-Phasen-Locking ?**
Beim Zwei-Phasen-Locking werden zunächst alle Sperren eingerichtet. Erst wenn die Transaktion über alle benötigten Sperren verfügt werden die Operationen ausgeführt. Nachdem diese beendet wurden, werden die Sperren in der umgekehrten Reihenfolge freigegeben, in der sie eingerichtet worden sind.

10. **Warum ist das abrupte Ausschalten eines Datenbankservers ohne dass dieser vorher heruntergefahren wurde eine sehr kritische Angelegenheit?**
Das abrupte Ausschalten eines Datenbankservers ohne diese vorher herunterzufahren ist eine sehr kritische Angelegenheit, da die meisten Datenbankserver aus Geschwindigkeitsgründen Teile des Transaktionsprotokolls im Speicher verwalten. Beim Abrupten Ausschalten des Datenbankservers hat das DBMS keine Chance diese auf die Festplatte zu schreiben. Da nun essentielle Informationen aus den Transaktionsprotokollen fehlen befindet sich unsere Datenbank nun in einem inkonsistenten Zustand. Das kann so problematisch sein, dass die gesamte Datenbank nicht mehr verwendet werden kann und aus dem Backup wieder hergestellt werden muss.

A.9 Kapitel 9

Hier finden Sie die Musterlösungen zu den Aufgaben am Ende von Kapitel 9. Bitte beachten Sie, dass es sich lediglich um Lösungsvorschläge handelt, d.h. es kann durchaus vorkommen, dass Sie eine andere richtige Lösung erarbeitet haben, die hier nicht aufgeführt ist. Wie so oft führen mehrere Wege ans Ziel.

A.9.1 Wiederholungsaufgaben

1. **Wie funktioniert bei Client/Server das Zusammenspiel zwischen Client und Server?**
   Auf dem Client wird der Clientprozess ausgeführt, der vom Serverprozess, der auf dem Server ausgeführt wird Dienste anfordert. Der Server stellt diese Dienste zur Verfügung. Im Zusammenspiel zwischen Client- und Server ist der Client der proaktive Part, während der Server der reaktive Part ist.

2. **Worin liegen die Vorteile von Client/Server?**
   Client/Server hat zahlreiche Vorteile, die dafür gesorgt haben, dass sich die Client-/Serverarchitektur durchgesetzt hat. Die Client-Serverarchitektur ist im Gegensatz zu Mainframe Anwendungen kostengünstig. Client/Server wird durch zahlreiche, einfach zu bedienende Anwendungsprogramme unterstützt, was die Schulungskosten für die Mitarbeiter reduziert. Im Gegensatz zu anderen Alternativen bietet Client/Server das beste Preis-/Leistungsverhältnis.

3. **Aus welchen Komponenten besteht die Client-Server Architektur?**
   Die Client-/Serverarchitektur besteht aus einem Client, einem Server und zwischengeschalteter Middleware.

4. **Welche Komponenten werden auf dem Client ausgeführt?**
   Auf dem Client werden das Benutzerfrontend und der Client-Teil der Middleware ausgeführt. Diese sind beide auf Dienste des Betriebssystems, wie z.B. Multitasking oder die GUI angewiesen.

5. **Welche Komponenten werden auf dem Server ausgeführt?**
   Auf dem Server werden der Server-Prozess und der serverseitige Teil der Middleware ausgeführt. Diese sind beide auf Dienste des Betriebssystem, wie z.B. die Netzwerkdienste angewiesen.

6. **Was ist die Aufgabe der Middleware?**
   Die Middleware abstrahiert den Datenbank- und Netzwerkzugriff von der Datenbankanwendung, d.h. die Datenbankanwendung muss nur noch auf die Middleware zugreifen und muss sich nicht mehr um die Kommunikation mit dem Datenbankserver kümmern. Im Buch wurden ODBC, ADO und ADO.NET vorgestellt.

7. **Wozu dient das OSI/ISO-Modell?**

Das OSI/ISO Modell definiert eine universell anwendbare logische Struktur für die Datenkommunikation. Hierbei ist das Modell in sieben Schichten aufgeteilt. Jede Schicht verlässt sich dabei auf die Dienste der unterliegenden Schicht.

8. **Wie unterscheidet sich das TCP/IP-Referenzmodell von OSI/ISO?**

Das TCP/IP-Referenzmodell besitzt im Gegensatz zum OSI/ISO-Modell nur vier Schichten, die ein Modell für die Datenkommunikation bilden. Das OSI/ISO-Modell wurde entwickelt nachdem TCP/IP bereits eingesetzt wurde. Viel von der bei der Implementierung und Arbeit mit dem OSI/ISO Modell gewonnenen Erfahrung ist in das OSI/ISO Modell eingeflossen.

9. **Welche Netzwerkprotokolle kennen Sie und wo werden diese eingesetzt?**

Es gibt unter anderem die Netzwerkprotokolle TCP/IP, NetBIOS, IPX/SPX, APPC und AppleTalk. TCP/IP ist das Netzwerkprotokoll des Internets, NetBIOS ist ein von IBM für LANs entwickeltes Protokoll, IPX/SPX wurde von Novell für Netware entwickelt, APPC wird zur Kommunikation mit IBM-Maschinen, wie z.B. der AS/400 verwendet und AppleTalk ist das Netzwerkprotokoll von Apple.

10. **Welche Schichten gibt es im OSI/ISO-Modell und welche Aufgaben haben diese?**

Es gibt die physikalische Schicht, die Sicherungsschicht, die Vermittlungs-/Paketschicht, die Transportschicht, die Kommunikationsschicht, die Darstellungs-Schicht und die Anwendungs-Schicht.

- Die physikalische Schicht enthält alles, was zur physikalischen Kommunikation über das Netzwerk benötigt wird.

- In der Sicherungsschicht wird sichergestellt, dass zwischen direkt benachbarten Komponenten eine Verbindung zustande kommt.

- Die Vermittlungs/Paketschicht ist für die Übertragung der Datenpakete zuständig.

- In der Transportschicht wird sichergestellt, dass die Pakete beim richtigen Empfänger ankommen.

- Die Kommunikationsschicht steuert den Aufbau, die Durchführung und die Beendigung der Verbindung.

- Die Darstellungsschicht interpretiert die von den darunter liegenden Schichten zurück gelieferten Daten für die Anwendungsschicht.

- Die Anwendungsschicht stellt die Verbindung des Netzwerkprotokolls mit der Anwendung her.

A.10 Kapitel 10

Hier finden Sie die Musterlösungen zu den Aufgaben am Ende von Kapitel 10. Bitte beachten Sie, dass es sich lediglich um Lösungsvorschläge handelt, d.h. es kann durchaus vorkommen, dass Sie eine andere richtige Lösung erarbeitet haben, die hier nicht aufgeführt ist. Wie so oft führen mehrere Wege ans Ziel.

A.10.1 Wiederholungsaufgaben

1. **Was sind die Vor- und Nachteile verteilter Datenbanksysteme?**
    Die Vorteile verteilter Datenbanksysteme liegen darin, dass die Gesamtmenge der Daten auf verschiedene Standorte verteilt werden kann und hierdurch Datenzugriffszeiten erheblich reduziert werden können. Des weiteren bietet ein verteiltes Datenbanksystem im Gegensatz zum zentralen System keinen single-point-of-failure aus. Die Nachteile des verteilten Datenbanksystems liegen hauptsächlich in der erheblich komplexeren Struktur.

2. **Was ist der Unterschied zwischen verteilter Datenverarbeitung und verteilten Datenbanken?**
    Bei der verteilten Datenverarbeitung wird lediglich die Verarbeitung der Daten auf andere Systeme ausgelagert, wie wir das ja bereits von der Client-/Serverarchitektur her kennen. Bei verteilten Datenbanken geht es wirklich darum, dass sich die Datenhaltung über verschiedene physikalische Standorte verteilt.

3. **Was sind die Komponenten eines verteilten Datenbanksystems?**
    Ein verteiltes Datenbanksystem wird von einem DDBMS kontrolliert. Auf den Clients befindet sich ein Transaktionsmanager, der sich darum kümmert, dass die Daten auf den einzelnen Standorten richtig angesprochen und die Datenmenge, die von verschiedenen Standorten zurückgeliefert wurde wieder richtig zusammengesetzt wird. Auf den Datenbankservern befinden sich Datenmanager, die auf die verteilten Datenbankabfragen der einzelnen Clients antworten.

4. **Was bedeutet Transparenz beim Datenzugriff?**
    Transparenz bei Datenzugriff bedeutet, dass es für den Benutzer nicht erkennbar sein soll, dass er statt mit einem zentralen Datenbanksystem mit einer verteilten Datenbank arbeitet. Das DDBMS muss alle Funktionen anbieten, die ein zentrales Datenbanksystem auch anbietet, darf aber die zusätzliche Komplexität nicht den Benutzer spüren lassen.

5. **Welche Arten von Transparenz beim Datenzugriff gibt es?**
    Beim Datenzugriff gibt es die totale Transparenz, bei der verteilte Tabellen genau so angesprochen werden wie zentrale Tabellen auf einem zentralen Datenbankserver. Des Weiteren gibt es die Ortstransparenz, d.h. der Anwender muss wissen, dass die Tabelle, die er abfragen möchte aus mehreren Teilen

besteht, er muss aber nicht wissen wo sich diese Teile befinden. Zuletzt gibt es noch Systeme ohne Ortstransparenz, d.h. hier müssen die Anwender sowohl wissen das die Datenbank in mehrere Teile aufgeteilt ist und auch, wo sich diese Teile befinden.

6. **Warum ist ein transparentes Transaktionsmanagement notwendig?**
   Transparentes Transaktionsmanagement ist notwendig, da ein SQL-Befehl in einer verteilten Umgebung Daten an mehr als einem Standort ändern kann. Kommt es nun an einem Standort zu Problemen, so müssen die Änderungen an allen anderen Standorten auch wieder rückgängig gemacht werden. Daher ist hier ein verteiltes, transparentes Transaktionsmanagement notwendig.

7. **Wie funktionieren verteilte Transaktionen?**
   Bei einer verteilten Transaktion wird das zwei-Phasen-Commit Protokoll eingesetzt. Ein Transaktionskoordinator sendet an alle an der Transaktion beteiligten Stationen den Befehl READY TO COMMIT. Liefert eine Station eine negative Antwort zurück, so wird die verteilte Transaktion abgebrochen. Haben alle Stationen bestätigt, so wird nun ein COMMIT an diese gesendet. Teilt eine Station dem Transaktionskoordinator mit, dass sie das COMMIT nicht durchführen konnte, so wird die gesamte Transaktion abgebrochen und der Ursprungszustand auf allen beteiligten Systemen wieder hergestellt.

8. **Was versteht man unter Datenfragmentierung?**
   Unter Datenfragmentrierung versteht man die Aufteilung logisch zusammenhängender Daten, also beispielsweise einer Tabelle, in mehrere physikalische Einheiten.

9. **Welche Arten der Datenfragmentierung gibt es?**
   Es gibt die horizontale Fragmentierung, bei der die Tabellen datensatzweise fragmentiert werden, die vertikale Fragmentierung, bei der die Tabellen feldweise fragmentiert werden und die gemsichte Fragmentierung bei der die Datensätze sowohl feldweise als auch tabellenweise fragmentiert werden.

10. **Was versteht man unter Replikation?**
    Bei der Replikation werden Datebestände physikalisch an andere Standorte kopiert. Hiermit kann ein schnellerer Datenzugriff gewährleistet werden. Diesen Geschwindigkeitsvorteil erkauft man sich aber durch einen erhöhten Verwaltungsaufwand.

A.11 Kapitel 11

Hier finden Sie die Musterlösungen zu den Aufgaben am Ende von Kapitel 11. Bitte beachten Sie, dass es sich lediglich um Lösungsvorschläge handelt, d.h. es kann durchaus vorkommen, dass Sie eine andere richtige Lösung erarbeitet haben, die hier nicht aufgeführt ist. Wie so oft führen mehrere Wege ans Ziel.

A.11.1 Wiederholungsaufgaben

1. **Was ist ein DS-System und zu welchem Zweck dient es?**
   Ein DS-System ist ein Decision Support System, also ein System, das bei der Entscheidungsfindung auf Basis von Daten helfen soll.

2. **Wie arbeiten die Komponenten eines Data Warehouses zusammen?**
   Die Daten befinden sich zunächst in der Datenbank des operativen Systems. Hier werden sie durch den ETL-Prozess extrahiert und dann bereinigt in das Data Warehouse übernommen.

3. **Was ist ein ETL-Prozess und welchen Zweck hat er?**
   Der ETL-Prozess (Extraction-Transformation-Loading) extrahiert die Daten aus dem operativen System, transformiert und bereinigt sie und lädt sie dann in das Data Warehouse.

4. **Was ist ein Data Warehouse und was sind die Hauptcharakteristika eines Data Warehouses?**
   Ein Data Warehouse ist ein System zur Speicherung und Archivierung von Unternehmensdaten. Im Gegensatz zu operativen Systemen ist es auf die Analyse der Daten ausgelegt. Charakteristika eines Data Warehouses sind, dass die Daten integriert, themenbezogen, zeitlich veränderbar und nichtflüchtig sind.

5. **Was ist OLAP? Welche Arten von OLAP kennen Sie und wie unterscheiden sich diese voneinander?**
   OLAP (Online Analytical Processing) ist eine Methode der multidimensionalen Datenanalyse. Es gibt ROLAP (Relationales OLAP) und MOLAP (Multidimensionales OLAP). Diese beiden Unterarten von OLAP unterscheiden sich durch die verwendete Datenbank. Im Fall von ROLAP ist dies eine relationale Datenbank, im Fall von MOLAP ist es eine multidimensionale Datenbank.

6. **Was versteht man unter Data Mining?**
   Unter Data Mining versteht man einen automatischen Prozess der Wissensgewinnung aus Data Warehouse-Daten, der auf Methoden der künstlichen Intelligenz aufbaut.

7. **Was ist ein Sternschema? Wozu wird es benötigt?**
   Ein Sternschema ist eine relationale Repräsentation einer multidimensionalen Datenbank und es wird bei ROLAP eingesetzt, um multidimensionale Datenmengen in einer relationalen Datenbank zu speichern.

8. **Aus welchen Bestandteilen besteht ein Sternschema?**

   Ein Sternschema besteht aus Fakten, Dimensionen, Attributen und Attributhierarchien. Im Sternschema werden diese Daten in Fakten- und Dimensionstabellen gespeichert.

9. **Wie kann man Sternschemata beschleunigen?**

   Es gibt zahlreiche Beschleunigungsmethoden für das Sternschema wie z.B. Normalisierung der Dimensionstabellen, mehrere Faktentabellen in unterschiedlichen Aggregationszuständen, Denormalisierung der Faktentabellen und Replikation und Partitionierung.

10. **Was versteht man unter Drill-Down, was unter Roll-Up und was unter Slice-and-Dice?**

    Unter Drill-Down versteht man das Vergrößern der Detailstufe bei der multidimensionalen Analyse, also z.B. der Übergang von der Woche zum Tag. Roll-Up ist der umgekehrte Vorgang, wenn man die Detailstufe verkleinert. Unter Slice-and-Dice versteht man das Konstanthalten einer oder mehrerer Dimensionen bei der multidimensionalen Datenanalyse.

A.12 Kapitel 12

Hier finden Sie die Musterlösungen zu den Aufgaben am Ende von Kapitel 12. Bitte beachten Sie, dass es sich lediglich um Lösungsvorschläge handelt, das heißt, es kann durchaus vorkommen, dass Sie eine andere richtige Lösung erarbeitet haben, die hier nicht aufgeführt ist. Wie so oft führen mehrere Wege ans Ziel.

A.12.1 Wiederholungsaufgaben

1. **Was versteht man unter »Impedance Mismatch«?**

   Unter Impedance Mismatch versteht man die Probleme die sich beim Übergang aus der relationalen Welt in die objektorientierte Welt ergeben und umgekehrt.

2. **Wie kann man Objekte in relationale Datenbankstrukturen abbilden? Nennen Sie drei Möglichkeiten.**

   Man kann Objekte in relationale Datenbankstrukturen abbilden, indem man entweder eine Tabelle pro Klasse verwendet, eine Tabelle pro konkreter Klasse oder eine Tabelle pro Klassenfamilie.

3. **Was versteht man unter dem Doppel-Schema-Problem?**

   Das Doppel-Schema-Problem tritt auf, weil das Datenbankschema sowohl in der relationalen Datenbank als auch im Objektmodell gepflegt werden muss.

4. **Wie kann man Daten aus einem objektorientierten Modell zurückgewinnen?**

   Man kann Daten aus einem objektorientierten Modell zurückgewinnen, indem man entweder Abfrage durch Beispiel, Abfrage durch API oder Abfrage durch Sprache verwendet.

5. **Was sind anonyme Typen?**

   Ein anonymer Typ ist die Deklaration eines Typs ohne expliziten Namen. Anonyme Typen werden in der Regel für temporäre Typen verwendet.

6. **Was sind partielle Methoden?**

   Eine partielle Methode ist eine Methode, deren Methodendeklaration mehr als eine Quellcode-Datei umfasst.

7. **Was sind Lambda-Ausdrücke?**

   Ein Lambda-Ausdruck ist eine anonyme Funktion, die innerhalb eines anderen Funktionsaufrufs deklariert werden kann und dazu genutzt wird, kleine Zwischenergebnisse zu liefern.

8. **Wie funktionieren Abfrageausdrücke? Was sind die Vorteile?**

   Abfrageausdrücke sind direkt in die Programmiersprache integriert und liefern in einer SQL-ähnlichen Syntax Abfrageergebnisse zurück. Der Vorteil von Abfrageausdrücken ist, dass die Abfrageausdrücke Teil der Programmiersprache selbst sind und daher vom Compiler ausgewertet werden können.

9. **Was sind Objekt-Initialisierer?**

   Ein Objekt-Initialisierer ist ein Konstrukt, mit dem man Objekte direkt bei der Deklaration schon initialisieren kann.

10. **Was sind Erweiterungsmethoden?**

    Erweiterungsmethoden sind statische Methoden, die genau so aufgerufen werden können, als ob es Methoden der jeweiligen Objektinstanz wären.

Stichwortverzeichnis

Numerisch

1:1-Beziehung 68, 113
1:N-Beziehung 69, 115

A

Abfrage
    durch API 459
    durch Beispiel 459
    durch Sprache 460
Abfrage-Ausdruck 474
abgeleitetes Attribut 144
Abteilungsdatenbank 49
Ad-hoc-Abfragen 25
ADO.NET 83
Aggregatfunktion 263
Analyse 286
AND 219
Änderungs-Anomalie 38
Annähernd genaue Zahl 210
Anwendungsschicht 360
Anwendungsserver 78
APPC 363
AppleTalk 363
Applikationsschicht 361
Atomarität 319
Attribut 68, 73, 96, 141
AVG 264

B

Besitzer 60
Beziehung 68
    binär 158
binäre Sperre 334
BIT_LENGTH 271
Bit-String 211
Blattknoten 56
Boyce-Codd-Normalform 193
Briefcase-Anwendung 83
Brücken-Entität 162
Businesslogik 75

C

CHARACTER_LENGTH 270
Client 348
Client-Prozess 343
Client-Server-Architektur 76, 343

CODASYL 59
Collection-Initialisierer 467
COMMIT 320
COUNT 263
CSV-Format 33
CURRENT_DATE 272
CURRENT_TIME 272
CURRENT_TIMESTAMP 272

D

DAO 81, 85
Darstellungsschicht 360
Data Control Language 218
Data Definition Language 212
Data Dictionary 24, 52, 53, 118
Data Manipulation Language 213
Data Warehouse 50
Datei 32
Daten 21, 32, 46
Datenabhängigkeit 35
Datenanomalien 38
Datenbank 23
Datenbankabfrage 316
Datenbankdesign 297
Datenbank-Lebenszyklus 291
Datenbankmanagement-System 24
Datenbankmodell 54
Datenfragment 387
Datenfragmentierung 387
Dateninkonsistenz 37
Dateninseln 36
Datenintegrität 37
Datenmanagement 23
Datenmodellierung 133
Datenredundanz 37
Datenreplikation 390
Datensatz 32, 99
Datenschicht 76
Datentyp 98, 210
    genaue Zahlen 210
Datenuntersprache 65, 208
Datenverarbeitung 22
Datetime 211
Dauerhaftigkeit 319
DB2 62
DBMS 50
DCL 218
DDL 212

Deadlock 336
decision support system 50
DELETE 262
Delete-Anomalie siehe Lösch-Anomalie
Denormalisierung 201
Desktop-Datenbank 49
Detailtabelle 63
DIFFERENCE 106
Dirty Read 325
Distributed Data Management System 375
distributed database dictionary 382
DIVIDE 107
DML 213
Domain/Key-Normalform 197
Domäne 98, 146
Doppel-Schema-Problem 457
Dritte Normalform 188

E

Einfüge-Anomalie 38
einschichtige Datenbankanwendungen 76
Einzelbenutzer-Datenbank 49
Entität 28, 68, 140
Entitäts-Instanzen 96
Entitäts-Integrität 105
Entity Sets 96
Entity-Relationship-Modell 140
Entity-Typen 96
Equi-Join 109, 247
ERD 67
Erste Normalform 182
Erweiterungsmethode 471
existenziell abhängig 152
existenziell unabhängig 152
exklusive Sperre 334
externes Modell 138
EXTRACT 271

F

Fat Client 77
Feld 99
flache Datei 33
Fremdschlüssel 104
FROM 226
FULL 242
Full-Outer-Join 252, 254
Fünfte Normalform 197
Funktion
        Aggregat- 263
        skalare 263
funktionale Abhängigkeit 101

G

gemischte Fragmentierung 389
Genaue Zahl 210
Geschäftsschicht 76

Granularität 329
GROUP BY 242

H

Hardware 46
HAVING 243
hierarchische Datenbanken 55
homonym 120
horizontale Fragmentierung 388

I

identifizierende Beziehungen 153
Identitätsproblem 457
Impedance Mismatch 451
Implementative Modelle 54
Implementierung 289
IN 228
Index 121
Informationen 21
Information-Overkills 21
Informationsgehalt 22
Informationsinseln 36
Inner-Join 250
INSERT 260
Insert-Anomalie siehe Einfüge-Anomalie
Instanz 68, 73
Intelligenter Client 77
Intelligenter Server 77
internes Modell 137
Internet-Datenbankanwendung 78
Internetschicht 362
INTERSECT 107
Intervall 211
IPX/SPX 363
Isolation 319

J

JOIN 108
Join 223, 245

K

Kardinalität 150
Kartesisches Produkt 245
Katalog 24, 52
Kindknoten 56
Klasse 72
Klassenhierarchie 73
Klausel
        modifizierende 223
Kommunikationsschicht 359
Konnektivität 68, 150
konsistenter Zustand 316
Konsistenz 319
konzeptionelle Modelle 54
konzeptionelles Design 298
künstlicher Primärschlüssel 101, 149

L

Lambda-Ausdruck 471, 472
Left-Outer-Join 109, 252
LINQ 451
    Architektur 461
LINQ to Datasets 464
LINQ to Entities 465
LINQ to Objects 463
LINQ to SQL 464
LINQ to XML 465
Lock 328
logische Verknüpfung 218
logisches Design 308
logisches Format 36
Lösch-Anomalie 38
Lost Updates 324
LOWER 269

M

M:N-Beziehung 69, 116
Machbarkeitsstudie 285
Makro-Ansicht 137
Mastertabelle 63
MAX 265
Mehrbenutzer-Datenbank 49
Menge 60
Mengenfunktionen 263
Metadaten 53, 118
Methode
    partielle 468
Methoden 73
Middleware 52, 79, 349, 353
MIN 266
Mitglied 60
Modell 54
Modifizierende Klausel 223
Multi-Value-Attribut 142

N

Natural-Join 108
natürlicher Primärschlüssel 101, 149
NetBIOS 363
Netzwerk-Datenbankmodell 59
Netzwerkschicht 362
nicht-exklusive Sperre 334
nicht-identifizierende Beziehung 152
nicht-optionale Beziehung 117
Nonrepeatable Read 326
Normalformen 181
Normalisierung 179
NOT 222
N-schichtige Datenbankanwendung 78
NULL 102
Nullwert 211

O

Objekt
    Abbildung auf Tabellen 452
Objekt-Initialisierer 467
objektorientierte Datenbank 72
objektrelationale Datenbank 75
OCTET_LENGTH 271
ODBC 80
ODBC-Treiber 80, 81
ODBC-Treiber-Manager 80
OLE-DB-Provider 82
operative Wartung 291
optionalen Beziehung 117
OR 221
ORDER BY 243
OSI/ISO-Modell 357
Outer-Join 109, 251

P

PARTIAL 242
Personen 48
Phantome 327
physikalische Schicht 359
physikalisches Design 308
physikalisches Modell 139
PL/SQL 65
Planung 284
Pointer 56
POSITION 270
potenzieller Schlüssel 103
Präsentationsschicht 76
Preorder-Durchlauf 56
Primär-/Fremdschlüsselbeziehung 62
Primärschlüssel 100, 147
PRODUCT 110
Produkt
    kartesisches 245
Produktivsystem 50
PROJECT 111
proprietäre Datei 32
Prototyp 285
prozedurale Sprache 65

Q

QBA 459
QBE 459
QBL 459
Query By API 459
Query By Example 459
Query By Language 459

R

RAW-Partition 47
RDBMS 62
RDO 81, 85
redundante Daten 27

referentielle Integrität 104
rekursive Beziehung 160
Relation 97
Right-Outer-Join 109, 252, 253
ROLLBACK 320
Rollout 290

S

Schema 456
Schlüssel 100
Schlüsselattribut 101
schwache Entität 154
sekundärer Schlüssel 104
Selbstbeschreibung 24
SELECT 112
SEQUEL 209
Server 349
Server-Datenbank 49
Server-Prozess 343
Sicherungsschicht 359
Sicht 256
Single-Value-Attribut 141
Skalare Funktion 263
Software 47
Sperre 328
SQL 208
SQL/DS 62
SQL-92 209
Stringfunktion 268
strukturell abhängig 35
strukturelle Wartung 291
SUBSTRING 268
Subtyp 163
SUM 267
Superkey 103
Supertyp 163
synonym 120
System Development Life Cycle 283
System/R 62
Systemanalyse 282
System-Design 288
Systementwicklung 282
System-Katalog 119

T

Tabelle 62, 97
    pro Klasse 453
    pro Klassenhierarchie 455
    pro konkreter Klasse 454
TCP/IP 362
TCP/IP-Referenzmodell 360
tenäre Beziehung 159
Theta Join 109
Thin Client 77
Tool 47

Transact-SQL 65
Transaktion 315
transaktionales Datenbanksystem 50
Transaktionsmanager 382
Transaktionsprotokoll 322
Transformation 281
Transparenz 378
Transportschicht 359, 362
TRIM 269
Typ
    anonymer 465
Typinferenz
    lokale 469

U

unäre Beziehung 158
UNION 112
UNIQUE 241
Unternehmensdatenbank 49
UPDATE 261
Update-Anomalie siehe Änderungs-Anomalie
UPPER 269
Utility 47

V

Verknüpfung
    logische 218
Vermittlungs-/Paketschicht 359
verteilte Datenbank 373
verteilte Datenverarbeitung 373
verteiltes Datenbanksystem 50
vertikale Fragmentierung 389
Vierte Normalform 195
View 256
vollständig funktional abhängig 101
vollständig verteiltes Datenbanksystem 377

W

Wartung 291
WHERE 226
Workgroup-Datenbank 49
write-ahead-Modus 386
Wurzelknoten 56

Z

Zeichenkette 210
Zeiger 56
zentrales Datenbanksystem 50
zusammengesetzter Primärschlüssel 148
Zwei-Phasen-Commit-Protokoll 385
Zwei-Phasen-Locking-Protokoll 335
Zweischichtige Datenbankanwendung 76
Zweite Normalform 186
Zwischen-Entität 162